KRÖNERS TASCHENAUSGABE BAND 489

GEORG LUCK

MAGIE
UND ANDERE GEHEIMLEHREN
IN DER ANTIKE

Mit 112 neu übersetzten und
einzeln kommentierten Quellentexten

ALFRED KRÖNER VERLAG STUTTGART

Luck, Georg

Magie und andere Geheimlehren
in der Antike
Stuttgart: Kröner 1990
(Kröners Taschenausgabe Band 489)
ISBN 3-520-48901-5

FÜR
FELICITAS EINSELE
UND
URS WILI

quidquid ex patre amavimus,
quidquid mirati sumus,
manet mansurumque est per vos

INHALT

KAPITEL I MAGIE

KAPITEL II WUNDER

KAPITEL III DÄMONOLOGIE

KAPITEL IV DIVINATION

KAPITEL V ASTROLOGIE

KAPITEL VI ALCHEMIE

QUELLENVERZEICHNIS

KAPITEL I MAGIE

KAPITEL III DÄMONOLOGIE

KAPITEL IV DIVINATION

KAPITEL VI ALCHEMIE

VORWORT

Man kann die Antike nur unvollkommen verstehen, wenn man sich nicht mit ihrer »Folklore«, wie es heute heißt, beschäftigt. Früher sprach man abschätzig von »Aberglauben«, doch dieser sogenannte Irrglaube ist kulturhistorisch außerordentlich wichtig. Die meisten Historiker schenken ihm kaum Beachtung. Man hat beharrlich die dunklen Seiten der antiken Kulturen, bei denen uns nicht ganz behaglich ist, beiseite geschoben. Irgendwie paßten Magie und Hexenwesen nicht in das humanistisch verklärte Gesamtbild von »Edler Einfalt, stiller Größe«. Man sprach (so hat Egon Friedell es ausgedrückt) vom »Griechen mit dem Sonnenauge«, vom »Römer mit der Erzstirn«, die im Gegensatz zu anderen Völkern Götter, die in lichten Räumen wandelten, verehrten. Die in diesem Band zusammengestellten Zeugnisse beweisen, wie ich meine, daß Magie, Zauber- und Hexenwesen, der Glaube an Dämonen, Geister und Gespenster, die Technik des Verfluchens und anderes mehr durchaus ins tägliche Leben der Antike gehörten.

Forschungen auf verschiedenen Gebieten – Anthropologie, vergleichende Religionswissenschaft – haben gezeigt, wie nötig es heute ist, sich vorurteilslos mit dem Glauben der Griechen und Römer an magische Prozesse im Universum und im menschlichen Leben zu befassen, auch wenn sich nicht alles restlos verstehen läßt. Dieser Glaube ist in manchen Teilen der Welt noch heute lebendig, zum Beispiel in Westafrika und in Haiti. Es gibt Parallelen, die man auswerten müßte. In Island, wo uralte indogermanische Vorstellungen sich länger erhalten haben als anderswo in der westlichen Welt, glaubt anscheinend fast jeder an Geister, Elfen und andere dämonische Wesen, auf die man, etwa beim Bauen von Straßen oder Brücken, Rücksicht nehmen sollte. So leben alte Vorstellungen und Bräuche weiter bis in die Gegenwart, und es scheint, als hätten auf der ganzen

Welt Menschen von jeher dieselben Vorstellungen, Wünsche, Ängste, Hoffnungen, dieselbe Unsicherheit, dasselbe Gefühl des Verlorenseins in einer feindseligen oder zumindest gleichgültigen Welt.

Der Götterkult allein genügte nicht, alle diese Gefühle zu beruhigen. Neben ihm bestand der Glaube an andere Mächte, die man ebenfalls anrufen, für irgendein Anliegen gewinnen und in gewisser Weise manipulieren konnte.

Solange Neurosen, Psychosen und Depressionen als psychische Krankheiten nicht erkannt waren, erklärte man sie als das Werk von Dämonen, die von der Persönlichkeit Besitz ergriffen hatten, und da es keine wissenschaftliche Psychiatrie gab, bestand auch keine Hoffnung auf Heilung außer durch Schamanen und Exorzisten. Daß viele Patienten sich durch magische Prozesse geheilt fühlten, darf nicht bezweifelt werden.

Seit vielen Jahren habe ich mich mit den sogenannten okkulten Phänomenen befaßt, ohne behaupten zu dürfen, daß ich völlig neue Erklärungen anzubieten habe. Ein Freund und Mentor, Fritz Schneeberger, Lehrer an der Volksschule in Bern, die ich besuchte, lehrte mich die Namen einiger Heilkräuter, die in den Bergen wuchsen und denen man früher magische Kräfte zugeschrieben hatte; er zeigte mir auch die Anwendung des Pendels, das ein sehr altes magisches Werkzeug zu sein scheint. Später las ich Alfred Fankhausers Bücher über Magie und Astrologie, deren eines genau beschreibt, wie man Horoskope erstellt und interpretiert.

Etwa gleichzeitig las ich die damals erschienenen Werke von C. G. Jung, der sich schon in seiner Dissertation (1902) mit der Psychologie und Pathologie sogenannter okkulter Phänomene befaßt hatte. Bekanntlich war Jung im Gegensatz zu Freud bereit, an die Realität solcher Phänomene zu glauben, auch wenn eine Erklärung vorderhand nicht in greifbarer Nähe lag. Jedenfalls hat Jung eindrücklich gezeigt, daß die Lehren und Erfahrungen der alten Mystiker, Alchemisten, Astrologen und Kabbalisten zum Verständnis des Aufbaus der menschlichen Seele beitragen.

Während meines nie abgeschlossenen Studiums der Theologie an der Universität Bern besuchte ich unter anderem die Vorlesungen von Max Haller, einem gelehrten und streitbaren Herrn, über Geschichte und Phänomenologie der Religionen. Er empfahl mir das klassische Buch über *Religion und Magie* von Karl Beth, aus dem ich viel lernte. Als ich zur klassischen Philologie überging, wurde neben Walter Wili auch Willy Theiler, ein glänzender Kenner des Neuplatonismus, mein Lehrer; er verstand es, uns die esoterischen Strömungen der Spätantike anschaulich zu machen.

Das akademische Jahr 1949–50 verbrachte ich in Paris, wo ich an der »Ecole Pratique des Hautes Etudes« die Vorlesung von Pater A.-J. Festugière über »La descente de l'âme« besuchte, die viel mehr bot, als der Titel vermuten ließ. Der außerordentlich kenntnisreiche und produktive Gelehrte hatte gerade den zweiten Band seiner *Révélation d'Hermès Trismégiste* veröffentlicht und arbeitete zusammen mit A. D. Nock an der neuen Edition des *Corpus Hermeticum* für die sogenannte Budé-Reihe. Dank seiner Empfehlung konnte ich ein Jahr an der Harvard University bei Nock studieren, der später mein Freund und Kollege wurde und dem ich viel verdanke.

Leider bin ich E. R. Dodds nie begegnet, aber seine Bücher, vor allem *The Greeks and the Irrational,* das ich 1953 für den *Gnomon* rezensierte, waren für mich wie Lichtstrahlen ins Dunkel antiker Geheimlehren.

Als ich 1972 an der Johns Hopkins University zum erstenmal ein Seminar über »Magie und Okkultismus in der Antike« veranstaltete, vermißte ich eine Quellensammlung, in der die wichtigsten Texte den Teilnehmern zugänglich waren. Im Lauf der Jahre habe ich dann die Texte gesammelt, übersetzt, kommentiert und mit einleitenden Kapiteln versehen. Der Band erschien 1985 unter dem Titel *Arcana Mundi* im Verlag der Johns Hopkins University. Er bildet in gewissem Sinn die Vorarbeit zu dem vorliegenden Buch, das sich aber in wesentlichen Punkten von ihm unterscheidet. Es ist mir bewußt, daß ich auch in dem neuen Buch keine erschöpfende Darstellung geben kann; ich habe einfach versucht, auf Grund des Quellenmaterials die schwierigen Probleme des Zauberwesens, Wunderglaubens usw. im Rahmen der antiken Kultur zu erläutern. Es ist eine Kultur, die sich vor allem darin von der unseren unterscheidet, daß während vieler Jahrhunderte die Mehrzahl der Menschen, auch der Gebildeten, von der Wirklichkeit okkulter Phänomene überzeugt war. Die Quellen zeigen das ganz deutlich. In einem solchen Klima gediehen natürlich Geheimlehren aller Art.

Es versteht sich von selbst, daß ich in dem vorliegenden Buch die neuere Literatur sowie auch die bisher erschienenen Rezensionen des englischen Bandes berücksichtigt habe. Manches ist neu hinzugekommen. Einige Umstellungen und Kürzungen wurden vom Verlag gewünscht.

Eric Halpern von der Johns Hopkins University Press und Imma Klemm vom Kröner Verlag bin ich für Hilfe und Beratung zu Dank verpflichtet.

Bern, 1990   Georg Luck

I

MAGIE

Einleitung

Magie ist eine Technik, die auf dem Glauben an geheime
Kräfte im Menschen und im Weltall beruht, Kräfte, die unter besonderen Voraussetzungen vom Menschen geweckt
und gelenkt werden können. Die Technik der Magie setzt
eine Wechselwirkung zwischen dem Mikrokosmos (dem
Menschen) und dem Makrokosmos (dem Weltall) voraus,
die ganz bestimmten Gesetzen unterworfen ist. Letztlich ist
Magie in ihrer antiken Prägung ein wissenschaftlich an-
mutendes System von Anschauungen, Regeln und Anwendungen, welches fast unbegrenzte Kräfte im Menschen aus-
nützen will.

Die Vielzahl der Kräfte, die im Weltall wirksam sind,
kann vielleicht mit dem Begriff *mana* gleichgesetzt werden,
der sich in der vergleichenden Religionswissenschaft und in
der Anthropologie bewährt hat. Seine Entsprechungen im
griechischen (d. h. vorwiegend hellenistischen) Bereich sind
etwa *dynamis*, ›Macht‹, *charis*, ›Begnadung‹ oder *arete*, ›Leistung‹. Das magische *mana* wird als für alle frei verfügbar
gedacht, aber es bedarf eines besonderen Kanals oder Ge-
fäßes, um wirksam zu werden: dieses Gefäß ist der Magier,
der Wundertäter, der es in sich aufnimmt, speichert und wei-
tergibt. Nicht jeder kann Magier sein, aber daß es zu allen
Zeiten Magier gegeben hat, beweist für den antiken Menschen die Realität der Magie. Der Magier ist im wahren Sinne des Wortes ein Medium, ein Vermittler (das Wort selbst
ist nicht antik), und sogar seine Kleider oder ein Ding, das
er berührt, kann sein *mana* weiterleiten.

In der polytheistischen Welt der Antike konnte sich das
mana in vielen Namen und Gestalten offenbaren. Götter,

Heroen, Dämonen, körperlose Seelen – und in frühester
Zeit wohl auch Tiere – waren seine Träger. Die Griechen
hatten das Bedürfnis, die Welt mit anthropomorphen Kräften zu füllen, denen sie Namen gaben, zu denen sie ein per-
sönliches Verhältnis hatten und deren Willen sie zu beeinflussen suchten, indem sie zu ihnen beteten, ihnen opferten.
Aber neben den olympischen Göttern und den ungezählten
Lokalgottheiten, Heroen usw., die irgendwo, irgendwann
im Volk Verehrung genossen, gab es auch die Zauberdämo-
nen, deren Namen nur Eingeweihten bekannt waren, über
die der Magier eine besondere Gewalt hatte und mit deren
Hilfe er Gutes und Böses bewirken konnte. Im großen Ganzen ist der Magier, dessen Bild uns in den Zauberpapyri
entgegentritt, eine unheimliche Figur, zweifellos mehr gefürchtet und gehaßt als verehrt und geliebt.

Für das magische Denken ist wichtig der Begriff der »kosmischen Sympathie«, den der Stoiker Poseidonios von Apamea als Prinzip postulierte und der ihm anscheinend als
eine Art Begründung okkulter Vorgänge diente. Für ihn
mußte es ein solches Prinzip geben, sonst könnten z.B. die
Wahrsager nicht recht haben; sie haben aber in der Regel
recht, *ergo*... Alle Elemente, alle Geschöpfe, die ganze Natur in ihrer unendlichen Vielfalt sind durch eine geheime
Verwandtschaft miteinander verbunden, und was sich in
einem Teil des Universums abspielt, wirkt, ohne daß ein
Kontakt sichtbar oder ein Kausalzusammenhang erkennbar
wäre, auf einen weit entfernten Teil des Weltalls ein. Dieses
selbst wird als ein gewaltiger lebender Organismus verstanden. Unsere moderne Wissenschaft fragt nach Ursache und
Wirkung, aber Philosophen wie Poseidonios, die ja auch auf
ihre Weise Wissenschaft betrieben, suchten nach sympathetischen Zusammenhängen. Natürlich wurde auf diese Weise
mystischen Spekulationen Tür und Tor geöffnet.

Das astrologische Weltbild beruht auf diesem Glauben
an eine kosmische Sympathie. Die Positionen der Planeten
im Tierkreis oder in den sogenannten Häusern und ihre
Aspekte untereinander übten bestimmte Wirkungen auf das
Leben auf der Erde aus. Die Abhängigkeit der Gezeiten

vom Mond war nur das augenfälligste Beispiel dafür. Da
man sich die Gewässer als beseelt dachte und den Mond
ebenfalls, konnte man an eine Wechselwirkung zwischen
zwei beseelten Organismen denken. Gleichzeitig war der
alte Glaube, daß es sich beim Meer wie beim Mond um göttliche Wesen handle, noch lebendig.

Neu scheint im Hellenismus die Vorstellung von
»Schwingungen« oder »Wellen« zu sein, die von den Himmelskörpern ausgehen und die in verwandten Organismen
eine Art Resonanz erwecken; obwohl man ähnliche Gedanken bei Pythagoras vermutet. Die Analogie von zwei Musik-
instrumenten bot sich an: Wurden die Saiten der einen
Kithara gezupft, vibrierten die der andern mit, ohne daß sie
sich berührten. So reagiert der Mikrokosmos – d. h. unser
körperlich-seelischer Organismus – auf gewisse Schwingungen aus dem Weltall, ohne daß eine Berührung, ein Zusammenhang besteht.

Daß anderseits der Mensch im Prinzip Vorgänge im Weltall beeinflussen kann, ergibt sich fast von selbst. In seinem
Werk *Über die Mysterien Ägyptens* handelt der Neuplatoniker Iamblichos (ca. 250–325 n. Chr.) von der Theurgie; damit bezeichnet er eine Art höherer Magie. Wie der Name
andeutet (*theos* = Gottheit; *ergon* = Werk, Wirkung), geht
die Theurgie über die Theologie hinaus; sie strebt nicht nur
Wissen von den Göttern, sondern auch Macht über die Götter an. Iamblich deutet Operationen an, die der Durchschnittsmensch kaum zu fassen vermag, die aber dem Philosophen und Theurgen, wenn auch nicht ganz selbstverständlich, so doch einigermaßen zugänglich sind. Nur die Götter
selbst wissen um die wahre Macht der stummen Symbole;
auch der Theurg kann nicht restlos erklären, was geschieht,
wenn er ein Wunder vollbringt; er weiß nur, daß eine höhere Macht, eben das *mana*, dessen Werkzeug er ist, durch ihn
etwas Besonderes vollbringt.

Es wird nicht verwundern, daß eine Kultur wie die griechisch-römische, die zuerst eine reiche Mythologie entwik-
kelt und später eine staunenswerte Reihe von philosophischen Systemen geschaffen hat, auf dem Gebiet der ok-

kulten Künste nicht müßig blieb. Uralte Vorstellungen, die man auch in anderen Kulturen findet, wirkten lange nach. Gedanken aus dem Mittleren Osten wurden verarbeitet. Die literarischen Texte, die Zauberpapyri, die philosophischen Diskussionen bieten ein höchst differenziertes Bild.

Schon die Fülle von Bezeichnungen, die die antiken Sprachen für das, was wir »Magie« nennen, bereithalten, vermitteln uns eine Ahnung von diesem Reichtum und beweisen eindeutig die Intensität der gedanklichen Beschäftigung mit diesem Gebiet. Es lohnt sich – bisher hat es noch niemand versucht –, eine kurze, unvollständige Liste der Ausdrücke zusammenzustellen, um das semantische Feld einigermaßen abzugrenzen.

Griechische Ausdrücke: *ara* ›Verfluchung‹; *baskania* ›Schadenzauber aus Eifersucht oder Neid‹; *goeteia* ›niedere Magie, Hokuspokus‹; *dynamis* ›Macht‹, die griechische Entsprechung zu *mana; epelysia* ›etwas, das einem zustößt‹ (ein verhüllendes Wort: man wollte das Schreckliche oder Unbegreifliche nicht näher bezeichnen); *epode* ›Bezauberung durch Singen‹; *theourgia* ›höhere Magie; Beeinflussung der Götter‹; *katadesis* ›Bindung‹; *kakotechnia* ›böse Kunst‹; *mageia, periourgia* eig. ›Neugier‹ (gewisse Dinge sollte man nicht erforschen); *techne* ›Kunst, Fertigkeit‹; verwandt mit *dynamis*; der Zusammenhang zeigt jeweils, was gemeint ist; *pharmakeia* ›Kunst, nützliche oder schädliche Drogen zuzubereiten‹.

Lateinische Ausdrücke: *ars* ›Kunst‹, manchmal durch das Beiwort *nefanda* ›schlimm‹ eingeschränkt; es entspricht griech. *techne; cantio, carmen, incantatio, incantamentum* ›Bezauberung durch Singen‹, entsprechen griech. *epode; curiositas* ›Neugier‹, entspricht griech. *periourgia; defixio* ›Festnagelung‹; verwandt mit griech. *katadesis*, aber vermutlich konkret auf das Eintreiben von Nägeln in Zauberpuppen zu beziehen; *devotio* ›Weihung‹ im Sinn einer Auslieferung des Opfers an die Mächte der Unterwelt; *dirae* ›Verwünschung‹; *fascinatio* ›Bezauberung‹, z. B. durch den bösen Blick; *imprecatio* ›Verwünschung‹; *magia, maleficium* ›Übeltat‹; *potestas* ›Macht‹, entsprechend griech. *dynamis*; zu *sa-*

gus, saga ›Hexer, Zauberin‹ fehlt offenbar das entsprechende *nomen actionis; scientia* ›Wissenschaft‹ (bei Horaz einmal
efficax scientia, also ›Wissen, das wirkt‹; *sortilegium*, eigentlich ›Kunst, ein Losorakel zu deuten‹, dann allgemein ›Zauberei‹; *veneficium* ›Kunst, Gifte oder Drogen herzustellen‹.

Den semantischen Befund ergänzen die praktischen Anwendungen, von denen wir wissen: Liebes-, Schönheits-,
Glückszauber, Bindungs-, Trennungs-, Offenbarungszau-
ber, Formeln und Besprechungen, die gegen bestimmte
Krankheiten (Fieber, Kopfweh) helfen; Formeln, die gegen
böse Geister schützen, rituelle Verfluchungen, Losorakel
usw.

Religion und Magie

Viel diskutiert worden ist die Frage, ob zwischen Religion
und Magie genau unterschieden werden kann. Es gibt die
verschiedensten Antworten.[1] Zwar scheint es, daß in der
Welt des heutigen europäischen und amerikanischen Christentums die Magie keinen Platz hat. Das gilt aber nicht für
Haiti und gewisse Gegenden von Afrika. Dort gibt es ein
Nebeneinander von Christentum und Magie; Menschen,
die getauft sind und auch zur Kirche gehen, nehmen trotzdem an Geheimkulten teil, in denen schwarze Magie getrieben wird, also etwas, was sich mit dem Christentum nicht
vereinbaren läßt. Der Voodoo-Kult ist das beste Beispiel
dafür. Ähnlich dürfte es in der Antike gewesen sein. Das
Christentum hat, wie es scheint, nur ganz allmählich eine
Änderung herbeigeführt.

Keine der modernen Formulierungen, die den Unterschied zwischen Religion und Magie zu bestimmen suchen,
ist voll befriedigend. Nach Konrad Theodor Preuß hat sich
die Religion aus der Magie entwickelt. Für Sir James Frazer
ist Religion ein Versuch, persönliche Mächte miteinander
zu versöhnen, weil die Magie versagt hat. Religion und Magie – so sieht es R. R. Marrett – haben sich aus gemeinsamen Wurzeln in ganz verschiedene Richtungen entwickelt.

Pater Wilhelm Schmidt betrachtete die Magie als eine dege-
nerierte Form der Religion. Immer noch verbreitet ist die
Ansicht, die u. a. Karl Beth vertrat, daß der religiöse Mensch
sich seiner Gottheit demütig und ehrfürchtig naht, während
der Magier seine Götter durch Drohungen oder eine Art
Erpressung nötigt, ihm willens zu sein. Der gläubige Anhänger einer Religion, so heißt es, verlasse sich auf das Wohl-
wollen, die Gnade einer göttlichen Kraft, während der Zauberer sein geheimes Wissen anwendet, um Götter und Dämonen in seinen Dienst zu zwingen. Schon die Kenntnis
des wahren Namens eines Dämons verleiht dem Magier
Macht über ihn.

Nach dieser Ansicht gäbe es nur diese beiden Extreme.
In Wirklichkeit hat es sie nie gegeben, sondern nur Über-
gangsformen. Wir wissen von Sueton (*Caligula* 5; vgl. 22),
daß Caligula sich mit der Statue des Kapitolinischen Jupiter
unterhielt und sie auf Griechisch beschimpfte und bedroh-
te. Sueton berichtet auch (*Augustus* 16), daß Augustus laut
den Zorn Neptuns herausforderte und den Gott, als ein
Sturm die römischen Flotten vernichtet hatte, bestrafte, indem er bei den nächsten Zirkusdarbietungen sein Bild in
der Prozession nicht mitführen ließ. Es gibt weitere Beispiele für die Bestrafung (Auspeitschung) von Götterbildern (einiges im Kommentar von A. S. F. Gow zu Theokrit 7.108,
Cambridge, 1952). Solche Bräuche haben sich in Süditalien
und Sizilien bis in unser Jahrhundert erhalten (Norman
Douglas, *Old Calabria*, [1928], Kap. 31).

Anderseits finden sich religiöse Stimmungen in magischen Texten, und die Magier kennen Riten und Liturgien,
die auch dem Religionshistoriker geläufig sind. Eine scharfe
Trennung ist also nicht möglich. Religion und Magie bedürfen übersinnlicher Mächte; Magie und Religion haben
Techniken entwickelt, um mit diesen Mächten umzuge-
hen.

Ein wesentlicher Unterschied ist bisher kaum beachtet
worden. Die Magie fußt zwar auf einer Weltanschauung,
aber diese selbst ist nicht ohne weiteres greifbar; die Texte,
die wir haben, befassen sich fast immer mit einem konkre-

ten Problem, und jedes Problem ist anders und erfordert andere Ingredienzien, andere Formeln, wobei die Weltanschauung, die dahinter steht, verblaßt. Die Zauberpapyri sind eigentlich nichts anderes als eine große Rezeptsammlung. Das Judentum und das Christentum sind Buchreligionen, und ihre Entwicklung geht von der Interpretation heiliger Schriften aus. Ferner ist das Christentum – wie die platonische Philosophie – eine Vorbereitung auf den Tod und eine Verheißung des wahren Lebens nach dem Tode. In der Magie dagegen gilt das *hic et nunc*, obwohl einiges darauf hindeutet, daß der Zauberer sich auch in der nächsten Welt gewisse Privilegien versprach, nicht aufgrund eines untadeligen Lebenswandels, sondern weil er auf die Unterwürfigkeit derselben Mächte rechnete, die ihm in diesem Leben zu Diensten waren.

Man darf behaupten, daß Religion, ihrem Wesen gemäß, als moralische Instanz das Gute will und alle Sünden, die oft in einem Katalog definiert sind, bekämpft. Die Magie scheint keine Sünde zu kennen; sie ist skrupellos und ganz auf Erfolg gerichtet. Eine rituelle Verfluchung widerspricht eigentlich jedem religiösen Gefühl. Zwar ist die Bibel an Verdammungen nicht arm, aber sie geschehen im Namen einer Gottheit, deren Willen derjenige, der den Fluch ausspricht, zu kennen glaubt, während der Magier aus eigenem Ermessen handelt.

Ein hochgebildeter Mann wie Ovid scheint an die Macht der Verfluchung geglaubt zu haben. Er hat im Exil den *Ibis* verfaßt, ein fast beängstigendes Meisterstück der *poésie noire*, das aus lauter Verwünschungen eines ungenannten Feindes besteht. Es ist wohl von einem verlorenen hellenistischen Vorbild abhängig, aber durchaus von persönlichem Haß erfüllt. Der Geist ist demjenigen der Zauberpapyri verwandt, der Stil der eines großen Dichters der klassischen Zeit.

Was in den magischen Texten zu fehlen scheint, ist das menschliche Schuldbewußtsein und der Wunsch nach Vergebung. Für den Magier gibt es keine Sünde: er steht jenseits von Gut und Böse und kümmert sich nicht um Recht und Moral. Er befindet sich außerhalb der bürgerlichen Gesetze; nur das kosmische Gesetz erkennt er an.

Man könnte noch sagen, daß religiöse Handlungen normalerweise tagsüber und in der Öffentlichkeit vollzogen werden, während magische Rituale hauptsächlich nachts und in größter Heimlichkeit stattfinden. Es scheint, daß der Magier allein mit seinen Gottheiten ist; vielleicht steht ihm ein Gehilfe oder Lehrling bei; auch ein Außenstehender durfte sicher einer magischen Handlung gelegentlich beiwohnen, als Auftraggeber, Ratsuchender oder auch einfach aus Neugier. Aber eine größere Gemeinde kann man sich eigentlich bei diesen Operationen kaum denken. Die Mysterienkulte waren zwar geheim, aber durch Einweihung konnten Hunderte an ihnen teilnehmen; magische Riten waren sicher wesentlich exklusiver.

Schließlich trennte man in der Antike zwischen den Opfern, die man den himmlischen Göttern darbrachte und solchen, die für die Unterirdischen bestimmt waren; die letzteren wurden nachts vollzogen, und die Opfertiere waren schwarz, damit kein Mißverständnis möglich war. Auch hier ist vielleicht eine Wurzel der Magie zu suchen.

Es fragt sich eben, ob Religion und Magie nicht im Grund verwandte Phänomene sind und aus Anschauungen und Gefühlen entspringen, die dicht nebeneinander seit Jahrtausenden im Menschen lebendig sind. Aber Religion bedarf, wie es scheint, der Öffentlichkeit, des Tageslichts, um es so zu sagen. Religion bedarf des gemeinsamen Betens, Singens, Opferns. Im Gegensatz zum ›magischen Zischen‹ dem *susurrus magicus*, geschieht das Beten laut, so daß jeder hören kann, ob die Wünsche des Betenden lauter sind; und auch wenn nur ein Einzelner opfert, sehen alle zu und fühlen sich vereint. Religiöse Texte sind im allgemeinen leicht zugänglich – obwohl man das von den Orphischen Hymnen wohl nicht ohne weiteres behaupten wird; Zaubersprüche werden geheimgehalten.

Dennoch finden wir eine religiöse Stimmung in magischen Texten (etwa Nr. 23), aber das kommt vielleicht daher, daß die Magie zu allen Zeiten von der Religion entleh-

nen konnte. So ist es nicht überraschend, wenn der Gottes-
name des Alten Testaments oder auch der Name Jesus Christus in Zaubertexten auftauchen. Wenn diese Mächte so große Verehrung genossen, so waren sie sicher mit Vorteil auch
für magische Zwecke zu verwenden. Man experimentierte
mit ihnen, um den Zauber zu verstärken.

Anderseits ist die Bedrohung von Gottheiten, wie schon
angedeutet, auch im religiösen Bereich bezeugt. Als Germanicus, der Enkel des Augustus und Adoptivsohn des Tiberius 19 n. Chr. in Syrien starb (s. Nr. 11), brach offenbar im
Volk eine grenzenlose Empörung gegen die Götter aus, und
an seinem Todestag wurden Tempel mit Steinen beworfen,
Altäre umgestürzt und von vereinzelten Bürgern die Haus-
haltsgötter (*lares familiares*) auf die Straße geworfen. Hatten sich die Götter jedoch gnädig erwiesen, salbte und be-
kränzte man ihre Statuen und brachte ihnen alle erdenklichen Ehren dar. Auch hierin erkennt man den Glauben an
die »kosmische Sympathie«. Wird die Statue des Gottes ge-
küßt, spürt er irgendwie die Liebkosung; versetzt man ihr
einen Fußtritt, spürt er auch das. Von uns aus gesehen, widerspricht dies jedem religiösen Empfinden und scheint
eher dem Zwingen, Nötigen oder Erpressen der Gottheit
vergleichbar, wie es der Magier betreibt; und doch gehört es
ins Gesamtbild der antiken Religion – eigentlich seit Homer, wo sich die Götter gegenseitig beschimpfen und gelegentlich von Heroen verwundet werden –, und es ist oder
war offenkundig auch den gläubigen Christen in gewissen
Teilen Italiens nicht fremd.

Die Magie als Wissenschaft

In einem Zeitalter, dem Wissenschaft als solche unbekannt
war – außer Mathematik und Astronomie – konnte Magie
sich gleichsam wissenschaftlich gebärden. Ansätze zu wissenschaftlichem Denken finden sich in der Magie zweifellos, auch in der Alchemie, der Astrologie. Ein wissenschaftlicher Geist ist am Werk, aber er arbeitete mit einem »ererb-

ten Konglomerat«, wie E. R. Dodds in Anlehnung an Gilbert Murray es nannte, und dieses bestand zum größten Teil aus Folklore, die durch lange Tradition geheiligt war. Glaubte man dieser Tradition, so lag es nahe, sie philosophisch, d. h. wissenschaftlich, zu begründen und im täglichen Leben anzuwenden. Wer die geheimen Kräfte in der Natur (*physis*) kannte und sie zu nutzen wußte, war auf seine Art ein Naturwissenschaftler (*physikos*), wobei immer zu bedenken ist, daß die Magier weniger an der reinen Wahrheit interessiert waren als an der praktischen Ausnützung dessen, was sie zu wissen glaubten. Manchmal scheint es, als ob die antike Magie als Traum vieles vorausnähme, was uns heute durch die moderne Technik fast selbstverständlich ist: Wir fliegen durch die Luft, projizieren unsere Stimme drahtlos durch den Raum, sehen fern, kennen die Eigenschaften vieler Drogen ziemlich genau. Magie ist Wirklichkeit geworden und steht praktisch jedem zur Verfügung.

In einem ganz anderen Sinn war Magie auch damals Wirklichkeit, denn was sich in der menschlichen Seele abspielte, konnte nicht genau von außen her beschrieben werden. Wir dürfen annehmen, daß die Schamanen der alten Welt nicht nur aus Pflanzen gewisse Drogen gewannen, sondern daß sie auch Techniken oder Disziplinen wie Hypnose, Autosuggestion, Fasten, Schlafentzug, langes Beten anzuwenden wußten. Manche Religionen gebrauchen diese Techniken ebenfalls. Man erzielte Resultate mit ihnen. Aber die Tendenz, vor allem in der Spätantike, war eben doch, diese Resultate auf überirdische Mächte zurückzuführen.

Die antike Magie konnte zu denselben Ergebnissen gelangen wie die Wissenschaft, aber sie schrieb sie nicht dem menschlichen Verstand zu, nicht dem geduldig wiederholten und unbegrenzt wiederholbaren Experiment, sondern einer übernatürlichen Offenbarung. Magie hatte die materielle Welt zum Gegenstand, operierte aber mit unsichtbaren Mächten. Diese Mächte konnten, wie man glaubte, durch den Magus kontrolliert oder manipuliert werden; durch sie gewann er Wissen und Macht über die Gegenwart wie die Zukunft. So war Magie in der Antike eine esoterische Technik, eben eine Geheimwissenschaft, etwas, das nicht allen zugänglich war, was durch eine Gottheit offenbart wurde oder in das man eingeweiht werden mußte.

Die antike Magie beruht auf »primitiven«, das heißt, sehr alten und relativ einfachen Vorstellungen, aber in der Form, in der sie uns überliefert ist, scheint sie alles andere als primitiv. Diese Form von Magie gab es nur in den hoch entwickelten Kulturen, und sie war ihr wesentlicher Bestandteil. Nicht nur die sogenannten »unteren« Klassen glaubten an Magie, sondern auch die Gebildeten, die »Intellektuellen«.

Nigidius Figulus und Plinius der Ältere

Eine faszinierende Gestalt des 1. Jahrhunderts v. Chr. muß wenigstens kurz erwähnt werden, P. Nigidius Figulus, römischer Senator, Freund und Berater Ciceros, »Neupythagoreer«, Polyhistor und Okkultist. Er verfaßte vor Varro ein Werk über römische Religion, in dem er unter anderen auch Orpheus und die persischen »Magier« (vermutlich die Orakel des Hystaspes) als Gewährsleute nannte. Er beschäftigte sich mit der etruskischen Haruspizin, den Augurien, der Deutung von Donner und Blitz, der Traumdeutung und der Astrologie. Er war, wie es scheint, mit babylonischen Texten (in griechischer Übersetzung) vertraut. Plinius nennt ihn zwar nicht ausdrücklich im Index der von ihm benutzten Autoren, hat ihn aber fast sicher gekannt. Man hat Nigidius mit zweideutigen Figuren wie Bolos von Mendes verglichen, einem Zeitgenossen des Kallimachos, der ihn als Verfasser von Pseudo-Democritea entlarvte. Als Sammler von Mirabilien wurde auch Bolos von Plinius benützt. Nigidius hat seine Zeitgenossen und die Nachwelt durch das Wissen, das er zusammentrug, aber auch durch spektakuläre Prognosen beeindruckt.

Die sogenannte Naturgeschichte des älteren Plinius (23/24–79 n. Chr.) ist eine umfangreiche Kompilation der damaligen Wissenschaft, Pseudowissenschaft und Technologie. Plinius hat Hunderte von Autoren, zum großen Teil aus der späthellenistischen Periode, exzerpiert und verarbeitet. Sein Werk, das in der Spätantike und im Mittelalter großes Ansehen genoß und auch für den heutigen Forscher wichtig ist, befaßt sich mit Kosmologie, Geographie, Anthropologie, Zoologie, Botanik, Pharmakologie, Medizin, Mineralogie, Metallurgie und Kunstgeschichte. Plinius war kein wissenschaftlicher Geist vom Rang eines Aristoteles, aber ein unermüdlicher Leser, der sich ständig Notizen machte und sie in mehr oder weniger systematischer Form verarbeitete. »Naturgeschichte« ist eine Fehlübersetzung, denn *Historia* hat noch die ursprüngliche Bedeutung »Erforschung«, wie bei Herodot. Man kann geschichtliche Ereignisse, man kann aber auch das Reich der Natur erforschen. Plinius ist ein philosophisch gebildeter römischer Polyhistor, dessen Philosophie stark durch Poseidonios geprägt ist, die also für Magie und Mantik und für Volksglauben in »wissenschaftlicher« Verkleidung Platz bietet. Plinius' Wissensdurst läßt sich mit demjenigen von Apuleius vergleichen, obwohl er ihn nicht auf die Abwege geführt hat, die dem Verfasser der *Metamorphosen* und der *Apologie* beinahe zum Verhängnis wurden. Aber Plinius nimmt alte Überlieferungen ernst, glaubt an göttliche Mächte, an eine göttliche Vorsehung und ist überzeugt, daß die Eigenschaften gewisser Kräuter und Wurzeln der Menschheit zu ihrem eigenen Wohle von den Göttern offenbart worden sind. Daneben anerkennt er auch die Rolle des Zufalls: Die Menschheit hat gewisse Erkenntnisse und Erfahrungen rein zufällig erworben, sie aber experimentell bestätigt und entwickelt. Göttliche Mächte haben uns auf verschiedenen Wegen näher zur Wahrheit geführt, uns aber nicht alles in den Schoß gelegt, und darin beruht eigentlich der Fortschritt, so wie wir ihn heute verstehen. Und dieser Fortschritt, so meint Plinius, hört nicht auf.[2] Wie er sich kurzfristig auswirkt, ist nicht wichtig.

Was Plinius bewahrt, ist die Wissenschaft seiner Zeit, aber es ist unmöglich, sie vom jahrhundertealten Volksglauben, vom Aberglauben zu trennen. Der Volksglauben braucht nicht unbedingt falsch zu sein; das zeigt die Geschichte der Medizin, aber es gab für Plinius keine Kriterien, das Wahre vom Falschen zu scheiden, und auch heute gibt es sie wohl nur bedingt. Aber auch das ist Fortschritt, daß immer mehr solcher Kriterien gefunden werden.

Plinius war nicht völlig davon überzeugt, daß Magie wirklich etwas ausrichtet, und er stand den Behauptungen der berufsmäßigen Zauberer skeptisch gegenüber (25.59; 29.20; 37.75); denn die Zauberer hätten schwerlich ihre Formeln und Rezepte niedergeschrieben, wenn sie nicht im Grunde die Menschheit haßten und verachteten (37.40). Ein bemerkenswerter Gedanke: wenn die Zauberer selbst die Götter verachten und sie zu niedrigen Dienstleistungen zwingen, um wieviel verächtlicher müssen ihnen die Menschen sein! Nero, der sich mit okkulten Wissenschaften abgab und die besten Lehrer hatte (wie später Julian), hätte eigentlich ein großer Magier sein müssen, aber dafür spricht nichts (30.5–6). Dennoch macht Plinius eine Konzession: Auch wenn Magie wenig wirksam ist, hat sie doch »Schatten der Wahrheit« erhascht (*veritatis umbras*), und zwar dank der Künste, Gift herzustellen (*veneficae artes*). Es sind also gewisse Substanzen, die wirken, nicht so sehr ein bestimmtes Ritual oder Beschwörungen. Gleichzeitig sagt Plinius: »Alle haben Angst vor Beschwörungen« (28.4), und er scheint keine Ausnahme für sich selber zu machen. Amulette und ähnliches, was die Menschen damals trugen, scheint er weder zu empfehlen noch zu verbieten; er nimmt sie einfach als Brauch zur Kenntnis. Man könnte seine Einstellung folgendermaßen beschreiben: Es gibt rätselhafte Mächte, und der Mensch muß ihnen gegenüber vorsichtig sein, denn jederzeit könnte eine ganz neue, besonders wirksame Technik erfunden, entwickelt oder angewendet werden.

In seinem umfangreichen Werk beschäftigt Plinius sich öfters mit Heilmitteln und Drogen, und zwar vor allem mit solchen, die aus Kräutern gewonnen werden. Seine Medizin ist im wesentlichen die damalige Volksmedizin, die aber schon eine lange Geschichte hatte und nicht als völlig unwissenschaftlich gelten darf.[3] Man hatte rein erfahrungsmäßig gewisse Wirkungen festgestellt, und die griechischen und

römischen Ärzte zu Plinius' Zeiten verwendeten pflanz-
liche Heilmittel und Tinkturen, empfahlen aber auch Diät,
Sport und Mineralbäder. Hinter allem stand der Glaube an
die »Heilkraft der Natur«, *vis naturae medicatrix*. Oft erwähnt Plinius natürliche Substanzen, deren Wert heute wieder anerkannt ist, und empfiehlt sie zum äußerlichen und
innerlichen Gebrauch wie zum Beispiel Bienenhonig.

Im Ganzen überliefert Plinius Tausende von Rezepten,
vor allem in den Büchern 20–32. Er selber bevorzugt einfache Kräuterpräparate, beschreibt aber auch Mixturen und
Drogen, die von den *magi* angegeben werden, obwohl er
ihnen eigentlich mißtraut. Der Anfang von Buch 30 gilt den
magi, und Plinius erwähnt sie auch sonst, besonders in den
Büchern 28 und 29.[4] Für ihn sind das eigentlich Hexer, obwohl er Priester fremder Religionen, wie die Druiden der
Kelten in Gallien und Britannien nicht auszuschließen
scheint. Auch Moses rechnet er zu den berühmten *magi*,
fast, als hätte er von seinem Auftritt vor Pharao (*Exodus*
7.8–14; 8.1–15) gehört. Nach seiner Ansicht erstreckt sich die
Macht der *magi* vor allem auf drei Gebiete: *medicina, religio*
und *artes mathematicae*, also »Heilkunst«, »Ritual« und
Astrologie. Es ist eine eigenartige Aufteilung, aber sie läßt
sich begründen, denn manche berufsmäßigen Magier jener
Zeit versuchten sich auch in Wunderheilungen und verstanden etwas von Astrologie. Plinius' *religio* entspricht nicht
schlechthin unserer ›Religion‹; es bedeutet im allgemeinen
»Ausdruck des Glaubens an übernatürliche Mächte« und
kommt gelegentlich unserem »Aberglauben« nahe. (Vgl.
II.250–51.)

Im Grunde wußte auch ein gebildeter, aufgeklärter und
außerordentlich belesener Römer wie Plinius nicht, was er
glauben und was er ablehnen sollte. So ist es verständlich,
daß er in seinem Werk im Interesse der Leser nicht nur das
bietet, was er für richtig hält, sondern auch manches, was
ihm zweifelhaft vorkommt, eben den Volksglauben oder
Aberglauben von Jahrhunderten. Er hat wenig Sympathie
für die berufsmäßigen Magier, nennt sie »Betrüger« oder
»Scharlatane« und muß doch fast widerwillig zugeben, daß

ihnen gewisse Effekte gelingen. Dieses Dilemma, das er scheinbar nie ganz überwunden hat, kann am besten durch folgenden Ausspruch illustriert werden (28.85): »Man behauptet allgemein, daß man nur Menstruationsblut an die Türpfosten zu schmieren braucht, um die Tricks der Magier, dieser unnützen Scharlatane, zu vereiteln. Ich möchte auf jeden Fall gern daran glauben.«

Man kennt die Haltung des Libanios von Antiochien (4. Jahrhundert n. Chr.). Dieser gebildete und produktive Literat und Professor der Rhetorik (er gilt als Lehrer Gregors von Nazianz und anderer Kirchenväter, obwohl er selber dem Heidentum treu blieb) beklagt sich in einer Rede (Nr. 36 Förster), daß er behext worden sei und daß seine Schüler nicht genügend Anteilnahme an seinem Mißgeschick gezeigt hätten (dazu C. Bonner, *TAPhA* 63 [1932&], 34 ff). Auch seine *Selbstbiographie* (hg. von J. Martin [Paris, 1979]) ist aufschlußreich; vgl. z.B die Abschnitte 245 ff.

Schamanen

In den Jahrhunderten zwischen Homer und dem Perikleischen Zeitalter wirkten in der griechischen Welt einige mit übersinnlichen Fähigkeiten begabte Persönlichkeiten, die man nicht leicht einordnen kann. Zum Teil gehören sie in die Geschichte der griechischen Philosophie und Wissenschaft, zum Teil in den Bereich der griechischen Religion, aber sie waren auch Wundertäter oder *magoi*. Es ist ein Phänomen, das sich jeder Etikettierung entzieht und für das die modernen Sprachen – die alten im Grunde auch – keinen Namen haben. In seinem wichtigen Buch *The Greeks and the Irrational* hatte E. R. Dodds 1951 die Bezeichnung »Schaman« vorgeschlagen, die er anderen Kulturen entlehnte, und sie hat sich durchgesetzt. Ein Schaman ist das, was die nordamerikanischen Indianer einen Medizinmann nennen. Das Wort stammt aus der Sprache der Tungusen und bedeutet »Priester«, oder eben »Medizinmann«.[5] Schamanismus beruht im allgemeinen auf Animismus und Ahnenvereh-

rung.[6] Ein angehender Schaman mußte sich einer strengen
Schulung oder Disziplin unterwerfen, die auch Askese einschloß: Langes Fasten und Beten, freiwilliger Schlafentzug,
Leben in der Einsamkeit (in der Wüste, auf einem hohen
Berg), vielleicht auch das Kauen von gewissen Drogen –
dies alles führte zu Visionen, die den Berufenen dem alltäglichen Leben entrückten und Kraftquellen aus einer anderen Welt zu erschließen schienen, Kräfte, die dann der Gemeinschaft dienten.

Die Überlieferung, die an drei große Schamanen der alten Welt – Orpheus, Pythagoras und Empedokles – an-
knüpft, zeigt, daß es das Phänomen auch in Griechenland
gab, allerdings eben in griechischer Ausprägung.

Diese drei Persönlichkeiten haben auffallende Ähnlichkeiten; sie unterscheiden sich aber auch voneinander. Orpheus ist eine halb mythische Figur, aber die nach ihm be-
nannte Orphik gab es, und solche Bewegungen haben ihre
Gründer. An der historischen Realität von Pythagoras und
Empedokles kann kein Zweifel bestehen; beide gehören ins
5. Jahrhundert v. Chr.; Orpheus wird mindestens ein Jahrhundert vor ihnen anzusetzen sein.

Orpheus und Pythagoras haben Schulen oder Sekten gegründet, die sie offenbar einige Zeit überlebten; zwischen
dem 1. Jahrhundert v.Chr. und dem frühen 3. Jahrhundert
n.Chr. gibt es sogar eine neupythagoreische Schule, deren
Berufung auf alte Überlieferungen allerdings von der Forschung nicht ernst genommen wird. Empedokles hat zwar
Schüler gehabt, aber nicht eigentlich eine Schule, obwohl
sich die sogenannte sizilische Ärzteschule, die ziemlich lange blühte, auf ihn berief.

Alle drei haben ihre Gedanken in Dichtungen oder Prosa
niedergelegt, oder ihre Schüler haben sie aufgeschrieben,
wie das in der Antike nicht ungewöhnlich war. Was wüßten
wir von Sokrates ohne Platon? Auch Plotins Werke fließen
aus dem Strom seiner mündlichen Vorträge. Daß Empedokles zwei großartige philosophische Dichtungen – *Natur*
und *Reinigungen* – verfaßt hat, darf als sicher gelten; nur
Fragmente haben sich erhalten. Aber wenn wir die Überlie-

ferung, die Zeugnisse, die als echt anerkannten Fragmente
betrachten, ergibt sich ein merkwürdig einheitliches Gesamtbild. Wir haben es in einer bestimmten Phase der griechischen Geistesgeschichte mit dem Typus des Wundertäters zu tun, der gleichzeitig ein origineller Denker und ein
großer Lehrer ist, aber auch Dichter und Priester sein kann.
Was wir als Wissenschaft bezeichnen, wurde nicht verschmäht, wie Pythagoras' mathematische Interessen zeigen;
dies wiederum scheint für ihn charakteristisch zu sein. Der
Durst nach Wissen, nach Erkenntnis war da, aber ihn zu
befriedigen gab es vielerlei Möglichkeiten. Man darf sich
nicht vorstellen, daß alle diese Bewegungen sich gegenseitig
vertrugen, obwohl nach der Überlieferung Empedokles py-
thagoreisches Gedankengut kannte. Es sind vielmehr verschiedene Ansätze, die Wirklichkeit zu erforschen, zu verstehen und in irgendeiner Form zu meistern. Vielleicht ist
es auch charakteristisch für die griechische Welt, daß keine
dieser Bewegungen sich durchsetzen oder auch nur behaupten konnte. Sie stießen auf den Widerstand ihrer Zeitgenossen, die beharrlich am »ererbten Konglomerat« festhielten
und dem Neuen feindlich gegenüberstanden. In der Überlieferung leben Orpheus, Pythagoras und Empedokles als ge-
niale, überbegabte, aber im Grunde tragische Gestalten weiter. Dies ist vielleicht noch nicht genügend hervorgehoben
worden: es scheint, daß schon für die Griechen Genialität,
ungewöhnliche Begabung – eben das »Göttliche« im Menschen – fast unweigerlich mit Tragik verbunden war. Der
von Gott gesandte Schaman steht außerhalb der Gesellschaft, und sie läßt es ihn fühlen, wenn sie zum Zuge
kommt. Um seine Rolle auf dieser Erde zu spielen, muß der
echte Schaman das Leid erfahren.

»Schaman« leistet als Bezeichnung bessere Dienste als
»Medizinmann« oder »Magus« oder »Thaumaturg« (d. h.
Wundertäter), solange man sich einig ist, was man darunter
versteht. Ein Schaman ist, wie Dodds ihn definiert, »eine
psychisch labile Persönlichkeit«, die die Berufung zu einem
höheren religiösen oder philosophischen oder magischen
Leben erhalten hat, die sich einer strikten asketischen Dis-

ziplin unterzieht (langes Fasten und Beten in der Einsamkeit), die übersinnliche Kräfte empfängt (oder die Kräfte,
die in ihr ruhen, aktiviert), die in Prosa oder Dichtung zu
lehren versteht; sie kann unter Umständen Kranke heilen,
sogar Tote zum Leben erwecken, versteht die Sprache der
Tiere, kann gleichzeitig an zwei verschiedenen Orten sein
usw.[7] Vermutlich hat kein antiker Schaman alle diese Fähigkeiten für sich in Anspruch genommen.

Doch die Definition paßt auf Orpheus, Pythagoras und
Empedokles. Man hat den Eindruck, daß die Griechen solche Persönlichkeiten – Gottmenschen hat man sie genannt – immer wieder nötig hatten, sei es auch nur als Bestätigung dafür, daß zwischen Göttern und Menschen eine Art
Bindeglied bestand. Man glaubte zwar an Götter, aber die
Gestalt des großen Schamans gab dem Glauben die Grundlage, die er manchmal brauchte. Der Schaman scheint ein
Einzelgänger gewesen zu sein – mit Schülern wohlverstan-
den – oft im Gegensatz zu dem, was man heute das priesterliche »Establishment« nennen würde. Deshalb die Anfein-
dungen, die Konflikte.[8]

Orpheus lebt im Mythos als großer Dichter, Sänger und
Musiker fort, aber er hat offenbar auch eine religiöse Bewegung gegründet, die Orphik. Durch seine Musik konnte er
Vögel anlocken, wilde Tiere besänftigen, und Bäume folgten ihm, wenn er sang und seine Leier spielte. Alle diese
Fähigkeiten sind typisch für den Schaman. Wie andere Schamanen lernte Orpheus auch das Land der Toten kennen,
bevor er selber sterben mußte, und kehrte zu den Lebenden
zurück. In der Überlieferung ist dieses Erlebnis mit einer
Liebesgeschichte verbunden, aber das ist wohl kein ur-
sprünglicher Bestandteil der Sage. Es gibt eine ganze Reihe
von Gestalten des griechischen Mythos, die aus irgendeinem Grund in das Reich der Toten abstiegen – Herakles,
Dionysos, Orpheus, Theseus – und zurückkamen. So konnten sie den Lebenden von jener anderen Welt Nachricht
überbringen; gleichzeitig überwanden sie den Tod, und was
ihnen gelang, galt stellvertretend für eine ganze Gemeinde,
Schule oder Sekte. Wer in die orphischen oder dionysischen

Mysterien eingeweiht war, durfte hoffen, ebenfalls den Tod zu überwinden; ihm war ein ewiges Leben verheißen. Orpheus fand einen dramatischen Tod, aber sein magisches Ich lebte weiter als singender Kopf, der noch viele Jahre später Orakel erteilte. Man kann also sagen, daß ein Schaman wie Orpheus zweimal starb, aber im Grunde starb er auch zum zweitenmal erst dann, als sein Kult ein Ende fand.

Die *Orphischen Hymnen* sind spät (4. bis 6. Jahrhundert n. Chr.) entstanden und erinnern hier und dort an die Zauberpapyri, besonders an die drei Hymnen des Großen Zauberpapyrus in Paris. Nur fragmentarisch bekannt sind die orphischen *Soteria* (»Heilmittel« oder »Zaubersprüche«?).

Schon die älteste Überlieferung, nicht erst spätere Legende, schrieb Pythagoras übernatürliche Fähigkeiten zu.[9] Pythagoras hatte angeblich einen goldenen Schenkel; Flüsse, an deren Ufer er trat, begrüßten ihn; er konnte die Zukunft voraussagen und an zwei Orten zur gleichen Zeit sein. Wie Orpheus soll er Macht über die Tiere gehabt haben; er selber achtete alle Tiere und verbot den Fleischgenuß. Wer die Lehre von der Seelenwanderung (Metempsychose) vertrat, mußte natürlich als strenger Vegetarier leben und andere dazu anhalten. Man hat Pythagoras schon früh als Sonderling betrachtet und sich über ihn lustig gemacht; das zeigt folgende von Xenophanes (Fr. 7a West)[10] erzählte Geschichte: Der Philosoph empörte sich einmal, als ein Mann seinen Hund so grausam verprügelte, daß das arme Tier laut schrie. »Halt ein!« soll Pythagoras gerufen haben; »Schlag ihn nicht! Es ist die Seele eines lieben Freundes; ich habe sie an der Stimme erkannt.« Aber selbst Witze zeigen, wie schwierig es war, eine solche Persönlichkeit zu verstehen. Alles deutet darauf hin, daß er irgendwie über das normale menschliche Maß hinausragte: er hat die Attribute eines Magiers, eines Schamans.[11] Seine Schule, die bis um die Mitte des 5. Jahrhunderts in Großgriechenland blühte, wurde durch einen Akt schwerverständlicher Brutalität ausgerottet, und die Anhänger entflohen. Man kann vermuten, daß auch hier das priesterliche »Establishment« eine Art Häresie unterdrücken wollte.

Empedokles glaubte, Kranke heilen und alte Menschen verjüngen zu können. Ferner hieß es, er könne das Wetter beeinflussen, also etwa Regen machen, wenn Dürre herrschte, oder Stürme bannen. Auch Tote soll er beschworen haben, ähnlich wie Odysseus in der *Nekyia*. Es scheint also, daß seine Anhänger in ihm einen großen Wundertäter sahen. Man fragt sich nur – und Dodds hat dies geistvoll formuliert[12] –: Wie konnte Empedokles gleichzeitig Philosoph, Wissenschaftler und Magier sein? Oder hat er in seinem Leben verschiedene Phasen durchlaufen? Fing er als Magier an, verlor dann den Glauben an seine Fähigkeiten und wurde Wissenschaftler? War er ursprünglich Philosoph und experimentierte dann mit orphischen und pythagoreischen Ideen? Aber vielleicht darf man, wie Dodds ebenfalls erwägt, solche Fragen gar nicht stellen; offenbar war Empedokles ein Schaman, der von Anfang an alle diese Fähigkeiten gleichzeitig besaß, gleichzeitig Dichter, Seher, Lehrer und Denker war. Für ihn und seine Schüler gab es keinen Widerspruch zwischen diesen Begabungen und Berufungen: sie bildeten eine Einheit.

Das Wunderbare, Unerklärliche scheint zum Wesen des Schamans zu gehören. Wenn er daneben auch noch dichten kann (an sich schon eine göttliche Gabe) und eine neue Religion oder Philosophie verkündet, die Anhänger findet, oder wenn er Lehrsätze aufstellt, die offensichtlich wahr sind, wie das pythagoreische Theorem (das allerdings älter ist), dann ist es vor allem das, was uns interessiert; auf das Magische möchten wir gern verzichten. Nicht so die Menschen der Antike. Das Wunderbare galt ihnen als Bestätigung, daß sie es mit einem besonders begnadeten Menschen, einem Gottmenschen (*theios aner*) zu tun hatten.

Nach dem Tod des Empedokles scheint die Fülle dieser Fähigkeiten abzunehmen. Die Schamanen beginnen, sich zu spezialisieren. Der eine kann nur noch Kranke heilen, der andere sagt nur noch die Zukunft voraus; im allgemeinen gibt es nicht mehr so überragende Gestalten wie die eben besprochenen. Jesus Christus und Apollonios von Tyana sind vergleichbar, aber sie gehören anderen Kulturen, einem anderen Zeitalter an. Von ihnen wird noch die Rede sein. Die Spezialisierung der geistigen oder übersinnlichen Gaben, die eintrat, wird von Paulus im *Ersten Brief an die Korinther*, aber auch von Plutarch in seiner Schrift *Über den Rückgang der Orakel* festgehalten. Vielleicht kann man bei Plutarch eine pessimistische Strömung entdecken: es ist nicht mehr so wie in der großen Zeit des Heiligtums von Delphi. Die alten Götter oder wenigstens die Dämonen sind alt und müde geworden, und gottähnliche Gestalten wie Pythagoras wandeln nicht mehr auf Erden. Schmerzlich wird der Gegensatz zwischen der Gegenwart und einer halb mythischen Vorzeit empfunden. Für Paulus allerdings bedeutete die Frohe Botschaft Jesu den Anbruch eines neuen, besseren Zeitalters.

Jesus von Nazareth, Simon Magus und Apollonios von Tyana

In der frühen Kaiserzeit begegnen uns Männer, die dem oben beschriebenen Typus des Schamanen der archaischen Zeit nicht unähnlich sind. Man könnte auf Jesus Christus und den Neupythagoreer Apollonios hinweisen, daneben auch auf den eher unrühmlichen »Magier« Simon. Rein äußerlich gesehen, sind sie vergleichbar und doch im Wesen grundverschieden. Es ist schwierig, religionsgeschichtliche Phänomene völlig objektiv und vorurteilslos zu besprechen, obwohl das eigentlich das Ziel jeder wissenschaftlichen Untersuchung sein muß. Die Schwierigkeit hängt zum Teil damit zusammen, daß nur die von Jesus verkündete Lehre heute noch lebendig ist; Simon bildet in der uns zugänglichen Tradition als eine Art Möchte-gern-Christus eine etwas groteske Figur, während Apollonios wohl bewußt die Nachfolge von Pythagoras antrat und als Wundertäter und Lehrer noch lange nach seinem Tod Verehrung genoß. Für Jesus und Apollonios haben wir die Zeugnisse von Anhängern und Bewunderern, für Simon wohl nur das Urteil der Feinde; das spielt natürlich eine Rolle.

Manchen Juden und Heiden galt Jesus als Magier. Er trieb Dämonen aus, heilte Kranke, erweckte einen Toten zum Leben, sagte Ereignisse voraus, aber sein Wandeln auf den Wellen ist eigentlich das einzige spektakuläre Wunder, das sich mit den Erfolgen von Moses und Aaron vergleichen läßt, als sie die ägyptischen Magier herausforderten. Jesus hat, soviel wir wissen, keine Totengeister beschworen.

Man hat ihn in der Antike beschuldigt, die »Namen der Engel der Macht« aus den Tempeln Ägyptens entwendet zu haben (Arnobius, *Adv. Gent.* 1.43). Diese »Engel der Macht« sind wohl als »Dämonen höherer Ordnung« zu verstehen,[13] und da Ägypten als »Land der Magie« galt, konnte man behaupten, daß Jesus während seines Aufenthalts in Ägypten bei den dortigen Magiern in die Lehre gegangen sei.

Seine gesamte Lebensgeschichte ist durch übernatürliche Elemente geprägt: Seine göttliche Abstammung, die Ankündigung seiner Geburt und die Geburt selber, die Gefahr, der er sofort ausgesetzt ist, seine Anerkennung oder Berufung durch Johannes den Täufer, einen etwas älteren Evangelisten, der dann in den Hintergrund tritt, seine Begegnung mit Satan, einem mächtigen Dämon, der alles Böse in der Welt vertritt, der geistige *Agon*, in dem er siegt, und die Absage, die er dem Dämon erteilt. Diese Erlebnisse und Begegnungen haben Parallelen in anderen Kulturen: Herakles wird als Säugling bedroht; Abaris zieht sich vor Pythagoras in den Hintergrund zurück; Zoroaster muß sich gegen böse Dämonen wehren. In der Überlieferung steht Jesus in gewissem Sinn als ein Held da, der seinen Anspruch gegen feindliche Gewalten verteidigen, aber auch seinen besonderen Rang gegen ihm wohl gesinnte Vorgänger und Vorbilder beanspruchen muß.

Wichtig ist wohl dies: Jesus wurde herausgefordert, seine göttliche Abstammung durch Wunder oder magische Handlungen zu beweisen, und er weigerte sich, die Art von Magie, die manche von ihm erwarteten, auszuführen, obwohl er – und das ist der Eindruck, den die Erzählungen hinterlassen – dies ohne weiteres hätte tun können (s. Anm. 46).

Was er tat, erfolgte spontan und aus Mitleid, nicht nur, um Zweifler zu bekehren oder um seine Lehre zu untermauern; im Gegenteil, er war ungehalten, wenn jemand »Zeichen und Wunder« von ihm verlangte. Man gewinnt den Eindruck, daß Magie aus ihm »strömte«, nicht weil er es bewußt so gewollt hätte oder als Ergebnis komplizierter Riten, sondern weil in ihm eine besondere Kraft (*dynamis*) verfügbar war. Jesus' heilende Kraft wirkte, wenn der Kranke und die Umstehenden an ihn glaubten (*Lukas* 8), aber auch dann, wenn der Kranke gar nicht merkte, daß er Heilung fand (*Matthäus* 8). Ein besonders starker Glaube scheint nicht erforderlich zu sein; die heilende Kraft tut ihr Werk, und der Glaube stellt sich ein. Glaube trägt zum Wunder bei, aber das Wunder schafft Glauben.

Es ist auch bemerkenswert, daß Jesus nie behauptete, durch sich selber Wunder zu wirken. Er glaubte, daß seine Kraft vom Vater her kam und ihm einfach zur Verfügung stand, ohne Riten, Formeln und Beschwörungen. Auch nahm er nie Bezahlung an; denn er betrachtete es als einen Teil seines Auftrags, die Kranken zu heilen, und gab seine Fähigkeit an seine Jünger weiter.

Die Überlieferung im *Matthäus-Evangelium*, daß Jesus als Kind nach Ägypten kam, wurde von Gegnern benützt, ihn zum Magier zu stempeln; denn dort konnte man okkulte Künste lernen; dort soll man ihm angeblich Zauberformeln auf den Körper tätowiert haben.[14] In der rabbinischen Überlieferung wird auch gesagt, Jesus sei »geisteskrank« gewesen, doch das beschreibt nur den besonderen Geisteszustand des Schamans, der manchmal in Trance gerät. Die Evangelien sprechen vom »Geist, der sich herabsenkt«, die Gegner von einem »Dämon, der Besitz ergreift«, aber sie beschreiben dasselbe mystische Erlebnis.[15]

Man muß moderne Hypothesen, die sich auf solche Berichte stützen, mit Vorsicht behandeln, denn das Material, das ihnen scheinbar Nahrung gibt, stammt aus Quellen, die Jesus und der frühen Kirche gegenüber feindselig gesinnt waren. Die »Parallelen« aus den Zauberpapyri sind auch von zweifelhaftem Wert, denn sie können nie beweisen, was

sie beweisen sollen, ist es doch immer möglich, daß diese
Texte von apokryphen Geschichten über Jesus, die herum-
geboten wurden, beeinflußt sind. Wir haben schon gesehen,
wie bereitwillig die Magier ihrem Bestand von Formeln, Namen und Riten Neues hinzufügten, nach dem Grundsatz:
Wenn es den anderen nützt, kann es auch uns nützen. Es
gibt in der antiken Magie eine eindrucksvolle Kontinuität
und Konsistenz; das Alte wurde ständig von außen her bereichert und variiert. Aus der Sicht eines ägyptischen Magiers mochte Jesus, etwas kraß ausgedrückt, ein besonders
erfolgreicher Kollege aus einer anderen Kultur sein, von
dem man einiges lernen konnte.

Simon heißt ein *magus*, von dem die *Apostelgeschichte*
8.9 ff berichtet, der aber auch anderswo erwähnt wird. Er
war in Samarien zur Zeit der Kreuzigung Jesu tätig. Seine
Anhänger nannten ihn »die Kraft Gottes, welche die ›große
Kraft‹ genannt ist«. Dieser Simon war von den Heilungen
und Austreibungen des Evangelisten Philipp stark beeindruckt. Er bekannte sich zum neuen Glauben, ließ sich tau-
fen und bat die Apostel, ihm ihre besondere Fähigkeit gegen Entgelt abzutreten. Dies ist die typische Einstellung des
berufsmäßigen Magiers und beleuchtet, was oben gesagt
worden ist. Für Simon ist das Charisma des neuen Glaubens eine Art Zaubermittel, das man käuflich erwerben
kann. Sicher hatte er auch für die ihm bisher bekannten Zaubermittel jeweils den verlangten Preis entrichtet. Die scharfe Zurechtweisung, die Petrus ihm erteilt und die er ganz
gelassen hinnimmt, zeigt deutlich, daß die frühe Kirche mit
solchen Praktiken nichts zu tun haben wollte.

Auch Justinus der Märtyrer (z. B. in seinem *Dialog mit
Tryphon* Kap. 120) berichtet von Simon: Er sei ein aus Samarien gebürtiger *magus* gewesen, dessen Anhänger ihn als
den höchsten Gott verehrten; eine ehemalige Dirne phönizi-
scher Abstammung namens Helena sei seine Gefährtin gewesen; sie wurde als die »primäre Idee« betrachtet, die aus
ihm entsprang; doch galt sie auch als eine »gefallene Größe«, zu deren Rettung Simon erschienen war. Justin berichtet ferner, daß auf der Tiberinsel in Rom eine Statue zu Eh-

ren von Simon errichtet wurde, mit einer Inschrift *Simoni deo sancto* »Simon, dem heiligen Gott«. Durch einen ganz erstaunlichen Zufall fand man in Rom eine Inschrift, die mit den Worten *Semoni sanco deo*, also »dem Gott Semo Sancus«, einer alten italischen Gottheit, begann. Es handelt sich also um ein Mißverständnis, wenn man nicht annehmen will, daß Simons Anhänger das alte Kultbild als Bestätigung des göttlichen Ursprungs ihres Lehrers anführten.

Offenbar hat Simon eine eigene Dreifaltigkeit gelehrt, in der er selber der Vater war, Jesus der Sohn und in der Helena eine ungefähr dem Heiligen Geist entsprechende Stellung einnahm; gleichzeitig konnte er aber auch alle drei Personen sein. Diese bemerkenswerte Theologie zeigt, wie geschickt Simon das Evangelium seinen eigenen Bedürfnissen anzupassen wußte. Es sieht fast aus, als habe er seine Karriere als *magus* begonnen (er soll seine Künste in Ägypten gelernt haben), sei dann aber, durch das Vorbild von Jesus inspiriert, Gründer einer Lehre und eines Kults geworden, der vom Christentum das entlehnte, was ihm brauchbar schien. Das Paar Simon und Helena wurde vor den Statuen von Zeus und Athena verehrt; also wollte er es auch mit den Heiden nicht ganz verderben. Die Priester dieser schillernden Religion sollen Magie und freie Liebe praktiziert haben.

Simon Magus scheint, nach allem, was wir von ihm wissen, kein echter Schaman gewesen zu sein. Anders als Jesus beschwor er Dämonen zu eigennützigen Zwecken, war auch Nekromant und behauptete sogar,[16] ein menschliches Wesen geschaffen zu haben. Der Text ist wohl verderbt, aber der Sinn scheint klar: Simon hatte den Geist eines unschuldigen Knaben, der einem Mord zum Opfer gefallen war, beschworen und ihn gezwungen, in einen neuen Körper, den er aus Luft geschaffen hatte, einzugehen. Prahlerisch bemerkte er, dies sei eine viel größere Leistung als die Erschaffung Adams durch den Gott des Alten Testaments: »denn er hat einen Menschen aus Erde geformt, ich dagegen aus Luft, was wesentlich schwieriger ist.« Doch als die Leute seinen *homunculus* sehen wollten, erklärte er ihnen, er habe ihn bereits wieder verschwinden lassen.

Die Wahrheit kam an den Tag, als Petrus und Simon (nach den *Acta Petri et Pauli*) sich in Rom vor Nero gegenseitig herausforderten. Einmal mehr begegnet uns die Konfrontation zwischen dem Anhänger einer wahren Religion und einem Scharlatan;[17] es geht um einen Wettbewerb okkulter Fähigkeiten. Simon gelang es, kurze Zeit zu fliegen, was Nero beeindruckte, aber Petrus vereitelte diesen Zauber und ließ Simon abstürzen. Simon erlag seinen Verletzungen, und eine Auferstehung, die er für sich selbst voraussagte (unter der Bedingung, daß er lebendig begraben würde), fand nicht statt, »denn er war nicht Christus«, wie Hippolytus (*Haer.* 6.20.3) sarkastisch bemerkt.

Der dritte *magus* dieser Zeit, wesentlich erfolgreicher als Simon, war Apollonios von Tyana, der wenige Jahre nach Jesus in Kappadokien geboren wurde und bis in die Regierungszeit von Nerva (ca. 97 n. Chr.) lebte. Etwa ein Jahrhundert später schrieb Flavius Philostratus ein ausführliches *Leben des Apollonios von Tyana* (siehe Nr. 24), das für uns die wichtigste Quelle darstellt.[18] Philostrat war von der Kaiserin Julia Domna, der Mutter von Caracalla, ermutigt worden, die Biographie zu schreiben. Die schöne, gebildete Frau, die sich für Literatur, Philosophie und Wissenschaft interessierte, besaß ein Dokument, das sich als die Memoiren eines gewissen Damis von Ninive, eines Schülers von Apollonios, ausgab. Sie überließ es Philostrat als Rohmaterial für eine anspruchsvolle literarische Behandlung, und Philostrat erfüllte ihren Wunsch. Diese äußerst lesenswerte Biographie vermittelt das Bild eines asketischen Wanderlehrers und Wundertäters namens Apollonios. Er gilt als Neupythagoreer, aber vielleicht sollte man ihn als einen neuen Pythagoras bezeichnen. In mancher Beziehung wirkt er wie ein heidnisches Gegenbild zu Jesus. Es könnte sein, daß man damals im heidnischen Bereich eine Erneuerung des alten Schamanentums suchte, wie Pythagoras es verkörpert hatte, also einen großen Lehrer, der gleichzeitig auch Magier war. Daß Apollonios gelebt hat, soll durchaus nicht in Zweifel gezogen werden, aber seine Lebensgeschichte ist vermutlich im Lauf der Zeit durch legendäre Züge berei-

chert worden, weil man eine solche Gestalt brauchte. Jedenfalls hat damals eine Erneuerung des Pythagoreismus statt-
gefunden, parallel zur Erneuerung des Platonismus; nur besaßen die Pythagoreer, wie es scheint, keine authentische
schriftliche Tradition, während Platons Gesamtwerk immer
noch vorlag.

Wenn wir seinem Biographen glauben dürfen, ist Apollonios auch in Indien gewesen und hat mit den Brahmanen
diskutiert, die man sich als wahre Pythagoreer dachte. Es ist
übrigens nicht auszuschließen, daß mystische Elemente im
ursprünglichen Pythagoreismus, der dann auf Platon wirkte, wie auch seine Erneuerung in der frühen Kaiserzeit aus
der Religion und Philosophie der Brahmanen stammen.

Was wir über Apollonios' Lehre wissen, verträgt sich
durchaus mit der pythagoreischen Tradition, soweit sie uns
faßbar ist. Auch die Tiere haben eine göttliche Seele, nicht
nur die Menschen; deshalb ist es eine Sünde, ein Tier zu
töten, um sein Fleisch zu essen, sein Fell als Kleidung zu
benützen oder es den Göttern als Opfer darzubringen. Der
Verzicht auf den Fleischgenuß und ein reines, asketisches
Leben überhaupt wird gefordert. Apollonios vertrat auch
die Lehre von der Seelenwanderung (Metempsychose) und
behauptete, sich an frühere Inkarnationen zu erinnern,
doch scheint er seine übersinnlichen Fähigkeiten deutlich
abgegrenzt zu haben; so nahm er nie für sich in Anspruch,
in die Unterwelt hinabgestiegen oder Totengeister heraufbeschworen zu haben. Offenbar gingen widersprüchliche
Berichte um, die sein Biograph zum Teil zurückweist
(Philostrat 8.7), denn seine Anhänger dramatisierten seine
Wunder mehr als ihm lieb sein konnte. In mancher Hinsicht erinnert er an Sokrates: er liebte lebhafte philosophische Debatten und konnte einen Widersacher elegant *ad ab-
surdum* führen. Wie Sokrates hatte er sein *daimonion* (Nr.
76). Aber seine Verehrer – und sein Biograph – scheinen
ihn vor allem als eine Art Wiedergeburt von Pythagoras gesehen zu haben, der, dem neuen Zeitalter entsprechend, anders auftrat.

Im frühen 4. Jahrhundert unternahmen heidnische Kreise

einen Versuch, den zunehmenden Einfluß der Kirche zu
schwächen, vielleicht um die Verfolgungen unter Diokle-
tian zu rechtfertigen. Ein hoher Beamter, Hierokles von Ni-
komedien, schrieb ein Pamphlet mit dem Titel *Der Wahr-
heitsliebende*, in dem er nachweisen wollte, daß Apollonios
sowohl als Lehrer wie auch als Wundertäter Jesus überlegen
war. (Das scheint auch die Absicht Philostrats gewesen zu
sein.) Der Kirchenhistoriker Eusebios von Caesarea, der
jene Verfolgungen überlebt hatte, wies (wahrscheinlich
kurz nach 310) diese These zurück.

Apollonios genoß noch längere Zeit Verehrung als eine
Art Heiliger oder göttliches Wesen; man baute ihm einen
Tempel in seinem Geburtsort Tyana, und Kaiser Alexander
Severus ließ in einem besonderen Raum seine Statue neben
diejenigen von Abraham, Orpheus und Christus stellen, offenbar ein kleines Pantheon, an das er seine Gebete richten
konnte. Doch selbst die Begeisterung der Kaiserin Julia
Domna und der glänzende Stil Philostrats vermochten
nicht, den Kult dieser zweifellos ungewöhnlichen Persönlichkeit im ganzen Kaiserreich zu verbreiten.

Philosophen über Magie

»Die Magie ist der Ursprung der Philosophie«, meint Diogenes Laertius im Vorwort zu seinen *Leben und Meinungen
der Philosophen* (3. Jahrhundert n. Chr.).

Platon hat wenig zu dem Thema zu sagen, wenigstens
nicht in den überlieferten Texten. Daß er einen Einfluß der
Gestirne auf das Geschehen auf unserem Planeten nicht aus-
schloß, geht aus Stellen im *Timaios* hervor; daß er mit der
Existenz von Dämonen rechnete, ist wohl unbestritten; im
Mittleren Platonismus, der ja an die alte Akademie anknüpf-
te, spielte die Dämonologie eine große Rolle. In den *Gesetzen* (933 A–E) spricht Platon von Heilern, Hexern und
Wahrsagern, ohne sich über sie zu wundern. Offenbar gab
es solche Schrumpfschamanen in Athen und in anderen griechischen Städten; das Volk glaubte an ihre Kräfte, und ihre

Tätigkeit mußte irgendwie gesetzlich geregelt werden. Platon hat keinen Respekt vor ihnen, obwohl er an ihren Fähigkeiten nicht zu zweifeln scheint; er meint auch, im Grunde seien sie harmlos.

Aristoteles ist davon überzeugt, daß die Planeten und die Fixsterne das Leben auf der Erde beeinflussen, und prinzipiell scheint auch er an Dämonen zu glauben. In seiner »Geschichte der Lebewesen« (*Historia Animalium*; ein besserer Titel wäre »Biologische Forschungen«, denn *historia* heißt ursprünglich »Forschung«, nicht »Geschichte«) skizziert er schon die magische Lehre von den Sympathien und Antipathien in der Welt der Lebewesen und räumt den Gestirnen dabei einen gewissen Einfluß ein. Hier tritt alte Folklore in »modernem« Gewand auf. Einige dieser Gedanken erscheinen in den Büchern VII–X des Werks, und man hat diese Teile wegen ihres »unwissenschaftlichen« Charakters als unecht erklärt. Bedenklich stimmt vor allem, daß das Buch X in der ältesten Handschrift fehlt. Man nimmt heute an, daß diese Bücher, auch VII und IX, die neben X von der modernen Forschung beanstandet worden sind, die Schultradition wiedergeben, wenn sie vielleicht auch nicht von Aristoteles selber stammen.

Plutarch von Chaironeia (ca. 45–125 n. Chr.) hat einen Traktat über den »Aberglauben« verfaßt, der hier und dort an Theophrast erinnert. Er definiert Aberglauben (*deisidaimonia*) als »Furcht vor dem Göttlichen oder vor den Göttern«, und die Beispiele, die er nennt, zeigen, daß er, genau wie Theophrast, die ü b e r t r i e b e n e Furcht vor allem Übersinnlichen meint. Natürlich gehören Furcht oder Ehrfurcht zur antiken Religiosität, aber doch wohl auch Liebe zu den Göttern, und diese scheint dem Aberglauben zu fehlen. Plutarch spricht von magischen Riten und Tabus, von der Befragung berufsmäßiger Magier und Hexer, von Beschwörungen und Flüchen und von Gebeten in unverständlicher Sprache. Im allgemeinen wurde in den Tempeln laut gebetet, und zwar auf Griechisch, und nur wer böse Gedanken zu verbergen hatte, bediente sich eines fremdartigen Idioms. Das hat mit der Glossolalie wohl nichts zu tun,

eher mit den bewußt geformten und auch lernbaren Zauber-
wörtern der Papyri und dem Glauben, daß fremde Sprachen, z. B. das Ägyptische, in magischen Handlungen besonders wirksam seien.

Plutarch nimmt Träume (vor allem die Träume von Sterbenden) ernst. Er glaubt an Vorzeichen, bezeichnet aber diejenigen als »abergläubisch«, die ausschließlich oder in über-
steigertem Maße solche Phänomene beachten. Plutarch war
seit etwa 95 n. Chr. Priester in Delphi; er war auch Platoniker. Was für ihn weder in seiner Religion noch in seiner
Philosophie Platz fand, konnte ihm als »Aberglauben« verdächtig erscheinen. Dennoch steht es für ihn fest, daß Magie
praktiziert wird und daß z. B. der böse Blick Schaden anrich-
tet; er versucht sogar (*Tischgespräche* 5.7), eine Erklärung
dafür zu geben, ähnlich wie Plotin, der aber weiter ausholt,
anderthalb Jahrhunderte später aus seinen kosmischen Prinzipien die Möglichkeit der Magie ableitet. Plutarch glaubt
an Dämonen (sie können gut oder böse sein), die als Boten
oder Beauftragte im Raum zwischen der Götterwelt und
der Erde wirken und für viele unerklärliche Ereignisse, die
man gewöhnlich den Göttern zuschreibt, verantwortlich
sind. So ist ein Dämon, nicht Apollon selber, die Kraft, die
das delphische Orakel so lange belebt hat und nun schwächer geworden ist. Auch die guten Dämonen sind manchmal schlecht gestimmt und richten dann Schaden an.

Obwohl Plutarch die übertriebene, fast pathologische
Angst vor übernatürlichen Mächten verurteilt und lächerlich macht, nimmt er doch gewisse Arten von Aberglauben,
Volksglauben oder Folklore merkwürdig gelassen hin, aber
wohl nur, wenn sie sich mit seiner Philosophie vereinbaren
lassen, das heißt, wenn sich nach seiner Ansicht eine vernünftige Erklärung anbietet. Er befaßt sich nicht mit magischen Riten, und er scheint Astrologie nicht ernst zu nehmen, denn in seiner Biographie von Romulus (Kap. 20)
macht er sich über einen Freund von Varro lustig, der das
genaue Datum und die Zeit von Romulus' Geburt errech-
nen wollte. Dieser Astrologe glaubte, so ein gesichertes Datum für die Gründung von Rom bestimmen zu können.

Ein anderer Platoniker jener Zeit, Apuleius von Madaura (geboren um 125 n. Chr.), hat sich mit Magie befaßt. Wir besitzen eine (vermutlich überarbeitete) Fassung der Rede, die er um 160 vor Gericht hielt, um den Verdacht, ein Magier zu sein, von sich abzuwehren. Die Todesstrafe wäre ihm sicher gewesen. Die Rede, unter dem Titel *Apologia* oder *De Magia* überliefert, ist eine Fundgrube für unsere Kenntnis der antiken Magie. Sie zeigt, wie leicht damals ein Philosoph oder Wissenschaftler (für den er sich hielt) aus fadenscheinigen Gründen vor Gericht gestellt werden konnte. Daß Apuleius über jeden Verdacht erhaben war, kann man wohl kaum behaupten; aus Wissensdurst oder Neugier scheint er gewisse Experimente durchgeführt zu haben; doch die Absicht, irgend jemandem Schaden zuzufügen (und dies hätte das eigentliche Delikt dargestellt), ließ sich weder mit seiner Philosophie noch mit seiner Religion – er war zum Isiskult übergetreten – vereinbaren.

Apuleius hat auch einen Roman, *Metamorphosen*, geschrieben, der, wie man annimmt, autobiographische Elemente enthält. Der Held des Romans, Lucius, möchte von Grund auf die magische Kunst erlernen, wird aber – sei es aus Versehen, sei es durch die Bosheit seiner Geliebten – in einen Esel verwandelt, erlebt in Eselsgestalt viel Schlimmes und wird endlich durch das Eingreifen der Göttin Isis wieder Mensch, worauf er sich in die Isis-Mysterien einweihen läßt und ihr treuer Anhänger bleibt.

Dies alles klingt authentisch. Es ist die Geschichte einer Bekehrung. Ein begabter, aufgeschlossener junger Mann will unter anderem auch herausfinden, was es eigentlich mit der Magie auf sich hat, und gerät als Außenseiter in einen Zirkel berufsmäßiger Hexen, die ihm übel mitspielen. Nachdem die Göttin Isis ihn aus seinen Nöten befreit hat, bereut er seine fatale Neugier und wird ein überzeugter Anhänger von Isis und Osiris. Religion und Philosophie (oder Wissenschaft), von magischen Elementen gesäubert, helfen ihm, sich in dieser Welt zurechtzufinden und versprechen ihm Erlösung in der nächsten.[19] Wir wissen nicht, inwiefern Lucius (d. h. wohl Apuleius) als typisch für einen jungen »Intellektuellen« des 2. Jahrhunderts n.Chr. gelten kann. Man hatte Rhetorik und Philosophie studiert, huldigte pflichtgemäß den alten Göttern und war doch nicht befriedigt. Neben vielen exotischen Religionen, neben der Gnosis, der Hermetik bot sich auch die Magie als eine Art Lebensform an.

In seiner Rede lehnt er die schwarze Magie ab, die nach römischem Recht von jeher als Verbrechen galt. Schon in den Zwölf Tafeln war das Prinzip festgehalten. Es ging also nur um die Frage, was im Einzelfall als »schwarze Magie« bezeichnet werden konnte. Apuleius bemerkt, daß in der Vergangenheit bedeutende Denker als Magier in Verruf gekommen waren, zum Beispiel Orpheus, Pythagoras und Empedokles (*Apol.* 26.31). Es handelt sich um die großen griechischen Schamanen der archaischen Zeit. Sie hatten ihre Anhänger, aber auch ihre Gegner. Den einen galten sie als große Philosophen und Lehrer, die unter anderem auch zaubern konnten, den anderen als gefährliche Wirrköpfe. Apuleius deutet an, daß er diese Tradition fortsetzt. Für ihn ist übrigens auch Sokrates ein Forscher, der von seinen Zeitgenossen verfolgt wurde, weil man sein *daimonion* mißverstand.

Wie Plutarch glaubt Apuleius an Dämonen – unsichtbare, überirdische Wesen, die die Luft bevölkern und zwischen Göttern und Menschen vermitteln. Sie haben Gefühle wie wir Menschen und auch einen Verstand. Sie können menschliche Körper bewohnen – in einem gewissen Sinn ist die Seele ein Dämon –, aber es gibt auch Dämonen, die nie in einen Körper eingedrungen sind.

In seinem Traktat *Über Sokrates' Gottheit* hat Apuleius in systematischer Form eine Dämonologie vorgelegt, die offenbar auch für spätere Platoniker annehmbar war. Es ist nicht immer leicht, seinen Gedankengängen zu folgen, und Mißverständnisse sind kaum zu vermeiden. Auch kann man sich nur schwer vorstellen, daß jemand ein rein theoretisches Interesse an Dämonen hatte; von ihrer Kenntnis zu ihrer Beschwörung war es doch nur ein Schritt, wie von der Theologie zur Theurgie.

Die Stimme der Skepsis: Lukian von Samosata

Lukian war ein Zeitgenosse von Apuleius: er wurde um 125 n. Chr. geboren und starb nach 180 n. Chr. Wie Apuleius studierte er Philosophie, obwohl er keiner bestimmten Schule angehörte, reiste von Stadt zu Stadt, hielt Vorlesungen, die später veröffentlicht wurden, und gilt als genialer Spötter, als »antiker Voltaire«.

Ein Thema, das er gern behandelt, ist die Unsitte des Aberglaubens. Er bekämpft sie in einer Satire auf den Begründer eines neuen Kults, Alexander von Abonuteichos; sie trägt den Titel *Alexander oder der Lügenprophet*. Wenn wir Lukian glauben dürfen, so verkündete dieser Alexander, daß er Macht über eine neue Manifestation des Gottes Asklepios in Gestalt einer Schlange besaß. Dank dieser göttlichen Macht war er in der Lage, Orakel zu erteilen und Mysterien zu feiern, zu denen Außenseiter, vor allem Christen und Epikureer (eine seltsame Verbindung) nicht zugelassen waren. Er hatte offenbar zahlreiche Anhänger, darunter nicht wenige Frauen, und mindestens einen prominenten Römer. Lukian amüsiert sich damit, die »magischen« Kunststücke Alexanders, auf die gutgläubige Menschen hereinfielen, zu enthüllen. So wurden die Fragen, die das Orakel beantworten sollte, versiegelt abgegeben und kamen beantwortet und immer noch versiegelt zurück; aber Alexander verfügte über mehrere Möglichkeiten, dies auf ganz natürliche Weise zu bewerkstelligen. Lukians Erklärung dieser Methoden erinnert an Hippolyts Kapitel über die Magier in den *Widerlegungen der Häretiker*.

Es scheint, daß Alexander von Abonuteichos nur einer von vielen Betrügern war, die in diesem Zeitalter die Erlösungssehnsucht der Menschen ausnützten. Wenn wir Lukian Glauben schenken, so konnte er durch sein bloßes Auftreten eine große Menschenmenge faszinieren und manipulieren und brachte durch Taschenspielertricks sogenannte Wunder zustande.

In Lukians *Lügenfreunden* unterhalten sich Anhänger verschiedener philosophischer Schulen – ein Stoiker, ein

Platoniker, ein Peripatetiker – mit einem Arzt über Wunderheilungen. Ein paar erstaunliche Fälle werden erörtert (Nr. 42); dann beschäftigt man sich mit Liebeszauber (Nr. 27), und zwar erscheint hier die klassische Geschichte des Zauberlehrlings, von ihm selbst erzählt. Er heißt Eukrates und hat bei einem großen Magier namens Pankrates studiert; dieser Pankrates hatte dreiundzwanzig Jahre in einem unterirdischen Exil zugebracht, um von Isis selber die Zauberkunst zu erlernen. Pankrates brauchte keine Diener: er nahm ein Stück Holz – etwa einen Besenstiel –, gab ihm eine Kleidung und machte eine Art Roboter aus ihm (Lukian, *Die Lügenfreunde*, 34 ff). Eines Tages hört der Lehrling den Meister eine dreisilbige Zauberformel murmeln, und während der Abwesenheit des Meisters probiert er die Formel an dem Besenstiel aus. Was dann passiert, wissen wir aus Goethes *Zauberlehrling*. Der skeptische Teilnehmer an diesem Gespräch (vielleicht Lukian selber) weiß jetzt nicht mehr, was er glauben soll.

Was die Geschichte von dem großen Magier aus dem halb mythischen Land der Hyperboreer betrifft (Nr. 27), so hat Lukian zweifellos einen Typus erfaßt, den es damals gab. Der Magier verlangt gewaltige Summen für eine Vorführung, die ganz natürliche Hintergründe hat. Aber sein Ansehen, die Vorbereitungen, die große Menschenmenge, die er anzieht, der ganze Hokuspokus sind so eindrucksvoll, daß die Leute gern bezahlen und ihm alles zutrauen, obwohl er eindeutig ein Schwindler ist.

In einem anderen Dialog, *Das Schiff*, erzählt jemand den anderen von seinen Wunschträumen. Was er wirklich haben möchte, sind Zauberringe von Hermes, die ihm selber ewige Jugend und die Fähigkeit, in anderen Liebesverlangen zu erwecken, verleihen würden. Solche Wunschträume kommen in den Märchen und der Folklore der verschiedensten Kulturen vor; man denke nur an die Tarnkappe oder das Schlaraffenland oder die Flügel, die Daidalos und Ikaros durch die Lüfte trugen. Was der Mythos und das Märchen vorgezeichnet hatten, versprach die Magie denen, die an Wunder glaubten.

In seinem Dialog *Menippus oder die Nekromantik* verwendet Lukian Motive aus Homers *Odyssee* (Nr. 46), aber die nekromantische Zeremonie, die er schildert, ist wesentlich komplizierter. Der Satiriker Menippos von Gadara (Palästina), den Lukian sehr schätzt, möchte die Unterwelt besuchen und unternimmt zunächst die lange Reise nach Babylon, um einen *magus* um Rat zu fragen. Die Vorbereitungen, die er treffen muß, sind nicht einfach: Reinigungen durch Waschungen und Räucherungen, strenge Diät, Schlafen unter freiem Himmel, Sicherheitsmaßnahmen aller Art. Manche Einzelheiten muten seltsam an, und man darf sie wohl nicht allzu wörtlich nehmen, aber einiges stammt wahrscheinlich aus der zwielichtigen Welt der Magie jener Zeit.

Die Magier und Hexen der ausgehenden Antike sind als »Menschen mit dem Doppelbild« bezeichnet worden. Lukian sah genau, wie seine Zeitgenossen der Faszination des Okkultismus erlagen. Der Magier suchte das, was ein moderner Psychoanalytiker als »objektive Identifikation« bezeichnen würde; er wurde selber der Gott, den er beschwor: »Denn du bist ich, und ich bin du.«[20] Die Menschen, die ihn anklagten, waren »Menschen des einen Bilds«. Sie neideten dem Magier seinen anscheinenden Erfolg, fürchteten seine Macht, aber sie schufen auch die Gesetze, welche die Magie zu einem Delikt machten.

Es ist immer noch schwierig, eine Grenze zwischen Philosophen (und Wissenschaftlern), die nur das sein wollten, einerseits und Philosophen, die nebenbei oder hauptsächlich Magie und Theurgie praktizierten, anderseits zu ziehen. Ein Platoniker wie Apuleius,[21] ein Neupythagoreer wie Apollonios von Tyana konnten als Magier vor Gericht gestellt werden. Ihre Verteidigung lautete ganz einfach: »Ich bin ein Philosoph (oder ein wissenschaftlicher Forscher), und als solcher interessiere ich mich für alles, was wissenswert ist. Wenn Magie existiert – und offenbar glauben die meisten daran –, dann möchte ich wissen, wie und warum sie wirkt. Aber ich bin kein Magier, und das Wunderbare,

das ich zu vollbringen scheine, kann ohne weiteres wissenschaftlich erklärt werden.«

Arten magischer Operationen

In der späteren Antike hat man im wesentlichen zwischen
zwei Typen von magischen Operationen unterschieden, obwohl auch in diesem Fall die Unterscheidung älter sein dürfte. Man spricht einerseits von *goeteia*, andererseits von *theurgia*. Es handelt sich, grob gesagt, um den Unterschied zwischen niederer und höherer Magie, wobei allerdings umstritten ist, ob *theurgia* schlechthin als »Magie« eingestuft
werden kann. Im Grunde ist das aber – und das muß einmal
gesagt werden – die alte Streitfrage, ob Magie etwas anderes
ist als Religion. Was für den Theurgen Bestandteil seiner
Religion ist, kommt dem Außenseiter, dem Gegner, als Magie vor. Jedenfalls gab es in der Spätantike ein Bedürfnis, die
Existenz, die Macht der alten Götter neu zu begründen,
nicht nur gegenüber einer allgemeinen Gleichgültigkeit, sondern vor allem gegenüber der Polemik der Christen. Kaiser
Julian, »der Abtrünnige«, wurde in diesen Kampf verwik-
kelt; er, der sich in ihre Mysterien einweihen ließ, sah in der
Theurgie eine Möglichkeit, das alte Griechentum zu retten.
    Der Theurg sieht sich selber als ein Priester, der durch
seine Kunst mit den Göttern in Verbindung steht, zu ihnen
aufsteigen kann und mit ihnen eins wird. Proklos definiert
in seiner *Theologia Platonica* die Theurgie als eine Macht,
die höher ist als jede menschliche Weisheit. Sie umfaßt die
Gnade der Weissagung, die reinigende Wirkung der Einweihung; in einem Wort: alle Operationen göttlicher Besessenheit. Im Gegensatz zur Theologie – der »Wissenschaft vom
Göttlichen« – impliziert der Begriff Theurgie die »Wirkung
des Göttlichen« oder auch die »Wirkung auf das Göttliche«, wobei nicht ganz klar ist, welcher Aspekt im Mittelpunkt stand. Man kann die Theurgie aber auch als eine Art
Magie beschreiben, die einen tieferen Sinn hat und – so sagen die Theurgen – auf religiöser Offenbarung beruht. Den-

noch sieht es so aus, als ob in der Theurgie ähnliche Mittel und Riten verwendet werden wie in der gewöhnlichen Magie; nur das letzte Ziel ist anders.[22]

Während eines theurgischen Rituals kann die Gottheit auf verschiedene Weisen erscheinen. Der Theurg sieht sie beispielsweise in Trance; das heißt, er stellt sich vor, daß seine Seele den Körper verlassen hat, zum Himmel aufgestiegen ist, dort die Gottheit schaut und dann in den Körper zurückkehrt, um von ihrem Erlebnis zu berichten. Oder die Gottheit geruht, auf die Erde herabzusteigen und zeigt sich dem Theurgen in einem Traum, aber auch, wenn er sich in einem normalen, wachen Bewußtseinszustand befindet. Um dieses Erlebnis herbeizuführen, benötigt der Theurg gewisse »Symbole« und magische Formeln. Eine Pflanze oder Wurzel, ein Stein, eine beschriftete Gemme oder ein Siegel können als »Symbole« dienen. In den magischen Formeln werden etwa die sieben Vokale des griechischen Alphabets, welche die sieben Planetengötter darstellen, verwendet.[23] Manchmal manifestiert sich der Gott nicht direkt, sondern durch ein Medium, in der Flamme einer Lampe oder in einer mit Wasser gefüllten Schüssel.

Das Wort *goes* in der Bedeutung »Gaukler« erscheint schon bei Euripides und Herodot; in den ersten Jahrhunderten nach Christus nimmt es die Bedeutung »Betrüger« oder »Schwindler« an. Ein falscher Prophet oder ein Zauberer, der höheres Wissen nur vortäuscht, kann von seinen Gegnern so charakterisiert werden.[24] *Goeteia* ist also Blendwerk, das man hinnimmt, solange es der Unterhaltung dient, das aber Verdacht erweckt, sobald es dem Ausübenden eine übersinnliche Aura verleihen soll. Gaukler in den Städten, auf den Märkten, die das Volk mit ihren Taschenspielertricks in Erstaunen brachten und dafür ein paar Münzen einsteckten, gab es natürlich überall. Wenn aber ein Magier oder Wundertäter auch eine Religion verkündete oder eine Philosophie lehrte, stieß er auf Mißtrauen und Ablehnung.

Keiner der aus der Antike überlieferten Texte – auch nicht das voluminöse Werk des Firmicus Maternus – gibt

uns eine lückenlose Einführung in das Gesamtgebiet der
Astrologie. Das gilt auch für die Alchemie; die Traktate, die
wir haben, sind entweder zu allgemein oder zu speziell.
Aber was man sich eigentlich wünscht, nämlich ein vernünftig aufgebautes Lehrbuch, das den wißbegierigen Leser vom
Anfängerstadium bis zur Meisterschaft führt, gibt es nicht.
Man mußte wohl immer bei einem Meister zur Schule gehen, ihm zuschauen, Fragen stellen, sein Rüstzeug, seine Bücher benützen.[25] Mit anderen Worten: es fehlt uns die mündliche Tradition, die bei den Geheimwissenschaften eine entscheidende Rolle gespielt hat. Der Außenseiter stößt überall
auf Anspielungen, Symbole, auf eine Art mystische Kurzschrift, die wohl nur dem Eingeweihten völlig verständlich
war.[26]

Sogar die ganz frühen, relativ einfachen Formen der Magie, wie sie der Mythos in dichterischer Ausgestaltung zu
bewahren scheint (Nr. 1 und 2), beruhen auf einem Ritus.
Am Ende des hellenistischen Zeitalters scheint dieser Ritus
sehr komplex geworden zu sein. Seine wesentlichen Elemente waren *klesis*, ›Anrufung‹, und *praxis*, ›Ritual‹; diese
Unterscheidung deckt sich zum Teil mit der oben genannten Zweiteilung von *to legomenon* und *to dromenon*.[27]
Durch die Anrufung beschwor man eine oder mehrere göttliche oder dämonische Mächte und bat oder zwang sie, Beistand zu leisten. In den Zaubertexten ist der Name der Gottheit oder des Dämons manchmal nicht ausgeschrieben; entweder wurde er geheim gehalten, oder der Magier konnte
nach Belieben einen Namen einsetzen. Der Name allein genügte oft nicht, sondern er mußte von einer Liste von Attri-
buten begleitet sein, welche die besonderen Kräfte und Leistungen der betreffenden Gottheit ausdrückten (*aretalogia*).
Die Liste mußte so vollständig wie möglich sein, denn die
Auslassung eines Attributs, auf das der Gott vielleicht besonders stolz war, konnte schlimme Folgen haben. Die Anrufung diente aber auch dazu, den Gott an die Hilfe zu erinnern, die er dem Magier in der Vergangenheit geleistet hatte.

Die *praxis* konnte auf einen einfachen Grundtyp redu-

ziert werden, ließ sich aber auch in mannigfacher Weise aus-
gestalten und erweitern. Der Magier brauchte ein Minimum
an Requisiten und Substanzen, aber je größer sein Arsenal,
umso stärker stellte man sich die Wirkung vor. Manche Zeremonien scheinen stundenlang, vielleicht nächtelang ge-
dauert zu haben. Die Gesten, die Bewegungen des Körpers,
die Intonationen der Stimme – alles zählte. Man hört gelegentlich etwas über die seltsamen Geräusche, die der Magier
von sich gab: Glucksen, Seufzen, Stöhnen, Schmatzen oder
Schnalzen. Es galt, tief Atem zu holen und ihn zischend
oder pfeifend wieder entweichen zu lassen.[28] In gewissen
Fällen war es nötig, magische Texte zu verspeisen; so fordert ein Zauberpapyrus: »Schreibe diese Namen mit Her-
mes-Tinte. Nachdem du sie in der genannten Weise geschrieben hast, wasche sie ab mit Quellwasser aus sieben
Quellen, trinke es auf nüchternen Magen während sieben
Tagen, wenn der Mond im Aufgang ist. Aber trink reichlich!« Manchmal mußte der Zauberer auch gewisse Worte,
etwa seinen Namen, im eigenen Blut schreiben.[29]

Das Grundbuch der Theurgie, die *Chaldäischen Orakel*,
ist nur in Fragmenten erhalten, und diese Fragmente, obwohl in korrekten griechischen Hexametern abgefaßt, ver-
wirren den Leser durch ihre Bildersprache. Es handelt sich
fast sicher um Äußerungen eines Mediums (oder vieler Medien) in Trance, die notiert und versifiziert wurden.

Diese *Orakel* übten auf manche Neuplatoniker, vor allem auf Iamblichos und Proklos, einen großen Einfluß aus.
Sie reden von überwältigenden religiösen Erlebnissen: Götterstatuen lächeln, bewegen sich, sprechen; Götter, Geister
und Dämonen manifestieren sich durch ihre Stimmen, aber
auch, wie es scheint, durch physische Materialisationen (Ek-
toplasma), und Medien in Trance stellen auf Wunsch eine
Verbindung zu anderen Welten her und bezeugen durch
Leuchten oder Levitation, daß übernatürliche Mächte beteiligt sind.

So oder ähnlich könnte man die Anspielungen interpretieren, die in den Texten erscheinen, denn mehr als Anspielun-

gen haben wir nicht. Selbst Iamblichos' Werk *Über die Mysterien Ägyptens*, eine Verteidigung der Theurgie, sagt über die Riten, die zur Vereinigung mit dem Höchsten führten, wenig aus. Es waren Geheimnisse, die Außenseitern, Nichteingeweihten verborgen blieben. Die Theurgen haben das Erbe der Mysterienreligionen übernommen und es mit erstaunlicher Konsequenz gepflegt. Keine zusammenhängende Erklärung ist erhalten geblieben, und vielleicht ist auch keine jemals niedergeschrieben worden.

Theurgie ist eine Art Zauberei, die sich von den Techniken der schwarzen Magie distanziert und nur den Kontakt mit höheren und höchsten Wesen herstellen will, ohne diese Wesen zu irgendwelchen Leistungen zu zwingen. In der Praxis war es offenbar nicht immer möglich, Dämonen und Geister der untergeordneten Klassen von theurgischen Operationen fernzuhalten, und selbst wenn Götter wie Apollo oder Hekate sich manifestierten, durfte man nicht regelmäßig mit Botschaften und Offenbarungen ersten Ranges rechnen.

Darin enthüllt sich die eigentliche Problematik der spätantiken Theurgie. Die Vorstellungen und Techniken, mit denen sie arbeitete, waren, wie es scheint, magischer Natur. Die Beschränkung auf theologische und philosophische Erkenntnisse, die Ausklammerung von Schadenzauber und trivialen Mitteilungen aus dem Jenseits (die aber nicht ganz zu vermeiden waren) ist etwas Neues und kann innerhalb einer strengen Schuldisziplin, wie der Neuplatonismus sie darstellt, ohne weiteres verstanden werden. Aber der Neuplatonismus selber war in der Beurteilung dieser Phänomene gespalten.

Plotin (ca. 205–270 n. Chr.) hatte übersinnliche Fähigkeiten (Nr. 29) und nahm Magie ernst (Nr. 30), war aber selber fast sicher kein Magier oder Theurg.[30] Er sah sich als Opfer magischer Praktiken, ließ aber als einzigen Gegenzauber philosophische Grundsätze gelten. Ein ägyptischer Priester beschwor einmal, so berichtet Porphyrios, den persönlichen Schutzgeist (»Schutzengel« würden wir sagen) Plotins; doch was erschien, war ein Gott, der allerdings nur

ganz kurze Zeit verweilte, so daß die Erscheinung nicht weiter befragt werden konnte (Nr. 62).

In seinem *Brief an Anebo* kritisiert Porphyrios (ca.
232–304 n. Chr.) die Behauptungen gewisser ägyptischer
Theurgen: sie drohten, nicht nur Dämonen, nicht nur Geister von Toten zu zwingen, sondern auch die Sonne, den
Mond und andere Gottheiten. Diese Theurgen behaupteten
auch, daß die Götter nur ägyptisch verstünden. Porphyrios
kann sich mit der Theurgie nicht recht abfinden: einerseits
kommt es ihm vor, als funktioniere sie; anderseits stört ihn
das marktschreierische Gehaben gewisser Theurgen. Man
muß also wohl von unserem Standpunkt aus zwischen »echten« und »unechten« Phänomenen unterscheiden, wobei
die einen eigentlich so rätselhaft sind wie die anderen.

In seinem Werk *Über die Mysterien Ägyptens* wendet
sich Iamblichos (ca. 240–330 n. Chr.) gegen den Brief von
Porphyrios und entwirft eine Verteidigung der Theurgie
von seinem philosophischen Standpunkt aus, leider ohne
genau zu sagen, worin sie eigentlich besteht.[31] Die Technik,
das Ritual wurden offenbar geheimgehalten; wir wissen
auch, daß diese Geheimnisse innerhalb von gewissen Familien oder auch innerhalb der Philosophen-Schule weitergegeben wurden. Iamblichos ist davon überzeugt, daß die
Welt von einem Heer von Dämonen regiert wird und daß
der Theurg, ein Priester, der gleichzeitig Magier ist, wenn er
die notwendige Ausbildung und die erforderlichen Weihen
hat, mit diesen höheren Mächten Verbindung aufnehmen
kann. Iamblichos beschreibt einige seiner eigenen Visionen
oder Halluzinationen, vermutlich in Trance, Hypnose oder
in halbwachem Zustand, vielleicht auch unter dem Einfluß
von Drogen. Diese Phänomene sind auch heute nicht geklärt, und man kommt wohl nicht weiter ohne die Hilfe der
modernen Anthropologie und Parapsychologie.[32]

Daß den Griechen die halluzinogene Wirkung gewisser
Substanzen bekannt war, ist hin und wieder vermutet worden. W. Schmidbauer veröffentlichte 1968 in der Zeitschrift
Antaios (Bd. 10) einen Aufsatz »Halluzinogene in Eleusis?«,
und zehn Jahre später (New York, 1978) erschien ein Buch,

The Road to Eleusis, mit Beiträgen von R. Wasson, C. A. P. Ruck und A. Hofmann. Der Beitrag von A. Hofmann, dem Entdecker von LSD (das er in einem anderen Buch sein »Sorgenkind« nennt) ist außerordentlich lesenswert, aber in dem Kapitel von Ruck wuchert so viel ungehemmte Phantasie, daß der Leser wieder skeptisch wird. Dennoch darf man die These des Buchs, daß den Kandidaten während der Einweihungsriten in die eleusinischen Mysterien im *kykeon,* dem heiligen Trunk, eine Droge verabreicht wurde, nicht ohne weiteres ablehnen. Die Wirkungsart dieser vermutlich aus Mutterkorn gewonnenen Droge scheint derjenigen von LSD verwandt gewesen zu sein. Die Rede *Über die Mysterien* von Andokides (s. die kommentierte Ausgabe von J. MacDowell [Oxford, 1962], Anhang N) zeigt, daß der Gebrauch der Droge außerhalb des religiösen Rahmens, etwa als eine Art Cocktail bei gesellschaftlichen Anlässen, streng verpönt war.

Leider wissen wir sehr wenig Konkretes über die theurgischen Riten, da vermutlich das Wichtigste geheim gehalten wurde. In diesem Punkt unterscheidet sich die Theurgie kaum von den Mysterienreligionen, über deren Einweihungsriten nicht gesprochen werden durfte. Das wenige, das überliefert ist, beschränkt sich auf Andeutungen, bildhafte Ausdrücke, Vergleiche. Natürlich war es auch sehr schwer, ein solches Erlebnis – angenommen, es war echt – für Außenstehende zu beschreiben. Für den, der selber so etwas erlebt hatte, genügten die Andeutungen vollauf. Soviel wir sehen, herrscht in der Theurgie, wie in der Magie überhaupt, das Gesetz der Sympathie; in diesem Fall ist es eine Sympathie, also eine irrationale Wechselwirkung, zwischen dem Sichtbaren und dem Unsichtbaren, zwischen Lebewesen dieser Welt und Wesen einer höheren Welt. Die Einweihung des späteren Kaisers Julian in Ephesos, wie J. Bidez[33] sie auf Grund der theoretischen Abschnitte bei Iamblichos rekonstruiert hat, mag als Beispiel dienen:

»Stimmen, Geräusche, Rufe, betörende Musik, Wohlgerüche, die zu Kopfe steigen, Türen, die sich von selber öffnen, leuchtende Fontänen, Schatten, die sich bewegen,

Nebelschwaden, rußige Gerüche und Dämpfe, Statuen, die sich scheinbar beleben und den Prinzen bald zärtlich, bald drohend anschauen, aber ihm dann zulächeln und schließlich entflammen und von einem Strahlenkranz umgeben sind; Donner und Blitz und ein Erdbeben, das das Erscheinen der höchsten Gottheit ankündigt, das unaussprechliche Feuer...«

Wie alle diese Effekte erzielt wurden, ist unbekannt, doch erinnern sie an die Einweihungsriten der Mysterien, soweit sie andeutungsweise überliefert sind.[34] Man kann sich nur schwer vorstellen, daß alles Trug und Blendwerk war. Ein Mann wie Julian wäre darauf kaum hereingefallen.

Eher scheint es, daß man ein solches Erlebnis nicht isoliert betrachten sollte, sondern als den Gipfelpunkt einer langen Vorbereitungszeit, während der ein Adept durch Meditation, Gebet, Fasten und andere asketische Übungen gleichsam »programmiert« wurde, wobei er im entscheidenden Moment wahrscheinlich Drogen einnahm oder Düfte einatmete, die sein Bewußtsein veränderten – und zwar in dem Sinn, daß er alles, was man ihm in Aussicht gestellt hatte, nun auch tatsächlich sah. Das eigentliche Geheimnis bestand im Weitergeben des Erlebnisses durch die Hierophanten an die Adepten. Es ist klar, daß einzelne Persönlichkeiten so begabt waren, daß sie von sich aus, ohne Hilfe und Anleitung von außen, mystische Erlebnisse hatten. Aber daneben hat die Antike, wie es scheint, eine Technik entwickelt, welche Ekstase und Entrückung irgendwie lehrbar machten und ein unaussprechliches Erlebnis sozusagen garantierten. Die Kenntnis dieser Methode ist heute verloren, und die Möglichkeiten einer Rekonstruktion sind sehr beschränkt.

Wie für religiöse und magische Handlungen war auch für theurgische Operationen im wesentlichen dreierlei notwendig: das gesprochene oder gesungene Wort (*to legomenon*); gewisse Stoffe und Requisiten (*hyle, organa*); ein vorgeschriebener Ritus (*to dromenon*). Auch die Kleidung des Theurgen war vorgeschrieben, wie es scheint; Porphyrius schildert sie[35] im einzelnen (er spricht von einer Statue): Der

Kopf mit Binden und Blütenkränzen geschmückt, das Gesicht gesalbt (oder vielleicht sogar gefärbt), in der Hand ein
Lorbeerzweig, magische Symbole auf den Schuhen.

Iamblichos (*De Myst.* 6.6) ist davon überzeugt, daß der
Theurg mittels geheimnisvoller Zeichen die Kräfte der Natur beherrscht. Er ist nicht bloß ein menschliches Wesen,
sondern gehört einer höheren göttlichen Ordnung an; die
Befehle, die er gibt, sind nicht die einem Menschen angemessenen. Allerdings sagt Iamblichos auch – und das ist überraschend –, daß der Theurg nicht eigentlich damit rechnet,
»all diese erstaunlichen Dinge zu bewirken«, aber indem er
solche Worte verwendet (d. h. wohl: indem er für sich die
Macht in Anspruch nimmt, die Wunder zu bewirken, von
denen er spricht), zeigt er seine Macht, und weil er die magischen Symbole kennt, ist er offensichtlich in Verbindung
mit den Göttern.

Man kann aus diesem Zeugnis schließen, daß selbst Iamblichos, der zumindest zeitweilig von der Theurgie beeindruckt war oder an sie glaubte, gewisse Unterschiede
macht. Nicht alles, was der große, gottähnliche Theurg sagt
oder tut, hat eine sofortige magische Wirkung; manches
dient offenbar nur dazu, eine gewisse Stimmung, eine Atmosphäre zu schaffen, die den Adepten für außergewöhnliche
Erlebnisse vorbereiten soll, zum Beispiel Götterstatuen, die
lächeln oder sich bewegen oder die *autopsia*, die Erscheinung des gestaltlosen göttlichen Feuers. Theurgie könnte
also definiert werden als ein Versuch, durch eindringliche
Unterweisung, asketisches Training, Ritual – modern gesagt: theologische Vorprogrammierung – und möglicherweise durch den Gebrauch von Drogen das geheime Wissen
und die übersinnlichen Fähigkeiten der alten griechischen
Schamanen, also zum Beispiel des Pythagoras, dessen Biographie Iamblichos verfaßte, wiederzugewinnen. Im Ritual
spielten, wie wir gesehen haben, sakrale Gewänder, Blumen, Musik, Wohlgerüche eine Rolle.

Die andeutenden Schilderungen solcher Zeremonien lassen den Leser irgendwie unbefriedigt; denn die Lektüre
führt ihn bis zu einem gewissen Punkt, aber nicht darüber

hinaus. Unsere Texte verraten manches nicht, und das eigentliche Geheimnis wird nie mitgeteilt. Natürlich muß man verstehen, daß der Magier dem Papyrus nicht alles anvertraut. Aber ähnlich geht es uns mit der antiken Astrologie, scheinbar einer »okkulten« Wissenschaft, die man von A bis Z aus einem Handbuch erlernen könnte. Doch auch das ist nicht der Fall.

Geschichtlicher Überblick

Die Wurzeln der Magie gehen zweifellos bis in die Vorgeschichte zurück, und es ist durchaus glaubhaft, daß gewisse magische Vorstellungen und Riten direkt oder indirekt dem Kult der großen mittelmeerischen Erdgottheit entstammen, die älter ist als alle bezeugten Gottheiten der Griechen und Römer.[36] Diese Erdgottheit wurde in historischer Zeit unter vielen Namen verehrt – Ge oder Gaia, Demeter, Ceres, Terra Mater, Bona Dea, Cybele, Ischtar, Atargatis usw. Im vorgeschichtlichen Griechenland muß der Kult der Mutter Erde eine überragende Rolle gespielt haben, und zwar lange bevor indogermanische Stämme vom Norden her das Land in Besitz nahmen. Die Demeter der Griechen hat wahrscheinlich manche Züge jener vorgriechischen Erdgottheit übernommen. Es ist denkbar, daß ihr ursprünglich Menschenopfer dargebracht wurden und daß solche Bräuche später als barbarisch empfunden wurden und aus den Religionen verschwanden. Heimlich lebten sie vermutlich weiter.

Es gibt einen deutlichen Hinweis, daß in Griechenland gewisse Riten bis in die Stein- oder Bronzezeit zurückreichten. Eiserne Messer waren im Kult verpönt. Eisen stellte nämlich gegenüber Stein und Bronze etwas Neues dar, während Religion und Magie das Alte bewahrten. Auch die Tatsache, daß magische Handlungen barfuß ausgeführt wurden, zeigt ihr hohes Alter; der Magier, die Hexe brauchten den Kontakt zur Erdmutter, die ihnen besondere Kräfte verlieh. Selbst die Mantik der historischen Zeit scheint sich aus uralten Bräuchen entwickelt zu haben. Manches spricht dafür, daß in vorgriechischer Zeit in Delphi die Erdgottheit ein Heiligtum hatte, in dem unter anderem auch geweissagt wurde. In Trance vernahm die Priesterin die aus der Erde kommende Stimme der Gottheit. Als die griechischen Stämme in das Land eindrangen, das heute nach ihnen heißt, haben sie offenbar das uralte Heiligtum für einen ihrer Götter, Apollo, in Beschlag genommen. Sein Sieg über die Python-Schlange – zweifellos das Kulttier, das heilige Bild der alten Erdgottheit – symbolisiert die Übernahme dieses religiösen Zentrums durch die Fremden aus dem Norden. Aber an der Praxis der Weissagung haben sie nichts geändert, die Institution der Priesterin blieb, und offenbar hat es niemanden gestört, daß eine Frau einer männlichen Gottheit diente. Jahrhundertelang blühte das delphische Orakel unter der Obhut Apolls.

Im Mythos und in der Dichtung der Griechen lernen wir große Hexen wie Kirke und Medea kennen. Aber vielleicht waren das ursprünglich keine Hexen, sondern Göttinnen oder doch Priesterinnen von Gottheiten einer längst untergegangenen Religion. Ihr Wissen um Kräuter, Wurzeln und Pilze stellte uralte, geheim gehaltene Erfahrung dar und gab ihnen besondere Macht. In ihrer eigenen Kultur waren sie Priesterinnen; die folgenden Generationen haben sie zu gefährlichen Zauberinnen gemacht.

Übrigens hat Kirke einen illustren Stammbaum. Sie ist eine Tochter der Sonne, die zu den Titanen, also einer vorgriechischen Götterdynastie, gehört. Medea, eine andere große Zauberin des griechischen Mythos, ist eine Enkelin der Sonne. Eigentlich würde man die Magie nicht mit der Sonne in Verbindung bringen, sondern eher mit dem Kult der großen Erdgottheit oder mit dem Mond, dem Gestirn der Nacht. Aber der Mythos hat vielleicht doch etwas Wesentliches bewahrt. Die Titanen stellten eine ältere Generation von Göttern dar, die durch die olympischen Gottheiten der vom Norden her in ein altes Kulturgebiet eindringenden Stämme gestürzt wurden. Die Anhänger, vor allem die Priester und Priesterinnen der alten

Religion, wurden von den Anhängern der neuen als Zauberer verdächtigt.

Man darf nicht davon ausgehen, daß die Griechen und Römer die Vorstufen ihrer eigenen Religion verstanden. Ebenso wenig scheinen sie die Eigenart fremder Religionen und Kulte verstanden zu haben. Herodot beschreibt als Außenstehender die Religion der Ägypter, und man spürt bei ihm das Staunen über das Fremdartige, völlig Ungriechische in den Vorstellungen und Bräuchen dieses uralten Kulturvolkes. Lange Zeit scheinen die Griechen auch einen unklaren Begriff von der Religion der Perser gehabt zu haben. Ein »schöpferisches Mißverständnis« hat uns das Wort »Magie« in seiner heutigen Bedeutung geschenkt. Die »Magier« (*magoi*) waren ursprünglich eine Priesterkaste der Meder; sie galten im alten Persien als Kenner religiöser Riten und Überlieferungen, und man sieht in ihnen die eigentlichen Träger des Feuerkults. Den Griechen und Römern galten sie, wie man aus der Verteidigungsrede des Apuleius weiß, als Priester von Zarathustra und Ahura Mazda; doch diese göttlichen oder halbgöttlichen Wesen betrachtete man auch als Erfinder der Magie (vgl. Nr. 25). Aus der abschätzigen Haltung der Griechen gegenüber fremden Völkern – die ja allesamt als »Barbaren« bezeichnet wurden – läßt sich ihr starkes Vorurteil gegenüber ausländischen Religionen erklären. Was so ungriechisch war, konnte nicht als Religion bezeichnet werden, und da bot sich eben der Sammelname »Magie« an. Diese Haltung war nicht nur den Griechen eigen. Obwohl die Römer mit fremden Religionen experimentierten, ihnen eine Chance boten, sich zu bewähren, konnten sie einen gewissen Abscheu nicht überwinden, wie etwa die 15. Satire Juvenals mit ihrer Verhöhnung der ägyptischen Religionen zeigt.

Eine Wurzel der hellenistischen Magie ist zweifellos in Persien zu suchen. Persische Priester, die *magoi*, haben der Magie ihren Namen gegeben. Zarathustra oder Zoroaster (6. Jahrhundert v. Chr.) war ein Denker, Lehrer und Religionsgründer im alten Perserreich, zuerst angefochten, dann anerkannt. Vielleicht ist er mit Gestalten wie Orpheus und Pythagoras verwandt, und es darf nicht verwundern, daß man ihm übersinnliche Fähigkeiten zuschrieb. Angeblich verfaßte er zahlreiche Werke über Magie, Astrologie und Divination. Man hielt ihn auch für den Schöpfer eines dämonologischen Systems, das zu verschiedenen Zeiten, in verschiedenen Ausprägungen, von Juden, Griechen und Christen übernommen wurde. Ein griechischer ›Magier‹ namens Ostanes begleitete später Xerxes auf seinem Feldzug gegen die Griechen (480 v. Chr.), wahrscheinlich als Berater des Königs. Nach der Niederlage bei Salamis blieb Ostanes in Griechenland und wurde Lehrer Demokrits (geb. um 470 v. Chr.). Die Überlieferung stellt also einen Zusammenhang zwischen altpersischen Geheimlehren und ›moderner‹ griechischer Wissenschaft her. Demokrit hat auf verschiedenen Gebieten viel geleistet, und die von ihm begründete Lehre des Atomismus nimmt in mancher Hinsicht die heutigen Naturwissenschaften als Modell voraus. Daß ein universaler Denker wie Demokrit auch die ›geheimen‹ Kräfte von Steinen und Pflanzen erforschte, ist nicht völlig glaubhaft. Leider sind seine vielen Untersuchungen nur in Fragmenten erhalten.

Die Magier aus dem Morgenland, die um die Zeitenwende nach Bethlehem kamen, um dem eben geborenen »König der Juden« ihre Verehrung zu bezeugen, muß man sich als Könige, Priester und Astrologen vorstellen. Sie hatten ein Gestirn oder eine Konstellation beobachtet, die auf die Geburt eines Königs hinwies, und es stand für sie fest, daß sie diesem neuen König huldigen mußten.

So führt eine verbindende Linie von Zoroaster über Ostanes und Demokrit zu den »Weisen aus dem Morgenland«. Dahinter steht die altpersische Religion, die offenbar Wissenschaft und Geheimwissenschaft war.

Neben Persien galt Babylonien als Ursprungsland der Magie. Wenn die Griechen und Römer von Chaldäern sprechen, so meinen sie Magier, Astrologen, Traumdeuter usw. Chaldäa war ein Land im südlichen Babylonien (heute Süden von Irak), aber manchmal wird auch ganz Babylonien so bezeichnet. Der Name ist abgeleitet von assyrisch *Kaldu* (hebräisch *Kasdim*). Das »Ur der Chaldäer« ist nach *Genesis* 11.28 die Heimat Abrahams. Es könnte sein, daß es sich auch hier ursprünglich um eine Priesterkaste handelte – vergleichbar den persischen *magoi* und den keltischen Druiden –, die die Summe des damaligen Wissens bewahrten, wobei man später das Gewicht auf alles Absonderliche, Zweifelhafte dieses Wissens legte. Daß irgendwelche Wahrsager sich als »Chaldäer« bezeichneten, um ihrer Kunst Glaubwürdigkeit zu schenken, ist ohne weiteres denkbar; aber gerade so geriet die Kunst in Verruf.

Zu den persischen und babylonischen Überlieferungen kam eine ägyptische Komponente. Ägypten war für die Griechen, schon bevor sie es genauer kennenlernten, ein Land uralter Erfahrungen. Zu diesen Erfahrungen gehörte ein besonderes Wissen über den Umgang mit höheren Wesen, gleichgültig wie sie hießen. Als Ägypten ein griechisches Königreich wurde, begannen sich die dorthin berufenen griechischen Gelehrten und Philosophen für die ägyptische Kultur und alles, was sie an seltsamen und absonderlichen Elementen enthielt, zu interessieren. Dazu gehörte sicher auch die Alchemie, ein Gebiet, auf dem die Ägypter einiges geleistet hatten. Es scheint, daß die Alchemie von Anfang an eine Art Mischung von Magie und angewandter Wissenschaft war, wobei die Geheimhaltung wahrscheinlich den Anteil der Magie übertrieb. Doch sicher wurde in Ägypten auch Magie betrieben, und zwar nicht so sehr als Schutzmaßnahme gegen böse Geister, Behexung usw., sondern als ein Versuch, gute und böse Mächte zu beherrschen und sich dienstbar zu machen. Manchmal gebärdet sich der Magier als Gott, um den eigentlichen Göttern zu imponieren; er nimmt also vorübergehend eine übersinnliche Identität an. Auch das ist charakteristisch für die ägyptische Magie. Ausgeprägt ist auch der Glaube, daß magische Kräfte an gewisse Buchstaben, Wörter, Symbole gebunden sind; oft sind es Wörter, die einer Geheimsprache angehören; offenbar kam es darauf an, daß sie in besonderer Weise ausgesprochen wurden. Gewisse Gesten und Riten spielten eine Rolle. Wurde ein Opfer vollzogen, war die Farbe des Opfertiers nicht unwichtig: so opferte man den Mächten der Unterwelt schwarze Tiere, damit keine der himmlischen Gottheiten auf den Gedanken kam, die Gabe sei für sie bestimmt. So handelt es sich bei der Magie auf dieser Stufe um eine eigentliche »Wissenschaft«, das heißt um ein geordnetes System von Vorschriften, Regeln, Gebräuchen, deren Kenntnis für den Umgang mit höheren Mächten unentbehrlich war.

Dieses »wissenschaftliche« Element scheint die Magie den Griechen zu verdanken, aber auch der Einfluß der griechischen Religion macht sich bemerkbar. Hermes wird mit dem ägyptischen Thoth identifiziert und gilt als Gott der Weisheit und des Wissens, vor allem des okkulten Wissens; als »Hermes Trismegistos« offenbart er eine gnostische Geheimlehre, die in Ägypten, wie es scheint, viele Anhänger hatte. Hekate, eine alte Unterweltsgottheit, wird zusammen mit Persephone und Selene von den Hexen und Magiern oft angerufen. Schon in Euripides' *Medea* (V. 394 ff) begünstigt sie magische Operationen, und später erscheint ihr Name sehr oft in den Zauberpapyri. Für die chaldäischen Theurgen ist sie fast die wichtigste der alten Gottheiten. Der Gott von Delphi, Apollo, wird zum Gott der Divination schlechthin, und selbst Pan, ursprünglich ein obskurer arkadischer Hirtengott, erscheint in späteren Theologien als eine Art Universalgott;[37] daneben muß er in magischen Riten eine Rolle gespielt haben, sonst wäre der Bocksfüßige, Geschwänzte, Gehörnte wohl nicht zum Prototyp des Teufels geworden.[38]

Wenn Ägypten geradezu als Ursprungsland der Magie und anderer Geheimwissenschaften erscheint, so darf das nicht verwundern. Hier lebte eine uralte Kultur, älter und anders geartet als die griechisch-römische, weiter. Hier trafen sich im späteren Hellenismus und in der Kaiserzeit Westen und Osten. Und hier haben Spekulationen aller Art mit wissenschaftlichem Geist einen Bund geschlossen.[39]

Die Alte Geschichte zeigt uns eine Abfolge großer Reiche: Ägypten, Persien, Makedonien, Rom. Jedes dieser Reiche hat sein eigenes Pantheon göttlicher Mächte. So wie ein

Reich das andere ablöste, übernahm es einige ältere Mächte, meistens jene, die mit einer einheimischen Gottheit identifiziert werden konnten. Diese fremden Mächte wurden oft die Begleiter oder Trabanten der heimischen Gottheiten. So erklärt man etwa die Kultgemeinschaft von Apollon und Hyakinthos; der letztere war eine vorgriechische Gottheit, die von einer griechischen nicht völlig verdrängt werden konnte; im Mythos leben die beiden als Freundespaar weiter; daß der griechische Gott den nichtgriechischen umbrachte, war ein Unfall, ein Versehen. Das völlig Andere in der fremden Religion wurde wohl weniger leicht assimiliert und konnte unter gewissen Umständen als eine Art Afterreligion oder eben als Zauberei deklariert werden, lebte aber dennoch weiter. Für die Griechen der klassischen Zeit – und noch für Lucan und Apuleius – war Thessalien, also ein kulturelles Randgebiet, in dem vermutlich, durch die Isolation bedingt, alte Überlieferungen weiterlebten, das Land der Hexen. Die besten Zauberkräuter kamen vom Schwarzen Meer: auch das war ein fernes Land, von dem man wenig wußte.

Das Hellenistische Zeitalter (die letzten drei Jahrhunderte vor Christi Geburt) ist gekennzeichnet durch ein lebhaftes Interesse an der Magie. Es scheint, daß während dieses Zeitraums die Magie in Ägypten zu einer Art Wissenschaft, einem System ausgebildet wurde. Denn hier, in Ägypten, vor allem in Alexandrien, wurde uralte Überlieferung, zum Teil ägyptischen Ursprungs, zum Teil von den östlichen Kulturen übernommen, unter Aufsicht der Priester lebendig behalten. Hier konnten griechische Wissenschaftler, Gelehrte und Dichter diese geheimen Überlieferungen kennenlernen und sie zu beschreiben, zu erforschen und zu verstehen suchen. Mit großer Wahrscheinlichkeit darf das hellenistische Ägypten als Ursprungsland der okkulten Wissenschaften gelten; denn hier fand die Begegnung zwischen griechischer Neugier und uralter östlicher Folklore statt; aber die Griechen gaben sich nicht damit zufrieden, das Fremdartige, Esoterische kennenzulernen; sie versuchten auch, es im Sinne der aristotelischen Schultradition lehrbuchmäßig zu erfassen und zu tradieren. Beweisen läßt sich dieser Vorgang nicht; denn die Zauberpapyri stammen aus einer viel späteren Zeit, und die literarischen Texte sind natürlich nicht als Augenzeugenberichte zu verwenden. Aber was in den Zauberpapyri in Form von magischen Vorschriften und Handlungen vorliegt, muß auf ältere Quellen zurückgehen, die systematisch angelegt waren und uns leider verloren sind. Daß die große alexandrinische Bibliothek zahlreiche Werke enthielt, die sich mit *thaumasia*, also »Wunderdingen«, und *paradoxa*, also »was dem gesunden Menschenverstand widerspricht«, befaßten, ist sicher.

Auch das Judentum übte einen nicht unbedeutenden Einfluß auf die magische Koine des Hellenismus aus. In Alexandria lebten viele Juden, und es kann nicht bezweifelt werden, daß die hellenistische Kultur ihnen viel verdankt.[40] Die jüdische Religion mochte für Außenseiter magische Elemente enthalten, die man ausprobieren konnte; daneben gibt es aber auch ein eigentliches jüdisches Zauberwesen. Auf einer Stufe haben wir Philo von Alexandria, einen jüdischen Platoniker, der eine ausgeklügelte Dämonologie hinterließ; auf der anderen ein Konglomerat von magischen Praktiken und Vorstellungen, die sich im Volk behauptet hatten.[41]

Das Alte Testament enthält Nachrichten über magische Vorstellungen und Bräuche, und die Tatsache, daß sie von strenggläubigen Juden verpönt wurden, genügt, um zu zeigen, daß es sie gab.[42] Der Prophet Jesaia verspottet (47.12) die babylonischen Priester, die sich in Geheimwissenschaften auskannten: »Mach nur so weiter (Babylon) mit deinen Beschwörungen, deiner abstoßenden Zauberei. Wird dir das etwa helfen? Wirst du damit noch Eindruck machen? Nein! Trotz deinen vielen Listen bist du verloren. Doch laß deine Astrologen, deine Sterngucker ruhig weitermachen und dich retten!« Hier verkündet der Prophet den baldigen Untergang von Babylon, den auch die Chaldäer mit ihren astrologischen und magischen Künsten nicht verhindern können. Die Astrologie galt geradezu als babylonische Spezialität und wurde von Jesaia natürlich abgelehnt. Das hängt

damit zusammen, daß die Babylonier den Willen ihrer Götter durch die Beobachtung der Gestirne zu erforschen suchten, während die Offenbarung der jüdischen Propheten direkt von ihrem einen Gott Jahwe kam, der allen anderen
Göttern überlegen war.

Oben wurde gesagt, daß die Hellenistische Magie vom
spezifisch jüdischen Zauberwesen einiges übernahm.[43] Das
Umgekehrte trifft ebenfalls zu: die Juden in der Diaspora
blieben von den Praktiken ihrer griechisch-ägyptischen Umwelt nicht unbeeinflußt. Man darf annehmen, daß viele Juden – genau wie die Griechen und Römer – an den bösen
Blick, an die Macht gewisser Formeln und Gesänge, die Vorzeichen von Vögeln, die Notwendigkeit von Amuletten
usw. glaubten.[44] Man war sich im klaren über den Unterschied zwischen weißer und schwarzer Magie. Die Nekromantie – an sich von der Religion verboten – hatte ihre Anhänger: man nannte sie »Knochenbeschwörer«. Auch die
Austreibung von Dämonen war dem Judentum geläufig; da
Krankheiten von Dämonen erzeugt wurden, hoffte man –
vor allem, wenn die Ärzte keinen Rat wußten – auf den
Exorzisten.[45]

Weil Jesus, wie die kanonischen Evangelien berichten,
Dämonen austrieb und weil ihm apokryphe, dem Volks-
geschmack angepaßte Evangelien Wundertaten zuschreiben, die in der uns geläufigen Überlieferung fehlen, wurde
er im Altertum von talmudischen Lehrern als Magier bezeichnet; und dieser Gedanke ist in neuerer Zeit ernsthaft
vertreten worden.[46] Wenn man sich an die Stelle eines zeitgenössischen Römers oder Griechen versetzt, ist eine Grenze tatsächlich nicht leicht zu ziehen. Auch Moses erschien
der Nachwelt nicht nur als großer Lehrer, Gesetzgeber, Religionsstifter, der Quell alles Wissens, aller echten Philosophie, sondern auch als Zauberer, nicht unähnlich dem hellenistischen Thoth-Hermes. Moses und Aaron praktizieren
Magie im ägyptischen Stil vor Pharao (*Exodus* 7.8–14;
8.1–15), sie machen den ägyptischen Magiern erfolgreich
Konkurrenz, und obwohl diese bis zu einem gewissen
Punkt die Zauberhandlungen ihrer Gegner nachvollziehen

können, siegen Moses und Aaron. Ihre Magie unterscheidet sich im Prinzip kaum von der ägyptischen; es ist einfach wirksamere Magie, weil ihr Gott größer ist als die Gottheiten der Ägypter. Jahrhunderte später schrieb man Moses Zauberbücher zu (vgl. *PGM* 13).

Salomons umfassendes Wissen erstreckte sich, wie man glaubte, auch auf Magie, und ein Zaubertext, *Das Testament Salomons*, wurde ihm zugeschrieben; aber es handelt sich sehr wahrscheinlich um ein Werk des frühen 3. Jahrhunderts n. Chr., und die Manuskripte, die den Text überliefern, gehören frühestens ins 15. Jahrhundert.[47] Die *Weisheit Salomons*, ein Buch, das von Juden und Protestanten als apokryph betrachtet wird, entstand vermutlich im 1. Jahrhundert v. Chr. Dort sagt Salomon: »Gott… gab mir das wahre Wissen um die Dinge, wie sie sind: er lehrte mich, den Aufbau der Welt zu verstehen, und die Art und Weise, wie die Elemente wirken, den Anfang und das Ende von Zeitaltern und von dem, was dazwischen liegt… den Kreislauf der Jahre und der Sternbilder… die Gedanken der Menschen… die Macht der Geister… die besonderen Kräfte von Wurzeln… Alles, ob geheim oder offen, habe ich gelernt.« Salomon erscheint hier offensichtlich als großer Weiser und Wissender, aber auch als der Meister der Geheimwissenschaften seiner Zeit; denn zu einem wirklich universalen Wissen gehören auch sie. Er hat Astrologie, Pflanzenmagie, Dämonologie (»die Macht der Geister«)[48] und Divination studiert, aber auch »Naturwissenschaft« im aristotelischen Sinn. Dieser Salomon ist eine wahrhaft faustische Figur.

In Justinus' *Dialog mit Tryphon* (85.3) wird ein jüdischer Magier folgendermaßen angeredet:

»Wenn du einen Dämon im Namen von jenen austreiben willst, die einst unter euch lebten – Königen, Gerechten, Propheten, Patriarchen –, dann wird er dir nicht gehorchen. Wenn du ihn aber (im Namen des) Gottes von Isaak und des Gottes von Jakob austreibst, dann wird er dir wohl gehorchen. Eure Exorzisten wenden sicher magische Mittel an, wenn sie Dämonen austreiben, genau wie die Hei-

den, und sie gebrauchen Räucherwerk und Zaubersprüche.«

Im späteren Altertum galten die Juden als mächtige Zauberer, und die verschiedenen Namen ihres Gottes – Jao für
Jahwe, Sabaoth und Adorai – tauchen häufig in den Zauberpapyri auf. Viele Nichtjuden dachten sich Jahwe als eine
geheime Gottheit, denn kein Bild von ihm war sichtbar,
und sein wahrer Name durfte nicht ausgesprochen
werden.[49]

Die Wurzeln der *Kabbala* (»Überlieferung«) reichen
möglicherweise bis ins 1. Jahrhundert n. Chr. zurück, obwohl der Name selbst erst seit dem 13. Jahrhundert bezeugt
ist.[50] Es handelt sich um eine mystische Theologie, die sich
innerhalb des Judentums über Jahrhunderte hinweg, wie es
scheint, entwickelt und im 13. Jahrhundert in Spanien ihre
Prägung erhalten hat, nicht eigentlich eine magische Geheimlehre, wohl aber um ein System, das auch magische Elemente enthält. Die Kabbalisten glaubten an die Möglichkeit
einer direkten Begegnung von Gott und Mensch; sie lehrten
den Abstieg der Seele und ihre Inkarnation sowie ihre Rein-
karnation.

Die Kabbala bewahrt eine mündliche Überlieferung und
setzt eine Einweihung voraus; ein Lehrer und Berater, der
schon ein Eingeweihter ist, scheint unbedingt erforderlich
zu sein. Der Kabbalist verfügt über ein esoterisches Wissen,
das in der Tora nur angedeutet ist. Dieses Wissen wurde
durch eine allegorische Deutung des Alten Testaments gewonnen. Im Prinzip konnte jeder Satz, jedes Wort auf verschiedenen Stufen verstanden und interpretiert werden. Der
Einfluß der alexandrinischen Exegeten, die auch den Homer so behandelten, ist kaum zu verkennen.

Man unterscheidet zwischen einer theoretischen und
einer praktischen Kabbala, und die letztere nähert sich der
sogenannten »weißen Magie«. Sie verwendet die heiligen
Namen Gottes, während die schwarze Magie mit Dämonen
operiert. Dennoch ist es nach Ansicht der Kenner schwierig, innerhalb der Kabbala eine scharfe Trennung zwischen
erlaubter und unerlaubter Magie zu vollziehen, denn of-

fenbar wurde auch der »heiligste Namen« in eigennütziger
Weise angerufen, nicht nur im Zusammenhang mit Askese
und Meditation. Am Ende ist das auch das Problem der
Trennung zwischen »Goetie« und »Theurgie« in der heidnischen Spätantike. Es geht um eine Technik, die bestimmte
Kräfte im Menschen zu aktivieren und für den Betreffenden, aber auch für seine Umgebung erstaunliche Ergebnisse
hervorzubringen vermag. Diese Technik ist mit einer Lehre
verbunden, die von vielen angenommen wird, obwohl immer nur wenige die Technik beherrschten. Vielleicht muß
man die Kabbala als eine Art Generalnenner verschiedener
Strömungen und Richtungen betrachten. Sie hat Nekromantik, Exorzismus, Amulette usw. nicht ausgeschlossen; auch
Astrologie, Alchemie, Chirologie bildeten einen Teil der
Überlieferung. Die wahrhaft Berufenen erlebten ekstatische
Visionen des Thrones Gottes und der himmlischen Hierarchien.

Gnosis und Hermetik

Einige geistige Strömungen jener Zeit müssen noch kurz
besprochen werden. Sie sind zum Teil nicht leicht voneinander zu unterscheiden und können nur bedingt als »okkult«
bezeichnet werden. Es sind im Grunde theologische Systeme mit Mysteriencharakter, die magische Vorstellungen be-
günstigten.

Dazu gehört die *Gnosis*. Das Wort selbst bedeutet »Erkenntnis«, aber nicht Wissen überhaupt, sondern das höchste Wissen, die Gotteserkenntnis. Das Ziel der Gnosis ist
die Flucht vor dem Bösen in der Welt, der Aufstieg zum
Guten, das gleichzeitig das einzig Wirkliche ist. Wer der
Sinnenwelt entflieht und »Gott erkennt«, ist erlöst. Der
wahre Gnostiker muß sich über alles Irdische erheben und
seinem Körper entsagen. Alles andere ergibt sich daraus,
aber es muß durchdacht, ausgesprochen und begründet
werden, und hier trennen sich letztlich die Systeme. Der
Stoizismus der Kaiserzeit, die Gnosis und das geschichtli-

che frühe Christentum haben viel Gemeinsames, aber als Systeme entwickelten sie sich in verschiedene Richtungen. War es eine Zeitlang noch möglich, Stoiker und Christ oder christlicher Gnostiker zu sein, so ging die Freiheit der Entscheidung in dem Maße verloren, wie Systeme, das heißt die Grenzen zwischen ihnen, sich verhärteten oder andere Systeme aufhörten, zu existieren.

Ein Gnostiker wie Karpokrates von Alexandrien (um 120 n. Chr.) soll mit Beschwörungen, Drogen und Botschaften von Geistern und Dämonen gearbeitet haben, doch kann man sich auf diese Nachrichten nicht unbedingt verlassen, da sie zum großen Teil durch seine christlichen Gegner vermittelt sind. Die christlichen Gnostiker waren offenbar bestrebt, ihren Glauben mit den philosophischen Strömungen ihrer Zeit in Einklang zu bringen, ohne magische Praktiken völlig auszuschließen, aber die orthodoxe Lehre distanzierte sich eindeutig von dieser Tendenz. Wie sich die Orthodoxie entwickelte (durch die Konzilien, das Papsttum, durch einflußreiche Kirchenschriftsteller), kann hier nicht ausgeführt werden.[51]

Die *Hermetik* ist eine geistige Bewegung, die ihren Ursprung in Ägypten hatte. Ihre Lehre beruht auf einer Offenbarung des ägyptischen Gottes Thoth, der mit dem griechischen Hermes identifiziert wurde. Hermes wurde nun als besonders wichtiger Gott auserkoren und erhielt den Titel »Trismegistos«, d. h. der dreimal Größte oder der Größte überhaupt. Es scheint charakteristisch für die Religion der Spätantike, daß früher relativ unwichtige Gottheiten – Hermes, Pan, Hekate – allmählich aufrücken und mehr Bedeutung haben. Das hängt vielleicht mit magischen Vorstellungen und Riten zusammen, aber man weiß zuwenig, um diese ganze Entwicklung zu erklären. Vielleicht war es ein Vorteil für diese Gottheiten, daß sie keine ausgebildete Mythologie hatten und daß sie nicht an alte traditionsreiche Kultzentren gebunden waren. Ihre göttliche Natur stand fest, und so konnte man sie im Zeitalter des Synkretismus mit ausländischen Gottheiten in Verbindung bringen. Hermes war nicht nur Thoth, er war auch Moses (Eusebius,

Praep. Ev. 9.27.3). Es war also möglich, eine relativ obskure Gottheit z. B. durch Angleichung an eine mehr oder weniger verwandte ausländische Gottheit zu erhöhen, ihr einen neuen Status zu geben. Diese Angleichung von göttlichen Mächten war gleichzeitig eine Übertragung ihrer besonderen Fähigkeiten oder eine Anreicherung einer besonderen Gottheit auf Kosten anderer. Es ist ein Phänomen, dem man den Namen Synkretismus gegeben hat. Einzelne Gottheiten hatten ihre Aretalogien, eine Art Verzeichnis ihrer besonderen Kräfte oder Leistungen, die man von ihnen erwartete und für die man sie pries. Diese Kataloge konnten von einer Gottheit auf eine andere oder von mehreren Gottheiten auf eine einzige übertragen werden. Eine gewisse Willkür – von uns aus gesehen – läßt sich nicht ausschließen, aber die Tendenz, auf wenige Gottheiten die Kräfte von vielen zu konzentrieren, zeichnet sich ab. Es wäre ein Fehler, sich das »Heidentum« im Gegensatz zum Christentum als etwas Einheitliches vorzustellen. Das Christentum selber war im Grunde schon damals so wenig wie heute eine Einheit.

Die Magie, das Recht und die Kirche

Schon im alten Ägypten konnte ein Magier vor Gericht gestellt werden.[52] Platon forderte im *Staat* eine Bestrafung der niederen Arten von Magie (*pharmakeia*). In Rom wurde die Ausübung magischer Künste strafrechtlich verfolgt, sofern sie einem Menschen Schaden zufügten oder ihn betrogen. Zauberformeln, magische Gesänge, nächtliche Opfer, Drogen waren besonders verdächtig. Das Zwölftafelgesetz (um 450 v. Chr.) verbot ausdrücklich eine Art von Schadenzauber, nämlich *excantare fruges*, d. h., das »Besingen (oder Bezaubern) der Feldfrüchte«. Hatte ein Bauer eine Mißernte, während bei seinem Nachbarn alles gedieh, so gab er einem Zauber Schuld, und die Sache wurde untersucht. Verwandt mit dem Verbum *excantare* (eigentlich »heraussingen«, denn man stellte sich vor, daß die reiche Ernte, auf die

man hoffte, vom eigenen Feld durch magische Vorgänge auf
das des Nachbarn befördert worden war) ist *occentare* (eigentlich »entgegensingen«): das Abfassen oder Absingen
eines »bösen Gedichts« (*carmen malum*) oder eines »ruf-
schädigenden Gedichts« (*carmen famosum*), wobei *carmen*
gleichzeitig »Gedicht« und »Zauberformel« sein kann.
Auch *incantare* »besingen« oder »bezaubern« ist ein juristi-
scher Terminus, der schon im Zwölftafelgesetz erscheint.
Wer solcher Handlungen überführt wurde, mußte mit der
Todesstrafe oder bestenfalls mit Exil rechnen. Schon der Besitz von Zauberbüchern oder magischen Geräten (also beispielsweise die Papyri, die uns erhalten sind), war strafbar;
der Besitzer wurde mit äußerster Härte behandelt, die Bücher öffentlich verbrannt.

Ein Edikt des Augustus, im Jahr 11 n. Chr. erlassen (Cassius Dio 56.25.5), bildete die juristische Grundlage für die
späteren Verfolgungen von Magiern und Wahrsagern. Ein
Dokument aus dem Jahr 199 n. Chr., das erst 1977 bekannt
wurde, zeigt die Handhabung dieser Gesetze in den Provin-
zen; es handelt sich um ein Rundschreiben des Präfekts von
Ägypten, Q. Aemilius Saturninus (N. Lewis, *Chronique
d'Égypte* 52 [1977], 143–46, G. Horsley u. a., *New Documents
Illustrating Early Christianity* [1982], 47 f). In diesem Dokument wird das Wahrsagen als Betrug bezeichnet, als »trügerische Neugier«. Einige Methoden werden kurz angedeutet:
»Schriftstücke, die angeblich in Gegenwart einer Gottheit
entstanden«, »Bilderprozession«. Dies gilt offiziell als *man-
ganeia*, »Zauberei«. Übernatürliches Wissen (*ta hyper an-
thropon eidenai*) ist verboten. Wer gegen diese Anordnungen handelt, kann mit dem Tode bestraft werden.

Im Laufe des 4. Jahrhunderts n. Chr. erließen die christlichen Kaiser nicht weniger als zwölf Edikte gegen Magier
und Wahrsager, aber schon in den ersten beiden Jahrhunderten n. Chr. wurden durch Senatsbeschlüsse von Zeit zu Zeit
die Astrologen und »Philosophen« aus Rom oder ganz Italien vertrieben (s. R. MacMullen, *Enemies of the Roman
Order* [Cambridge, Mass., 1966], 128–62). Im großen ganzen
blieben diese Maßnahmen, wie es scheint, erfolglos.

In der Kaiserzeit wurden die Strafandrohungen noch verschärft wie z. B. die *Sententiae* des Julius Paulus (frühes 3.
Jahrhundert n. Chr.) zeigen (5.23.14 ff); auch der *Codex Theo-
dosianus* (312–438 n. Chr.) enthält Bestimmungen gegen das
Hexenwesen; ähnliche Maßnahmen sieht der *Codex Iusti-
nianus* (529 n. Chr.) vor (9.18). Es steht also fest, daß der
Staat energisch gegen Magier, Wahrsager, Astrologen, auch
Theurgen (wenigstens unter den christlichen Kaisern) vor-
ging. Sogar das Tragen eines Talismans konnte als Verbrechen ausgelegt werden. Aber diese Maßnahmen zeigen, daß
jedermann an diese Phänomene glaubte. Die Kaiser befürch-
teten, daß ein Astrologe ihr Lebensende voraussagen oder
daß ein Zauberer ihrem Leben ein Ende setzen könnte. Solche Leute waren gefährlich. Die Kirche unterstützte den
Staat in der Unterdrückung okkulter Praktiken, und beide
Mächte blieben in dieser Bestrebung während des Mittelalters und weit darüber hinaus vereint.

Literatur und Wirklichkeit

Dichter wie Apollonios, Theokrit, Horaz und Vergil schil-
derten magische Operationen gewissermaßen als Außenseiter, aber doch mit scharfem Blick für das Wesentliche. Lucan führt im 6. Buch seines Epos vom Bürgerkrieg eine Hexe vor, die alles übertrifft. Das ist Literatur – aber die Motive stammen aus der Folklore. Nun gibt es aber auch eine
Menge von magischen Texten, die eindeutig praktischen
Zwecken dienten.
    Es wurde schon gesagt, daß gegen Ende des hellenisti-
schen Zeitalters in Ägypten die sogenannten okkulten Wissenschaften, also Magie, Dämonologie, Astrologie, Alchemie usw. in mehr oder weniger systematische Form gefaßt
wurden. Es gibt z. B. Einführungen in die Astrologie, aber
auch alchemistische Traktate, die fast sicher auf solches
Lehrgut zurückgehen. Eine eigentliche Einführung in die
Magie hat sich nicht erhalten, obwohl eine allgemeine Theo-

rie der Magie in unsern Zeugnissen faßbar ist; sie muß im
wesentlichen aus den Zauberpapyri, Fluchtafeln usw. und
aus spätantiken Philosophen zurückgewonnen werden.
Natürlich haftete diesen Wissenschaften immer etwas Ge-
heimnisvolles an. Man konnte sie wohl nicht offen studieren. Gewisse Neuplatoniker erteilten, wie es scheint, Privat-
unterricht in der Theurgie, aber das war nicht ungefährlich.
Wir wissen zum Beispiel von Antonius dem Anachoreten,
einem Platoniker des 4. Jahrhunderts n. Chr., der bei Kanopos in Ägypten eine Schule leitete, in der auch Priester ausgebildet wurden.[53] Wenn er über Platon sprach und ein Schüler Auskunft über »Theologisches«, das heißt hier sicher
»Theurgisches«, verlangte, »sah er eine Statue vor sich«, wie
Eunapios anschaulich sagt; das heißt, der Lehrer erstarrte
und sprach nicht weiter.

Es gab sicher Magier, die auch Astrologen waren und
umgekehrt, so wie es Astrologen gab, die auch als Ärzte
praktizierten, die sogenannten Iatromathematiker. Die Dämonologie blieb nicht rein theoretisch, sondern eine
Kenntnis der dämonischen Hierarchien war für den Magier
und Theurgen unentbehrlich. So ergeben sich Querverbin-
dungen zwischen den verschiedenen Disziplinen. Aber der
Typ des faustischen Magiers, der gleichzeitig auch ein großer Astrologe, Alchemist, Geisterbeschwörer und Heiler
ist – dieser Typus läßt sich in der späteren Antike kaum
nachweisen; er existiert wohl noch als Ideal in der heidnischen Welt, aber die einzelnen Wissenschaften hatten sich
zu sehr spezialisiert; sie waren zu Einzelwissenschaften geworden, die man sich bis zu einem gewissen Grad aneignen
konnte; aber das, was auf den verschiedenen Gebieten vollbracht wurde, floß nicht mehr aus der einen großen übernatürlichen Begabung. Eigentlich ist die Trennung an sich
schon etwas Künstliches, doch für eine historische Darstellung hat sie praktischen Nutzen, solange man sich vor
Augen hält, daß sie erst nach und nach entstanden ist. Der
faustische Magier wäre das okkulte Gegenstück zum großen Forscher im aristotelischen Sinn – einem Wissenschaftler, der sich mit der ganzen physischen Erscheinungswelt –

Steinen, Pflanzen, Tieren, Menschen, Gestirnen – aber auch
mit dem Übersinnlichen befaßt.[54]

Obwohl es sich um gesonderte Disziplinen handelt, trägt
oft die eine zum Verständnis der anderen bei. Die astrologischen Texte aus Ägypten, die Franz Cumont besprochen
hat,[55] beleuchten den Aberglauben der Menschen – ihre
Hoffnungen und Ängste, ihre Wünsche und Ansprüche.
Die Zauberpapyri enthüllen vor allem den Machthunger
der Magier, aber auch wieder das, was die Menschen allgemein bewegte. Die Amulette, die sich erhalten haben, be-
lehren uns darüber, wie Menschen sich gegen Schadenzauber und Verfluchungen zu schützen suchten. Damals
wie heute wünschte man für sich und seine Angehörigen
Gesundheit, Wohlstand, Erfolg in der Politik, im Beruf, in
der Liebe, oder, war man verletzt, gedemütigt, benachteiligt
worden – Rache. Der Astrologe beurteilte die Aussichten,
die einer hatte, der Magier gab vor, Wünsche in Wirklichkeit umsetzen zu können.

Es ist eigenartig, wie in Ägypten die alten einheimischen
Gottheiten (Isis, Osiris, Horus, Anubis, Typhon) zu magischen Kraftquellen wurden. Ihre Namen und Attribute wurden von den Zauberern übernommen, obwohl sie selber
wohl außerhalb der Religion und des Kults standen. Die
Formel »Jesus, Gott der Hebräer« findet sich in Formeln,
die offensichtlich nicht von Juden oder Christen geschaffen
oder verwendet wurden. Sogar das Vaterunser erscheint in
einer Zauberformel. Die Magie entlehnte bei den Religionen alles, was Erfolg versprach. Wenn es für die Angehörigen der betreffenden Religion seine Wirkung tat, so war es
sicher auch in der Zauberei zu gebrauchen. Das Erfolgsden-
ken ist in den antiken Religionen ebenso sehr zuhause wie
in der Magie; deshalb war der Schritt von einem Bereich in
den anderen so leicht.[56]

Zunächst müssen wir uns mit den Zauberpapyri befassen. Diese magischen Texte, die z. T. auf Rollen überliefert
sind, dürften aus den Privatbibliotheken praktizierender
Magier stammen. Man gab ihnen vermutlich diese Bücher
mit ins Grab, damit sie auch im Jenseits dieselbe Macht aus-

üben konnten wie in dieser Welt.[57] Die meisten Texte sind verhältnismäßig spät (drittes oder viertes Jahrhundert n. Chr.), aber sie gehen zweifellos auf ältere, in manchen Fällen wohl viel ältere Vorlagen zurück, und die ihnen zugrundeliegenden Gedanken wurden vermutlich schon im Hellenismus ausgebildet. Manche scheinen Abschriften von Abschriften zu sein.[58]

Die ersten in Ägypten entdeckten Zauberpapyri wurden von Johann d'Anastasy, dem schwedischen Vizekonsul in Kairo (1828–1859) nach Europa gebracht.[59] Er hatte eine stattliche Zahl von Texten erworben, die angeblich aus einem Grab in der Nähe von Theben stammten, aber niemand schien genaueres zu wissen. Diese Sammlung enthielt Formeln, Beschwörungen, Rezepte für alle möglichen Zwecke: Liebeszauber, Dämonenaustreibungen, Verfluchungen. Einige dieser Papyri wurden schon im frühen 19. Jahrhundert vom Altertumsmuseum Leiden gekauft, andere wanderten nach London, Paris, Berlin. Der sogenannte Große Zauberpapyrus befindet sich in Paris; er besteht aus 36 beidseitig beschriebenen Blättern und umfaßt insgesamt 3274 Zeilen.[60]

Was uns mehr oder weniger zufällig erhalten ist, stellt vermutlich nur ein Bruchstück aus der gesamten Zauberliteratur des Altertums dar. Aus der *Apostelgeschichte* (19. 18–20) wissen wir, daß Paulus die Epheser veranlaßte, ihre Zauberbücher, die viel Geld gekostet hatten, den Flammen preiszugeben. Ephesus scheint unter anderem eine Art Zentrum der Magie gewesen zu sein; »ephesische Buchstaben« (*Ephesia grammata*) bedeutet »Zauberwörter«.

Die Sprache der Zauberpapyri sollte einmal untersucht werden. Sie sind im allgemeinen in einem korrekten, meist verständlichen Griechisch abgefaßt, das man als »subliterarisch« bezeichnen kann, obwohl manche Partien wirkungsvoll und nicht ohne literarischen Ehrgeiz geschrieben sind. Sicher steht dieses Griechisch der Umgangssprache näher als der Dichtung, aber einzelne Ausdrücke sind der gehobenen religiösen Sprache entlehnt; so werden Zauberformeln gelegentlich *teletai* (wörtlich: »Mysterienfeiern«) und der

Magier selber *mystagogos* (wörtlich: »Priester, der den Ein-
zuweihenden führt«) genannt.

Sehr oft sind die Zaubervorschriften in die Form eines
Rezepts gekleidet: »Man nehme die Augen einer Fledermaus…« (Nr. 22). Solche Rezepte, von passenden Formeln,
Gesten usw. begleitet, bringen angeblich die verschiedensten Wirkungen hervor: Sie schicken Wahrträume und die
Fähigkeit, sie zu interpretieren; sie mobilisieren Dämonen,
die einen Feind quälen oder vernichten können; sie lösen
Ehen oder Freundschaften auf; sie zermürben einen Feind
durch schlaflose Nächte; sie verursachen Krankheiten, Depressionen usw. Man sieht daraus, daß die Menschen, wenn
sie von einem Unglück getroffen wurden oder in irgendeiner Situation versagten, sofort bereit waren, einem bösen
Zauber Schuld zu geben. Wenn man zu wissen glaubte, welcher Feind dahintersteckte, lag es nahe, einen Gegenzauber
ins Werk zu setzen. Es ist, als spielten sich menschliche
Konflikte auf zwei verschiedenen Ebenen ab: einer irdischen und einer anderen, auf der dämonische Kräfte aufein-
anderprallten. Nichts ist, was es scheint: alles hat einen Hintergrund, der ihm erst seinen Sinn gibt.

Manche dieser Rezepte und Vorschriften sind skrupellos
und grausam. Ähnlich ist es in der Literatur. So droht die
Amateurhexe Theokrits mit einem starken Schadenzauber,
sollte ihr verhältnismäßig harmloser Liebeszauber nicht gelingen. Eine ähnliche Steigerung läßt sich in Didos magischer Handlung im 4. Buch der *Aeneis* (Nr. 3) beobachten.
Es ist, als ob der Magier sagen wollte: »Wenn du mich nicht
liebst, bringe ich dich um.« Diese radikale Einstellung hat in
der Literatur wie auch in der Wirklichkeit zu Tragödien
geführt. Es ist natürlich ein großer Unterschied, ob ich
einen Feind tatsächlich töte oder gegen ihn magische Mittel
anwende, die nach meiner Überzeugung und meinem
Wunsch zu seinem Tod führen müssen. Doch in der Antike
wurde der Unterschied weniger stark empfunden. Jeder unerklärliche, plötzliche Tod konnte das Werk eines Magiers
sein.

Die magischen Ostraka (»Topfscherben«) wurden auch

für magische Beschwörungen gebraucht. Solche Texte sind vor allem in Ägypten in hellenistischer Zeit gefunden worden. Als Beschreibmaterial waren die Scherben eines zerbrochenen Topfs sehr billig (deshalb wurden sie auch für Schulaufgaben verwendet), aber sie eigneten sich nur für kurze Texte. Zeitlich reichen sie vom 4. Jahrhundert v. Chr. bis in die byzantinische Zeit. In ihrem Wesen unterscheiden sie sich kaum von den Zauberpapyri. Ein Liebeszauber auf einer Scherbe von Oxyrrhynchos zum Beispiel geht darauf aus, die Ehe einer Frau zu zerstören und sie selbst dem Zauberer zuzuführen.

Die »Fluchtafeln« (*tabellae defixionum*) sind eine weitere wichtige Quelle für unsere Kenntnis der antiken Magie. Das Wort *defixio* (in klassischer Zeit nicht belegt) ist abgeleitet von *defigere* ›fest einpflanzen‹, ›annageln‹, aber auch ›jemanden bösen Dämonen ausliefern‹. Wie wir gesehen hatten, genügten der Böse Blick oder ein gesprochener Fluch oder eine rituelle Handlung, um einem Menschen Schaden zuzufügen. Nur beim Bösen Blick war die Gegenwart des Opfers notwendig; alles andere konnte in seiner Abwesenheit geschehen. So konnte man z. B. den Namen des Opfers auf ein Bleitäfelchen schreiben, zusammen mit Zauberformeln und geheimen Zeichen, und das Täfelchen (auch andere Materialien wurden verwendet) in der Nähe eines Grabes, auf einer Richtstätte, einem Schlachtfeld beerdigen. Man stellte sich vor, daß die Geister der Toten – besonders wenn sie gewaltsam ums Leben gekommen waren (*biaiothanatoi*) oder vor ihrer Zeit gestorben waren (*aoroi*) an diesen Orten verweilten und aus lauter Erbitterung über ihren gewaltsamen oder allzu früh erfolgten Tod zu bösen Taten bereit und deshalb dem Magier zu Diensten waren. Manchmal warf man die Täfelchen auch in Brunnen, Zisternen, Quellen oder Flüsse. Manchmal stecken Nägel in diesen Täfelchen; die *defixio* ist also sinnenfällig.

Die Fluchtafeln – wahrscheinlich vor allem, weil Blei dauerhafter ist als Papyrus – umfassen eine viel längere Zeitspanne als die Zauberpapyri, aber eine kürzere als die Ostraka. Die ältesten stammen aus dem 5. Jahrhundert v. Chr., die

jüngsten gehören ins späte 6. Jahrhundert n. Chr. Im ganzen
sind rund 1100 Exemplare bekannt; die meisten gehören ins
Hellenistische Zeitalter. Die in älterer Zeit gebrauchte Formel ist einfach: »X, binde Y, dessen Mutter Z ist.« Dabei ist
X entweder ein Gott oder ein Dämon, Y das Opfer, das
durch den Namen seiner Mutter (Z) und nicht, wie sonst
üblich, durch den des Vaters näher bestimmt wird. Merkwürdig ist dabei, daß der Name einer vertrauten griechischen Gottheit durch den eines Zauberdämons ersetzt
werden kann. Später werden auch magische Diagramme,
Vokalfolgen und ähnliches eingeritzt; auch finden sich die
Namen von ausländischen Göttern, die man sich wohl als
besonders mächtig dachte. Das Ziel der Flüche war oft ein
Sportler, ein Wagenlenker zum Beispiel, dessen Sieg ein
Gegner verhindern wollte.

Puppen, die das Opfer eines Zaubers darstellen, gehören in die gleiche Kategorie wie die Fluchtafeln. Im
englischen Sprachgebiet nennt man sie »Voodoo Dolls«
nach einem auf Haiti praktizierten magisch-religiösen
Geheimkult. Eine aus Ton, Blei, Wachs oder irgendeinem anderen Material geformte Puppe stellt den
Feind dar, der vernichtet werden soll. Bei den Ausgrabungen des Deutschen Archäologischen Instituts auf dem
Areal des Kerameikos in Athen sind 1964 insgesamt sieben
Bleipuppen aus klassischer Zeit (um 430 v. Chr.) gefunden
worden, die fast sicher magischen Zwecken dienten. Eine
davon hat die Arme auf dem Rücken gefesselt, und auf
einem Schenkel ist der Name des mutmaßlichen Opfers,
Mnesimachos, eingeritzt. Ein Miniatursarg, der im gleichen
Grab gefunden wurde, trägt denselben Namen. Man
hat diesen Mnesimachos glaubwürdig mit einem prominenten Athener identifiziert, der aus einer Prozeßrede
des Lysias bekannt ist. Es hat den Anschein, als
ob in diesem Prozeß mit allen Mitteln gearbeitet wurde. Ein
guter Rechtsanwalt genügte nicht: man sicherte sich auch
die Dienste eines Zauberers, der hinter den Kulissen wirkte.
(Einen vorläufigen Bericht über diese Funde lieferte D. Jordan, *Newsletter of the American Classical School, Athens,*

Herbst 1984; Jordan bereitet ein Corpus der attischen Fluchtafeln vor.)

Amulette dienten als Schutz gegen den Bösen Blick, gegen Verfluchungen und Schadenzauber ganz allgemein. Sie
bestanden manchmal aus billigem Material, aber Edelsteine
oder Halbedelsteine galten wohl als besonders wirksam. Sie
waren natürlich auch dauerhaft. So haben sich Tausende
von geschnittenen Steinen erhalten, die offenbar nicht nur
eine schmückende, sondern vor allem eine magische Funktion besaßen.[61] Man konnte sie an einer Halskette oder
einem Fingerring tragen. Auf einem Jaspis aus Ägypten sehen wir beispielsweise eine Schlange, die sich selber in den
Schwanz beißt, zwei Sterne, die Sonne und die Worte *Abrasax, Iao* und *Sabaoth*, wobei *Abrasax* ein oft gebrauchtes
Zauberwort ist und sowohl *Iao* wie *Sabaoth* Namen der
höchsten, von Juden und Christen verehrten Gottheit darstellen.

Das Wort »Amulett« stammt von lat. *amuletum* (Plinius,
Nat. Hist. 29.4.19 [66], u. ö., vermutlich nach Varro) ab und
hat drei Grundbedeutungen: (1) ein Gegenstand, der als Zaubermittel verwendet wird, um böse Mächte abzuwehren; (2)
eine Handlung, die Böses abwehren soll; (3) die Macht, Böses abzuwehren. Man leitet es gewöhnlich von einer Form
des Verbums *amoliri*, »abwälzen, abwenden« ab; denn nach
Plinius, *Nat. Hist.* 32.2.11 [23] betrachten die *haruspices* Perlen als *gestamina religiosa amoliendis periculis*, »etwas, das
man aus religiösen Gründen trägt, um Gefahren abzuwen-
den«. Im Griechischen hat *phylakterion* dieselbe Bedeutung
(das Wort kommt in den Zauberpapyri mehrmals vor, aber
auch bei Plutarch, *Moralia* 377 B u.). Das Wort »Talisman«
stammt aus dem Arabischen und ist eine Umformung von
griechisch *telesma*, »Einweihung«. Jeder Mensch, der an Magie und Dämonen glaubte, gleichgültig, ob er Jude, Christ
oder Anhänger einer anderen Religion war, trug ein Amulett, um sich zu schützen. Kinder, die als besonders gefähr-
det galten, trugen manchmal mehrere Amulette. Auch fromme Juden scheint das seltsame Gemisch von babylonischen,
ägyptischen und griechischen Elementen auf ihren Amulet-

ten nicht gestört zu haben.[62] Dieselben Formeln wie auf den
Zauberpapyri erscheinen auch hier, allerdings in abgekürz-
ter Form, denn der Raum war knapp. Es scheint sich also zu
bestätigen, daß die Papyri die von den Magiern häufig be-
anspruchte Hauptüberlieferung ihrer Kunst darstellen; aus
ihr ließ sich zu praktischen Zwecken alles Mögliche abzwei-
gen.

Über die magische Kraft von Steinen handelt ein Lehrgedicht, *Lithika*, aus dem 4. oder 5. Jahrhundert n. Chr. Es
ist vermutlich die poetische Bearbeitung eines Prosawerks,
das seit dem 2. Jahrhundert n. Chr. mit dem Namen des Magiers Damigeron verbunden wird. Der Verfasser der *Lithika* bekennt sich zum Heidentum (V. 58; 69) und erwähnt (V.
61–81) die Verfolgung der Magier durch den Staat. Solche
Verfolgungen von Heiden, Ketzern und Magiern fanden
zum Beispiel unter den Kaisern Gratian und Theodosius I.
statt.

Die Umwelt der Menschen war voll von unsichtbaren
Mächten, die gleichzeitig in alle möglichen Richtungen wirkten, und es ist klar, daß dies eine ständige Bedrohung war.
Um sich zu schützen, trug man ein oder mehrere Amulette,
deutlich sichtbar oder verborgen, und da der Angriff die
beste Verteidigung ist, bediente man sich magischer Operationen als einer Art Vorsichtsmaßnahme. Hatte man den
starken Verdacht, das Opfer eines feindlichen Zaubers zu
sein, so belegte man den mutmaßlichen Gegner seinerseits
mit einem Fluch und ließ dies auch bekannt werden. Dadurch wurde eine Art Gleichgewicht hergestellt, das einen
mehr oder weniger normalen Alltag gewährleistete.

Über antikes Zaubergerät muß noch einiges gesagt
werden. Kräuter und andere Substanzen wurden bei magischen Riten aufgebraucht und mußten jeweils ersetzt
werden; aber gewisse Geräte konnten immer wieder Verwendung finden. Schon Homers Kirke benützt einen Zauberstab, und Theokrits Amateurhexe verwendet ein Zauberrad, ein Schwirrholz und einen Gong. In Pergamon wurden Gerätschaften aus dem 3. Jahrhundert n. Chr., wie es
scheint, gefunden, die als das Handwerkszeug eines Zaube-

rers beschrieben werden können. Es besteht aus einem Bron-
zetisch mit dazugehörigem Fuß, mit Symbolen bedeckt,
einer Schüssel, ebenfalls mit Symbolen geschmückt, einem
großen Bronzenagel mit Buchstaben auf den beiden flachen
Seiten, zwei Bronzeringen und drei schwarzen, polierten
Steinen mit den Namen dämonischer Mächte, möchte man
annehmen. Das Ganze erinnert an ein Roulette.[63]

Der römische Historiker Ammianus Marcellinus (geb.
um 330 n.Chr.) beschreibt (29.1.25–32) ein antikes Ouija-
Brett, das an einer Séance des Jahres 371 verwendet wurde.
Diese Séance hatte für alle Teilnehmer schlimme Folgen.[64]
Nach dem Geständnis eines Teilnehmers, des Philosophen
Hilarius, bestand das mantische Gerät, das später vor Gericht vorgezeigt wurde, aus einem Tischchen auf drei Füßen, das dem Dreifuß in Delphi nicht unähnlich war; die
Füße waren aus Holz von einem Lorbeerbaum hergestellt
worden. Dann wurde das Gerät unter Absingen von geheimen Zaubersprüchen und mit mancherlei Riten, die viel
Zeit in Anspruch nahmen, eingeweiht. Das ganze Haus wurde durch Abbrennen von arabischem Räucherwerk gereinigt, und der Dreifuß mitten im Haus aufgestellt. Man stellte darauf eine aus verschiedenen Metallen hergestellte Schale, auf deren Rand die vierundzwanzig Buchstaben des griechischen Alphabets eingraviert waren.

Ein dazu bestimmter Priester, der in ein linnenes Gewand gehüllt ist, an den Füßen Sandalen und um den Kopf
eine Binde trägt, hält grüne Zweige von einem glückbringen-
den Baum in der Hand und betet zur Gottheit der Weissagung (sie wird nicht namentlich genannt). Der Priester läßt
an einem ganz dünnen Faden, der aus den Fasern der Gift-
pflanze Carpathium gedreht ist, einen Ring baumeln, der
»in die Geheimlehren eingeweiht worden ist«. Dieser Ring
hüpft nun von einem Buchstaben zum anderen und bildet
Worte, die sich zu Hexametern in der Art der delphischen
Weissagungen zusammenfügen.

Als die Teilnehmer dem Orakel die Frage stellten, wer
Nachfolger des gegenwärtigen Kaisers Valens sein würde,
streifte der Ring bei seinem Hüpfen die beiden Silben

THE-O- und fügte noch den nächsten Buchstaben (-D-) hinzu. Da rief einer der Anwesenden, das könne nur Theodorus sein, und das genügte allen; man ließ das Orakel den Namen nicht zu Ende buchstabieren. Hilarius war so anständig zu beteuern, daß Theodorus, ein hochgestellter und angesehener Mann, von dem ganzen überhaupt nichts wisse. (Das stimmte allerdings nicht genau; Theodorus hatte nachträglich von dieser Séance erfahren und gab sich, von seinen Freunden ermutigt, gewissen Hoffnungen hin.) Als die Richter die Angeklagten fragten, ob das Orakel, an das sie glaubten, auch ihre Zukunft prophezeit habe, antworteten jene: Ja, ihr Schicksal stehe fest; sie müßten ihr Bestreben, »höhere Dinge« zu erforschen, mit dem Tode bezahlen. Doch drohe dem Kaiser selber wie auch den Richtern ein baldiges schreckliches Ende. Um dies zu bestätigen, rezitierten die Angeklagten drei griechische Hexameter, die auf den Tod von Kaiser Valens bei Adrianopel, 378 n. Chr., anspielten. Nach diesem Geständnis wurden Hilarius und ein Mitangeklagter auf der Stelle mit Zangen zu Tode gefoltert; alle anderen sogenannten Mitverschwörer wurden zum Tode verurteilt und im Beisein einer ungeheuren Menschenmenge enthauptet.

Ammianus Marcellinus, der sich gerade in Antiochien aufhielt, wo der Prozeß stattfand, bekennt (29.1.24), daß er zwar manches selber sah, daß aber die Brutalität des Verfahrens ihn so entsetzte und verwirrte, daß er sich nur mit großer Mühe an Einzelheiten erinnern könne. Das Orakel behielt in allem recht: Die, die es befragt hatten, fanden sofort den Tod, der Kaiser sieben Jahre später, und sein Nachfolger hieß – Theodosius!

Diese Episode, von einem bedeutenden Historiker aufgrund der Prozeßakten und seiner eigenen Erinnerungen berichtet, wirkt völlig authentisch. Sie zeigt übrigens, wie schwierig es ist, Magie und Divination scharf zu trennen. Die Herstellung des tragbaren Hausorakels und seine Befragung werden als magische Operationen geschildert. Die Befragung selbst kann nicht eigentlich als Schadenzauber angesehen werden, und doch wurde sie mit den härtesten

Strafen belegt, weil sie einer kleinen Gruppe von Eingeweihten ein besonderes Wissen und daher eine besondere Macht verlieh, die gegen die Person des Herrschers und daher gegen den Staat gerichtet werden konnte. Bemerkenswert ist auch, wie selbstverständlich es dem Berichterstatter vorkommt, daß das Orakel in allen entscheidenden Punkten recht behielt. Auch die Erfahrung – wenn man es so nennen darf –, daß jede Art von Magie auf den, der sie ausübt, zurückfallen und ihn in die größte Gefahr bringen kann, wird durch diese Geschichte bestätigt.

Die Verwendung von Zahlen, Buchstaben, seltsamen Wörtern und Namen, Formeln und Symbolen ist zweifellos sehr alt. Bekannt ist die allerdings nicht vor dem späten 2. Jahrhundert n. Chr. bezeugte Formel »Abrakadabra«; sie erscheint zuerst in dem Werk »Geheimnisse« (*Res Reconditae*) des 212 n. Chr. auf Befehl Caracallas ermordeten Serenus Sammonicus, muß aber älter sein.[65] Symbole sind Zeichen, die ein Stück menschlicher Erfahrung in Kurzschrift festhalten, Gefühle gleichsam bündeln und starke Reaktionen auslösen können. Man denke an religiöse Symbole, etwa das Kruzifix, oder an nationale Symbole, etwa eine Landesfahne. Genauso verhält es sich mit magischen Symbolen: sie wecken im Betrachter bestimmte Assoziationen; sie sind mehr als hingekritzelte Zeichen; fast könnte man sagen, daß sie ein Eigenleben führen, wie die Götterstatuen, die eine transzendente Macht symbolisieren, gleichzeitig aber auch an und für sich wirken.[66] Auch Zahlen sind, wie schon Pythagoras lehrte, Symbole und Wesenheiten zugleich. Zahlen- und Buchstabenmystik (eigentlich dasselbe, denn die Buchstaben des griechischen Alphabets dienten auch als Zahlen) sind im Hellenismus gut bezeugt.[67]

Im Lauf der Jahrhunderte hat sich an den Grundvorstellungen wenig geändert. Neben ganz einfachen Zauberhandlungen gab es die kompliziertesten, langwierigsten Riten; neben alltäglichen Ingredienzien wurden kostbare, exotische Zutaten verwendet. Das Zaubergerät variierte vom einfachen Schwirrholz bis zu der in Pergamon gefundenen Ausrüstung. Da die Bezeugung oft mehr zufällig und relativ

spät ist, sind wir über manche Zeitabschnitte und Zentren
der Mittelmeerkulturen nur unzureichend orientiert. Aber
das Material gestattet doch ein Gesamtbild in Umrissen,
und man darf sagen, daß im wesentlichen im ganzen römischen Reich jahrhundertelang eine Art von Zauberei praktiziert wurde, die auf uralter Überlieferung beruhte, eine
Überlieferung, die im Hellenismus gleichsam eine ›wissenschaftliche‹ Phase durchmachte.[68]

Zauberinnen der Sage

I

Der älteste griechische Text, in dem ein magisches Ritual beschrieben ist, findet sich in Homers *Odyssee*. Es ist ein für die Volkssage typisches Motiv: Ein reisender Held trifft eine mächtige Zauberin auf ihrem eigenen Gebiet. Kirkes Macht wird dadurch dokumentiert, daß sie einige von Odysseus' Gefährten in Schweine verwandelt. Sie bewirkt dies, indem sie einem Käsegericht eine magische Droge beimischt und die Männer mit ihrem Stab berührt. Hier begegnen uns also bereits zwei wichtige Bestandteile magischer Handlungen: Die Droge und der Zauberstab. Von magischen Sprüchen oder Gesängen ist nicht die Rede. Anders als Hexen, von denen wir später hören, ist Kirke weder alt noch häßlich. Im Gegenteil: Sie ist schön und ewig jung. Dies läßt vermuten, daß sie keine Hexe im eigentlichen Sinne des Wortes ist, sondern eine Göttin, die von einer früheren Generation oder Dynastie von höheren Wesen überlebte und vielleicht – wie Kronos – von der nachfolgenden Generation himmlischer Herrscher auf eine Insel verbannt wurde. Die sogenannten Sukzessionsmythen der griechischen Sage haben die Erinnerung an frühere Göttergeschlechter festgehalten, aber das Schicksal der Entmachteten ist nicht in jedem einzelnen Fall bekannt. Kronos verfällt auf einer fernen Insel in ewigen Schlaf und träumt die Zukunft der Welt – ein großartiger Gedanke – während Kirke auf einer anderen Insel das Leben einer reichen Gutsbesitzerin führt, die über die Grenzen ihres Gebiets hinaus keinerlei Macht ausübt; nur einem Fremden, der dort landet und neugierig in ihren Bereich eindringt, wird sie gefährlich. Doch ist Odysseus als besonderer Schützling von Hermes, einem Vertreter des nun regierenden Göttergeschlechts, vor ihr sicher.

Die Erzählung läßt keinen Zweifel daran, daß Hexen und Zauberei im frühesten griechischen Volksglauben eine Rolle spielten. Das Sagengut, das Homer verarbeitet, geht in die Bronzezeit zurück. Ein Epos wie die *Odyssee*, mit ihren vielen Einzelerzählungen, zum Teil phantastischer Art, wie Seefahrer sie berichten, mußte jedenfalls eine Episode enthalten, in der der Held auch mit magischen Mächten konfrontiert ist und aus dem Kampf als Sieger hervorgeht. Zum Zauber gehört natürlich der Gegenzauber; denn wer an die Möglichkeit der Behexung glaubt, muß sich dage-

gen schützen. Über das Kraut Moly wurde schon im Altertum
gerätselt. War es eine Lauchart (so etwas wie Knoblauch)?
schwarze Nieswurz? ein Nachtschattengewächs? Alle diese Vermutungen hat man geäußert, aber es handelt sich vermutlich um
eine mythologische Erfindung – den Inbegriff aller magisch wirksamen Kräuter dieser Erde.

Homer, *Odyssee* 10.203–47

(Odysseus erzählt)

Ich zählte meine Gefährten mit den starken Beinschie-
nen, teilte sie in zwei Gruppen und gab jeder der beiden
Gruppen einen Anführer. Die eine führte ich selbst, die andere stand unter dem Befehl des gottgleichen Eurylochos.
Rasch schüttelten wir die Lose in einem Bronzehelm. Das
Los des großherzigen Eurylochos sprang heraus. So zog er
ab mit seinen zweiundzwanzig Mann, alle in Tränen, und
wir, die wir zurückblieben, weinten auch.

In einer Lichtung in einem Waldtal entdeckten sie das
Haus der Kirke; es war aus glattpolierten Steinen erbaut.
Bergwölfe und Löwen waren ringsum. Sie hatte sie verzaubert, indem sie ihnen böse Zaubermittel gab. Die Tiere grif-
fen meine Leute nicht an, sondern standen auf ihren Hinter-
beinen und wedelten mit ihren langen Schweifen, so wie
Hunde schmeichlerisch ihren Herrn empfangen, wenn er
vom Essen kommt, denn er bringt ihnen immer ein paar
Leckerbissen. So zärtlich schmeichelten sich die Wölfe mit
ihren starken Klauen und die Löwen bei meinen Leuten ein.
Doch diese erschraken, als sie die furchterregenden Bestien
sahen.

Sie standen vor dem Tor der Göttin mit dem zierlich ge-
flochtenen Haar und hörten Kirke melodisch singen, wie sie
an ihrem großen unsterblichen Webstuhl auf- und abging,
während sie einen feinen, reizenden, glänzenden Stoff wob,
wie Göttinnen das tun.

Polites, eine Führernatur, einer meiner liebsten Freunde,
sprach zu den anderen:

»Freunde, drinnen singt schön eine Frau, während sie an
ihrem großen Webstuhl auf- und niedergeht – das ganze

Gebäude widerhallt – entweder es ist eine Göttin oder eine Frau. Kommt, wir wollen sie besuchen.«

Sie riefen und machten sich bemerkbar. Sogleich öffnete sie die schimmernden Türflügel, trat heraus und lud sie ein, hereinzukommen. Sie waren so einfältig, ihr zu folgen, und zwar alle, außer Eurylochos, der draußen wartete, weil er eine Falle ahnte. Sie führte meine Leute ins Innere, bat sie, auf hohen Stühlen und Bänken Platz zu nehmen und mischte für sie ein Gericht aus Käse, Gerste, klarem Honig und Wein aus Pramnos. Aber dieser Mischung fügte sie auch ein paar schädliche Drogen bei, welche sie ihre Heimat völlig vergessen ließen. Nachdem sie ihnen dieses Gemisch gereicht und sie es getrunken hatten, schlug sie sie rasch mit ihrem Stab und trieb sie in ihre Schweineställe. Sie hatten (jetzt) den Kopf, die Stimme, die Borsten, die Gestalt von Schweinen, aber ihr Verstand war derselbe wie zuvor. Weinend betraten sie die Ställe. Kirke warf ihnen Eicheln, Kastanien und Kornellen vor, das Futter, das Schweine, die am Boden schlafen, gewöhnlich fressen.

Eurylochos kehrte zu dem schnellen, schwarzen Schiff zurück, um die Kunde von seinen Gefährten und ihrem tragischen Schicksal zu überbringen. Er war unfähig, ein einziges Wort herauszustoßen, obwohl er es versuchte; sein Herz war von großer Angst befallen; seine Augen standen voller Tränen, und er wollte nur jammern. Wir waren alle entsetzt und stellten ihm Fragen. Schließlich erzählte er das Unglück, das seinen Gefährten zugestoßen war...

Ich hing mein großes Bronzeschwert mit den silbernen Nagelköpfen und meinen Bogen über die Schultern. Ich befahl ihm, mich auf demselben Pfad zu führen, den er vorher benützt hatte. Doch er umklammerte meine Knie, flehte mich mit kläglicher Stimme an und sagte:

»Sohn des Zeus, ich will nicht. Bitte zwing mich nicht, sondern laß mich hier bleiben. Ich weiß, du selber wirst nicht zurückkehren und keinen deiner Gefährten zurückbringen. Laß uns lieber fliehen, diejenigen von uns, die noch übrig sind; noch ist es möglich, das Schlimmste zu vermeiden.«

Ich antwortete:

»Eurylochos, du darfst hier bleiben und beim ausgehöhlten schwarzen Schiff etwas essen und trinken. Ich aber gehe; es ist absolut notwendig.«

Ich ließ das Schiff und den Strand hinter mir. Als ich durch den unheimlichen Wald ging und mich dem Haus der Zauberin Kirke näherte, begegnete mir unfern des Hauses Hermes mit dem goldenen Stab. Er sah aus wie ein Jüngling in der Blüte seiner Männlichkeit, mit einem eben gewachsenen Bart. Er gab mir die Hand, nannte meinen Namen und sprach zu mir:

»Wohin gehst du, mein bedauernswerter Freund, durch diese Baumwildnis, ganz allein, ohne die Gegend zu kennen? Deine Gefährten laufen in Gestalt von Schweinen in Kirkes Haus herum, in ihre Ställe gepfercht. Hast du etwa im Sinn, sie zu befreien? Ich sage dir: du wirst nicht zurückkehren; du wirst bei den anderen bleiben. Doch siehe, ich will dir helfen und dich aus diesen Gefahren retten. Da, nimm diese Wunderarznei – sie gibt dir Kraft und beschützt dich vor bösen Mächten – und betritt Kirkes Haus. Ich will dich über Kirkes todbringende Künste in Kenntnis setzen. Sie wird dir einen Trank bereiten und der Nahrung Drogen beimischen, aber trotz alledem wird es ihr nicht gelingen, dich zu behexen, denn die treffliche Arznei, die ich dir geben will, wird sie daran hindern. Laß dir die Einzelheiten erklären. Sobald Kirke dir mit ihrem langen Stab einen Hieb versetzt, mußt du dein scharfes Schwert, das neben deinem Schenkel hängt, ziehen und auf sie losgehen, als wolltest du sie töten. Das wird sie erschrecken, und sie wird dich bitten, mit ihr zu schlafen. Verschmähe nicht das Bett einer Göttin, sondern laß sie auf diese Weise deine Gefährten befreien und liebreich zu dir sein. Du mußt sie zwingen, einen heiligen Eid bei den Göttern zu schwören, daß sie fortan nichts Böses gegen dich im Schilde führt; sonst könnte sie schwach werden und dich entmannen, wenn du nackt bist.«

Der Argus-Töter gab mir das Kraut, das er am Boden gepflückt hatte, und erklärte mir seine Natur. Es war

schwarz an der Wurzel, und seine Blüte war wie Milch. Die
Götter nennen es Moly. Es ist schwer für Sterbliche, es auszugraben, aber den Göttern ist alles möglich.

Hermes verließ mich und begab sich über die bewaldete
Insel hin zum großen Olympos. Ich ging zu Kirkes Haus.
Mein Herz pochte heftig, während ich ging. Ich stand vor
ihrem Tor und rief; die Göttin hörte meinen Ruf. Rasch
öffnete sie die schimmernden Türflügel, trat heraus und lud
mich ein; ich folgte ihr nicht ohne Besorgnis. Sie führte
mich und bat mich, auf einem schönen, gutgebauten Stuhl
Platz zu nehmen; ein Schemel stand zu meinen Füßen. In
einer goldenen Schüssel bereitete sie einen Trank für mich,
doch in böser Absicht hatte sie ihm eine Droge beigegeben.
Nachdem sie ihn mir dargereicht und ich ihn getrunken hatte, ohne jedoch behext zu sein, schlug sie mich mit ihrem
Stab und rief laut:

»Geh jetzt in den Schweinestall und leg dich dort neben
deine Gefährten!«

Ich zog mein scharfes Schwert, das neben meinem Schenkel hing, und ging auf Kirke los, als wollte ich sie töten. Sie
schrie ganz laut, unterlief mein Schwert, umklammerte meine Knie und jammerte:

»Wer bist du? Woher kommst du? Wie heißt deine Vater-
stadt? Wer sind deine Eltern? Ich bin entsetzt: Du hast
mein Gift getrunken, bist aber nicht behext. Noch nie konnte ein Mann meinem Gift widerstehen, wenn er es einmal
getrunken und es über den Zaun seiner Zähne geflossen
war. In deiner Brust ist ein Verstand, der nicht behext
werden kann. Du mußt der listenreiche Odysseus sein! Der
Argustöter mit dem goldenen Stab hat mir schon immer
gesagt, du würdest von Troja her in einem schnellen schwarzen Schiff hierherkommen. Bitte steck dein Schwert wieder
ein, und dann wollen wir zu Bett gehen und in Liebe lernen,
uns zu vertrauen.«

Ich antwortete:

»Kirke, wie kannst du Liebe von mir erwarten? Du hast
meine Gefährten in deinem Haus in Schweine verwandelt,
und jetzt, da du mich hier hast, lädst du mich arglistig in

dein Schlafgemach und willst, daß ich mit dir zu Bett gehe,
um mich zu entmannen, sobald ich nackt bin. Nein, Göttin,
ich will nicht mit dir schlafen, es sei denn, du schwörest
einen heiligen Eid, daß du künftig nichts Böses gegen mich
im Schilde führst.«

Sie schwor sofort, was ich von ihr verlangte, und als sie
den ganzen Eid beendet hatte, erklomm ich Kirkes schönes
Bett.

2

Die folgende Episode stammt aus einem hellenistischen Epos,
den *Argonautika* des lange in Ägypten wirkenden Dichters und
Gelehrten Apollonios (nach seinem späteren Wohnsitz genannt
»der Rhodier«). Der Mythenzyklus von der Fahrt der Argonauten entstand zweifellos – wie die anderen bedeutenden Zyklen –
im heroischen Zeitalter, aber diese Bearbeitung ist »modern« (3.
Jahrhundert v. Chr.). Die Zauberin Medea verliebt sich in den Anführer der Argonauten, Jason, und ohne ihre magischen Künste
wäre das ganze Abenteuer erfolglos geblieben. Mehr als einmal
rettet sie die griechischen Helden aus größter Gefahr.

Medea gehört in die gleiche Kategorie wie Kirke; man darf sie
nicht eigentlich als Hexe bezeichnen; sie ist vielmehr eine Prinzes-
sin göttlicher Abstammung und verfügt über magische Künste,
die den griechischen Heroen als Wunder vorkommen. Wie Kirke
scheint Medea eine ältere, vorgriechische Kultur zu vertreten, deren Kultur und Religion von magischen Vorstellungen und Riten
geprägt war.

Apollonios von Rhodos, *Argonautika* 4.1635–90

Das felsige Karpathos grüßte von fern. Die Argonauten hatten im Sinn, von dort nach Kreta, der größten Insel im
Meer, hinüberzufahren.

Doch Talos, ein Mann aus Bronze, der Brocken von
einem massiven Felsblock abbrach, versuchte, sie daran zu
hindern, ihr Tau am Land zu befestigen, als sie in den Hafen
von Dikte einfuhren. Er war aus dem Zeitalter der Bronze-
Menschen, die von Eschen abstammten, übriggeblieben und
lebte bis ins heroische Zeitalter. Zeus hatte ihn Europa ge-

schenkt, um die Insel zu bewachen, die er dreimal auf seinen Bronzefüßen umlief. Sein Körper und seine Glieder waren aus Bronze und unverwundbar, aber ganz unten, hinter
einer Sehne an seinem Fußknöchel, hatte er ein Blutgefäß,
das nur von einem dünnen Häutchen überzogen war; für
ihn war das eine Frage von Leben oder Tod.

Obwohl sie übermüdet waren, drehten die Argonauten
in ihrem Schrecken schnell das Schiff herum und ruderten
weg von der Küste. Mutlos, durstig und erschöpft hätten sie
auf eine Landung auf Kreta verzichtet, wenn nicht Medea,
während sie sich immer mehr von der Insel entfernten, zu
ihnen gesprochen hätte:

»Hört auf mich! Ich glaube, daß ich – und ich allein –
diesen Mann töten kann, wer er auch sei, sofern kein un-
sterbliches Leben in ihm ist, auch wenn sein Körper ganz
aus Bronze besteht. Tut, was ich euch sage und haltet das
Schiff an seinem jetzigen Standort, außer Reichweite seiner
Felsbrocken, bis ich ihn erledigt habe.«

Sie ruderten kraftvoll, brachten das Schiff außer Reichweite von Talos' Geschossen und harrten der außergewöhn-
lichen Dinge, die Medea vollbringen würde.

Sie preßte eine Falte ihres purpurroten Überwurfs dicht
an ihre Wangen und stieg auf Deck. Hand in Hand kam
Jason mit ihr, als sie zwischen den Ruderbänken hindurch
ging.

Dann sang sie Beschwörungen, rief die Dämonen des Todes, die schnellen Hunde der Unterwelt, an, die überall in
der Luft herumsausen und sich auf alle Lebewesen stürzen.
Auf ihren Knien rief sie sie dreimal in Gesängen, dreimal in
Gebeten. Sie steigerte sich in eine gefährliche Stimmung,
und mit dem ihr eigenen bösen Blick sandte sie einen Fluch
in Talos' Auge. Sie knirschte vor rasender Wut auf ihn und
schleuderte tödliche Bilder in einer Ekstase des Hasses.

Vater Zeus! Mich erschüttert der Gedanke, daß der Tod,
den wir alle fürchten, uns nicht nur durch Krankheit und
Wunden droht, sondern daß jemand uns aus der Ferne vernichten kann! Ja, hilflos kam er zu Fall, obwohl aus Bronze
bestehend, durch die Macht Medeas, der klugen Zauberin.

Als er eben ein paar schwere Blöcke aufhob, um die Argonauten an der Einfahrt in den Hafen zu hindern, ritzte er
seinen Knöchel an einem scharfen Felsen. Sein göttliches
Blut strömte aus ihm wie geschmolzenes Blei. Kurze Zeit
stand er noch aufrecht auf seinem Felsvorsprung. Doch wie
eine mächtige Tanne hoch oben in den Bergen, welche die
Holzhauer mit ihren scharfen Äxten halb gefällt haben, bevor sie von den bewaldeten Hügeln herunter kommen –
zuerst wird sie nachts von den Winden geschüttelt, doch
dann bricht sie unten entzwei und stürzt krachend herab –
so stand er noch eine Weile, schwankte auf seinen stämmi-
gen Beinen hin und her, doch dann brach er hilflos mit
mächtigem Getöse zusammen.

Jene Nacht verbrachten die Helden auf Kreta.

3

In der *Aeneis* behandelt Vergil den Liebeszauber als dichterisches
Thema im epischen Stil. Die Möglichkeit, daß ein Liebeszauber
zum Schadenzauber werden kann, hatte Theokrit nur angedeutet,
und auch in Vergils achter Ekloge taucht sie, kaum ausgesprochen, erst gegen den Schluß hin auf. Hier, im vierten Buch der
Aeneis, wird diese Möglichkeit zur Wirklichkeit; Dido erkennt,
daß sie den Geliebten endgültig verloren hat, verflucht ihn und
gibt sich dann selber den Tod. Daß sie den Selbstmord plante
und das magische Ritual, das von einer Priesterin vorbereitet
wird, nur dazu dient, ihre wahre Absicht zu verschleiern, ist sicher.

Aber ihr Selbstmord ist auch eine magische Handlung, die den
Fluch verstärkt. Indem sie sich den Tod gibt, verwandelt sie ihre
aus dem Körper scheidende Seele in einen Rachedämon. Daß ein
Mensch kurz vor dem Tod in den Besitz übernatürlicher Kräfte
gelangt, war eine in der Antike weitverbreitete Vorstellung; sie
liegt auch dem Fluch des Knaben in Nr. 6 zugrunde.

Vergil hat eine großartige Szene gestaltet, in der die magische
Handlung nur ein Element bildet. Das Porträt der Königin ist
menschlich glaubhaft, und wenn ihr unversöhnlicher Rachedurst
uns befremdet, so können wir ihr unser Mitleid nicht versagen.

Vergil, *Aeneis* 4.450–705

Die arme Dido, der vor ihrem Schicksal graute, flehte nun den Tod herbei. Sie ertrug nicht länger den Anblick des Himmelsgewölbes, und sie sah etwas, was sie noch mehr in ihrem Wunsch, das Licht zu verlassen, bestärkte: denn als sie Opfergaben auf den Altar legte, auf dem Weihrauch brannte, sah sie – es war entsetzlich –, wie die geweihte Flüssigkeit schwarz wurde und der Wein, den sie ausgegossen hatte, sich in Blut verwandelte. Keinem Menschen sagte sie, was sie gesehen hatte, nicht einmal ihrer Schwester.

In ihrem Palast stand auch das marmorne Heiligtum ihres früheren Gatten, dem sie ganz besondere Andacht widmete. Es war mit weißen Pelzen und festlichem Laub geschmückt. Jetzt glaubte sie, eine Stimme aus seinem Inneren zu vernehmen – die Worte ihres Gatten, der sie rief. Es war die Zeit, da dunkle Nacht die Erde bedeckt und nur die Schleiereulen auf den Dächern ihre Totenklage hören lassen, die traurigen Töne in die Länge ziehend, immer und immer wieder.

Außerdem erschreckten sie die vielen Unheil verkündenden Voraussagen alter Propheten.

In ihren Träumen wurde sie von einem grausamen Aeneas verfolgt, der wie rasend hinter ihr her lief. Ständig träumte sie, daß sie ganz verlassen sei, ohne Gefährten eine große Reise unternehme, die Bewohner von Tyros in einem öden Land suchend, so wie Pentheus, als er seinen Verstand verloren hatte, den Schwarm der Eumeniden und eine Doppelsonne, ein Doppeltheben sieht, oder wie Orest, der echte Sohn seines Vaters Agamemnon, über die Bühne stürmt, verfolgt von seiner Mutter, die mit Fackeln und schwarzen Schlangen bewehrt ist, und die rächenden Furien kauern an der Schwelle.

Von Schmerz überwältigt faßte sie einen wahnsinnigen Plan und beschloß zu sterben. Ganz allein entschied sie sich für den Zeitpunkt, die Mittel und Wege. Sie näherte sich ihrer Schwester, die noch immer traurig war, und redete sie

an. Ihr Gesicht verriet in keiner Weise ihren Plan; ja, ihr
Aussehen gab sogar Grund zur Hoffnung:

»Liebe Schwester, ich habe einen Weg gefunden – wünsche mir Glück –, der mir entweder Aeneas zurückbringt
oder mich von meiner Liebe zu ihm befreit. Ganz nah am
äußersten Rand des Ozeans, dort wo die Sonne untergeht,
an der Grenze Äthiopiens, ist die Stelle, wo der Riese Atlas
auf seinen Schultern die Achse dreht, die an der Fixstern-
sphäre befestigt ist. Eine Priesterin der Massylier, die dort
wohnt, ist mir empfohlen worden; sie hütet den Tempel der
Hesperiden; sie pflegt dem Drachen seine Nahrung zu bringen und bewacht die heiligen Zweige am Baum, wobei sie
flüssigen Honig und schlafspendenden Mohnsamen ausgießt. Sie versichert mir, daß sie mit ihren Zauberformeln
jedem, dem sie will, Entspannung schenken kann, aber sie
bedroht auch andere mit schwerer Pein. Sie kann, wie sie
sagt, die Strömung eines Flusses aufhalten und den Lauf der
Gestirne umdrehen. Bei Nacht beschwört sie Geister herauf. Unter ihren Füßen kann man die Erde dröhnen hören,
und Eschen kommen von den Bergen herunter. Ich schwöre bei den Göttern, liebe Schwester, und du bist meine Zeugin, daß ich mich nur ungern auf magische Künste einlasse.
Bitte laß heimlich im Innenhof unter freiem Himmel einen
Scheiterhaufen bauen und die Waffen meines treulosen Geliebten, die er in meinem Schlafzimmer aufhängte, darauf
legen, sowie alle seine Kleider. Zuoberst stell auch unser
Ehebett hin, das für mich den Tod bedeutet. Die Priesterin
sagt, es sei sehr wichtig, alle Spuren dieses schrecklichen
Mannes auszulöschen.«

Sie schwieg. Ihr Gesicht wurde blaß. Und dennoch wollte Anna nicht glauben, daß die Schwester ihren eigenen Tod
unter seltsamen Zeremonien verbergen würde. Sie konnte
diesen phantastischen Plan nicht verstehen und befürchtete
nichts Schlimmeres als was sich damals nach Sychaeus' [Di-
dos Gatten] Tod ereignet hatte. So führte sie alles aus, wie
es ihr befohlen war.

Als im Innersten des Palastes unter freiem Himmel der
riesige Scheiterhaufen aus aufgetürmten Bündeln und Schei-

tern von Eichenholz errichtet war, behängte die Königin
den Raum mit Girlanden und Zweigen, wie sie an Leichen-
feiern üblich sind. Zuoberst [auf den Scheiterhaufen] legte
sie Aeneas' Kleider, das Schwert, das er zurückließ, und auf
dem Bett sein Bildnis hin. Sie wußte wohl, was nun geschehen würde.

Ringsherum standen Altäre. Mit aufgelöstem Haar rief
die Priesterin dreimal die Götter, den Erebos, das Chaos,
die dreiköpfige Hekate und die drei Gesichter der jungfräu-
lichen Göttin Diana an. Sie sprengte Wasser aus, das angeblich von den unterirdischen Quellen des Avernus kam. Zau-
berkräftige Kräuter mit schwarzem Gift als Milch, die mit
Bronzesicheln bei Mondschein geschnitten worden waren,
brachte man herbei. Auch der Liebeszauber von der Stirn
eines neugeborenen Füllen, bevor die Mutter ihn abbeißen
konnte, wurde beschafft.

Dido selbst stand in der Nähe der Altäre, den geweihten
Kuchen in der Hand, den einen Fuß unbeschuht, ihr Gewand lose wallend. In der Stunde ihres Todes rief sie alle
Götter und Gestirne an, die ihr Schicksal kannten. Sie betete auch zu allen gerechten und geneigten Gottheiten, die
sich um verlassene Liebende kümmern.

Die Nacht brach herein. Überall auf der Erde genossen
müde Geschöpfe den erquickenden Schlummer. Die Wälder und das grausame Meer ruhten. Es war die Stunde, da
die Gestirne den halben Weg der Bahn, auf der sie gleiten,
zurückgelegt haben, wenn es still ist auf den Feldern und
alle Tiere und bunten Vögel, die auf glatten Seen oder im
dornigen Dickicht wohnen, friedlich schlafen in der schweigenden Nacht. Anders die Phönikerin in ihrer Not: Sie
konnte sich nicht im Schlaf entspannen und die Nacht in
ihre Augen oder ihre Seele ziehen. Ihr Schmerz verdoppelte
sich; ihre rasende Liebe schwoll wieder an, und eine mächtige Welle des Zornes hob sie empor.

Sie begann, die vielfältigen Gefühle auszudrücken, die ihr
Herz bewegten… [Längerer Monolog ohne magische Motive.] Das waren die heftigen Qualen, die aus ihrem Herz her-
ausbrachen.

[Inzwischen erscheint Merkur Aeneas im Traum, warnt ihn vor Didos Zorn und Rachegelüsten und drängt ihn, sofort abzusegeln. Aeneas gehorcht dem göttlichen Gebot.]

Aurora verließ das safranfarbene Bett des Tithonos und breitete ihre morgendlichen Strahlen über die Erde aus. Von ihrem Wachtturm aus sah die Königin, wie das Frühlicht eine weiße Färbung annahm und wie Aeneas' Schiffe, die Segel vor dem Wind, sich entfernten. Sie sah, daß der Hafen leer war; kein einziger Ruderer war zurückgeblieben. Dreimal, viermal schlug sie an ihre schönen Brüste, raufte ihr goldenes Haar und rief:

»Mein Gott! Er verläßt mich! Ein Fremder macht sich über mein Königreich lustig! Greift niemand zu den Waffen? Wollen meine Leute in der ganzen Stadt ihn nicht verfolgen? Wollen sie nicht die Schiffe aus den Werften holen? Los! Beeilt euch! Tragt Fackeln, verteilt Geschosse, legt euch in die Ruder! Aber was sage ich da? Wo bin ich? Welch ein Wahnsinn verwandelt meinen Geist? Arme Dido, verstehst du endlich, welch ein Verbrechen begangen worden ist? Du hättest es früher verstehen sollen – damals, als du ihm dein Königreich anbotest. Das also ist seine Treue, seine Ergebenheit. Und man sagt, er habe seine Haushaltgötter mitgenommen und seinen alten, schwachen Vater auf den Schultern getragen. Warum habe ich ihn nicht zerrissen und seine Glieder ins Meer geworfen? Warum habe ich nicht seine Gefährten umbringen, warum nicht seinen Sohn Ascanius töten und als Speise für den Vater auftragen lassen? Der Ausgang des Kampfes wäre zweifelhaft gewesen, aber was hatte ich zu befürchten, da ich ohnehin sterben muß? Feuerbrände hätte ich in sein Lager schleudern sollen, Flammen auf sein Deck häufen, Vater und Sohn und die ganze Sippe vernichten und über alle triumphieren! Sonnengott, laß deine Flammen leuchten über den Werken der Welt! Juno, du kennst meinen Kummer und verstehst ihn! Hekate, du wirst angebellt an den Kreuzungen in den Städten in der Nacht! Rächende Furien! Gottheiten der dem Tod geweihten Elissa! Hört mich an! Wendet eure göttliche Macht zu meinem Unglück hin; es verdient eure Beach-

tung! Erhört meine Gebete! Wenn es bestimmt ist, daß der
mir verhaßte Mann einen Hafen erreicht und irgendwo landet, wenn das von Jupiter verhängte Schicksal dies verlangt
und es so vorgesehen ist, dann möge es geschehen. Doch er
soll sich im Krieg gegen ein wildes, kämpferisches Volk auf-
reiben! Heimatlos soll er aus seinem Land gejagt werden,
den Armen von Iulus entrissen! Um Hilfe soll er flehen!
Den tragischen Untergang seiner Leute soll er mitansehen!
Und hat er die harten Bedingungen eines Friedensvertrags
angenommen, soll ihm der Genuß seiner Herrschaft und
eines angenehmen Lebens versagt sein! Möge er vorzeitig
sterben und unbestattet irgendwo im Sande liegen! Das ist
mein Gebet; das sind die letzten Worte, die mir mit meinem
Blut entströmen. Aber dann, ihr Männer von Tyros, müßtet
ihr sein Volk und alle seine Nachkommen mit eurem Haß
verfolgen. Dies ist das Opfer, das ihr meiner Asche bringen
müßt. Zwischen unseren Völkern darf kein Frieden, keine
Freundschaft sein. Ein Rächer – wer er auch sei – soll meiner Asche entsteigen! Tragt die Fackel und das Schwert gegen die trojanischen Siedler! Greift sie an, wenn immer die
Gelegenheit euch stark macht! Ich will, daß Küsten gegen
Küsten, Meer gegen Meer, Waffen gegen Waffen kämpfen!
Laßt diese und künftige Generationen den Krieg führen!«

Das waren ihre Worte. Ihre Gedanken bewegten sich in
verschiedene Richtungen. Sie wollte so bald wie möglich
das ihr verhaßte Leben enden. Kurz wandte sie sich an Bar-
ke, die alte Amme des Sychaeus, denn ihre eigene Amme
ruhte – ein Häufchen schwarzer Asche – in der alten Heimat:

»Liebe Amme, bitte geh und hol meine Schwester Anna.
Sag ihr, sie möge sich schnell mit Wasser besprengen und
das Opfervieh bringen, vor dem ich sprach. Ja, heiß sie kommen. Und du mußt dein Haupt mit einem reinen Netz bedecken. Ich bin entschlossen, das Opfer für den Gott der
Unterwelt, das ich in der vorgeschriebenen Weise vorbereitet und begonnen habe, bis zum Ende durchzuführen. Ich
will mein Leid beenden und den Scheiterhaufen des Anfüh-
rers der Trojaner den Flammen übergeben.«

So sprach sie. Die Alte rannte so schnell sie konnte. Zitternd und von ihrem ungeheuren Unterfangen fast überwältigt, starrte Dido aus blutunterlaufenen Augen; auf ihren bebenden Wangen, die vom nahen Tode schon gezeichnet waren, erschienen Flecken. Sie raste in den innersten Hof des Palastes, erklomm außer sich den Scheiterhaufen und zog das trojanische Schwert – ein Geschenk, das nicht zu diesem Zweck bestimmt war. In diesem Augenblick sah sie Aeneas' Kleider und das ihr vertraute Bett. Sie hielt inne, dachte nach, weinte, sank dann auf das Bett und sprach ihre letzten Worte:

»Ihr Kleider wart mir lieb, solange das Schicksal und die Götter es erlaubten. Nehmt jetzt meine Seele und erlöst mich aus meiner Not. Ich habe lang genug gelebt, um den Lauf meines Schicksals zu vollenden. Jetzt gehe ich – ein großer Schatten – in die Unterwelt. Eine prächtige Stadt habe ich erbaut, sah meine Mauern wachsen. Meinen bösen Bruder habe ich bestraft, um den Gatten zu rächen. Glücklich – zu glücklich – wäre ich gewesen, wenn sich die Schiffe der Trojaner meiner Küste nie genähert hätten.«

Sie begrub ihr Antlitz in den Kissen und rief:

»Ich muß ungerächt sterben, aber sterben muß ich. Ja! Ich will ins Dunkel gehen. Mag der grausame Aeneas den Anblick dieses Feuers genießen! Mag er meinen Tod als böses Vorzeichen mit sich tragen!«

Während sie noch redete, brach sie zusammen; sie hatte sich erstochen. Die Dienerinnen sahen es, sahen das von Blut schäumende Schwert, die befleckten Hände. Ihre Schreie drangen bis zum Dach des Palasts. Die Nachricht verbreitete sich mit rasender Eile durch die Stadt. Der ganze Palast erbebte vom Wehklagen, Schluchzen und Weinen der Frauen, und ihr lautes Geschrei widerhallte vom Himmel. Es schien, als wären Karthago oder das alte Tyros einem feindlichen Angriff zum Opfer gefallen, als rasten wilde Flammen über die Dächer der Häuser und Tempel…

Hexentreiben in der Literatur

4

Theokrit von Syrakus ist vor allem durch seine Hirtengedichte bekannt. In der ersten Hälfte des 3. Jahrhunderts v. Chr. lebte er in Alexandrien, wo er die griechische Mittelschicht, die sich in der neuen Hauptstadt des von den Ptolemäern regierten Ägyptens niedergelassen hatte, beobachten konnte. Einige seiner Dichtungen bezeugen sein Interesse am Alltagsleben in der Großstadt. Sie haben sich neben bukolischen und anderen Gedichten in der Sammlung von Theokrits »Idyllen« erhalten, obwohl sie durchaus nicht »idyllisch« sind. *Eidyllion* bedeutete ursprünglich nur »kurzer Text«.

Daß Theokrits Landsleute in Ägypten (oder doch die meisten von ihnen) an magische Kräfte glaubten, geht aus seinem 2. Idyll, das in der Überlieferung den etwas irreführenden Titel »Die Hexe« erhalten hat, deutlich hervor. Dieses Gedicht ist eigentlich ein kunstvoll geformter Mimos, der sich vorzüglich für dramatische Rezitationen eignen würde. Man muß sich Simaitha und ihre Magd Thestylis auf der Bühne vorstellen; Thestylis hat eine stumme Rolle und wird fortgeschickt, bevor Simaitha erzählt, wie alles begann.

Theokrit ist mit den magischen Vorstellungen und Praktiken seiner Zeit vertraut. Manche Einzelheiten, auf die er eingeht, lassen sich aus den Zauberpapyri – also den eigentlichen Rezeptbüchern praktizierender Magier – belegen, auch wenn diese einer späteren Zeit angehören. So hat das Gedicht – obwohl natürlich in erster Linie ein literarisches Kunstwerk – fast dokumentarischen Charakter.

Simaitha ist eine junge Frau, die sich hoffnungslos in den schönen Athleten Delphis verliebt hat. Das Glück ist von kurzer Dauer; Delphis zeigt sich nicht mehr bei ihr. Bitter enttäuscht und von Eifersucht gequält konsultiert Simaitha zunächst die berufsmäßigen Hexen von Alexandria, doch keine kann ihr helfen. Nun improvisiert sie zuhause einen Liebeszauber, der mit einer Drohung endet: falls dieser Zauber nicht wirkt, will sie ihren ungetreuen Liebhaber verfluchen, ähnlich wie Dido Aeneas verflucht (Nr. 3), sobald sie weiß, daß sie seine Liebe nicht zurückgewinnen kann.

Theokrit, *2. Eidyllion*

(Simaitha spricht oder singt)

Wo sind die Lorbeerblätter? Bring sie, Thestylis. Wo ist der Liebeszauber? Knüpfe einen Faden aus feiner Purpurwolle um die Schüssel, so daß ich meinen Liebsten, der so grausam zu mir ist, mit einer Beschwörung binden kann. Elf Tage lang hat er mich nicht besucht, der Schuft, und er weiß nicht einmal, ob ich lebe oder tot bin. Nie hat er – so gleichgültig bin ich ihm – bei mir angeklopft. Sicher haben Eros und Aphrodite sein treuloses Herz anderswohin getragen.

Morgen gehe ich zu Timagetos' Sportschule und stelle ihn zur Rede; so lasse ich mich nicht behandeln! Heute aber will ich ihn mit Feuerzauber fesseln. Mond, schein hell; leise will ich für dich singen, Göttin, und für Hekate in der Unterwelt – die Hunde zittern vor ihr, wenn sie über die Gräber der Toten und das dunkle Blut kommt. Sei mir gegrüßt, Hekate, Grimmige, und bleib bei mir bis zum Ende. Mach diese Zaubermittel so wirksam wie die der Kirke, der Medea und der blonden Perimede.

Zauberrad, zieh mir den Liebsten ins Haus.

Zuerst muß Gerstengrütze auf dem Feuer kochen. Wirf sie drauf, Thestylis. Dummes Ding, wo bist du mit deinen Gedanken? Ist es so weit gekommen, daß selbst du dich über mich lustig machst, nichtsnutziges Wesen? Wirf sie drauf und sag dazu: »Ich werfe Delphis' Gebeine drauf.«

Zauberrad, zieh mir den Liebsten ins Haus.

Delphis hat mir Leid gebracht, und für Delphis verbrenne ich dieses Lorbeerblatt. So wie es in den Flammen knistert und kracht und plötzlich brennt, ohne daß man Asche sieht – so soll Delphis' Fleisch in den Flammen schmelzen.

Zauberrad, zieh mir den Liebsten ins Haus.

Jetzt verbrenne ich die Getreideschoten. Artemis, du hast die Macht, sogar den Stahl im Hades zu rühren und überhaupt alles, was schwer zu bewegen ist... Thestylis, die Hunde heulen in der Stadt: Die Göttin ist an den Kreuzwegen. Schlag schnell auf den Gong.

Zauberrad, zieh mir den Liebsten ins Haus.

Sieh, das Meer ist still und still sind die Winde, aber nie verstummt tief in meinem Herzen der Schmerz; ich bin ganz für den Mann entbrannt, der ein elendes, nutzloses Ding aus mir machte und meine Jungfräulichkeit raubte, ohne mich zu heiraten.

Zauberrad, zieh mir den Liebsten ins Haus.

So wie ich mit Hilfe der Göttin dieses Wachs zum Schmelzen bringe, so möge sich Delphis von Myndos sogleich in Liebe verzehren. Und wie dieser Bronze-Rhombus durch Aphrodites Macht durch die Luft schwirrt, so möge er meine Tür umschwirren.

Zauberrad, zieh mir den Liebsten ins Haus.

Dreimal bringe ich, Göttin, ein Trankopfer dar, und dreimal rufe ich: »Ob jetzt eine Frau bei ihm liegt oder ein Mann, möge er sie so völlig vergessen, wie Theseus einst auf Dia, so heißt es, die schöngelockte Ariadne vergaß.«

Zauberrad, zieh mir den Liebsten ins Haus.

Huflattich ist ein arkadisches Kraut, und es bewirkt, daß alle Stutenfüllen und die schnellen Stuten rasend über die Hügel rennen. In diesem Zustand möchte ich Delphis sehen, wenn er wie ein Rasender von der schimmernden Sportschule zu meinem Haus rennt.

Zauberrad, zieh mir den Liebsten ins Haus.

Von seinem Mantel verlor Delphis diese Franse; ich zerfetze sie und werfe sie in die lodernden Flammen. Ach, grausame Liebe, warum haftest du an mir wie ein Sumpfblutegel und saugst alles dunkle Blut aus meinem Körper?

Zauberrad, zieh mir den Liebsten ins Haus.

Eine Eidechse will ich zerstampfen und ihm morgen einen schlimmen Trank bereiten. Thestylis, nimm diese Zauberkräuter und reibe sie in seine Türschwelle, solange es Nacht ist, und sag flüsternd dazu: »Ich reibe Delphis' Gebeine.«

Zauberrad, zieh mir den Liebsten ins Haus.

Jetzt bin ich allein. Wie kann ich meine Liebe beklagen? Wo soll ich beginnen? Wer hat mich mit diesem Fluch gestraft? Meine Freundin Anaxo, Tochter des Eubulos, ging als Korbträgerin zum Hain der Artemis; zu Ehren der Göttin führte man an jenem Tag viele wilde Tiere, darunter eine Löwin, in der Prozession.

Sag mir, Mondgöttin, wie meine Liebe begann.

Theumaridas' thrakische Amme – sie wohnte damals im Nachbarhaus, ist aber vor kurzem gestorben – bat mich inständig, mir die Prozession anzusehen, und ich Ärmste ging mit ihr in meinem hübschen, langen Leinenkleid mit Klearistas Überwurf.

Sag mir, Mondgöttin, wie meine Liebe begann.

Auf halbem Weg, in der Nähe von Lykons Haus, sah ich Delphis und Eudamippos, wie sie zusammen gingen. Ihr Bart war heller als Strohblumen und ihre Brust glänzender als du, Selene, denn sie kamen gerade vom Training in der Sportschule.

Sag mir, Mondgöttin, wie meine Liebe begann.

Ein Blick, und ich verlor den Verstand, und mein armes Herz stand in Flammen. Meine Schönheit welkte dahin. Die Prozession zog mich nicht mehr an, und ich weiß nicht, wie ich nach Hause kam. Ein trockenes Fieber schüttelte mich, und ich hütete das Bett zehn Tage und zehn Nächte lang.

Sag mir, Mondgöttin, wie meine Liebe begann.

Manchmal war meine Haut wie Gelbholz, das Haar auf meinem Kopf fiel mir aus, und ich war nur noch Haut und Knochen. Gibt es eine Stätte, die ich nicht besuchte? Übersah ich das Haus einer Alten, die sich auf Zaubergesänge versteht? Doch es war ein ernsthafter Fall, und die Zeit verging.

Sag mir, Mondgöttin, wie meine Liebe begann.

Deshalb sagte ich meiner Magd die Wahrheit: »Thestylis, bitte, find mir ein Heilmittel gegen diese schlimme Krankheit. Der Mann aus Myndos hat mich völlig in seiner Gewalt; es ist schrecklich. Geh zu Timagetos' Sportschule und paß auf; dort verkehrt er, und dort setzt er sich gern hin.«

Sag mir, Mondgöttin, wie meine Liebe begann.

»Und wenn du sicher bist, daß er allein ist, nicke ihm unauffällig zu und sag ihm: ›Simaitha lädt dich ein‹ und führ ihn hierher.« Das sagte ich ihr. Sie ging und brachte den

glatthäutigen Delphis zu mir nach Hause. Als ich ihn sah,
wie er gewandt über die Schwelle meines Hauses trat –
    Sag mir, Mondgöttin, wie meine Liebe begann –,
überströmte mich eisige Kälte, und von meiner Stirne
rann feucht der Schweiß wie Tau, und ich brachte keinen
Laut hervor, nicht einmal ein Wimmern wie das eines Säug-
lings, der nah bei seiner Mutter schläft. Mein schöner Körper erstarrte von oben bis unten, als wäre ich eine Puppe.
    Sag mir, Mondgöttin, wie meine Liebe begann.
    Mein treuloser Liebster schaute mich an, heftete dann sei-
nen Blick auf den Boden, setzte sich auf das Ruhebett und
sagte: »Ehrlich, Simaitha, deine Einladung kam meinem Besuch nur um soviel zuvor, als ich kürzlich im Wettlauf den
reizenden Philinos besiegte.«
    Sag mir, Mondgöttin, wie meine Liebe begann.
    »Ich schwöre beim holden Eros, ich wäre mit zwei, drei
Freunden am Abend gekommen, mit Dionysos-Äpfeln in
der Tasche und Blättern von der Silberpappel, des Herakles
heiligem Baum, mit roten Bändern rings umschlungen.«
    Sag mir, Mondgöttin, wie meine Liebe begann.
    »Hättest du mich eingelassen, so wäre das erfreulich ge-
wesen, denn ich gelte als sportlich und schön unter den
Jünglingen, und wenn du mir nur erlaubt hättest, deine süßen Lippen zu küssen, so hätte ich ruhig schlafen können.
Doch wenn du mich hinausgeworfen und die Tür verriegelt
hättest, so wären Äxte und Fackeln gegen dich aufmar-
schiert.«
    Sag mir, Mondgöttin, wie meine Liebe begann.
    »Doch jetzt muß ich zuerst Kypris danken und nach
Kypris dir, mein Kind, denn indem du mich in dein Haus
ludst, hast du mich aus dem Feuer gerettet, das mich schon
halb verzehrte. Du weißt ja, Eros entfacht manchmal eine
heißere Glut als Hephaistos auf Lipara.«
    Sag mir, Mondgöttin, wie meine Liebe begann.
    »Gefährlich ist der Wahnsinn, mit dem Eros ein Mäd-
chen aus seinem Schlafzimmer treibt und eine junge Frau
zwingt, das noch warme Bett ihres Mannes zu verlassen.«
    So sprach er, und ich – wie leicht gewonnen! – nahm ihn

an der Hand und zog ihn nieder auf das weiche Ruhebett.
Rasch erwärmte sich Körper an Körper, und Wangen brann-
ten heißer als zuvor, und wir flüsterten uns süße Worte zu.
Um mich kurz zu fassen, liebe Mondgöttin, wir erreichten,
was wir wollten, und was wir beide ersehnten, erfüllte sich.
Er fand an mir nichts auszusetzen – bis gestern! – und ich
nichts an ihm. Doch heute, als die Pferde der rosigen Morgenröte den Himmel emporrannten und sie aus dem Ozean
brachten, besuchte mich die Mutter von Philista, unserer
Flötenspielerin, und Melixo. Sie sagte, sie wisse nicht, ob er
in eine Frau oder in einen Mann verliebt sei, nur soviel: Er
habe ständig ungemischten Wein bestellt und sein Trink-
spruch sei gewesen: »Es lebe die Liebe!« und schließlich habe er sich eilig entfernt, weil er, wie er sagte, sein Haus be-
kränzen müsse. Das hat mir mein Besuch erzählt, und sie
lügt nicht. Denn ich schwöre, er pflegte drei- oder viermal
am Tag hierherzukommen, und öfters vergaß er sein dori-
sches Ölfläschchen bei mir. Aber jetzt habe ich ihn seit
zehn Tagen nicht mehr gesehen. Soll das heißen, daß er andere Freuden gefunden und mich vergessen hat?

Jetzt will ich ihn mit einem Liebeszauber binden, aber
wenn er mich weiterhin leiden läßt, soll er ans Tor des Hades pochen, so gefährliche Gifte bewahre ich in meiner
Büchse auf; ein Fremdling aus Assyrien hat mich das gelehrt.

Königin, leb wohl. Wende deine Pferde zum Ozean hin.
Ich will meine Sehnsucht ertragen, wie ich sie bisher ertragen habe. Leb wohl, Selene, auf deinem leuchtenden Thron.
Lebt wohl, alle ihr anderen Gestirne, die ihr dem Wagen der
schweigenden Nacht folgt.

5

Vergils achte Ekloge ist eine lateinische Bearbeitung von Theokrits zweitem Gedicht (Nr. 4). Sie folgt dem Original ziemlich
genau, obwohl sie kürzt. Zaubermittel und Ritual sind im wesentlichen dieselben, aber Vergil hat den Rhombos und das Zauber-

rad durch die beiden Puppen ersetzt, die uns in Horazens Satire
(Nr. 7) begegnen; vielleicht waren jene Geräte im römischen Kulturbereich weniger geläufig als im griechischen; unbekannt waren
sie nicht (Horaz, *Epoden* 17.7). Vergil führt auch zusätzlich das
Werwolf-Motiv ein: Moëris, ein ortsansässiger Zauberer, mit dem
die Liebeshexe verkehrt, kann sich nachts in einen Wolf verwandeln. Daß dieses Motiv bei Theokrit fehlt, will aber nicht heißen,
daß die griechische Folklore den Lykanthropos nicht kannte. Vergil läßt die Vorgeschichte aus, die von der unglücklich Verliebten
bei Theokrit so ausführlich erzählt wird; dafür gibt er dem ganzen einen erfreulichen Ausgang: Daphnis meldet sich wieder; der
Zauber hat gewirkt.

Was beide Gedichte – das Original Theokrits wie die Nach-
dichtung Vergils – charakterisiert, ist ein behutsamer Realismus,
der überall auf künstlerische Wirkung ausgeht. Die Einzelheiten
»stimmen«, aber das Ganze ist natürlich mehr als ein Tatsachenbe-
richt. Es gelingt dem Dichter, eine Atmosphäre zu schaffen, die
dem Leser ein menschliches Verständnis der dargestellten Handlungen ermöglicht.

Vergil, *Eklogen* 8.64–109

Bring Wasser, knüpf eine weiche Binde um diesen Altar
und verbrenn auf ihm frische Zweige und kräftigen Weihrauch, damit mein Liebster durch magische Handlungen
den Verstand verliert und wahnsinnig wird: was jetzt noch
fehlt sind Gesänge.

Bringt Daphnis aus der Stadt nach Hause, meine Gesänge, nach Hause.

Gesänge können sogar den Mond vom Himmel ziehen;
durch Gesänge verwandelte Kirke Odysseus' Gefährten;
durch Besingen platzt die kalte Schlange auf der Wiese.

Bringt Daphnis aus der Stadt nach Hause, meine Gesänge, nach Hause.

Zunächst will ich drei Strähnen, bestehend aus drei an-
dersfarbigen Fäden, um dich winden, und dreimal will ich
dein Bild um den Altar tragen; die Gottheit liebt die ungera-
de Zahl.

Bringt Daphnis aus der Stadt nach Hause, meine Gesänge, nach Hause.

Knüpf die drei Farben mit drei Knoten, Amaryllis; knüpf sie, ich bitte dich, und sag: »Ich knüpfe Venus' Bande.«

Bringt Daphnis aus der Stadt nach Hause, meine Gesänge, nach Hause.

So wie im selben Feuer dieser Lehm sich härtet und dieses Wachs zerfließt, so möge es Daphnis ergehen vor Liebe zu mir. Streu Gerstenmehl und entzünde die zarten Lorbeerzweige mit Pech. Der grausame Daphnis läßt mich brennen; ich verbrenne diesen Lorbeer für Daphnis.

Bringt Daphnis aus der Stadt nach Hause, meine Gesänge, nach Hause.

Von Liebe besessen ist die Färse, die in den Wäldern und den hohen Hainen den Jungstier suchte und dann ermattet und verloren in die grünen Binsen am Ufer eines Gewässers sinkt, und es fällt ihr nicht ein, wegzugehen, wenn die Dunkelheit einbricht: möge solche Liebe Daphnis besitzen, und mich solls nicht kümmern, ihn zu heilen.

Bringt Daphnis aus der Stadt nach Hause, meine Gesänge, nach Hause.

Mein treuloser Geliebter ließ diese Kleidungsstücke zurück, teure Unterpfänder seiner selbst. Erde, ich übergebe sie dir jetzt, unmittelbar unter der Schwelle: diese Unterpfänder müssen mir Daphnis zurückbringen.

Bringt Daphnis aus der Stadt nach Hause, meine Gesänge, nach Hause.

Moeris selber gab mir diese Giftkräuter, die am Schwarzen Meer gesammelt wurden (sie wachsen im Überfluß am Schwarzen Meer). Oft habe ich gesehen, wie Moeris sich in einen Wolf verwandelte durch ihre Zauberkraft und sich im Wald verbarg, und oft habe ich gesehen, wie er Seelen aus den Tiefen ihrer Gräber heraufbeschwor und die Ernte, die einer gesät hatte, auf andere Felder zauberte.

Bringt Daphnis aus der Stadt nach Hause, meine Gesänge, nach Hause.

Hol Asche, Amaryllis, und wirf sie über deinen Kopf in den Bach, der [dort] fließt, und schau nicht zurück! Damit greife ich Daphnis an: er kümmert sich weder um Götter noch um Gesänge.

Bringt Daphnis aus der Stadt nach Hause, meine Gesänge, nach Hause.

»Schau, die glimmende Asche auf dem Altar hat sich von
selbst entzündet und brennt mit einer flackernden Flamme,
während ich säumte, sie zu holen. Das sei ein gutes Zeichen!«

Es muß etwas bedeuten... und Hylax bellt vor dem Eingang. Soll ich es glauben? Oder schaffen Liebende sich selber Träume?

Schont ihn, meine Gesänge! Daphnis kommt aus der
Stadt zurück. Schont ihn, meine Gesänge!«

6

In seinen *Epoden* (der Titel der Sammlung spielt, wie es scheint,
auf magische Beschwörungen an), schildert Horaz, wie Hexen
einen Knaben morden, um aus seinem Mark und seiner Leber
einen Liebestrank herzustellen. Obwohl die Göttin der Nacht
und Diana (wohl in ihrer Eigenschaft als Mondgöttin) angerufen
werden, handelt es sich nicht um ein eigentliches Menschenopfer.
Die Szene, die Horaz in allen Einzelheiten schildert, ist eine Phan-
tasmagorie des Grauens, aber komische Elemente fehlen nicht.

Der Knabe, der von den Hexen entführt wurde, stammt aus
vornehmem Haus. Zuerst ahnt er nicht, was ihm bevorsteht,
dann bittet er um sein Leben, und schließlich, da ihm keine Hoffnung bleibt, verflucht er die Hexen. Dieser Fluch ist an sich auch
ein magischer Akt, und da der Knabe ihn kurz vor seinem Tod
ausspricht, muß er sich nach antiker Vorstellung erfüllen. Der
Knabe unterscheidet – fast, als hätte er Philosophie studiert –
zwischen Recht und Unrecht einerseits und dem menschlichen
Schicksal anderseits. Die Hexen sind so mächtig, daß sie diesen
Mord begehen und der irdischen Justiz entgehen können, aber
ihr Schicksal, das er in seinem Fluch voraussagt, läßt sich nicht
abwenden.

Man hat sich gewundert, warum Horaz in diesem Gedicht,
wie auch im folgenden (Nr. 7) mit einem solchen Aufwand an
dichterischer Kraft die Hexenzunft und ihre Künste als grausig,
abscheulich und gleichzeitig auch lächerlich dargestellt hat. Er
scheint Canidia, hinter der sich nach Auskunft des antiken Kom-
mentators eine zeitgenössische Person verbirgt, mit einer solchen

Leidenschaft gehaßt zu haben, daß man sich fragt, ob er sie vielleicht einmal geliebt hatte. Daß der Dichter selbst jener Varus ist,
für den der Liebestrank gebraut wird, ist natürlich nur eine Vermutung.

Es genügt, anzunehmen, daß sich Horazens persönliche Abnei-
gung gegen das Zauberwesen, wie es in den verrufenen Vierteln
von Rom betrieben wurde, in diesen Gedichten Luft macht. Die
Hexen, die er schildert, sind abstoßende alte Weiber, die aber im
Volk gefürchtet sind. Daß ihr Tun verbrecherisch ist, betont Horaz in diesem Gedicht, daß es im Grunde lächerlich ist, im nächsten. Wenn das Gesetz die Magie ernst nahm, so kann man gut
verstehen, daß sich auch Horaz mit dem Thema befaßt hat.

Horaz, 5. *Epode*

(Der Knabe spricht). »Bei allen Göttern im Himmel, die
über die Erde und die Menschheit herrschen – was soll dieses Getümmel? Was bedeuten die grimmigen, auf mich gerichteten Blicke all dieser Frauen? Ich bitte euch im Namen
eurer Kinder – wenn ihr wirklich mit Hilfe der von euch
angerufenen Lucina Kinder geboren habt –, ich bitte euch
bei meiner Purpurzier, die mir doch nichts nützt, bei Jupiter, der euer Tun nicht billigen kann! Warum starrst du
mich an wie eine Stiefmutter oder ein vom Speer getroffenes
wildes Tier?«

So klagte der Knabe mit zitternder Stimme. Er stand da
mit abgerissenen Rangabzeichen. Sein jugendlicher Körper
hätte sogar das rohe Herz eines Thrakers besänftigt. Doch
Canidia, die kleine Vipern ins ungekämmte Haar auf ihrem
Kopf geflochten hatte, verlangte wilde Feigenbäume, aus
Gräbern herausgerissen, Zypressen, Symbole des Todes,
Eier, die mit dem Blut einer scheußlichen Kröte beschmiert
waren, Federn von einer bei Nacht fliegenden Schleiereule,
Kräuter, die aus Iolkos und dem an Giften reichen Hiberia
stammten, Knochen, die man dem Maul einer hungrigen
Hündin entrissen hatte – um all das in kolchischen
Flammen zu verbrennen.

Sagana besprengte leichtgeschürzt das ganze Haus mit
Wasser vom Avernus. Ihr zottiges Haar sträubte sich, (so
daß sie aussah) wie ein Seeigel oder ein Eber aus der Gegend

von Laurentum [für das hs. *currens* sollte man mit N. Heinsius wohl *Laurens* lesen]. Veia, ein völlig skrupelloses Weib, schaufelte mit einem harten Spaten ein Loch in den Boden, stöhnend bei der schweren Arbeit. Sie wollten den Knaben so begraben, daß nur sein Kopf herausragte, wie der eines Schwimmers, der mit dem Kinn an der Wasseroberfläche zu hängen scheint; dann wollten sie ihn langsam sterben lassen, angesichts von Speisen, die zwei-, dreimal am Tag gewechselt wurden. Sobald seine Augen, unentwegt auf die ihm versagte Nahrung gerichtet, erloschen, wollten sie sein saftloses [*exsuca*, was die weniger gute Überlieferung bietet, scheint besser als *ex(s)ecta* der Haupthandschriften] Mark und seine ausgetrocknete Leber für einen Liebestrank verwenden.

In Neapel, wo die Menschen Zeit haben, und in allen Städten der Umgebung glaubte man, daß auch die von männlicher Geilheit erfüllte Folia aus Rimini dabei war. Sie singt mit thrakischen Worten die Sterne herab und reißt den Mond vom Himmel.

Nun begann Canidia, mit ihren gelben Zähnen an ihrem langen Daumennagel zu nagen. Was sagte sie? Was verschwieg sie?

»Nacht! Du bist die treue Zeugin [*non infidelis arbitra* ist Palmers Emendation; die Überlieferung bietet den Plural] meines Tuns! Diana! Du gebietest über das Schweigen, wenn geheime Riten vollzogen werden! Jetzt, jetzt steht mir bei! Jetzt wendet euren Zorn und eure göttliche Macht gegen das Haus meines Feindes. In den unheimlichen Wäldern verborgen ruhen die wilden Tiere in süßem Schlaf, während die Hunde der Subura den ältlichen Verführer anbellen [*latrant* mit Housman für *-ent* der Hss.], der sich ganz mit einer Salbe eingerieben hat, wie meine Hände sie nicht vollkommener herstellen könnten. Ein lächerlicher Anblick! Was ist geschehen? Warum sind die grausigen Zaubermittel der Barbarin Medea nicht mehr so wirksam? Mit ihnen rächte sie sich an ihrer hochmütigen Rivalin, der Tochter des mächtigen Kreon – und entfloh! Sie schickte ihr als Geschenk ein Kleid, gesättigt mit Gift, das die junge

Braut in lodernden Flammen dahinraffte. Und doch habe
ich kein Kraut, keine Wurzel, die an schwer zugänglicher
Stelle wuchs, übersehen. Er aber, er schläft im duftenden
Gemach jeder Dirne, ohne meiner zu gedenken. Ja! Ja! Er
geht umher, vom Zauber einer Hexe beschützt, die mehr
kann als ich.

Varus! Dir stehen viele Tränen bevor! Du wirst zu mir
zurückeilen, von ausgesuchten Zaubermitteln angezogen,
und selbst das Absingen von marsischen Formeln wird dich
nicht vor dem Wahnsinn retten. Du verschmähst mich, aber
ich werde eine noch wirksamere Droge zubereiten; ich will
dir einen noch kräftigeren Trank einschenken. So sicher der
Himmel nie unter die Meeresoberfläche fallen und die Erde
nie in der Luft schweben wird, so sicher mußt du lodern
von leidenschaftlicher Liebe zu mir wie Harz in rußigen
Flammen.«

Als der Knabe das hörte, versuchte er nicht länger, die
skrupellosen Weiber mit freundlichen Worten zu besänftigen. Er wußte zwar nicht, was er sagen sollte; dennoch
brach er das Schweigen, und eine Verfluchung, die eines
Thyestes würdig gewesen wäre, strömte aus ihm:

»Zaubermittel können Recht und Unrecht durcheinander bringen, aber sie vermögen nicht, das menschliche
Schicksal zu ändern. Mit Flüchen will ich euch verfolgen;
kein Opfertier kann eine tödliche Verfluchung entkräften.
Ich muß sterben, aber wenn ich meinen letzten Atemzug
getan habe, werde ich euch als schreckliche Erscheinung in
der Nacht begegnen; als Gespenst werde ich mit krummen
Klauen über eure Gesichter herfallen; denn das vermögen
die göttlichen Manen. Auf euren angsterfüllten Herzen hok-
kend will ich euch schrecken und den Schlaf euch rauben.
In jedem Quartier der Stadt wird sich eine Menschenmenge
bilden, euch mit Steinen bewerfen und zerquetschen, ihr
scheußlichen Weiber. Die Wölfe und die Geier des Esqui-
lins werden dann eure unbestatteten Gebeine zerstreuen.
Ich hoffe nur, daß meinen Eltern, die mich – ach! – überleben, dieses Schauspiel nicht entgeht.«

7

Ein anderes Hexengedicht, das wir Horaz verdanken, ist humoristisch und weit weniger grausig. Der Gott Priap erzählt in einem Monolog, was eines Nachts in dem neuen Park auf dem Esquilin, dessen Hüter er ist, passierte. Dieser Park war bis vor kurzem ein Armeleutefriedhof gewesen, und die Hexen kommen immer noch, um Kräuter zu sammeln, Gebeine auszugraben und Totengeister zu beschwören. Priap ist so angewidert von ihrem Treiben, daß er sich nicht länger beherrschen kann. Die Hexen sind hier stark karikiert und wirken lächerlich. Wenn ein so untergeordneter Gott wie Priap sie in die Flucht jagen kann, braucht sie der Leser wahrlich nicht zu fürchten. Im letzten Gedicht des Epodenbuchs (17), das ungefähr zur selben Zeit entstand wie die zwei Satirenbücher (zwischen 35 und 30 v.Chr.), scheint Horaz sich vor den Künsten Canidias und der anderen Hexen zu verbeugen, doch sind auch hier ironische Töne nicht zu verkennen, und das Gedicht endet mit einer Frage.

Horaz, *Satiren* 1.8

(Es spricht die Statue Priaps). Einst war ich der Stamm eines Feigenbaums, ein nutzloses Stück Holz. Ein Schnitzer, der [zuerst] unschlüssig war, ob er einen Schemel oder einen Priap machen sollte, entschied sich für den Gott. Seither bin ich der Gott, ein wahrer Schrecken den Dieben und Vögeln. Denn meine rechte Hand und der rote Stiel, der unanständig aus meinen Lenden ragt, bedrohen die Diebe; das Schilfbündel, das auf meinem Kopf befestigt ist, schreckt die Vögel – sie sind eine Plage! – und verbietet ihnen, sich in den neuen Parkanlagen niederzulassen. Früher wurden die Leichen von Sklaven, die man aus ihren engen Zellen geworfen hatte, in billigen Särgen von Mitsklaven hierher getragen und bestattet. Hier war ein Massengrab für die Ärmsten der Armen. Hier gab ein Stein dem Spaßmacher Pantolabus und dem Verschwender Nomentanus »Tausend Fuß nach vorn, dreihundert in die Breite«, um zu verhüten, daß die Grabstätte auf die Erben überging. Jetzt ist die Luft auf dem Esquilin rein; man kann hier wohnen und auf dem sonnigen Damm spazieren gehen, wo man eben noch ein von weißen Gebeinen verunstaltetes Feld betrachten mußte. Was meine

Verantwortung ist und mir zu Last fällt, sind nicht so sehr die Diebe und wilden Tiere, die den ihnen vertrauten Ort durchstöbern, sondern die Weiber, die mit Zaubersprüchen und Giften die Seelen der Menschen bearbeiten. Die kann ich auf keine Weise vertreiben [lies *pellere* mit Heinsius statt hs. *perdere*], ja nicht einmal daran hindern, Gebeine und schädliche Kräuter zu sammeln, sobald die wandernde Mondgöttin ihr schönes Gesicht zeigt.

Mit eigenen Augen habe ich Canidia gesehen, wie sie barfuß ging, ihren schwarzen Umhang hochgeschürzt, das Haar aufgelöst. Sagana, die noch lauter [*maiora* ist mit Nauck zu lesen; die Überlieferung hat *maiore*] heulte [als sie], war bei ihr. Mit ihren bleichen Gesichtern waren sie schrecklich anzuschauen. Sie begannen, mit den Fingernägeln in der Erde zu scharren und mit den Zähnen ein schwarzes Lamm in Stücke zu reißen. Blut floß in einen Graben, damit sie Totengeister, die ihre Fragen beantworten würden, heraufbeschwören konnten. Sie hatten zwei Puppen, die eine aus Wolle, die andere aus Wachs; die aus Wolle, die größere, war dazu bestimmt, die kleinere, aus Wachs gefertigte, streng zu bestrafen; diese stand unterwürfig da, wie ein Sklave, der auf die Hinrichtung wartet. Eine der Hexen rief »Hekate!«, die andere »Teisiphone, du grimmige!«. Man konnte sehen, wie sich Schlangen und die Hunde des Hades hin- und herbewegten und wie der Mond, um nicht Zeuge dieses Treibens zu sein, sich errötend hinter großen Grabdenkmälern verbarg. Und wenn das nicht die lautere Wahrheit ist, so soll mein Haupt vom weißen Dreck der Raben besudelt werden, und Ulius [die Hss. bieten *Iulius*, was kaum richtig sein kann; nach einer Inschrift hat Wilamowitz *Ulius* eingesetzt], die zerbrechliche Pediatia und der Dieb Voranus sollen auf mich pissen und scheißen!

Muß ich in die Einzelheiten gehen? Soll ich berichten, wie die Schatten – ihre Stimmen klangen traurig und schrill – mit Sagana Gespräche führten, wie die Hexen heimlich Wolfsbart zusammen mit den Zähnen einer gefleckten Schlange in der Erde verscharrten, wie das Feuer von der

Wachspuppe höher brannte, und welche Schrecken ich als Zeuge von Worten und Taten der beiden Furien ausstehen mußte? Doch ich rächte mich: Mir entfuhr ein Furz, der meinen hölzernen Hintern spaltete; es krachte, als wäre eine Schweinsblase geplatzt. Die Hexen rannten zurück in die Stadt: Canidia verlor ihre Zähne, Sagana ihre hohe Perücke; sie ließen auch die Kräuter und magischen Armbänder zurück. Welch ein Spaß! Du hättest gelacht, wenn du das gesehen hättest!

8

Encolpius (»Busenfreund«), der Erzähler und »Held« von Petronius' Roman *Satyricon*, schildert eine für ihn sehr peinliche Episode. Die schöne Chrysis schenkte ihm ihre Neigung, aber er versagte in ihren Armen. Natürlich liegt ihm viel daran, seine Potenz wiederzugewinnen. Zuerst versucht er es mit den damals gebräuchlichen Hausmitteln. Da diese nichts nützen, muß man annehmen, daß er behext ist. Ein Gegenzauber ist nötig. Chrysis hat eine Hexe mitgebracht, die ihm zuerst ein Amulett um den Hals hängt, um ihn vor weiteren Bezauberungen zu schützen. Das Amulett ist ein aus bunten Fäden gedrehtes Band, ähnlich dem in Vergils achter Ekloge beschriebenen (Nr. 5). Dann mischt sie Speichel mit Staub, malt ihm ein Zeichen auf die Stirn, sagt einen Zauberspruch her, läßt ihn ausspucken und gibt ihm ein paar Steinchen, denen sie magische Eigenschaften verliehen hat. Der Erfolg bleibt nicht aus.

Als Motiv ist Magie in den antiken Romanen sehr beliebt. Die *Metamorphosen* des Apuleius (Nr. 9) sind das bekannteste Beispiel, weil hier die magische Verwandlung des Helden für die Handlung entscheidend ist, aber Zauberriten finden sich als Episoden auch anderswo, z. B. in den *Aethiopika* Heliodors (Nr. 52), im Roman des Iamblichos (zwischen 166 und 180 n. Chr.; vgl. R. Hercher, *Erotici Graeci* I 221–30) und in dem des Antonius Diogenes (Photios, *Bibl.* cod. 166), dessen Titel *Unglaubliche Dinge jenseits von Thule* bezeichnend ist.

Petronius, *Satyricon*, Kap. 131

Nachdem ich mich mit solchen Versprechungen [nämlich bei der nächsten Begegnung sein Versagen wiedergutzu-

machen] von Chrysis verabschiedet hatte, beschäftigte ich
mich sorgfältig mit meinem Körper, der mir so übel mitge-
spielt hatte. Statt zu baden, parfümierte ich mich ganz
leicht, nahm dann eine ziemlich kräftige Mahlzeit, bestehend aus Zwiebeln und Schneckenkämmen ohne Sauce und
trank dazu ein wenig ungemischten Wein. Vor dem Zubett-
gehen unternahm ich einen ganz gemütlichen Spaziergang,
der mich beruhigte, und betrat mein Schlafgemach ohne Gi-
tons Gesellschaft. So viel lag mir daran, sie zu versöhnen,
daß ich fürchtete, mein Brüderchen könnte meine Kräfte
erschöpfen. Am nächsten Tag stand ich auf und fühlte mich
körperlich und seelisch intakt. Ich ging hinunter zu demselben Platanenhain, obwohl mich die wenig verheißungsvolle
Stätte beunruhigte, und begann, zwischen den Bäumen
nach Chrysis, die mir den Weg zeigen würde, Ausschau zu
halten. Kaum hatte ich mich nach wenigen Schritten an der
gleichen Stelle wie gestern niedergelassen, als sie erschien,
und zwar mit einem alten Weiblein, das sie neben sich her-
zog. Sie begrüßte mich und sagte: »Wie geht's, mein anspruchsvoller Herr? Bist du allmählich vernünftig geworden?«

Die Alte zog ein aus bunten Fäden gedrehtes Band aus
dem Busen und wand es um meinen Hals. Dann machte sie
ein Gemisch aus Speichel und Staub, nahm es mit dem Mit-
telfinger auf und malte mir, obwohl ich mich sträubte, ein
Zeichen auf die Stirn… [einige Worte sind ausgefallen]…
Nachdem sie diesen Spruch hergesagt hatte, hieß sie mich
dreimal ausspucken und dreimal Steinchen einstecken, die
sie zuvor besungen und in Purpurlappen eingewickelt hatte.
Dann berührte sie mich mit den Händen, um die Kraft meiner Lenden zu prüfen…

9

Apuleius hat eine Art Schelmenroman geschrieben, der mit einer
religiösen Heilsbotschaft schließt, die *Metamorphosen*, d. h. »Verwandlungen«. Der Held dieses Romans, Lucius, hinter dem sich
fast sicher Apuleius selber versteckt, reist nach Thessalien, ins

Land der Hexen, um dort die Zauberei zu studieren. Er freundet sich mit Photis, der Magd einer berühmten Hexe, an und hofft, durch sie in den Besitz von Geheimnissen zu kommen. Es ist sein besonderer Wunsch, in einen Vogel verwandelt zu werden – natürlich nur vorübergehend. (Verwandlungen in geflügelte Wesen kommen in den *Metamorphosen* Ovids häufig vor und spiegeln wohl in mythischer Form den uralten Wunsch des Menschen, zu fliegen.) Leider gibt ihm Photis – es ist nicht recht klar, ob aus Mutwillen oder aus Versehen – die falsche Salbe, und Lucius wird in einen Esel verzaubert. Als solcher behält er aber seinen menschlichen Verstand und seine Art, die Dinge zu sehen.

Diesem fatalen Mißgeschick abzuhelfen scheint auf den ersten Blick höchst einfach: Lucius muß Rosen essen; dann gewinnt er seine menschliche Gestalt wieder. Im Verlauf der Erzählung stellen sich aber immer wieder Hindernisse vor das Ziel, das schon in greifbarer Nähe ist. Am Ende wird Lucius durch die Gnade der Göttin Isis gerettet.

Apuleius, *Metamorphosen* 3.21–28

Auf diese Weise hatten wir nicht wenige [*haud paucis* mit Pricaeus für *paucis*] Nächte vergnüglich zugebracht, als eines Tages Photis ganz aufgeregt und ziemlich nervös zu mir kam und mir sagte, daß ihre Herrin, weil sie mit ihren sonstigen Künsten nichts gegen den Geliebten ausrichten könne, sich in der folgenden Nacht in einen Vogel mit Federn verwandeln wolle, um in dieser Form zu ihrem Ersehnten hinzufliegen. Daher möge ich mich sorgfältig vorbereiten, um ein so bedeutsames Ereignis heimlich zu beobachten. Und so führte sie mich denn um die erste Nachtwache auf den Zehenspitzen und ohne Geräusch zu jenem Obergemach [eine Art magisches Laboratorium, das die Hexe eingerichtet hat] und hieß mich durch eine Türritze wahrnehmen, was sich in folgender Weise abspielte.

Zuerst entkleidete sich Pamphile vollständig, schloß dann eine kleine Truhe auf und entnahm ihr mehrere Büchsen. Sie entfernte den Deckel der einen und holte eine Salbe hervor, rieb sie längere Zeit zwischen ihren Handflächen und bestrich sich damit am ganzen Körper von den Zehenspitzen bis oben zu den Haaren, wobei sie sich insgeheim [oder: leise] lange mit ihrer Lampe unterhielt; dann schüttelte sie ihre Glieder in einer zitternden, zuckenden Bewegung. Und während sie [die Glieder] sich sanft wiegen, dringt aus ihnen zarter Flaum, kräftige Schwingen wachsen, die Nase krümmt sich und wird hart, die Zehennägel ziehen sich krallenförmig zusammen: Pamphile ist zum Uhu geworden! Sie gibt ein klagendes Krächzen von sich, hüpft kurz vom Boden auf, um sich selbst zu prüfen, hebt sich dann empor und fliegt mit vollem Flügelschlag ins Freie.

Während sie sich dank ihrer Zauberkünste ganz nach Wunsch verwandelte, stand ich, ohne durch irgendeinen Spruch verhext zu sein, nur durch das Staunen über das Ereignis, das ich erlebt hatte, an die Stelle gebannt, und schien mir alles andere als Lucius zu sein. Ja, ich war ganz außer mir, war wie mit Wahnsinn geschlagen, träumte in wachem Zustand. Lange rieb ich mir die Augen und hätte gern gewußt, ob ich wirklich wach war. Endlich aber kehrte ich in die Wirklichkeit zurück, packte Photis' Hand, führte sie an meine Augen und sagte zu ihr: »Die Gelegenheit ist günstig! Bitte gewähre mir einen ganz großen, ganz besonderen Beweis deiner Liebe und gib mir ein klein bißchen von der Salbe da; ich beschwöre dich bei deinen reizenden Brüstlein, mein süßer Schatz! Du tust mir damit einen Gefallen, den ich dir nie vergelten kann, und ich bin auf ewig dein Sklave, aber mach jetzt, daß ich mich als geflügelter Cupido neben dich, meine Venus, stellen darf!« »So so!« sagte sie. »Du bist ein Fuchs, mein Liebling, und willst mich dazu zwingen, mich ins eigene Fleisch zu schneiden. Wehrlos, wie du bist, kann ich dich ja kaum vor den thessalischen Wölfinnen beschützen: wenn du erst einmal ein Vogel bist, wo soll ich dich dann suchen, und wann werde ich dich wiedersehen?«

»Die Götter mögen mich vor einem solchen Frevel bewahren!« rief ich. »Selbst wenn ich mit dem Flug des stolzen Adlers als des großen Jupiter vertrauenswürdiger Bote und munterer Schildknappe den ganzen Himmel durchmesse, wie könnte ich trotz der Würde, die ich meinen Flügeln verdanke, je vergessen, sofort in mein Liebesnest zurückzufliegen? Ich schwöre dir bei diesem reizenden Knoten in deinem Haar, mit dem du mein Herz gefesselt hast, daß ich keine andere inniger liebe als Photis. Übrigens fällt mir noch etwas ein: wenn ich einmal kraft der Salbe so ein Vogel geworden bin, muß ich doch alle Häuser sorgfältig meiden, denn was für einen schönen, eleganten Liebhaber werden die Damen an einem Uhu haben? Stimmt es nicht, daß man diese Nachtvögel, wenn sie in irgendein Haus geflogen sind, voller Angst einfängt, und wir sie an den Türen angenagelt sehen, so daß sie durch ihre eigenen Qualen für den Todesfall, den sie durch ihren Unheil kündenden Flug dem Hause drohen, büßen? Aber fast hätte ich vergessen, dich zu fragen: Was muß ich sagen oder tun, um meine Federn loszuwerden und wieder der alte Lucius zu sein?«

»Keine Sorge, keine Angst, was das betrifft,« sagte sie. »Meine Herrin hat mir ganz genau gezeigt, wie man solche Wesen wieder in menschliche Gestalt verwandeln kann. Glaub' aber ja nicht, daß sie das aus lauter Gutmütigkeit getan hat – nur, damit ich gleich mit einem kräftigen Mittelchen zur Hand bin, wenn sie zurückkommt. Sieh nur, mit wie simplen, billigen Kräutlein eine so große Sache zustandegebracht wird: ein bißchen Dill mit Lorbeerblättern wird in frisches Brunnenwasser getan und dient als Bad und Trank.«

Das versicherte sie mir immer wieder, während sie mit Zittern und Zagen in das Gemach schlich und die Büchse aus der Truhe holte. Ich nahm sie zunächst in meine Arme, küßte sie und bat dringend, mir einen guten Flug zu wünschen; dann warf ich in großer Eile alle meine Kleider ab, tauchte gierig meine Hände [in die Büchse], nahm eine tüchtige Menge Salbe und rieb damit meine Glieder ein. Und schon schwang ich versuchsweise die Arme auf und nieder und bemühte mich, wie ein Vogel zu sein, doch von Flaum und Federchen keine Spur. Statt dessen verwandelte sich mein Haar in Borsten und meine zarte Haut in ein Fell; meine Finger und Zehen büßten ihre Zahl ein und zogen sich in je einen Huf zusammen, und vom Ende meines Rückgrats ging ein großer Schwanz aus. Und dann: ein Riesengesicht, ein breites Maul, weit offene Nasenlöcher und hängende Lippen. Auch die Ohren vergrößerten sich unmäßig und starrten von Haaren. Den einzigen Trost für meine Verwandlung sah ich darin, daß mein Geschlechtsorgan an Größe zunahm, auch wenn ich Photis nicht länger umarmen konnte.

Wie ich hilflos meinen ganzen Körper betrachtete, sah ich, daß ich kein Vogel, sondern ein Esel war. Ich wollte mich über Photis' Streich beklagen, aber da ich schon der menschlichen Gebärde und Stimme beraubt war, konnte ich ihr nur noch stille Vorwürfe machen, indem ich sie mit hängender Unterlippe und feuchten Augen von der Seite ansah. Sobald sie mich in einem solchen Zustand erblickte, schlug sie heftig mit den Händen ihr Gesicht und rief: »Ich Ärmste! Ich bin des Todes! In der Aufregung, in der Eile ist mir etwas passiert, und weil die Büchsen so ähnlich waren, habe ich mich getäuscht. Nur gut, daß es ein ganz einfaches Mittel gegen diese Verwandlung gibt. Sobald du nur an ein paar Rosen knabberst, wirst du die Eselsgestalt abstreifen und sofort wieder mein lieber Lucius sein. Hätte ich doch nur am Abend, wie wir das meistens tun, ein paar Kränze angefertigt; dann müßtest du nicht so lange warten – auch wenn es nur eine Nacht ist! Aber noch vor Tagesanbruch wird man dir gleich das Gegenmittel bringen.«

Sie war ganz traurig, ich aber – obwohl ein richtiger Esel und statt Lucius ein Lasttier – fühlte immer noch wie ein Mensch. Lange und sorgfältig überlegte ich also, ob ich nicht dieses nichtsnutzige, böswillige Weib tüchtig mit den Hufen schlagen und ihr mit den Zähnen Bisse beibringen sollte. Doch von diesem tollkühnen Unterfangen rief mich die bessere Einsicht zurück, denn hätte ich Photis mit dem Tode bestraft, so wäre für mich jede Hilfe, jede Rettung erloschen. Ich ließ also meinen Kopf hängen, schüttelte ihn, schluckte für den Augenblick die Schmach, fügte mich in mein hartes Geschick und zog mich zu meinem getreuen Reitpferd in den Stall zurück, wo ich noch einen anderen Esel, den des Milo, der einst mein Gastfreund gewesen war, eingestellt fand.

Historische Quellen (Heil- und Schadenzauber)

10

Die folgenden römischen Zaubersprüche wurden zu verschiedenen Zeiten niedergeschrieben, sind aber alle, wie es scheint, sehr alt. Der erste findet sich bei Cato dem Älteren (234–149 v. Chr.), der zweite bei M. Terentius Varro (116–27 v. Chr.); der dritte bei einem medizinischen Autor der Kaiserzeit. Alle drei weisen gewisse Ähnlichkeiten auf und stammen letztlich aus der Volksmedizin, die natürlich in Italien viel älter war als die hippokratische, von griechischen Ärzten eingeführte Medizin und von ihr nie völlig verdrängt wurde. Cato, der persönlich den Ärzten mißtraute, vertritt eine Epoche, in der ein römischer Grundbesitzer auf allen Gebieten Bescheid wußte und auch in der Lage war, erste Hilfe zu leisten, wenn etwa ein Sklave einen Unfall hatte. Der Symbolcharakter des gespaltenen Schilfrohrs und des Eisens liegt auf der Hand, und das unverständliche Kauderwelsch, eine Art Pseudo-Latein, machte sicher Eindruck. Sprüche, Rezepte, Anweisungen dieser Art wurden von einer Generation an die nächste weitergegeben, aber die Masse des uralten Volksguts ist uns bis auf wenige Zeugnisse, die sich mehr zufällig erhalten haben, verloren.

Die bei Varro überlieferte Zauberformel beruht auf Analogie und Übertragung, zwei vielfach bezeugten magischen Prinzipien. Die Füße, welche die Erde berühren, übertragen ihren Schmerz auf die Erde. Speichel spielt in der Magie eine Rolle. Abstinenz während eines religiösen oder magischen Rituals ist eine Form der Askese und verstärkt die Wirkung des Zaubers. Im Gegensatz zu den beiden anderen Formeln wird hier ein Gott oder Dämon angesprochen.

Abstinenz erfordert auch die Formel des Marcellus, wenn dieser medizinische Autor wirklich unser Gewährsmann ist. Die Formel erinnert teilweise an ein Formular: der Name der Krankheit muß eingesetzt werden. Die magische Geste ist hier ebenso wichtig wie das gesprochene Wort. Gegen Ende ist das Original schwer verständlich.

A: M. Porcius Cato, *Über die Landwirtschaft*, § 160

Ist etwas verrenkt, so kann es durch folgenden Zauber eingerenkt werden: Nimm ein grünes Schilfrohr, vier oder fünf

Fuß lang, spalte es in der Mitte und laß zwei Männer es an ihre Hüften halten. Beginn, folgende Formel herzusagen: *moetas vaeta daries dardaries astataries dissunapiter*, bis die Teile zusammenkommen. Leg Eisen darauf. Sind die Teile zusammengekommen und berühren sich, pack sie mit der Hand, mach links und rechts einen Einschnitt [im Rohr] und binde es auf die Verrenkung oder den Bruch, und es wird heilen. Aber du mußt täglich [die Formel] *huat huat huat ista sistas sistardannabou damnaustra* hersagen.

B: M. Terentius Varro, *Über die Landwirtschaft* 1.2.27

Wenn deine Füße schmerzen [mußt du sagen]: »Ich denke an dich; heile meine Füße. Laß die Erde die Krankheit behalten, und laß die Gesundheit hier bleiben.« Das sollst du neunmal hersagen, die Erde berühren und ausspucken. Muß in nüchternem Zustand hergesagt werden.

C: [Marcellus Empiricus?] *Über Heilmittel* 15.11 (= 113.25 Niedermann)

Muß in nüchternem Zustand hergesagt werden, wobei man den betreffenden Körperteil mit drei Fingern – Daumen, Zeigefinger und Ringfinger – berührt; die beiden anderen werden ausgestreckt.

»Geh weg, gleichgültig, ob du heute oder schon vorher entstanden bist – diese Krankheit, dieses Leiden, dieser Schmerz, diese Schwellung, diese Röte, dieser Kropf, diese Mandeln, dieser Abszeß, diese Geschwulst, diese Drüsen und diese kleinen Drüsen – durch diesen Zauber rufe ich euch, führe ich euch heraus aus diesen Gliedern und Knochen.«

11

Julius Caesar Germanicus, der Adoptivsohn des Kaisers Tiberius, starb 19 n. Chr. in Antiochien unter rätselhaften Umständen. Man vermutete ein Verbrechen. Kurz vor seinem Tode fand man zwischen den Wänden und unter dem Fußboden seiner Residenz ein Sammelsurium von Objekten, die offensichtlich jemand, der den

Prinzen aus dem Weg räumen wollte, dort versteckt hatte. Obwohl Germanicus außerordentlich beliebt war, hatte er doch mindestens zwei Feinde, Gnaeus Calpurnius Piso, den Statthalter von
Syrien, und dessen Gattin Plancina, und als er im Sterben lag,
beschuldigte er diese beiden, ihn vergiftet zu haben, doch seine
Freunde behaupteten, magische Mittel seien verwendet worden.
Gegen Piso wurde später vom Senat Anklage erhoben, und er
beging Selbstmord; seine Gattin entging 20 n. Chr. einer Verurteilung, wurde aber Jahre später nochmals angeklagt und beging
ebenfalls Selbstmord.

In seinem kurzen Bericht scheint Tacitus sich nicht festzulegen, aber die Dinge, die er nennt, lassen eigentlich keine andere
Deutung als Schadenzauber zu. Jemand, der an die Macht der
Magie glaubte, versteckte sie dort, um Germanicus zu töten. Das
schließt natürlich einen Giftmord nicht aus; seine Feinde versuchten alle Mittel.

Tacitus, *Annalen* 2.69

Die Überzeugung, daß Piso ihn vergiftet hatte, machte die
schwere Krankheit noch schlimmer; zudem fand man im
Fußboden und in den Wänden Überreste menschlicher Leichen, die ausgegraben worden waren, Zauberformeln, Verfluchungen und Bleitafeln, auf die der Name ›Germanicus‹
eingeritzt war, halbverbrannte und blutbeschmierte Asche
und andere Requisiten der schwarzen Magie [*aliaque malefi-
ca*], durch die, wie man glaubt, die Seele [oder: die Le-
benskraft] den Mächten der Unterwelt geweiht wird.

12

Im ersten Jahrhundert n. Chr. befand sich die Stadt Tuder in Um-
brien (heute Todi) in Gefahr, denn einige Mitglieder des Stadtrats
waren mit einem Fluch belegt worden. Die Inschrift, die das Ereignis festhält, führt nicht aus, wie die Tatsache bekannt wurde.
Man darf annehmen, daß in der Stadt gerüchtweise bekannt wurde, daß dieser Fluch ausgesprochen worden war. Diese Dinge
wurden nicht absolut geheimgehalten; vielmehr lag dem Magier
daran, daß sein Gegner eine Ahnung hatte, was gespielt wurde.
Entweder zermürbte ihn dann die Furcht, oder er unternahm
einen Gegenzauber, oder er empfahl sich dem Schutz der Götter.

In diesem Fall entschied sich ein Außenstehender, L. Cancrius Primigenius, dafür, ein Gelübde abzulegen, um die gefährdeten Ratsmitglieder zu retten. Er gelobte die Inschrift, dazu vermutlich ein Opfer für Jupiter Optimus Maximus. Als die Einzelheiten an den Tag kamen – wie, wird nicht gesagt – löste er sein Gelübde ein. Der Gemeindesklave, der hinter diesem Anschlag steckte, wurde zweifellos als Zauberer verhaftet und hingerichtet.

CIL 11.2.4639

Weil Jupiter Optimus Maximus die Stadt Tuder, ihren Stadtrat und ihre Leute rettete, hat L. Cancrius Primigenius, Freigelassener des Clemens, Mitglied der Sechsmännerkommission, die für die Verehrung der Augusti und der Flavii verantwortlich ist, sein gegenüber dem Gott geleistetes Gelübde eingelöst. Er [Jupiter] hat durch seine göttliche Macht die Namen der Mitglieder des Stadtrats ans Licht gebracht, die durch das skandalöse Verbrechen eines elenden Gemeindesklaven an Gräber angeheftet waren, so daß eine Verfluchung über sie ausgesprochen werden konnte. Dadurch hat Jupiter die Stadt und ihre Bürger von der Furcht, daß ihnen Gefahr drohte, befreit.

13

Die Opfer dieses Fluchtäfelchens waren zwei Mannschaften von Rennfahrern. Die Wagenrennen im Zirkus zogen die Massen an und erregten die Leidenschaften. Es gab in der Kaiserzeit vier Mannschaften, die nach ihren Uniformen unterschieden wurden: Die Roten, die Weißen, die Grünen und die Blauen. Dieses Täfelchen wurde offenbar von einem Anhänger der Blauen und der Roten (oder in seinem Auftrag) beschriftet, denn es liefert die beiden anderen Mannschaften mitsamt ihren Pferden einem ungenannten Dämon aus. Der Fluch wird durch die Anrufung der Gottheit des Alten Testaments verstärkt; denn *Iao* und *Iasdao* sind Varianten des Gottesnamens Jahwe (unrichtig gelesen als »Jehova«), wobei *Iasdao* vielleicht mit einem besonderen Zischen, dem *susurrus magicus*, ausgesprochen wurde. Die Vokalfolge erscheint oft in Zaubertexten.

Bleitäfelchen aus Nordafrika, spätere Kaiserzeit (= Nr. 286 Audollent)

Ich beschwöre dich, Dämon, wer immer du bist, zu quälen und zu töten, von dieser Stunde, diesem Tag, diesem Augenblick an, die Pferde der Grünen und der Weißen. Töte und vernichte die Wagenlenker Clarus, Felix, Primulus und Romanus; laß keinen Atem in ihnen. Ich beschwöre dich bei dem, der dich damals befreit hat, dem Gott der See und der Luft: *Iao, Iasdao... aeia.*

Aus den Zauberpapyri

14

Der sogenannte »Große Pariser Zauberpapyrus« (Bibliothèque Nationale, Suppl. Gr. 574 = Nr. IV in Bd. I der *Papyri Graecae Magicae*) ist ein Buch, das aus sechsunddreißig beidseitig beschriebenen Blättern besteht. Es wurde im frühen 4. Jahrhundert n. Chr. geschrieben, aber das Material, das es enthält, ist sicher älter. Wie die meisten magischen Texte dieser Art bietet es Rezepte für den Einzelfall, eingeleitet durch »Man nehme«, und auch die Formeln »Man tue dies oder jenes«, »Man sage dies oder jenes« sind häufig. Der Liebeszauber, um den es sich hier handelt, ist ziemlich kompliziert, vor allem, wenn man ihn mit den Texten von Theokrit (Nr. 4) und Horaz (Nr. 6) vergleicht. Die Dichter haben vermutlich solche Texte und Rituale gekannt, sie aber vereinfacht. In diesem Fall soll der Zauberer zwei Puppen herstellen, wobei die eine ihn selber darstellt, die andere die Frau, die er begehrt. Die letztere wird dann mit dreizehn Nadeln an ganz bestimmten Körperstellen durchbohrt, und während der Handlung werden die vorgeschriebenen Formeln rezitiert. Die Symbolik, die dahinter steckt, ist ohne weiteres klar. Mit solchen Texten haben also die berufsmäßigen Hexer gearbeitet, oder sie haben sie für ihre Kunden abgeschrieben.

Die sogenannten »Liebeszauber« haben mit Liebe eigentlich wenig zu tun, obwohl auch das griechische Wort *philtron* von »lieben«, *phileo*, abgeleitet wird und im übertragenen Sinne sogar »Liebe«, »Zuneigung« allgemein bedeuten kann. Im vorliegenden Text ist *philtron* mit dem Wort *katadesmos* verbunden, was »Bin-

dung«, »Bezauberung« bedeutet; die Zusammensetzung *philtro-
katadesmos* ist ungewöhnlich, bezeichnet aber die Sache ziemlich
genau. Es handelt sich um einen Zwang. Der Kunde, der den Zauberer aufsucht, liebt eine Frau, die seine Gefühle nicht erwidert.
Sie soll durch magische Mittel gezwungen werden, ihn so zu lieben, wie er sich das wünscht. Der grausame, an Sadismus grenzen-
de Ton des Ganzen ist abstoßend, und man versteht, daß ein solcher »Liebeszauber« leicht in unverhüllten Schadenzauber übergehen konnte.

PGM IV 295 ff

Nimm Wachs [oder: Ton? Lesart unsicher] von der Töpferscheibe und knete zwei Figuren, eine männliche und eine
weibliche. Die männliche bilde wie einen Ares in Waffen; in
der Linken soll er ein Schwert halten, das er gegen ihre rechte Schlüsselbeingrube zückt; ihr selber sollen die Arme auf
dem Rücken gefesselt sein, und sie soll auf den Knien liegen. Die Zaubersubstanz mußt du an ihrem Kopf oder ihrem Hals befestigen. Schreib auf die Figur der Frau, die du
zwingen willst, und zwar auf ihren Kopf (Zauberworte),
auf ihr rechtes Ohr (Zauberworte), auf ihr linkes (Zauberworte)… [die ganze Liste umfaßt siebzehn Körperteile, darunter die Genitalien; die längste Inschrift besteht aus rund
vierzig, die kürzeste aus drei Buchstaben; die Länge scheint
sich etwas nach der Größe des betreffenden Körperteils zu
richten; dies gibt einen Begriff von der ungefähren Größe
der Puppe].
   Nimm dreizehn Bronze-Nadeln, steck eine in das Hirn
und sprich dazu: »Ich durchbohre dir das Hirn, NN«, zwei
in die Ohren, zwei in die Augen, eine in den Mund, zwei in
die Eingeweide, eine in die Hände [durch die gefesselten
Hände, wie es scheint, um sie noch stärker zu binden], zwei
in die Genitalien, zwei in die Sohlen, wobei du jedesmal
sagst: »Ich durchbohre das betreffende Glied der NN, damit sie an niemanden denke, außer an mich, NN, allein.«
Nimm eine Bleiplatte und schreib den gleichen Spruch darauf, sag ihn her und binde die Platte an die Figuren mit
einem Faden, wobei du 365 Knoten knüpfst, und sag dazu

das dir bekannte »Abrasax, halt fest«. Leg [alles] bei Sonnenuntergang neben den Sarg eines vorzeitig Gestorbenen oder
gewaltsam Umgekommenen, dazu auch Blumen der Jahreszeit. Der Spruch, der geschrieben und gesagt wird:

»Diesen Zwang lege ich bei euch nieder, den unterirdischen Göttern (Zauberworte), der Koure Persephone Ere-
schigal und Adonis, dem (Zauberworte), dem unterirdischen Hermes, dem Touth [gemeint ist der ägyptische Toth,
also Hermes Trismegistos], (Zauberworte) und dem mächtigen Anubis (Zauberworte), der die Schlüssel hält für die, die
im Hades sind, den unterirdischen Göttern und Dämonen,
den vorzeitig Gestorbenen, männlichen und weiblichen Geschlechts, Jünglingen und Jungfrauen, Jahre um Jahre, Monate um Monate, Tage um Tage, Stunden um Stunden. Alle
Dämonen an diesem Ort beschwöre ich, diesem Dämon bei-
zustehen. Wach auf für mich, wer immer du bist, männlich
oder weiblich, und begib dich an jeden Ort, an jede Straße,
in jedes Haus und führe herbei und binde! Führe herbei
NN, Tochter der NN, von der du die Zaubersubstanz hast,
und mach, daß sie mich, NN, Sohn des NN, liebt. Sie soll
keinen Geschlechtsverkehr haben, weder von vorn noch
von hinten, und sich nicht mit einem anderen Mann vergnü-
gen, nur mit mir allein, NN. Mach, daß sie, NN, nicht trinken kann, nicht essen, nicht lieben, nicht stark sein, nicht
gesund sein, keinen Schlaf finden, die NN, außer bei mir,
dem NN. Denn ich beschwöre dich bei dem schrecklichen,
furchterregenden Namen dessen, auf dessen Namen hin die
Erde, wenn sie ihn hört, sich auftut, und die Dämonen
werden erschrecken, wenn sie seinen schrecklichen Namen
hören, und Flüsse und Felsen werden bersten [oder: erzit-
tern], wenn sie seinen Namen hören.

Ich beschwöre dich, Totendämon, ob du männlich oder
weiblich bist, bei dem (Zauberworte) und bei dem (Zauberworte, darunter Abrasax) und bei dem berühmten (Zauberworte) und bei dem (Zauberworte). Höre, Totendämon,
meine Befehle und Namen, und wach ja nur auf aus der
Ruhe, die dich hält, wer immer du bist, ob männlich oder
weiblich, und begib dich an jeden Ort, in jede Straße, in

jedes Haus, und bring mir NN, und banne ihr Essen und Trinken, und laß NN sich an keinem anderen Mann zur Lust versuchen, auch nicht an ihrem eigenen, sondern nur an mir, NN.

Ziehe NN an den Haaren, den Eingeweiden, der ›Seele‹ [*psyche* steht wohl gleichbedeutend mit *physis*, also »Genitalien«] zu mir, NN, zu jeder Stunde der Zeit, nachts und tags, bis sie zu mir, NN, kommt und ungetrennt von mir bleibt. Führe das aus, binde NN für die ganze Zeit meines Lebens, und zwinge sie, mir, NN, untertan zu sein, und sie soll keine Stunde der Zeit von mir weichen. Wenn du das für mich vollbringst, werde ich dich sofort in Ruhe lassen.

Denn ich bin (Zauberworte) Adonai, der die Gestirne verbirgt, der strahlende Herrscher des Himmels, der Herr der Welt (Zauberworte), Adonai (Zauberworte), Sabaoth (Zauberworte); ich bin Thoth (Zauberworte).

Führ NN herbei und binde sie, daß sie NN liebe, ersehne, begehre [nach Wunsch auszufüllen], denn ich beschwöre dich, Totendämon, bei dem furchtbaren, dem großen Iaeo (Formel, Palindrom), daß du mir NN herbeiführst, und daß sie Kopf mit Kopf vereine, Lippen mit Lippen, Schenkel an Schenkel presse, das Schwarze ans Schwarze füge und ihr Liebeswerk mit mir, NN, vollbringe, in alle Ewigkeit.«

Dann schreib auf die andere Seite der Platte das Herz und die Zeichen, wie folgt.

[Ein Schema, in dem dieselben Zauberworte in langen, allmählich abnehmenden Zeilen angeordnet sind, und zwar so, daß jede Zeile am Anfang und am Ende je einen Buchstaben weniger enthält; dieses Schema ist links und rechts gerahmt von Vokalfolgen und Zauberzeichen. Die Herzfigur ist – vermutlich aus Zeitgründen – nicht vollständig ausgeführt.]

Zur Zauberhandlung (*praxis*) gehöriges Gebet (*exaitesis*): Gegen Sonnenuntergang sprich, indem du die Zaubersubstanz vom Grab hältst [Das Gebet ist in z. T. korrekten, z. T. recht holprigen Hexametern abgefaßt]:

»Der du auf dem Hauch durch die Lüfte wandelnder

Winde fährst, goldgelockter Helios, waltend über der nimmermüden Flamme des Feuers, der du in den Wendepunkten des Himmelsraums [*aitheriaisi tropaisi*] dich drehst, alles erzeugend, was du wieder auflösest – denn seitdem alle
Elemente deinen Gesetzen gemäß geordnet sind, ernähren
sie das All das Jahr mit seinen vier Wendepunkten hindurch.

Höre mich, Seliger! Denn ich rufe dich, den Führer des
Himmels, der Erde, des Chaos und des Hades, wo die Geister (*daimones*) der Menschen wohnen, die früher das Licht
schauten.

So bitte ich dich denn nun, Seliger, Unvergänglicher,
Herrscher der Welt: Wenn du in die Tiefen der Erde
dringst, an den Ort der Toten, sende diesen Geist [*daimon*],
von dessen [irdischer] Hülle ich dieses Überbleibsel halte,
zu NN in mitternächtlichen Stunden, daß er durch deine
Befehle [*prostagmasi sois*] gezwungen komme und mir alles,
was ich in meinem Herzen will, ausführe, sanft, mild, und
nichts Feindliches gegen mich trachtend. Und zürne du
nicht über meine mächtigen [oder: heiligen? Text unsicher]
Beschwörungen, denn du selbst hast befohlen, daß man unter Menschen die Fäden der Moiren erforsche, und zwar
nach deinen Lehren. Horus, ich rufe deinen Namen an, der
an Zahl gleich ist dem der Moiren (Zauberworte). Sei mir
gnädig, Ahnherr, Sproß der Welt, Selbsterzeugter, Feuerträ-
ger, Goldglänzender, den Sterblichen Leuchtender, Herrscher der Welt, Dämon des ruhelosen Feuers, Unvergänglicher, Goldkreis, der reines Licht von seinen Strahlen auf die
Erde sendet. Schicke den Dämon zu NN [nach Wunsch aus-
zufüllen].

15

König Psammetichos, dem der folgende Text gewidmet ist, reprä-
sentiert wohl alle ägyptischen Könige, die sich für Magie interes-
sierten. Man stellte sich vor, daß sie ewig lebten – daher die monumentalen Gräber, die man ihnen baute. Natürlich hatten sie auf
Erden die besten Magier, die es gab; das zeigt unter anderem ihre

Auseinandersetzung mit Moses in Kapitel 7 des Buches *Exodus*
(2. Buch Moses). Nach dem vorliegenden Text lernt der Pharao
von dem Magier Nephotes, wie man in einer Wasserschale Visionen empfängt, wie man Stimmen hört und wie man vom »Herrscher der Welt« Offenbarungen erhält. Selbst der Pharao braucht
einen »Mystagogen«, d.h. einen Führer, der ihn in die höheren
Mysterien einweiht, und er muß so tun, als wäre er eine Mumie.

   Der erste Teil des Rituals soll eine ganz bestimmte Vision hervorbringen, den Seesperber, der seinerseits das Zeichen ist, mit
einem anderen Ritual weiterzufahren. Träger der Vision ist eine
mit Wasser gefüllte Schale; auf der Wasseroberfläche hat sich eine
dünne Ölschicht ausgebreitet. Es ist die auch anderswo beschriebene Technik der *lekanomanteia* (»Schüsselorakel«), hier aber in
ein längeres Ritual eingebaut. Die Person, die längere Zeit auf die
spiegelnde, schillernde Substanz in der Schüssel blickt, gerät in
Trance und sieht verschiedene Gestalten, hört auch Stimmen. Die
Götter, von denen diese Mitteilungen stammen, müssen dann in
aller Form verabschiedet werden.

PGM IV 155 ff

Nephotes läßt Psammetichos, den König von Ägypten, den
Ewiglebenden, grüßen.

   Da der große Gott dich als ewiglebenden König eingesetzt, die Natur dich aber zu einem ganz bedeutenden Weisen gemacht hat, habe ich dir, im Bestreben, dir meinen Ei-
fer zu beweisen, diesen Zauber (*praxis*) geschickt, der bei
aller Leichtigkeit eine heilige Wirkung erzeugt. Wenn du
ihn geprüft hast, wirst du über das Wunderbare dieser
Handlung staunen.

   Du wirst schauen in einer Schüssel, die dir eine unmittelbare Vision [der Gottheit] vermittelt, und zwar an welchem
Tag, in welcher Nacht, an welchem Ort du willst – wenn
du den Gott im Wasser betrachtest und eine Stimme hörst
vom Gott, in Versen, wie du sie willst. Auch wirst du den
Weltherrscher erleben und was du sonst noch aufträgst
[oder: hinzufügst? oder: zusätzlich willst? Lesart unsicher].
Er wird dir auch über die anderen Dinge Auskunft geben,
die du ihn fragst.

   Du wirst Erfolg haben, wenn du folgendermaßen vorgehst. Zuerst vereinige dich mit Helios wie folgt: An einem beliebigen Sonnenaufgang – es muß aber der dritte Tag des Mondes sein [d.h. der dritte Tag nach Neumond] – steig auf das Dach des Hauses und breite auf dem Boden ein reines Leintuch aus. Tu das mit einem Mystagogen. Du selbst bekränze dich mit schwarzem Efeu, und wenn die Sonne mitten am Himmel steht, in der fünften Stunde, lege dich, Gesicht nach oben, nackt auf das Leintuch, laß dir die Augen mit einem schwarzen Riemen bedecken und verhülle dich, wie man es mit Leichen tut, schließe die Augen, richte den Kopf nach der Sonne und beginne mit diesen Worten. Gebet:

»Mächtiger Typhon, Szepterhalter und Herrscher der Szeptergewalt dort oben, Gott der Götter, Herr (Zauberworte), Erschütterer des Dunkels, Bringer des Donners, Stürmischer, Nachtdurchblitzender, Kälte und Wärme Hauchender, Felserschütterer, der du Mauern zum Beben bringst, Wogenerreger, Erschütterer und Erreger der Tiefe (Zauberworte)! Ich bin es, der mit dir die ganze Erde durchforscht und den großen Osiris aufgefunden hat, den ich dir in Fesseln zugeführt habe. Ich bin es, der mit dir mit den Göttern [andere: gegen die Götter] gekämpft hat. Ich bin es, der die doppelten Falten des Himmels schloß, die Schlange, die man nicht anschauen kann, einschläferte, das Meer, die Fluten, das Wasser von Strömen zum Stehen brachte, bis du Herr wurdest über dieses Reich. Ich, dein Soldat, bin von den Göttern besiegt worden, zu Boden geworfen, wegen eines sinnlosen Zorns. Erwecke, ich bitte dich und flehe dich an, deinen Freund, und wirf mich nicht zu Boden, Herr der Götter (Zauberworte, Palindrom). Gib mir Macht, ich bitte dich, und gewähre mir diese Gunst: Selbst wenn ich einem von den Göttern sage, er soll kommen, dann soll er auf meine Beschwörungen hin schleunigst kommen und sich mir zeigen (Zauberworte, Vokalfolgen).«

Wenn du das dreimal gesagt hast, wird dies das Zeichen der Vereinigung sein – du aber, mit deiner magischen Seele gewappnet, erschrick nicht –: Ein Seesperber fliegt herab und schlägt dich mit den Flügeln auf deinen Körper (*plas-*

ma), womit er nichts anderes anzeigt, als daß du dich erheben sollst. Steh auf und bekleide dich mit weißen Kleidern
und räuchere auf einem Räucheraltar aus Erde unzerschnit-
tenen Weihrauch körnerweise und sprich:

»Ich habe mich mit deiner heiligen Gestalt vereinigt,
Kraft empfangen durch deinen heiligen Namen, bin deines
Ausflusses des Guten teilhaftig geworden, Herr, Gott der
Götter, Herrscher, Dämon (Zauberworte).«

Wenn du das ausgeführt hast, kehre [in die Welt?] zurück, im Besitz gottgleicher Natur [*physis*, auch als »magische Kraft« verstanden] des durch diese Vereinigung be-
wirkten Schüsselorakels für die unmittelbare Schau und
gleichzeitig des Totenzwangs.

Betrachtung. Willst du einmal gewisse Dinge betrachten
[d. h. das Orakel befragen], nimm ein Gefäß aus Bronze,
entweder eine Schüssel oder eine Schale, ganz wie du willst,
und gieß Wasser hinein, und zwar wenn du die himmlischen Götter rufst, Regenwasser, wenn die der Erde, Meer-
wasser, wenn du aber Osiris oder Sarapis rufst, Flußwasser,
wenn Tote, Quellwasser. Halte das Gefäß auf den Knien,
schütte Öl aus grünen Oliven dazu, und du selbst beuge
dich über das Gefäß, sprich das folgende Gebet und ruf herbei den Gott, den du willst und frag ihn, wonach du willst,
und er wird dir antworten und über alles Auskunft geben.
Wenn er gesprochen hat, entlaß ihn durch die Lösungsfor-
mel. Wenn du dieses Gebet anwendest, wirst du staunen.

Gebet über dem Gefäß gesprochen: »(Zauberworte, mit
dem Namen Amoun beginnend). Komm zu mir, du Gott
NN, erscheine mir zu dieser Stunde und erschrecke nicht
meine Augen. Komm zu mir, Gott NN, werde mir Erhörer,
denn das will und befiehlt (Zauberworte, gefolgt von dem
Vermerk ›hundert Buchstaben‹).«

16

Im Papyrus Mimaut im Louvre (*PGM* III) findet sich ein längeres
Gebet an Helios (495–610), das mit warmen Dankesworten endet,
wie man sie eher in einem jüdisch-christlichen Zusammenhang,

nicht zwischen zwei Zauberrezepten (485–90: Zauber, einen Dieb
zu bestrafen; 614 ff: Schadenzauber) erwarten würde. Ein Text
wie dieser scheint die geläufige Theorie zu widerlegen, wonach
der Magier die Gottheit zwingt, während der Gläubige sich ihr
demütig nähert, zu ihr betet. Zumindest wird man sagen müssen,
daß diese Theorie die Dinge zu stark vereinfacht. Offenbar empfindet auch der Magier Dankbarkeit gegenüber den Göttern, die
ihm zu Diensten sind. Wir haben auch schon (oben, S. 8 f) die
Möglichkeit erwogen, daß heidnische Magier aus heiligen Schriften der Juden und der Christen manches entlehnten. Gerade das
für sie Fremdartige, Geheimnisvolle dieser anderen Religionen,
deren Anhänger so fest überzeugt waren, allein im Besitz der
Wahrheit zu sein, muß auf die Magier, die sich ja nicht immer in
ihrer eigenen Welt abkapselten, einen großen Eindruck gemacht
haben. Anderseits sind dem Heidentum solche Gefühle nicht
fremd; man vergleiche zum Beispiel den hermetischen *Asclepius*,
der auch dem Platoniker Apuleius zugeschrieben wurde (*Corpus
Hermeticum*, hg. von A.-J. Festugière und A. D. Nock, Bd. 2, S.
353 ff).

PGM III 584 ff

Ich bitte dich, Herr, nimm mein Gebet an, da du mein Gesuch an dich bewilligt hast. Erleuchte meinen Sinn mit dem,
was dir lieb ist, und nach der huldvollen Wiederkehr meines
stofflichen Leibes nimm an, ich bitte dich, diese meine Bitte, mein Gebet, meine einleitende Empfehlung [*prosystasin*,
andere lesen *prosypsosin*, also »zusätzliche Erhöhung«?],
das Gesuch des redebegabten [*lektikou*, möglich wäre auch
dektikou, d. h. »dich empfangenden«] Geistes. Er soll dir,
dem Herrn des Alls, nahen, damit du alle meine Bitten erfüllst, von Göttern Gezeugter. Dir wissen wir Dank aus ganzer Seele, in unserem Herzen, das ausgebreitet ist nach dir
hin, dir, dem unaussprechlichen Namen, der durch die An-
rede ›Gott‹ geehrt und durch die Frömmigkeit eines Gottes
[d. h., die Frömmigkeit, *pietas*, die einen Gott kennzeichnet]
gepriesen wird, mit der du allen und allem väterliches Wohl-
wollen, Liebe, Freundschaft und unendlich süße Kraft bezeugt hast, indem du uns Verstand, Denken und Erkenntnis
geschenkt hast – Verstand, um dich zu erfassen, Denken,

um dich anzurufen, Erkenntnis, um dich zu erkennen. Wir
freuen uns, daß du dich uns gezeigt hast, freuen uns, daß du
uns, die wir [noch] in unseren Körpern sind, vergöttlicht
hast durch die Erkenntnis deiner selbst. Es gibt nur einen
Dank der Menschen dir gegenüber: deine Größe zu erkennen. [Und] wir haben dich erkannt, Leben des menschlichen Lebens, Mutterschoß aller Erkenntnis, erkannt haben wir dich, Mutterschoß, fruchtbar in des Vaters Zeu-
gung, erkannt haben wir dich, ewiges Verweilen des fruchtbaren Vaters. Nachdem wir deine große Güte angebetet haben, können wir keine andere Bitte aussprechen außer der
einen: Gib, daß wir in deiner Erkenntnis bewahrt bleiben
und mach, daß wir uns hüten, jemals von diesem Leben ab-
zuweichen...«

17

Ein weiterer Liebeszauber aus dem Großen Papyrus in Paris.
Auch er dokumentiert (wie Nr. 14) die absolute Macht, die ein
Mann über die Gefühle einer Frau, die er begehrt, ausüben möchte. Die Form ist die eines an die Myrrhe gerichteten Monologs.
Die ungezügelte Leidenschaft, die sich darin ausdrückt, verleiht
dem Ganzen etwas Dramatisches, das an Dichtung grenzt, obwohl auch hier die unverhüllte Roheit abstoßend wirkt; die Frau
wird zum hilflosen Opfer degradiert. Der Gebrauch der hebräi-
schen Gottesnamen (Iao = Jahwe; Sabaoth; Adonai) ist bemerkenswert.

PGM IV 1495 ff

Zauber, um jemanden herbeizuführen, über rauchender
Myrrhe zu sprechen: Räuchere (die Myrrhe) über Kohlen
und sag den Spruch her. Spruch: Du bist Smyrna (d.h.
Myrrhe), die bittere, die schwere, die Streitende versöhnt,
die dörrt und zur Liebe zwingt diejenigen, die den Eros ver-
leugnen. Alle nennen dich Myrrha, ich aber nenne dich
Fleischfresserin und Verbrennerin des Herzens. Ich schicke
dich nicht weit weg nach Arabien, nicht nach Babylon, sondern ich schicke dich zu NN, Tochter der NN, damit du
mir gegen sie dienst, damit du sie mir bringst. Sitzt sie, so

soll sie nicht sitzen; spricht sie mit jemandem, so soll sie
nicht sprechen; schaut sie jemanden an, so soll sie ihn nicht
anschauen; geht sie zu jemandem, soll sie nicht zu ihm gehen; spaziert sie, soll sie nicht spazieren; trinkt sie, so soll
sie nicht trinken; ißt sie, so soll sie nicht essen; schläft sie, so
soll sie nicht schlafen; küßt sie einen, so soll sie nicht küssen; freut sie sich an einem in Lust, so soll sie sich nicht
freuen; schläft sie, so soll sie nicht schlafen, sondern sie soll
nur mich, NN, im Sinne haben, mich allein begehren, mich
allein lieben, alle meine Wünsche erfüllen. Tritt nicht in sie
ein durch ihre Augen, nicht durch ihre Rippen, nicht durch
ihre Nägel, nicht durch ihren Nabel, nicht durch ihre Glieder, sondern durch ihre Genitalien [*dia psyches*, eig. ›durch
ihre Seele‹] und bleib in ihrem Herzen und verbrenne ihre
Eingeweide, ihre Brust, ihre Leber, ihren Atem, ihre Knochen, ihr Mark, daß sie zu mir, NN, kommt, mich liebend,
und alle meine Wünsche erfüllt; denn ich beschwöre dich,
Myrrhe, bei den drei Namen Anocho, Abrasax, Tro, und
den noch passenderen und wirkungsvolleren [Namen] Kor-
meioth, Iao, Sabaoth, Adonai, daß du meine Aufträge aus-
führst, Smyrna. So wie ich dich verbrenne und du wirksam
bist, so verbrenne das Gehirn der Frau, die ich liebe, NN,
und reiß ihr die Eingeweide aus, laß ihr Blut vertropfen, bis
sie zu mir, NN, Sohn des NN, kommt. Ich beschwöre dich
bei dem (Zauberworte). Ich werfe dich in das brennende
Feuer und beschwöre dich bei dem allmächtigen, ewig lebenden Gott. Wie ich dich [zuvor] beschworen habe, so beschwöre ich dich auch jetzt bei Adonai (Zauberworte); ich
beschwöre dich bei dem, der den Menschen zum Leben auf-
gerichtet [oder: eingesetzt; *sterizo*] hat; höre, höre, großer
Gott, Adonaios (Zauberworte), Selbsterzeuger, ewigleben-
der Gott (Vokalfolge), Iao (Zauberworte, darunter wiederholt Iao), der du bist (mehr Namen und Zauberworte)…
Führ NN, Tochter der NN, zu mir, NN, Sohn des NN,
jetzt, jetzt, sofort, sofort, schnell, schnell.« Sprich aber auch
den für alles gültigen [*ton kata panton*; vielleicht ›allwirken-
den‹?] Spruch.

18

Für den folgenden Zauber (im Papyrus Mimaut) muß ein Kater »in einen Osiris verwandelt«, d. h. getötet werden. Dieser Euphemismus läßt sich aus dem Glauben erklären, daß Osiris den toten Pharao und daher jedes tote Lebewesen darstellt. Durch die Verwandlung in den Gott gewinnt der Tote ein neues Leben in einer anderen Welt; wie unser Text zeigt, kann sogar ein totes Tier einen Dämon anziehen. Der Magier schiebt die Schuld am Tod des Katers auf seine Feinde – die Namen müssen an der entsprechenden Stelle eingetragen werden –, weil sie ihn ja dazu gezwungen haben, sich mit magischen Riten abzugeben. Diese Ausrede ist höchst ingeniös. Die letzten Zeilen deuten verschiedene Anwendungen des Zaubers an. Man kann ihn etwa dazu benützen, den Ausgang eines Wagenrennens im Zirkus zu beeinflussen: es genügt, eine einfache Zeichnung des Zirkus, der Wagen, der Pferde und der Rennfahrer hinzusetzen.

PGM III 1 ff

Nimm einen Kater, mach ihn zum Osiris, indem du [?] seinen Körper ins Wasser tauchst [?]. Während du ihn ertränkst, sprich über seinem Rücken [was folgt]. Spruch während des Ertränkens: »Her zu mir, der du über die Gestalt des Helios verfügst, Gott mit dem Katzengesicht, und schau deine von deinen Widersachern, NN, mißhandelte Gestalt an, damit du es ihnen vergiltst und das und das erfüllst, denn ich rufe dich an, heiliger Dämon [*hieron pneuma*]. Sei stark und kraftvoll gegenüber deinen Feinden, NN; denn ich beschwöre dich bei den Namen (Zauberworte); steh auf für mich, Gott mit dem Katzengesicht, und erfülle das und das [Wünsche zum Einsetzen].

Nimm den Kater und fertige drei Blättchen an; eins steck ihm in den Steiß, eins in den Mund, eins in den Schlund, und schreib den Spruch für den Zauber auf ein reines Stück Papyrus; [zeichne] die Wagen, die Wagenlenker, die Sitzplätze und die Rennpferde und wickle das um die Leiche des Katers, und wenn du ihn begräbst, zünde sieben Lichter über [7] ungebrannten Ziegeln an und bring ihm ein Rauchopfer von Gummiharz dar und sei guten Mutes. Behalte die Leiche und bewache sie…

[Es folgen weitere Anweisungen; u.a. soll das Wasser, das zum Ertränken des Kaisers diente, im Zirkus oder am Ort des Zaubers ausgegossen werden. Der Papyrus enthält auch mehrere Zeichnungen, die auf Tafel II von Bd. 1 der *PGM* wiedergegeben sind: eine überdimensionierte menschliche Gestalt mit Eselskopf, die in der Rechten eine Peitsche schwingt und in der Linken eine Lanze hält; daneben, wesentlich kleiner, eine nackte Frau, die ebenfalls eine Peitsche schwingt; weiter links ein nackter Mann mittlerer Größe, der in der erhobenen Rechten einen kurzen Stab trägt und mit ihm einen noch nicht gedeuteten Gegenstand berührt. Künstlerisch sind diese Figuren nicht besonders wertvoll, aber sie imponieren durch einen gewissen Schwung und etwas unverkennbar Drohendes in der Mimik.]

19

Einer der drei Zauberpapyri (*PGM* XIII) im Ryksmuseum van Oudheden, Leiden, ist bemerkenswert durch die Verbindung von praktischen Zauberrezepten mit einer Kosmopoiie, d.h. einer Weltschöpfungstheorie, die in zwei verschiedenen Fassungen hintereinander überliefert ist. Der Papyrus trägt den Titel »Heiliges Buch, genannt Monas oder Achtes Buch Moses über den heiligen Namen«. Der Text wurde im 4. Jahrhundert n.Chr. aufgezeichnet, die Anschauungen sind sicher älter. Er beginnt mit allgemeinen Anweisungen und Vorschriften (Reinhaltung, Wahl des Orts, Requisiten, Praktiken wie Pfeifen und Schnalzen), es folgen Anrufungen und weitere Vorschriften. Ziemlich unvermittelt beginnt dann die Kosmopoiie (139 ff). Dann kommen Zauberrezepte (230 ff), der Titel »Monas usw.« wird wiederholt, ebenso die Kosmopoiie in einer etwas anderen Version. Anschließend beginnt offenbar eine neue Serie von Zauberrezepten; dann bricht der Papyrus ab.

Was an diesem langen Dokument auffällt, sind die Übergänge von praktischen Rezepten für konkrete Anlässe und dogmatisch-liturgischen Partien, die der Erkenntnis höherer Wesen und ihres Wirkens gewidmet sind. Offenbar gehört das eine wie das andere zu dieser Art von Magie; es genügt nicht, daß der Zauberer von Fall zu Fall Bescheid weiß, was zu tun (*to dromenon*) und was zu sagen ist (*to legomenon*): Er muß auch in einer Weltanschauung

leben, mit einer Theologie vertraut sein. Ob sich jede einzelne
magische Handlung aus dieser Weltanschauung ableiten läßt, ist
eine andere Frage. Die Übergänge können abrupt sein, und
manchmal gewinnt man den Eindruck, daß die Theologie, obwohl durchaus nicht anspruchslos, aus einer anderen Umgebung
kommt; sie wirkt irgendwie angeklebt, gleichgültig, ob sie letztlich stoisch oder gnostisch ist. Es bestätigt sich, was wir auch
sonst feststellen können, nämlich daß die Magie eine uralte Kunst
ist, die im Lauf der Jahrhunderte immer wieder den gängigen Phi-
losophien angepaßt wurde. Diese Anpassung ging von den Magiern aus, wenn sie philosophisch oder theologisch interessiert
waren, aber auch von den Philosophen, die an die Wirklichkeit
der Magie glaubten, wie Plotin (Nr. 28), und sie daher irgendwie
in ihrem System unterbringen mußten.

Es folgen einige Zauberrezepte aus dem Leidener Papyrus.

PGM XIII 243 ff

Wenn du einem [von einem Dämon] Besessenen den Namen sagst und Schwefel und Erdharz gegen seine Nase
hältst, wird er sofort sprechen und [der Dämon] wird verschwinden...

Wenn du eine Schlange töten willst, sag: »Steh still! denn
du bist Aphyphis [ägypt. Apophis].« Hol einen grünen
Palmzweig, nimm das Mark, schneide es entzwei, sprich
den Namen darüber, und sie wird sich sofort spalten oder
bersten...

Wie man unsichtbar macht. So: »Her zu mir, Finsternis,
die zuerst erschien, und verbirg im Auftrag des Selbstschöpf-
fenden, der im Himmel ist, den NN.« Sprich den Namen...

Erweckung einer Leiche. »Ich beschwöre dich, in der
Luft wandelnder Geist, komm herbei, fülle diesen Körper
mit Atem, gib ihm Kraft, erwecke ihn durch die Kraft des
ewigen Gottes! Er soll herumgehen an diesem Ort, denn ich
bin es, der [das] tut durch die Kraft des Thaÿth, des heiligen
Gottes.« Sprich den Namen.

Wenn du auf einem Krokodil übersetzen willst, sitz auf
und sprich: »Du, der im Nassen seinen Aufenthalt hat, hör
mich! Ich bin jener, der im Himmel seine Zeit verbringt
und im Wasser schreitet und im Feuer und in der Luft und

auf der Erde. Vergilt mir die Gunst jenes Tages, an dem ich
dich schuf und an dem du mit deiner Bitte zu mir kamst.
Du wirst mich ans andere Ufer bringen, denn ich bin jemand.« Sprich den Namen.

Wie man Fesseln löst. Sprich: »Höre mich, Christus [*ho
Christos* oder ›Helfer‹, *ho chrestos*; die Lesart ist nicht si-
cher], in Martern, hilf mir in Nöten, [sei] mitleidig in den
Stunden der Gewalt [die ich leide], der du viel vermagst in
der Welt, der du Zwang und Strafe und Marter geschaffen
hast.« Zwölf Tage lang pfeif dreimal und sprich achtmal den
Namen von Helios ganz vom Achebykrom an. »Gelöst sei
jede Fessel, alle Gewalt, reißen soll jedes Eisen, jeder Strick,
jeder Riemen, jeder Knoten, jede Kette soll sich auftun, und
keiner soll mich zwingen können, denn ich bin…« (sprich
den Namen).

20

Man kann durch magische Mittel einem Menschen auch Träume
senden, die ihn quälen. Wer einen bösen Traum hatte, suchte die
Erklärung dafür in magischen Operationen, die gegen ihn gerichtet waren. Dies konnte offenbar so ausgeführt werden, wie es der
untenstehende Abschnitt aus einem anderen Papyrus in Leiden
(*PGM* XII 122 ff) zeigt. Es ist eine Sammlung von Zauberrezepten, in der ersten Hälfte des 4. Jahrhunderts n. Chr. niedergeschrieben und angeblich in einem Grab in Theben (Ägypten) gefunden. Es handelt sich bei diesem Zauber darum, eine ziemlich
komplizierte Figur auf ein Leintuch zu malen und eine Formel
herzusagen. Dies zwingt einen untergeordneten Dämon, sich ins
Schlafzimmer von X zu begeben und ihn mit einem Traum zu
belästigen – der Traum selber kann je nach Belieben vom Magier
gestaltet werden. Man fragt sich, ob auch »gute« Träume durch
irgendwelche Riten induziert werden konnten, z. B. Wahrträume,
wie sie etwa im Heiligtum des Asklepios in Epidauros (Nr. 37)
regelmäßig eintraten. Zminis scheint die griechische Form eines
ägyptischen Namens (»Esmin«) zu sein.

PGM XII 122 ff

Traumsender des Zminis von Tentyra.

Nimm ein reines Leintuch und male darauf – nach Ostanes – mit Myrrhenlösung ein menschenähnliches Wesen mit vier Flügeln. Den linken Arm [*cheir* ist nicht nur »Hand«, sondern »Hand und Arm«] mit den zwei linken Flügeln soll es ausstrecken, den anderen halte es gebogen, wie auch die Finger. Auf dem Kopf soll es ein Diadem tragen, um den Ellbogen ein Gewand und zwei Falten in dem Gewand, über dem Kopf Stierhörner, an den Steißbacken den geflügelten Steiß eines Vogels. Die rechte Hand halte es an den Bauch [*stomachos*] geschlossen, an jeder Ferse sei ein Schwert ausgestreckt. Schreib auf das Tuch auch die folgenden Namen Gottes und was du NN (im Traum) sehen lassen willst, und wie (Zauberworte). »Euch sage ich und dir, großmächtiger Dämon, geh in das Haus des NN und sage ihm folgendes.« Dann nimm eine Lampe, die nicht rot bemalt ist und auf der nichts geschrieben steht, versieh sie mit einem Docht, fülle sie mit Zederharz, zünde sie an und sprich dazu die folgenden drei Namen des Gottes (Zauberworte). »Ihr heiligen Namen des Gottes, erhört mich, und du, guter Geist, dessen Macht am meisten gilt unter den Göttern, erhöre mich und geh zu NN in sein Haus, dort wo er schläft, in sein Schlafzimmer, und tritt zu ihm hin furchterregend, schrecklich mit des Gottes großen und mächtigen Namen und sag ihm das… Ich beschwöre dich bei deiner Macht, bei dem großen Gott Seith, bei der Stunde, in der du als großer Gott geboren wurdest, bei dem Gott, der [mir] jetzt die Wahrheit offenbaren wird, zu NN zu gehen, in der jetzigen Stunde, in dieser Nacht, und ihm folgendes zu sagen. Wenn du mich aber nicht erhörst und nicht zu NN gehst, dann werde ich es dem großen Gott sagen, und er wird dich durchbohren und Glied für Glied zerhacken und dein Fleisch dem räudigen Hund zu fressen geben, der auf dem Misthaufen sitzt. Deshalb erhöre mich, jetzt, jetzt, sofort, sofort, damit ich nicht gezwungen werde, das zum zweitenmal zu sagen.«

21

Die folgenden Texte sind Anrufungen einer übergeordneten Gottheit für magische Zwecke. Im ersten Text (A) werden gewisse Eigenschaften und Leistungen der Gottheit aufgezählt (*aretalogia*); dann wird sie als »unsichtbarer Aion des Aions« identifiziert. Ursprünglich bedeutete *aion* eine sehr lange Zeitspanne (in der Vergangenheit oder in der Zukunft), aber im biblischen Griechisch kann damit auch ein beschränkter Zeitraum bezeichnet werden, z.B. die Gegenwart, und im späthellenistischen Griechisch bezeichnet es allgemein »die Welt«; ein Zeitbegriff wird also durch einen Raumbegriff ersetzt. Schließlich wird *Aion* personifiziert als Gott, der über Raum und Zeit und sogar über alle anderen Götter gebietet.

Im zweiten Text (B) wird eine ungenannte Gottheit (der Name verbirgt sich vermutlich in den Zauberworten, die an die falsche Stelle geraten sind) angesprochen. Der wahre Name einer Gottheit wurde oft geheim gehalten, d.h. nicht aufgeschrieben, oder durch eine Reihe von Namen maskiert, in der der Kundige den passenden herausfand. Die Anrufung ist ganz ähnlich einem Abschnitt des Leidener Papyrus XII 761 ff und liegt sogar in einer eindeutig christlichen Fassung (P XXI in Prag, aus dem Fayûm, etwa 300 n. Chr.) vor. Dies ist der dritte Text (C).

A: *PGM* XIII 60 ff

Das heilige Gebet, das auf die Natrontafel geschrieben wird, lautet wie folgt:

»Ich rufe dich an, der größer ist als alle, der alles geschaffen hat, dich, den Selbstgezeugten, der alles sieht und nicht gesehen wird. Ja, du hast der Sonne ihre Herrlichkeit und alle ihre Kraft verliehen, und dem Mond [die Fähigkeit], zuzunehmen und abzunehmen und seine vorgeschriebenen Bahnen einzuhalten. Du hast nichts von der früheren Finsternis weggenommen, sondern ihr gleiches Maß zugeteilt. Denn als du erschienst, entstand das Weltall, und das Licht erschien. Dir ist alles untertan, und keiner der Götter kann deine wahre Gestalt sehen; du, der sich in alle verwandelt, bist der unsichtbare Aion des Aions.

B: *PGM* XII 237 ff

…ich will anrufen den verborgenen und unaussprechlichen Namen, den Vorvater der Götter, den Aufseher und Herrn von allen [oder: ›allem‹].

Komm zu mir, du aus den vier Winden, allherrschender Gott, der den Menschen den Atem zum Leben eingehaucht hat, Herr des Schönen in der Welt, höre mich, Herr, dessen Namen verborgen und unaussprechlich ist, vor dem [d. h. dem Namen] die Dämonen erzittern, wenn sie ihn hören, vor dem auch die Sonne (Zauberworte, der Name), die Erde sich windet, wenn sie ihn hört, vor dem der Hades in Aufruhr gerät, wenn er ihn hört, Ströme, Meer, Sümpfe, Quellen gefrieren, wenn sie ihn hören, die Felsen bersten, wenn sie ihn hören. Der Himmel [ist] dein Haupt, der Äther dein Leib, die Erde deine Füße, und das Wasser um dich, der Ozean, ist der Gute Dämon. Du bist der Herr, der alles erzeugt, nährt und mehrt.

C: *PGM* 21.1–50 (vollständig)

Ich rufe dich an, allherrschender Gott, der über jeder Herrschaft, Macht, Gewalt und über jedem berühmten Namen ist, der du thronst über den Cherubim vor dir, durch unseren Herrn Jesus Christus, deinen geliebten Sohn. Sende aus zu mir, Herr, deine heiligen Erzengel, die deinem heiligen Altar gegenüberstehen, zu deinen heiligen Diensten bestimmt, Gabriel, Michael, Raphael, Saruel, Raguel, Nuriel, Anael. Sie sollen mich begleiten [eig. ›mit mir reisen‹] am heutigen Tag, zu allen Stunden des Tages und der Nacht, mir gewährend Siege, Gunst [*charin*], Erfolg gegen NN, Gelingen in bezug auf alle Menschen, kleine und große, mit denen ich verkehre am heutigen Tag, zu allen Stunden des Tages und der Nacht. Denn ich habe vor mir Jesus Christus als [Reise-]Begleiter und Geleiter, hinter mir Iao, Sabaoth, Adonai, zur Rechten und zur Linken den Gott Abrahams, Isaaks und Jakobs, vor meinem Gesicht und meinem Herzen Gabriel, Michael, Raphael, Saruel, Raguel, Nuriel, Anael. Bewahrt mich vor jedem Dämon, ob männlich oder weiblich, und vor jedem Anschlag und vor jedem Namen. Denn ich bin im Schatten der Flügel der Cherubim. Jesus Christus, du [bist] der König aller Aionen, Allherrscher, in unaussprechlicher Weise Schöpfer, Ernährer, Herr, Allherrscher, edler Sohn [*eupais*, wohl nicht ›gutes Kind‹, kaum ›mit guten Kindern gesegnet‹], wohlgesinnter Sohn, über den ich nicht seufzen muß und den ich nicht aussprechen darf, in Wahrheit wahres Urbild [*eidos*], unsichtbar von Ewigkeit zu Ewigkeit [*eis aionas aionon*]. Amen. [Koptischer Zusatz: ›Bei den Heiligen gedenke meiner; bete für mich; ich bin ohne Kraft.‹ Unter dem Text rechts, links und in der Mitte drei Kreuze.]

22

Es folgen zwei Varianten des oben behandelten Liebeszaubers, beide aus dem Zauberpapyrus in Paris. Der erste (A) ist verwandt mit dem »Sender von Träumen« (oben Nr. 20), doch das Senden von schlaflosen Nächten ist hier nur ein Mittel zum Zweck; die Frau, die auf diese Weise gequält wird, soll an den Magier oder vielmehr an seinen Kunden denken. Die Symbolik des Hundes und der Fledermaus liegt auf der Hand: Fledermäuse schlafen des Nachts nicht, und Hunde können den Menschen schlaflose Nächte bereiten. Die Dreiwege außerhalb der antiken Städte eigneten sich für magische Operationen, denn mindestens eine der Straßen, die sich hier begegneten, war von Gräbern gesäumt; dort zeigten sich, so glaubte man, Hekate und Persephone (Kore), die Göttinnen der Unterwelt (Nr. 7). Beide Gottheiten werden in diesem Zauber angerufen. Der zweite Text (B) verwendet ebenfalls die Figur eines Hundes, der als Kerberos behandelt wird, ähnlich wie der tote Kater (oben Nr. 18) als Osiris.

A: *PGM* IV 2944 ff

Schlafraubendes Herbeizwingen. Nimm die Augen einer Fledermaus, laß sie lebend wieder frei, nimm rohen Teig aus Weizenmehl oder ungebranntes Wachs, bilde ein Hündchen und setz das rechte Auge der Fledermaus in das rechte Auge des Hündchens ein, sowie ihr linkes in sein linkes. Nimm eine Nadel, klebe die Zaubersubstanz an diese Nadel

und steck sie durch die Augen des Hündchens, so daß die
Zaubersubstanz sichtbar ist, und wirf es in ein neues Trinkgefäß, hänge ein Täfelchen daran, versiegle es mit deinem
persönlichen Siegelring, auf dem [zwei] Krokodile die Köpfe einander zukehren und verbirg es auf [oder ›an‹?] einem
Dreiweg, nachdem du die Stelle gekennzeichnet hast, um es
zu finden, wenn du es wegnehmen willst. Spruch, der auf
das Täfelchen geschrieben wird: »Ich beschwöre dich dreimal bei Hekate (Zauberworte), daß NN das Feurige in ihrem Auge verliere oder auch schlaflos werde und keinen im
Sinn habe außer mich, NN, allein. Ich beschwöre dich bei
Kore [= Persephone], die Göttin der Dreiwege geworden
ist, die die wahre Mutter ist von (schreibe die gewünschten
Namen [von Dämonen]) (Zauberworte, darunter Brimo),
Allsehende (Zauberworte), mach, daß NN schlaflos sei wegen mir in alle Ewigkeit [? oder: ›mich ganz und gar liebe‹;
Text unsicher].

B: *PGM* IV 1871 ff

(Anfang des Abschnitts fehlt). Teile es keinem mit. Denn es
ist außerordentlich kräftig und unübertrefflich, wirkt es
doch gegen alle noch am selben Tag, ganz unverzüglich, ja
außerordentlich kräftig. Es lautet wie folgt:
  Nimm [Pech und] Wachs 4 Unzen, Frucht vom Keusch-
baum 8 Unzen, Manna 4 Drachmen. Das zerstoße, jedes für
sich, vermische es mit dem Pech und dem Wachs und forme
einen Hund, 8 Finger lang, mit aufgerissenem Maul. Leg in
das Maul des Hundes einen Knochen vom Schädel eines
Menschen, der auf gewaltsame Weise umgekommen ist,
und auf die Flanken des Hundes schreib diese Zeichen (Zauberzeichen). Stelle den Hund auf einen Dreifuß. Der Hund
soll den rechten Fuß in die Höhe halten. Schreib auf das
Täfelchen diese Namen und was du [sonst noch] willst: Iao
(Zauberworte) und leg das Täfelchen auf den Dreifuß, und
auf den Dreifuß stell den Hund und sprich diese Worte
[oder ›Namen‹] vielmals. Wenn du den Spruch hergesagt
hast, knurrt der Hund. Und wenn er knurrt, kommt sie
nicht. Sprich also nochmals den Spruch, und wenn er bellt,

führt er sie her. Dann öffne die Tür, und beim Eingang
wirst du die finden, die du willst. Neben dem Hund soll ein
Räucheraltar stehen, auf dem Weihrauch liegen muß, wenn
du den Spruch hersagst.

Spruch: »Wauhund [*baukyon*], ich beschwöre dich, Kerberos, bei den Erhenkten und den Toten und den gewaltsam ums Leben Gekommenen: führe zu mir NN, Tochter
der NN (Zauberworte). Führe zu mir NN, Tochter der
NN, zu mir, jetzt, jetzt, sofort, sofort.« Sprich aber auch
den allwirksamen Spruch. Das mußt du im Erdgeschoß vornehmen, an einem reinen Ort.

23

Kronos, der jüngere Sohn des Himmels und der Erde und Vater
von Zeus, präsidierte über die Titanen, seine Brüder, eine Generation von Göttern, die von den Olympiern gestürzt wurde. In ihnen lebt möglicherweise die Erinnerung an vorgriechische Götter
nach, deren Platz das Pantheon der siegreichen indoeuropäischen
Stämme, die sich in Hellas niederließen, übernahm. Was mit Kronos geschah, ist verschieden überliefert: nach der einen Version,
auf die der folgende Text anspielt, wurde er in Ketten gelegt und
eingekerkert; nach einem anderen Mythos wurde er auf eine ferne
Insel verbannt, wo er in ewigen Schlaf versunken die Geschicke
der Welt träumt.

In unserem Text, ebenfalls aus dem Pariser Papyrus, wird Kronos als ein Gott in Ketten dargestellt, der über seine Erniedrigung
und Bestrafung grollt und daher durch schmeichelnde Anreden
leicht gewonnen wird. Natürlich droht von einem solchen Gott
dem Magier selbst Gefahr, doch dieser schützt sich, indem er das
linnene Gewand eines Isispriesters trägt (s. Nr. 52) und sich ein
Amulett aus dem Schulterblatt eines Ebers verschafft; darauf muß
er eine Zeichnung von Zeus mit der Sichel ritzen; die Sichel ist
das Symbol der Macht, die Zeus seinem Vater wegnahm.

PGM IV 3086 ff

Begehrtes Orakel des Kronos, genannt »Mühlchen«. Nimm
zwei Maß Meersalz, mahle es mit der Handmühle und
sprich dabei den Spruch oftmals, bis der Gott dir erscheint.
Unternimm dies des Nachts, an einem Ort, an dem Gras

wächst. Wenn du beim Sprechen den schweren Schritt einer
Person und das Rasseln von Eisen hörst, dann kommt der
Gott, mit Ketten gefesselt, eine Sichel haltend. Erschrick ja
nicht, denn du bist geschützt durch das Amulett (*phylakterion*), das dir noch erklärt werden wird. Hülle dich in reines
Linnen, wie es die Isispriester [oder allgemein ›die Isisgläubi-
gen‹] tragen. Räuchere dem Gott mit einem Katzenherzen
und mit Stutenmist. Der Spruch, der während des Mahlens
gesprochen wird, lautet wie folgt. Spruch: »Ich rufe dich,
den Großen, Heiligen, den Gründer der gesamten bewohnten Welt, dem die Unbill zustieß von seinem eigenen Sohn,
den Helios mit stählernen Fesseln band, damit das Weltall
nicht durcheinander geriete, Mannweiblicher, Vater von
Donner und Blitz, der du auch über die Unterirdischen gebietest (Zauberworte), komm, Herrscher, Gott, und gib mir
im Zwang Bescheid über die betreffende Sache, denn ich
bin es, der sich dir entzog [Zeus, den Rhea vor Kronos rette-
te] (Zauberworte). Der Spruch, der den Zwang auf ihn ausübt, ist der folgende: (Zauberworte). Das sprichst du, wenn
er drohend hereinkommt, damit er sich besänftigt und dir
das sagt, worüber du ihn befragst. Das vielbegehrte Amulett
dafür: Auf das Schulterblatt eines Ebers ritze einen Zeus,
der eine Sichel hält, und diesen Namen (Zauberworte). Das
Schulterblatt muß von einem schwarzen, aussätzigen, ka-
strierten Eber sein. Entlassung: (Zauberworte) »Geh weg,
Herr des Weltalls, Vorvater, und zieh dich zurück an deine
eigenen Orte, damit das All behütet bleibe. Sei uns gnädig,
Herr.«

Apologien vor Gericht

24

Apollonios von Tyana, der Philosoph und Thaumaturg des ersten Jahrhunderts v. Chr., wurde denunziert und auf Befehl von
Tigellinus, dem obersten Polizeichef Neros (wie man heute sagen
würde), verhaftet. Doch die gegen ihn vorgebrachten Beschuldi-

gungen verschwanden von der Papyrusrolle, auf die sie geschrieben waren. Tigellinus verhörte ihn darauf im Geheimen und war so von ihm beeindruckt, daß er ihn freiließ.

Das erste der folgenden Zeugnisse (A) zeigt deutlich, daß es in Tigellinus' Macht stand, den Verdächtigten in Haft zu behalten und sogar ohne Verfahren hinrichten zu lassen, wie er das offenbar in vielen Fällen tat. Apollonios bestritt konsequent, irgendwelche übersinnlichen Fähigkeiten zu besitzen, wie etwa die Gabe der Weissagung. Wie Apuleius, der etwa hundert Jahre später in eine ähnliche Lage geriet (Nr. 25), behauptet er, nichts mehr und nichts weniger zu sein als ein Philosoph, ein Wissenschaftler oder Naturforscher, der gewisse Erscheinungen beobachtet und aus ihnen die richtigen Schlüsse zieht. Es ist klar, daß ein Denker und Forscher, der auf Grund seiner Kenntnisse überraschende Erfolge erzielte (man erinnert sich an Empedokles und Pythagoras, Thales und Anaxagoras), als Magier bewundert oder gefürchtet wurde. Noch Plotin (Nr. 28), der nachweislich mit magischen Vorgängen im Kosmos rechnete, sich selber aber, soviel wir wissen, nicht als Magier darstellte, galt seinen Schülern als eine Art Thaumaturg.

Das zweite Zeugnis (B) schildert eine ähnliche Situation: Apollonios muß sich rechtfertigen, diesmal vor dem Kaiser Domitian. Diese Situation erinnert an Episoden der *Apostelgeschichte* (z.B. Kap. 25–26: Paulus rechtfertigt sich vor einem hochgestellten Römer).

Die Tendenz der Biographie ist klar: Philostrat will Apollonios gegen den Verdacht der *goeteia* verteidigen, so wie etwa der Autor einer *Magikos* betitelten, von Diogenes Laertios (1.8) bezeugten Schrift die Gymnosophisten, mit denen Apollonios in Berührung gekommen sein soll, in Schutz nimmt (s. E. Rohde, *Der griechische Roman* [Hildesheim, ⁴1960], 463, Anm. 2).

Apollonios hatte eine Epidemie in Ephesos vorausgesagt. Der Ankläger argumentierte, daß nur ein Magier eine solche Prophezeiung machen könne. Daß Apollonios die Bevölkerung von Ephesos gerettet hatte, interessierte ihn nicht im geringsten. Dagegen macht Apollonios geltend, eine solche Voraussage brauche nicht auf übersinnlichen Fähigkeiten zu beruhen. Er vergleicht sich selber mit zwei frühgriechischen Philosophen, Thales und Anaxagoras, sowie mit Sokrates. Er gibt eine scheinbar ganz natürliche Erklärung für seine besonderen Fähigkeiten. Die richtige Lebensweise spiele eine Rolle.

Als entscheidend betrachtet er die Tatsache, daß er die Inter-

vention von Herakles anerkannt und dem Gott aus Dankbarkeit
einen Tempel gewidmet habe. Ein echter Magier hätte das nicht
getan, sondern den Erfolg für sich selbst beansprucht. Das ist tatsächlich ein grundlegender Unterschied, denn damit ist das
Wunder aus der Sphäre der Magie in diejenige der Religion ver-
legt. Das Leugnen einer göttlichen Rettung wäre Blasphemie gewesen. Eigenartig ist an Apollonios' Zeugnis, daß er die Epidemie
in menschlicher Gestalt gesehen haben will, aber da nach Auffassung jener Zeit Dämonen für solche Ereignisse verantwortlich
waren, ist die Personifizierung auch wieder verständlich.

Schließlich weist Apollonios den Verdacht, er habe zu magischen Zwecken Menschenopfer dargebracht, energisch zurück.
Er lehnt grundsätzlich alle blutigen Opfer, also auch die von Tieren, ab. In diesem Zusammenhang beschreibt er den Magier als
einen Menschen, der »mit dem Blick aufs Messer betet«; das heißt
wohl, daß der Magier dem Dämon, zu dem er betet, ein Opfer
verspricht, das er dann mit dem Messer rituell ausführt. Apollonios gibt zu bedenken, daß sein Daimonion (s. Nr. 76) ihn längst
verlassen hätte, wenn er wirklich ein Magier wäre; die Tatsache,
daß es ihm auch jetzt zur Verfügung stehe, beweise seine Unschuld.

A: Philostrat, *Leben des Apollonios von Tyana* 4.44

In Rom brach eine Epidemie aus, die von den Ärzten als
Influenza bezeichnet wurde. Ihre Symptome: Der Patient
hustete, und wenn er zu sprechen versuchte, wurde seine
Stimme in Mitleidenschaft gezogen. Die Tempel waren voll
von Menschen, die zu den Göttern beteten, weil Nero eine
Halsentzündung hatte und seine Stimme heiser klang.
Apollonios wetterte gegen die Dummheit der Menge, obwohl er nicht einzelne aufs Korn nahm. Ja, er räsonnierte
mit Menippos, der sich über diese Dinge empörte, und bat
ihn, den Göttern zu verzeihen, daß sie sich an den Darbietungen von Spaßmachern erfreuten.

Diese Bemerkung wurde Tigellinus hinterbracht; er ließ
Apollonios verhaften, ins Gefängnis bringen und forderte
ihn auf, sich gegen den Verdacht, Nero beleidigt zu haben,
zu verteidigen. Ein Ankläger wurde bestimmt, der schon
viele Menschen ins Verderben gestürzt hatte und der auf
eine ganze Reihe »Olympischer Siege« dieser Art zurück-

blicken konnte. Er hielt in seiner Hand eine Rolle, die den
Text der Anklage enthielt, und zückte sie gegen Apollonios
wie ein Schwert, wobei er sagte, es sei geschärft worden und
werde ihn vernichten. Doch als Tigellinus die Rolle öffnete,
fand sich kein einziges Wort; er blickte auf eine völlig leere
Schreibfläche. Nun wurde ihm klar, daß er es mit einem
Dämon zu tun hatte, und offenbar erging es Domitian
später nicht anders.

Tigellinus führte nun Apollonios in einen geheimen Ge-
richtssaal, in dem Beamte seines Ranges unter Ausschluß
der Öffentlichkeit die wichtigsten Fälle behandelten. Er befahl allen Anwesenden, sich zu entfernen, und stellte
Apollonios weitere Fragen: »Wer bist du?« Apollonios gab
den Namen seines Vaters und den seiner Heimat an und
erklärte, weshalb er sich der Philosophie widme: er widme
sich ihr, um Götter und Menschen zu verstehen, denn es sei
schwieriger, andere zu verstehen als sich selber. Tigellinus
fragte ihn: »Wie treibst du Dämonen und Geistererscheinun-
gen aus?« Er antwortete: »So wie ich Mordlustige und Gottlose austreiben würde.« Das war eine sarkastische Bemerkung, auf Tigellinus gemünzt, der Nero jede Form von
Grausamkeit und Perversion gelehrt hatte. Tigellinus fragte
ihn: »Könntest du prophezeien, wenn ich dich dazu auffor-
derte?« Apollonios antwortete: »Wie könnte ich das, da ich
doch kein Prophet bin?« »Und dennoch«, wandte Tigellinus ein, »heißt es, du habest vorausgesagt, ein bedeutsames
Ereignis werde eintreten und doch nicht eintreten.« »Was
du gehört hast, ist wahr,« sagte Apollonios, »aber du darfst
dies nicht irgendwie einer hellseherischen Fähigkeit zuschreiben, sondern nur der Weisheit, die Gott den Weisen
enthüllt.« Tigellinus fragte: »Warum fürchtest du dich nicht
vor Nero?« Apollonios antwortete: »Weil derselbe Gott,
der ihn so furchterregend erscheinen läßt, mir die Gabe verlieh, furchtlos zu sein.« Tigellinus fragte: »Was hältst du
von Nero?« Apollonios antwortete: »Ich habe eine bessere
Meinung von ihm als ihr alle; denn ihr haltet ihn für würdig
zu singen, ich aber halte ihn für würdig zu schweigen.« Tigellinus war erstaunt und sagte: »Du kannst gehen, aber je-

mand muß für dich bürgen.« Da fragte Apollonios: »Wer
könnte für einen Menschen, den man nicht binden kann,
bürgen?« Tigellinus war überzeugt, daß diese Antworten
auf göttlicher Eingebung beruhten und alles Menschliche
überstiegen, und er fürchtete sich, gegen einen Gott anzu-
kämpfen…

B: Philostrat, *Leben des Apollonios von Tyana* 8.7.9–10

Mein Ankläger sagt, ich würde nicht beschuldigt, die Stadt
Ephesos von der Epidemie gerettet, sondern vorausgesagt
zu haben, daß sie von einer Epidemie heimgesucht würde.
Das übersteige jede Wissenschaft, sagt er, und stelle ein
Wunder dar, und ich hätte niemals diesen Grad der Wahrheit erreicht, wenn ich nicht ein Magier, eine verabscheu-
ungswürdige Kreatur wäre. Was würde wohl Sokrates an
meiner Stelle über das Wissen sagen, das er von seinem *daimonion* empfing? Was würden die beiden Ionier Thales und
Anaxagoras sagen? Der eine prophezeite eine reiche Oliven-
ernte, der andere eine Reihe von dramatischen Veränderungen im Wetter. Hatten sie erklärt, sie könnten diese Dinge
voraussagen, weil sie Magier seien? Dabei hat man sie mit
ganz anderen Anklagen vor Gericht gebracht, und wir haben nie gehört, daß jemand sie der Zauberei beschuldigt hätte, nur weil sie die Gabe der Prophezeiung besaßen. Das
wäre lächerlich gewesen, eine völlig unglaubwürdige Anklage, sogar in Thessalien, wo Frauen in Verruf gerieten, weil
es hieß, sie könnten den Mond vom Himmel herunterzie-
hen.

Wie war es mir also möglich, das Unheil, das Ephesos
drohte, zu ahnen? Ihr habt gehört, wie der Ankläger fest-
stellte, daß mein Lebensstil anders ist, und daß ich eine Diät
befolge, die leichter und angenehmer ist als die üppigen
Mahlzeiten der anderen. Ich habe das selber am Anfang meiner Rede ausgeführt. Diese Diät bewahrt meine Sinne in
einer mystischen Atmosphäre, wenn ich so sagen darf, verhindert, daß sie mit irgendeiner Störung in Berührung
kommt, Majestät, und läßt mich alles, was geschieht oder

geschehen wird, wie in der glänzenden Oberfläche eines Spiegels sehen…

Ich sah mit eigenen Augen die leibhaftige Erscheinung der Epidemie – sie sah aus wie ein alter Bettler –, und nachdem ich sie gesehen hatte, fing ich sie ein und setzte ihr nicht nur ein Ende, sondern riß sie sozusagen mit der Wurzel aus. Und wer war der Gott, zu dem ich gebetet hatte? Das Heiligtum, das ich in Ephesos zur Erinnerung an diesen Vorfall gründete, zeigt es, denn es ist »Herakles, dem Abwender« geweiht. Ich erkor mir diesen Gott zum Helfer, weil sein Vorgehen und sein Mut einst Elis von einer Pest reinigten, als er die Fäulnis, die zur Zeit des Königs Augias aus dem Boden aufstieg, wegwusch.

Euer Majestät glaubt doch nicht, daß einer, dessen Ehrgeiz es ist, als Zauberer zu gelten, seine eigene Leistung einem Gott zuschreiben würde? Wer würde seine Zauberei bestaunen, wenn er einem Gott das Verdienst überließe? Und welcher Zauberer würde zu Herakles beten? Denn diese Fluchwürdigen schreiben solche Wunder den Gräbern zu, die sie ausheben, und den Gottheiten der Unterwelt, von denen man Herakles absondern muß, denn er ist rein und gütig zu den Menschen…

Doch da Euer Majestät mir befiehlt, mich bezüglich des Opfers zu rechtfertigen – ich weiß, daß Eure Handbewegung das bedeutet –, hört bitte meine Verteidigung an: es ist die reine Wahrheit. In allem, was ich tue, liegt mir die Erlösung der Menschheit am Herzen, aber ich habe für sie nie ein Opfer dargeboten, das Blut in sich hat, noch werde ich je eines darbieten; ich bin kein Mensch, der aufs Messer schaut, wenn er betet oder solche Opfer bringt [Menschenopfer sind offenbar gemeint], wie die Anklage sie unterschiebt. Der Gefangene, der vor Euch steht, ist kein Skythe, Majestät, und stammt nicht aus einem unzivilisierten Land. Ich habe nie mit Massageten und Tauriern verkehrt, und wenn ich es getan hätte, hätte ich sie dazu gebracht, ihren herkömmlichen Opfern abzuschwören. Aber zu welchem Grad von Wahnsinn hätte ich mich verstiegen, wenn ich mich – nachdem ich soviel über Prophezeiungen gesagt habe und über die Umstände, unter denen sie sich bewähren oder nicht bewähren, und da ich doch besser als alle anderen weiß, daß die Götter ihre Absichten nur heiligen und weisen Menschen offenbaren, auch wenn diese die Gabe der Weissagung nicht besitzen – eines Mordes schuldig machen und mit Eingeweiden umgehen würde, die mir selber ein Abscheu und für die Götter völlig unannehmbar sind? Wenn ich einen solchen Frevel begangen hätte, hätte mich die göttliche Stimme des *daimonion* als einen, der unrein ist, verlassen…

25

Apuleius, ein Platoniker des 2. Jahrhunderts n. Chr., der sich nach seinem eigenen Zeugnis mit Magie befaßte, wurde der Zauberei beschuldigt und mußte sich vor Gericht verantworten. In der nordafrikanischen Stadt Oea (heute Tripolis), wo er sich eine Weile aufhielt, wurde er krank, und während seiner Krankheit besuchte ihn ein Freund, Sicinius Pontianus. Die Mutter des Freundes, Pudentilla, war eine reiche und offenbar attraktive Witwe, einige Jahre älter als Apuleius. Als er sie heiratete, brachten ihre Verwandten, die sich um ein Erbe, mit dem sie schon gerechnet hatten, betrogen fühlten, eine Anklage wegen Zauberei vor.

Der römische Proconsul Claudius Maximus leitete die Gerichtsverhandlung, die in Sabrata stattfand. Apuleius trat als sein eigener Anwalt auf, und die Rede, die er hielt (oder vermutlich eine von ihm überarbeitete, für die Veröffentlichung bestimmte Fassung) hat sich unter dem Titel *Apologie* oder *Über Magie* erhalten. Sie ist nicht nur ein rhetorisches Kunstwerk, sondern auch eine sehr wertvolle Quelle für unsere Kenntnisse der antiken Magie überhaupt. Apuleius spricht als aufgeklärter Beobachter okkulter Phänomene, für die er sich in hohem Maß interessiert und die er, wie er sagt, wissenschaftlich erforschen möchte. Daß es um sein Leben geht, gibt diesem an sich schon ungewöhnlichen Selbstzeugnis eine besondere Bedeutung.

Zunächst befaßt sich Apuleius mit den Gerüchten, die in Umlauf gesetzt worden sind, um ihn zu schädigen. Diese Gerüchte führten schließlich zu einer formellen Anklageschrift, wonach Apuleius ein *magus* sei. Um die Anklage zu entkräften, definiert Apuleius den Begriff *magus* und seine ursprüngliche Bedeutung.

Er bezieht sich auf zwei platonische Dialoge, *Alkibiades* (I) und *Charmides*, um zu zeigen, daß die Perser die »Magie« hoch schätzten und daß »Magier« mit der Erziehung der königlichen Prinzen betraut waren; es handelte sich also ursprünglich um eine Philosophie, eine Religion, nicht um Hexenkünste. Dies ist sicher richtig; nur muß gesagt werden, daß die zu Apuleius' Zeit prakti- zierte Zauberei mit jener alten »Magie« nur den Namen gemein- sam hatte. Die Gleichsetzung beruht auf einer rein semantischen Entwicklung: Eine fremde Religion, die den Griechen nicht ver- ständlich war, konnte sehr leicht als finsterer Aberglauben gedeu- tet werden. Aber die Magier der späteren Antike beriefen sich gern auf mächtige Namen, wie eben Zoroaster.

Das zweite Zeugnis (aus Platons *Charmides*) hat etwas weni- ger Aussagekraft: Zalmoxis scheint ursprünglich eine Totengott- heit gewesen zu sein, die von den Geten, einem halbzivilisierten thrakischen Stamm, verehrt wurde. Was Platon über die »Heil- kundigen des Zalmoxis« sagt, läßt sich aus anderen Quellen nicht bestätigen.

Apuleius versucht dann, nachzuweisen, daß sogar seine Anklä- ger nicht recht an Magie glauben, sondern sie nur als einen Vor- wand brauchen, ihn zu Fall zu bringen; denn wäre er wirklich der große Magier, als den sie ihn hinstellen, so müßten sie um ihr Leben fürchten.

Apuleius tritt vor Gericht in eigener Sache wie ein gewandter Anwalt auf. Er ist nicht nur ein Platoniker, Fachmann auf dem Gebiet der Magie, er kennt auch die menschliche Psyche und ist mit allen rednerischen Kunstmitteln vertraut. Bis auf einen Punkt – die Experimente mit dem Knaben, dem Altar und der Laterne – ist die Anklage, so kann er nachweisen, unbegründet, ein Kartenhaus. (Knaben, die vor der Pubertät standen, wurden im Altertum als Medien verwendet, doch erfahrungsgemäß stell- ten Séancen dieser Art hohe Anforderungen an die Konstitution des Mediums, vor allem, wenn sie mehrmals wiederholt werden mußten, bis ein Erfolg sich einstellte.) Doch Apuleius gibt auch für diese Experimente eine Erklärung und beruft sich auf Ciceros Zeitgenossen Nigidius Figulus, einen römischen Neupythago- reer, der sich mit okkulten Dingen beschäftigte.

Apuleius, *Apologie* oder *Über Magie*, Kap. 25–43

Ich komme jetzt zu der eigentlichen Anklage der Magie. Er [Apuleius' Gegner] hat mit ungeheurem Lärm einen Brand

entfacht, um mich in Verruf zu bringen; doch wenn sich die
Flammen beruhigt haben, bleiben zur allgemeinen Enttäuschung nur ein paar Altweibergeschichten zurück. Ich frage
dich, Maximus: Hast du schon einmal ein Strohfeuer gesehen? Es beginnt mit lautem Prasseln, verbreitet einen hellen Schein, breitet sich sehr schnell aus, aber seine Nahrung
ist zu leicht, die Flamme verlöscht bald, und es bleibt nichts
übrig. Genau so verhält es sich mit dieser ›Anklage‹: Sie begann mit Beleidigungen, nährte sich von Phrasen, stützt
sich auf keinerlei Beweise, wird dein Urteil nicht überleben
und keine Spur von Ehrverletzung hinterlassen.

Aemilianus’ falsche Anklage beruht ausschließlich auf
der Behauptung, ich sei ein Zauberer. Deshalb möchte ich
seine außerordentlich gelehrten Anwälte fragen, was ein
Zauberer ist. Denn wenn es stimmt, was ich in den meisten
Büchern gelesen habe, daß auf Persisch ›Magus‹ dasselbe
bedeute, was wir in unserer Sprache als ›Priester‹ bezeichnen –, welch ein Verbrechen ist es denn, ein Priester zu sein
und die rituellen Vorschriften, die herkömmlichen religiösen Bräuche, die sakralen Gesetze genau zu kennen und
über sie Bescheid zu wissen? Platon jedenfalls versteht Magie in diesem Sinn, wenn er die Erziehung beschreibt, welche die persischen Kronprinzen genossen. Ich habe alles,
was der göttliche Mann geschrieben hat, wortwörtlich im
Kopf, und ich will es dir in Erinnerung rufen, Maximus:
»Wenn der Knabe das Alter von zweimal sieben Jahren erreicht hat, vertraut man ihn denjenigen an, die als ›königliche Erzieher‹ bezeichnet werden. Es sind vier ältere Männer, die man gewählt hat, weil sie das höchste Ansehen genießen: der weiseste, der gerechteste, der maßvollste und
der tapferste. Einer von ihnen lehrt die Magie Zoroasters,
des Sohnes des Oromazos, das heißt, die Götterverehrung;
er lehrt auch die Kunst zu herrschen.« [Platon, *Alkibiades* I,
p. 121 E]. Ihr frechen Lästerer der Magie, hört ihr das? Sie sei
die den Göttern genehme Kunst, die genau festhält, wie
man sie [die Götter] verehren und wie man ihnen dienen
soll. Es ist eine fromme Kunst, die um das Göttliche weiß,
und sie stand schon damals in hohen Ehren, als sie von Zo-

roaster und Oromazos begründet wurde; sie ist eine Priesterin der himmlischen Mächte; sie gehört ja auch zu den wichtigsten Fächern, in denen die Prinzen unterrichtet werden, und keinem Perser ist es gestattet, einfach so Magier, genau so wenig wie König zu sein.

In einem anderen Zusammenhang schreibt Platon von einem gewissen Zalmoxis, der thrakischer Abstammung war, aber dieselbe Kunst ausübte. »Die Seele kann mit bestimmten Zaubersprüchen behandelt werden, und diese Zaubersprüche bestehen aus schönen Worten« [Platon, *Charmides*, p. 157 A, abgekürzt zitiert]. Wenn es sich so verhält, warum soll es mir nicht erlaubt sein, die »schönen Worte« des Zalmoxis oder die Religion Zoroasters zu lernen? Aber wenn meine Ankläger, wie es gewöhnlich geschieht, nur denjenigen für einen »magus« im eigentlichen Sinne halten, der durch mündlichen Verkehr mit den Göttern alles, was er will, durch die unglaubliche Kraft seiner Gesänge erreichen kann, dann allerdings wundere ich mich, daß sie sich nicht davor scheuen, einen Mann anzuklagen, dem sie soviel zutrauen. Denn vor einer geheimen, göttlichen Kraft wie dieser kann man sich nicht so leicht schützen wie vor anderen. Wer einen Mörder vor Gericht zitiert, kommt mit einer Leibgarde; wer einen Giftmischer beschuldigt, hütet sich beim Essen, wer einen Räuber anklagt, paßt auf seinen Besitz auf. Wer aber einen nach ihrer Aussage so mächtigen Zauberer in einen Prozeß verwickelt, bei dem es um Leben oder Tod geht, mit welchen Leibwächtern, welchen Vorsichtsmaßnahmen, welchen Aufpassern kann er sich vor einem unsichtbaren, unvermeidbaren Unheil schützen?

Aber auf Grund eines unter unwissenden Menschen weitverbreiteten Vorurteils greift man heutzutage die Philosophen an. So bezeichnet man die, welche die einfachen Elemente und Ursachen der Materie erforschen, als Atheisten und behauptet, sie leugnen die Existenz der Götter, wie zum Beispiel Anaxagoras, Leukippos, Demokrit, Epikur und andere Naturwissenschaftler. Andere, die die kosmische Vorsehung sorgfältig untersuchen und andächtig die Götter verehren, nennt man »Magier«, und zwar im gewöhnlichen Sinne des Wortes, als ob sie nicht nur wüßten, was geschieht, sondern auch, wie man dieses Geschehen erzwingen kann. Dazu gehörten vormals Epimenides, Orpheus, Pythagoras und Ostanes, und in ähnlicher Weise hat man dann die »Reinigungen« des Empedokles, das »Daimonion« des Sokrates und das »Gute« Platons verdächtigt. Ich schätze mich glücklich, daß ich mich zu so vielen bedeutenden Männern zählen darf.

Was die nichtigen, naiven Beschuldigungen betrifft, die man vorgebracht hat, um mir ein Verbrechen nachzuweisen, so fürchte ich, daß der Gerichtshof sie ganz einfach deswegen ernst nimmt, weil sie vorgebracht worden sind. »Warum« heißt es »hast du dich nach bestimmten Fischarten erkundigt?« Als ob ein Philosoph um der Wissenschaft willen das nicht tun dürfte, was ein Feinschmekker der Gaumenfreude wegen tun darf. »Warum hat dich eine Dame geheiratet, nachdem sie vierzehn Jahre lang als Witwe lebte?« Als ob es nicht erstaunlicher wäre, daß sie so lange Witwe blieb. »Warum hat sie, bevor sie dich heiratete, in einem Brief gewisse persönliche Ansichten geäußert?« Als ob man die Ansichten eines anderen Menschen begründen müßte. »Sie ist älter als du und hat einen jüngeren Mann nicht verschmäht.« Dabei ist das doch an sich der Beweis, daß keinerlei Magie nötig war, damit eine Frau einen Mann heiratete, eine Witwe einen Junggesellen, eine nicht mehr junge Dame einen jungen Mann. Ja, und Anschuldigungen wie diese: »Apuleius hat zuhause etwas, das er andächtig verehrt.« Als ob es nicht vielmehr ein Verbrechen wäre, nichts zu haben, das man verehren kann. »Ein Knabe ist im Beisein von Apuleius umgefallen.« Und wenn es ein Jüngling gewesen wäre oder sogar ein alter Mann, der in meinem Beisein stürzte, weil er einen Schwächeanfall hatte oder weil der Boden schlüpfrig war? Wollt ihr mit solchen Argumenten Zauberei beweisen? Ein Knäblein fällt um, eine Dame heiratet, ein Mann kauft Fische?

[Apuleius beschäftigt sich mit den Fischen (28.1–42.3) und sagt, er sei ausschließlich von wissenschaftlichen Interessen

motiviert gewesen; dann wendet er sich der Episode mit
dem Knaben zu.]

Meine Ankläger… behaupten, ein Knabe sei (von mir),
ohne daß Zuschauer dabei waren, durch Sprüche behext
worden und sei dann an einem geheimen Ort, an dem ein
kleiner Altar und eine Lampe waren, in Gegenwart von wenigen Augenzeugen nach Absingung einer Zauberformel zu-
sammengebrochen; später sei er erwacht, ohne sich an etwas
zu erinnern. Immerhin haben diese Leute es nicht gewagt,
mit ihren Lügen weiter zu gehen; um das Ammenmärchen
abzurunden, hätten sie noch zufügen müssen, daß derselbe
Knabe manches vorausgesagt habe, was in der Zukunft
liegt. Denn daß Knaben diese wunderbare Gabe besitzen,
ist nicht nur ein Aberglaube, sondern wird durch das Ansehen von bedeutenden Gelehrten bestätigt. Ich erinnere
mich, in Varro, einem durchaus zuverlässigen und belese-
nen Autor, unter anderem auch folgendes gelesen zu haben:
In Tralles habe ein Knabe, den man in einem magischen Ritual über den Ausgang des Mithridatischen Krieges befragte, ein Abbild Merkurs im Wasser [d. h. wohl in einer mit
Wasser gefüllten Schüssel] betrachtet und darauf in hundert-
sechzig Versen kommende Ereignisse vorausgesagt. Ferner
berichtet Varro, daß Fabius, nachdem er fünfhundert Dena-
re verloren hatte, Nigidius [Figulus] besucht habe, ihn um
Rat zu fragen; Knaben, die von ihm durch eine Zauberformel inspiriert wurden, hätten die Stelle angegeben, an der
ein Geldbeutel mit einem Teil der Summe vergraben war
und wie man den Rest verteilt hatte; ein Denar hätte sich
sogar im Besitz des Philosophen Marcus Cato befunden,
und Cato mußte tatsächlich zugeben, daß er diesen Betrag
von einem Leibsklaven als Spende für den Tempelschatz
Apollos entgegengenommen hatte.

Solches und ähnliches habe ich über magische Künste
und Knaben in sehr vielen Büchern gelesen, weiß aber
nicht, ob ich das für möglich halten soll oder nicht. Immerhin möchte ich mit Platon glauben, daß es zwischen Göttern und Menschen gewisse göttliche Mächte gibt, die durch
ihr Wesen und ihren Aufenthaltsort eine Zwischenstellung

einnehmen und daß sie alle Arten von Weissagung sowie
die Wunder der Magier beherrschen. Aber ich glaube persönlich auch, daß der menschliche Geist, vor allem ein kind-
liches, naives Gemüt, durch die Lockung von Gesängen
[oder: Zaubersprüchen; *carmina* kann beides bedeuten]
oder durch den sänftigenden Einfluß von Gerüchen einge-
schläfert werden kann und den Körper verläßt, wobei er die
Umwelt und auch den Körper vergißt und für kurze Zeit zu
seiner wahren Natur zurückkehrt, die eben unsterblich und
göttlich ist, und daß er in diesem schlafähnlichen Zustand
die Zukunft voraussagen kann.

Wie dem auch sei – selbst wenn man diesen Dingen Glauben schenken will –, so muß dieser sogenannte prophetische Knabe, soviel ich weiß, körperlich gesund und schön
sein, geistig lebhaft und redegewandt, so daß die göttliche
Macht in ihm einen angemessenen Aufenthaltsort, ein schönes Haus sozusagen, findet, wenn es wirklich so ist, daß sie
im Körper des Knaben eingeschlossen ist. Es ist aber auch
möglich, daß die Seele selbst, wenn sie einmal erwacht ist,
schnell zu der ihr eigenen und ihr jederzeit innewohnenden
Kunst des Wahrsagens, die von keinem Vergessen angegrif-
fen wird und selbst, wenn sie sich abschwächt, ohne weiteres wieder aufgenommen wird, den Weg findet. Denn, wie
Pythagoras zu sagen pflegte, man darf nicht aus dem ersten
besten Stück Holz einen Hermes schnitzen.

Wenn sich das so verhält, dann sagt bitte den Namen des
gesunden, makellosen, gescheiten, schönen Knaben, den ich
angeblich für würdig befunden habe, durch meine Zaubersprüche [in diese Mysterien] eingeweiht zu werden. Denn
was Thallus – ihr habt seinen Namen genannt – braucht, ist
ein Arzt, kein Magier. Der Arme leidet so sehr an Epilepsie,
daß er manchmal drei- oder viermal am Tag ohne jegliche
Zaubersprüche hinfällt und sich während seiner Anfälle am
ganzen Körper weh tut. Sein Gesicht ist mit Narben bedeckt, Stirn und Hinterkopf zittern [?]; seine Augen sind
schwach, seine Nüstern breit, seine Füße lahm. Der größte
aller Magier wäre der, in dessen Gegenwart Thallus längere
Zeit aufrecht stehen könnte…

Philosophische Satire

26

Theophrast (371–287 v. Chr.), der bedeutendste Schüler des Aristoteles und sein Nachfolger als Leiter des Peripatos, verfaßte neben vielen wissenschaftlichen, philosophischen und literaturkritischen Werken – zum großen Teil verloren – eine für ein weiteres Publikum bestimmte Sammlung von humoristischen Charakterskizzen – »der Geizhals«, »der Schwätzer«, »der Abergläubische« usw. Diese Skizzen sind zweifellos das Ergebnis seiner Beobachtungen des Alltagslebens in Athen, aber sie zeigen auch eine genaue Kenntnis der zeitgenössischen Komödie, vor allem der Stücke Menanders (342–291 v. Chr.), der mit Vorliebe solche Charaktertypen auf die Bühne brachte.

Der »Abergläubische«, wie Theophrast ihn schildert, ist nach unseren Begriffen ein Neurotiker mit religiösen Zwangsvorstellungen, ein Mensch, der sich in ein Netz von Tabus verstrickt hat, die nach unseren Begriffen ein normales Leben völlig unmöglich machen, wobei man bedenken muß, daß Ritualismus in der antiken Religion eine viel größere Rolle spielte als Glaube und innere Frömmigkeit. Auch schloß ein Kult den anderen nicht aus, solange man die alten Götter ehrte. Dennoch gewinnt man den Eindruck, daß dieser Mensch zuviel des Guten tut, daß er Tabus wählt oder schafft, die seine Handlungsfreiheit in beängstigender Weise einschränken. So ergibt sich paradoxerweise aus der Religionsfreiheit des aufgeklärten Athens in extremen Fällen eine archaisch anmutende Starrheit, und das ist es, was Theophrast als »Aberglauben« (*deisidaimonia* = »Furcht vor übersinnlichen Kräften«) bezeichnet.

Theophrast, *Charaktere,* Kap. 28 Jebb: »Porträt des Abergläubischen«

Aberglauben ist ganz einfach, wie mir scheint, die übertriebene Furcht vor übernatürlichen Mächten.

Der Abergläubische ist ein Mensch, der seine Hände in einem Brunnen wäscht [nicht im Wasser, das aus einer Leitung kommt] und der sich selber aus dem Becken eines Tempels besprengt. Er nimmt ein Lorbeerblatt in den Mund und geht so den ganzen Tag herum. Wenn ein Wiesel ihm über den Weg läuft, bleibt er stehen, bis jemand ihn überholt oder bis er drei Steine über die Straße geworfen hat. Wenn er in seinem Haus eine Schlange sieht, ruft er den Gott Sabazios an, sofern es eine »rote Schlange« ist; handelt es sich aber um die »heilige Schlange«, so gründet er sofort ein Heiligtum an jener Stelle. Wenn er an einem »Haufen geglätteter Steine« an einem Kreuzweg vorbeikommt, gießt er Öl aus seinem Fläschchen darauf, fällt auf die Knie und betet, bevor er weitergeht. Nagt eine Maus ein Loch in einen Gerstensack [in seinem Haus], so fragt er seinen »Berater«, was zu tun sei. Wenn der »Berater« ihm sagt, er solle den Sack zum Sattler bringen und ihn nähen lassen, kümmert er sich nicht um diesen Rat, sondern bringt auf eigene Faust ein besonderes Opfer dar. Er neigt dazu, öfters sein Haus zu reinigen, wobei er sagt, ein Zauber Hekates liege darauf. Scheucht er eine Eule auf, wenn er spazieren geht, wird er »Heil dir, Athena!« rufen, bevor er weitergeht. Nie wird er auf einen [flachen] Grabstein treten oder sich einer Leiche oder einer Frau nähern, die soeben ein Kind geboren hat; dabei erklärt er, es sei besser, sich nicht zu beflecken. Am vierten und am siebenten des Monats befiehlt er seinen Sklaven, Glühwein zu bereiten, während er selber ausgeht, um Myrte, Weihrauch und Smilax zu kaufen; wenn er dann nach Hause geht, bekränzt er den ganzen Tag lang die Büsten von Hermaphroditos. Hat er einen Traum, so befragt er die Traumdeuter, die Seher, die Deuter der Himmelszeichen, um herauszufinden, zu welchem Gott, zu welcher Göttin er beten sollte. Einmal im Monat besucht er die Priester der Orphischen Mysterien in Begleitung seiner Frau oder – wenn sie keine Zeit hat – seiner Kinder und der Amme.

Dieser Mensch wird sich auch reichlich mit Seewasser besprengen. Wenn er an einer Straßenkreuzung jemanden sieht, der mit Knoblauch bekränzt ist [man muß wohl mit Kayser *estemmenon tina* lesen], entfernt er sich, gießt Wasser über den Kopf, ruft die Priesterinnen [der Hekate] und läßt sie eine Meerzwiebel oder ein Hündchen um ihn herum tragen, zum Zweck der Entsühnung. Sieht er einen

Geisteskranken oder einen Epileptiker, so spuckt er schaudernd aus.

27

Lukian von Samosata am Euphrat, ein satirischer Schriftsteller des 2. Jahrhunderts n. Chr., hat in über achtzig Schriften in unterhaltsamer Weise zu philosophischen und religiösen Fragen seiner Zeit Stellung genommen. Sein Witz, seine stilistische Gewandtheit und ein Mangel an Respekt für das durch Überlieferung Geheiligte haben ihm den Beinamen eines »antiken Voltaire« eingetragen. Er macht sich über die Volksreligion lustig (z. B. im *Ikaromenippos* und in der *Götterversammlung*), aber auch über den Aberglauben (z. B. in den *Lügenfreunden*).

Anders als die meisten seiner Zeitgenossen, auch wenn sie gebildet und an Philosophie ernsthaft interessiert waren, glaubte Lukian offenbar persönlich nicht an Magie, und seine Berichte von Geschehnissen, die die menschliche Fassungskraft übersteigen, haben einen unverkennbar ironischen Beigeschmack.

Der folgende Abschnitt aus den *Lügenfreunden* ist charakteristisch. Schon die Tatsache, daß der Erzähler aristotelische Philosophie studiert hat, ist scherzhaft gemeint. Er unterrichtet einen jungen Mann in der Schuldoktrin. Nebenbei erfahren wir, daß die Werke des Meisters damals in einer bestimmten Reihenfolge gelesen und interpretiert wurden: *Analytica* (also Logik), dann *Physica* und schließlich ohne Zweifel *Metaphysica* (eigentlich »was nach der Physik kommt«). Der Lehrer befindet sich in einer merkwürdigen Lage: Er soll seinem Schüler einen Magier beschaffen. Der Magier stellt sich ein und produziert zunächst – gegen Bezahlung, versteht sich – den verstorbenen Vater des jungen Mannes und dann die durchaus lebendige Dame, in die der Sohn verliebt ist. Die Schilderung des Rituals ist voll von ironischen Glanzlichtern und frechen Übertreibungen. Daß Tonfiguren in magischen Riten verwendet wurden, ist eindeutig überliefert, aber in diesem Fall fliegen sie durch die Luft und so weiter.

Besonders witzig ist es natürlich, daß die ganze Zeremonie, obwohl alles nach Wunsch geht, überhaupt nicht notwendig gewesen wäre. Die Dame ließ sich nämlich nicht bitten.

Lukian erwähnt noch einen berühmten Exorzisten, den »Syrer aus Palästina«, der viele Menschen heilte und dafür bezahlt wurde. Das kann nicht Jesus sein, weil sich eine Bekanntschaft Lu-

kians mit der urchristlichen Literatur überhaupt nicht nachweisen läßt. Wahrscheinlich gab es zu Lukians Zeiten Wundertäter,
von denen wir nichts wissen, und die er hier unter einem beque-
men Sammelnamen charakterisiert.

Einer der Gesprächsteilnehmer bekundet seinen Glauben an
Geister, aber der Erzähler (vielleicht Lukian selber) meldet in der
höflichsten attischen Manier seine Zweifel an. Solche Gespräche
fanden sicher zu allen Zeiten statt, und uralter Aberglaube stieß
auf philosophische Skepsis aller Schattierungen.

Die *Lügenfreunde* könnte man als eine Mirabiliensammlung
in Dialogform mit ironischen Randbemerkungen betrachten (vgl.
L. Radermacher: *Rhein. Mus.* 60 [1905], 315 ff; R. Reitzenstein, *Hellenistische Wundererzählungen*, 1 ff). In einer verwandten Schrift,
Über das Ende des Peregrinos, äußert sich Lukian ziemlich gehäs-
sig über Peregrinos Proteus, den man eher als einen religiösen
Schwärmer, nicht eigentlich als Scharlatan betrachten sollte (dazu
E. Zeller, *Vorträge und Abhandlungen*, 2. Slg. [Leipzig, 1877],
154 ff). Dagegen kann seine Darstellung des Alexander von Abonuteichos in der Schrift *Alexander oder der Lügenprophet* im wesentlichen als richtig gelten (F. Cumont, *Alexandre d'Abonuteichos* [Brüssel, 1888]; O. Weinreich, *Neue Jahrbücher* 47 [1921],
129 ff). Über Alexander orientiert der Artikel von H. J. Rose im
Oxford Classical Dictionary s.v.

Lukian, *Die Lügenfreunde* 14–18

»Bald nach dem Tod seines Vaters übernahm Glaukias seinen Besitz und verliebte sich in Chrysis, die Frau des De-
meas. Mich hatte er zu seinem Philosophie-Lehrer bestellt,
und wenn ihn diese Liebe nicht so stark in Anspruch genommen hätte, so hätte er schon bald die ganze peripatetische
Lehre beherrscht, denn obwohl er erst achtzehnjährig war,
hatte er die *Analytica* studiert und die Lehrschrift der *Physica* gründlich gelesen. Aber in der Liebe wußte er weder
aus noch ein und vertraute mir alles an. Als sein Lehrer
mußte ich ihm natürlich den bekannten hyperboreischen
Magier zuführen, der eine Anzahlung von vier Minen verlangte – er mußte die Kosten für die Opfer im voraus beglei-
chen – und nochmals sechzehn, falls er mit Chrysis Erfolg
hatte. Der Magier wartete, bis der Mond zunahm, denn derartige Riten werden meist um diese Zeit ausgeführt. Dann

hob er in einem zum Haus gehörigen Hof eine Grube aus und beschwor um Mitternacht zunächst Glaukias' Vater Alexikles, der vor sieben Monaten gestorben war. Der Alte war nicht glücklich über diese Liebe und begann sich zu ärgern, aber schließlich gab er seinem Sohn die Erlaubnis. Dann beschwor der Magier Hekate herauf, die Kerberos mit sich brachte, und zog Selene herab, die ein mannigfaltiges Schauspiel bot, bald so und bald anders anzusehen. Denn zuerst zeigte sie sich in weiblicher Gestalt, dann war sie ein schöner Stier, und dann schien sie ein Hündlein zu sein. Schließlich formte der Hyperboreer aus Lehm einen kleinen Liebesgott und sagte zu ihm: »Geh und hole Chrysis.« Die Lehmfigur flog fort, und kurz danach stand die Dame da, klopfte an die Tür, trat ein, umarmte Glaukias, als wäre sie rasend verliebt in ihn, und blieb bei ihm, bis wir die Hähne krähen hörten. Da flog Selene zum Himmel zurück, Hekate tauchte in der Erde unter, die anderen Erscheinungen verschwanden, und wir verabschiedeten uns von Chrysis – es dämmerte schon. Wenn du das gesehen hättest, Tychiades, würdest du dich nicht länger weigern, an den Nutzen der Magie zu glauben.«

»Du hast recht,« sagte ich, »ich hätte es geglaubt, wenn ich es gesehen hätte, doch so wie die Dinge sind, bitte ich um Verzeihung, daß ich nicht so scharfsichtig sein kann wie ihr. Allerdings kenne ich die Chrysis, von der du sprichst, als ein mannstolles Weib, zu allem bereit, und ich sehe nicht ein, warum ihr, um sie zu gewinnen, den tönernen Gesandten und den Magier aus dem Land der Hyperboreer und Selene höchstpersönlich brauchtet, wenn ihr sie für zwanzig Drachmen bis ins Land der Hyperboreer hättet locken könnten. Denn die Dame geht sehr gern auf diese Art von Zauber ein, und sie reagiert ganz anders als Gespenster: wenn diese das Klirren von Bronze oder Eisen hören, machen sie sich davon – und zwar nach eurer eigenen Behauptung –, doch wenn irgendwo der Klang von Silber [d. h. barem Geld] ertönt, folgt sie dem Klang. Übrigens erstaunt es mich, daß der Magier selber die Liebe der reichsten Damen gewinnen und von ihnen ganze Talente [d. h. große Sum-

men] entgegennehmen kann und gleichzeitig so außerordentlich sparsam ist, daß er Glaukias für vier Minen un-
widerstehlich machte.«

»Lächerlich,« sagte Ion, »daß du allem gegenüber skeptisch bist. Wie gern würde ich dich fragen, was du über jene
denkst, die Besessene von ihren Schrecken befreien, indem
sie so offenkundig die Dämonen bannen. Ich brauche das
gar nicht zu erwähnen, denn alle wissen von dem Syrer aus
Palästina, der sich auf diese Dinge versteht: wieviele Menschen er behandelte, die zur Zeit des Vollmonds umfielen,
die ihre Augen verdrehten, die den Mund voll Schaum hatten – und dennoch heilte er sie und entließ sie in normaler
geistiger Verfassung, nachdem er sie für ein großes Honorar
von ihren schrecklichen Leiden befreit hatte. Sie liegen da,
und er steht neben ihnen und fragt ›Woher kommt ihr? Wie
seid ihr in den Körper eingedrungen?‹, und der Patient selber sagt nichts, aber der Dämon antwortet auf Griechisch
oder in einer fremden Sprache und sagt, woher er kommt
und wie und wann er in den Menschen eingedrungen ist.
Aber der Exorzist [hier vermutlich eine Textlücke], wenn er
nicht gehorcht und treibt unter Drohungen den Dämon
aus. Ich selber habe tatsächlich einen gesehen, wie er aus-
trat, schwarz und rauchig war er.«

Ich sagte: »Mein lieber Ion, daß du so etwas gesehen hast,
war keine große Sache, denn dir kommen die Ideen selbst,
wie sie euer [geistiger] Vater Platon definiert, als eine blasse
Erscheinung vor, weil unsere Sinne so stumpf sind.«

Darauf sagte Eukrates: »Ja, meinst du denn, daß nur Ion
solche Dinge sah? Haben nicht viele andere Begegnungen
mit Geistern gehabt und zwar bei Tag und bei Nacht? Ich
selber habe nicht nur einmal, sondern tausendmal so etwas
beobachtet. Zuerst erschrak ich darüber, aber nun habe ich
mich an sie gewöhnt, und sie kommen mir durchaus nicht
als etwas Übersinnliches vor, besonders seitdem der Araber
mir einen Ring gab, der aus Eisen von den Kreuzen gefer-
tigt ist, und mir die Formel mit den vielen Namen beibrach-
te. Aber vielleicht willst du auch mir nicht glauben, Tychiades?«

Ich sagte: »Wie könnte ich Eukrates nicht glauben, dem Sohn Deinons, eines kenntnisreichen Herrn, wenn er in seinem eigenen Haus offen seine Meinung sagt?«

Philosophisch-theologische Deutung

28

In seinen philosophischen Vorträgen beschäftigt sich Plotin (um 205–270 n. Chr.), der eigentliche Begründer des Neuplatonismus, dem man übersinnliche Fähigkeiten zuschrieb (Nr. 29), auch mit dem Phänomen der Magie. Es ist nicht einfach, seinen Gedankengängen zu folgen, denn er hat offenbar seine Ideen manchmal während des Redens fortlaufend entwickelt und seine eigenen Notizen oder die Niederschrift seiner Schüler kaum revidiert. Es ist möglich, daß auch eine Art Dialog mit den Schülern stellenweise in den Text eingebaut ist – Bedenken, Einwände, Widerspruch –, so daß man nicht immer genau weiß, was der Meister selber gedacht hat.

Doch schon der erste Satz läßt keinen Zweifel daran, daß Plotin an die Macht der Magie im Kosmos glaubt; er ist sich nur nicht im klaren, wie und warum sie wirkt. Er wendet sich den Prinzipien der Sympathie und der Antipathie im Weltall zu. Diese Prinzipien oder Kräfte sind vorhanden, so argumentiert er, und der Magier nützt sie aus. zwingt sie in seinen Dienst.

Magische Riten, wie Plotin sie vermutlich erlebte, erforderten eine besondere Kleidung, das Rezitieren von Formeln, Opfer und Räucherwerk und einen Kreis von Gläubigen. Er vergleicht Magie mit Musik: beide wirken auf den irrationalen Teil der menschlichen Seele ein.

Für Plotin ist Magie etwas, das zwischen Menschen geschieht, obwohl er die Einwirkung höherer Mächte nicht ausschließt. Wiederum hilft der Vergleich mit der Musik weiter: Wenn die Saite einer Leier gezupft wird, vibriert die gleichgestimmte Saite auf einer anderen Leier mit.

Zu den Gestirnen (das heißt wohl: den Planetengöttern) zu beten sei sinnlos, meint Plotin, und doch gibt er zu, daß die Gestirne einen gewissen Einfluß auf das Leben auf unserem Planeten haben. Aber dies bringt ihn wieder zum Gedanken der kosmischen Sympathie: »Wer etwas vom Weltall verlangt, ist kein

Fremdling in ihm«, das heißt, Menschen können zaubern, weil sie
Teil des Kosmos sind.

Natürlich gibt es böse Magier, und ihr Zauber ist wirksam,
weil die Kraft für alle da ist; doch weil sie die Kraft in böser Absicht verwenden, werden sie früher oder später bestraft. Obwohl
der Magier anderen Menschen schaden kann, kann er doch nie
dem Weltall schaden, und auf Erden ist seine Macht begrenzt,
denn der Weise, das heißt, der vollkommene Philosoph (ein Begriff, den Plotin wie den der kosmischen Sympathie von den Stoikern entlehnt hat), kann sich ohne weiteres gegen schwarze Künste wehren.

Plotin, *Enneaden* 4.4.40–44

Wie soll man die Wirkung der Magie erklären? Entweder
durch ›Sympathie‹ oder durch die Tatsache, daß eine natürliche Harmonie zwischen ähnlichen Dingen und eine
Disharmonie zwischen unähnlichen Dingen besteht – oder
auch durch die Tatsache, daß es viele verschiedene Kräfte
gibt, die gemeinsam ein einzelnes Lebewesen beeinflussen.
Denn es gibt viel Anziehendes und vielerlei Magie, ohne
daß jemand sie in Bewegung setzt. Die wahre Magie ist »Liebe und ihr Gegensatz, Haß« im Kosmos [nach Empedo-
kles]. Der erste Hexenmeister, der erste Zauberer war [ist?]
der, den die Leute gut kennen und dessen Drogen und Sprüche sie gegeneinander anwenden. Denn da es für sie natürlich ist, zu lieben, und da alles, was Liebe in ihnen hervorruft, sie gegenseitig anziehend macht, entstand eine Technik
der Anziehungskraft durch Liebe [man muß wohl mit
Kirchhoff *holkes* für *alkes* oder *alke* der meisten Handschrif-
ten lesen], und diejenigen, welche diese Kunst ausüben, vereinigen durch körperliche Berührung Naturen, die sich
ohnehin zueinander hingezogen fühlen und eine angeborene Liebe zueinander empfinden. Sie verwenden auch die
»Konfigurationen, die Macht besitzen«, indem sie sich auf
gewisse Weise kleiden [oder: gewisse Stellungen einnehmen?], und auf gewisse Weise ziehen sie schweigend Mächte zu sich hin und sind in einem zu einem hin [?]. Denn
wenn man sich eine solche Person [d. h. den Magier] außerhalb des Kosmos denken könnte, so würde dieser durch sei-

ne Formeln und Gesänge keine [besonderen Kräfte] zu sich hinziehen und sich aneignen. Doch so [wie es ist], da er sie sozusagen nicht anderswo hinführt, kann er sie [im menschlichen Bereich] führen, da er weiß, auf welche Weise im lebenden Weltall ein Geschöpf zum anderen hingeführt wird.

Es ist völlig natürlich, daß die Seele durch die Melodie und den besonderen Klang einer Zauberformel und das Verhalten des Magiers gelenkt wird, denn so etwas hat seine eigene Anziehungskraft, wie ein Verhalten und Worte, die Mitleid einflößen. Denn es ist weder unser Wille noch unser Verstand, der durch die Musik bezaubert wird, sondern der irrationale Teil unserer Seele. Diese Art von Magie ist nichts Außergewöhnliches, und doch empfinden Zuhörer, die [von Musik] bezaubert sind, Liebe, selbst wenn sie diese Wirkung von den musizierenden Künstlern gar nicht erwarten.

Man soll nicht glauben, daß Gebete [erfüllt werden], weil der Wille [der Götter] sie hört. Das ist es nicht, was denjenigen geschieht, die von Zauberformeln behext sind. Ein Mensch, der behext ist, wenn eine Schlange Menschen verzaubert, versteht ja auch nicht [was ihm passiert], und er fühlt nichts, aber er weiß es, wenn es dem herrschenden Teil [seiner Seele, d. h. dem Intellekt] schon passiert ist.

Von dem einen, an den ein Gebet gerichtet worden ist, ist etwas ausgegangen zu dem [der gebetet hat] oder zu einem anderen. Aber die Sonne oder irgendein anderer Himmelskörper [an den ein Gebet gerichtet wurde] hört nicht hin [oder versteht nicht?].

Die Wirkungen des Gebets sind eine Tatsache, weil ein Teil [des Weltalls] mit einem [anderen] Teil durch Sympathie verbunden ist, wie bei einer richtig gestimmten Saite. Wenn ihr unterer Teil gezupft worden ist, so schwingt der obere Teil mit. Und es kommt öfters vor, daß, wenn eine Saite gezupft worden ist, eine andere dies spürt, wenn ich mich so ausdrücken darf, denn sie sind im Gleichklang und genau gleich gestimmt. Wenn die Schwingung von einer Leier zu einer anderen wandert, [so kann man sehen] wie weit sich das Prinzip der Sympathie erstreckt. Auch im

Weltall gibt es eine universale Harmonie [oder Stimmung?],
selbst wenn sie aus nicht zusammenstimmenden Tönen besteht. Sie besteht auch aus zusammenstimmenden Tönen,
und alle sind verwandt, auch die, die nicht zusammenstim-
men. Alles, was dem Menschen schädlich ist – leidenschaft-
liche Impulse zum Beispiel, die, gemeinsam mit Zorn, ins
Wesen der Leber gezogen sind [d. h. die Leber ist ihr phy-
sisches Organ und Zentrum] –, ist nicht [in die Welt] gekommen, um [dem Menschen] zu schaden. Nimmt man
zum Beispiel Feuer von Feuer und fügt jemandem Schaden
zu, dann wäre derjenige, der das Feuer nahm, verantwortlich, denn er übertrug ja etwas von einem Ort an einen anderen, und es [das Unglück] geschah, weil die Person, auf die
das Ding übertragen wurde, nicht dazu geeignet war, es zu
empfangen.

Gerade deshalb haben die Sterne kein Gedächtnis – diese
ganze Erörterung führt darauf hin – und keine Sinneswahrnehmungen, die auf sie übertragen werden, nötig. Daher haben sie nicht die Kraft, [unseren] Gebeten bewußt zuzustim-
men; doch muß man zugeben, daß mit oder ohne Gebete
ihr Einfluß eine Tatsache ist, denn sie sind [wie wir] Teil des
Einen. Da es viele Kräfte gibt, die nicht durch einen bewußten Willen gelenkt werden, zum Teil spontan, zum Teil
künstlich, und da sich dies in einem lebenden Organismus
[dem Weltall] abspielt, sind einige Elemente nützlich, andere schädlich füreinander, so wie es ihrem Wesen entspricht. Die medizinische Wissenschaft und die Kunst der
Magie zwingen ein Element, einen Teil seiner ganz besonderen Kraft einem anderen Element auszuliefern. Gleichermaßen liefert das Weltall einen Teil seiner selbst an seine
Teile aus, und zwar spontan, aber auch, weil es die Anziehungskraft von etwas anderem spürt und sich deshalb von
etwas trennen muß [?], was für seine eigenen Teile wesentlich ist, weil sie am selben Wesen teilhaben. Denn schließlich ist, wer etwas [vom Weltall] verlangt, kein Fremdling
[in ihm].

Derjenige, der etwas verlangt, mag schlecht sein. Das sollte einen nicht überraschen. Schlechte Menschen schöpfen

auch Wasser aus einem Fluß. Der Geber kennt den nicht,
dem er gibt; er gibt einfach. Und dennoch entspricht die
Gabe [lies *ha dedotai*] dem Wesen des Weltalls. Wenn also
einer von dem nimmt, das allen zugänglich ist, wozu er aber
nicht berechtigt war, holt die Strafe ihn gemäß dem Gesetz
der Notwendigkeit ein.

Man muß also zugeben, daß das Weltall beeinflußt
werden kann, obwohl sein herrschender Teil – auch das
muß man zugeben – frei von jeder Beeinflussung ist. Da ein
Einfluß auf seine Teile ausgeübt werden kann, müssen wir
zugeben, daß sie beeinflußt werden können. Doch da
nichts, was im Weltall geschieht, gegen seine Natur ist, muß
es frei von Beeinflussung sein… [der Sinn der folgenden
Worte ist unklar]. Auch die Sterne können beeinflußt
werden, da sie ja Teile [des Weltalls] sind, und dennoch bleiben sie unbeeinflußt, weil ihr Wille nicht beeinträchtigt ist,
weil ihr Körper, ihr Wesen nicht verletzt wird und weil ihre
Seele, wenn sie etwas durch ihre Seele mitteilen, nicht vermindert wird und ihr Körper derselbe bleibt. Wenn etwas
aus ihnen austritt, so entweicht es unbeachtet, und was sie
vergrößert, wenn etwas sie vergrößert, bleibt auch unbeachtet.

Welchen Einfluß haben Zauberei und magische Substanzen auf den Weisen? Was seine Seele betrifft, so wird er
durch Zauberei nicht beeinflußt, und sein vernünftiger Teil
wird kaum beeinflußt, und er würde seine Überzeugung
nicht ändern. In dem Maß, in dem er das unvernünftige Element des Weltalls in sich hat, könnte er beeinflußt werden,
oder vielmehr: dieses Element in ihm könnte leiden. Doch
niemand könnte in ihm mit magischen Substanzen Liebe
erwecken, denn verliebt zu sein erfordert die Zustimmung
der einen [vernünftigen] Seele zum Affekt der anderen [d. h.
der vernunftlosen] Seele. So wie der vernunftlose Teil durch
Zauberformeln beeinflußt werden kann, so wird der Weise
diese äußeren Mächte durch ›Gegenzauber‹ ausschließen.
Durch derartige schädliche Einflüsse könnte er den Tod erleiden oder Krankheiten oder körperliche Schmerzen aller
Art, denn der Teil des Universums [der in ihm ist], kann

durch einen anderen Teil des Universums selbst beeinflußt
werden, aber sein wahres Selbst wird davon nicht betroffen. – Es ist durchaus in Übereinstimmung mit der Natur,
daß man [durch Magie] nicht sofort beeinflußt wird, sondern zu einem späteren Zeitpunkt. – Sogar Dämonen
können sich dem Einfluß nicht entziehen, was ihren vernunftlosen Teil betrifft; denn es ist ja nicht absurd, daß man
ihnen Gedächtnis und Sinneswahrnehmungen zuschreibt
und [annimmt], daß sie bezaubert und auf natürliche Weise
geführt werden und daß diejenigen, die unserer Region näher sind, auf die hören, die sie rufen, [und zwar umso bereit-
williger,] je enger ihre Berührung mit unserer Region ist.
Denn alles, was in enger Berührung mit einem anderen
steht, wird durch das andere bezaubert; das Ding, mit dem
es in Berührung steht, bezaubert und führt es; nur was mit
sich selbst in Berührung steht, kann nicht bezaubert
werden. Deshalb wird jede Handlung und das ganze Leben
des handelnden Menschen durch Magie bestimmt, denn er
bewegt sich hin zu dem Ding, das ihn bezaubert... Somit
bleibt nur das Leben der Schau, das von Magie unbeeinflußt
ist, denn niemand richtet Zauberei gegen sich selber...

29

Plotin hatte einen Feind, Olympios von Alexandrien, der ihm
durch Zauberei Schaden zufügen wollte. Die folgende Anekdote,
die Porphyrios in seinem *Leben Plotins* berichtet, zeigt, wie man
in der Umgebung des Meisters bereit war, mit magischen Vorstellungen zu operieren. Er selber scheint auch geglaubt zu haben, daß Schadenzauber möglich sei, und schrieb einen Anfall der
Kolik, unter der er periodisch litt (um das scheint es sich zu handeln), dem Wirken seines Feindes zu. Doch da der Weise, wie
oben dargelegt (Nr. 28), gegen Magie gefeit ist, kann ihm der
Feind auf die Dauer nichts anhaben. Plotins ›Gegenzauber‹ ist
eben diese Überlegenheit des Weisen, nicht irgendeine magische
Maßnahme, wie man schon angenommen hat. Plotin war kein
Magier, auch wenn man ihm in der Schultradition übersinnliche
Fähigkeiten zuschrieb. Der Schadenzauber fiel auf den Urheber
zurück.

Porphyrios, *Leben Plotins*, Abschn. 53–55

Olympios' Anschläge gingen so weit, daß er versuchte, durch magische Operationen die schädlichen Einflüsse der Sterne auf Plotin zu lenken. Doch es wurde ihm klar, daß seine Anstrengungen auf ihn selber zurückfielen, und er sagte zu seinen Freunden, die übersinnlichen Kräfte Plotins seien so stark, daß die Angriffe derer, die ihm schaden wollten, von ihm zurückprallten. Plotin spürte an sich selber das, was Olympios unternahm, und sagte, sein Körper sei damals wie ein Beutel gewesen, den man zugeschnürt hatte; genau so seien seine Glieder gequetscht worden. Olympios riskierte, sich selber mehr zu schaden als Plotin, und so gab er es auf.

30

Im folgenden Abschnitt äußert sich Iamblichos zu dem Problem: Wie können wir durch Theurgie höhere Wesen gleichsam zwingen, uns zu Diensten zu sein? Warum haben sie es nötig, uns zu gehorchen? Die Antwort ist ingeniös: Als Menschen, die von überragenden Lehrern instruiert worden sind, sind wir vollendete Wesen, wie es bloße Dämonen nicht sein können, und wir finden immer noch höhere Wesen, die uns ihrerseits gegenüber den ihnen untergeordneten beistehen, weil wir mit ihnen besser »im Einklang« sind.

Iamblichos, *Über die Mysterien Ägyptens* 4.2

Was wir jetzt besprechen werden ist etwas, das uns gelegentlich passiert. Es geschieht dann und wann, daß man Geistern einen Auftrag erteilt, die nicht ihre eigenen geistigen Kräfte verwenden und die nach keinen bestimmten Grundsätzen urteilen. Das geschieht nicht ohne Grund. Denn da unser Verstand logisch denken und die Wirklichkeit beurteilen kann, und da er in sich selber vielerlei Lebenskräfte vereinigt, ist er daran gewöhnt, Wesen, die keine Vernunft besitzen und die nur über eine Fähigkeit verfügen, Befehle zu erteilen. So wendet er sich an übergeordnete Wesen, weil er versucht, vom Weltall, das uns umgibt, die Elemente, die

zur Gesamtordnung der Dinge beitragen, zu denen hinzu-
ziehen, die in einzelnen Lebewesen eingeschlossen sind.
Doch er befiehlt ihnen, als wären sie untergeordnete Wesen,
denn gewisse Teile der Welt sind manchmal reiner und vollkommener von Natur aus als jene, die sich über die ganze
Welt erstrecken. Wenn zum Beispiel ein Wesen mit Intelligenz begabt und ein anderes völlig ohne Seele und rein phy-
sisch ist, dann hat das beschränktere größere Gewalt über
dasjenige, das sich über einen größeren Raum hin erstreckt,
sogar wenn es vom anderen in bezug auf Größe und Macht-
befugnis weit übertroffen wird.

Dahinter steckt ein anderes Prinzip. Jede Art von Theurgie hat einen doppelten Aspekt: Einerseits wird sie von Menschen praktiziert und behält den für uns natürlichen Platz
im Weltall; andererseits wird sie von göttlichen Zeichen unter-
stützt und erhebt sich aufwärts durch sie, weil sie mit den
höheren Mächten verbunden ist; sie bewegt sich harmonisch im Einklang mit ihren Weisungen und kann in der Tat
die Erscheinungsform von Göttern annehmen. In Übereinstimmung mit dieser Unterscheidung kann der Magier
natürlich die Mächte der übergeordneten Wesen rufen,
denn derjenige, der sie ruft, ist ein menschliches Wesen,
aber er kann ihnen auch befehlen, denn durch geheime Formeln hat er die Erscheinungsform eines Gottes angenommen.

31

Eusebius von Caesarea (ca. 263–339), ein christlicher Schriftsteller,
befaßt sich mit Magie in seiner *Vorbereitung des Evangeliums*,
einem Werk, das zeigen soll, wie lange vor der Entstehung des
Christentums manche Heiden das Evangelium ahnten. Was er als
Irrlehre betrachtet, weist er zurück, aber in der Magie sieht er
mehr als nur Schwindel oder Illusion.

Für die Heiden waren die Götterstatuen in ihren Tempeln ein
wesentlicher Aspekt, eine Erscheinungsform der Götter, und
man konnte sie für magische Operationen benutzen. Auch das
lehnt Eusebius nicht ab, obwohl er gewisse Zweifel äußert. Vielleicht hatte er von eindrucksvollen theurgischen Operationen ge-

hört und wollte sich nicht endgültig festlegen. Er schließt auch
nicht aus, daß »übernatürliche« Ereignisse auf Betrug beruhen
und nicht durch Götter oder Dämonen bewirkt werden. Er hält
es für möglich, daß sogenannte übersinnliche Phänomene durch
natürliche Ursachen erklärt werden können; das ist ein moderner
Gesichtspunkt. Was sich in der Natur abspielt, können wir beobachten, aber nicht immer restlos erklären. Eines Tages werden
so viele Daten vorliegen – so hofft man –, daß eine wissenschaftliche Erklärung gefunden wird, und dann enthüllt sich das, was
Zauberei schien, als Wissenschaft.

Eusebius erklärt auch die psychologischen Faktoren, die jeweils eine Rolle spielen. Eine erwartungsvolle Stimmung wird geschaffen; die Augenzeugen können hypnotisiert werden. All das
grenzt an Täuschung, ohne doch Betrug zu sein.

Eusebius, *Die Vorbereitung des Evangeliums* 4.1.6–9

Sogar den Heiden ist klar, daß leblose Statuen keine Götter
sind… Aber wir wollen jetzt die folgende Frage betrachten:
Was soll man von den Kräften halten, die sich in Statuen
verbergen? Kann man eine angenehme Beziehung zu ihnen
haben? Sind sie gut und wahrhaft göttlich oder das Gegenteil davon?

Wenn jemand diesen Gegenstand gründlich erforscht, so
kommt er vielleicht zum Schluß, daß alles eine Täuschung
ist, die von den Magiern hervorgerufen wird, und daß es
sich um Betrug handelt. So würde er ihr Ansehen vernichten, indem er zeigt, daß die Wundergeschichten, die
man von ihnen erzählt, nicht das Werk eines Gottes, nicht
einmal das Werk eines bösen Dämons sind. Denn die Vers-
orakel, geschickt zusammengestellt, sind das Werk kluger
Menschen; sie sind erfunden und dienen betrügerischen
Zwecken; sie sind auf so unbestimmte, zweideutige Weise
ausgedrückt, daß sie zu zwei verschiedenen möglichen Ereignissen, die auf die Prophezeiung folgen, passen.

Man könnte auch sagen, daß Vorzeichen, die wunderbar
wirken und die Masse täuschen, durch natürliche Ursachen
erklärt werden können. Denn im Reich der Natur gibt es
vielerlei Arten von Wurzeln, Kräutern, Pflanzen, Früchten,
Steinen, sowie die verschiedenen Kräfte in der Materie, trok-

kene und feuchte. Einige von ihnen haben die Fähigkeit,
etwas abzustoßen und zu vertreiben; andere wirken magne-
tisch, anziehend; wieder andere trennen und teilen; andere
vereinen und sammeln; andere verwandeln und bewirken
eine Änderung im bisherigen Zustand auf die eine oder andere Weise, für kürzere oder längere Zeit; [gewisse] Substanzen können von vielen Menschen oder nur von wenigen
verspürt werden; einige führen und zeigen den Weg, andere
folgen; einige sind in Übereinstimmung mit anderen und
wachsen und nehmen ab im gleichen Maße wie sie; einige
sind gesundheitsfördernd und gehören ins Gebiet der Medizin; andere erregen Krankheiten und sind schädlich. So sind
gewisse Erscheinungen durch die notwendige Wirkung von
natürlichen Ursachen zu erklären, und sie nehmen mit dem
Mond zu und ab.

Es gibt Tausende von Antipathien zwischen Lebewesen,
Wurzeln und Pflanzen; gewisse Düfte wirken berauschend
und einschläfernd, während andere Visionen hervorrufen.
Außerdem trägt die Umgebung, der Raum, in dem etwas
geschieht, sehr viel bei, von den Hilfsmitteln und Werkzeugen, welche die Zauberer lange vorher bereitgestellt haben,
ganz zu schweigen. Sie ziehen auch Vorteile aus allen möglichen äußeren Umständen, um ihren Betrug ins Werk zu
setzen: Gehilfen, die Besucher empfangen und großes Interesse an den Tag legen, herauszufinden, was ihr Anliegen ist
und was sie erfahren möchten. Das ›Allerheiligste‹ und die
abgelegenen Räume im Tempel, die dem Publikum nicht
zugänglich sind, bergen auch viele Geheimnisse. Ganz gewiß hilft ihnen die Dunkelheit bei ihren betrügerischen Ma-
chenschaften und die Spannung, die Furcht, welche die Besucher beseelt, wenn sie glauben, daß sie den Göttern nahe
sind, aber auch die religiösen Vorurteile, die sie von ihren
Ahnen ererbt haben.

32

Auch der folgende Text befaßt sich vor allem mit Theurgie, jener
höheren Form von Magie, die dem Gläubigen ein unmittelbares
Erlebnis höherer Mächte versprach.

Wir haben schon festgestellt (Nr. 28), daß Plotin an die Möglichkeit magischer Operationen im Universum glaubte, aber er
wandte sich gegen die Gnostiker, die behaupteten, sie könnten
sich kosmische Kräfte durch magische Riten dienstbar machen,
etwa indem sie Krankheiten durch Austreiben von Dämonen heilten. Das wäre eine Beleidigung der Götter, meint Plotin. Was
auch immer geschieht, wenn Magie erfolgreich am Werk ist, die
Götter haben nichts damit zu tun. Plotin neigt dazu, »natürliche«
oder »wissenschaftliche« Ursachen anzunehmen, und da Magie
nach seiner Ansicht natürliche Ursachen nutzt, ist sie eine Art
Wissenschaft. Er wendet sich gegen die Praxis des Exorzismus
und spottet über die Vorstellungen, auf denen sie beruht. Sicher
bestand zur Zeit Plotins noch ein Bedarf für Exorzisten, obwohl
es auch eine wissenschaftliche Medizin in unserem Sinne gab.

Plotin, *Enneaden* 2.9.14

Auch auf eine andere Weise beleidigen sie [die Gnostiker]
die Götter in hohem Maße. Wenn sie Zauberformeln auf-
schreiben, als wollten sie sich an diese Mächte – nicht nur
an die Seele, sondern auch an die übergeordneten Mächte –
wenden, was tun sie anderes als daß sie, wenn ich das so
sagen darf [man muß wohl mit Müller *hos logo* für *kai logo*
lesen], einen zwingen, der Magie zu gehorchen, durch Hexe-
rei, Zauberkünste und die Formeln, die sie sprechen, beeinflußt zu werden? Bezieht sich das auf einen von uns, der die
Kunst, solche Formeln in der rechten Art und Weise herzusagen – Gesänge, Schreie, Zischen und Pfeifen – und der
alles andere vollkommen beherrscht, welches, wie sie es dar-
legen, höhere Mächte lenken kann?

Wenn sie sich weigern, es so auszudrücken, [möchte ich
fragen,] wie können körperlose Dinge durch Töne beeinflußt werden? Durch die Ausdrucksweise, die sie anwenden, um ihren Theorien einen erhabenen Anstrich zu geben,
berauben sie, ohne es zu merken, diese Mächte ihrer Erhabenheit. Sie behaupten, daß sie sich selber von einer Krank-

heit heilen können; wenn sie damit meinen, daß sie das durch Selbstdisziplin und eine vernünftige Lebensführung tun können, »schön«, wie die Philosophen sagen würden. Aber in Tat und Wahrheit nehmen sie an, daß Krankheit durch Dämonen verursacht wird, und behaupten, daß sie diese Dämonen durch ihre Worte austreiben können. Wenn sie das behaupten, so beeindrucken sie das Volk, das Respekt vor den Kräften hat, die man Magiern zuschreibt, aber sie würden kaum einen vernünftigen Menschen überzeugen, [wenn sie behaupten,] daß Krankheit ihren Ursprung nicht in Übermüdung, Überernährung, Mangel an Nahrung, oder in einem Verwesungsprozeß hat oder ganz allgemein in Veränderungen, die ihren Ursprung im Inneren oder im Äußeren haben.

Die Art und Weise, wie sie Krankheiten behandeln, macht dies deutlich. Hat der Patient Durchfall oder hat er ein Abführmittel eingenommen, so geht die Krankheit durch die unteren Kanäle weg und verläßt den Körper. So verhält es sich auch mit Aderlässen. Fasten bringt ebenfalls Heilung.

Geschieht dies etwa, weil der Dämon ausgehungert wird oder weil das Heilmittel ihn ausgezehrt hat? Verschwindet er manchmal sofort und bleibt er manchmal drinnen? Wenn er drinnen bleibt, wie ist es möglich, daß es dem Patienten besser geht, auch wenn der Dämon immer noch drinnen ist? Und wenn der Dämon auf die Dauer drinnen bleibt, wie ist es möglich, daß es dem Patienten besser geht, obwohl der Dämon immer noch in ihm ist? Warum ging er weg – wenn er wirklich wegging? Was geschah mit ihm? Tat ihm vielleicht die Krankheit gut? Wenn ja, dann ist die Krankheit vom Dämon verschieden. Und dann: Wenn der Dämon ohne jede Ursache [d. h. wohl: ohne daß eine Krankheit die Ursache war] in den Körper eintrat, warum sind wir dann nicht immer krank? Und wenn eine Ursache vorlag, warum bedürfen wir des Dämons, um krank zu sein? Die Ursache genügt, ein Fieber hervorzurufen.

33

Iamblichos berichtet, daß die Theurgen Mächte, die im Himmel, auf Erden und in der Unterwelt herrschen, anrufen. Das überraschte offenbar Philosophen und Theologen, die glaubten, daß Götter nur im Himmel wohnen.

In fast dichterischer Weise sucht Iamblichos zu erklären, daß die Macht der Götter wie das Licht ist: es leuchtet und wärmt; es füllt das Weltall, ist aber eins. Die Sterne nennt er das »glänzende Abbild der Götter«. Das göttliche Element ist überall und läßt sich nicht räumlich oder zeitlich fassen.

Iamblichos, *Über die Mysterien Ägyptens* 1.9

Ich nehme an, daß du nicht die schwierige Frage stellst: »Wenn die Götter nur im Himmel wohnen, weshalb rufen die Theurgen auch die Mächte an, die auf Erden und unter der Erde sind?« Was das erste betrifft, daß die Götter nur im Himmel wohnen, so ist es nicht wahr. Alles ist voll von ihnen. Statt dessen fragst du: »Wie kann man sagen, daß einige im Wasser oder in der Luft sind? Und wie ist es möglich, daß einigen andere Orte zugewiesen sind als anderen? Erhielten sie irgendwie, als wäre das ihr Geschick, die Dimensionen von Körpern, während ihre Kräfte doch unendlich, unteilbar, unfaßbar sind? Wie kann es eine Vereinigung zwischen ihnen geben, da sie doch durch ihre eigenen, abgegrenzten Dimensionen voneinander getrennt sind, in Übereinstimmung mit dem Wesen der verschiedenen Orte und der Körper, die sie bewohnen?«

Es gibt eine einzige umfassende Antwort auf alle diese Fragen und sehr viele mehr, die ähnlich sind: man muß die Art und Weise der göttlichen Zuteilung betrachten. Ob sie Teile des Ganzen, wie etwa den Himmel oder heilige Städte und Örtlichkeiten oder heilige Bezirke oder geheiligte Statuen zuteilt, sie beleuchtet alles von außen her mit ihren Strahlen. Wie das Licht alles umfaßt, was es mit seinen Strahlen heller macht, so umfaßt die Macht der Götter alles, was an ihr teilhat. Und so wie das Licht in der Luft gegenwärtig ist, ohne sich mit ihr zu vermischen (Beweis: kein Licht bleibt in der Luft zurück, sobald das lichtspendende Element sich aus ihr zurückgezogen hat, aber es bleibt immer noch warm, wenn das wärmende Element sich zurückgezogen hat), so scheint das Licht der Götter an und für sich und verbreitet sich, befestigt in sich selbst, durch das ganze Weltall. Das sichtbare Licht ist etwas Kontinuierliches und überall dasselbe. Deshalb ist es unmöglich, einen Teil davon abzuschneiden oder es auf einen Kreis zu beschränken oder es von seiner Quelle zu trennen.

Nach demselben Grundsatz kann das Weltall, da es teilbar ist, im Verhältnis zu dem einen, unteilbaren Licht der Götter getrennt werden. Auch das Licht ist völlig eins, absolut eins. Es ist da als eine unteilbare Einheit für alle, die imstande sind, daran teilzuhaben. Durch seine vollkommene Kraft hat es alles erfüllt; durch seinen unbegrenzten Überfluß an Schöpferkraft übersteigt es alles in sich selbst; in jeder Beziehung ist es eins mit sich selbst und verbindet das Ende mit dem Anfang. Indem er diesen Prozeß nachahmt, beschreibt der ganze Himmel, das ganze Weltall diese kreisförmige Bewegung. [Das Licht] ist vereint mit sich selbst. Es führt die Elemente in ihrem kreisförmigen Wirbel an; es schließt alle Wesen ein, die eins-im-anderen sind und sich zueinander hin bewegen; es bestimmt in gleichen Maßen selbst die Teile, die ihren Platz an den äußersten Enden haben. Es bringt eine Kontinuität, eine Harmonie des Ganzen mit dem Ganzen hervor.

Wenn du die glänzenden Götterbilder [d.h. die Sterne] betrachtest, wie sie auf diese Weise vereint sind, würdest du dann nicht zögern, dir eine andere Vorstellung von den Göttern, ihren Urhebern, zu bilden, nämlich anzunehmen, daß sie unterteilt sind und körperliche Umrisse haben? Was mich betrifft, so glaube ich, daß fast jeder das so anschaut. Denn es gibt kein Prinzip, kein symmetrisches Verhältnis, keine gemeinsame Substanz, keine Verbindung, weder potentiell noch aktuell, zwischen dem Organisierten und dem Organisierenden; sie besitzen praktisch keine Wirklichkeit, wenn ich so sagen darf; denn keine seitliche Spannung, keine innere Spannung, kein Umfang im Raum, keine Auftei-

lung, keine andere derartige Gleichsetzung kann in Gegenwart der Götter geschaffen werden…

34

Iamblichos sieht sich als Theurgen, und Theurgie war für ihn ein
ganz besonderes Erlebnis, das sich nicht verstandesmäßig erklären ließ. Er zieht die Grenze zwischen einer rein theoretischen
Auffassung der Theurgie und einem tieferen Verständnis. Wir hören die Stimme eines Philosophen, der mit ganzer Seele an die
Macht der alten Götter glaubt und auf Mittel und Wege sinnt,
diese Macht den Ungläubigen faßbar zu machen. Die antike
Theurgie hat etwas Experimentelles, und die mystischen Erlebnisse, die sie zu vermitteln sucht, sind offenbar nicht immer genau
vorauszusehen, so daß Verwirrung und Enttäuschung nicht zu
vermeiden waren. Iamblichos' Festhalten an der Wirklichkeit der
Götter und seine Bemühungen, scheinbare Fehlleistungen der Medien zu rechtfertigen, geben seinem System etwas Gequältes und
machen das Buch schwer lesbar. Eindrucksvoll ist sein Glaube,
daß die Götter das Gute, das Vollkommene im Menschen zu wür-
digen wissen. All dies ist in der eigenartigen Terminologie der
Neuplatoniker vorgetragen, wobei Übergänge von der Welt, wie
sie ist, zu der Welt, wie sie sein sollte, und umgekehrt nicht überraschen dürfen.

Iamblichos, *Über die Mysterien Ägyptens* 2.11

Die folgenden Probleme, die du zur Sprache bringst, wenn
du die Unwissenheit und den Betrug in diesen Dingen als
eine Art Verworfenheit und Entartung darstellst, ermutigen
mich, die wahre Lehre darüber vorzutragen. Diese Probleme sind nicht umstritten; alle sind sich einig. Denn wer wollte nicht zugeben, daß eine Wissenschaft, die sich mit dem
Seienden befaßt, den Göttern höchst angemessen ist [drei
griechische Worte, die wahrscheinlich eine Glosse darstellen, sind in der Übersetzung weggelassen], während Unwissenheit, die zum Nichtseienden hin tendiert, der göttlichen Ursache der wahren Darstellungen einfach nicht ge-
recht wird? Doch da ich das nicht zureichend erörtert habe,
will ich [jetzt] beifügen, was ich ausließ, und da mein

Gegner sich mehr als Philosoph und Logiker verteidigt, und nicht gemäß der »wirksamen Technik der Priester« [offenbar ein Synonym für Theurgie], glaube ich, daß ich als Theurg über diese Dinge sprechen sollte.

Zugegeben, daß Unwissenheit und Betrug unrecht und gottlos sind. Gleichzeitig kann man nicht unbedingt sagen, daß sie das, was man geziemend den Göttern und göttlichen Handlungen opfert, Lügen strafen, denn es ist ja nicht das Denken, das die Theurgen mit den Göttern verbindet. Denn was könnte diejenigen, die philosophieren, davon abhalten, daß sie theoretisch eine theurgische Vereinigung mit den Göttern erleben? In Tat und Wahrheit verhält es sich ganz anders. Es ist die mystische Verwirklichung der unaussprechlichen Dinge, der Dinge, die jenseits aller Gedanken gemäß dem göttlichen Willen und der Macht der stummen Symbole erreicht werden, der Symbole, die nur von den Göttern, die die theurgische Vereinigung herbeibringen, verstanden werden. Deshalb erzielen wir diese Wirkungen nicht durch unser Denken, denn auf diese Weise wäre ihre Wirksamkeit rein intellektuell und würde nur von uns selber abhängen. Weder das eine noch das andere trifft zu. Denn selbst wenn wir nicht darüber nachdenken, führen die Zeichen selber durch sich selbst die ihnen eigene Handlung aus, und die unaussprechliche Macht der Götter, zu denen sie [die Zeichen] gehören, erkennt sich selbst durch sich selbst und ihre eigenen Bilder, ohne daß sie durch unsere geistigen Prozesse geweckt zu werden braucht. Es ist nicht natürlich für das Enthaltende durch das in ihm Enthaltene, für das Vollkommene durch das Unvollkommene, für das Ganze durch die Teile erschüttert zu werden. Daher werden die göttlichen Ursachen nicht primär durch unsere Gedanken zum Handeln aufgerufen, sondern unsere Gedanken, zusammen mit den besten Anlagen unserer Seele sowie mit unserer Reinheit, müssen zuerst da sein, gewissermaßen als mitwirkende Ursachen. Was den göttlichen Willen recht eigentlich erweckt, sind die göttlichen Zeichen selber. So werden die Handlungen der Götter durch sich selber in Bewegung gesetzt, und sie erhalten nicht von irgendwelchen

untergeordneten Wesen einen Ansporn für ihre eigene Energie.

Ich habe diese Dinge ausführlich erörtert, damit ihr nicht
etwa glaubt, daß die ganze Kraft der theurgischen Handlung von uns her kommt...

35

Die Schüler Iamblichos', so erzählt Eunapios, baten ihn einmal,
ihnen zuliebe etwas ganz besonderes zu bewirken. Er tat ihnen
nicht sofort den Gefallen, sondern ließ sie warten, bis sich eine
Gelegenheit ergab. Die Lektion, die er ihnen erteilte, ist in Übereinstimmung mit seiner Lehre: Von den Göttern ein Wunder zu
verlangen, wäre Hybris und daher gefährlich. Er glaubte aber
auch – bis zu einem gewissen Punkt –, daß sogenannte Wunder
gar nicht durch das Eingreifen von Göttern geschehen. Schließlich gelang es ihm, zwei göttliche Mächte, Eros und Anteros, erscheinen zu lassen. Eros ist der Gott der Liebe, aber Anteros
kann nicht, wie der Name anzudeuten scheint, das Gegenteil von
Liebe, also Haß, sein. Das Präfix Anti- weist vielmehr auf eine
Art Ersatz für Liebe hin – etwas, das wie Liebe ist. Die Schüler
sind von dem Erlebnis beeindruckt und glauben fortan alles, was
der Meister sagt.

Eunapios, *Leben der Philosophen und Sophisten*, p. 459
Boissonade

Die Schüler wollten Iamblich in einer wichtigeren Angele-
genheit auf die Probe stellen, doch er sagte: »Nein. Das
hängt nicht von mir ab. Wir müssen den rechten Moment
abwarten.« Etwas später beschlossen sie, nach Gadara zu
gehen. Dies ist ein Ort in Syrien, der heiße Quellen hat. Sie
kommen an zweiter Stelle nach denen von Baiae in Italien,
und mit diesen kann man keine anderen Bäder vergleichen.
So reisten sie also in der sommerlichen Jahreszeit nach Gadara. Iamblich nahm gerade ein Bad; seine Schüler badeten
mit ihm und trugen nochmals ihre Bitte vor. Iamblich lächel-
te und sprach: »Es wäre ein Mangel an Ehrfurcht gegenüber
den Göttern, einen solchen Beweis durchzuführen, doch
euch zuliebe soll es sein.«

Es waren da zwei heiße Quellen, kleiner, aber angeneh-
mer als die anderen. Er befahl seinen Schülern, von den
Menschen, die da wohnten, die alten Namen zu erfahren.
Sie taten, was er ihnen befohlen hatte, und sagten zu ihm:
»Wir haben das nicht erfunden, aber diese Quelle heißt
Eros und die Quelle gleich daneben wird Anteros genannt.«
Sogleich berührte er das Wasser – er saß gerade am Rand
der Quelle, wo das übersprudelnde Wasser abfließt – sagte
eine kurze Formel her und beschwor aus der Tiefe der Quelle einen Knaben herauf. Der Knabe war hellhäutig und
nicht allzu groß; seine Locken waren golden, Rücken und
Brust glänzten, und er sah genauso aus wie einer, der ein
Bad nimmt oder eben aus dem Bad gekommen ist. Die Schüler waren überwältigt, aber Iamblich sagte: »Laßt uns zur
nächsten Quelle gehen,« und ging voraus, tief in Gedanken
versunken. Dort wiederholte er dasselbe Ritual und beschwor einen anderen Eros herauf, der dem vorher erschienenen in jeder Beziehung ähnlich sah, nur war sein Haar
dunkler, und es wallte im Sonnenschein. Beide Knaben um-
armten Iamblich und hingen an ihm, als wäre er ihr Vater.
Er schickte sie dorthin zurück, von wo sie herkamen und
entfernte sich, nachdem er gebadet hatte, während seine
Schüler ihm huldigten. Nach diesem Ereignis verlangte die
Schülerschar nichts mehr von ihm, sondern hing an ihm in
Anbetracht der Beweise, die er ihnen geliefert hatte, als wäre sie durch eine unzerbrechliche Kette an ihn gefesselt, und
glaubte ihm alles.

36

Maximos von Ephesos, der berühmteste Theurg des 4. Jahrhunderts n. Chr., hatte großen Einfluß auf Kaiser Julian, wurde aber
unter Valens hingerichtet. Eunapios, der Verfasser seiner Kurz-
biographie, berichtet zuerst, welchen Eindruck der große Lehrer
auf ihn selbst machte und beruft sich dann auf Eusebios (nicht
den christlichen Autor aus Caesarea) und auf Julian selber, um zu
zeigen, wie Maximos' übernatürliche Begabung sich äußerte. Wir
haben es offenbar wieder mit einem Philosophen zu tun, der auch

Magier, Wundertäter und Theurg war. Ohne ein Wunder hätte
man seine Lehre nicht so bereitwillig aufgenommen. Der junge
Julian suchte einen Lehrer, der alle diese Eigenschaften verband,
und durch Eusebios fand er Maximos, doch dann zog es ihn zu
einem noch größeren Hierophanten, der die Gabe der Weissagung besaß.

Eunapios, *Leben der Philosophen und Sophisten*, p. 473–74
Boissonade

Als ich noch jung war, traf ich den Greis [Maximos] und
lauschte seiner Stimme, die wie Homers Athena oder
Apollo klang. Seine Pupillen waren beflügelt, wenn ich das
so ausdrücken darf; er hatte einen grauen Bart, und seine
Augen enthüllten die Impulse seiner Seele. Eine Harmonie
breitete sich über seine ganze Persönlichkeit aus, wenn man
ihm zuhörte und ihn anschaute, und wenn man in seiner
Nähe weilte, fühlte man sich durch beide Sinnesorgane überwältigt, denn man konnte den schnellen Bewegungen seiner
Augen und dem raschen Fluß seines Sprechens nicht widerstehen. Wenn sich eine Debatte entspann, wagte keiner,
nicht einmal einer der Fortgeschrittenen, der völlig Rede-
gewandten, ihm zu widersprechen, sondern sie gaben
schweigend nach und stimmten ihm zu, was er auch sagte,
als wäre er die Stimme eines Orakels; so groß war der Zauber, der auf seinen Lippen saß...

Chrysanthios' Seele war ganz und gar wie die des Maximos; auch er war ein begeisterter Wundertäter und beschäftigte sich mit den okkulten Wissenschaften...

[Eusebios, ein Lehrer Julians, sagte:] »Maximos ist einer
unserer älteren, reiferen Schüler. Er ist überbegabt und
drückt sich so gut aus, daß er sich nicht um die übliche Art
der Beweise kümmert, sondern jähen Impulsen folgt. Kürzlich lud er uns in den Tempel der Hekate ein und brachte
viele Augenzeugen, die auf seiner Seite waren. Als wir ein-
trafen und der Göttin huldigten, sagte er zu uns: ›Setzt
euch, liebe Freunde, und beobachtet, was geschehen wird;
dann könnt ihr beurteilen, ob ich anders bin als der Durchschnitt.‹ Das sagte er. Wir alle setzten uns. Nun verbrannte

er ein Weihrauchkorn und rezitierte vor sich her eine Art
Hymnus vom Anfang bis zum Ende, und seine Darbietung
war so erfolgreich, daß die Statue der Göttin zunächst zu
lächeln begann und dann sogar zu lachen schien. Wir waren
von diesem Phänomen zutiefst beeindruckt, er aber sagte:
›Ihr braucht euch nicht zu fürchten, keiner von euch, denn
sogleich werden sich auch die Fackeln, welche die Göttin in
den Händen hält, entzünden.‹ Kaum hatte er das gesagt,
sprühten in alle Richtungen Flammen aus den Fackeln. Damit also verabschiedeten wir uns von diesem großartigen
Wundertäter, und wir waren von seiner Darbietung beeindruckt. Du aber solltest diese Dinge nicht bestaunen – ich
bestaune sie auch nicht. Vielmehr solltest du glauben, daß
Reinigung durch Vernunft etwas sehr Wichtiges ist.« Als
der göttliche Julian das hörte, sagte er: »Also gut, lebwohl!
Lies deine Bücher. Du hast mich auf den Mann hingewie-
sen, den ich suche.« Er sagte es, küßte Chrysanthios' Haupt
und verreiste nach Ephesos. Dort besuchte er Maximos, gab
sich ihm ganz hin und machte sich alles, was dieser ihn lehren konnte, zu eigen. Maximos bewirkte, daß Julian den
göttlichen Chrysanthios einlud, sich zu ihnen zu gesellen,
und als das geschah, waren beide kaum imstande, das Interesse des Jünglings für das Okkulte zu befriedigen.

Julian machte gute Fortschritte in seinen Studien, aber
dann vernahm er, daß in Griechenland ein Hierophant war,
der den ›Beiden Göttinnen‹ [Demeter und Persephone] diente, und sofort eilte er dorthin. Ich darf den Namen des Mannes, der damals das Amt des Hierophanten bekleidete, nicht
nennen, denn er ist es, der den Autor dieses Buchs [in die
Mysterien] einweihte. Er stammte von den Eumolpiden ab.
Er war es, der in Gegenwart des Autors die Zerstörung der
Tempel und den Untergang von ganz Griechenland prophezeite… Er war ein so großer Prophet, daß er voraussah, wie
zu seinen Lebzeiten die Tempel zerstört und dem Erd-
boden gleichgemacht wurden… daß die Verehrung der ›Beiden Göttinnen‹ noch vor seinem Tod ein Ende fand… Und
all das geschah…

II

WUNDER

Einleitung

Ein Wunder kann definiert werden als ein außerordentliches Ereignis, das der Erfahrung oder den Naturgesetzen, soweit wir sie kennen, zu widersprechen scheint und durch rein menschliche Kräfte nicht restlos erklärt werden kann. Zum Wesen des Wunders gehört, daß es bezeugt ist und bis zu einem gewissen Grad kontrolliert werden kann. Wunder werden häufig dem Eingreifen übersinnlicher Wesen zugeschrieben. Eine rätselhafte Heilung kann als Wunder verstanden werden, entweder weil der Heilende selber göttlich ist oder weil durch ihn eine göttliche Kraft wirkt.[1]

Vom modernen Standpunkt aus steht also ein Wunder im Gegensatz zu den Naturgesetzen, d. h. den Regeln des Naturgeschehens, die sich erfahrungsgemäß immer wieder bestätigen. Da aber der Antike der Begriff des Naturgesetzes in diesem Sinne fehlt, werden ›Wunder‹ nicht unbedingt als etwas Außerordentliches empfunden. Die göttlichen Mächte, die sich manifestieren, können dies jederzeit und überall tun. Die Götter Homers unterhalten sich mit Menschen und greifen in ihr Leben ein, als wäre das etwas Alltägliches. Das ist natürlich Dichtung, und Homer schreibt über Menschen eines längst vergangenen Zeitalters. In den vorliegenden Texten ist aber das Bewußtsein, daß es sich um etwas Außergewöhnliches handelt, meist deutlich spürbar.

Schon diese Erwägungen zeigen, wie schwierig es ist, Magie und Wunder zu trennen. Das griechische *dynamis* ›Kraft‹ bezeichnet die Fähigkeit, Wunder zu tun, wie auch die zu zaubern. Der Magier ist oft auch Wundertäter, während ein Wundertäter wie Jesus von Gegnern abschätzig als

Magier bezeichnet wird. Ein Unterschied fällt vielleicht ins
Gewicht: Magie vollzieht sich im Geheimen und manchmal
auf Distanz, und ihre Wirkung kann oft nicht sofort festgestellt werden, während Wunder, wie oben angedeutet, vor
Augenzeugen geschehen und eine unmittelbare Wirkung haben. Wunder wurden häufig aufgezeichnet, z.B. im Heiligtum des Asklepios zu Epidauros, und zwar um die Macht
des Gottes zu dokumentieren und dadurch den Patienten
Zuversicht zu geben.

Das Problem hat einen semantischen, einen kulturellen
und einen theologischen Aspekt. Wir haben schon festgestellt, daß die Worte *mageia, magos* ursprünglich aus dem
persischen Bereich entlehnt wurden, um religiöse Handlungen zu bezeichnen, die den Griechen fremd und deshalb
verdächtig waren. Das lateinische Wort *miraculum* (von *mi-
rari*, ›bewundern‹) hat eine lange Geschichte, aber im modernen Sinne, als Übersetzung von griechisch *thaumasion*, ist
es erst im Spätlatein bezeugt und wird so, entgegen unseren
Erwartungen, in der Vulgata nicht verwendet;[2] vielmehr ersetzt die lateinische Bibel das griechische *semeion*, ›Zeichen‹, durch *signum*, das griechische *teras* durch *prodigium*,
›bedeutungsvolles Vorzeichen‹, und das schon erwähnte *dynamis* durch *virtus*, ›Kraft‹.

Das kulturelle Problem wurde schon besprochen (o. S.
5-9). Was in einem Kulturbereich Religion ist, gilt in einem
anderen als Magie. Manches spricht dafür, daß in der antiken Magie eine prähistorische Religion weiterlebt. Auch
das macht es schwierig, Wunder und magische Handlung
zu trennen.

Damit verbindet sich der theologische Aspekt des Pro-
blems. Der Gläubige akzeptiert ohne weiteres die Bezeichnung »Wunder« für das, was das Neue Testament »Zeichen« nennt, auch wenn er sie nicht erklären kann; er würde
sie keinesfalls mit Magie in Zusammenhang bringen. Die
Wunder Jesu lassen sich von seiner Person nicht trennen; es
sind »Zeichen«, die auf sein Wesen hindeuten und diejenigen, die sie bezeugen, zum Glauben hinführen. Dadurch
unterscheiden sie sich von den in manchem vergleichbaren

Wundertaten des Apollonios von Tyana. Letztlich ist es also eine Frage des Glaubens, und nicht ohne Grund hat Goethe das Wunder »des Glaubens liebstes Kind« genannt.

Wenn man an die komplizierten Rezepte der Zauberpapyri denkt, so fällt einem ein anderer Unterschied auf: Magische Handlungen erfordern oft langwierige Vorbereitungen, Ingredienzien aller Art, Hilfsmittel und einen festgelegten Ritus. Wunder geschehen spontan, sofort, ohne viel Bemühung, und der Wundertäter braucht nur die einfachsten Mittel, etwa Speichel oder ein Kleidungsstück, das mit seiner *dynamis* geladen ist.[3]

Einige charakteristische Bezeichnungen des Wunders in antiken Texten sind: *to paradoxon*, ›das Außergewöhnliche; das völlig Unerwartete‹; *to teratodes*,[4] ›das Seltsame; das Abnorme‹; *to phoberon*, ›das Furchterregende‹. Diese Ausdrücke beschreiben die Reaktionen und Gefühle des Menschen, der einem Wunder beiwohnt. Wunder sind immer erwünscht, während Magie schaden kann, trotzdem wirken sie überwältigend oder beängstigend, weil sich in ihnen eine höhere Macht manifestiert.

Was der französische Psychologe Pierre Janet (1859–1947) schreibt,[5] ist bedenkenswert:

»Von Zeit zu Zeit ist es Mode, Wunder zu belächeln und zu behaupten, es gebe sie nicht. Das ist absurd. Wir sind von Wundern umgeben. Schon unser Dasein ist ein ständiges Wunder, und jede Wissenschaft hat mit dem Studium von Wundern begonnen. Was man wunderbar nennen kann, gehört in eine sehr weite Kategorie von Phänomenen, die mit dem wissenschaftlichen Determinismus in Konflikt kommen... Wenn uns diese Phänomene nichts angehen, nennen wir sie ›Schicksal‹, aber wenn uns diese nicht näher bestimmbaren Phänomene erwünscht sind, sprechen wir von ›Wundern‹. Wenn ich höre, daß eine mir unbekannte Person den ersten Preis in einer Lotterie gewonnen hat, sage ich, es sei Zufall; wenn ich selber gewonnen habe, nenne ich es ein Wunder.«

Die Wunder, die Moses in seinem Wettkampf mit den ägyptischen Zauberern vor dem Pharao vollbringt (2. *Buch*

Moses, Kap. 7), sind magischer Natur,[6] aber für Josephus
(*Antiquitates* 2.284 ff) sind sie eine göttliche Bestätigung von
Moses' Berufung; er läßt Moses sagen, seine Taten seien denjenigen der ägyptischen Magier überlegen, weil das Göttliche dem Menschlichen überlegen sei. Aber was Moses tut,
ist im Grunde das, was die Ägypter auch tun, nur kann er es
viel besser als sie. Es ist eine Art Magie, aber nicht um der
Schau oder der persönlichen Bereicherung willen, sondern
ein Wunder, das zeigt, wie sehr Moses' Gott den ägyptischen Göttern überlegen ist. Wenn Magie die Autorität
eines Gottes bestätigt, ist sie legitim, und ihre Leistungen
können als Wunder betrachtet werden.

Die Propheten des Alten Testaments heilten Kranke und
erweckten Tote, und Jesus, den manche Zeitgenossen als
einen Propheten ansahen, tat dasselbe. Doch das war nur
ein Teil seiner Tätigkeit; er war kein berufsmäßiger Heilender, und er gab keine medizinischen Ratschläge, verordnete
also nie Bäder, Diät oder sportliche Betätigung, wie das der
Gott Asklepios oder Apollonios von Tyana taten.

Was wir Wunder nennen, sind oft außergewöhnliche Heilungen, die man als »Glaubenskuren« bezeichnet; aber der
Ausdruck ist etwas irreführend, denn der Glaube des Ge-
heilten ist keine notwendige Voraussetzung.[7] Daher hat
man andere Bezeichnungen vorgeschlagen, zum Beispiel
»göttliche Heilungen« oder »Geistheilungen«, und vielleicht sind sie angemessener. Wenn Krankheiten durch göttliche Mächte oder böse Geister verursacht werden, dann
können sie auch durch solche Mächte, die durch einen Menschen wirken, geheilt werden, zum Beispiel dadurch, daß
ein guter Geist einen bösen austreibt. Manchmal ist ein bestimmtes Ritual notwendig, zum Beispiel die Inkubation,
aber manchmal genügt die Berührung des Heilenden. Dieser ist nicht notwendigerweise ein Priester oder der Abgesandte eines Gottes; im Altertum und Mittelalter hatten
weltliche Herrscher die Fähigkeit, durch Berührung oder
Handauflegung wunderbare Heilungen zu bewirken.[8]

Manche Patienten, deren Wunderkuren aufgezeichnet
wurden, suchten vermutlich zunächst Hilfe von der Schul-

medizin, bevor sie sich an einen wundertätigen Gott oder
Menschen wandten. Es gab in Griechenland seit Hippokrates (5. Jahrhundert v. Chr.) eine wissenschaftliche Medizin,
daneben die Volksmedizin und die heilenden Schamanen.
Ferner existierten wohl auch Ärzte, die im Namen eines
Gottes heilten und gleichzeitig Erfahrungen der Volksmedizin anwandten. Daß die Priester des Asklepios medizinische Kenntnisse besaßen, ist bezeugt, aber die erfolgte
Heilung selbst wurde von ihnen dem Gott zugeschrieben;
sie selbst sahen sich offenbar nur als Vermittler oder vorbe-
reitende Organe. Zum Beispiel spielten die Träume der Priester, wie man aus den *Heiligen Reden* des Aristides weiß,
eine fast ebenso wichtige Rolle wie die Träume des Patienten. So kann man sagen, daß der ganze Vorgang, von den
vorbereitenden Riten über die Anweisungen des Gottes, ihre Deutungen durch die Priester und die Ratschläge der Ärzte bis zur Heilung und ihrer Niederschrift einen religiösen
Hintergrund hat, aber die Tradition wird ständig neuen Erfahrungen angepaßt. Es gibt auch hier ein Fortschrittsden-
ken.

Die Niederschrift des Wunders ist kein unwichtiger Bestandteil des ganzen Vorgangs. Es scheint, daß auch in dieser Hinsicht der Kult des Asklepios ältere Traditionen wei-
terführte. So glaubte man im alten Ägypten, daß alles, was
ein dankbarer Patient zurückläßt, prophylaktisch wirkt.[9]

Am besten läßt sich der Begriff des Wunders in antiker
Sicht wie folgt erklären.[10] Die Natur ist von einer göttlichen
Macht durchdrungen und belebt. Wir erleben gewisse Vorgänge im Weltall – dem Makrokosmos – als Analogien zu
gewissen Vorgängen im Menschen – dem Mikrokosmos.
Auch die wissenschaftliche Medizin der Antike ließ diese
Auffassung gelten. Deshalb schlossen die Ärzte, auch wenn
sie Diät, Medikamente, Sport und andere »natürliche« oder
»wissenschaftliche« Therapien vorschrieben, eine direkte
göttliche Einwirkung nicht aus. Entweder identifizierten sie
Gott mit der Natur, oder sie unterschieden gewisse Ereignisse, die man auf »natürliche Weise« erklären konnte, von
»spontanen« Vorgängen, die eine solche Erklärung nicht zu-

ließen. Das waren die Wunderkuren. Im Weltbild der antiken Ärzte von Hippokrates bis Galen und später gab es
einen Raum für das Göttliche, auch wenn sie die Exorzismen, Beschwörungen und Reinigungszeremonien der Schamanen ablehnten.

Wir haben zwei sich ergänzende Berichte (Tacitus, *Hist.*
4.81–84 und Sueton, *Vespasian* 7.4–7) von einer Wunderheilung, die Vespasian in Alexandrien vollzog, offenbar kurz
nachdem man ihm als dem neuen Kaiser gehuldigt hatte.
Ein Blinder und ein Lahmer (wie es scheint) traten vor ihn
und baten – der eine durch Vespasians Speichel, der andere
durch Auflegen seines Fußes –, von ihm geheilt zu werden.
Vespasian zögerte zunächst und konsultierte »die Ärzte«
(nach Tacitus) oder »die Freunde« (nach Sueton). Die Über-
legungen der Ärzte (nach Tacitus) sind bemerkenswert: (1)
Medizinisch gesehen, wäre eine plötzliche Heilung nicht
ausgeschlossen; (2) vielleicht seien die Götter an dieser Sache besonders interessiert; (3) vielleicht sei er, Vespasian,
erwählt zu helfen (*divino ministerio… electum*); (4) gehe es
gut (d. h. trete das Wunder ein), falle der Ruhm auf ihn; gehe es schief, würden die beiden Kranken zum Gespött,
nicht aber er, der neue Kaiser.

Auch Vespasians Logik (nach Tacitus) ist aufschlußreich:
(1) bei seinem bisherigen Glück ist nichts unmöglich; (2) gelingt das Wunder, wird man ihm künftig alles zutrauen. Er
tut also »mit freundlicher Miene«, was man von ihm verlangt und hat Erfolg.

Nun kommt – ebenfalls interessant – Tacitus' eigene Beurteilung der Episode: Sie muß wahr sein, denn Augenzeugen erzählen sie »noch jetzt« (d. h. zur Zeit Trajans), und sie
hätten nichts zu gewinnen, wenn sie lügen würden.

Sueton fügt bei, daß die beiden Kranken im Traum vom
Gott Serapis aufgefordert wurden, bei Vespasian Hilfe zu
suchen, und für ihn liefert das Wunder dem »neuen, unver-
hofften Princeps« die *auctoritas* und *maiestas*, die ihm noch
fehlen. Träume, die den Weg zur Heilung weisen, sind typisch für solche Berichte, und da sich die Episode in Alexandrien abspielt, lag es nahe, an Serapis zu denken. Man

kann hier wirklich von einem »kalkulierten Wunder« sprechen. Es ist eine historische Begegnung: nüchterne Argumente auf der Seite der Römer (die aber ein Mitwirken der
Götter nicht ausschließen) – unbeirrbarer Wunderglaube
auf der Seite der Alexandriner.

Als Wunder wird oft eine sofortige Heilung in Gegenwart von Zeugen bezeichnet. Es gibt auch Heilungen, die
viel Zeit brauchen, wie zum Beispiel diejenigen, von denen
Aelius Aristides (Nr. 41) berichtet; eine Krise folgt der anderen, und die Anweisungen des Gottes richten sich jeweils
danach. Der Erfolg, der sich schließlich einstellt, wird dennoch als Wunder gebucht.

Von den etwa fünfzig Wundern, die in den vier Evangelien Jesus zugeschrieben werden, sind fast vierzig Heilungen (ohne die Erweckung eines Toten), und manche haben mit seelischen Krankheiten zu tun.[11] Heilungen organi-
scher Krankheiten werden in den synoptischen Evangelien
(*Matthäus*, *Markus* und *Lukas*) festgehalten. *Matthäus*
(8.5–13; vgl. *Lukas* 7.1–10; *Johannes* 4.46b–54) und *Markus*
(7.24–30) berichten von Personen, denen nicht bewußt war,
daß sie geheilt wurden: die eine war der »Junge« (Sohn oder
Sklave) des Centurions von Kapernaum; die andere war die
Tochter der Syrophönikerin (oder Kanaanitin, nach *Matthäus* 15.21–28).[12] Diesen Erzählungen ist eines gemeinsam:
Der Patient ist nicht jüdisch oder steht einer nicht-jüdi-
schen Person nahe. Man nimmt an, daß jüdische Leser sich
daran gestoßen hätten, wenn Jesus mit Unreinen in nähere
Berührung gekommen wäre. (Sie aber glaubten an ihn, und
er war bereit, sie zu heilen, auch wenn dies auf Distanz geschah.)

Es gibt im Neuen Testament auch »negative Wunder«,
wenn man diesen Ausdruck verwenden darf. Die *Apostelgeschichte* (13.6–12) berichtet, daß Paulus und Johannes während ihres Aufenthaltes in Paphos auf der Insel Zypern
einen jüdischen *magus* und »falschen Propheten« (*pseudo-
mantis*) kennenlernten. Er hieß Elymas und gehörte der *fa-
milia* des römischen Prokonsuls Sergius Paulus an, der begierig war, »das Wort Gottes« zu hören. Als Elymas ver-

suchte, den Prokonsul gegen die Apostel aufzuhetzen, blickte Paulus »voll vom Heiligen Geist« auf ihn und strafte ihn
mit Blindheit, worauf der Römer den christlichen Glauben
annahm. Dieses Ereignis kann ziemlich genau ins Jahr 45
datiert werden. In Band V der Reihe *Beginnings of Christianity* (182 ff) bespricht A. D. Nock jüdische *magi* jener Zeit
und weist auf die besondere Rolle hin, die Elymas im Haus
eines hohen römischen Beamten spielte; er war offenbar
eine Art geistlicher Berater und sah in den Aposteln eine
unwillkommene Konkurrenz. Typisch ist in solchen Erzählungen die Konfrontation in Gegenwart einer hochgestellten Persönlichkeit (Moses und die ägyptischen Magier vor
Pharao, die Apostel und Simon Magus vor Nero), und die
Niederlage des Gegners, dessen Magie sich als schwächer
erweist, was wiederum gegen seine Gottheit spricht.

Als Jesus die zwölf Jünger ausschickte (*Matthäus*
10.1–15), gab er ihnen Macht über unreine Geister (Dämonen) und beauftragte sie, jede Art von Krankheit zu heilen. Zu jener Zeit waren körperliche und seelische Krankheiten nicht eindeutig getrennt, und man betrachtete sie als
eine göttliche Strafe für begangene Sünden. Deshalb mußte
die Erlösung von der Sünde auch die Heilung von körperlichen und seelischen Krankheiten bringen. Es ist denkbar,
daß das Urchristentum sich so rasch verbreitete, weil es sich
um die Kranken, das heißt die Sünder kümmerte, also um
Menschen, die von der Schulmedizin jener Zeit vernachlä
ßigt wurden.[13]

Im 22. Buch seines *Gottesstaats* schildert Augustin eine
Reihe von Wundern, darunter einige, die er selber bezeugt
oder bei denen er mitwirkte (Kap. 8). Eines davon betraf
einen hohen Beamten in Karthago, der längere Zeit an Mastdarmfisteln litt. Man hatte ihn bereits operiert, aber die Chirurgen waren der Meinung, daß eine weitere Operation nötig wäre. Der Patient, der genau wußte, wie schmerzhaft der
Eingriff sein würde, bat Augustin und einen seiner Gefährten, sowie zwei Bischöfe, einen Priester und mehrere Diakone, bei der Operation zugegen zu sein. Das geschah, und
alle trösteten ihn und beteten längere Zeit mit ihm. Augu-

stin schreibt: »Ob die anderen beteten…, weiß ich nicht; ich selber konnte überhaupt nicht beten.« Er konnte nur denken: Wenn Gott d i e s e G e b e t e nicht erhört, w e l c h e erhört er? Am nächsten Tag fanden sich die Freunde wieder ein, und als die Chirurgen den Verband entfernten, war nichts zu finden, das operiert werden konnte. Buchstäblich über Nacht war ein Wunder geschehen.

In den Texten, die anschließend dargeboten werden, handelt es sich manchmal um sogenannte Neurosen, die auf so unerwartete Weise geheilt wurden, daß man nur an die direkte Intervention einer Gottheit denken konnte. In der griechischen Tragödie erleben wir bildhaft die Spannungen, die innerhalb von Familien und Gemeinschaften überhaupt existierten, und obwohl es keine medizinische Terminologie im modernen Sinne gab, waren die Probleme sicher den heutigen ganz ähnlich. Es scheint aber, daß sich die Schulmedizin mehr für rein physische Symptome interessierte als für seelische Zustände[14]. Durch erfolgreiche Operationen wurden Chirurgen berühmt; einfache Medikamente, Diät oder Fasten, sportliche Betätigung, Baden in Heilquellen waren auch wirksam, aber sie erforderten Zeit, und der Erfolg war weniger spektakulär. Was die Patienten auch damals brauchten, war ein Mensch, der ihnen zuhörte und ihre Probleme verstand – das konnte ein Arzt sein, ein Priester oder ein Philosoph.

Heilwunder

37

Das Heiligtum des Asklepios in Epidauros, einem kleinen Stadt-
staat auf einer Halbinsel im saronischen Golf, war durch seine
Wunderkuren berühmt. Obwohl der durch Ausgrabungen kennt-
liche Tempel erst im 4. Jahrhundert v. Chr. gebaut wurde, muß
der Kult viel älter sein. Um den Tempel herum stand ein ganzer
Komplex anderer Gebäude, zum Teil für die Bequemlichkeit und
Unterhaltung der Patienten bestimmt, die manchmal Wochen
und Monate hier verbrachten. Es gab Säulenhallen, Bäder, eine
Sportanlage, mindestens eine Herberge und ein gut erhaltenes
Theater. An den Tempel angebaut waren Schlafräume oder ein
großer Schlafsaal, notwendig für den Tempelschlaf (Inkubation,
enkoimesis), für den Epidauros berühmt war, obwohl er auch an
anderen Orten vollzogen wurde, zum Beispiel am Orakel des
Trophonios in Lebadaia. Nachdem sie durch reinigende Riten,
Fasten, Waschungen usw. vorbereitet worden waren, verbrachten
die Patienten die Nacht im Schlafsaal. Im Traum erschien ihnen
der Gott, erkundigte sich nach ihren Symptomen und gab dann
Hinweise auf die Heilung, die am nächsten Morgen mit den Priestern und Ärzten besprochen wurden.

Im Prinzip konnte jedem Griechen oder Römer eine Gottheit,
an die er glaubte, im Traum erscheinen, gleichgültig, wo er sich
zum Schlafen niederlegte; so wissen wir von Aelius Aristides
(*Heilige Berichte* 2.80), daß er manchmal unter freiem Himmel,
auf der Tempelstraße, schlief, aber doch wohl immer innerhalb
des heiligen Bezirks. Daneben glaubte man aber, daß nur gewisse
Götter an gewissen Orten heilenden Zuspruch erteilen konnten.
Anderseits wurde die Technik der Inkubation auch für andere
Zwecke verwendet; dann übernahm der Gott die Rolle eines Orakels und antwortete auf alle Fragen, die man hatte, zum Beispiel,
wo man einen verlorenen Gegenstand finden würde.

Inkubation kann als »Träumen unter kontrollierten Bedingungen« bezeichnet werden, aber es ist noch immer nicht klar, wie
die Priester praktisch solche Träume garantieren konnten. In gewissem Sinne setzt Inkubation eine magische Technik voraus,
denn ein Traumbild des Gottes wird durch gewisse Riten und
Prozeduren heraufbeschworen, aber das alles geschieht in einem
religiösen Zusammenhang, unter der Aufsicht von Priestern, die

mindestens zum Teil auch medizinische Kenntnisse hatten. Die
Einzelheiten des Rituals sind nicht bekannt. Wie oben angedeutet, wird man an Waschungen, Gebete, feierliche Umzüge, Fasten
denken; manchmal opferte der Patient ein Tier, auf dessen Haut
er dann schlief. Eine zuversichtliche, erwartungsvolle Stimmung
wurde durch Hunderte von Inschriften an den Mauern verstärkt,
in denen frühere Heilungen aufgezeichnet waren. Aretalogen, die
Lobeshymnen auf die Gottheit sangen, trugen auch dazu bei.

Ausgebildete Ärzte praktizierten sicher in der Nähe des Tempels. Asklepios war ja der Schutzgott der griechischen Medizin,
und es heißt, daß sein Tempel auf der Insel Kos – eine Art
Konkurrenz zu Epidauros – von Schülern des großen Hippokrates gegründet worden war.

Der Gott verordnete oft Diät, sportliche Betätigung, Bäder –
im Grunde das, was der Kurarzt eines Heilbads auch heute ver-
schreiben würde. Manche Heiligtümer waren in der Nähe von
Mineralquellen angelegt, von deren heilender Wirkung die Griechen und Römer überzeugt waren. Manchmal verschrieb aber der
Gott auch ein ganz einfaches Medikament.

Die Ratschläge des Gottes scheinen manchmal ganz vernünftig
und werden von den Ärzten akzeptiert, aber nicht selten, wie wir
aus Aelius Aristides (*Heilige Berichte* 1.62 ff) sehen, erhoben die
Ärzte Einspruch, um dann später zugeben zu müssen, daß der
Gott doch recht hatte, und daß sogar eine Kompromißlösung
falsch gewesen wäre. In solchen Fällen, wo die Anweisungen des
Gottes der Diagnose der Ärzte diametral entgegenstehen und der
Patient durch seinen unbedingten Glauben an den Gott gesund
wird, kann man am ehesten von Wunderheilungen sprechen, aber
auch sie ereignen sich nicht immer plötzlich, sondern sie erfordern Zeit und Geduld und einen gewissen Heroismus im Ertragen radikaler Verordnungen.

Die Wunderheilung hat also einen religiösen, einen magischen
und einen medizinischen Aspekt. Die folgenden Inschriften sprechen für sich selbst. Nicht alle Patienten waren gläubige Verehrer
des Gottes (siehe die Zweifler in 3 und 4), aber Glaube war offenbar keine notwendige Bedingung: der Gott tat, was er tat, und
pflanzte einen neuen Glauben in den Menschen, den er geheilt
hatte, aber er bestrafte auch einen, der ihn betrogen hatte (7). Wie
8 zeigt, hatte der Gott auch Sinn für Humor.

IG 4.951–52 (= Dittenberger, *Sylloge⁴* 1168–69)
Gott　　Erfolg　　Heilungen von Apollon und Asklepios

(1) *Kleo war fünf Jahre lang schwanger gewesen.* Nachdem sie fünf Jahre lang schwanger gewesen war, wandte sie sich Hilfe suchend an den Gott und schlief im inneren Heiligtum. Sobald sie dort heraus kam und das Heiligtum verließ, gebar sie einen Sohn, der sich, kaum daß er geboren war, in der Quelle wusch und mit der Mutter herumlief. Nachdem sich das ereignet hatte, ließ sie folgende Inschrift anbringen: ›Man soll nicht die Größe dieser Tafel bestaunen, sondern das Eingreifen des Gottes. Kleo trug ihre Last im Leib während fünf Jahren, bis sie hier [d. h. im Tempel] schlief und der Gott sie genesen ließ.‹

(2) *Eine dreijährige Schwangerschaft.* Ithmonika von Pella [?] kam zum Tempel und schlief im inneren Heiligtum, um etwas über ihr Kind zu erfahren. Sie hatte ein Traumgesicht. Im Traum bat sie den Gott, ihr ein Mädchen zu schenken. Der Gott sagte zu ihr, sie sei schwanger, und er wolle ihr jeden anderen Wunsch erfüllen, sie aber sagte, sie habe keine anderen Anliegen. Sie wurde schwanger und blieb drei Jahre lang schwanger, bis sie [nochmals] an den Gott herantrat und ihn bat, ihr bei der Geburt zu helfen. Als sie im inneren Heiligtum schlief, hatte sie einen Traum. Sie träumte, daß der Gott sie fragte, ob ihr nicht alles gewährt worden sei, was sie sich wünschte, und ob sie nicht schwanger sei; von dem Kind sagte er nichts. Doch als er sie fragte, ob sie noch irgend etwas brauche, sagte er, auch das würde er tun. Da sie zu ihm gekommen sei, ihn um Hilfe zu bitten, würde er ihr auch das erfüllen, sagte er. Danach verließ sie rasch das innere Heiligtum, und als sie aus dem Tempel kam, gebar sie ein Mädchen.

(3) *Ein Mann, dessen Finger mit einer Ausnahme gelähmt waren.* Er kam zum Gott und bat um Hilfe. Als er die Tafeln betrachtete, wollte er nicht an die Heilungen glauben und spottete über die Inschriften. Als er im inneren Heiligtum schlief, hatte er einen Traum. Er träumte, daß er im Tempel würfelte, und als er gerade im Begriff war, die Wür-

fel fallen zu lassen, erschien ihm der Gott, sprang auf seine Hand und streckte ihm die Finger. Als er fortging – immer noch im Traum –, machte er die Faust und streckte jeden Finger einzeln aus. Nachdem es ihm gelungen war, sie alle einzeln auszustrecken, fragte ihn der Gott, ob er sich immer noch weigere, den Inschriften auf den Tafeln überall im Heiligtum Glauben zu schenken. Er bejahte. »Gut,« sagte der Gott, »da du dich weigerst, das zu glauben, was nicht unglaubwürdig ist, sei dein Name von nun an ›Der Zweifler‹.« Als es Tag wurde, ging der Mann fort und war geheilt.

(4) *Ambrosia aus Athen, die an einem Auge blind war.* Sie kam zum Gott und suchte Hilfe, aber als sie im heiligen Bezirk herumging, lachte sie über einige Heilungen, denn es kam ihr unglaubwürdig, unmöglich vor, daß die Lahmen und die Blinden einfach durch Traumgesichte geheilt werden konnten. Sie schlief im Heiligtum und hatte einen Traum. Sie träumte, daß der Gott ganz nahe bei ihr stand und sagte, er werde sie heilen; dafür sollte sie ihm, so sagte er, im Heiligtum ein silbernes Schwein als Weihgeschenk aufstellen, zur Erinnerung an ihre Dummheit. Während er das sagte, schnitt er ihr blindes Auge auf und träufelte Medizin hinein. Der Tag brach an; sie ging fort und war geheilt.

(5) *Ein taubstummer Knabe.* Dieser Knabe kam in den Tempelbezirk, um seine Stimme zu erlangen. Als er sein vorbereitendes Opfer darbrachte und die üblichen Riten ausführte, schaute der Tempeldiener, der das Feuer für den Gott trug, den Vater des Knaben an und fragte ihn: »Versprichst du, daß er, wenn sein Wunsch erfüllt wird, innert Jahresfrist das Opfer darbringen wird, das er für seine Heilung schuldet?« Da rief der Knabe sogleich: »Ich verspreche es!« Der Vater staunte und hieß ihn, dies nochmals zu sagen. Er sagte es nochmals und war von Stund an geheilt.

(6) *Pandaros, ein Thessalier, der Male auf der Stirn hatte.* Er schlief im Heiligtum und hatte einen Traum. Er träumte, daß der Gott einen Verband auf die Male legte und ihm sagte, er solle den Verband beim Verlassen des inneren Heiligtums abnehmen und ihn im Tempel als Weihgeschenk lassen. Als es Tag wurde, stand der Mann auf und nahm den

Verband ab, und sein Gesicht war ohne Male. Er weihte im Tempel den Verband, und dieser hatte die Male von seiner Stirn.

(7) *Echedoros empfing die Male von Pandaros zusätzlich zu denen, die er schon hatte.* Dieser Mann [d. h. Echedoros] hatte von Pandaros eine Summe Geldes erhalten, um sie in seinem Namen dem Gott in Epidauros zu überbringen, aber er überbrachte sie nicht. Als er im Heiligtum schlief, hatte er einen Traum. Er träumte, daß der Gott über ihm stand und ihn fragte, ob er von Pandaros Geld empfangen hatte, um es im Tempel als Weihgeschenk zu lassen. Er sagte, er habe nichts empfangen, aber er wolle ein Bild malen und es dort aufstellen, wenn der Gott ihn heile. Danach legte der Gott einen Verband um seine Male und befahl ihm, den Verband beim Verlassen des Heiligtums abzunehmen, sein Gesicht in der Quelle zu waschen und dann sein Spiegelbild im Wasser zu betrachten. Als es Tag wurde, ging er aus dem Heiligtum und nahm den Verband ab, aber dieser hatte die Male nicht. Als er ins Wasser blickte, sah er, daß sein Gesicht die Male von Pandaros zusätzlich zu den Malen, die er selber hatte, aufwies.

(8) *Euphanes, ein Knabe aus Epidauros.* Er litt an ›Steinen‹ und schlief im Heiligtum. Er träumte, daß der Gott über ihm stand und ihn fragte: »Was gibst du mir, wenn ich dich gesund mache?« Er antwortete: »Zehn Würfel.« Der Gott lachte und sagte, er werde seine Beschwerden lindern. Als der Tag anbrach, ging der Knabe fort und war geheilt.

(9) *Ein Mann* war in einem Auge so blind, daß er nur noch die Augenlider hatte, nichts dazwischen; die Augenhöhle war ganz leer. Einige Leute, die im Tempel waren, schalten ihn für seinen naiven Glauben, daß er sein Gesicht wieder erlangen könnte, obwohl von dem Auge nichts übrig war als die leere Augenhöhle. Als er im inneren Heiligtum schlief, hatte er einen Traum. Er träumte, daß der Gott ein Medikament zubereitete, ihm das Augenlid öffnete und das Medikament einträufelte. Als der Tag anbrach, ging er fort und konnte auf beiden Augen sehen.

(10) *Das Trinkgefäß.* Ein Träger, der auf das Heiligtum

zukam, fiel in der Nähe des Dekastadions [einer Rennbahn] um. Er erhob sich, öffnete seinen Sack und betrachtete die zerbrochenen Gegenstände darin. Als er sah, daß das Trinkgefäß, aus dem sein Herr zu trinken pflegte, zerbrochen war, war er bestürzt, setzte sich hin und fügte die Scherben zusammen. Ein Wanderer kam vorbei, sah ihn und sagte: »Du armer Kerl, warum verschwendest du deine Zeit und versuchst, das Trinkgefäß zu reparieren? Sogar Asklepios, der Gott von Epidauros, könnte es nicht wiederherstellen!« Als der Junge das hörte, tat er die Scherben in den Sack und ging zum Heiligtum, und als er dort ankam, öffnete er den Sack und nahm das Trinkgefäß heraus, und es war wieder ganz. Er berichtete seinem Herrn, was geschehen und was gesagt worden war. Als der Herr das hörte, weihte er das Trinkgefäß dem Gott.

38

Asklepiades von Prusa praktizierte viele Jahre lang in Rom und starb dort im hohen Alter etwa 40 v. Chr. Er hatte Medizin studiert, daneben auch epikureische Philosophie, und er definierte Gesundheit als »sanften Fluß der Atome durch den Körper«. Für ihn war Krankheit etwas, das diesen Fluß hemmt. Er verschrieb lieber Diät als Medikamente und lehrte, daß jede Therapie harmlos, rasch wirksam und angenehm sein müsse. Plinius der Ältere (*Naturalis Historia*, B. 7 und 26) erwähnt ihn anerkennend.

Wenn man Apuleius Glauben schenkt, konnte dieser philosophisch geschulte Arzt auch Wunder vollbringen. Aber handelt es sich in dem folgenden Bericht um ein echtes Wunder? Vielleicht hatte Asklepiades irgendetwas festgestellt, oder sein Instinkt sagte ihm, daß dieser Mensch noch lebte, obwohl andere Ärzte ihn für tot erklärt hatten. Solche Fälle sind nicht selten.

Was dieses besondere Ereignis wie ein Wunder erscheinen läßt, ist vielleicht sein dramatischer Charakter: da ist der berühmte Arzt, den die Familie offenbar nicht konsultiert hatte, der aber jetzt die Leichenfeier aufhält, großes Aufsehen erregt, die Trauergäste nötigt, sich so oder so zu entscheiden, die Erben verärgert und schließlich triumphiert. Das alles spielt sich in der Öffentlichkeit ab, und eine große Menschenmenge ist zugegen, so daß die Kunde sich in Windeseile in der Stadt verbreitet.

Apuleius, *Florida*, Kap. 19

Der berühmte Asklepiades, einer der größten Ärzte – in
Tat und Wahrheit der größte von allen, mit Ausnahme von
Hippokrates –, entdeckte unter anderem als erster, wie man
Kranke durch Wein heilen kann, im richtigen Moment, versteht sich, und er wußte genau, wann der richtige Moment
gekommen war, denn er beobachtete sorgfältig die Unregel-
mäßigkeit oder die abnormale Beschleunigung [man muß
mit Stewech *praeceleres* lesen; *praeclaros*, die überlieferte
Lesart, gibt keinen Sinn] des Pulsschlags in den Adern.

Eines Tages, als Asklepiades von seinem Landhaus in die
Stadt zurückkehrte, sah er, wie in einem Vorort die Vorbereitungen zu einem großen Begräbnis getroffen wurden.
Sehr viele Leute, eine große Menschenmenge, hatten sich
versammelt, um dem Verstorbenen die letzte Ehre zu erweisen; alle schauten ganz betrübt drein und trugen ihre
ältesten Kleider.

Er kam näher, um zu erfahren – Neugier ist menschlich –, wer der Verstorbene war, da niemand seine Fragen
beantwortete; vielleicht wollte er auch feststellen, ob seine
medizinischen Kenntnisse ihm ermöglichen würden, etwas
zu entdecken… [Text und Bedeutung unsicher]. Auf jeden
Fall führte ihn das Schicksal zu dem Menschen, der dort lag,
ausgestreckt und praktisch schon begraben. Der ganze Körper des Ärmsten war bereits mit aromatischen Essenzen besprengt, das Gesicht schon mit einer duftenden Salbe eingerieben; und man hatte ihn [in der herkömmlichen Weise]
für die Bestattung eingekleidet, für den Scheiterhaufen
vorbereitet.

Asklepiades untersuchte ihn mit größter Sorgfalt, nahm
gewisse Symptome wahr, betastete den Körper nochmals
und entdeckte in ihm eine verborgene Lebensader. Sofort
rief er aus: »Dieser Mann lebt ja! Werft eure Fackeln weg!
Bringt jenes Feuer anderswohin! Brecht den Scheiterhaufen
ab! Tragt euer Leichenmahl vom Grab in den Speisesaal!«

Die Menschenmenge begann zu murren. Einige sagten
zwar, man müsse den Doktor ernst nehmen, andere aber

spotteten tatsächlich über die medizinische Wissenschaft.
Gegen den Widerstand aller Verwandten [man muß wohl
mit Stewech *omnibus* für das *hominibus* der Hss. lesen] –
entweder konnten sie kaum auf ihr Erbe warten [für das
habebant der Hss. schlug Colvinus überzeugend *avebant*
vor] oder sie glaubten ihm immer noch nicht – erlangte
Asklepiades mit viel Mühe eine kurze Gnadenfrist für den
Toten, entzog ihn den Händen der Leichenbestatter und
brachte ihn zurück in sein Haus, indem er ihn gleichsam
von der Unterwelt zurückforderte. Im Haus belebte er
rasch seinen Atem und stimulierte unverzüglich durch gewisse Medikamente die Lebenskraft, die in verborgenen
Räumen des Körpers schmachtete.

39

Die Apellas-Inschrift (etwa 2. Jahrhundert n. Chr.) ist dadurch
bemerkenswert, daß der Patient überzeugt war, fast ständig mit
dem Gott Asklepios in Verbindung zu sein. Auch Aelius Aristides beschreibt dieses Erlebnis der Verbundenheit mit dem Gott
(s. Nr. 40). Das Erlebnis selbst war vielleicht nichts Außergewöhnliches, aber die Beschreibungen sind sehr eindrücklich, was
im Fall von Aelius Aristides nicht erstaunt, war er doch ein gefeierter Literat.

Der Gott befiehlt Apellas, zu seinem Heiligtum zu kommen –
eine Pilgerfahrt sozusagen – und erteilt ihm gute Ratschläge während der Reise. Der Gott schreibt auch sofort eine Diät und sportliche Betätigung vor. All das hört sich ganz vernünftig an, und die
göttliche Fürsorge liegt auf der Hand, aber man fragt sich doch,
ob der Erfolg dieser Kuren nicht zum Teil darin begründet war,
daß der Patient seine täglichen Gewohnheiten radikal ändern
mußte. Einer, der jeden Tag kräftig gewürztes Fleisch aß, durfte
eine Weile nur noch Käse und Brot mit etwas Sellerie und Salat
verzehren, und einer, der gern schwere griechische Weine trank,
mußte sich wochenlang mit Milch begnügen. Wenn der Patient
diese Vorschriften befolgte, besserte sich möglicherweise sein Zustand.

Über die »Stätte, an der übernatürliche Stimmen gehört
werden«, kann man nur Vermutungen anstellen. Vielleicht war
das eine Halle, in der die Patienten meditierten, sich auf ihre Lei-

den konzentrierten und warteten, bis sie Stimmen hörten. Aber vielleicht schliefen sie dort und hörten die Stimmen im Traum.

Der Gott befiehlt Apellas vor der Abreise, alles niederzuschreiben, und das tut er auch.

IG 4.955 (Dittenberger, Sylloge⁴ 1170)

Ich, Marcus Iulius Apellas aus Idrias [einem Vorort von Mylasa], wurde vom Gott aufgeboten; denn ich hatte oft mit Krankheiten zu tun und litt an Magenbeschwerden. Während meiner Seereise sagte er zu mir – es war in Aigina –, ich sollte nicht immer so gereizt sein. Als ich das Heiligtum betrat, sagte er mir, ich müßte zwei Tage lang etwas auf dem Kopf tragen; es regnete während dieser Zeit. [Er befahl mir auch,] Brot und Käse und Sellerie mit Salat zu essen, ohne Beistand zu baden, Laufen als Sport zu betreiben, Zitronenschalen in Wasser aufzuweichen und einzunehmen, meinen Körper an der Mauer bei der »Stätte, an der man übernatürliche Stimmen hört« zu reiben, in der »Oberen Säulenhalle« spazieren zu gehen, mich mit Schlamm einzuschmieren, barfuß zu gehen, mich mit Wein zu übergießen und dann ins Heißwasserbecken in der Badeanstalt zu steigen, ganz allein zu baden, dem Wärter eine attische Drachme zu geben, Asklepios und Epione und den Göttinnen von Eleusis ein gemeinsames Opfer darzubringen und Milch mit Honig zu trinken. Eines Tages, als ich nur Milch trank, sagte der Gott: »Tu Honig in deine Milch, so daß es durchschlägt.« Als ich den Gott dringend bat, mich rascher zu heilen, hatte ich ein Gesicht: Ich ging aus dem Heiligtum zur »Stätte, wo man übernatürliche Stimmen hört« und war von oben und unten mit Salz und Senf eingerieben; ein kleiner Knabe führte mich, und der Priester sagte zu mir: »Du bist geheilt; bezahle jetzt die Gebühr.« Ich führte aus, was ich geträumt hatte. Als man mich mit Salz und Senf einrieb, tat es weh, aber nachdem ich gebadet hatte, schmerzte es nicht mehr. All das geschah neun Tage nach meiner Ankunft. Der Gott berührte meine linke Hand und meine Brust. Am folgenden Tag, als ich ein Opfer darbrachte, loderte die Flamme empor und verbrannte mir die Hand, so daß Blasen sich bildeten. Nach einiger Zeit heilte meine Hand. Ich blieb, und der Gott verordnete Anis mit Olivenöl gegen mein Kopfweh. Eigentlich hatte ich gar kein Kopfweh. Aber nach längerer geistiger Anstrengung geschah es, daß ich an Blutandrang zum Kopf litt. Durch das Einnehmen von Olivenöl wurde ich mein Kopfweh los. [Es wurde mir auch befohlen,] mit kaltem Wasser zu gurgeln, um die Schwellung meines Gaumenzäpfchens zu kurieren – denn ich hatte den Gott auch in diesem Punkt um Hilfe gebeten – wie auch für die Mandeln. Der Gott befahl mir auch, das alles niederzuschreiben. Ich begab mich fort, voll von Dankbarkeit, und war geheilt.

40

Aelius Aristides (117–189 n. Chr.) war ein berühmter, von Mark Aurel geschätzter Sophist, der jahrelang an den verschiedensten Krankheiten litt. Er hatte in Pergamon und Athen studiert und gab Vorträge in den Städten Kleinasiens und Italiens. Während eines Aufenthalts in Smyrna erkrankte er schwer und suchte das Heiligtum des Asklepios in Pergamon auf, wo er schließlich Heilung fand. Seine *Heiligen Berichte*, eine Gruppe von sechs Reden oder Vorträgen in einem Corpus von insgesamt fünfundfünfzig (die sechste ist allerdings ein aus wenigen Sätzen bestehender Torso) schildern die Krisen, die er erlebte, die Traumerscheinungen des Gottes und seine Anweisungen, die Diagnosen und Verordnungen der Ärzte und anderes mehr.

Unter anderem hat Aristides an Malaria, Schwindsucht, Wassersucht, Opisthotonus (Rückgratkrampf) und an den Pocken gelitten. Mit größter Geduld unterzieht er sich den Therapien der Schul- wie der Tempelmedizin, als da sind: Klistiere, diätetisches Erbrechen, Aderlässe, Fastenkuren, Schröpfen, Baden im Winter in eiskaltem Wasser und so weiter. Er konsultiert die angesehenen Ärzte seiner Zeit, zum Beispiel Satyros, den Lehrer Galens, aber er setzt seine ganze Hoffnung in den Gott und die in den Händen der Priester liegende Technik der Inkubation. Er sieht den Gott in Träumen oder in einem Zustand zwischen Schlaf und Wachen. Wo sich ein Konflikt zwischen den Anordnungen des Gottes und dem Rat der Ärzte zu ergeben scheint, folgt er meist dem Gott. Man darf feststellen, daß er sich immer wieder erholte,

ein Alter von zweiundsiebzig Jahren erreichte, mit großem Erfolg
in der Öffentlichkeit auftrat und ein ansehnliches literarisches
Werk hinterließ.

Die Grundlage seiner *Heiligen Berichte* bildet ein Tagebuch,
das er führte. Er scheint aber auch aus den Aufzeichnungen der
Priester geschöpft zu haben, von denen die »Wunderheilungen
von Epidauros« eine Vorstellung geben. Die literarische Form
seiner eigenen *Berichte* ist schwer zu bestimmen; trotz ihres stark
autobiographischen Charakters sind es im wesentlichen Zeugnisse zu Ehren des Gottes.

Die im Heiligtum praktizierenden Ärzte vertreten hauptsächlich die Schulmedizin ihrer Zeit, wie sie im Werk Galens (129–199
n. Chr.) faßbar ist. Sie sind aber auch zu Kompromissen bereit
und geben nach, wenn der Patient, wie Aristides es fast immer
tut, unbedingt den Weisungen des Gottes folgen will. Am Schluß,
wenn die Heilung erfolgt ist, sind die Ärzte bereit, den Gott zu
preisen. Übrigens nimmt Aristides auch herkömmliche Medikamente ein, ist aber überzeugt, daß ihre Wirkung dadurch gestei-
gert wird, daß er sie an einem »heiligen Ort« einnimmt.

Die *Heiligen Berichte* des Aelius Aristides lassen sich vergleichen mit den Aretalogien, Heilungs- und Traumberichten, die
sich auf Steinen und Papyri erhalten haben, aber sie sind natürlich
literarisch anspruchsvoller. Dabei ist sein Glaube ganz naiv, wie
man etwa aus seinen Aufzeichnungen über seinen Verkehr mit
den Göttern (*Or.* 28.104 ff; 116 ff K.) entnehmen kann. Übrigens
war auch Galen von der Wirksamkeit der Kuren von Pergamon
überzeugt. Aelius Aristides scheint durch seine Schriften auf Libanios gewirkt zu haben, dessen Selbstbiographie ebenfalls ein wichtiges Zeugnis für den Glauben an Magie und Wunder, selbst unter den Gebildeten, darstellt (vgl. G. Misch, *Geschichte der Autobiographie* I [Bern, 1949–50], 302 ff).

Zwei Stellen im zweiten dieser Berichte sind charakteristisch.
Aristides beschreibt einen Traum, der dem Traum eines der Tempelhüter ganz ähnlich war. Die Technik der Inkubation wurde in
Pergamon wie in Epidauros und in anderen Tempeln des Asklepios angewandt, und die Hüter trafen sich offenbar, um die
Träume der Patienten sowie ihre eigenen zu besprechen; die Tatsache, daß zwei Träume so ähnlich waren, bedeutete natürlich
etwas.

Wie kann man die Ähnlichkeit erklären? Vielleicht durch die
langen Gespräche, welche Tempelhüter und Patienten in den
Wochen und Monaten ihres Zusammenlebens führten. Außer-

dem war Aristides zweifellos ein tief religiöser Mensch. Sein Glaube an den Gott war stark, und mystische Erlebnisse, wie wir sie
heute nennen würden, waren ihm vertraut. Sicher teilte die Mehrzahl der Priester und Hüter des Tempels seinen Glauben, und der
eine oder andere beschäftigte sich wahrscheinlich so intensiv mit
seinem Fall, daß er davon träumte. Die menschlichen Beziehungen, die sich durch das Zusammenleben im heiligen Bezirk erga-
ben, schufen eine gewisse Stimmung, die man heute schwer beschreiben kann; vermutlich handelt es sich um psychosomatische
Medizin, die durch religiöse Vorstellungen und Riten verstärkt
wird.

Aelius Aristides, *Heilige Berichte* 2.30 ff (= 24.473 f Dindorf)

Einer der beiden Tempelhüter hieß Philadelphos. In derselben Nacht hatte er dasselbe Traumgesicht wie ich, obwohl
es in Einzelheiten etwas anders war. Philadelphos träumte – soviel weiß ich noch –, daß sich im »Heiligen Theater«
eine große Menschenmenge versammelt hatte, alle weiß gekleidet, und alle waren dort, um den Gott zu verehren
[oder: ›auf Geheiß des Gottes‹; weniger wahrscheinlich:
›vor der Statue des Gottes‹]. Ich stand in ihrer Mitte, hielt
eine Rede, sang eine Lobhymne auf den Gott und erwähnte
unter anderem, daß der Gott meinem Leben eine neue Wendung gegeben habe [d. h. wohl: ›mir das Leben gerettet habe‹], und zwar mehrmals, besonders aber vor kurzem, als er
mir befohlen hatte, Wermut mit Essig verdünnt zu trinken,
um mich von meinem Leiden zu befreien [oder: ›damit ich
keinen Widerwillen gegen den Wermut empfände‹?]. Er
sprach auch von einer heiligen Leiter [oder: einem ›heiligen
Treppenhaus‹?], meine ich, und einer Erscheinung des
Gottes und von den Wundern, die er bewirkte. Das war der
Traum des Philadelphos.

Und nun mein eigenes Erlebnis. Ich träumte, daß ich am
Eingang [oder: ›in der Vorhalle‹] des Heiligtums stand, und
daß andere Menschen dort versammelt waren, als wären sie
gekommen, um die Reinigungszeremonie zu begehen. Sie
waren weiß gekleidet und sahen überhaupt ganz festlich
aus. Hier also sprach ich über den Gott und nannte ihn unter anderem den »Losverteiler«, da er doch den Menschen

ihr Lebenslos zuteilt. Dieser Ausdruck ergab sich aus meinen eigenen Erfahrungen. Ich erwähnte auch das Wermut-Getränk, das eine Art Offenbarung gewesen war. Es war sogar eine echte Offenbarung gewesen, so wie man unfehlbar in Tausenden von Fällen die Gegenwart des Gottes spüren kann. Man kann ihn fühlen, nimmt sein Kommen mit einem Bewußtsein wahr, das halb zwischen Schlafen und Wachen liegt. Man möchte zu ihm aufschauen und befürchtet doch, daß er zu früh verschwinden könnte; man spitzt die Ohren und hört hin, halb wach, halb im Schlaf; das Haar sträubt sich, man vergießt Freudentränen, und das Herz füllt sich mit bescheidenem Stolz. Wer könnte dieses Erlebnis in Worte fassen? Doch jeder, der zu den Eingeweihten gehört, wird es erkennen und verstehen.

Als ich diese Vision gehabt hatte, rief ich den Arzt Theognotus. Er kam, und ich erzählte ihm meinen Traum. Sein göttlicher Charakter erstaunte ihn, aber er wußte nicht genau, was er damit anfangen sollte, denn es war Winter, und er war wegen meiner körperlichen Schwäche besorgt; ich war schon viele Monate lang bettlägerig gewesen. Es schien uns daher ein guter Gedanke, den Tempelhüter Asklepiakos rufen zu lassen, in dessen Haus ich wohnte und dem ich meine Träume zu berichten pflegte. Der Tempelhüter kam, aber noch bevor wir ein Wort zu ihm sagen konnten, begann er, folgendes zu erzählen:

»Ich komme gerade von meinem Kollegen,« – damit meinte er Philadelphos – »denn er rief mich wegen eines wunderbaren Traums, der dich betrifft.«

Und so erzählte uns Asklepiakos den Traum des Philadelphos. Nachdem wir Philadelphos selber gerufen hatten, bestätigte er das. Da unsere Träume übereinstimmten, wandten wir das Heilmittel an; ich trank mehr davon als irgend jemand zuvor, und am folgenden Tag, der Weisung des Gottes gehorchend, trank ich nochmals dasselbe Quantum. Es ist unmöglich, die Erleichterung zu schildern, die der Trank mir gewährte, und wie wohl ich mich nachher fühlte.

41

In der folgenden Stelle aus dem zweiten seiner *Heiligen Berichte*
finden wir Aristides immer noch krank, aber zum Teil, weil er
falsche Ratschläge befolgte und nicht das tat, was der Gott ihm
befahl. Nun ist er bereit, dem Gott bedingungslos zu gehorchen.
Mitten im Winter heißt ihn Asklepios, den Körper mit Schlamm
einzuschmieren und dann im heiligen Quell zu baden. Man hat
vermutet, daß dieser Schlamm radioaktiv war.

Mitten im Winter mit Schlamm eingerieben dreimal um den
Tempel zu laufen, mutet seltsam an, aber Aristides tat, was der
Gott ihm befahl, ohne den Arzt, der ihm wahrscheinlich abgera-
ten hätte, zu befragen. Das waren heroische Maßnahmen, aber
offenbar führten sie zum gewünschten Erfolg.

Aelius Aristides, *Heilige Berichte* 2.74 ff (= 24.484 ff
Dindorf)

Es war die Zeit der Frühlingstag- und -nachtgleiche, an der
man sich zu Ehren des Gottes mit Schlamm bestreicht; ich
aber war nicht imstande, das zu tun, außer wenn er mir bedeuten würde, eine besondere Anstrengung zu unternehmen. Also zögerte ich, obwohl es ein ganz warmer Tag war,
wenn ich mich recht erinnere. Wenige Tage später kam wieder ein Sturm: der Nordwind fegte über den ganzen Himmel, und dicke Wolken zogen sich zusammen. Der Winter
war wieder da. So war das Wetter damals gewesen, als der
Gott mir befohlen hatte, mich bei der heiligen Quelle mit
Schlamm zu bestreichen und dann dort zu baden. Auch damals bot ich ein Schauspiel, und der Schlamm und die Luft
waren so kalt, daß ich es als besondere Wohltat empfand,
zur Quelle hinzulaufen, denn das Wasser genügte schon,
mich zu wärmen.

Doch das war nur der Anfang der wunderbaren Heilung.
In der folgenden Nacht befahl mir der Gott, mich noch einmal in derselben Weise mit Schlamm zu bestreichen und
dreimal um den Tempel zu laufen. Die Wucht des Nord-
winds war unbeschreiblich, und der Frost noch schlimmer
als zuvor; kein Kleidungsstück war dick genug, um als
Schutz zu dienen; die Kälte drang hindurch und prallte auf

die Rippen wie ein Geschoß. Einige meiner Freunde entschlossen sich, mir Gesellschaft zu leisten, obwohl ich das
gar nicht brauchte, weil sie mir Mut machen wollten. Ich
schmierte mich ein, lief los und gab dem Nordwind Gelegenheit, mich tüchtig zu beuteln. Endlich erreichte ich die
Quelle und badete darin. Einer meiner Freunde war sofort
umgekehrt; ein anderer verfiel in Krämpfe und mußte
schnell ins Badehaus gebracht werden, wo man ihn nur mit
Mühe wieder erwärmte.

Doch dann kam ein richtiger Frühlingstag. Der Winter
kehrte zurück, und wir hatten Frost und eisige Winde. Wieder befahl mir der Gott, von dem Schlamm zu nehmen, meinen Körper damit einzureiben, mich im Hof des »Heiligen
Gymnasiums« hinzusetzen und Zeus, den »größten und besten der Götter«, anzurufen. Auch das geschah vor einer
Menge von Zuschauern. Aber was noch wunderbarer war
als alles, was ich bisher erzählt habe: Der Frost hielt unun-
terbrochen während vierzig oder mehr Tagen an; einige Wiesen in Meeresnähe und die Bucht von Elaia, wo man von
Pergamon herabkommt, waren vereist, aber der Gott befahl
mir, ein kurzes linnenes Unterkleid anzuziehen, und sonst
nichts, und darin all die Unbill zu ertragen, von meinem
Bett aufzustehen und mich draußen in der Quelle zu waschen.

42

Das folgende Gespräch dreht sich um Volksmedizin im Gegensatz zur wissenschaftlichen Medizin des 2. Jahrhunderts n. Chr.
Jemand behauptet, der Gott Asklepios stehe eigentlich auf der
Seite der wissenschaftlichen Medizin, und dann erzählt ein anderer die Geschichte von einem babylonischen Wundertäter, der
einen Mann, den eine Schlange gebissen hatte, fast augenblicklich
heilte. Dieser babylonische Wunderheiler vernichtete auch alle
Schlangen, die jenen Bauernhof, auf dem sich das Unglück ereignet hatte, heimsuchten. Er konnte auch durch die Luft fliegen
und auf einer Wasserfläche gehen.

Das alles scheint sehr beachtlich, aber es wird mit ironischen
Untertönen erzählt. Der alte Drache, der sich weigert, dem Wun-

dertäter zu gehorchen, verleiht dem Bericht eine komische Note, und auch die klobigen Schuhe, die der Wundermann trägt, während er durch die Luft fliegt, sind wohl als Witz gemeint. Lukian, der Skeptiker, macht sich über den Aberglauben seiner Zeitgenossen lustig, aber ohne laute Polemik oder gehässige Kritik. Dagegen sucht Philostrat, der Biograph des Apollonios, in seinem *Heroikos* den Volksglauben jener Zeit, wie er sich im Heroenkult ausdrückte, zu rechtfertigen.

Lukian, *Die Lügenfreunde* 10–13

Deinomachos sagte: »Mir scheint, daß ihr, wenn ihr so etwas sagt, nicht an die Götter glaubt, wenigstens wenn ihr euch weigert, zuzugeben, daß solche Heilungen durch Anrufung heiliger Namen möglich sind.«

»Sag das nicht, mein lieber Freund,« antwortete ich. »Ich will dir eine phantastische Geschichte erzählen. Als ich noch ein Knabe war, etwa vierzehn Jahre alt, kam einer und berichtete meinem Vater, daß Midas, ein Knecht im Weinberg, als kräftiger, tüchtiger Arbeiter bekannt, um die Mittagszeit von einer Schlange gebissen worden sei. Er liege am Boden und sein Bein sei schon brandig. Während er die Ranken aufband und sie um die Stöcke schlang, hatte sich das Reptil ihm genähert und biß ihn in die große Zehe; dann war es schnell in seinem Loch verschwunden, während er qualvoll stöhnte.

Der Bote hatte nicht ausgeredet, da brachten seine Mitsklaven Midas auf einer Bahre, ganz aufgedunsen und verfärbt, seine Haut naßkalt, sein Atem sehr schwach.

Mein Vater war natürlich außer sich, aber einer seiner Freunde, der gerade da stand, sagte zu ihm: ›Reg dich nicht auf; ich geh jetzt gleich und hole den Babylonier, einen der Chaldäer, wie man sagt; der wird den Mann kurieren.‹ Gesagt, getan: der Babylonier kam und brachte Midas ins Leben zurück: er verjagte durch einen Zauber das Gift aus seinem Körper, wobei er an seinem Fuß ein Stück anband, das er vom Grabstein eines toten Mädchens abgebrochen hatte. Gut, vielleicht ist daran gar nichts Außergewöhnliches, sogar wenn Midas selber die Bahre aufhob, auf der man ihn getragen hatte, und zurück zur Arbeit ging – so mächtig waren der Zauber und das Stück vom Grabstein!

Aber der Babylonier vollbrachte noch andere Dinge, die nun wirklich übernatürlich waren. Einmal kam er frühmorgens auf den Hof, sagte sieben heilige Namen aus einem alten Buch her, reinigte das Areal mit Schwefel und Fackel, ging dreimal darum herum und beschwor auf diese Weise alle Reptilien, die das Grundstück bewohnten. Als ob der Zauber sie angezogen hätte, erschien eine große Zahl von Schlangen, Nattern, Vipern, Klapperschlangen, Ottern, Kröten und Echsen. Nur ein alter Drache blieb aus, vielleicht, weil er zu alt war, um sich dorthin zu schleppen, vielleicht, weil er den Befehl falsch verstanden hatte. Der Magier stellte fest, daß nicht alle angetreten waren und bestimmte eine der jüngsten Schlangen als Abgesandte zum Drachen, der bald schon ebenfalls erschien. Als alle nun versammelt waren, blies der Magier sie an, und sogleich wurden sie von seinem Hauch verbrannt. Wir waren alle verblüfft.«

»Sag mir, Ion,« unterbrach ich, »führte die ausgesandte Schlange, die junge, den Drachen, der, wie du gesagt hast, ältlich war, an der Hand herbei, oder lehnte der Drache sich auf einen Stock?«

»Sehr schön,« sagte Kleodemos, »du machst dich darüber lustig. Aber glaub mir eins: Früher war ich, was diese Dinge betrifft, noch skeptischer als du, denn ich war davon überzeugt, daß es das alles gar nicht gibt. Und trotzdem, als ich den Fremden zum erstenmal sah, den Ausländer, du weißt doch – er sagte, er sei aus dem Land der Hyperboräer –, wie er durch die Luft flog, da wurde ich zum Glauben bekehrt und ergab mich, obwohl ich mich lange dagegen gewehrt hatte. Was konnte ich tun, als ich ihn da am hellichten Tag durch die Luft fliegen und auf dem Wasser dahingehen und barfuß und ganz gelassen durchs Feuer schreiten sah?«

»Du hast das wirklich gesehen?« fragte ich. »Du sahst den Hyperboräer durch die Luft fliegen und auf dem Wasser schreiten?«

»Ja, sicher,« antwortete er, »und er hatte klobige Schuhe an den Füßen, so wie diese Leute sie gewöhnlich tragen.«

43

Nachdem Apollonios von Tyana und sein Schüler Damis den Polizeiorganen Neros entgangen waren, befanden sie sich noch einmal in Gefahr, und zwar unter Domitian, der zweimal (89 und 95 n. Chr.) die »Philosophen« aus Italien verbannte; das betraf auch Astrologen und Magier.

Philostrat benützt diese Geschichte, um Magie und Wunder allgemein zu erörtern, und zwar im Sinne des Apollonios. Wie funktioniert seiner Meinung nach Magie im täglichen Leben? Sie funktioniert offenbar vor allem dort, wo äußere Umstände eine besondere Rolle spielen und über Erfolg und Mißerfolg entscheiden. Im Fall eines Mißerfolgs gab man gern einem Schadenzauber Schuld.

Obwohl Apollonios in den Augen seiner Zeitgenossen als Magier und Wundertäter dastand, behauptete er kühn, daß es keine eigentliche Magie gäbe. Vielleicht geschah das aus Vorsicht; nach den Erfahrungen, die er gemacht hatte, wollte er nicht den Verdacht erwecken, ein Hexer zu sein. Aber wie erklärte er dann seine Erfolge? Er scheint je nach den Umständen verschiedene Erklärungen gegeben zu haben; unter anderem (oben Nr. 24) schreibt er seine besondere Begabung seinen »philosophischen« (d. h. wissenschaftlichen) Forschungen, aber auch seinem Lebenswandel, seiner ganzen Denkweise zu. Ähnlich argumentiert auch Apuleius (oben Nr. 25). Es ist klar, daß diese Auffassung der Magie ganz anders ist als diejenige, die sich in den Zauberpapyri offenbart.

Philostrat, *Leben des Apollonios von Tyana* 7.38–39

Damis sagte zu Apollonios kurz vor Mittag: »Mann aus Tyana,« – denn Apollonios liebte es, so angeredet zu werden – »was wird mit uns geschehen?« Apollonios antwortete: »Ganz einfach das, was mit uns schon geschehen ist, weiter nichts. Niemand wird uns umbringen.« Damis fragte: »Aber wer ist so unverwundbar? Wirst du je wieder frei sein?« Apollonios antwortete: »Was das Gericht betrifft, heute schon; was mich selber betrifft, gleich jetzt«,

und als er das gesagt hatte, befreite er sein Bein von der
Fessel und sagte zu Damis: »Da, ich habe dir bewiesen, daß
ich frei bin; sei guten Mutes.«

Da verstand Damis zum erstenmal Apollonios' Wesen,
und es wurde ihm klar, daß er göttlich, übermenschlich
war. Ohne ein Opfer darzubringen – wie wäre das im Gefängnis auch möglich gewesen? – und ohne Gebet, ja, ohne
ein Wort, spottete er seiner Fesseln und legte sie wieder an,
wobei er sich wie ein Gefangener in Ketten verhielt.

Naive Menschen erklären solche Dinge durch Zauberei,
und sie begehen denselben Fehler, wenn sie eine Reihe von
menschlichen Handlungen beurteilen. Sportler und alle, die
mit vollem Einsatz um einen Sieg ringen, praktizieren Magie, und obwohl sie nichts zu ihrem Erfolg beiträgt – denn
sie siegen durch Zufall –, sprechen die armen Teufel sich
selber jedes Verdienst ab und schreiben es der Magie zu.
Sogar wenn sie verlieren, glauben sie noch daran und sagen:
»Hätte ich nur jenes andere Opfer dargebracht! Ich hätte
gewonnen!« Das sagen sie, und das glauben sie.

Die Magie kommt auch zu den Türen der Händler ganz
von selber, denn man sieht ohne weiteres, daß sogar sie ihre
geschäftlichen Erfolge einem Zauberer zuschreiben, ihre
Mißerfolge aber ihrem eigenen Zögern, Geld auszugeben,
und der Tatsache, daß sie nicht genügend Opfer dargebracht haben.

Verliebte sind in ganz besonderem Maß der Magie ergeben; sie sind ja ohnehin [seelisch] krank, und ihre Krankheit
macht sie leichtgläubig, so daß sie alte Weiber deswegen um
Rat fragen und – man kann das sogar verstehen – derartige
Praktiker aufsuchen und sich den Unsinn anhören, den diese erzählen. Der eine gibt ihnen Zaubergürtel zum Anlegen,
der andere Steine aus den Tiefen der Erde oder vom Mond,
oder sie bekommen alle Gewürze Indiens, und dafür erhalten diese Betrüger große Summen, ohne ihren Kunden in
irgendeiner Weise zu helfen. Hat jemand in der Liebe Erfolg, sei es, daß sein Schatz seine Gefühle erwidert oder daß
seine Geschenke Eindruck gemacht haben, so singt er
Lobeshymnen auf die Magie, als ob sie diese Wirkung er-

zielt hätte, aber wenn das Experiment mißlingt, dann gibt er
einer Unterlassung schuld und sagt, er hätte dieses oder jenes Kraut verbrennen, dieses oder jenes Opfer darbringen,
diese oder jene Substanz schmelzen sollen, und daß dies absolut notwendig, aber eben schwierig zu beschaffen war.
Die verschiedenen Methoden, mit denen sie »Zeichen vom
Himmel« und alle möglichen anderen Wunder bewirken,
sind von gewissen Autoren erläutert worden, und diese haben sich über derartige Künste köstlich amüsiert. Ich möchte nur soviel sagen: Es sollte jungen Menschen nicht erlaubt
sein, mit solchen Praktikern zu verkehren, nicht einmal im
Scherz, denn sie könnten sich an diese Dinge gewöhnen.
Aber diese Abschweifung hat mich schon zu weit von meinem Thema geführt, und weshalb sollte ich mich noch länger mit etwas herumschlagen, das von der Natur und vom
Gesetz verurteilt wird?

44

In Philostrats *Leben des Apollonios von Tyana* findet sich eine
Parallele zu der Anekdote, die Apuleius in den *Florida* (oben Nr.
38) mitteilt. Ein großes Leichenbegängnis erregt Apollonios' Aufmerksamkeit. Er bittet um Erlaubnis, die Leiche einer jungen
Frau, die, wie man ihm sagt, an ihrem Hochzeitstag gestorben
war, zu untersuchen, und es gelingt ihm, sie zu beleben. Sein Biograph stellt dieselbe Frage, die man auch heute stellen würde:
War diese Frau noch am Leben, befand sich aber in einem Koma?
Wenn ja, dann konnte man ihre Wiederbelebung kaum ein
Wunder nennen, obwohl es offensichtlich großen Eindruck auf
die Menge machte.

Philostrat, *Leben des Apollonios von Tyana* 4.45

Hier ein anderes Wunder, das Apollonios vollbrachte. Eine
junge Frau war gestorben, und zwar, wie es heißt, gerade an
ihrem Hochzeitstag, und der Bräutigam folgte weinend und
schluchzend ihrer Bahre. Das war verständlich, da die Ehe
noch nicht vollzogen war, und ganz Rom trauerte mit ihm,
denn die junge Frau gehörte einer Familie an, der Konsuln
entstammten. Apollonios nahm das wahr und sagte: »Stellt

die Bahre ab: ich will die Tränen stillen, die ihr um diese junge Frau vergießt.« Er wollte aber auch ihren Namen wissen. Die Menge dachte schon, er würde eine Rede halten, wie sie bei solchen Anlässen üblich ist, wobei dann alles in Wehklagen ausbricht, aber er tat nichts derartiges; er berührte ganz einfach die junge Frau, sagte leise ein paar Worte und erweckte sie aus ihrem todesähnlichen Zustand. Die junge Frau tat eine hörbare Äußerung und kehrte ins Haus ihres Vaters zurück wie einst Alkestis, als Herakles sie [aus der Unterwelt] zurückgeholt hatte. Die Verwandten der jungen Frau boten Apollonios 150 000 Sesterzen, doch er sagte, er würde ihr diese Summe gern als Mitgift schenken. Nun fragt es sich: Hatte er in ihrem Körper einen Funken Leben entdeckt, der jenen, die sie umsorgt hatten, verborgen blieb? Offenbar regnete es gerade, und dennoch erhob sich von ihrem Antlitz eine Art Dunst. Oder war das Leben in ihr völlig erloschen, und er brachte sie durch die Wärme seiner Berührung ins Leben zurück? Es ist ein unlösbares Rätsel, nicht nur für mich, sondern für alle, die dem Ereignis beiwohnten.

45

Sosipatra war eine berühmte Philosophin, die eine späte Form des Neuplatonismus vertrat und übersinnliche Fähigkeiten hatte. Ihre Kindheitsgeschichte, von Eunapios (ca. 345–ca. 420 n. Chr.), dem kritiklosen Bewunderer der heidnischen Philosophen und Theurgen erzählt, weist ausgesprochen märchenhafte Züge auf, ist aber wichtig für den Wunderglauben jener Zeit der Auseinandersetzung zwischen dem Christentum und der heidnischen Kultur. Eunapios' Biographien setzen Philostrats *Leben des Apollonios* fort, aber im Kleinformat.

Solche Geschichten sollten wohl die Überlegenheit der bedrohten heidnischen Religion gegenüber dem Christentum dokumentieren. Eunapios glaubt ebenso wie der von ihm verehrte Kaiser Julian (»der Abtrünnige«, 331–363 n. Chr.), daß die alten Götter nicht tot sind, daß sie noch auf Erden wandeln und sich um ihre Auserwählten kümmern, wie einst im Goldenen Zeitalter. So ziehen sie eine geistige und religiöse Elite heran, die nach der zu

erwartenden Niederlage des Christentums die Führung übernehmen wird. Sosipatra gehört zweifellos in der Sicht eines Mannes
wie Julian zu dieser Elite der heidnischen Kultur, die sie durch
ihr Lehren und ihre okkulten Fähigkeiten vertritt.

Eunapios, *Leben der Philosophen und Sophisten,* pp. 466–69
Boissonade

Eustathios, ein Mann von hervorragenden Eigenschaften,
heiratete Sosipatra, die ihn durch die Fülle ihrer Weisheit
eigentlich unbedeutend, durchschnittlich erscheinen ließ.
Ihr Ruf war so weit verbreitet, daß ich in dieser Aufzählung
von Weisen ausführlich von ihr handeln muß. Sie wurde in
Kleinasien geboren, in der Nähe von Ephesos, wo der Fluß
Kaystros durch eine Ebene fließt, sie durchquert und ihr
seinen Namen gibt. Ihre Vorfahren und die ganze Familie
waren wohlhabend, begütert. Schon als kleines Kind schien
sie auf alles ihren Segen zu tun, so hell erleuchteten Schönheit und angenehme Umgangsformen ihre Jugendjahre.

Sie war fünf Jahre alt, als zwei alte Männer – beide in
vorgerücktem Alter, aber der eine noch älter als der andere – zu einem Landgut kamen, das Sosipatras Eltern gehörte. Sie waren in Leder gekleidet und trugen umfangreiche Beutel. Sie überredeten den Gutsverwalter – das fiel ihnen nicht schwer – ihnen die Pflege der Rebberge anzuvertrauen. Als die Ernte über alle Erwartungen gut ausfiel –
der Besitzer war zugegen und die kleine Sosipatra mit
ihm –, herrschte grenzenloses Staunen und man hatte das
Gefühl, daß vielleicht eine göttliche Einwirkung mit im
Spiel war. Der Besitzer lud die beiden Männer zu Tisch und
behandelte sie mit großem Respekt; gleichzeitig tadelte er
die anderen Arbeiter in den Weinbergen, weil sie nicht denselben Ertrag gewonnen hatten.

Die beiden alten Männer genossen die [typisch] griechische Gastfreundschaft und das Essen, aber sie waren auch
von der ungewöhnlichen Schönheit, dem Liebreiz der kleinen Sosipatra beeindruckt und bezaubert, und sie sagten [zu
ihrem Vater]: »Gewöhnlich halten wir unsere Kräfte geheim und offenbaren sie nicht. Der große Jahrgang, den du

so lobst, ist nur ein Scherz, bloßes Kinderspiel im Vergleich
zu unseren übernatürlichen Fähigkeiten. Aber wenn du ein
angemessenes Gegengeschenk für dieses Essen und deine
Gastfreundschaft von uns haben möchtest, nicht in Form
von Geld oder von vergänglichen Geschenken, sondern etwas, das höher ist als du selber und dein Lebensstil, ein Geschenk so hoch wie der Himmel, bis zu den Sternen rei-
chend, dann solltest du uns Sosipatra anvertrauen, denn wir
sind in einem höheren Sinn [als du] ihre Väter und ihre
Wächter. In den kommenden Jahren brauchst du für dein
Töchterchen weder Krankheit noch Tod zu fürchten. Bleib
ruhig und zuversichtlich. Aber du darfst dieses Landgut
nicht mehr betreten, bis im Laufe der alljährlichen Umdre-
hungen der Sonne das fünfte Jahr gekommen ist. Reicher
Ertrag wird von selber aus deiner Besitzung sprießen und
sprudeln, und deine Tochter wird Gedanken denken wie
keine andere Frau, kein durchschnittliches menschliches
Wesen sie denkt; ja, du selber wirst etwas Größeres in deinem Kind sehen. Wenn du vernünftig bist, solltest du unseren Vorschlag mit offenen Armen annehmen, doch wenn
dich Mißtrauen quält, so sei es, als hätten wir nichts gesagt.«

Der Vater biß sich auf die Zunge und wand sich [vor
Furcht], aber er übergab ihnen seine Tochter und vertraute
sie ihnen an. Dann rief er seinen Verwalter zu sich und sagte
zu ihm: »Gib den beiden alten Herren alles, was sie benöti-
gen, und stell keine unnötigen Fragen.« So sprach er, und
noch bevor das Licht der Morgenröte zu erscheinen begann, reiste er ab, als verlasse er seine Tochter und sein Gut
in höchster Eile.

Die alten Männer aber – ob sie Heroen oder Dämonen
waren oder einem noch göttlicheren Geschlecht angehör-
ten – übernahmen das Mädchen. Niemand hat je erfahren,
in welche Mysterien sie es einführten, und selbst denen, die
das am dringendsten wissen wollten, wurde nie enthüllt, in
welche Riten es eingeweiht worden war.

Bald war es soweit, daß die Abrechnung über den Ertrag
des Landguts fällig wurde. Der Vater des Mädchens kam.
Sie war so gewachsen, daß er sie kaum wiedererkannte; ihre

Schönheit war anders als zuvor. Es dauerte eine Weile, bis
sie ihren Vater wiedererkannte. Er grüßte sie mit größtem
Respekt, fast als ob er eine andere Frau sähe.

Als ihre Lehrer kamen und das Essen aufgetragen war,
sagten sie zu ihm: »Frag das Mädchen, was du willst.« Bevor er etwas sagen konnte, bat ihn das Mädchen: »Vater,
bitte frag mich, was dir auf der Reise zugestoßen ist!« Er
sagte: »Gut, sag es mir.« Weil er sich das leisten konnte,
reiste er in einem vierrädrigen Wagen, und einem derartigen
Gefährt kann vieles passieren, aber sie beschrieb jede Einzel-
heit – was gesagt wurde, die Gefahren, die Ängste, die er
ausgestanden hatte –, als wäre sie mit ihm gereist. Der Vater
war höchst erstaunt – nein, es war mehr als Staunen: er war
völlig überwältigt und davon überzeugt, daß seine Tochter
eine Göttin sei. Er fiel vor den beiden Männern auf die Knie
und bat sie inständig, ihm zu sagen, wer sie seien. Langsam
und widerwillig – aber vielleicht dem Geheiß eines Gottes
folgend – enthüllten sie ihm, daß sie in die sogenannte Weisheit der Chaldäer eingeweiht worden waren, und auch das
teilten sie ihm nur in verschlüsselter Sprache mit, während
sie ihre Blicke auf den Boden hefteten. Als Sosipatras Vater
demütig ihre Knie umklammerte und sie bat, sein Gut als
Geschenk anzunehmen, seine Tochter weiterhin zu lehren
und sie in noch höhere Weihen einzuführen, nickten sie
zwar zustimmend, sagten aber weiter nichts. Ihm kam das
vor wie das Versprechen einer Weissagung, und er fühlte
sich ermutigt, wenn er auch den Sinn des Ganzen nicht verstand. In seinem Herzen pries er inbrünstig Homer, weil
Homer ein übernatürliches, göttliches Geschehen wie dieses in folgenden Worten beschrieben hat: »Ja, und Götter,
die aussehen wie Fremde aus einem fernen Land, wandeln
in vielerlei Gestalten durch die Städte« [*Odyssee* 17.485–86].
Er glaubte nämlich fest, daß ihm Götter, als Fremde verklei-
det, begegnet seien.

Während sein Sinn noch ganz voll von diesen Dingen
war, überwältigte ihn der Schlaf, aber die beiden Männer
hatten die Tafel verlassen und nahmen das Mädchen mit,
um ihr sorgfältig und liebevoll die Gewänder zu übergeben,

in denen sie eingeweiht worden war, dazu mystische Symbole; ferner legten sie gewisse Bücher in Sosipatras Truhe und befahlen ihr, diese zu versiegeln…

Als der Tag zu dämmern begann, die Türen aufgeschlossen wurden und die Menschen an die Arbeit gingen, verließen die beiden Männer nach ihrer Gewohnheit mit den anderen das Haus. Das Mädchen rannte zum Vater, um ihm eine gute Nachricht mitzuteilen, und ein Diener brachte die Truhe. Der Vater nahm alles Bargeld, das er hatte, und sammelte von den Gutsverwaltern alles ein, was sie für ihre notwendigen Ausgaben hatten, und sandte nach den Männern. Sie waren aber nirgends mehr zu sehen. Da sagte er zu Sosipatra: »Was ist das, mein Kind?« Nach kurzem Nachdenken antwortete sie: »Jetzt verstehe ich endlich, was sie mir gesagt haben. Denn als sie mir diese Dinge übergaben – sie weinten, als sie das taten –, sagten sie zu mir: ›Kind, trag Sorge dazu, denn wir müssen zum Westlichen Ozean reisen, aber wir werden wiederkehren.‹« Das war der ganz klare Beweis dafür, daß es sich bei jenen, die ihnen erschienen waren, um Dämonen handelte. Sie hatten sich also verabschiedet und gingen zu dem Ziel, das ihnen bestimmt war.

Der Vater nahm das Mädchen, das jetzt vollständig eingeweiht, mit dem göttlichen Geist erfüllt und dabei ganz bescheiden geblieben war, wieder zu sich und erlaubte ihr zu leben, wie sie wünschte, ohne sich in ihre Angelegenheiten einzumischen, obwohl ihr Stillschweigen ihn manchmal ein wenig bedrückte.

Als sie voll erwachsen war und nie andere Lehrer gehabt hatte, zitierte sie aus den Werken der [großen] Dichter, Philosophen und Redner, und Texte, die andere, obwohl sie viel Fleiß und Mühe darauf verwendet hatten, nur dunkel und mühsam verstanden, konnte sie zwanglos, mühelos und spielend deuten, wobei sie den Sinn in der ihr eigenen leichten, geschickten Art erklärte.

Sie beschloß zu heiraten, und Eustathios war ohne Frage der einzige Mann, der würdig war, ihr Gatte zu sein…

DÄMONOLOGIE

Einleitung

Bezeugt seit Homer und in den Schriften von Philon von Alexandrien und Plutarch, sowie im *Corpus Hermeticum* oft verwendet, bedeutet *daimon* ursprünglich »göttliches Wesen«. In den ältesten griechischen Texten ist der Unterschied zwischen *daimon*, ›göttliches Wesen‹, und *theos*, ›Gott‹, nicht immer klar; aber schon bei Hesiod (Nr. 58) werden die olympischen Götter als *theoi* von untergeordneten göttlichen Wesen, *daimones*, unterschieden. Die Götter haben in der Regel Namen, an die sich Mythen knüpfen, während andere göttliche Wesen als Persönlichkeiten weniger gut faßbar sind. Die panhellenischen Götter wurden wohl überall als *theoi* verehrt, auch in Verbindung mit Lokalgöttern, während reine Lokalgottheiten eher als Dämonen oder Heroen galten, vor allem den Nichteinheimischen. Im späteren Hellenismus sind *daimones* hauptsächlich »böse Geister«, wie es scheint. Das Wort ist im Neuen Testament nur einmal (*Matthäus* 8.31) eindeutig bezeugt, und dort bezeichnet es einen »bösen Geist«; in dem Parallelbericht (*Markus* 1.23) ist von einem »unreinen Geist« die Rede. Manchmal wird das Substantiv *daimon* durch die Attribute *kakos* oder *poneros*, »böse«, qualifiziert (vgl. z. B. Iamblich, *Myst. Aeg.* 3.31.15); also war das Wort noch immer nicht eindeutig festgelegt, wenigstens nicht im heidnischen Bereich. In der Hierarchie überirdischer Wesen standen die ›olympischen‹ Götter, *theoi*, ganz oben (auch die Götter der Unterwelt, Hades und Persephone), während *daimones* die mittleren bis untersten Ränge einnahmen. In diesem System, das sich gelegentlich in raffiniert ausgeklügelten Formen darbietet, war im Grunde kein Wesen vollkommen gut

oder absolut böse, auch die himmlischen Götter nicht, wie
die früheste griechische Theologie zeigt.

Ein mit *daimon* verwandtes Wort, *daimonion*, hat eine
ganz ähnliche Geschichte. Im klassischen Sprachgebrauch
(z. B. bei Euripides, *Bakchen* 894) bezeichnet es einfach ein
»göttliches Wesen«, aber die Tendenz, es von *theos* abzugrenzen, ist schon deutlich erkennbar; so warf die Anklage
Sokrates vor, er habe in Athen neue »Götter« (*daimonia*)
eingeführt (Xenophon, *Memorabilia* 1.1.1); das Wort *theos*
wird also hier vermieden. Da aber Sokrates selber sein *daimonion* als eine Art innere Stimme erklärte, die ihn jedesmal warnte, wenn er im Begriff war, etwas Unrechtes zu
tun, konnte er es auf keinen Fall als »böse« empfinden, und
darin sind ihm spätere Philosophen gefolgt. Platon (*Sympo-
sion* 202 E) sagt, »jedes *daimonion* ist etwas, das zwischen
einem Gott und einem Sterblichen liegt«. Chrysipp (*Stoic.
Vet. Fr.* 2.338) und andere hielten es für notwendig, das Adjektiv *phaulos* »schlecht« dazuzusetzen, wenn sie böse
Mächte meinten.

In der Sprache des Volkes waren solche Unterscheidungen offenbar nicht notwendig, denn im Neuen Testament
wie auch in heidnischen Texten hören wir von *daimonia*,
die in einen Menschen eindringen und Krankheiten, vor allem Geisteskrankheiten, verursachen können. Der normale
Zustand dieses Menschen ist gestört; er ist »besessen«, und
wenn es einem Exorzisten gelingt, den Dämon auszutrei-
ben, so hat er den Patienten geheilt.

Das Wort *exorkismos*, ›Austreibung‹, ist abgeleitet von
horkos, ›Schwur‹; zugrunde liegt die Vorstellung, daß der
Dämon gezwungen wird zu schwören, er werde fortan eine
höhere Macht anerkennen. Von den verschiedenen Techniken, die angewendet wurden, sei das Rezitieren von Versen aus Homer oder anderen Dichtern erwähnt. Durch das
Austreiben von Dämonen glaubte man, Krankheiten, vor
allem Epilepsie und Hysterie, heilen zu können. Exorzisten
gab es in den verschiedensten Kulturbereichen des Altertums: bei den Ägyptern,[1] den Juden,[2] den Griechen[3] und in
der frühen Kirche.[4]

Man stellte sich vor, daß Dämonen in Ruinen und zerstörten Siedlungen hausen, und daß sie sich dort nicht wohl fühlen, zumindest langweilen, und daher gern in menschlichen Körpern nisten, wo es angenehm warm ist. Eine zerstörte Stadt wird (*Offenbarung* 18.2) eine »Behausung der *daimonia*« und ein »Behältnis aller unreinen Geister« genannt. Dies ist eine Erweiterung gegenüber den entsprechenden Prophezeiungen bei *Jesaia* (z. B. 21.9) und *Jeremia* (z. B. 50.39), und zwar nach *Baruch* 4.35. Die zugrundeliegende Vorstellung ist etwa folgende: Wenn eine Stadt von den Feinden zerstört ist, ihre Einwohner getötet oder in die Sklaverei verschleppt werden, dann bleiben in den Ruinen nur noch die von den Einwohnern verehrten Götter zurück, die aber jetzt auf den niedrigsten Rang übersinnlicher Wesen, nämlich auf den von Dämonen, degradiert worden sind. Daß es sie aus der Einöde, aus den Ruinen wegzieht, und daß sie jede Gelegenheit wahrnehmen, einen Menschen zu »besitzen« und wieder eine Rolle zu spielen, ist selbstverständlich (vgl. *Matthäus* 8.29; 12.43).

Nach der Vorstellung, die uns im Neuen Testament entgegentritt, sind die Dämonen unter dem Kommando von Beelzebub oder Beelzebul (*Lukas* 11.15; 18–19) sozusagen militärisch organisiert; der Name ist von dem westsemitischen Gott Baal abgeleitet, den die Philister unter dem Namen Baal Zebub als Stadtgott von Ekron verehrten. Der Name könnte auf hebräisch »Herr der Fliegen« oder »Herr des Drecks« bedeuten. Damit bestätigt sich wieder der häufig zu beobachtende historische Vorgang, daß der oberste Gott einer Kultur zum bösen Dämon einer anderen Kultur – allerdings immer noch einem relativ hochgestellten Dämon – entwertet wird. Das Bild des Teufels in der Geschichte der Kirche hat hier seinen Ursprung.

Ein Ausdruck für übersinnliche Wesen, die eine dienende Stellung einnehmen, ist *angelos*, »Bote«. Der Ausdruck ist ursprünglich neutral und auch nicht auf überirdische Wesen beschränkt: Bei Homer (wie noch bei *Lukas* 7.24) bedeutet *angelos* den von einem Menschen ausgesandten Boten. Aber auf attischen Fluchtafeln[5] können solche »Boten« übernatürliche Wesen sein, die mit der Unterwelt verbunden sind, und Neuplatoniker (Porphyrios, *Ad Marcellam* 21) sprechen von »göttlichen Boten und guten Dämonen«. Ein übernatürlicher Bote kann gut oder böse – ein Engel oder ein Dämon – sein, je nachdem, von welcher Macht er ausgeschickt ist.

Wenn man die Gegenwart übersinnlicher Wesen spürte, wußte man nicht immer genau, ob es sich um Götter, Halbgötter, Heroen, Dämonen, Planetenherrscher oder »Seelen« (d.h. wohl: Geister oder Gespenster) handelte.[6] Die Verwirrung war groß, denn es konnte geschehen, daß ein subalterner Geist sich als Vertreter höherer Ordnungen ausgab. Ein ägyptischer Magier versprach Iamblichos eine Epiphanie Apolls, doch dann kam ein Trugbild, das der Philosoph ohne weiteres entlarvte: es handelte sich um den Geist eines Gladiators![7] Verwechslungen, Täuschungen, Illusionen im Bereich der übersinnlichen Wesen waren also durchaus möglich, und es bedurfte eines erprobten Theurgen, um sie genau zu unterscheiden.

Dämonen und Geister

Der Glaube an höhere Wesen ist uralt, aber es scheint, daß die ersten Versuche, Ordnungen und Klassifizierungen – vielleicht nach dem Muster irdischer Hierarchien – herzustellen, in Mesopotamien unternommen wurden. Über die Dämonologie der Babylonier sind wir ziemlich gut informiert.[8] Offenbar haben die Babylonier die Dämonen, mit denen sie rechneten, in Armeen oder Bürokratien organisiert und auch nach Kategorien geordnet: so gab es Felddämonen, Friedhofdämonen usw. Die genaue Unterscheidung schien eine Art Kontrolle und daher auch einen gewissen Schutz zu versprechen. Es galt, das eigene Haus, die Familie, den Besitz gegen böse Geister zu schützen. Ähnliche Vorstellungen finden sich in Ägypten.[9]

Böse Geister, *daimones, alastores* oder *Erinyes* genannt, sind in Aischylos' *Oresteia* bezeugt.[10] Ob der Dichter an sie

glaube oder nicht, spielt eigentlich keine Rolle; im Volksglauben existierten sie, und der Mythos erforderte sie. Ein
Verbrechen erzeugt Rachedämonen, ein Fluch kann auch
die Nachkommen des Täters treffen. Kompliziert wird es,
wenn, wie in Shakespeares *Macbeth*, ein Mord, der in der
Zukunft liegt, gleichsam seine Dämonen in die Gegenwart
schickt, so daß sie ins Herz des Mörders eindringen.

Die Verbindung von Dämonen- und Schicksalsglauben
dient dazu, ein großes, fast unfaßbares Verbrechen zu erklären. Lange bevor der Mensch den Entschluß trifft, wissen
die Dämonen das zukünftige Ereignis voraus, da dieses ja
vom Schicksal festgelegt ist. Daher sieht Plutarch einen Zusammenhang zwischen Dämonen und Orakeln (Nr. 74; 86;
87). Wir haben es mit uralten Vorstellungen zu tun, die von
den Philosophen »wissenschaftlich« erklärt werden mußten.

Eine Vielfalt von auffälligen krankhaften Zuständen –
Epilepsie, Geistesgestörtheit, aber auch Schlafwandeln und
mit hohem Fieber verbundenes Delirium – wurden als das
Werk böser Geister angesehen.[11] Unter den paranormalen
Phänomenen wurde vor allem automatisches Sprechen mit
Geistern in Verbindung gebracht. Dodds[12] schildert einen
eindrucksvollen Fall: »Während ihres automatischen Sprechens klingt die Stimme einer Frau plötzlich wie ein männlicher Baß; ihr Gehaben, ihre Gebärden, ihr Gesichtsausdruck verändern sich abrupt; sie spricht von Dingen, die
völlig außerhalb ihres normalen Interesses liegen, und zwar
oft in einer seltsamen Sprache oder in einer Art und Weise,
die ihrem normalen Wesen durchaus nicht entspricht; wenn
dann ihre normale Sprechweise zurückkehrt, hat sie oft keine Erinnerung an das, was sie sagte.« Es ist, als hätte eine
höhere Macht vom Menschen Besitz ergriffen, und so schildern Seneca und Lucan (Nr. 72) diesen Vorgang.

Die Welt des antiken Menschen war von Geistern aller
Art bevölkert. Sogar wenn sie nicht Gestalt annahmen, um
sich zu manifestieren oder Schaden zu stiften, konnte man
Kontakt mit ihnen aufnehmen, sich mit ihnen verständigen.[13] Dämonen können sichtbar werden, doch meist deuten

sie ihre Gegenwart nur durch Zeichen an. Philostrat erzählt
(*Leben des Apollonios von Tyana* 6.27) die Geschichte von
einem liebestollen äthiopischen Satyr, der die Frauen eines
Dorfes verfolgte. Apollonios stellte ihm eine Falle – ein mit
Wein gefüllter Trog – und obwohl der Dämon unsichtbar
blieb, sah man doch, wie der Trog sich leerte.

Im großen Ganzen glaubte man, daß die »ruhelosen Toten« – d.h. vor allem jene, die vor ihrer Zeit starben, einen
gewaltsamen Tod fanden oder nicht nach herkömmlichem
Brauch bestattet wurden – der irdischen Region verhaftet
und für magische Zwecke verfügbar blieben.[14] Das waren
die Geister, die die Magier mit Vorliebe anriefen; denn man
stellte sich vor, daß sie unzufrieden, von Rachelust erfüllt
waren und sich deshalb für Schadenzauber aller Art leicht
gewinnen ließen.

Dämonen und Totengeister

Da die antike Dämonologie eng mit dem Totenglauben verbunden ist, muß hier auch darüber etwas gesagt werden.[15]
Man teilte die Toten in mehrere Kategorien ein. So gab es
die toten Familienangehörigen, die eine Art Schattendasein
im näheren Umkreis des Hauses führten, wie der Brauch,
ihnen an gewissen Tagen Nahrung zu geben, deutlich zeigt.
Manchmal wurde eine Mischung von Öl, Honig und
Wasser aufs Grab geschüttet oder durch ein Rohr ins Grab
geleitet, während die Angehörigen in der Nähe einen Imbiß
einnahmen.

Wie war es möglich, daß der Tote gleichzeitig in seinem
Grab und in der Unterwelt weilte? Lange Zeit glaubte man,
daß der Schatten, ein zweidimensionales Abbild des früheren Selbst, in die Unterwelt einging, während die Asche, die
Gebeine im Grab wenigstens noch eine Zeitlang einen Teil
der erloschenen Lebenskraft behielten. Daher das Motiv der
»dankbaren Toten«, wie es zum Beispiel in einem Epigramm des hellenistischen Dichters Leonidas von Tarent
erscheint (*Anth. Pal.* 7.657.11 f): »Es ist wirklich so, daß die

Abgeschiedenen auch im Reich der Toten das Gute vergelten, das man ihnen erweist.« Und ein unbekannter Dichter (*Anth. Pal.* 7.330) schreibt im Auftrag eines Mannes, der
für sich selber und seine Gattin ein Grabmal errichten ließ,
daß er dies tat, um »auch im Tod ihre Liebe zu haben«.

Die Griechen der klassischen Zeit hatten offenbar zwei
verschiedene Vorstellungen des Lebens nach dem Tode geerbt, beide sehr alt, und sie versuchten, sie miteinander in
Einklang zu bringen, so gut es ging. Im 5. Jahrhundert
v. Chr. verbreitete sich eine dritte Vorstellung, daß nämlich
die Seele, *psyche*, nach dem Tod zum Himmel aufsteigt, wie
das in dem Epigramm auf die in der Schlacht von Potidaia
(431 v. Chr.) Gefallenen bezeugt ist: »Der Himmel empfing
ihre Seelen, die Erde ihre Körper.«[16] »Himmel« ist im Griechischen *aither*, die obere Luftschicht, im Gegensatz zu *aer*,
der unteren Luftschicht, in der wir atmen. *Aither* war für
manche Philosophen auch das göttliche Element in der
menschlichen Seele. Übrigens wurden die Soldaten, die für
das Vaterland gefallen waren, ähnlich behandelt wie tote Fa-
milienangehörige, denn die *polis* war eine erweiterte Familie
und übernahm eine Kollektivverpflichtung gegenüber jenen, die ihr Leben für die Gemeinschaft geopfert hatten.
Ihre Namen wurden verzeichnet, ihre Tat geehrt.

Neben den namentlich bekannten Toten gab es aber auch
eine Menge von namenlosen, unbekannten Toten, um die
man sich auch kümmern mußte, und zwar einmal im Jahr,
an den *Anthesterien*, dem attischen »Fest der Blüten« im
Frühling; da bewirtete man sie mit eingemachten Früchten.

Nekromantie[17] ist die Voraussage der Zukunft durch Befragung der Toten; das Gebiet könnte also gerade so gut im
Kapitel über Weissagung behandelt werden wie hier. Wie
die folgenden Texte zeigen, die von Homer (8. Jahrhundert
v. Chr.) bis Heliodoros (3. Jahrhundert n. Chr.) reichen, gibt
es die verschiedensten Arten der Befragung, aber es ist jeweils klar, daß der Fragende sich nicht an Götter oder höhere Dämonen wendet, sondern ganz spezifisch an die Geister
von verstorbenen Menschen, ob er sie persönlich gekannt
hat oder nicht.

Die Praxis selber scheint sehr alt zu sein. Wir lesen im *1.
Buch Samuel* 28.6 ff, daß König Saul in Verkleidung die
»Frau von En-dor« konsultierte, obwohl er selber die Nekromanten und Wahrsager unterdrückt hatte (V. 9). Auf
Wunsch ihres Besuchers beschwört die Frau den Geist von
Samuel herauf, und sobald sie ihn sieht, weiß sie, wer ihr
Besucher ist. Dieser hört offenbar nur die Stimme des Geistes, sieht ihn aber nicht. Die düstere Weissagung des Geistes erfüllt sich schon am nächsten Tag, und das bildet den
dramatischen Höhepunkt, mit dem das *1. Buch Samuel* endet.

Manasse, einer der letzten Könige von Juda, übte magi-
sche Künste aus, versuchte sich in Weissagungen und setzte
Nekromanten und Wahrsager ein (*2. Könige* 21.6), und es
erweist sich, daß Jahwe, weil der König diese und andere
Greuel begangen hatte, Jerusalem und Juda bestrafte. Das *2.
Buch der Könige* endet bald danach.

Aus dem Zeugnis des Alten Testaments wird klar, daß
Nekromantie im Umkreis des Volkes Israel betrieben wurde, ihm selber aber durch das mosaische Gesetz (*5. Moses*
18.11) verboten war; die beiden Könige, die sich nicht daran
hielten, werden von der Geschichtsschreibung verurteilt.

Auch in der griechischen Religion scheint die Nekromantie ein Fremdkörper gewesen zu sein, obwohl schon die
älteste griechische Dichtung eine großartige Totenbeschwö-
rung enthält; sie wird dort aber sorgfältig begründet. Kirke,
die »Hexe«, die eigentlich außerhalb des griechischen Kul-
turkreises steht, gibt Odysseus die nötigen Anweisungen.
Die Zeremonie selbst, wie sie im 11. Buch der *Odyssee* (Nr.
46) beschrieben wird, scheint für den Dichter nicht gerade
etwas Selbstverständliches, aber auch nichts Ausgefallenes,
Verruchtes zu sein; der Held führt sie mit Würde und Mit-
gefühl aus, und leicht humoristische Züge fehlen nicht.

Im 6. Buch der *Aeneis* hat Vergil das Motiv in charakteri-
stischer Weise umgestaltet. Sein Held läßt die Schatten der
Toten nicht heraufkommen, sondern besucht sie in der Unterwelt, nachdem die Sibylle von Cumae (die hier die Rolle
der Kirke übernommen hat) ihn durch ein Ritual, das magi-

sche Elemente aufweist,[18] vorbereitet und selber die Führung übernommen hat. Die Sibylle ist eine ekstatische Prophetin, der delphischen Pythia vergleichbar, doch Aeneas'
Abstieg in die Unterwelt dient nicht nur der Erforschung
der Zukunft: sie gibt ihm eine ganze Welt- und Geschichts-
schau und spielt wahrscheinlich auf die Einweihung in die
eleusinischen Mysterien an.[19]

Im *Staat* (364 B–E) und in den *Gesetzen* (905 D–907 D)
verbietet Platon magische und nekromantische Praktiken.
Ein Mensch soll sich nicht unterfangen, Götter oder Dämonen durch Formeln und Riten zu beschwören, und Nekromanten müssen streng bestraft werden. Platon selber
hält solche Praktiken für Betrug und warnt vor den schädlichen Folgen, die sie haben (*Gesetze* 909 B; 933 A–E).[20]

Ein Zeitgenosse Ciceros, Nigidius Figulus, der sich als
Pythagoreer betrachtete, scheint sich ernsthaft mit Nekromantie befaßt zu haben, aber im allgemeinen war diese
Form der Magie schon während der römischen Republik
verpönt. Die Gesetzgebung wurde während der Kaiserzeit,
wie es scheint, verschärft.[21] Man stellte sich vor, wie aus Lucan (Nr. 50) und Heliodor (Nr. 52) hervorgeht, daß die Toten es haßten, wenn sie gewaltsam in ihrer Ruhe gestört wurden, und da die Nekromanten fast zwangsweise Leichenräu-
ber waren, kamen sie auch mit den Gesetzen in Konflikt,
die Grabschändung und ähnliche Verbrechen ahndeten.[22]

Die große nekromantische Szene in den *Persern* des
Aischylos (Nr. 49) ist wesentlich anders als die Totenbe-
schwörung in der *Odyssee*. Vielleicht stellte sich der Dichter ein persisches Ritual so vor oder ergänzte aus der Phantasie Berichte von Gewährsleuten.

Seneca und Lucan (Nr. 50) lebten unter Nero, der sich
für Magie und besonders für Nekromantie interessierte.[23]
Aus ihren Dichtungen ein Bild der historischen Realität zu
gewinnen, scheint unmöglich; manches ist stereotyp, rein
literarisch; und man wird kaum annehmen, daß Onkel oder
Neffe je einem nekromantischen Ritual beiwohnten. Beide
unterstreichen das Grausige, Unheimliche, Abstoßende solcher Zeremonien.

Plutarch (Nr. 53) berichtet von einem Totenorakel (*psy-chomanteion*), das sich vermutlich in der Nähe von Cumae, der ältesten griechischen Siedlung in Italien, befand. Das Ritual scheint verhältnismäßig einfach gewesen zu sein; es erinnert an die Inkubationstechnik, die in den Heiligtümern des Asklepios geübt wurde. Die Person, die mit den Toten Verbindung aufnehmen wollte, schlief im Heiligtum ein und hatte einen Traum. Das Grausige, Schreckenerregende, das die literarischen Schilderungen Senecas und Lucans beherrscht, scheint hier völlig zu fehlen, und doch ist auch das eine Art Nekromantie.[24]

Die nekromantische Szene in Heliodors Roman (Nr. 52) verwendet bekannte Motive, aber auch ein paar neue Einfälle: Die ägyptische Hexe befragt die Leiche ihres eigenen Sohnes, der ihr dafür bittere Vorwürfe macht; unfreiwilliger Augenzeuge des Ganzen ist ein Priester, der so etwas gar nicht sehen dürfte.

In nekromantischen Riten werden die Totengeister gewöhnlich vom Magier gezwungen, sich zu stellen und etwas auszusagen; es scheint aber auch vorgekommen zu sein, daß ein Lebender von einem Toten spontan besessen wurde, und solche Fälle werden nicht nur von heidnischen Theurgen, sondern auch von jüdischen und christlichen Autoren besprochen.[25] Der Streit ging hauptsächlich darum, ob die »dämonischen Kräfte« wirklich die bösen Geister von Toten oder ob sie Dämonen waren. Es war natürlich nicht ganz einfach, die verschiedenen Klassen voneinander zu unterscheiden, da die Kräfte, die sich manifestierten, manchmal ihre Identität verschleierten oder sich als etwas ausgaben, was sie nicht waren, bis der Magier oder Exorzist sie zwang, ihren wahren Namen zu nennen.[26]

Heroen und Heroenkult

Unter den Toten nehmen die Heroen eine besondere Stellung ein. Die großen Könige des mythischen Zeitalters lebten als Heroen weiter, denn wer im Leben Macht gehabt

hatte, war auch im Tod noch mächtig.[27] Kleinere Fürsten
wie Achilles oder Odysseus wurden wegen ihrer Taten als
Heroen verehrt. Es gab zahllose *heroa*, Gräber von Heroen
in Griechenland und Kleinasien, und manche von ihnen waren offenbar jahrhundertelang Stätten eines Kults. Der Heros gehört seinem Bezirk an, und seine Macht scheint nicht
über dessen Grenzen hinauszureichen, aber auch Wallfahrten zu Heroengräbern sind bezeugt. Der Heros war im allgemeinen der Bevölkerung gegenüber gnädig gestimmt,
aber er konnte sich auch in einen Dämon verwandeln und
Epilepsie und Geisteskrankheiten verursachen.[28]

Historische Personen konnten heroisiert werden – Alexander der Große ist ein Beispiel[29] – und der römische Kaiser-
kult ist ein Sonderfall der Heroenverehrung. Auch Philosophen wurden nach ihrem Tod von den Mitgliedern der
Schule als Heroen verehrt; man denke an Platon oder Epikur. Es kam auch vor, daß Gestalten wie Orpheus (*PGM*
7.451) oder Homer heraufbeschworen wurden; so wollte
Apion von Alexandria den großen Dichter über seine wahren Eltern und seinen Geburtsort befragen.

Gespenster und verwandte Phänomene

Spukgeschichten waren offenbar schon in der Antike beliebt,[30] und die Vorstellung, daß Geister mit einem bestimmten Ort verbunden waren, ist sicher viel älter als Platons *Phaidon* (81 C–D):[31] »Du kennst die Geschichten von
Seelen, die in ihrer Angst vor dem Unsichtbaren, das ›Hades‹ heißt, um Gräber und Friedhöfe spuken, in deren Nach-
barschaft, so heißt es, geisterhafte Phantome von Seelen tatsächlich gesehen worden sind. Das sind eben die Erscheinungen, die solche Seelen bewirken könnten, Seelen, die
nicht rein sind, wenn sie [vom Körper] befreit sind, sondern
noch etwas von der sichtbaren Substanz behalten; so erklärt
es sich, daß man sie sehen kann... es sind eindeutig nicht die
Seelen der Guten, sondern die der Bösen, die gezwungen
sind, um diese Stätten zu schweifen, als Strafe für das Böse

gestalten haben manchmal die Namen toter Menschen, aber die namentlich bekannten Schreckgespenster des griechischen Volksglaubens – Empusa, Gorgo, Lamia, Mormo – sind eher dämonischer Natur. Ephialtes ist ein gespenstischer Nachtmahr oder Inkubus.

Eine Sonderart der Gespenster, der Vampir, ist im Altertum nicht klar bezeugt, aber Lamia, die früher oder später ihren irdischen Liebhaber auffrißt, hat zumindest vampirähnliche Züge. Herodot berichtet, daß Periander, der Herrscher von Korinth (um 626–586 v. Chr.) seine Frau – unabsichtlich, wie es scheint – tötete und mit der Leiche sexuell verkehrte. Die makabre Geschichte wird auch von einem späteren Historiker, Nikolaus von Damaskos (*FGrH* 90 F 58 Jacoby) erzählt, aber hier scheint es sich eher um einen Fall von Nekrophilie zu handeln, denn Nikolaus, einer anderen Quelle folgend, fügt hinzu, Periander habe das »aus Liebe« getan. Phlegon von Tralles, der unter Hadrian lebte, bringt in seinen *Seltsamen Geschichten* die Erzählung von einem Vampir, die Goethe in der »Braut von Korinth« verwendet.

Für das Poltergeist-Phänomen[32] gibt es keine vorchristlichen Belege; auch kennt die Antike keine genaue Entsprechung für die »gequälte Seele« (*âme en peine*), die für ein im Leben begangenes Verbrechen bestraft wird und durch ein Gebet erlöst werden kann. Der Gedanke ist allerdings dem Platonismus (s.o. die Stelle aus dem *Phaidon*) nicht fremd und stellt vielleicht eine christliche Erweiterung dar.

Plautus schrieb nach einem griechischen Original eine »Gespensterkomödie«, *Mostellaria*, in der das Gespenst allerdings nur fingiert wird. Es dient als Vorwand, einem

Herrn, der längere Zeit auf Reisen war und unerwartet
heimkehrt, den Zutritt zu seinem eigenen Haus zu verwehren. Das griechische Original – man nimmt an, daß Philemon der Autor war – trug den Titel *Phasma*, also »Erscheinung«. Der lateinische Titel läßt sich folgendermaßen verstehen: *Monstrum* wäre eine »schreckhafte Erscheinung«, dazu ist *mostellum* der Diminutiv, also ein »kleiner Schreck« (in diesem Fall ein fingiertes Schreckgespenst), und davon wird das Adjektiv *mostellaria* (sc. *fabula*) gebildet, also das Stück, in dem eine »Erscheinung« mitwirkt. Die Fiktion hat die gewünschte Wirkung, aber sie ist komischer Art: das Publikum wird darüber gelacht haben, daß einer so sehr an Gespenster glaubt, daß er sein eigenes Haus nicht betritt, aber so etwas war immerhin denkbar.

Eine erstaunliche Sammlung von Geistergeschichten findet sich in den *Dialogen* Gregors des Großen (Papst von 590 bis 604).[33] Die Personen, die darin erwähnt werden, sind Zeitgenossen Gregors, und ihre Geister verkünden manchmal, daß sie im Fegfeuer leiden müssen oder daß sie durch Messen erlöst worden sind.

Das griechische Wort *phasma* wird gewöhnlich durch »Erscheinung« oder »Phantom« übersetzt. So verwendet Herodot (4.15) den Ausdruck *phasma anthropou*, um die »geisterhafte Erscheinung eines Menschen« zu bezeichnen. Solche Erscheinungen werden immer wieder erwähnt; manchmal sind es Götter, manchmal Heroen; in Philostrats *Heroikos* (p. 130) sagt einer, er habe Protesilaos und seine Gefährten gesehen.

Die eigentliche Substanz solcher Erscheinungen wurde von den Neuplatonikern intensiv erörtert; für sie war die »Materialisation« immaterieller Vorgänge ein schwieriges Problem.[34] Proklos (*Kommentar zu Platons Staat*, 1.39.1 ff) fand folgende Lösung: Was wir sehen, ist nicht die Gottheit selber, sondern etwas, das von der Gottheit ausströmt; dieses Etwas ist teils sterblich, teils göttlich, und wir sehen es nicht mit unseren physischen Augen, sondern mit den Augen unseres Astralleibs.

Manche Dämonen sind den Göttern oder Gott näher als

andere: es sind zum Beispiel die »Engel« der jüdischen und christlichen Theologen. Sie wurden auch mit Planeten und Fixsternen in Beziehung gebracht; das heißt: sie übernahmen die Funktionen der alten Gestirngottheiten und regierten in gewisser Weise Menschen, Pflanzen und Mineralien. So konnte die kosmische Sympathie, die Gestirne und irdische Organismen oder Objekte verband, mit den bereits bestehenden Dämonologien verbunden werden.

Sokrates' ›daimonion‹ – Schutzgeister

Die Dämonologie wurde ein Teil der platonischen Schuldisziplin, vor allem unter Xenokrates, der Platons unmittelbaren Nachfolger Speusippos als Schulhaupt ablöste (339–314 v. Chr.). Zweifellos hat Sokrates' *daimonion* das Interesse der Platoniker an der Welt der Geister und Dämonen genährt, gleichgültig, ob er selber sich darunter eine »innere Stimme« oder eine wesenhafte Kraft vorstellte. »Ich glaubte, eine Stimme zu hören«, sagt Sokrates im *Phaidros* (242 B), aber die Stimme gab ihm nie einen konkreten Ratschlag; sie hielt ihn nur davon ab, etwas Unrechtes zu tun, als wäre sie »eine innere Hemmung« (F. W. H. Myers). Es war auch keine blitzartige Erkenntnis, keine wunderbare Vision, wie große Religionsstifter (Moses, Jesus) sie erlebten, sondern eher wie ein Lichtlein, das erschien und wieder verschwand (vgl. Nr. 76 und 77).

Im späteren Platonismus wurde Sokrates' *daimonion* als eine Art Schutzengel betrachtet. Heutzutage könnte man das *daimonion* am ehesten, wie Dodds das vorgeschlagen hat, ein überrationales Wesen nennen, das unser gesamtes Leben, unfreiwillige Vorgänge wie Träume eingeschlossen, lenkt. Sokrates' Gegner stellten das *daimonion* als eine neuartige Gottheit dar; deshalb war es ihnen möglich, ihn der Gottlosigkeit anzuklagen.[35]

Was Platon davon hielt, ist nicht ganz klar. In den Mythen des *Phaidon* (107 D–E) und des *Staates* (617 D; 620 D–E) spricht er von schützenden Dämonen, die einen

Menschen durchs Leben begleiten, seine geheimsten Gedanken und Handlungen kennen und nach seinem Tod als Fürsprecher oder Ankläger vor dem Thron des Richters auftreten.[36] In der platonischen Schultradition, wie sie bei Apuleius (*De genio Socratis* 154) vorliegt, werden diese Schutzgeister mit Sokrates' *daimonion* in Verbindung gebracht,
und es ist gut möglich, daß schon Platon in seiner »ungeschriebenen Lehre« eine Lösung in dieser Richtung suchte.

Im Hellenismus tritt uns der Glaube an einen Schutzengel, einen »guten Geist« (*agathos daimon*) entgegen. Ihm
entspricht in der Vorstellung vieler ein »böser Geist« (*kakos
daimon*), den man für das Unglück, das einem zustößt, verantwortlich machen kann, falls man nicht einem Schadenzauber Schuld geben will. Aber Menander läßt in einem
Lustspiel jemanden sagen:

»Jedem Menschen wird bei der Geburt ein guter Geist
zugeordnet, der sein Führer durch die Mysterien des Lebens ist. Man soll nicht glauben, daß der Geist böse ist und
uns im Leben Schaden zufügt; er ist gut, und nichts Böses
ist in ihm. Jeder Gott ist notwendigerweise gut. Doch jene,
die selber schlecht sind, einen schlechten Charakter haben,
ihr Leben verpfuschen und durch ihre eigene Dummheit
alles falsch machen… [Text unsicher], schieben die Schuld
einem göttlichen Wesen zu und nennen es ›schlecht‹, während sie in Wirklichkeit doch selber schlecht sind.« (Fr. 714
Sandb. = 550–51 Kock).

In diesem schönen und tiefsinnigen Vergleich wird das
menschliche Leben mit der Einweihung in ein Mysterium
verglichen, für die man einen »Mystagogen«, also einen priesterlichen Führer und Begleiter brauchte. Diesem Priester
konnte man selbstverständlich vertrauen; undenkbar, daß er
den ihm anvertrauten Kandidaten übel wollte. So gibt es für
den Menschen nach dem Willen der Götter, meint Menander, auch nur einen guten Geist, und es liegt ganz an uns, ob
wir ihm folgen oder nicht. Das Böse ist in uns, nicht in
einem anderen Geist, der dem Guten entgegenwirkt. Woher
das Böse in uns kommt, ist damit natürlich nicht gesagt,
und die attische Humanität, die Menander so bezaubernd

vertritt, ist trotz ihrer Schönheit wahrscheinlich etwas zu optimistisch und vereinfachend.

Platoniker, Christen und Skeptiker über Dämonen

Unter dem Einfluß von Xenokrates (s. o.) entwickelt Plutarch eine äußerst komplexe Dämonologie, die sich in manchen Punkten mit derjenigen berührt, die Apuleius[37] lehrt, und möglicherweise eine vielfach deutbare *koine* des späteren Platonismus darstellt. Als »Vater der wissenschaftlichen Dämonologie« wurde freilich Aristoteles bezeichnet, und seine Vorstellung von den untergeordneten Göttern der Planetensphären scheint die Theorien von Plutarch, Apuleius und selbst Iamblichos vorauszunehmen. Doch was ihm zugeschrieben wird, könnte schon die Lehre der alten Akademie sein, der Aristoteles ja zwanzig Jahre lang angehört hatte. Nach Plutarch (*De genio Socratis* 589 B) sind Dämonen geistige Wesen, die so intensiv denken, daß sie in der Luft Schwingungen hervorrufen, die andere geistige Wesen, d. h. andere Dämonen, aber auch besonders sensible Menschen dazu befähigen, wie mittels Antennen ihre Gedanken zu empfangen. Dadurch lassen sich Phänomene wie Telepathie, Hellsehen, Zukunftsschau erklären.

Plutarch neigt dazu – vor allem in der Abhandlung *Über das Aufhören der Orakel* –, Funktionen, die im griechischen Volksglauben bisher die oberen Götter ausgeübt hatten, gewissen Dämonen zuzuschreiben. Anders als die Götter altern Dämonen allmählich und sterben, wenn auch erst nach vielen Jahrhunderten. Damit erklärt er die Tatsache, die ihn und seine Zeitgenossen stark beschäftigte: den Rückgang der großen Orakel. Er nimmt an, daß sterbliche Dämonen, nicht unsterbliche Götter für den Betrieb der Orakel verantwortlich waren, und nun waren diese alt und dem Sterben nahe. In der oben genannten Abhandlung (Nr. 60) erzählt Plutarch die berühmte Geschichte vom »Tod des großen Pan« als Illustration dieses Vorgangs.[38]

Die »heidnischen Theologen« (wahrscheinlich handelt es

sich um neuplatonische Theurgen), die Eusebios, *Vorbereitung des Evangeliums* 4.5 zitiert, verteilen die Welt der höheren Wesen auf vier Klassen: Götter, Dämonen, Heroen und Seelen. Die Mondsphäre, d. h. der Raum zwischen der Mondbahn und der Erdoberfläche, ist von Dämonen bevölkert; sie sind im allgemeinen den Göttern botmäßig, aber durch gewisse Zauberformeln kann ein untergeordneter Dämon gezwungen oder ermächtigt werden, die Götter selber zu bedrohen. So können Dämonen die Stelle von Göttern einnehmen, und letztlich entscheidet der Magier, wer das letzte Wort hat. Daran scheitert im Grund, wie Eusebios bemerkt, die ganze Einteilung, die übrigens nicht die einzige ist, von der wir wissen.

Jahrhundertelang glaubten auch die Christen an die Wirklichkeit, die Macht der alten heidnischen Götter. Sie waren nicht so mächtig wie ihre eigene Gottheit, aber als die bösen Geister, zu denen sie jetzt degradiert worden waren, besaßen sie immer noch eine gewisse Macht, und obwohl man sich im Schutz der Kirche relativ sicher fühlte, waren zusätzliche Vorsichtsmaßnahmen nicht überflüssig, wie etwa die christlichen Amulette beweisen, die die Tradition der heidnischen fortsetzen.

Im byzantinischen Volksglauben spukten die Dämonen Gillo (oder Gello) und Babutzikarios herum (K. Svoboda, *La démonologie de Michel Psellos* [Brno, 1927&, 4; 55]); man weiß nicht recht, ob als Kinderschreck oder immer noch als Metamorphose antiker Götter, oder beides.

Selbstverständlich gab es auch skeptische Stimmen gegen den Dämonenglauben, so etwa in Lukians *Lügenfreunden* (29 ff). Hier wird ein Pythagoreer namens Arignotos eingeführt. Er hat eine ganze Reihe von ägyptischen Zauberbüchern gelesen (sie entsprechen unseren Zauberpapyri), und er bringt es offenbar zustande, ein Haus von einem Dämon zu befreien, indem er ihn auf ägyptisch anredet, einer Sprache, die Dämonen verstehen. An einer anderen Stelle dieser Schrift (Nr. 27) treibt ein syrischer Exorzist Dämonen aus den Körpern von Geisteskranken aus, und Augenzeugen sehen einen dieser Dämonen, wie er gerade herauskommt, ganz schwarz und rußig. Die Ironie Lucians liegt auf der Hand.

Immerhin ist es eine Tatsache, daß die Kirche den Dämonenglauben nicht bekämpfte; im Gegenteil, sie übernahm die Austreibung der Dämonen und trat, dem Beispiel Jesus' folgend, das Erbe der heidnischen Exorzisten an. Als der erfolgreichste *effugator daemonum* galt der Heilige Benedikt von Nursia (um 480–um 543), dessen Medaille heute noch als Amulett zum Schutz gegen Bezauberung getragen wird.

Man kann sich fragen, ob Dämonologie je als »reine« Wissenschaft existiert hat. Gewiß gab ihr die enge Beziehung zur Magie eine besondere Bedeutung. Man mußte die Kategorien der Dämonen, ihre ganze Hierarchie, ihre Namen kennen, nicht nur, um sie für magische Zwecke zu gebrauchen, sondern auch, um sie zu bekämpfen. Dennoch scheinen sich viele Platoniker – man denke nur an Plutarch und Apuleius – intensiv mit der Lehre von den Dämonen befaßt zu haben, scheinbar ohne jeden Gedanken an magische Operationen; Apuleius hat das ausdrücklich bestritten, und von Plutarch wird man es kaum annehmen. Unter den Neuplatonikern gab es »reine« Theologen und Dämonologen, aber auch Theurgen, die durch besondere Riten Epiphanien von Göttern und Dämonen herbeibringen wollten. Es gab also beides: eine rein theoretische, spekulative Haltung, ein intellektuelles Spiel, wenn man will, aber auch eine praktische Anwendung der Theorie.

Totengeister und Nekromantie

46

Die älteste Beschreibung einer nekromantischen Handlung im griechischen Bereich findet sich im elften Buch von Homers *Odyssee*. Sie ist das Vorbild für Aeneas' Abstieg in die Unterwelt im sechsten Buch von Vergils *Aeneis* und die Befragung eines Totendämons durch die Hexe Erictho im sechsten Buch von Lucans *Bürgerkrieg*. Es handelt sich um ein Motiv, das jahrhundertelang, bis auf Dante, nachgewirkt hat. Man stellte sich vor, daß ein Toter über die Zukunft Bescheid geben konnte: bei Homer ist das der Seher Teiresias (der seinen Beruf auch nach seinem Tod ausübt), bei Vergil der Vater seines Helden, Anchises, bei Lucan ein unbekannter Soldat. In allen drei Fällen braucht der Befrager eine Vermittlerin oder Helferin: bei Homer ist es Kirke, eine Zauberin oder vielleicht die zur Zauberin degradierte Göttin einer früheren Kultur; bei Vergil ist es die Sibylle, eine ekstatische Prophetin; bei Lucan ist es eine Superhexe.

Um die Toten aus der Unterwelt zu locken, muß Odysseus einen Graben anlegen, der nicht sehr tief ist, aber symbolisch als Zugang zum Hades dient. Darum herum schüttet der Held Trankopfer – Milch, Honig, Wein und später das Blut eines Widders. Das Opfertier muß schwarz sein, damit die himmlischen Götter nicht auf den Gedanken kommen, es sei für sie bestimmt.

Es ist nur logisch, daß der Geist des zuletzt verstorbenen Elpenor als erster erscheint, vermutlich, weil er noch nicht in den Hades eingegangen ist oder dort keine Stätte gefunden hat; seine Leiche ist ja noch nicht rituell bestattet worden.

Die Geister sind begierig, vom Blut des Opfertiers, das in den Graben gelaufen ist, zu trinken, um wenigstens vorübergehend ein Scheinleben zu führen und sprechen zu können, aber Odysseus bewacht mit seinem Schwert die kostbare Flüssigkeit und bewahrt sie für den Seher Teiresias auf. Sobald dieser erscheint, steckt Odysseus sein Schwert weg, und nachdem Teiresias seine Prophezeiung vorgebracht hat, dürfen auch die anderen Schatten trinken, zuerst Odysseus' Mutter Antikleia. Was sie sagt, hilft uns verstehen, wie die Menschen Homers sich den Tod dachten: als Trennung von Leib und Seele.

Sowohl Antikleia wie auch Teiresias drücken sich so aus, als wäre Odysseus tatsächlich in den Hades abgestiegen; dabei hat er den Graben, um den sich die Geister versammeln, keinen Augenblick verlassen, doch dieser Graben bedeutet stellvertretend, durch magische Substitution, die Unterwelt. Homer bietet zwei »Wahrheiten«, die sich zu widersprechen scheinen: Wie kann Odysseus gleichzeitig die Unterwelt besuchen und sich mit den heraufgekommenen Schatten unterhalten? Wahrscheinlich, weil sein Abstieg rein symbolisch ist oder weil nur ein Teil von ihm abstieg, während sein Körper oben blieb. An zwei Orten gleichzeitig sein ist etwas, das Schamanen können, und hier, als Beschwörer der Toten, ist Odysseus tatsächlich so etwas wie ein Schaman. Die Frage wird auch von Lucan (*Phars.* 6.651–53) gestellt, sicher im Hinblick auf diese Stelle (s. Nr. 50).

Zum Schluß darf Homers Odysseus, wie Goethes Faust, noch die schönsten Frauen des griechischen Mythos besichtigen, berühmte Heroinen, die lange vor seiner Zeit lebten und die er deshalb lebend nie sehen konnte. Hier blickt der Humor des Dichters durch: sein Held, der sich so mächtig zu lebenden Frauen hingezogen fühlt, darf als besondere Gunst eine Art Parade der fabelhaften Schönheiten einer längst vergangenen Epoche abnehmen.

Homer, *Odyssee* 11.12–224

Die Sonne ging unter, und alle Wege, die übers Meer führen, waren im Dunkel. Unser Schiff hatte die Grenzen des tiefen Okeanos erreicht; dort lebt das Volk der Kimmerier, und sie haben eine Stadt, die ganz in Nebel und Wolken gehüllt ist. Nie scheint die Sonne auf sie und schaut sie an, weder wenn sie [am Morgen] am gestirnten Himmel aufsteigt, noch [am Abend], wenn sie sich vom Himmel der Erde zuwendet. Düstere Nacht dehnt sich über diesen armen Menschen.

Wir landeten dort, zogen unser Schiff auf den Strand und brachten unsere Schafe an Land. Dann gingen wir der Küste des Okeanos entlang, bis wir die Stelle erreichten, die Kirke uns beschrieben hatte. Dort hielten Perimedes und Eurylochos die Opfertiere, während ich mein scharfes Schwert von der Hüfte zog, um einen etwa eine Elle langen und ebenso breiten Graben auszuheben. Um ihn herum goß ich Trankspenden für alle Toten, zuerst Milch und Honig, dann süßen Wein, schließlich Wasser, und darüber streute ich glänzende Gerste. Auf den Knien betete ich dann zu den Toten, diesen wesenlosen Gestalten, und versprach ihnen nach meiner Rückkehr nach Ithaka eine Färse als Opfer, die beste, die auf meinem Gut zu finden war, und einen Scheiterhaufen mit kostbaren Gegenständen. Für Teiresias im besonderen versprach ich, einen Widder zu opfern, einen ganz schwarzen, ein erlesenes männliches Tier aus meinen Herden.

Nachdem ich zum Volk der Toten gebetet und meine Gelübde abgelegt hatte, nahm ich die Schafe und schnitt ihnen über dem Graben die Köpfe ab, und zwar so, daß das schwarze Blut hineintropfte. Aus den Tiefen des Erebos scharten sich die Totenseelen, die Verstorbenen: Jungfrauen und Jünglinge, Greise, die viel gelitten hatten, zarte Mädchen, die ihr erstes Leid nie überwinden konnten, viele Krieger, die von Bronzespeeren getroffen worden waren und noch immer ihre blutbefleckten Waffen hielten. Sie alle drängten sich aus verschiedenen Richtungen kommend um den Graben, und ihr Wehklagen war unheimlich. Blasse Angst überkam mich. Ich befahl meinen Gefährten, sich zu beeilen und die Schafe, die, von meinem gnadenlosen Schwert geschlachtet, da lagen, abzuhäuten und zu verbrennen und zu den Göttern [der Unterwelt], dem großen Hades und der schrecklichen Persephone, zu beten. Ich selber saß da und hielt mein scharfes Schwert, das ich von der Hüfte gezogen hatte, um die Toten, diese wesenlosen Gestalten, daran zu hindern, näher ans Blut heranzukommen, bis ich meine Antwort von Teiresias hatte.

Als erster kam der Geist meines Gefährten Elpenor, denn er war noch nicht tief in der weiten Erde begraben worden. Wir mußten seine Leiche im Haus der Kirke zurücklassen, unbeweint und unbestattet. Als ich ihn sah, tat er mir leid; ich weinte und sagte gleich zu ihm:

»Elpenor, wie bist du in die düstere Unterwelt geraten? Du warst schneller zu Fuß als ich auf meinem dunklen Schiff!«

So sprach ich, und er antwortete mit klagender Stimme:

»Göttlicher Sohn des Laertes, einfallsreicher Odysseus:

der harte Richtspruch eines Gottes und eine Unmenge von Wein waren mein Untergang. Ich hatte mich auf Kirkes Dach zum Schlafen hingelegt, und es kam mir nicht in den Sinn, die lange Leiter zu betreten, um wieder hinabzusteigen. Kopf voran fiel ich vom Hausdach und brach einen Wirbel im Rückgrat. Meine Seele ging in den Hades. Doch jetzt flehe ich dich auf den Knien an – im Namen aller, die nicht hier sind: deiner Gattin, deines Vaters, der für dich sorgte, als du ein kleines Kind warst, und im Namen von Telemachos, den du ganz allein zuhause zurücklassen mußtest – ich bitte dich, Herr, mich nicht zu vergessen. Ich weiß, daß du dein gut gebautes Schiff zur Insel Aiaia hin lenken wirst, sobald du diesen Ort, das Haus des Hades, verlassen hast. Bitte laß mich nicht unbeweint und unbestattet im Stich, damit ich für dich kein Werkzeug göttlicher Vergeltung werde, sondern verbrenne mich mit allen Waffen, die ich noch habe, und häufe über mir am Ufer des schäumenden Meeres einen Hügel, so daß kommende Generationen sich an einen Unglücklichen erinnern mögen. Bitte tu das für mich, und auf mein Grab pflanze das Ruder, an dem ich im Leben neben meinen Gefährten zog.«

So sprach er, und ich antwortete:

»Ja, mein armer Freund, ich will dafür sorgen, daß dies geschieht.«

So saßen wir beide und führten unser trauriges Gespräch, ich mein Schwert von mir weg über das Blut haltend, während der Geist meines Freundes auf der anderen Seite [des Grabens] manches zu sagen hatte.

Dann kam der Geist meiner toten Mutter Antikleia, der Tochter des edlen Autolykos; als ich nach dem heiligen Ilion auszog, lebte sie noch. Ich war traurig, als ich sie sah und begann zu weinen, aber so weh es mir tat, ich ließ sie nicht näher ans Blut; denn zuerst mußte ich Teiresias befragen.

Doch nun kam die Seele des Teiresias von Theben, ein goldenes Szepter in der Hand; er erkannte mich und sprach:

»Göttlicher Sohn des Laertes, einfallsreicher Odysseus! Was bewog dich, das Licht der Sonne zu verlassen, mein

armer Freund, und hierherzukommen, um die Toten an ihrem freudlosen Ort zu besuchen? Bitte erhebe dich von diesem Graben und richte dein scharfes Schwert zur Seite, damit ich von dem Blut trinken und die Wahrheit verkünden
kann.«

So sprach er. Ich wich zurück und stieß mein Schwert
mit dem silbernen Heft in die Scheide. Der große Seher
trank das dunkle Blut und sprach dann zu mir:

»Bist du gekommen, Odysseus, um zu hören, daß dir
eine angenehme Rückkehr bevorsteht? Ein Gott wird sie
dir erschweren. Ich glaube nicht, daß du der Aufmerksamkeit des Erderschütterers entgehen wirst; er zürnt dir noch
immer und haßt dich, weil du seinen Sohn geblendet hast.
Aber trotz allem, auch wenn du manches erdulden mußt,
kannst du es erreichen, wenn du und deine Gefährten Selbst-
beherrschung üben, sobald euer gut gebautes Schiff zur Insel Trinakria kommt und dort eine Zuflucht vor dem dun-
kelblauen Meer findet. Dort wirst du die Ochsen und die
fetten Schafe des Helios, der alles sieht und alles hört, wei-
den sehen. Wenn du nun auf deine sichere Heimkehr be-
dacht bist und diese Tiere nicht anrührst, ist es gut möglich,
daß du nach Ithaka zurückkehrst, wenn auch unter großen
Entbehrungen; doch wenn du dich an ihnen vergreifst, pro-
phezeie ich eurem Schiff und deinen Gefährten den Untergang. Und sogar wenn du dich rettest, wirst du mit Verspä-
tung die Heimat erreichen und in schlechter Verfassung, in
dem Schiff eines anderen, und nachdem du alle deine Gefährten verloren hast. In deinem Haus wirst du Verwirrung
antreffen, anmaßende Männer, die deinen Besitz verzehren,
die Freier deiner göttlichen Gattin, die versuchen, sie mit
Gaben zu gewinnen. Mit Sicherheit wirst du sie für ihre Ge-
walttaten bestrafen, wenn du heimkehrst, doch wenn du diese Freier in deinem Haus getötet hast, sei es durch List oder
im offenen Kampf mit deinem scharfen Bronzeschwert,
dann mußt du dein treffliches Ruder nehmen und fort-
gehen, bis du zu Menschen kommst, die nichts vom Meer
wissen, deren Nahrung nicht mit Salz gewürzt ist, die nie
von Schiffen mit rotbemalten Wangen gehört haben und nie

von trefflichen Rudern, die den Schiffen als Flügel dienen.
Ich will dir einen deutlichen Hinweis geben, so daß du auf
keinen Fall fehl gehen kannst: Wenn du einen anderen Wanderer triffst, der meint, du trügest eine Getreideschwinge
auf deiner starken Schulter, dann mußt du dein treffliches
Ruder in den Boden stecken und dem Herrscher Poseidon
ein großartiges Opfer darbringen: einen Widder, einen Stier
und einen Eber, der Säue bespringt. Dann kannst du nach
Hause zurückkehren und den unsterblichen Göttern, die
über den weiten Himmel herrschen, großartige Hekatom-
ben darbringen, jedem der Reihe nach. Der Tod wird für
dich vom Meere kommen, und er wird nicht gewalttätig
sein, sondern er wird dein Leben enden, wenn ein behag-
liches Alter dich entkräftet hat. Deine blühenden Angehörigen werden um dich sein. Ich sage die Wahrheit.«

So sprach er; ich antwortete ihm:

»Teiresias, es ist klar, daß die Götter dies gesponnen haben. Doch sag mir eines und sprich die Wahrheit: Ich sehe
da die Seele meiner toten Mutter, aber sie sitzt schweigend
neben dem Blut und hat ihren Sohn bisher weder eines
Blicks noch eines Worts gewürdigt. Bitte sag mir, Verehr-
ter, was geschehen muß, damit sie mich bemerkt.«

So sprach ich; er gab zur Antwort:

»Es ist mir ein leichtes, dir das zu sagen und zu verstehen
zu geben: Wenn du einem der Toten, der Verstorbenen er-
laubst, ans Blut heranzukommen, dann wird er dir wahr-
heitsgetreu antworten; doch wenn du ihm das mißgönnst,
wird er dorthin zurückkehren, von wo er kam.«

Nachdem er dies gesprochen und seine Prophezeiung verkündet hatte, ging der edle Teiresias in den Palast des Hades
zurück. Ich wartete geduldig, bis meine Mutter von dem
dunkelfarbigen Blut getrunken hatte. Sie erkannte mich sofort und sagte gleich mit trauriger, klagender Stimme zu
mir:

»Mein Kind, wie bist du, noch lebend, hierhergekom-
men, in Nebel und Dunkelheit? Für Lebende ist das eine
harte Sache. Breite Flüsse und furchterregende Gewässer
liegen dazwischen: zuerst der Okeanos, den man zu Fuß

nicht überqueren kann; man braucht dazu ein gut gebautes
Schiff. Bist du nach langer Irrfahrten von Troja hierher-
gekommen, mit deinen Gefährten und deinem Schiff? Bist
du noch nicht in Ithaka gewesen? Hast du deine Frau noch
nicht in deinem Palast gesehen?«

[Odysseus fragt seine Mutter, woran sie starb; sie sagt,
die Sehnsucht nach ihm habe ihr Leben abgekürzt.]

So sprach sie; ich aber überlegte in meinem Innern hin
und her und wollte die Seele meiner toten Mutter umarmen.
Dreimal versuchte ich es, weil es mich drängte, sie zu umarmen, und dreimal glitt sie mir aus den Händen, wie ein
Schatten, ein Traum, und der Schmerz in meinem Innern
verschärfte sich. Rasch sagte ich zu ihr:

»Mutter, warum verweilst du nicht, wenn ich dich in die
Arme nehmen möchte, so daß wir uns auch im Hades halten und unsere Trauer, unser Leid zusammen genießen
können? Hat etwa die hehre Persephone mir einen Schatten
geschickt, damit ich noch mehr leiden und trauern muß?«

So sprach ich; meine königliche Mutter antwortete
gleich:

»Nein, nein, mein Sohn, unglücklicher als alle anderen
Sterblichen! Persephone, die Tochter des Zeus, trügt dich
nicht, sondern so will es das Gesetz für alle Sterblichen,
wenn sie tot sind: nicht länger halten die Sehnen Fleisch
und Knochen zusammen, sondern die Kraft, die Gewalt des
Feuers verzehrt das alles, sobald der Geist die weißen Gebeine verlassen hat; und wie ein Traum flattert und fliegt die
Seele fort. Du mußt so schnell wie möglich deinen Weg zurück ans Licht finden.«

[Doch zuvor darf Odysseus noch die Geister schöner
Frauen des Mythos sehen.]

47

Pausanias' Beschreibung eines berühmten Gemäldes aus dem 5.
Jahrhundert v. Chr., das im Altertum in Delphi besichtigt werden
konnte, zeigt uns, wie sich die Griechen den Hades vorstellten.
Ein Teil dieses Gemäldes diente als Illustration zur homerischen

Nekyia (Nr. 46), aber in Form einer *katabasis*, d.h. eines Abstiegs in die Unterwelt, sei es, daß Polygnot, der Künstler, den Text so verstand, sei es, daß er die Widersprüche innerhalb des Textes (Odysseus bleibt an der Erdoberfläche und scheint dennoch zu den Toten abzusteigen) nicht anders miteinander vereinbaren konnte.

Die Art und Weise, wie der berühmte Maler die Topographie der Unterwelt mit ihren Bewohnern veranschaulichen konnte, wurde im Altertum sehr bewundert. Das Gemälde war, wie es scheint, monumental, und sein Reichtum an Einzelheiten fast enzyklopädisch. Zweifellos stimulierte es auch die Phantasie der Menschen, die an diese Form des Lebens nach dem Tode glaubten, besonders derjenigen, die gesündigt oder ein Verbrechen begangen hatten. Vielleicht sollte es sie auch zur Umkehr, zur seelischen Läuterung bewegen, denn die besondere Frömmigkeit, die in Delphi ihren Ausdruck fand, war dazu geeignet, demjenigen, der sich dem Gott anvertraute, neue Hoffnung zu geben.

Der Künstler bezog auch Gestalten ein, die mehr der Folklore als dem Mythos angehören, z.B. den Dämon Eurynomos, der »Leichen frißt«, d.h. die Verwesung bewirkt. Pausanias konnte diesen Dämon, der ihn offenkundig faszinierte, weder bei Homer noch irgendeinem anderen frühgriechischen Epiker finden.

Pausanias, *Beschreibung Griechenlands* 10.28.1–29.1

[Ein Teil von Polygnots Gemälde in der Lesche der Knidier in Delphi zeigt die Eroberung von Troja und die Abfahrt der Griechen.] Der andere Teil des Gemäldes, der zur Linken, zeigt Odysseus, wie er in den sogenannten Hades absteigt, um Teiresias' Seele über seine glückliche Heimkehr zu befragen. Die Einzelheiten des Gemäldes sind wie folgt: Da ist ein Gewässer, das wie ein Fluß aussieht, offenkundig der Acheron, mit Schilf, das darin wächst und Fischen, die darin schwimmen; aber ihre Umrisse sind so undeutlich, daß man sie eher für Schatten als für Fische halten könnte. Auf dem Fluß ist ein Boot mit dem Fährmann [Charon] am Ruder. Polygnot folgt, wie mir scheint, einer Stelle in der Minyas, die sich auf Theseus und Peirithoos bezieht:

»Doch dann konnten sie an seinem Ankerplatz das Boot nicht finden, das die Toten besteigen, das Boot, das Charon, der alte Fährmann, steuert.«

Deshalb hat Polygnot den Charon als älteren Mann ge-
malt. Die Passagiere im Boot sind nicht ganz deutlich erkennbar. Tellis scheint ein heranwachsender Jüngling zu
sein, Kleobaia eine ganz junge Frau; sie hält auf den Knien
eine Truhe, wie man sie gewöhnlich für Demeter anfertigt.
Was Tellis betrifft, so habe ich nur gehört, daß der Dichter
Archilochos sein Enkel war, und von Kleobaia sagt man, sie
habe die Mysterien der Demeter von Paros nach Thasos gebracht.

Am Ufer des Acheron, unterhalb von Charons Boot, befindet sich eine merkwürdige Gruppe. Da ist ein Mann, der
seinen Vater schlecht behandelt hat, und nun wird er von
seinem Vater erwürgt. Damals ehrten die Menschen ihre Eltern über alles… [Es folgt ein Exkurs]. Neben dem Mann,
der seinen Vater mißhandelte und dafür im Hades die Strafe
erleidet, die er verdient hat, ist einer, der ein Vergehen gegen die Götter büßt. Die Frau, die ihn bestraft, kennt sich in
gewissen Mitteln, vor allem schädlichen, aus. Man sieht, daß
die Menschen damals sehr religiös waren.

Etwas über der eben erwähnten Gruppe steht Eurynо-
mos. Die Fremdenführer in Delphi sagen, er sei einer der
Dämonen im Hades und fresse das Fleisch von Leichen, lasse nur die Knochen übrig. Homers Odyssee und das Epos,
das den Titel Minyas trägt – beide beziehen sich auf den
Hades und seine Schrecken – kennen keinen Dämon namens Eurynomos. Aber ich möchte wenigstens beschreiben, wie er aussieht und in dem Gemälde dargestellt ist: Er
ist bläulich-schwarz, wie die Fliegen, die ums Fleisch herum-
schwirren, er bleckt die Zähne, und er sitzt auf einer Geier-
haut…

Noch höher als die eben erwähnten Figuren sind zwei
Gefährten des Odysseus, Perimedes und Eurylochos, Opfertiere (schwarze Widder) tragend…

48

Gespenstergeschichten aus der Antike bezeugen den uralten
Volksglauben, daß Menschen nach dem Tod in irgendeiner Form

auf dieser Erde weiterleben. Gespenster oder Geister sind eigentlich sichtbare Dämonen, wie Pausanias' Beschreibung des »Fried-
hofhügels« bei Marathon zeigt. So wie unsichtbare Dämonen in
ganz Griechenland verehrt wurden, konnten auch sichtbare eine
Art Kult haben, obwohl man sie gewöhnlich für eine Plage hielt.
Man vermied Stätten, an denen es spukte, weil das auf eine böse
Tat hindeutete – einen Mord zum Beispiel.

Pausanias durchreiste im 2. Jahrhundert n. Chr. Griechenland
und besuchte die berühmten Stätten. Er hörte sich vermutlich die
Erklärungen der ortsansässigen Führer an, also eine mündliche
Tradition, die nicht unbedingt sehr alt zu sein braucht, forschte
aber auch selbständig nach.

In der Schlacht von Marathon (490 v. Chr.) kamen Tausende
von Männern ums Leben, allerdings nur etwa zweihundert Athener, wenn man der Überlieferung folgt. Die Leichen wurden an
Ort und Stelle beigesetzt. Mit einem solchen Schlachtfeld, das
gleichzeitig Friedhof und Gedenkstätte war, hatte es seine besondere Bewandtnis. Man glaubte, daß in gewissen Nächten die Geister der Toten ins Leben zurückkehren und die Schlacht wieder-
holen, aber es galt als gefährlich, sich dorthin zu begeben, um das
Ereignis zu beobachten. Die Geister lieben es nicht, wenn Menschen neugierig sind.

Die gefallenen Kämpfer galten insgesamt als »Heroen«, aber
drei göttliche Wesen, die mit der Schlacht verbunden waren, scheinen besondere Verehrung genossen zu haben: Marathon, der ep-
onymische Heros des Bezirks, Herakles, der den Griechen beistand, und eine geheimnisvolle Erscheinung namens Echetlaios,
der mit einer Pflugschar als Waffe auf Seite der Griechen kämpfte.

Pausanias, *Beschreibung Griechenlands* 1.32.3–4

Es gibt einen Bezirk namens Marathon, auf halbem Weg
zwischen Athen und Karystos auf Euboia. In diesem Teil
von Attika landete die fremde Armee [d. h. die Perser], wurde in einer Schlacht besiegt und verlor mehrere Schiffe, als
sie wieder abzog.

In der Ebene befindet sich ein Grab für die Athener, und
darüber erheben sich Steinplatten mit den Namen der Gefallenen, nach Stämmen geordnet. Auch ein Grab für die
Böoter ist dort, eins für die Männer aus Platäa und eins für

die Sklaven, denn Sklaven kämpften hier erstmals [an der Seite der Freien].

Dort steht auch ein besonderes Grabmal für einen einzelnen Mann, Miltiades, den Sohn des Kimon, obwohl er erst später sein Ende fand, nachdem es ihm nicht gelungen war, Paros einzunehmen, und die Athener ihm den Prozeß gemacht hatten.

An dieser Stelle kann man Nächte lang Pferde wiehern und Männer kämpfen hören. Keiner, der sich dort aufhält, nur um dies zu erleben, hat etwas davon; aber die Geister [oder: die Dämonen] zürnen denen nicht, die unfreiwillig dort verweilen.

Die Leute von Marathon verehren diejenigen, die im Kampf gefallen sind (sie nennen sie »Heroen«) wie auch [ein überirdisches Wesen namens] »Marathon«, von dem der Bezirk seinen Namen hat, ferner Herakles; sie behaupten, die ersten Griechen zu sein, die ihn als Gott anerkannten. Sie erzählen auch, ein Mann, der aussah wie ein Bauer und so gekleidet war, habe an der Schlacht teilgenommen. Er tötete viele Perser mit seiner Pflugschar, und als alles vorbei war, verschwand er. Als die Athener das Orakel befragten, gab der Gott ihnen keine weitere Auskunft, außer, sie sollten »Echetlaios« [d. h. den Mann mit der Pflugschar] als Heros verehren.

49

In den *Persern* bringt Aischylos eine nekromantische Szene auf die Bühne, die sich in der Hauptstadt des Perserreichs abspielt, nachdem die Nachricht von der Niederlage bei Salamis (480 v. Chr.) dort eingetroffen ist. Die Königinmutter Atossa tritt in Trauerkleidung aus dem Palast; sie trägt Milch, Honig, geweihtes Wasser, Wein und Öl als Opfergaben, dazu einen Kranz. Am Grab ihres Gatten, Dareios I., legt sie den Kranz nieder und schüttet die Trankopfer aus.

Während dieses Rituals singt der Chor Lobeshymnen auf die Toten. Dareios ist im Tod vergöttlicht, wie die ägyptischen Pharaonen, die Herrscher von Mykenai, wie Alexander der Große und die römischen Caesaren. Selbst in der Unterwelt genießt er ge-

wisse Vorrechte. Er ist willens, den Lebenden zu erscheinen, und
erhält einen befristeten Urlaub, um sein Volk in dieser Krise zu
beraten. Dareios trägt die Krone, die Gewänder und die safranfarbenen Sandalen, mit denen er begraben wurde.

Die Szene hat gewisse komische Untertöne. Der Chor bezeichnet die Sprache, in der er singt, als »fremd« und »unverständlich«, vermutlich weil der Geist des Perserkönigs kein Griechisch versteht; dieser selbst klagt darüber, daß es viel leichter sei,
in den Hades zu gehen, als von dort zurückzukommen. Auch die
Scheu der Greise vor dem königlichen Phantom ist leicht ko-
misch.

Aischylos, *Perser* 607–99

ATOSSA. So bin ich denn nochmals aus dem Palast gekommen, ohne Wagen, ohne meine prächtigen Gewänder,
um dem Vater meines Sohns die sühnenden Trankopfer darzubringen, Geschenke, welche die Toten besänftigen: weiße
Milch, süß zum Trinken, von einer makellosen Kuh; goldenen Honig, die Essenz der Bienen, die sich mit Blüten beschäftigen; geweihtes Wasser von einer reinen Quelle; diesen belebenden ungemischten Trank von einem alten Reb-
stock, seiner Mutter auf dem Feld; und hier ist die duftende
Frucht der blaßgrünen Olive, die ihr üppiges Leben zwischen Blättern lebt; hier sind auch Blumen, zum Kranz ge-
wunden, die Kinder der freigiebigen Erde.

Doch kommt, Freunde, und singt Lobeshymnen auf die
Toten, während ich ihnen diese Trankopfer darbringe und
den Geist des großen Dareios heraufbeschwöre; ich will diese Gaben für die Götter der Unterwelt ausschütten, damit
die Erde sie trinkt.

CHOR. Königliche Hoheit, den Persern Verehrungswürdi-
ger! Laß die Trankopfer hinab in die Räume der Toten fließen, und wir wollen in unseren Liedern zu den Führern der
Toten unter der Erde beten, daß sie uns gnädig sind.

Ja, ihr heiligen Götter der Unterwelt, Erde und Hermes,
und du, König der Toten! Schickt von dort unten eine Seele
herauf ans Tageslicht, denn wenn sie einen Ausweg aus unserer Not weiß, dann kann sie allein uns sagen, was zu tun
ist.

Kann unser seliger, göttlicher König mich hören, wie ich in meiner unverständlicher, fremden Sprache Klagelieder aller Arten singe? Oder muß ich in meiner Not, meinem Unglück schreien? Hört er mich dort unten?

Erde! Ihr anderen Herrscher der Schatten! Gestattet dem ruhmreichen Geist, dem Gott der Perser, der in Susa geboren wurde, euren Palast zu verlassen! Keiner, der je in persischer Erde bestattet wurde, war so wie er. Laßt ihn bitte kommen!

Teuer ist uns der Mann, teuer sein Grab, teuer die Vorzüge, die hier begraben sind. Aidoneus, du führst die Schatten zur Oberwelt empor; laß ihn kommen, Aidoneus, den göttlichen Herrscher Dareios! Ah!

Nie hat er sein Volk in den Tod geschickt, indem er mörderische, sinnlose Kriege führte; deshalb nannten die Perser ihn »göttlichen Berater«, und er war in der Tat ein göttlicher Berater, denn er führte seine Streitmacht gut.

Unser König, unser alter König, komm zu uns, komm zurück! Steig auf zum Gewölbe deiner Gruft! Hebe die safranfarbenen Sandalen an deinen Füßen! Zeig uns die Spitze deiner Königskrone! Komm näher, barmherziger Vater Darian! Oh!

Herr unseres Herrn, erscheine und vernimm unser bejammernswertes, beispielloses Leid! Das Dunkel des Styx schwebt in der Luft; die ganze Jugend unseres Volkes ist dahin. Komm näher, barmherziger Vater Darian! Oh!

Ach! Ach! Deine Freunde weinten viele Tränen, als du starbst... [der Text der folgenden zwei Verse ist unsicher]. Unser Land hat alle seine Dreiruderer verloren; wir haben keine Schiffe mehr, keine Schiffe mehr!

GEIST DES DAREIOS (aus der Gruft aufsteigend). Treuste der Getreuen, Gefährten meiner Jugend, Greise Persiens! Was ist das für ein Schmerz, der unser Land befällt? Die Erde stöhnt; sie wird geschlagen und zerstückelt. Wenn ich meine Gattin anschaue, die vor meinem Grab steht, bin ich beunruhigt, obwohl ich ihre Trankspenden gern entgegennehme. Doch ihr, die ihr nahe meinem Grab seid, singt Trauerlieder, und in durchdringenden Litaneien, die Seelen

zurückbringen, ruft ihr mich, daß es zum Erbarmen ist. Aus
der Unterwelt einen Ausgang zu finden, ist nämlich nicht
leicht – vor allem, weil die Götter dort unten sich aufs Fassen besser verstehen als aufs Gehenlassen! Aber da ich auch
bei ihnen einen gewissen Einfluß habe, bin ich zur Stelle.
Beeilt euch: ich muß über meine Zeit Rechenschaft geben.
Welch jähes Unglück hat die Perser so hart getroffen?

CHOR. Ich fürchte mich, dich anzuschauen; ich scheue mich,
dich anzureden; noch immer fühle ich die alte Ehrfurcht
vor dir.

DAREIOS. Gewiß, gewiß, aber da ich nun einmal auf eure
Klagen gehört habe und aus der unteren Welt zurückgekom-
men bin, legt eure Ehrfurcht vor mir ab, faßt euch kurz und
erzählt mir alles von Anfang bis Ende.

[Der Chor scheut sich noch immer zu sprechen, und der
Geist wendet sich an Atossa, die ihm von der persischen
Niederlage berichtet. Dareios gibt seinem Sohn Xerxes allein die Schuld, während Atossa seine Berater für mitverant-
wortlich hält. Dann bittet der Chor Dareios' Geist um
einen Ratschlag, und er erteilt ihn: nie mehr sollt ihr Griechenland angreifen. Nachdem er Atossa ermahnt hat, ihrem
geschlagenen Sohn gnädig und mitfühlend zu begegnen, ent-
schwindet er ins »Dunkel unter der Erde« (V. 839).]

50

In seinem unvollendeten Epos *Der Bürgerkrieg* (auch *Pharsalia*
genannt) hat Lucan (39–65 n.Chr.) eine Superhexe namens Erictho eingeführt und ihr im 6. Buch unverhältnismäßig viel Platz
eingeräumt. Diese Episode war offenbar als ein Gegenstück zum
6. Buch der *Aeneis* geplant, in dem der Held, geleitet durch die
Sibylle von Cumae, in die Unterwelt absteigt, um von seinem
Vater Anchises die Zukunft zu erfahren.

Lucan zählt zuerst verschiedene Methoden der Zukunftser-
forschung auf. Die stoische Schuldoktrin, der Seneca und Lucan
verpflichtet sind, hielt im allgemeinen die Voraussage der Zukunft für möglich (s. Kapitel »Divination«), aber offenbar waren
sich nicht alle Stoiker darüber einig, welche Methode (Traumdeutung, Astrologie, Orakel usw.) die zuverlässigste sei.

Für Sextus Pompeius, den »unwürdigen Sohn eines großen Vaters« (V. 420), der allerdings gerade nicht als Stoiker charakterisiert wird, war offenbar die Nekromantie die einzig zuverlässige Methode. Lucan nennt diese Überzeugung einen »leeren, vermessenen Wahn« (V. 434), beschreibt aber dennoch das Wirken der thessalischen Hexe, welche die Befragung eines Toten inszeniert, mit einem peinigenden Aufwand an scheußlichen Details. Dieser ganze Abschnitt gehört eigentlich ins Kapitel ›Magie‹. Der Dichter tut so, als wäre er selber von diesem Horror angeekelt, was ihn aber nicht daran hindert, die Effekte zu häufen.

Ob Lucan es für möglich hielt, daß ein Mensch über soviel Macht verfügt? Aber Erictho ist eigentlich gar kein Mensch, sondern ein Wesen aus einer anderen Welt, eine Art zeitloser Dämon in menschlicher Gestalt, mit uraltem Wissen begabt und völlig außerhalb der Gesellschaft mit ihren religiösen und moralischen Bindungen. Sie experimentiert mit Leichen, was verboten war, obwohl vielleicht der Gedanke, Tote zu beleben, damals diskutiert wurde. Der Dichter Shelley, der Lucan bewunderte, muß diesen Text mit seiner Frau Mary gelesen haben, denn von ihm ging zweifellos die Anregung zu *Frankenstein* aus.

Lucan, *Pharsalia* 6.413–830

In diesem vom Schicksal verurteilten Land schlugen die beiden Führer [Caesar und Pompeius] ihre Lager auf. Alle quälte die Vorahnung einer bevorstehenden Schlacht; denn es lag auf der Hand, daß die tragische Stunde der Entscheidung nahte und das Verhängnis näher rückte. Die Feigen zittern und erwarten das Schlimmste; einige wenige wappnen sich von vornherein für den ungewissen Ausgang und hegen Furcht und Hoffnung.

Unter der trägen Masse war auch Sextus Pompeius, der unwürdige Sohn eines großen Vaters, der etwas später als Flüchtling und sizilischer Seeräuber die Triumphe entweihte, die sein Vater auf dem Meer errungen hatte. Furcht bewog ihn, den Verlauf des Schicksals im voraus zu erfahren; er hielt es nicht aus, noch länger zu warten, und er litt beim Gedanken an alles, was kommen konnte. So wendet er sich nicht an den Dreifuß von Delos, nicht an die Grotte der Pythia; er interessiert sich nicht für den Klang, den in Dodona, wo den Menschen ihre erste Nahrung wuchs, der Bron-

zekessel des Zeus ertönen läßt; er fragt nicht, wer aus den
Eingeweiden das Schicksal lesen könne oder eine andere erlaubte, wenn auch geheime Kunst betreibe: den Vogelflug
deuten, die Blitze am Himmel beobachten, nach assyrischer
Methode die Gestirne erforschen. Nein, er war vertraut mit
den Geheimnissen der schwarzen Magie, die den oberen
Göttern verhaßt sind, kannte die Altäre des Grauens mit
ihrem schrecklichen Ritual, wußte, daß man sich auf Dis
und die Schatten verlassen kann und war überzeugt, der
armselige Wicht, daß die Himmlischen – zu wenig wissen!
Es ist gerade diese Umgebung, die seinen leeren, vermessenen Wahn beflügelt; denn ganz in der Nähe des Lagers ist
die Stadt der thessalischen Hexen, die keine wilde Aus-
geburt der Phantasie überbieten könnte, deren Kunst darin
besteht, das Unglaubliche zu vollbringen.

Die thessalische Erde bringt nämlich auch giftige Kräuter
hervor und Steine, die es spüren, wenn die Magier ihre
schrecklichen Formeln singen. Dort wachsen massenweise
Pflanzen, die selbst den Göttern Gewalt antun können, und
in Thessalien war es, wo die Fremde aus Kolchis alle Kräuter sammelte, die sie nicht mitgebracht hatte. Die gottlosen
Zaubersprüche dieses grauenhaften Volks zwingen das Gehör der Götter, das für so viele andere Völker und Nationen taub ist. Eine einzige Stimme dringt durch die fernen
himmlischen Räume und trägt die zauberkräftigen Worte
zu den widerstrebenden Göttern; selbst die Sorge um den
Himmelspol und das sich drehende Himmelsgewölbe lenken ihre Aufmerksamkeit nicht ab. Hat das widerliche Ge-
murmel einmal die Sterne erreicht, so öffnen selbst das persische Babylon und Memphis mit seinen Geheimnissen alle
Tempel ihrer alten Magier vergeblich: die thessalische Hexe
wird die Götter von fremden Altären locken.

Durch den Zauber der thessalischen Hexen fließt Liebe,
die vom Schicksal nicht gewollt ist, in harte Herzen, und
strenge Greise brennen von verbotenen Gelüsten. Nicht
nur ihre Giftbecher sind wirksam, nicht nur der von ihnen
gestohlene saftige Auswuchs auf der Stirn des Fohlens, der
dafür bürgt, daß die Mutter es lieben wird – nein, auch oh-

ne durch ein schlimmes Getränk vergiftet zu sein, wird das
menschliche Gehirn bloß durch ihre Zaubersprüche zerstört. Menschen, die weder das Band einer harmonischen
Ehe verbindet noch lockende Schönheit mächtig zueinander hinzieht, werden durch das magische Wirbeln geflochte-
ner Fäden gebannt.

Es stockt der Rhythmus der Natur. Die Nacht wird länger, und der Tag läßt auf sich warten. Der Äther gehorcht
seinem Gesetz nicht mehr, und das sausende Firmament er-
starrt, sobald es die Zaubersprüche hört. Jupiter, der das
Himmelsgewölbe antreibt, das sich auf seiner schnellen Achse dreht, ist erstaunt, daß es sich nicht bewegen will. Einmal
füllen die Hexen alles mit Regen, hüllen die wärmende Sonne in Wolken, und es donnert am Himmel, ohne daß Jupiter
davon weiß. Mit denselben Sprüchen zerstreuen sie breite,
feuchte Nebelbänke und Sturmwolken mit zerzausten Mäh-
nen. Auch wenn die Winde ruhen, schwillt das Meer. Dann
wird ihm wieder geboten, den Sturm nicht zu spüren, und
es bleibt ruhig, obwohl der Notus wütet, und die Segel, die
ein Schiff dahintragen, blähen sich gegen den Wind! Bewegungslos, abgeschnitten hängt ein Wasserfall vom Felsen,
und ein Fluß läuft nicht dorthin, wo sein Gefälle ihn führt.
Der Sommer läßt den Nil nicht steigen; der Maiandros
streckt seinen Lauf; der Arar überholt die langsamere Rho-
ne. Berge ducken ihr Haupt und machen ihre Rücken flach;
der Olymp blickt zu den Wolken auf, und im Land der
Skythen taut der Schnee mitten im Winter, obwohl die Sonne nicht scheint. Wenn unter dem Einfluß des Mondes das
Meer schwillt, treiben thessalische Zaubersprüche es zurück
und beschützen die Küste. Auch die Erde läßt die Achse
ihrer [sonst] unbeweglichen Masse erbeben, und das Schwer-
gewicht, das zum Mittelpunkt der Kugel wirkt, gerät ins
Schwanken. Von einem Zauberwort getroffen, klafft ihr ganzer, riesiger Körper auseinander und gibt den Durchblick
auf den Sternenhimmel frei, der sich um sie dreht.

Jedes Tier, das töten kann und die natürliche Fähigkeit
hat, Schaden zu stiften, fürchtet sich vor den Künsten der
thessalischen Hexen und liefert ihnen Mittel zum Morden.

Blutdürstige Tiger und Löwen, edel in ihrem Zorn, lecken ihnen zärtlich die Hände. Auf ihren Befehl entrollen kalte Schlangen ihre Windungen und strecken sich auf dem bereiften Boden zu ihrer vollen Länge aus; knotige Vipern teilen sich und wachsen wieder zusammen; Nattern sterben, von menschlichem Gift behaucht.

Warum geben sich die himmlischen Götter solche Mühe, den Zaubersprüchen und den Kräutern zu gehorchen und fürchten sich, sie zu mißachten? Welch gegenseitiges Abkommen legt den Göttern diese Verpflichtung auf? Müssen sie gehorchen? Oder tun sie es gern? Haben die Hexen durch eine seltsame Religion soviel Einfluß oder erzwingen sie ihn durch stumme Drohungen? Ist ihnen Macht über alle himmlischen Götter gegeben oder richten sich ihre keinen Widerstand duldenden Sprüche auf einen bestimmten Gott, der jeden ihm auferlegten Zwang auf die [ganze] Welt übertragen kann? Sie sind es, die zum erstenmal die Sterne vom wirbelnden Firmament heruntergeholt haben; so erblaßt auch der heitere Mond, vom grausigen Gift der Formeln gebannt, und brennt mit rußigem, irdischem Feuer, als hätte die Erde ihm den Widerschein der Sonne abgeschnitten und ihren Schatten auf das himmlische Licht geworfen. Vom Zaubergesang herabgedrückt muß der Mond Qualen leiden, die so entsetzlich sind, daß er ganz aus der Nähe Schaum auf die unter ihm liegenden Pflanzen träufelt.

Dieses unmenschliche Ritual, diese gräßlichen Zeremonien eines gottlosen Volkes hat die wilde Erictho verworfen, weil sie ihr – zu fromm sind! Sie hat ihre scheußliche Kunst zu unerhörten Formen entwickelt. Ihr ist es ein Greuel, ein Haus in der Stadt zu bewohnen oder auch nur ein Dach über ihrem gräßlichen Kopf zu haben; sie haust in verlassenen Gräbern und Grüften, aus denen die Totengeister ausgetrieben wurden; sie ist den Göttern des Erebos lieb. Weder die himmlischen Götter noch die Tatsache, daß sie selber lebt, hindern sie daran, durch die Versammlungen der Abgeschiedenen zu gehen und die Räume des Styx, die Geheimnisse Plutons in der Unterwelt zu erforschen.

Knochig und scheußlich ist das vermoderte Gesicht der

gottlosen thessalischen Hexe, und die grauenerregenden Züge, auf denen die Blässe des Styx lastet und die von schwe-
rem, ungekämmtem Haar umgeben sind, kennt der heitere
Himmel nicht; aber wenn Stürme und schwarze Wolken die
Sterne auslöschen, kommt sie aus den Gräbern, die sie ge-
plündert hat, hervor und fängt nächtliche Blitze. Unter ihren Schritten verbrennt die Saat fruchtbarer Kornfelder,
und ihr Atem verpestet die Luft, die eben noch rein war.

Sie betet nicht zu den himmlischen Göttern, ruft keine
hilfreichen göttlichen Mächte in Bittgesängen an, will nichts
von Eingeweiden als Sühneopfer wissen; nein, sie liebt es,
Flammen, in denen Leichen verbrannten und Weihrauch,
den sie von lodernden Scheiterhaufen stahl, auf Altäre zu
legen!

Schon beim ersten Wort ihres Gebets gewähren ihr die
Himmlischen jede Schandtat, denn sie zittern davor, den
zweiten Zauberspruch hören zu müssen. Menschen, die
noch atmen und ihre Glieder regen, verscharrt sie in Gräbern, und obwohl das Schicksal ihnen noch viele Jahre schuldet, kommt widerstrebend zu ihnen der Tod. Sie verkehrt
aber auch Leichenbegängnisse in ihr Gegenteil, bringt Tote
aus den Gräbern zurück, und Leichen fliehen vor dem Tod.
Die rauchende Asche, das noch glimmende Gebein junger
Männer, ja sogar die Fackel, die von der Eltern gehalten
wurde, reißt sie vom Scheiterhaufen. Sie sammelt die von
schwarzem Rauch umflatterten Reste der Totenbahre, Gewänder, die schon in Asche zerfallen und schwelende Stük-
ke, die nach verbranntem Fleisch riechen. Aber wo Tote in
steinernen Sarkophagen bestattet wurden, in denen die innere Feuchtigkeit aufgesogen wird, so daß die Leichen hart
werden, weil faulige Säfte abfließen, da läßt die Hexe ihre
Gier, ihre Wut am ganzen Leichnam aus. Sie stößt ihm die
Finger in die Augen, kratzt eifrig die starren Pupillen heraus und nagt an den gelben Fingernägeln einer vertrockne-
ten Hand. Mit den Zähnen zerbeißt sie Henkersstrick und
Knoten, pflückt Leichen vom Galgen, schabt Kreuze ab
und reißt das vom Regen zerfetzte Fleisch und die in der
voll darauf scheinenden Sonne gesottenen Eingeweide weg.

Sie beschafft sich die Nägel, die in Hände eingeschlagen waren, die aus allen Gliedern tropfende Verwesung und den
geronnenen Eiter; sie hängt sich an Muskeln, die ihrem Biß
widerstehen. Wenn irgendwo eine Leiche liegt, die von Erde nicht bedeckt ist, sitzt sie schon neben ihr, bevor die wilden Tiere und die Vögel kommen. Sie will aber die Glieder
nicht mit dem Messer oder mit ihren bloßen Händen zer-
stückeln, sondern sie wartet, bis Wölfe die Leiche zerflei-
schen, um ihnen dann die Brocken aus dem hungrigen
Schlund zu reißen.

Ihre Hände begehen Mord auf Mord, wenn sie frisches
Blut braucht, das zuerst aus einer aufgeschlitzten Kehle
sprudeln muß [sie schreckt vor einem Mord nicht zurück,
um an frisches Blut zu gelangen], und ihr grausiges Mahl
fordert Eingeweide, die noch zucken. Sie öffnet einen Mutterleib und zieht die Geburt auf unnatürlichem Weg heraus,
um sie auf einen brennenden Altar zu legen. Wenn sie besonders wilde, kräftige Geister braucht, – schafft sie selber
Manen! Jede Art menschlichen Sterbens kommt ihr zustat-
ten. Sie zupft den Kinnflaum von einer Knabenleiche und
schneidet mit der [Linken] einem sterbenden Epheben die
Locken ab. Oft, wenn ein Verwandter bestattet wird, wirft
die Hexe sich auf die Leiche des Angehörigen und, während
sie ihn küßt, verstümmelt sie sein Gesicht, öffnet mit ihren
Zähnen den geschlossenen Mund, beißt ihm die Spitze der
Zunge ab, die reglos in der trockenen Mundhöhle liegt, läßt
ein Murmeln zwischen die erkalteten Lippen strömen und
schickt eine grausige Geheimbotschaft zu den Schatten des
Styx.

Durch Gerüchte, die im Land umgehen, hat Pompeius
von ihr gehört. Er schlägt den Weg über öde Felder ein.
Hoch am Himmel steht die Nacht. Es ist die Zeit, da der
Sonnengott unseren Antipoden den Mittag bringt. Treue,
vertraute Diener ihrer Verbrechen treiben sich zwischen ge-
borstenen Gräbern und Leichenstätten herum. Man sieht
sie selber in der Ferne auf einem steilen Felsen hocken, dort,
wo der Haimos sich verlängert und zur pharsalischen Ge-
birgskette abfällt. Sie probt Worte, die Magiern und ihren

Göttern noch unbekannt sind, und erfindet eine Formel zu neuartigen Zwecken. Sie befürchtet, daß der unberechenbare Krieg sich an irgendeinen anderen Teil der Welt verschieben könnte und Thessaliens Erde dann auf ein unerhörtes Blutbad verzichten müßte. Daher spricht die Hexe über Philippi eine Zauberformel aus, bespritzt es mit giftigen Säften und verbietet ihm, den Krieg zu entlassen. Alle Toten will sie haben, um das Blut der ganzen Welt aufzubrauchen. Sie zählt darauf, die Leichen gefallener Könige zu verstümmeln, von der Asche des römischen Volks, den Gebeinen der Vornehmen, den Manen der Mächtigen Besitz zu ergreifen. Ihr glühender Wunsch, ihre einzige Sorge: welche Teile von Pompeius' ausgestreckter Leiche sie rauben, auf welches Glied Caesars sie sich stürzen darf!

Pompeius' nichtswürdiger Sohn spricht sie an:

»Zierde thessalischer Hexen! Du vermagst, Völkern ihr Schicksal zu offenbaren und die Zukunft aus ihrer Bahn zu werfen. Gewähre mir, mit Sicherheit den Ausgang zu wissen, den das Kriegsglück bereithält. Ich bin nicht der letzte im Heer der Römer, sondern Pompeius' berühmter Sohn; ich werde entweder Herrscher der Welt sein oder Erbe einer furchtbaren Katastrophe. Ängstliche Zweifel durchbohren mein Herz, und dennoch bin ich bereit, klar umrissene Furcht zu ertragen. Nimm den Ereignissen die Macht, uns jäh und unverhofft anzufallen. Spanne die Götter auf die Folter, aber entreiße dafür den Manen die Wahrheit! Es ist keine geringe Mühe, sondern eine Aufgabe, die deiner würdig ist, zu erkunden, auf welche Seite die Entscheidung dieses ungeheuren Schicksals sich neigt.«

Die gottlose Hexe freut sich, daß ihr Ruhm so weithin bekannt ist und entgegnet:

»Wenn du unbedeutende Schicksale ändern möchtest, wäre es ein Leichtes, die Götter auch gegen ihren Willen so handeln zu lassen, wie du es willst. Selbst wenn die Planeten mit allen ihren Ausstrahlungen den Tod eines Individuums erzwingen können, ist es der Magie möglich, einen Aufschub zu erwirken, und selbst wenn alle Gestirne ihm ein hohes Alter versprechen, brechen wir mit unseren Kräutern

sein Leben mitten entzwei. Reicht aber die Kette der Ursachen und Wirkungen bis zur Schöpfung der Welt zurück
und werden alle Schicksale betroffen, weil der Schlag die
gesamte Menschheit trifft – wenn du dann etwas ändern
willst, müssen selbst wir Hexen zugeben, daß das Schicksal
mehr vermag als wir.

Gibst du dich aber damit zufrieden, die Ereignisse im
voraus zu erfahren, so öffnen sich viele leichte Wege zur
Wahrheit: Die Erde, der Äther, das Chaos, die Meere, die
Felder und das Gebirge Rhodope werden zu uns sprechen.
Doch da frische Leichen massenweise vorhanden sind, ist es
einfach, einen Toten vom Boden Thessaliens aufzulesen; so
wird der Mund einer noch warmen Leiche mit voller Stim-
me sprechen, und kein Schatten eines Toten, der von der
Sonne ausgetrocknet wurde, wird Laute zischen, die unser
Ohr nicht versteht.«

So spricht sie und macht durch ihre Kunst die Nacht dop-
pelt so finster wie zuvor. Dann eilt sie, ihr grauenvolles
Haupt in eine dunkle Wolke gehüllt, zwischen den Leichen
Erschlagener, die man einfach hingeworfen hatte, ohne sie
zu bestatten, hin und her. Sogleich flohen die Wölfe, und
die Geier rissen ihre Krallen heraus und flogen, noch hung-
rig, davon, während die Hexe ihren Propheten wählte. Sie
prüft die im Tod erkalteten Organe, bis sie das unverletzte
Gewebe einer noch straffen Lunge findet, und in entseelten
Körpern sucht sie nach einer Stimme. Nun hängen die
Schicksale vieler Gefallener in der Schwebe: Welchen wird
sie wohl zur Oberwelt zurückrufen? Wenn sie versucht hätte, ganze Heere in der Ebene auferstehen zu lassen und sie
wieder in den Krieg zu schicken – die Gesetze des Erebos
hätten sich vor ihr gebeugt, und eine Armee, durch die
Macht dieses Scheusals aus dem stygischen Avernus herauf-
geholt, hätte gekämpft!

Endlich wählt sie eine Leiche, die im Hals eine Stichwun-
de hat, und zieht sie fort. Der Bedauernswerte wird mit
einer Schlinge und einem daran befestigten Haken über Felsen und Steine geschleppt und, um ein zweites Mal zu leben, in einer Höhle am Fuß eines hohen Bergs hingelegt, die

von der bösen Erictho dazu verdammt ist, Schauplatz eines
Rituals zu sein.

Jäh senkt sich dort der Grund und fällt fast bis zu den
dunklen Höhlen des Dis ab. Ein gespenstischer Wald mit
schlaffen Blättern umschließt den Ort, und Eiben, die das
Sonnenlicht nicht durchdringen kann und deren Wipfel
nicht in den Himmel ragen, beschatten ihn. Im Innern der
Höhle herrscht trübes Dämmerlicht, und der aus ewiger
Nacht stammende fahle Moder kennt nur das von Zauberei
geschaffene Licht. Sogar in der Schlucht von Tainaron, wo
die düstere Grenze zwischen der Oberwelt und dem verborgenen Reich verläuft, und bis zu der die Herrscher des Tartaros ihre Schatten unbesorgt schweifen lassen, brütet die
Luft nicht so träge. Denn wie sehr die thessalische Hexe
auch das Schicksal zwingen kann, man weiß doch nie, ob sie
die Geister der Unterwelt sieht, weil sie sie dorthin gelockt
hat oder weil sie selber in die Unterwelt abgestiegen ist.

Sie schlüpft in ein buntes, höllisches Gewand mit schillernden Falten, wirft ihr Haar zurück und enthüllt ihr Gesicht. Die borstigen Locken bindet sie im Nacken mit
Schlangenflechten auf.

Als sie sah, wie Pompeius' Begleiter erschraken und er
selber, bleich im Gesicht, zitternd den Blick zu Boden
schlug, sprach sie:

»Ihr schlottert und bebt? Nur keine Angst! Gleich wird
ihm neues Leben geschenkt, ein Leben in seiner wahren Gestalt. Dann können auch ängstliche Menschen seine Stimme
hören. Aber selbst wenn ich die Gewässer des Styx, das von
Flammen zischende Ufer enthülle, selbst wenn durch meine
Kunst die Eumeniden und der Kerberos, der seine zottige
Schlangenmähne schüttelt, selbst wenn Giganten in Ketten
erscheinen würden, brauchtet ihr Feiglinge den Anblick
von Toten, die mir gehorchen, nicht zu fürchten.«

Nun füllt sie die Brust der Leiche, die sie durch neue
Wunden öffnet, mit kochendem Blut, reinigt die Organe
vom geronnenen Eiter und gießt reichlich Mondsaft dazu.
Darin mischt sie alle Mißgeburten der Natur: Geifer toll-
wütiger Hunde, Eingeweide des Luchses, die harten Nak-

kenwirbel der Hyäne, das Mark eines Hirsches, der sich
von Schlangen genährt hat, die Echeneis, die ein Schiff mitten auf dem Meer festhalten kann, selbst wenn der Eurus
das Takelwerk spannt, Drachenaugen und Steine, die rasseln, wenn ein brütender Adler sie wärmt, die fliegende
Schlange Arabiens und die im Roten Meer geborene, kostbare Perlmuscheln hütende Viper, die von der libyschen Horn-
schlange noch lebend abgestreifte Haut und die Asche des
Phönix, der sich im Orient auf einen Altar legt. Als sie ihrem Gebräu noch ganz gewöhnliche und ganz auserlesene
Gifte beigemischt hatte, tat sie Blätter hinein, die von gräßlichen Zauberformeln gesättigt sind, und Kräuter, die ihr
scheußlicher Mund bespuckte, wenn sie noch keimten, und
alles Gift, das sie selber der Welt gegeben hatte.

Dann murmelt ihre Stimme, die mächtiger als alle Kräuter die unterirdischen Götter heraufbeschwören kann,
zuerst undeutliche Laute, die anders klingen als menschliche Sprache und nichts mit ihr zu tun haben. Hundegebell
ist darin und Wolfsgeheul, der Angstschrei der Eule und die
nächtliche Klage des Käuzchens, das Pfeifen und Röhren
wilder Tiere, das Zischen von Schlangen, aber auch der Auf-
prall der Wogen, die sich an der Küste brechen, das Rau-
schen der Wälder und das Donnern berstender Wolken. So
viele Dinge liegen in dieser Stimme!

Alles andere drückt sie dann deutlich in thessalischen
Zaubersprüchen aus. Der Laut ihrer Zunge dringt bis in den
Tartaros hinab:

»Eumeniden! Schrecken des Styx! Verdammnis der Sünder! Chaos, das in seiner Gier Welten ohne Zahl verschlin-
gen möchte! Herrscher der Unterwelt, den es quält, daß die
Götter jahrhundertelang nicht sterben können! Styx! Elysi-
sche Gefilde, die keine Hexe je betreten darf! Persephone,
die du den Himmel und deine Mutter haßt, dritte Gestalt
unserer Herrin Hekate, die geheime Gespräche zwischen
mir und den Manen ermöglicht! Torhüter der weiten Räume, der unsere Eingeweide dem wütenden Hund hinwirft!
Ihr Schwestern, die ihr Lebensfäden nochmals spinnen
müßt! Uralter Fährmann des feurigen Stroms, der schon

müde ist, Schatten zu mir zurückzurudern! Hört mein Gebet!

Ich fordere von euch keine Seele, die, in der Höhle des Tartaros verborgen, sich schon lange ans Dunkel gewöhnt hat, sondern eine, die erst vor kurzem das Licht verließ und gerade jetzt zu euch hinabsteigt. Noch zaudert sie am Eingang zum lichtlosen Orkus, und ob sie gleich meinem Zauber gehorcht, wird sie doch nur einmal zu den Manen kommen. Der Schatten eines Pompeianers, der eben noch auf unserer Seite gekämpft hat, soll dem Sohn des Oberbefehlshabers alles künden, so wahr dieser Bürgerkrieg euch bereichert!«

So sprach sie, hob ihr Haupt mit schäumendem Mund und sah, daß der Geist des noch unbestatteten Leichnams vor ihr stand. Er fürchtet sich vor seinem entseelten Leib, dem verhaßten Gefängnis, seinem früheren Kerker. Er zittert davor, nochmals in seine offene Brust, seine Organe, in das durch die tödliche Wunde zerrissene Gewebe einzudringen. Unglücklicher! Dir hat man brutal das größte Geschenk des Todes – nicht mehr sterben zu können – entrissen!

Erictho staunt, daß dem Schicksal diese Verzögerung erlaubt ist. Wütend peitscht sie die reglose Leiche mit einer lebenden Schlange, und durch die tiefe Erdspalte, die sich unter ihren Zaubersprüchen öffnet, schreit sie die Manen an und zerreißt die Stille des Totenreichs:

»Teisiphone! Megaira! Kümmert ihr euch nicht um mein Rufen? Treibt ihr nicht die arme Seele mit wütenden Peitschenhieben durch die leeren Räume des Erebos? Gleich werde ich euch, indem ich euren wahren Namen nenne, aufschrecken und euch Hündinnen des Styx hilflos dem Licht der Oberwelt ausliefern. Über Gräber und Leichenstätten will ich euch verfolgen, euch überwachen. Von allen Grabhügeln will ich euch jagen, von allen Urnen euch vertreiben. Und du, Hekate? Du putzt dich sonst so gern heraus und besuchst die Götter mit einem anderen Gesicht. Ich aber will dich ihnen zeigen, wie du wirklich bist – verwest und mit fahlem Antlitz – und will dir verbieten, deine höllische

Fratze zu verschönern. Persephone, ich werde verraten, welches Mahl dich unter das ungeheure Gewicht der Erde gebannt hält, in welcher Bindung du den düsteren König der Nacht liebst, von welcher Ansteckung du leidest, so daß Demeter dich nicht mehr zurückrufen wollte. Dir aber, unterster Herrscher der Welt, will ich deine unterirdischen Räume sprengen, das Licht der Sonne einlassen, und ihr jäher Strahl wird dich treffen.

Wollt ihr mir gehorchen? Oder muß ich ihn beschwören, bei dessen Anrufung jeweils die Erde wankt und bebt? Er schaut Gorgo unverhüllt und züchtigt die zitternde Erinye mit ihrer eigenen Peitsche. Er sitzt im Tartaros, in den ihr nie hinabschaut. Für ihn seid ihr die ›oberen Götter‹. Er schwört ›beim Styx!‹ – einen Meineid!«

Sofort gerann das Blut [der Leiche], erhitzte sich, wärmte die schwärzliche Wunde und rann durch die Venen bis in die äußersten Glieder. Unter diesem Anprall erzittern die Lebensfasern in der erkalteten Brust, und neues Leben, unbemerkt in Organe einströmend, die seiner nicht mehr gewohnt sind, kämpft mit dem Tod. Nun schlägt in jedem Körperteil der Puls, die Sehnen spannen sich, die Leiche erhebt sich – aber nicht allmählich, Glied für Glied, nein sie schnellt von der Erde auf, und mit einem einzigen Ruck steht sie aufrecht da! Weit öffnen sich die Lider, und die Augäpfel starren nackt. Noch verweilen Blässe und Starre, und von der Rückkehr in die Welt ist er wie gelähmt. Aber kein Murmeln dringt aus dem verschlossenen Mund, und Stimme und Sprache sind ihm nur verliehen, um Rede und Antwort zu stehen.

»Sag mir, was ich von dir wissen will,« rief die Hexe, »und dein Lohn wird groß sein; denn wenn du die Wahrheit sprichst, will ich dafür sorgen, daß du ein Weltalter lang gegen Zauberkünste gefeit bist. Der Scheiterhaufen, auf dem ich dich verbrennen werde, während ich stygische Formeln singe, wird so sein, daß dein Schatten, sollte er noch einmal beschworen werden, keinem Nekromanten gehorchen muß. Laß dein zweites Leben dir so viel wert sein! Weder Zauberworte noch Substanzen werden es wagen, dei-

nen Schlummer des Vergessens zu stören, nachdem ich dir
den Tod gegeben habe.

Ein dunkler Wahrspruch schickt sich für den [delphi-
schen] Dreifuß und die Propheten der Götter, doch wer
von den Schatten die Wahrheit fordert und sich mutig der
Orakelstätte eines harten Todes nähert, soll mit einem klaren Bescheid von hinnen gehen. Halte nichts zurück, ich
bitte dich: nenne die Dinge, nenne die Orte beim Namen;
laß die Stimme hören, mit der das Schicksal zu mir spricht.«

Sie fügte eine Formel hinzu, die dem Toten alles Wissen
gab, das sie von ihm wollte. Traurig, tränenüberströmt
sprach die Leiche:

»Vom Ufer des schweigenden Stroms hat man mich zurückgerufen, und ich habe das düstere Gewebe der Parzen
noch nicht gesehen. Was ich trotzdem von allen Schatten
erfahren konnte, ist dies: Wilde Zwietracht spaltet die Manen der Römer, und der Krieg hat die Stille der Unterwelt
gebrochen. Hohe Herren sind zum Teil aus den Elysischen
Gefilden, zum Teil aus dem finsteren Tartaros gekommen.
Sie haben mir offenbart, was das Schicksal bereit hält. Die
seligen Geister schauten traurig. Die Decier, Vater und
Sohn, die ihr Leben einem Krieg geopfert hatten, sah ich
weinen, sah Camillus und die Curier weinen und Sulla über
das Schicksal klagen. Scipio jammerte, daß sein glückloser
Nachfahr auf libyschem Boden sterben muß, und Cato,
noch immer ein bitterer Feind Karthagos, trauert, daß sein
Enkel lieber sterben will als Sklave sein. Unter den seligen
Geistern sah ich nur einen, der sich freute: Brutus, der erste
Konsul nach der Vertreibung der Tyrannen.

Der schreckliche Catilina hat seine Ketten zerbrochen,
gesprengt; er und andere Gewaltmenschen wie Marius und
Cethegus mit dem nackten Arm triumphieren. Ich sah, wie
Drusus, der Liebling des Volks, sich freute, und mit ihm die
Gracchen, die mit ihren Gesetzen zu weit gegangen waren
und Ungeheures gewagt hatten. Ihre Hände, die im Kerker
von Dis mit ewigen Ketten aus Stahl gefesselt sind, klatsch-
ten Beifall, und die verbrecherische Schar nimmt für sich
die Gefilde der Seligen in Anspruch.

Der Herrscher des Totenreichs öffnet die düsteren Orte, schleift steile Klippen und harten Stahl zu Fesseln und hält für den Sieger die verdiente Strafe bereit. Nimm diesen Trost mit dir, junger Herr: Die Manen erwarten deinen Vater und seine Familie mit offenen Armen und bewahren für Pompeius und die Seinen eine liebliche Gegend ihres Reichs. Ein kurzes aber ruhmreiches Leben soll dich nicht verdrießen: es kommt die Stunde, die alle Großen einander gleichmacht. Beeilt euch zu sterben! Seid stolz auf eure große Seele! Steigt herab von euren Scheiterhaufen, seien sie auch noch so klein, und tretet die Manen römischer Götter mit Füßen! Wessen Grab die Wellen des Nils, wessen die des Tibers bespülen – nur darum geht es, und die Rivalen kämpfen letztlich nur um den Ort ihrer Bestattung. Frag nicht nach deinem eigenen Tod! Du wirst ihn von den Parzen erfahren, auch ohne daß ich etwas sage; denn, zuverlässiger als jeder Seher, wird dein Vater Pompeius dir am Strand Siziliens alles selber prophezeien, und auch er wird nicht wissen, wohin er dich schicken, wovor er dich bewahren soll [und welche Gegenden, welche Gestirne der Welt du meiden mußt]. Ihr Ärmsten, hütet euch vor Europa, Libyen und Asien! Das Geschick verteilt eure Gräber auf alle Länder, über die ihr einst Triumphe feiern durftet. Weh dir, bejammernswertes Haus! Auf der ganzen Welt findest du keine Stätte, die sicherer wäre als – Pharsalia!«

Als er so seine Weissagung geendet hatte, stand er stumm und traurig da und wollte nochmals sterben. Dazu bedarf es magischer Formeln und Substanzen, damit die Leiche umfällt, und immer noch kann der Tod, der sein Recht schon einmal ausgeübt und [damit] erschöpft hat, das Leben nicht zurücknehmen. Da baut sie aus vielen Eichenbalken einen Scheiterhaufen auf, und der Tote schreitet zu seiner Verbrennung. Erictho steckt den Holzstoß in Brand, befiehlt dem Mann, sich darauf zu legen, und läßt ihn endlich sterben.

Mit Sextus zusammen geht sie zum Lager seines Vaters. Der Himmel nimmt schon die Farbe des Lichts an, aber die Nacht, die auf ihren Befehl den Tag zurückhalten mußte,

gewährt ihnen noch tiefe Dunkelheit, bis sie sicher die Zelt-
stadt betreten haben.

51

Die Geschichte von Thelyphron ist eine tragikomische Episode
in Apuleius' Roman *Metamorphosen*. Apuleius interessierte sich
als junger Mann für Magie, und der Roman enthält zweifellos
autobiographische Elemente. Diese Episode spiegelt den im Volk
verbreiteten Glauben, daß die Hexen für ihre Zauberkünste Lei-
chenteile brauchen; deshalb mußte eine Leiche bis zur Bestattung
ständig bewacht werden. Diejenigen, die es sich leisten konnten,
bezahlten einen Leichenwächter. Der Held der Geschichte
braucht dringend Geld und übernimmt diese Aufgabe in einer
fremden Stadt, in die er gekommen ist. Im Verlauf des Geschehens wird der Tote zweimal belebt, einmal insgeheim durch die
Hexen, dann in aller Öffentlichkeit durch einen berühmten ägyptischen »Seher«, d. h. Nekromanten. Ähnlich wie in Nr. 53
werden die Umstände des Todes durch den Verstorbenen persönlich berichtet.

Apuleius, *Metamorphosen* 2.21–30

Als ich noch minderjährig war und unter der Aufsicht eines
Vormunds stand, reiste ich von Milet an die olympischen
Spiele, und da ich auch diese berühmte Provinz besuchen
wollte, durchwanderte ich ganz Thessalien und kam unter
einem Unglücksstern nach Larissa. Mein Reisegeld war fast
zusammengeschmolzen, und ich fühlte meine Armut so
sehr, daß ich auf der Suche nach Unterstützung die ganze
Stadt durchkreuzte. Mitten auf dem Marktplatz sah ich
einen großen, alten Mann. Er stand auf einem Stein und verkündete laut, daß er einen Leichenwächter suche. Ich sagte
zu einem Passanten: »Was höre ich da? Pflegen in diesem
Land die Leichen davonzulaufen?« Er antwortete: »Pst! Du
bist offenkundig noch sehr jung und ganz eindeutig ein
Fremder, und daher weißt du natürlich nicht, daß du in
Thessalien bist, wo die Hexen gern das Fleisch von den Gesichtern toter Menschen abnagen und es als Zutat in ihren
magischen Riten verwenden.« Ich fragte: »Kannst du mir

bitte sagen, worin das Bewachen einer Leiche besteht?« Er
antwortete: »Nun, zunächst muß man die ganze Nacht völlig wach bleiben und die Augen weit offen behalten – man
darf sie nicht einmal eine Sekunde lang schließen – und immer auf die Leiche konzentriert; du darfst sie nie abwenden,
nicht einmal kurz beiseite schauen, denn die bösen Hexen
können sich in jedes beliebige Tier verwandeln, und sie nähern sich so heimlich, daß sie sogar die Augen der Sonne
und der Gerechtigkeit mit großer Leichtigkeit täuschen
können. Sie verwandeln sich in Vögel, Hunde oder Mäuse,
sogar in Fliegen. Durch ihre furchtbaren Zaubersprüche
können sie die Leichenwächter einschläfern. Niemand weiß
genau, welche Künste diese niederträchtigen Weiber anwenden, um ihre Lust zu befriedigen. Und trotzdem ist der
Lohn für diese elende Pflicht nicht mehr als vier oder sechs
Dukaten. Doch halt – ich hätte beinah vergessen, dir zu sagen, daß, wenn die Leiche am nächsten Morgen nicht völlig
intakt abgeliefert werden kann, der Wächter von seinem eigenen Gesicht den Teil erstatten muß, der von der Leiche
abgenagt wurde und fehlt.«
   Als ich das hörte, faßte ich Mut, näherte mich dem
Mann, der die Stelle anbot und sagte zu ihm: »Du brauchst
nicht weiter zu rufen. Hier steht dein Wächter, und er ist
bereit. Gib mir den Lohn.« Er antwortete: »Tausend Drachmen hast du zugut. Aber höre, junger Mann: Du mußt
scharf aufpassen, wenn du diese Leiche bewachen und gegen diese gräßlichen Ungeheuer richtig beschützen willst; es
handelt sich um den Sohn eines angesehenen Mannes in der
Stadt.« Ich sagte zu ihm: »Das ist lächerlich. Mach dir keine
Sorgen. Du siehst vor dir einen Mann aus Eisen, der niemals
schläft und der bessere Augen hat als Lynkeus oder Argos, – der in Tat und Wahrheit aus lauter Augen besteht!«
Kaum hatte ich das gesagt, so geleitete er mich rasch zu
einem Haus, dessen Haupteingang verschlossen war. Er
führte mich durch eine kleine Hintertür hinein und öffnete
ein dunkles Zimmer mit geschlossenen Fenstern. Dann zeigte er mir eine weinende Dame, ganz in Schwarz, ging zu ihr
hin und sagte zu ihr: »Hier ist der Mann, den ich angestellt

habe; er ist für die Bewachung deines Mannes verantwortlich.« Sie schob das Haar, das ihr auf beiden Seiten ins Gesicht hing, zurück, zeigte ein Antlitz, das selbst im Leid bemerkenswert war, schaute mich an und sagte: »Ich bitte
dich, mach deine Sache recht.« Ich antwortete: »Keine Sorge; gib mir nur ein anständiges Trinkgeld.«

Sie willigte ein, stand auf und führte mich in ein anderes
Zimmer. Dort zeigte sie mir eine Leiche, die von einem
schimmernden Leintuch bedeckt war. In Gegenwart von
sieben Zeugen entfernte sie das Tuch. Sie beweinte den Toten längere Zeit und appellierte ans Gewissen der Zeugen,
während sie auf alle Körperteile wies und jemand sorgfältig
in juristischen Formulierungen das Inventar aufnahm. »Ihr
seht,« sagte sie, »die Nase ist da, die Augen sind unverletzt,
die Ohren gut erhalten, die Lippen nicht beschädigt, das
Kinn intakt. Mitbürger, ihr seid meine Zeugen!« Nachdem
das Inventar unterzeichnet und besiegelt worden war, sagte
ich zu ihr: »Gnädige Frau, werden Sie dafür sorgen, daß ich
alles Nötige habe?« Sie fragte: »Ja, was brauchst du denn?«
Ich antwortete: »Eine ziemlich große Lampe und Öl genug
bis zum Tagesanbruch, dazu warmes Wasser und ein paar
Fläschchen Wein, einen Becher und einen Teller mit Speise-
resten.« Da schüttelte sie den Kopf und sagte: »Laß das, du
Dummkopf. In einem Trauerhaus, in dem man seit Tagen
keinen Rauch gesehen hat, willst du schmausen und dich
amüsieren? Glaubst du, du seist hierher gekommen, um zu
feiern? Ist das deiner Meinung nach nicht ein Anlaß zu weinen und zu trauern?« Dabei schaute sie die Magd an und
sagte: »Schnell, Myrrhine, gib ihm eine Lampe und Öl, und
schließ ihn im Zimmer ein, daß er seine Pflicht tun kann,
und dann geh gleich.«

Ich war also allein, rieb meine Augen, der Leiche zuliebe,
und um die Nacht durch wach zu bleiben, sang auch ein
Liedchen, mich zu ermuntern. Die Dämmerung kam und
wurde zur Nacht, und die Nacht wurde tiefer und es wäre
wirklich Zeit gewesen, zu Bett zu gehen, und Mitternacht
war vermutlich schon vorbei. Ich stand Todesängste aus,
vor allem, als plötzlich ein Wiesel ins Zimmer huschte und

dastand und mich scharf anschaute. Die Frechheit des Tier-
chens ärgerte mich. Ich sagte: »Verschwinde, du dreckiges
Ding und geh zurück in den Garten zu deinesgleichen, bevor du etwas erlebst. Worauf wartest du noch?« Das Tier-
chen drehte sich um und verschwand sofort aus dem Zimmer. Ich aber verfiel fast augenblicklich in einen tiefen
Schlaf – es war, als wäre ich in einen bodenlosen Abgrund
versunken – und selbst das delphische Orakel hätte nicht
mit Sicherheit gewußt, wer von uns zwei Daliegenden leb-
loser war als der andere. Ich war praktisch tot, es gab mich
nicht mehr, und ich hätte selber einen Wächter gebraucht.

Der Friede – oder war es ein Scheinfriede? – der Nacht
wurde auf einmal durch das Krähen der »gehaubten Wa-
che« gestört. Ich fuhr endlich voller Schrecken aus dem
Schlaf und rannte hinüber zur Leiche. Indem ich ihr die
Lampe nahe ans Gesicht hielt, überprüfte ich alle Einzelheiten. Alles schien in Ordnung zu sein. In diesem Augenblick
stürzte die beklagenswerte Witwe, immer noch in Tränen,
ins Zimmer, begleitet von den Zeugen vom Vorabend. Sie
warf sich auf die Leiche, küßte sie immer wieder für die
längste Zeit und gab sich beim Schein der Lampe über alles
Rechenschaft. Dann wandte sie sich um, rief ihren Verwalter Philodespotus und sagte zu ihm: »Gib diesem trefflichen
Wächter sofort seinen Lohn.« Das Geld wurde mir ausge-
händigt, und sie sagte: »Ich danke dir sehr, junger Mann.
Du hast mir einen ganz großen Dienst erwiesen, und von
jetzt an wirst du ein Freund unseres Hauses sein.« Dieser
unerwartete Gewinn und der Anblick der glänzenden Gold-
stücke, die ich in meiner Hand aufwarf, machten mich über-
glücklich, und ich sagte zu ihr: »Madame, betrachten Sie
mich bitte als Ihren Diener und verfügen Sie jederzeit über
mich, wenn Sie meiner Hilfe bedürfen.« Kaum hatte ich das
gesagt, als alle ihre Leute über mich herfielen, mich einen
Schurken nannten, mich verfluchten und mit allen möglichen behelfsmäßigen Waffen angriffen: einer schlug mir
ins Gesicht, ein anderer bohrte mir seine Ellbogen in den
Rücken, ein dritter boxte mich brutal in die Rippen; sie traten mich mit Füßen, rissen mich am Haar und zerfetzten

mir die Kleider. Beinahe wäre ich zerstückelt worden wie
Adonis [Text unsicher], der kecke Jüngling, oder Orpheus
oder Musaeus [?], und man beförderte mich aus dem Haus.
Ich war übel zugerichtet.

In der nächsten Straße hielt ich an, erholte mich einigermaßen und mußte selber zugestehen, als ich meine taktlose,
Unglück verheißende Bemerkung bedachte, daß ich noch
mehr Prügel verdient hätte, als mir verabreicht worden waren.

Unterdessen hatte man die Leiche zum letzten Mal beweint und verabschiedet, und sie wurde jetzt nach altem
Brauch – er gehörte schließlich dem Adel an – in einer feier-
lichen Leichenprozession über den Marktplatz getragen.

Ein älterer Herr in Schwarz, der traurig aussah und weinend sein schönes weißes Haar zerraufte, näherte sich der
Bahre, packte sie mit beiden Händen und schrie mit gepreß-
ter, von Schluchzen fast gewürgter Stimme: »Mitbürger!
Ich appelliere an euer Ehrgefühl, eure Liebe zu unserer Va-
terstadt! Dieser Mann ist ermordet worden! Hilfe! Etwas
Gräßliches ist geschehen, und ihr müßt diese böse, verruchte Frau streng bestrafen. Sie und niemand anders hat diesen
bedauernswerten jungen Mann, meinen Neffen, vergiftet,
ihrem Liebhaber zu Gefallen, und um das Vermögen ihres
Gatten zu erben.« In dieser Weise wandte sich der ältere
Herr mit herzbewegenden Klagen an den und jenen. Die
Menge geriet in Raserei, und da ein solches Verbrechen
glaubhaft schien, waren die Leute bereit, es als vollbrachte
Tatsache hinzunehmen. Man schrie: »Feuer her! Steine!«,
und eine Gruppe von jungen Männern wurde ermutigt, die
Frau umzubringen. Sie weinte theatralische Tränen, rief alle
Götter an und schwor bei allem, was ihr heilig war, daß sie
niemals ein so scheußliches Verbrechen hätte begehen
können.

Der ältere Herr rief: »Laßt die göttliche Vorsehung das
Urteil sprechen. Hier steht Zatchlas, ein hervorragender
ägyptischer Nekromant, der mit mir vor einiger Zeit ein
Abkommen getroffen hat, und zwar für eine ansehnliche
Gebühr, den Geist des jungen Mannes kurze Zeit aus der

Unterwelt zurückzubringen und seinen Körper zu beleben, indem er ihn vom Tod in dieses Dasein zurückbringt.«

Während er dies sagte, führte er einen jungen Mann nach vorn, der ganz in Leinen gekleidet war, mit Sandalen aus Palmblättern an den Füßen, den Kopf völlig kahl rasiert. Der alte Herr küßte ihm mehrmals die Hände, berührte seine Knie und sagte:

»Ehrwürdiger Herr, erbarmt euch, erbarmt euch! Ich flehe euch an bei den Sternen am Himmel, bei den Göttern der Unterwelt, bei den Urstoffen der Natur, beim Schweigen der Nacht und den Geheimnissen von Koptos, bei der Überschwemmung des Nils, den Mysterien von Memphis und den heiligen Rasseln von Kanopos! Gib ihm den kurzen Genuß der Sonne! Gieße ein wenig Licht in die Augen, die sich für immer geschlossen haben! Ich will nicht mit dem Schicksal hadern oder der Erde das verweigern, was ihr gehört; ich bitte nur um einige Augenblicke, damit er im Leben noch den Trost der Rache empfängt.«

Der Nekromant, den diese Worte gnädig stimmten, legte ein magisches Kraut auf die Lippen des Toten und ein weiteres auf seine Brust. Dann wandte er sich nach Osten und erbat im stummen Gebet von der herrlichen Sonne Erfolg. Die ganze Inszenierung war so eindrucksvoll, daß alle Anwesenden mit größter Ungeduld auf ein unfaßbares Wunder warteten.

Es gelang mir, durch die Menge vorzudringen und einen erhöhten Stein unmittelbar hinter der Bahre zu erklimmen. Ich beobachtete alles mit großem Interesse. Schon bald begann die Brust der Leiche sich zu heben und zu senken, während das Leben in sie zurückkehrte; die Lebensader begann zu pulsieren; der ganze Körper füllte sich mit Lebensgeistern. Die Leiche saß auf, und es war der junge Mann, der sprach:

»Warum mußtet ihr mich für kurze Zeit ins Getriebe des Lebens zurückrufen, wo ich doch schon vom Lethe trank und den stygischen Sumpf überquerte? Laßt mich, ich bitte euch; laßt mich in Ruhe und gönnt mir meinen Frieden.«

Das sprach die Stimme, die aus dem Körper kam. Der
Prophet geriet in etwas größere Erregung und rief:
»Willst du denn dem Volk nicht all die Geheimnisse deines Todes enthüllen und erzählen? Weißt du nicht, daß ich
mit meinen Zaubersprüchen die Furien heraufbeschwören
und deine matten Glieder foltern kann?«

Der auf der Bahre verstand das. Mit einem tiefen Seufzer
wandte er sich an die Menge:
»Ich bin durch die Ränke meiner jungen Braut ums Leben gekommen. Sie hat mich dazu verurteilt, Gift zu trinken; das Bett, das ich räumen mußte, um dem Ehebrecher,
den sie liebt, Platz zu machen, war noch warm.«

Seine edle Gattin legte große Geistesgegenwart an den
Tag und widersprach ohne Rücksicht auf die Götter hartnäckig ihrem Mann, der ihre Worte zurückwies. Die Menge
erhitzte sich, aber die Meinungsverschiedenheiten waren
groß: die einen verlangten, man solle das verruchte Weib
sofort mit ihrem Gatten lebendig begraben; andere erklär-
ten, das falsche Zeugnis einer Leiche habe keinerlei Geltung.

Der ganze Disput wurde durch die folgenden Worte des
jungen Gatten entschieden. Er seufzte nochmals schwer
und sagte:
»Ich will euch einen klaren Beweis dafür geben, daß ich
die Wahrheit und nichts als die Wahrheit spreche. Ich werde euch etwas berichten, das sonst überhaupt niemand wissen kann.«

Er zeigte mit dem Finger auf mich und fuhr fort:
»Dies ist der Mann, der eine ganze Nacht lang überaus
getreulich und gewissenhaft meine Leiche hütete, während
die Hexen nur darauf warteten, sich an meinen irdischen
Überresten zu vergreifen. Zu diesem Zweck hatten sie mancherlei Gestalten angenommen, doch umsonst; es gelang ihnen nicht, seine Wachsamkeit und seine Dienstfertigkeit zu
täuschen. Schließlich hüllten sie ihn in eine Wolke von
Schlaf ein, und als er in tiefem Schlummer dalag, riefen sie
mich immer wieder beim Namen, bis meine leblosen Glieder unbeholfen und widerwillig ihrem magischen Gebot ge-

horchten. Dieser Mann war natürlich am Leben, aber er
schlief wie ein Toter, und da er nicht wissen konnte, daß er
so heißt wie ich, stand er auf und wandelte herum – ganz
wie ein Gespenst. Obwohl die Tür des Zimmers sorgfältig
verschlossen worden war, schnitten sie ihm durch ein winzi-
ges Loch in der Wand zuerst die Nase und dann die Ohren
ab. So wurde er an meiner Stelle verstümmelt. Um ihre Hin-
terlist zu krönen, klebten sie an seinem Kopf ein Paar
Wachsohren an, genauso geformt wie diejenigen, die sie abgeschnitten hatten, und gaben ihm auch eine falsche Nase.
Und da steht er jetzt, der arme Kerl. Er meint, der Lohn sei
für seine Beflissenheit, aber er ist für seine Verstümmelung
belohnt worden.«

Ich war starr vor Entsetzen, als er das sagte, und versuchte, mein Gesicht zu berühren. Ich griff mir an die Nase:
sie löste sich; ich fühlte meine Ohren: sie fielen ab. Alle zeigten auf mich, schüttelten die Köpfe und brachen in ein to-
sendes Gelächter aus. In kalten Schweiß gebadet suchte ich
zwischen den Beinen der Umstehenden hindurch zu ent-
kommen. Nach Hause zurückkehren konnte ich nie mehr,
verstümmelt und lächerlich wie ich war. So ließ ich mein
Haar auf beiden Seiten wachsen, um die Stellen zu verbergen, wo einst meine Ohren gewesen waren, und aus kosme-
tischen Gründen überdeckte ich die Schmach der fehlenden
Nase durch ein gut klebendes Leinenpflaster.«

52

Heliodor, der Verfasser der *Äthiopischen Geschichten* (auch *Geschichte von Theagenes und Charikleia* betitelt) lebte vermutlich
im 3. Jahrhundert n. Chr. Wie Apollonios von Tyana, dessen Lebensgeschichte offenbar Eindruck auf ihn machte, scheint er sich
wenigstens eine Zeitlang zu einer neueren Form des Pythagoreismus bekannt zu haben. Später, so heißt es, wurde er Christ und
amtierte als Bischof von Trikka in Thessalien.

In dieser Episode beobachtet Charikleia, die Heldin des Romans, zusammen mit Kalasiris, einem älteren ägyptischen Priester, ohne es zu wollen eine nekromantische Beschwörung. Eine
alte Frau, offensichtlich eine Hexe, bringt die Leiche ihres Sohnes

ins Leben zurück. Die Grube, die sie aushebt, das Trankopfer, das sie ausgießt, und das Schwert, das sie handhabt, erinnern an die Nekyia (Nr. 46); die Puppe und anderes kennen wir aus Horaz (Nr. 7). Das Ritual hat die gewünschte Wirkung, aber der Tote selber protestiert gegen dieses sündhafte Unterfangen, das die Gesetze des Schicksals breche und deshalb die Todesstrafe verdiene. Die Toten lieben es nicht (siehe Nr. 50), ins Leben zurückgerufen zu werden.

Bedenklich ist aber vor allem der Umstand, daß diese makabre Szene von einem Priester, einem frommen, von den Göttern geliebten Mann, höchst unfreiwillig mitangesehen wird. Es scheint also, daß es einem Isispriester streng verboten war, nicht nur derartige Rituale auszuführen, sondern auch, ihnen als Unbeteiligter beizuwohnen.

Heliodor, *Äthiopische Geschichten* 6.14–15

[Kalasiris, ein Isispriester, und Charikleia, die schöne, junge Heldin des Romans, reisen zusammen durch Ägypten und stoßen eines Tages auf eine Anzahl Leichen. Es sieht aus, als hätten sich unlängst Perser und Ägypter eine blutige Schlacht geliefert. Das einzige lebendige Wesen weit und breit ist eine alte Ägypterin, die ihren gefallenen Sohn beweint. Sie sagt den beiden Reisenden, sie könnten die Nacht dort verbringen und verspricht, sie am Morgen ins nächste Dorf zu führen].

Kalasiris berichtete Charikleia alles, was die alte Frau ihm [auf ägyptisch] gesagt hatte, indem er es genau übersetzte. Dann entfernten sie sich etwas von den Leichen und gelangten zu einem kleinen Hügel. Dort legte Kalasiris sich hin, seinen Köcher als Kopfkissen benützend, während Charikleia sich hinsetzte; ihr Beutel diente ihr als Kissen.

Der Mond ging auf und beschien alles mit seinem hellen Licht; es war gerade die dritte Nacht nach dem Vollmond. Kalasiris, alt wie er war, fühlte sich von der Reise ermüdet und schlief bald ein, doch die von Sorgen gequälte Charikleia blieb wach und wurde Augenzeugin eines grauenhaften Schauspiels, das Ägypterinnen nicht unbekannt ist.

Die Alte, die sich unbeobachtet wähnte und keine Störung vermutete, hob zuerst einen Graben aus und entzündete dann einen Scheiterhaufen, der sich hüben und drüben befand. Nachdem sie die Leiche ihres Sohnes in der Mitte hingelegt hatte, hob sie von einem Dreifuß, der dort stand, einen irdenen Krug voll Honig, einen Krug voll Milch und einen Krug voll Wein und schüttete ihren Inhalt nacheinander in den Graben. Dann nahm sie eine aus Teig gefertigte, mit Lorbeer und Fenchel geschmückte männliche Puppe und warf sie in die Grube. Schließlich packte sie ein Schwert und begann zu beben, als wäre sie in Ekstase, richtete viele Gebete an den Mond, Gebete, die wild und seltsam klangen, schnitt sich dann in den Arm, wischte das Blut mit einem Lorbeerzweig ab und sprengte es über das Feuer.

Nachdem sie noch mehrere Zauberhandlungen dieser Art verrichtet hatte, beugte sie sich zur Leiche ihres Sohnes herab, flüsterte ihm etwas ins Ohr und zwang ihn durch ihre Zaubersprüche, sich aufzurichten.

Charikleia hatte mit wachsender Angst den ersten Teil dieses Rituals beobachtet, doch jetzt begann sie wirklich zu zittern, und weil das ungewöhnliche Schauspiel, das sie wahrnahm, so grausig war, weckte sie Kalasiris und machte ihn dadurch zum Augenzeugen der Dinge, die sich nun abspielten.

Die beiden saßen also im Dunkeln, ohne daß man sie sehen konnte, und beobachteten mühelos, was im Licht des brennenden Scheiterhaufens geschah. Da sie nicht weit entfernt waren, hörten sie auch, was die Alte sprach, denn jetzt befragte sie den Toten mit lauter Stimme.

Sie wollte von ihm wissen, ob sein Bruder, ihr einziger noch lebender Sohn, gesund und wohlbehalten heimkehren würde.

Der Tote gab keine Antwort; er nickte nur, ohne der Alten deutlich zu verstehen zu geben, ob sie auf eine Erfüllung ihres Wunsches hoffen dürfe oder nicht. Plötzlich sackte er zusammen und lag mit dem Gesicht auf der Erde. Sie drehte die Leiche auf den Rücken, fuhr unerbittlich mit ihren Fragen fort und schien ihm noch stärkere Beschwörungen ins Ohr zu flüstern. Das Schwert in der Hand sprang sie zwischen dem Scheiterhaufen und der Grube hin

und her, brachte ihn noch einmal ins Leben zurück, erneuer-
te ihre Befragung und zwang ihn, seine Prophezeiung nicht
bloß durch Kopfnicken anzudeuten, sondern klar und deutlich auszusprechen.

Während die Alte solchermaßen beschäftigt war, bat Charikleia Kalasiris immer wieder, sich dieser Szene zu nähern,
um etwas über Theagenes [ihren Geliebten] zu erfahren. Er
weigerte sich und sagte, es sei eine Sünde, diesem Geschehen auch nur zuzuschauen, und nur die Tatsache, daß ihnen
nichts anderes übrig bleibe, könne sie entschuldigen. Er fügte hinzu, daß es Priestern nicht erlaubt sei, ein solches
Schauspiel zu genießen, nicht einmal, ihm beizuwohnen. Ihre [d. h. der Priester] Voraussagen seien das Ergebnis der
richtigen Opfer und eines Gebets, das aus einem reinen Herzen kommt, während die Unberufenen, Unreinen mit der
Erde, mit Leichen arbeiten, wie die Ägypterin, die sie durch
Zufall beobachten konnten.

Noch bevor er seinen Satz beenden konnte, begann der
Tote mit tiefer, dumpfer Stimme zu murmeln; es klang, als
käme sie aus einem verschlossenen Gewölbe oder einer
Höhle.

»Bis jetzt bin ich sehr geduldig gewesen, Mutter, und habe mich damit abgefunden, daß du dich gegen die menschliche Natur vergehst, das Gesetz des Schicksals brichst und
versuchst, durch Magie das zu bewirken, was man niemals
bewirken darf. Selbst die Toten achten ihre Eltern, wenigstens bis zu einem gewissen Punkt. Aber durch dein Gebaren unterhöhlst du diese Achtung und zerstörst sie. Du
hast nämlich nicht nur grausame Methoden angewandt, sondern deine Grausamkeit so weit getrieben, daß du einen Toten gezwungen hast, aufzustehen, mehr noch, zu nicken
und zu sprechen, ohne dich um mein Begräbnis zu kümmern; damit hast du mich daran gehindert, zu den anderen
Seelen zu stoßen. Immer hast du nur an dich selbst gedacht.
Jetzt höre, was ich dir schon vorher sagen wollte, aus Achtung vor dir aber nicht gesagt habe: Erstens wird dein [an-
derer] Sohn nicht lebend zurückkehren, und zweitens wirst
du dem Tod durch das Schwert nicht entgehen. Da du dich

dein ganzes Leben lang mit diesen verbotenen Dingen beschäftigt hast, wirst du schon bald den gewaltsamen Tod
finden, den Menschen wie du verdienen. Noch eins: Du
hast dich nicht nur erfrecht, ganz allein solche Riten zu begehen, Riten, die in Schweigen und Dunkel gehüllt sind,
sondern du hast soeben das Schicksal der Toten [oder: das
Schicksal, wie es durch Tote, d. h. durch Nekromantik, verkündet wird] in Gegenwart von Zeugen verraten. Zufälliger-
weise ist einer davon ein Priester, aber das ist noch nicht das
Schlimmste, denn er ist klug genug, so etwas unter dem Siegel der Verschwiegenheit zu bewahren und es niemals zu
erwähnen.

Übrigens wird er von den Göttern geliebt. Deshalb wird
er seine beiden Söhne davon abhalten, sich gegenseitig zu
bekämpfen, und es wird ihm gelingen, sie miteinander zu
versöhnen, wenn er sich beeilt; sie sind nämlich zu einem
Zweikampf mit Schwertern auf Leben und Tod angetreten.
Aber nun eine wirklich ernste Sache: Ein Mädchen sieht
und hört alles, was mit ihr geschieht, ein Mädchen, das leidenschaftlich liebt; es hat sozusagen die ganze Welt auf der
Suche nach ihrem Geliebten durchwandert. Aber nach unzähligen Nöten, unzähligen Gefahren, die sie bis ans Ende
der Welt führen, wird sie mit ihm glücklich und wie eine
Königin auf immer vereint leben.«

Als er das gesagt hatte, brach er zusammen und lag still.

Die Alte begriff sofort, daß die beiden Fremden die
Augenzeugen waren. Sie packte das Schwert. Außer sich
vor Wut – man sah es an ihrem Gesicht – wollte sie tätlich
werden und suchte überall nach ihnen. Sie vermutete, daß
sie sich zwischen den Leichen versteckten. Sie war entschlossen, die beiden zu töten, wenn sie sie fand, denn sie
hatten böswillig – so dachte sie – ihre magischen Riten
durch ihr Zuschauen gestört. Wie sie in blindem Zorn zwischen den Leichen herumstöberte, entging eine Speerspitze,
die aus dem Boden ragte, ihrem Blick. Sie durchbohrte ihren Leib, und die Alte brach tot zusammen.

So erfüllte sich an ihr, wie sie es verdiente, die Prophezeiung ihres Sohnes.

53

Antike Philosophen verfaßten Trostschriften für Verwandte, Freunde und Gönner oder auch für sich selber, wenn ein Todesfall in der Familie oder im Freundeskreis eine harte Prüfung war. Zwei solche Schriften sind unter dem Namen Plutarchs überliefert; eine ist an seine Frau gerichtet; die andere an Apollonius, einen Freund; die letztere gilt als unecht.

Ein Argument, das in antiken Trostschriften öfters verwendet wird, lautet wie folgt: Der Tod ist nicht das Übel, als das er den meisten gilt; im Gegenteil, er ist eine Wohltat. Einige Anekdoten sollen das beweisen, und eine dieser Anekdoten bezeugt, daß es »Totenorakel« gab. In diesem Fall soll das Orakel nicht über die Zukunft etwas aussagen, sondern über die Vergangenheit. Ein Vater hat plötzlich sein einziges Kind verloren und vermutet ein Verbrechen. Er besucht ein Totenorakel, wahrscheinlich dasjenige von Cumae in der Nähe von Neapel, das der Obhut der berühmten Sibylle anvertraut war (Vergil, *Aeneis*, Buch VI). Dort bringt er ein Opfer dar, schläft ein und hat eine Traumvision. Es handelt sich also um die Technik der Inkubation, diesmal aber nicht, um eine Krankheit zu heilen, sondern um Gewißheit über einen Vorfall zu erlangen. Es ist aber möglich, daß der Kummer des Vaters um den Tod seines Sohns und der Verdacht, den er nicht los wurde, ihn so sehr quälten, daß sein seelisches Gleichgewicht gestört wurde. Er kommt also gewissermaßen als Patient. Gleichzeitig will er die Wahrheit wissen, und die Wahrheit wird ihm durch zwei »Seelen« (*psychai*) offenbart, durch seinen Vater und seinen Sohn. Die Botschaft, welche die »Seele« oder der »Dämon« seines Sohns bringt, besteht einfach darin, daß wir Menschen nicht wissen, was der Tod wirklich ist, und daß wir alle sterben müssen, wenn unsere Zeit gekommen ist, selbst, wenn wir nicht verstehen, warum.

Die ganze Erzählung mag unhistorisch sein, aber sie zeigt doch, daß Griechen und Römer an die Möglichkeit glaubten, mit den Toten zu verkehren. Die Rolle, die das »Totenorakel« spielte, bestand darin, die Bedingungen zu schaffen, unter denen eine Begegnung stattfinden konnte.

Plutarch, *Trostschrift für Apollonios*, pp. 109 A–D

Pindar berichtet, daß Agamedes und Trophonios, nachdem sie den Tempel in Delphi erbaut hatten, von Apollon ihren Lohn verlangten. Der Gott antwortete, er werde sie nach

sieben Tagen belohnen und empfahl ihnen, bis dahin das
Leben zu genießen. Sie taten, wie ihnen geheißen war, und
am siebenten Tag starben sie im Schlaf.

Die Abgesandten der Böotier reisten nach Delphi, um
den Gott zu befragen, und im Auftrag Pindars fragten sie:
»Was ist für den Menschen das Beste?« Die Priesterin sagte,
er müßte die Antwort wissen, wenn er wirklich der Urheber der Erzählung von Trophonios und Agamedes sei.
Anderseits, wenn er es wirklich wissen wolle, so werde es
ihm schon bald sehr klar werden. Daraus schloß Pindar,
daß er sich auf seinen Tod vorbereiten müsse, und tatsächlich starb er kurz danach.

Und nun die Geschichte vom Italiener [d. h. dem Griechen aus Süditalien] Euthynoos. Er war der Sohn des Elysios von Terina, eines Mannes, der in seiner Gemeinde wegen seines Charakters, seines Reichtums und seines Lebenswandels sehr angesehen war. Euthynoos starb plötzlich,
und niemand wußte, woran. Da kam Elysios der Gedanke – und jeder andere hätte so etwas denken können –, daß
sein Sohn vielleicht vergiftet worden war, denn er war sein
einziges Kind und hätte ein großes Vermögen geerbt. Da er
nicht wußte, wie er seinen Verdacht bestätigen konnte, begab er sich zu einem Totenorakel (*psychomanteion*). Nachdem er die vorgeschriebenen Opfer dargebracht hatte,
schlief er ein und hatte einen Traum. Er träumte, daß sein
Vater auf ihn zukam. Als Elysios seinen Vater sah, erzählte
er ihm ganz genau alles, was seinem Sohn zugestoßen war
und bat ihn eindringlich, die Todesursache herauszufinden.
Der Vater antwortete ihm: »Gerade deswegen bin ich ja gekommen. Nimm von diesem hier das Ding, das er dir
bringt. Darin wirst du über alles, was dich ängstigt, Aufschluß finden.« Derjenige, auf den er deutete, war ein junger Mann, der ihm folgte und der ganz an Euthynoos erin-
nerte, was sein Alter und seinen Wuchs betraf. Als er ihn
fragte, wer er sei, antwortete der Jüngling: »Ich bin die Seele
[wörtlich: der Dämon] deines Sohns.« Und während er das
sagte, gab er dem Vater eine kleine Rolle. Elysios tat sie auf
und sah, daß drei Zeilen darauf geschrieben waren:

Wahrlich, der Sinn der Menschen ist in Unwissenheit befangen.

Euthynoos ist eines natürlichen Todes gestorben, wie es sein Schicksal wollte.

Zu leben wäre weder für ihn noch für seine Eltern das Rechte gewesen.

Das kann man in den Berichten von Schriftstellern vergangener Zeiten lesen.

Exorzismus und Dämonenbekämpfung

54

Der Große Zauberpapyrus in Paris bewahrt unter anderem ein Ritual zur Austreibung von Dämonen. Es ist viel komplizierter als irgendeine der im Neuen Testament erwähnten Austreibungen. Substanzen müssen in Olivenöl gekocht, Worte auf Zinntäfelchen geschrieben, Formeln laut hergesagt werden. In einer der Formeln wird der Dämon, von dem der Patient besessen ist, mit Götternamen aus verschiedenen Kulturen – Ägypten, Israel, der griechisch-römischen Welt, dem Christentum und anderen, nicht näher identifizierbaren – bedroht. Es handelt sich also um einen ganz massiven, konzentrierten Angriff auf diesen Dämon. Man stellte sich vor, daß die Bedrohung durch einen einzelnen Gott nicht genügte und mobilisierte deshalb soviele Götter wie möglich, wobei man ihre besonderen Fähigkeiten unterstrich.

Am Schluß wird der Exorzist vor dem Genuß von Schweinefleisch gewarnt. Hier wird also auch ein Speisetabu von einer anderen Religion entlehnt, weil man sich davon eine besondere Wirkung versprach.

Der Große Zauberpapyrus in Paris (*PGM* 3008ff)

Ein erprobter Zauber von Pibeches für diejenigen, die von Dämonen besessen sind. Nimm Öl von unreifen Oliven zusammen mit der Pflanze Mastigia und Lotusmark und koche es mit farblosem Majoran und sprich dazu: »[Zauberworte, darunter *Ioel, Hari, Phtha*], komm heraus aus X.« [Gebräuchliche Formeln.] Den schützenden Zauberspruch mußt du auf ein Zinntäfelchen schreiben [Zauberworte] und es dem Patienten umhängen. Dies ist ein Gegenstand der Furcht für jeden Dämon und erschreckt ihn. Die Formel der Austreibung ist die folgende: »Ich beschwöre dich beim Gott der Hebräer, Jesus [Zauberworte], der du im Feuer erscheinst, der du inmitten von Land und Schnee und Nebel bist, Tannetis, laß deinen Engel herabsteigen, den erbarmungslosen, und laß ihn den Dämon festnehmen, der um diese von Gott in seinem heiligen Paradies erschaffene Kreatur herumfliegt, denn ich bete zu dem heiligen Gott durch Ammon [Zauberworte]. Ich beschwöre dich [Zauberworte], ich beschwöre dich bei dem, der Osrael [= Israel] in einer Lichtsäule und einer Wolke bei Nacht erschien und der sein Volk vor Pharao gerettet und über Pharao die zehn Plagen gebracht hat, weil er nicht hören wollte. Ich beschwöre jeden dämonischen Geist, mir zu sagen, wer er ist; ich beschwöre dich bei dem Siegel, das Salomon auf die Zunge von Jeremia legte, und er sprach. So sprich auch du, und sage mir, was für ein Dämon du bist, einer im Himmel oder einer in der Luft oder einer auf dem Boden oder einer in der Unterwelt, oder ein Ebusaen oder ein Chersaion oder ein Pharisäer. Sprich, wer du auch seist, denn ich beschwöre dich bei Gott, dem Lichtbringer, dem Unbesiegbaren, dem, der weiß, was im Herzen jedes Lebewesens ist, dem, der das Menschengeschlecht aus Staub schuf, der [es] aus ungewissen [Orten] bringt, der die Wolken versammelt, Regen auf die Erde herab sendet, ihre Erzeugnisse segnet und von jeder himmlischen Macht von Engeln und Erzengeln gesegnet ist. Ich beschwöre dich bei dem großen Gott Sabaoth, der den Fluß Jordan anhielt und das Rote Meer zerteilte, durch das Israel hindurchmarschierte, und es begehbar machte. Denn ich beschwöre dich bei dem, der die hundertvierzig Sprachen offenbarte und sie nach seinen eigenen Anordnungen verteilte. Ich beschwöre dich bei dem, der die halsstarrigen Giganten mit Balken von Feuer niederbrannte, der den Himmel der Himmel preist. Ich beschwöre dich bei dem, der Berge um das Meer stellte [oder?] eine Mauer von Sand und ihm befahl, nicht zu überfließen, und das Meer gehorchte. So muß auch jeder dämonische Geist gehorchen, denn ich beschwöre dich bei ihm, der die vier Winde zusammen seit [?] heiligen Ewigkeiten bewegt hat, bei dem himmelsähnlichen, meerähnlichen, wolkenähnlichen [Gott], dem Feuerbringer, dem Unbesiegbaren. Ich beschwöre dich bei dem, der in Jerusalem, der reinen [Stadt] ist, für den und bei dem das unauslöschliche Feuer ewig brennt, mit seinem heiligen Namen [Zauberworte], vor dem das höllische Feuer zittert und Flammen rings emporschießen und Eisen birst und den jeder Berg von Grund auf fürchtet. Ich beschwöre jeden dämonischen Geist bei dem, der auf die Erde niederblickt und ihre Grundfesten erschüttert und das Weltall vom Nichtsein ins Sein gebracht hat.«

Ich warne dich, der du diese Austreibung anwendest, kein Schweinefleisch zu essen, und jeder Geist und Dämon wird dir untertan sein, wer er auch sei. Während du austreibst, blase einmal [auf den Patienten], indem du bei den Zehen beginnst und mit Blasen fortfährst bis zu seinem Gesicht, und der Dämon wird festgenommen werden. Sei rein und bewahre dies. Denn die Zauberformel ist auf hebräisch und wird von reinen Menschen bewahrt.

55

Apollonios von Tyana, der wundertätige Philosoph, war auch als Austreiber von Dämonen tätig, wenn man Philostrat, seinem Biographen, Glauben schenkt. Der junge Mann, von dem in der folgenden Geschichte die Rede ist, war offenbar ein »playboy« aus vornehmer Familie, dessen absonderliches Gebaren von Apollonios als ein Fall von Besessenheit erkannt wurde. Die Erwähnung von »Sängern auf Rädern« ist übrigens interessant: es handelt sich vermutlich um eine Art reisendes Kabarett, und das Fuhrwerk, in dem die Truppe herumkutschierte, diente auch als Bühne.

Der Exorzismus, den Apollonios ins Werk setzt, unterscheidet sich in einigen Punkten von denjenigen, die in den Evangelien überliefert sind, vor allem in der Art und Weise, wie dieser Dämon sich gegenüber dem Exorzisten verhält und wie er es anstellt, um den Zuschauern zu beweisen, daß er wirklich ein Dämon ist. Nachdem Apollonios ihn geheilt hat, wird der junge Mann sein Schüler.

Die Austreibung selbst ist einfach: Ein zorniger Blick und eine strenge Zurechtweisung genügen.

Philostrat, *Leben des Apollonios von Tyana* 4.20

Apollonios erörterte das Problem des Trankopfers, und es traf sich, daß ein »playboy« dabei war. Dieser junge Mann hatte einen so schlechten Ruf, daß er schon einmal die Zielscheibe der »Kabarettisten auf Rädern« gewesen war. Er stammte aus Korkyra und führte seinen Stammbaum auf Alkinoos zurück, den König der Phäaken, der Odysseus gastlich aufgenommen hatte. Apollonios sprach immer noch über Trankopfer und gebot seinen Zuhörern, nicht aus einem besonderen Kelch zu trinken, sondern ihn den Göttern vorzuhalten, ohne ihn zu berühren oder aus ihm zu trinken. Unter anderem schärfte er ihnen ein, Kelche mit Henkeln zu verwenden und das Trankopfer über einem Henkel darzubringen, weil dieser Teil von Menschenlippen fast nie berührt wird.

Da lachte der junge Mann laut und unflätig. Apollonios schaute ihn an und sagte:

»Du bist es nicht, der sich so widerlich benimmt, sondern der Dämon treibt dich dazu, ohne daß du es weißt.«

Der junge Mann wußte tatsächlich nicht, daß er besessen war. Er pflegte über Dinge zu lachen, die sonst niemand lächerlich fand, und dann begann er grundlos zu weinen, und manchmal sprach oder sang er ganz für sich. Die Leute dachten, es sei die überschüssige Kraft der Jugend, die diese Stimmungen in ihm hervorbrachte, aber in Tat und Wahrheit war er das Sprachrohr des Dämons, und er wirkte betrunken, auch wenn er ganz nüchtern war [Text unsicher]. Als Apollonios ihn anschaute, begann der Geist in ihm vor Angst und Wut zu schreien – es klang, als ob Menschen durch Feuer gefoltert würden – und schwor, er wolle den jungen Mann in Ruhe lassen und nie mehr von einem Menschen Besitz ergreifen. Apollonios herrschte ihn an, so wie ein Herr zu einem gerissenen, verschlagenen, unverschämten Sklaven spricht, und befahl ihm, den jungen Mann zu verlassen und durch ein Zeichen kundzutun, daß dies geschehen sei. Der Dämon sagte: »Ja, ich werde die Statue dort drüben umwerfen«, und er deutete auf eine der Statuen in der »Säulenhalle des Königs«, wo sich das alles abspielte. Es ist unmöglich, die Erregung der Menge zu beschreiben und wie sie vor Staunen in die Hände klatschte, als die Statue zuerst leicht hin- und herschwankte und dann krachend stürzte. Der junge Mann rieb sich die Augen, als wäre er gerade aufgewacht und schaute hinauf in die strahlende Sonne. Er war ganz verlegen, als er sah, wie alle ihn anstarrten. Auch schien er nicht mehr so zügellos, und er hatte nicht mehr diesen verrückten Blick: er hatte sein wahres Selbst wieder gefunden, als wäre er durch ein Medikament geheilt worden. Er legte seine eleganten Kleider, seinen modischen Schmuck und alle anderen Merkmale seines sybaritischen Lebenswandels ab, verliebte sich in die Disziplin, warf sich den Mantel [der Philosophen] über und formte seinen Charakter nach dem des Apollonios.

56

Apollonios führt (in Indien) ein Gespräch mit anderen Philosophen und wird plötzlich gebeten, eine Austreibung durchzuführen; er tut dies aus der Ferne, denn das Opfer kann nicht zu ihm hingebracht werden.

Diese Geschichte unterscheidet sich von ähnlichen Erzählungen durch ihre volkstümlichen, fast humoristischen Züge. Die Mutter ist offenkundig eine Frau aus dem Volk – naiv und abergläubisch. Sie glaubt, daß der Dämon, der ihren Sohn »besitzt«, in ihn verliebt ist; auch das ist ungewöhnlich. Mehr noch: Der Dämon hat etwas zu erzählen; er haßt alle Frauen, weil seine eigene Frau ihn vor sehr langer Zeit bitter enttäuschte. Übrigens erinnert auch der Stil der Erzählung an Volksmärchen, und vielleicht schöpft Philostrat aus solchen Quellen.

Philostrat, *Leben des Apollonios von Tyana* 3.38–39

Die Diskussion wurde unterbrochen, als mitten unter den Weisen ein Bote erschien. Er brachte einige Inder mit sich, die Hilfe brauchten. Darunter war aber auch eine arme Frau, die sie dringend bat, etwas für ihren Sohn zu tun.

Sie sagte, er sei sechzehn Jahre alt und seit zwei Jahren von einem Dämon besessen, und der Dämon sei sarkastisch und heimtückisch.

Als einer der Weisen sie fragte, wie sie zu diesem Urteil käme, antwortete sie: »Mein Sohn sieht recht gut aus, und der Dämon ist in ihn verliebt und läßt ihn kein normales Leben führen, zur Schule gehen oder sich im Bogenschießen üben oder zu Hause bleiben, sondern er treibt ihn in die Einsamkeit. Der Junge hat nicht einmal seine eigene Stimme, sondern spricht in einem tiefen, hohlen Ton, wie erwachsene Männer es tun, und wenn er mich anschaut, scheinen es nicht seine eigenen Augen zu sein. Ich kann nur noch weinen und mir das Gesicht zerkratzen. Soweit das möglich ist, versuche ich, ihm Vernunft beizubringen, aber er kennt mich gar nicht. Als ich im Sinne hatte, zu euch zu kommen – das heißt, ich hatte es schon letztes Jahr im Sinn –, gab sich der Dämon mir zu erkennen, wobei er meinen Sohn als Sprachrohr benutzte, und erzählte mir, er sei der Geist eines Mannes, der vor langer Zeit in einem Krieg gefallen war, und daß er seine Frau sehr geliebt habe, damals, als er den Tod fand. Aber er war nur drei Tage tot gewesen, da hatte seine Frau schon einen anderen geheiratet und so ihre erste Ehe zum Gespött gemacht. Seither, so sagte der Dämon, habe er einen Haß auf die Frauen und ihre Liebe geworfen und sich selber in den Knaben hineinversetzt. Er versprach, dem Knaben viele wertvolle, nützliche Geschenke zu geben, wenn ich ihn bei dir nicht anzeigen würde. Das machte mir Eindruck, aber er hat mich immer wieder hingehalten; er macht in meinem Haus, was er will, und seine Absichten sind weder vernünftig noch anständig.«

Apollonios fragte, ... ob der Knabe in der Nähe sei. Sie antwortete »Nein«, sie habe alles unternommen, ihn hierher zu bringen, »aber der Dämon«, sagte sie, »droht, mich in eine Erdspalte oder einen Abgrund zu werfen und meinen Sohn zu töten, falls ich ihn hierher vor Gericht brächte.« »Sei guten Muts,« sprach der Weise, »denn er wird dich

nicht töten, wenn er das liest,« und er riß einen Brief aus
dem Amulett [?], das er am Hals trug, und gab ihn der Frau.
Der Brief war natürlich an den Dämon adressiert und enthielt die furchtbarsten Drohungen.

57

Im Buch 6 seines *Führers durch Griechenland* erzählt Pausanias
eine Sage, die in der *Odyssee* nicht erwähnt wird, obwohl sie vielleicht sehr alt ist. Einer von Odysseus' Gefährten belästigte die
Einwohner einer sizilischen Stadt. Er war von ihnen gesteinigt
worden, weil er sich an einem Mädchen vergangen hatte. Das delphische Orakel wurde befragt und nahm Stellung für den Dämon; schließlich war er ja ein Heros. (Es scheint, daß im Rahmen
dieser Überlieferung die Begriffe ›Heros‹ und ›Dämon‹ praktisch
gleichbedeutend sind.) Ein Kult zu seinen Ehren wurde eingerichtet. Jedes Jahr wurde das schönste Mädchen der Gemeinde
dem Dämon-Heros zur Frau gegeben. Was das genau bedeutete,
ist nicht klar; vermutlich handelte es sich um ein Menschenopfer,
nicht um eine »heilige Hochzeit« oder eine rituelle Vergewalti-
gung. Das Mädchen starb oder verschwand für immer, wie es
scheint. Der wahre Held dieser Geschichte, ein gefeierter Boxer
namens Euthymos, verliebte sich in das Mädchen, das für das fälli-
ge Opfer vorgesehen war, und kämpfte mit dem Dämon, so wie
Herakles in Euripides' *Alkestis* mit dem Dämon des Todes
kämpft. Nachdem er den Dämon »vertrieben« hatte, heiratete er
das Mädchen, und sie lebten glücklich zusammen. Euthymos
starb überhaupt nicht, sondern wurde selber ein Dämon. Pausanias sah ein Gemälde, die Kopie eines viel älteren Bildes, das diese
Geschichte darstellte. Der böse Dämon, Lykas genannt, erschien
darin als eine »furchtbar schwarze« Figur, schrecklich anzusehen,
in ein Wolfsfell gehüllt (lykos = »Wolf«).

Pausanias, *Beschreibung Griechenlands* 6.6

[Euthymos war ein berühmter Boxer; er stammte aus Süditali-
lien und kehrte nach einem seiner olympischen Siege dorthin zurück.]

Nachdem Euthymos nach Süditalien zurückgekehrt war,
kämpfte er mit dem Heros. Man erzählt folgende Geschichte: Im Lauf seiner Irrfahrten nach der Eroberung von Troja

trieben die Winde, wie es heißt, Odysseus zu einigen
Städten von Süditalien und Sizilien. Er landete mit seinen
Schiffen bei Temesa. Ein Seefahrer betrank sich und ver-
gewaltigte ein Mädchen, und für dieses Verbrechen wurde
er von den Einwohnern gesteinigt. Odysseus kümmerte
sich überhaupt nicht um den Tod dieses Mannes, sondern
segelte weiter, aber der Dämon des Mannes, der gesteinigt
worden war, verpaßte keine Gelegenheit, irgend jemanden
in Temesa umzubringen, und zwar Menschen jedes Alters.
Es kam so weit, daß die ganze Bevölkerung bereit war, Temesa und Süditalien ganz und gar zu verlassen, aber die
Pythia ließ das nicht zu. Sie trug ihnen auf, den Heros zu
besänftigen, indem sie ihm einen heiligen Bezirk ausmaßen,
ihm einen Tempel bauten und ihm jedes Jahr das schönste
Mädchen von Temesa zur Frau gaben. Selbstverständlich
taten sie, was der Gott ihnen befohlen hatte, und der Dämon ließ sie in Ruhe.

Euthymos kam gerade um die Zeit, da dem Dämon sein
gewohnter Tribut dargebracht wurde, nach Temesa. Als er
von der Heimsuchung erfahren hatte, erklärte er, den Tempel betreten zu wollen, um das Mädchen zu sehen. Als er sie
sah, empfand er zuerst Mitleid für sie, doch dann verliebte
er sich in sie. Das Mädchen schwor, ihn zu heiraten, wenn
er sie rette. Euthymos bereitete sich vor und wartete, bis der
Dämon erschien. Er kämpfte mit ihm und siegte, und der
Heros – denn er war jetzt vertrieben – stürzte sich ins Meer
und verschwand. Euthymos feierte eine prächtige Hochzeit, und die Leute waren für immer von dem Dämon befreit.

Ich habe noch eine andere Geschichte über Euthymos
gehört. Er lebte bis ins hohe Alter, und es gelang ihm, dem
Tod zu entgehen, denn er verließ das Leben auf andere Weise... Das habe ich gehört, aber von einem Gemälde, das ich
gesehen habe, weiß ich auch folgendes (es handelte sich um
die Kopie eines älteren Gemäldes): Darauf ist der junge Sy-
baris, der Fluß Kalabros, die Quelle Lyka und das Heiligtum eines Heros in der Nähe zu sehen sowie die Stadt Temesa. Unter diesen Gestalten ist auch der Dämon, den

Euthymos vertrieb; er ist von entsetzlich dunkler Farbe und furchtbar anzuschauen. Er ist in ein Wolfsfell gehüllt, und nach einer Inschrift auf dem Bild hieß er »Wolf-Mann«.

Wesen und Hierarchie der Dämonen

58

Hesiod (um 800 v. Chr.) beschreibt in seinen *Werken und Tagen* die fünf Zeitalter der Menschheit: das goldene, das silberne, das eherne, das heroische und das eiserne. Er weiß, daß er selbst im letzten dieser Zeitalter lebt, und das heroische, das ihm voranging, ist nur eine ferne Erinnerung, wenn auch seine Menschen im Mythos weiterleben. Die Menschen des goldenen Zeitalters sind nicht völlig verschwunden, sondern existieren noch in Form von »guten Geistern« oder »wohlwollenden Dämonen«, ein Vorrecht, das Zeus ihnen gewährte; er gab ihnen gewisse Funktionen, und sie sind als seine unsichtbaren Agenten und Gesandten tätig.

In seinem Zorn »beseitigte« Zeus die Menschen des silbernen Zeitalters, weil sie sich weigerten, die olympischen Götter zu ehren. Vielleicht deutet das auf eine mythische Zeit hin, während der sich die Griechen vorübergehend fremden Göttern zuwandten, wie das ja auch vom Volk Israel bezeugt ist, und ihre eigenen vernachlässigten. Dennoch wurden die »Geister« dieser Menschen von den folgenden Generationen verehrt, wobei sie aber einen niederen Rang als die oben genannten »guten Geister« einnahmen.

Hesiod scheint folgende Hierarchie aufzustellen: (1) die olympischen Götter; (2) übergeordnete gute Geister oder Dämonen; (3) untergeordnete böse Geister oder Dämonen. Es braucht uns nicht zu erstaunen, daß die Griechen auch die letzteren verehrten. Man konnte diese für das Böse in der Welt verantwortlich machen und so die Götter und die guten Geister der zweiten Ordnung entlasten. Es gab also schon auf dieser frühen Stufe griechischer Religion und Folklore eine Theodizee. Wenn Hesiod von »seligen Geistern zweiten Ranges« spricht, so ist das ein Euphemismus. Man fürchtete sich, diese Dämonen bei ihrem wahren Namen zu nennen, sie als die bösen Geister, die sie waren, anzurufen, so wie man die schrecklichen Erinyen »die Guten«

(*Eumenides*) nannte. Natürlich erwies man ihnen Verehrung, um sie zu besänftigen.

Jedenfalls sind das die beiden Klassen von Dämonen, die Hesiod in dem folgenden Text behandelt, und sein Ansehen war so groß, daß die Unterscheidung sich durchsetzte und zur Grundlage philosophischer Systeme wurde.

Hesiod erklärt mit Bestimmtheit, daß die Heroen des mythischen Zeitalters nicht als Geister bis in seine eigene Zeit weiterlebten. Das könnte bedeuten, daß er den Heroenkult nicht gelten läßt. Jedenfalls stellt er es so dar, daß von den Menschen des heroischen Zeitalters (vielleicht schließt er Halbgötter wie Achilles aus) einige nicht überlebten, während andere auf die Inseln der Seligen, irgendwo am Ende der Welt, entrückt wurden. Dort ist auch Kronos, das Oberhaupt einer von den Olympiern verdrängten Göttergeneration, der, in ewigen Schlaf versunken, die Geschicke der Menschheit träumt.

Diese Stelle ist ein wichtiges Zeugnis frühgriechischer Theologie. Hesiod geht davon aus, daß gewisse Dämonen, gute und böse, Verehrung genießen; aber für ihn sind das nicht die einstigen Heroen des Mythos, sondern die Geister von Menschen der beiden ersten Zeitalter. Das stimmt nicht mit dem bezeugten Heroenkult der klassischen Zeit überein, und man wird annehmen, daß verschiedene Theologien nebeneinander bestanden. Man darf eben nicht leichthin sagen, ›die Griechen glaubten‹; man muß immer mit verschiedenen Strömungen rechnen, die zum Teil nur zufällig oder überhaupt nicht bezeugt sind.

Hesiod, *Werke und Tage* 109–93

Zuerst schufen die unsterblichen Götter, die auf dem Olymp leben, ein goldenes Geschlecht von Menschen. Das geschah zur Zeit von Kronos, als er Herrscher im Himmel war. Sie lebten wie Götter, ohne Leid in ihren Herzen, frei von Sorgen und Schmerz, und sie waren nicht dem elenden Alter unterworfen, sondern blieben jung und genossen ihre Feste, und alles Böse war ihnen fremd. Wenn sie starben, so war es, als würden sie vom Schlaf überwältigt. Alles Gute wurde ihnen zuteil. Die fruchtbare Erde brachte willig allerlei Nahrung im Überfluß hervor. In Ruhe und Frieden lebten sie fröhlich auf ihrem Land, mit allen guten Dingen gesegnet.

Nachdem die Erde dieses Geschlecht in Dunkelheit verborgen hatte, wurden sie freundliche Geister [wörtlich: »gute Dämonen«] auf Erden, durch den Willen des großen
Zeus, Hüter der sterblichen Menschen; sie wachten über
Vergeltung und Verbrechen, in Nebel gehüllt, über die ganze Erde wandelnd, Reichtum spendend. Dies war eines
ihrer königlichen Vorrechte.

Dann schufen die olympischen Götter ein viel geringeres
Geschlecht, das silberne Geschlecht, körperlich und geistig
dem goldenen ganz unähnlich. Hundert Jahre lang wuchs
ein Kind an der Seite seiner liebevollen Mutter auf und spielte ganz wie ein Kind in seinem Haus. Aber wenn diese Menschen ganz erwachsen waren und ihre Reife erreicht hatten,
lebten sie nur noch kurze Zeit, und sie waren unglücklich
durch ihre eigene Torheit. Sie konnten es nicht verhindern,
daß sie sich gegenseitig sehr weh taten; auch wollten sie die
unsterblichen Götter nicht ehren und an den heiligen Altären der Seligen Opfer darbringen, wie sich das für Menschen ziemt, gemäß ihren Bräuchen. Im Zorn beseitigte sie
Zeus, weil sie die seligen Götter, die auf dem Olymp leben,
nicht ehren wollten. Nachdem auch dieses Menschengeschlecht in der Erde verschwunden war, nannte man sie
»selige Sterbliche zweiter Ordnung«, aber auch sie genossen
ganz gewiß Verehrung.

Dann schuf Vater Zeus ein drittes Geschlecht sterblicher
Menschen, das eherne Geschlecht, das ganz anders war als
das silberne. Es stammte von Eschen ab und war schrecklich und gewalttätig und dauernd in tragische Kriege und
Verbrechen verwickelt. Nie aßen sie Brot, und ihre verstock-
ten Seelen waren hart wie Stahl; sie waren unzugänglich.
Furchtbare Arme von gewaltiger Stärke wuchsen aus den
Schultern ihrer derben Körper. Ihre Rüstungen waren
ehern, ehern waren ihre Häuser, und sie arbeiteten mit eher-
nen Werkzeugen. Es gab noch kein schwarzes Eisen. Sie
töteten sich gegenseitig mit eigener Hand und gingen ruhm-
los hinab ins modrige Haus des Hades. So furchtbar sie waren, der schwarze Tod raffte sie dahin und sie verließen das
helle Sonnenlicht.

Als auch dieses Geschlecht in der Erde verschwunden war, schuf Zeus, der Sohn des Kronos, ein neues, das vierte, auf der fruchtbaren Erde. Es war gerechter und besser, eine göttergleiche Rasse von Heroen, die man Halbgötter nennt, das Geschlecht unmittelbar vor dem unsrigen in der weiten Welt. Schreckliche Kriege und wilde Schlachten vernichteten sie, die einen vor Theben, der siebentorigen Stadt des Kadmos, im Kampf um die Herden der Nachkommen von Oedipus; andere fielen vor Troja, wohin die Schiffe sie über den tiefen Schlund des Meeres gebracht hatten, um der lieblich gelockten Helena willen. Für einige war dies das Lebensende, und Tod bedeckte sie; anderen gab Zeus, der Sohn des Kronos, ein Leben, eine Existenz, weit weg von den Menschen, am Ende der Welt, weit weg von den unsterblichen Göttern, und Kronos ist ihr Herrscher. Dort leben sie, ihr Herz frei von Leid, auf den Inseln der Seligen, nahe am Okeanos mit den tiefen Strudeln, glückliche Heroen, denen dreimal im Jahr die gütige Erde honigsüße Früchte hervorbringt.

Und dann – ich wollte, ich müßte nicht unter den Menschen des fünften Geschlechts leben! Wäre ich doch vorher gestorben oder später geboren! Denn das ist nun wahrlich das eiserne Geschlecht. Weder bei Tag noch bei Nacht sind sie von Mühe und Elend befreit. Immer werden ihnen die Götter schmerzhaftes Leid schicken. Auch dieses Menschengeschlecht wird Zeus vernichten, und zwar dann, wenn ihre Kinder grauhaarig geboren werden. Der Vater wird seinen Kindern nicht ähnlich sehen, noch die Kinder ihrem Vater; der Gast wird vom Gastgeber nicht willkommen geheißen, noch der Freund vom Freund, der Bruder vom Bruder, wie es der Brauch war. Bald werden sie ihre betagten Eltern nicht ehren, sondern ihnen Vorwürfe machen und sie mit giftigen Worten verletzen, diese sündigen Menschen, die keine Achtung vor den Göttern haben! Sie sind sogar imstande, ihren greisen Eltern das Pflegegeld zu verweigern, denn Macht geht ihnen vor Recht...

59

In seiner Schrift *Über das Aufhören der Orakel* befaßt sich Plutarch auch mit Dämonologie. Er neigt dazu, die Götter von jeder direkten Berührung mit Menschen fernzuhalten und Dämonen als Zwischenglieder einzuschieben. Hesiod (Nr. 58) unterscheidet zwischen guten und bösen Dämonen, und Plutarch versteht den Dichter in diesem Sinn. Sein Versuch, die durchschnittliche Lebenserwartung eines Dämons zu berechnen, mutet etwas absonderlich an, aber seine Beschreibung der Verwandlung von Körper und Seelen ist sehr schön, denn sie setzt die Wirklichkeit einer höheren, geistigen Lebensform voraus.

Plutarch, *Über das Aufhören der Orakel*, pp. 414 E–415 D

[Lamprias spricht.] Es ist wirklich naiv und kindisch, anzunehmen, daß der Gott selbst … in den Leib eines Propheten eindringt und aus ihm spricht, indem er sich seiner Lippen und seiner Stimme bedient, als wären sie ein Instrument. Denn wenn man einen Gott mit menschlichen Funktionen vermischt, so verletzt man seine Majestät und mißachtet seine Würde und die Vollkommenheit seines Charakters. [Kleombrotos antwortet.] Du hast recht, aber da es schwierig ist, die Art und Weise, wie die Vorsehung sich auswirkt und bis zu welchem Punkt man ihre Auswirkung zugeben kann, zu verstehen und zu bestimmen, behaupten einige, daß der Gott überhaupt nichts damit zu tun habe, während andere in ihm die Ursache von allem sehen. Beide Ansichten sind gleich weit von einer ausgewogenen, vertretbaren Beurteilung entfernt. Ich stimme mit jenen überein, die sagen, daß Platon, als er das Element erkannte, das allen geschaffenen Eigenschaften zugrundeliegt – das Element, das jetzt »Materie« und »Natur« genannt wird – den Philosophen viele ernsthafte Probleme abnahm. Aber es gibt Leute, die entdeckt haben, daß das Geschlecht der Dämonen, halbwegs zwischen Göttern und Menschen, zwischen Göttern und Menschen eine Verbindung herstellt… Es spielt keine Rolle, ob diese Theorie auf die *magi* zurückgeht, die Zoroaster folgten, ob sie thrakisch ist und Orpheus angehört oder ob sie ägyptisch oder phrygisch ist, wie man vermuten kann, wenn man sieht, wie die Riten beider Länder manche Themen einschließen, die mit dem Tod und der Totenklage zusammenhängen, und daß diese einen Bestandteil ihrer Zeremonien und Liturgien bilden.

Von den Griechen scheint Homer beide Bezeichnungen im gleichen Sinn zu verwenden. Manchmal nennt er die Götter »Dämonen«. Hesiod war der erste, der klar und ausdrücklich zwischen den drei Kategorien von vernunftbegabten Wesen unterschied: Götter, Dämonen und Menschen. Das heißt, er glaubte an eine Verwandlung, durch die die Menschen des Goldenen Zeitalters in großer Zahl gute Dämonen wurden und durch die einige Halbgötter in den Rang von Heroen aufstiegen.

Andere dachten an eine Verwandlung der Körper wie der Seelen. So wie man sieht, daß Wasser aus der Erde erzeugt wird, Luft aus Wasser, Feuer aus Luft, wie Materie sich nach oben bewegt, so erleben die übergeordneten Seelen eine Verwandlung – von Menschen zu Heroen, und von Heroen zu Dämonen –, aber nur wenige, die dem Rang der Dämonen angehören, werden, weil sie sich auszeichnen, im Laufe der Zeit gereinigt und nehmen dann ganz an der göttlichen Natur teil. Aber es kommt auch vor, daß einige von ihnen sich nicht beherrschen können und degradiert werden und wieder in menschliche Körper eintreten und ein dunkles, lichtloses Leben führen müssen, wie Nebel.

Hesiod meint auch, daß Dämonen am Ende von bestimmten Zeitabschnitten sterben müssen...

Die Lebenszeit eines Dämons beträgt neuntausendsiebenhundertzwanzig Jahre...

60

Als die großen Orakel der Alten Welt allmählich ihr Ansehen verloren, befaßten sich die heidnischen Theologen und Philosophen mit diesem Phänomen. Plutarch, ein Platoniker, der seit 95 n. Chr. als Priester auf Lebenszeit in Delphi wirkte, schrieb seine Abhandlung *Über das Aufhören der Orakel*, aber auch Lucan und andere suchten nach Erklärungen. Für Plutarch verhält

es sich folgendermaßen: Nicht der Gott Apollon ist verantwortlich für das Funktionieren des Orakels, sondern eine untergeordnete Gottheit, ein Dämon. Anders als die olympischen Götter
werden Dämonen alt, und wenn sie auch viele Jahrhunderte lang
leben, müssen sie doch einmal sterben. Dann geht das Orakel ein.
Es ist eine interessante Theorie, denn sie setzt den Glauben an
eine mehr oder weniger konzentrierte übernatürliche Kraft voraus, die sich an gewissen Punkten der Erdoberfläche manifestiert.
Wird diese Kraft wahrgenommen und unter einem göttlichen Namen verehrt, so ist der Ort »heilig«. Nimmt die Kraft allmählich
ab, so kann es nicht die einer himmlischen Gottheit sein, sondern
es muß sich um ein dämonisches Wesen handeln. Die Dämonologie erweist sich demnach als nützliche Fiktion, die Souve-
ränität der olympischen Götter zu wahren und ein scheinbares
Versagen auf untergeordnete Mächte abzuwälzen.

Um seine Theorie an einem Beispiel darzulegen, erzählt Plutarch die berühmte Geschichte vom Tod des »großen Pan«. Dieser Pan ist vermutlich eine Vegetationsgottheit, wie der alte arka-
dische Hirtengott dieses Namens, aber in der Hierarchie der dämonischen Wesen nimmt er, wie das Beiwort zeigt, einen wichtigen Platz ein. Sobald die untergeordneten Dämonen von seinem
Tod erfahren, brechen sie in ein Heulen und Wehklagen aus,
denn sie wissen, daß ihr eigener Tod unmittelbar bevorsteht.

Indem sie Dämonen an die Stelle der himmlischen Götter setzten, gelang es den heidnischen Theologen, die alte Religion eine
Weile gegen die Angriffe der Christen zu verteidigen. Aber dann
entkräfteten die Christen auch dieses Argument, indem sie erklär-
ten, zwischen heidnischen Göttern und Dämonen bestehe kein
wesentlicher Unterschied.

Plutarch, *Über das Aufhören der Orakel*, pp. 418 E–419 E

[Kleombrotos, einer der Teilnehmer an diesem Dialog, hat
eben eine Theorie vorgetragen, wonach Dämonen, d. h.
Gottheiten niederen Ranges, nicht die sogenannten »oberen
Götter«, für das Funktionieren der Orakel verantwortlich
sind. Diese Theorie wird von Herakleon, einem anderen Gesprächsteilnehmer, kritisch aufgenommen.]

»Daß es nicht die Götter sein können,« sagte Herakleon,
»die für die Orakel verantwortlich sind – da die Götter frei
von allen irdischen Belangen sein müssen –, sondern daß

Dämonen als Diener der Götter dafür verantwortlich sind,
scheint mir keine schlechte Idee zu sein. Aber eine Handvoll von Versen, wenn ich so sagen darf, aus Empedokles zu
zitieren, diesen Dämonen von den Göttern gesandte Sünden, Täuschungen und Irrtümer aufzuerlegen und anzunehmen, daß sie schließlich sterben, als ob sie Menschen
wären – das scheint mir doch ein bißchen zu voreilig, zu
ungesittet.«

Kleombrotos fragte den Philippos, wer dieser junge
Mann [d. h. Herakleon] denn sei und woher er komme, und
nachdem er Namen und Herkunft erfahren hatte, sagte er:
»Herakleon, wir sind in eine sonderbare Diskussion verwik-
kelt worden, aber wir wissen, was wir tun. Wenn du wichtige Gedanken diskutierst, brauchst du wichtige Grundsätze,
wenn du der Wahrheit einigermaßen nahe kommen willst.
Aber du bist inkonsequent, denn du nimmst etwas zurück,
was du eben zugestanden hast: du räumst ein, daß Dämonen existieren, aber wenn du leugnest, daß sie böse und
sterblich sein können, so gibst du nicht länger zu, daß sie
Dämonen sind. Denn in welcher Hinsicht unterscheiden sie
sich von den Göttern, wenn sie, was ihr Wesen betrifft, Un-
sterblichkeit besitzen und, was ihre Eigenschaften betrifft,
Freiheit von Leidenschaft und Sünde?«

Während Herakleon schweigend nachdachte, sagte Philippos: »Nein, Herakleon: wir haben die bösen Dämonen
nicht [nur] von Empedokles übernommen, sondern auch
von Platon, Xenokrates, Chrysippos und auch von Demokrit, der durch sein Gebet, ›gnädigen Dämonen‹ zu begegnen, eindeutig die Existenz einer anderen Kategorie [von
Dämonen] anerkennt – nämlich solchen, die tückisch und
voll von bösen Absichten und Impulsen sind. Was das Problem, ob Dämonen sterben können, betrifft, so habe ich
von einem Mann, der weder ein Narr noch ein Betrüger
war, folgende Geschichte gehört. Der Vater von Aemilianus, dem Rhetorikprofessor, bei dem einige von euch studiert haben, hieß Epiterses; er war Schulmeister und wohnte in derselben Stadt wie ich. Er erzählte mir, daß er einmal
nach Italien reiste und zwar auf einem Frachtschiff, das

auch eine Menge von Passagieren mitnahm. Es war schon
Abend und sie näherten sich den Echinaden. Windstille
herrschte und das Schiff trieb in die Richtung von Paxi.

Viele Passagiere waren noch wach, und einige von ihnen
waren beim Trinken, nachdem sie ihr Abendessen eingenommen hatten. Plötzlich hörte man eine Stimme aus der
Richtung von Paxi, die laut ›Thamus! Thamus!‹ rief. Alle
waren erstaunt. Man muß wissen, daß Thamus, ein Ägypter, unser Steuermann war, doch viele von uns an Bord
kannten ihn nicht einmal beim Namen. Die Stimme rief ihn
zweimal, und er schwieg, aber beim dritten Mal antwortete
er. Der Rufer erhob seine Stimme und befahl: ›Wenn du
dort drüben nach Palodes kommst, verkündige, daß der
Große Pan tot ist.‹ Nach Epitherses' Aussage waren alle erstaunt, als sie das hörten, und sie besprachen untereinander,
ob sie tun sollten, was ihnen aufgetragen war, oder ob es
besser wäre, nicht in so etwas verwickelt zu werden und die
Sache nicht weiter zu verfolgen. Thamus entschloß sich, vorbeizusegeln und nichts zu sagen, falls die Brise günstig sei,
doch falls kein Wind wehte und das Meer ringsherum sich
glättete, zu verkünden, was ihm befohlen worden war. Als
er in der Nähe von Palodes war und weder Winde noch
Wellen sich regten, blickte Thamus vom Heck aus aufs
Land und sprach die Worte, wie er sie vernommen hatte:
›Der Große Pan ist tot.‹ Er hatte den Satz noch nicht beendet, da erhob sich ein schreckliches Klagegeschrei, und
zwar nicht nur von einem einzelnen Wesen, sondern von
vielen, gemischt mit Ausrufen des Staunens. Da zahlreiche
Passagiere an Bord waren, verbreitete sich die Kunde rasch
in ganz Rom, und Thamus wurde vor den Kaiser Tiberius
zitiert. Tiberius' Überzeugung, daß die Geschichte wahr
sei, verstärkte sich so sehr, daß er eine gründliche Untersuchung anordnete, wer dieser Pan sei; die Gelehrten an
seinem Hof – und es waren viele – vermuteten, daß es ein
Sohn des Hermes und der Penelope sei.«

Philippos konnte sich auf mehrere Zeugen unter den Anwesenden berufen. Sie hatten die Geschichte von Aemilianus gehört, als er schon alt war.

Demetrios sagte, von den Inseln in der Nähe der Küste Britanniens seien manche einsam und verödet, und einige trügen die Namen von Dämonen und Heroen. Im Auftrag des Kaisers habe er selber als Beobachter eine Forschungsreise zu der am nächsten gelegenen Insel unternommen. Sie zählte nur ganz wenige Einwohner, verehrungswürdige Menschen, die in den Augen der Britannier unverletzlich waren. Bald nach seiner Ankunft gab es einen gewaltigen Aufruhr in der Luft, und manche Vorzeichen wurden beobachtet: Donner rollte, und Blitze fuhren in die Erde. Als sich alles beruhigt hatte, sagten die Leute auf der Insel, einer der mächtigeren Dämonen sei verschieden...

61

In seiner Abhandlung *Über Isis und Osiris* stellt Plutarch weitere Spekulationen über das Wesen der Dämonen an. Er zitiert aus Hesiod, Empedokles, Platon und Platons Schüler Xenokrates, dem »Vater der wissenschaftlichen Dämonologie«, wie man ihn genannt hat. Das Hauptinteresse des Verfassers gilt den bösen Dämonen. Einige von ihnen könnten als die »gefallenen Engel« der heidnischen Antike bezeichnet werden. Andere sind offenbar von Natur aus böse, wie zum Beispiel Typhon, der im Mythos von Isis und Osiris den typischen Bösewicht verkörpert, den ewigen Gegenspieler in dem kosmischen Drama zwischen Gut und Böse.

Für Plutarch, der das Wachsen der Isisreligion beobachten konnte, sind gewisse ägyptische Götter wie Dämonen, die für ihr vorbildliches Verhalten befördert wurden. Plutarchs Denkweise war offenbar so pragmatisch, daß er auch in der religiösen Sphäre eine Art Hierarchie sehen konnte, in der es Aufstiegsmöglichkeiten für Erfolgreiche gab. Isis und Osiris gehörten nicht dem alten griechisch-römischen Pantheon an, und vielleicht eigneten sie sich gerade deshalb als Beispiele. Dämonen, die sich bewährten, wurden durch Beförderung in höhere Ränge erhoben. Vermutlich stellte sich Plutarch vor, daß die Beförderung dieser niederen Gottheiten, die zum Teil wenigstens ausländischen Ursprungs waren, von den alten griechisch-römischen Gottheiten ausging. Diese Denkweise machte es möglich, die alte Hierarchie zu bewahren und ihr gleichzeitig neue Mächte einzugliedern, die je nach

ihrem Erfolg, ihren Leistungen, innerhalb der Hierarchie Anerkennung fanden.

Plutarch, *Über Isis und Osiris*, pp. 361 A–E.

Es könnte so scheinen, als hätten Dämonen eine komplexe,
ungewöhnliche Natur und einen entsprechenden Zweck;
deshalb weist Platon den olympischen Göttern dasjenige
zu, das rechts ist und die ungeraden Zahlen, und den Dämonen das Entgegengesetzte. Xenokrates glaubt, daß alle
unheilvollen Tage und alle Feiertage, die durch Schläge,
Wehklagen, Fasten, grobe Reden, unanständige Witze gekennzeichnet sind, keine geeigneten Anlässe sind, die Götter und die guten Dämonen zu ehren. Er meint, daß es in
der Atmosphäre große, einflußreiche Mächte gibt, die auch
schlecht gelaunt und unangenehm sind und gerade das genießen, was eben erwähnt wurde, und wenn das eintrifft,
weiter keinen Schaden stiften.

Hesiod nennt die guten, freundlichen Dämonen »heilige
Dämonen« und »Beschützer der Menschheit«, und er sagt,
daß sie »Reichtum spenden, und das ist ihr königliches Vorrecht«.

Platon nennt diese Klasse die der »Deuter« und »Diener«, und er siedelt sie auf halbem Weg zwischen Göttern
und Menschen an; sie tragen die Gebete und Wünsche der
Menschen empor und bringen uns aus dem Reich der Götter Wahrsprüche und willkommene Geschenke.

Empedokles sagt, daß Dämonen für Missetaten, die sie
begehen, und für Pflichten, die sie vernachlässigen, bestraft
werden. »Die Macht des Äthers treibt sie ins Meer; / das
Meer speit sie aus auf den Grund der Erde; / die Erde
schickt sie hinauf zu den Strahlen der nimmermüden Sonne,
/ und die Sonne schleudert sie in den Wirbel des Äthers: /
eine Gegend nimmt sie von der anderen, und sie hassen sie
alle.« Die Dämonen werden so lange bestraft und geläutert,
bis sie das Wesen und den Rang, der ihnen zusteht, wieder-
gewonnen haben.

Solches und ähnliches erzählt man sich, so heißt es, über
Typhon. Seine Eifersucht und sein Jähzorn brachten ihn da-

zu, Untaten zu vollbringen: er stiftete Unruhen aller Art
und überschwemmte die ganze Erde und das Meer mit Unheil. Später mußte er dafür büßen. Die Rächerin war Isis,
die Schwester und Frau von Osiris: sie unterdrückte
Typhons sinnlose Wut und setzte ihr ein Ende. Aber sie
vergaß nicht einfach das Ringen, die Kämpfe, die sie durch-
gemacht, ihre Wanderungen und alle mutigen und klugen
Taten, die sie vollbracht hatte. Sie konnte sich nicht mit
Schweigen und Vergessen abfinden, sondern sie fügte dem
heiligsten Ritus [d. h. wohl: der Einweihung in die Isismyste-
rien] die Symbole und Darstellungen ihres ehemaligen Leidens bei. Sie heiligte dies als eine Unterweisung in Frömmigkeit und eine Ermutigung für Männer und Frauen, die
Opfer ähnlicher Qualen sind. Isis und Osiris wurden von
gütigen Dämonen zu Göttern befördert, weil sie sich so vorbildlich benommen hatten. Dasselbe geschah später mit Herakles und Dionysos. Es scheint angemessen, daß sie gemeinsame Ehren als Götter und Dämonen empfangen. Ihre
Macht ist überall spürbar, vor allem aber in den Regionen
über und unter der Erde…

62

Plotin sah sich wohl selber als Platoniker, aber im Grunde hat er
das platonische Erbe in eine neue Synthese verwandelt, die auch
pythagoreische und stoische Elemente enthielt. Diese neue philosophische Schule – der Neuplatonismus – fand Anklang bei den
Gebildeten, weil sie auf rationale (oder doch annähernd rationale)
Weise die Geheimnisse des Lebens zu erklären und die alte Religion zu retten versuchte.

    Da Plotin in Ägypten zur Welt kam, hatte eine theurgische
Zeremonie, von einem ägyptischen Priester in einem Isistempel
durchgeführt, für ihn wahrscheinlich eine besondere Bedeutung.
Dieser Priester versprach Plotin die Erscheinung seines Schutzgeistes. Ein Grieche hatte seinen *daimon*, ein Römer seinen *genius*, wobei sich diese Begriffe nicht genau entsprechen. Es gab in
der Umwelt des Individuums viele Geister und Dämonen, aber
nur einer war der persönliche Schutzgeist, der sich um diesen
ganz bestimmten Menschen kümmerte. Den persönlichen Schutz-

geist einmal leibhaftig zu sehen, war zweifellos ein besonderes
Privileg.

Der Theurg, der einen ganz gewöhnlichen Schutzgeist erwartet hatte, war verblüfft, daß Plotins persönlicher *genius* einer ganz
anderen Kategorie von höheren Wesen angehörte. Wir erfahren,
daß bei solchen Zeremonien ein Gehilfe zugegen war, der ein
paar Hühner in den Händen hielt. Sobald sich etwas Unerwarte-
tes oder Bedrohliches ereignete, drehte er den Hühnern den Hals
um. In diesem Fall handelte der Gehilfe zu impulsiv, und der Dämon verschwand, kaum hatte er sich gezeigt; immerhin gewann
der Priester einen Eindruck von ihm.

Eine Abhandlung über das Thema *Der Dämon, der uns sich
selber zugeteilt hat*, ist in Plotins *Enneaden* (3.4 = Traktat 15 Har-
der) erhalten, aber diese Episode ist mit keinem Wort erwähnt.
Vielleicht ist es eine Anekdote, die Plotin einigen seiner Schüler
erzählte und die schließlich ihren Weg in Porphyrios' Biographie
des Meisters fand. Die Abhandlung selbst ist wenig mehr als eine
Interpretation einiger Stellen aus Platons Werken (aus dem *Phaidon*, dem *Timaios*, dem *Staat* usw.), die sich mit Dämonen befassen.

Porphyrios, *Leben Plotins* 56–60

Von Geburt an besaß Plotin einige ganz besondere Gaben.
Ein ägyptischer Priester kam nach Rom und machte durch
Vermittlung eines Freundes Plotins Bekanntschaft. Dieser
Priester wollte Plotin eine Demonstration seines Könnens
geben und lud ihn ein, der Erscheinung seines persönlichen
Schutzgeistes beizuwohnen. Plotin nahm die Einladung gerne an. Die Beschwörung fand im Isistempel statt, denn das
war, wie der Ägypter sagte, die einzige kultisch reine Stätte,
die er in ganz Rom finden konnte. Doch als der Geist her-
beigerufen worden war und sich wunschgemäß zeigte, erschien ein Gott, der gar nicht in diese Kategorie von Geistern gehörte. Da rief der Ägypter: »Gesegnet bist du, der
du einen Gott als Schutzgeist hast und nicht einen untergeordneten Geist!« Doch es bot sich keine Gelegenheit, der
Erscheinung Fragen zu stellen, denn der Freund, der diesem
Ereignis beiwohnte, würgte die Hühner ab, die er zur Sicherheit hielt, sei es aus Eifersucht, sei es, daß er sich fürchtete. Da Plotin ein höheres göttliches Wesen als Schutzgeist

hatte, richtete er eine Zeitlang sein göttliches Auge auf dieses Wesen. Sein Erlebnis bewog ihn, die Abhandlung *Über den Dämon, der uns sich selber zugeteilt hat*, zu schreiben. Darin gibt er Gründe für die Unterschiede zwischen verschiedenen Schutzgeistern an.

63

Iamblichos, ein Schüler des Porphyrios, beschäftigte sich mit Dämonologie, wobei er vermutlich den oben erwähnten Traktat Plotins (*Enn.* 3.4) als Ausgangspunkt nahm. Der folgende Text ist schwierig und vermutlich hier und dort noch nicht richtig hergestellt, aber der Inhalt scheint einigermaßen klar: Der wahre Philosoph muß imstande sein, nicht nur die verschiedenen Arten von Dämonen voneinander zu unterscheiden, sondern auch ihre Merkmale gegenüber denjenigen von übergeordneten göttlichen Wesen abzugrenzen.

Iamblichos, *Über die Mysterien Ägyptens* 1.20

Du erörterst das Problem »Was unterscheidet Dämonen von sichtbaren und unsichtbaren Göttern?«– denjenigen, die unsichtbar, aber mit den sichtbaren verbunden sind. Indem ich dies als Ausgangspunkt benütze, will ich den Unterschied erklären. Die sichtbaren Götter sind mit den unsichtbaren verbunden und haben dieselbe Gestalt, was diese betrifft. Die Dämonen sind ganz anders, was ihr Wesen betrifft, und sie sehen jenen auch kaum ähnlich. Darin unterscheiden sich die Dämonen von den sichtbaren Göttern. Von den unsichtbaren Göttern unterscheiden sie sich durch ihre Unsichtbarkeit, denn Dämonen sind unsichtbar und können in keiner Weise durch die Sinnesorgane wahrgenommen werden. Aber die Götter übersteigen sogar jedes vernunftmäßige Erfassen und jede Wahrnehmung, die an Materie gebunden ist [oder besser, wenn man *anylou* statt *enylou* liest, »jede immaterielle Wahrnehmung«]. Weil die Götter unbekannt und unsichtbar sind, nennt man sie [so], denn sie sind auf eine ganz andere Weise als die Dämonen unsichtbar. Gut, sie sind unsichtbar: bedeutet das, daß sie im Hin-

blick auf ihre Unsichtbarkeit den sichtbaren Göttern über-
geordnet sind? Keineswegs. Gleichgültig, wo es ist und wie
weit es sich erstreckt, hat das Göttliche dieselbe Macht und
Herrschaft über das ihm Untergeordnete. Folglich herrscht
es über die Luftdämonen, selbst wenn es sichtbar ist, denn
weder die Umwelt noch der Teil des Weltalls, [in dem sie
sich befinden,] beeinträchtigt in irgendeiner Weise die
Machtvollkommenheit der Götter. Ihre Substanz bleibt sich
überall gleich, ist unteilbar und unveränderlich, und alle unteren Ordnungen verehren sie in derselben Weise, dem Na-
turgesetz gemäß.

64

In seinem Werk *Die Vorbereitung des Evangeliums* wollte Eusebios von Caesarea (ca. 260–340 n. Chr.) den Nachweis führen, daß
die heidnische Antike und ihre Kultur eine wichtige Rolle im
Heilsplan Gottes spielte. Er gibt eine Zusammenfassung jenes Tei-
les der heidnischen Theologie, der sich mit Dämonen und ihrem
Verhältnis zu den Göttern und Heroen befaßt. Daß böse Dämonen seit uralten Zeiten Verehrung genossen, wurde schon gesagt (Nr. 46). Eusebios' Polemik richtet sich gegen die heidnischen Theologen (das heißt wohl vor allem die Neuplatoniker),
die seiner Meinung nach fast ausschließlich böse Mächte verehren. Er beschuldigt sie, den guten Mächten nur Lippendienst
zu zollen. Wahrscheinlich vereinfacht er alles ziemlich stark im
Interesse der christlichen Propaganda, denn natürlich aus dem
christlichen Standpunkt aus alle heidnischen Gottheiten böse,
und sie zu verehren eine Sünde. Aber er legt seinen Finger auch
auf einen bedeutsamen Aspekt der heidnischen Religionen: Seit
vielen Jahrhunderten wurden gewisse Mächte verehrt, nur weil
sie gewaltig und furchterregend, nicht etwa, weil sie gütig und
väterlich waren. Deshalb war die Menschheit, so meint Eusebios,
jetzt bereit, die Botschaft göttlicher Liebe anzunehmen.

Eusebios, *Die Vorbereitung des Evangeliums* 4.5

Die Kenner der heidnischen Theologie … teilen die gesamte
Lehre in vier Teile: Sie unterscheiden zunächst den höchsten Gott und sagen, daß er über alles herrsche und der Vater und König aller Götter sei. Dann gibt es eine zweite

Kategorie von Göttern; danach kommt die Gattung der Dämonen; viertens nennen sie die Heroen. Alle, so heißt es,
nehmen Teil an der Idee des Guten, und somit führen sie in
gewissem Sinn, werden aber in einem anderen Sinn geführt,
und jede Wesenheit dieser Art, so heißt es, kann ›Licht‹ genannt werden, weil sie am Lichte teil hat. Aber sie sagen
auch, daß das Böse alles beherrsche, was böse sei; damit meinen sie die Kategorie der bösen Dämonen. Zwischen ihnen
und dem Guten gibt es keinerlei Freundschaft; sie haben
zweifellos große Macht in dem Bereich, der dem Guten diametral entgegengesetzt ist, und alles Derartige nennen sie
›Dunkelheit‹. Nachdem sie diese Kategorien voneinander
unterschieden haben, behaupten sie, der Himmel und der
Äther seien bis hinab zum Mond den Göttern vorbehalten;
den Dämonen gehöre die Sphäre des Mondes und die Atmosphäre; die Seelen [der Toten] bewegten sich in der irdischen Region und in den unterirdischen Räumen. Nachdem
sie diese Unterscheidungen festgelegt haben, lehren sie, man
müsse vor allem die Götter des Himmels und des Äthers
verehren, dann die guten Dämonen, drittens die Seelen der
Heroen, und an vierter Stelle müsse man die bösen, schädlichen Dämonen besänftigen. Nachdem sie theoretisch diese
Unterscheidungen gemacht haben, bringen sie praktisch
doch alles durcheinander, und statt alle genannten Mächte
zu verehren, verehren sie nur die bösen Mächte und dienen
ausschließlich ihnen, wie ich zeigen werde…

DIVINATION

Einleitung

Das lateinische Wort *divinare*, ›erraten‹ oder ›voraussagen‹, ist sehr wahrscheinlich verwandt mit *divinus* ›göttlich‹. Das davon abgeleitete Wort *divinatio* könnte man mit ›Ahnung‹ übersetzen. Heute sprechen wir von Hellsehen oder Telepathie, aber im Altertum verstand man jede Erkenntnis oder Einsicht, die durch den »gesunden Menschenverstand« oder den damaligen Stand der Wissenschaft nicht erklärt werden konnte, als göttliche Eingebung. Zukünftige Ereignisse vorauszusehen, war eine Gabe der Götter. In der Mythologie begegnen uns viele Seher und Propheten. Kassandra hatte ihre prophetischen Fähigkeiten von Apollon erhalten (Aischylos, *Agamemnon* 1203 ff), und Teiresias wurde von den Göttern durch diese für seine Blindheit entschädigt.

Das griechische Wort für Weissagung ist *manteia*; der Seher oder Prophet ist *mantis*. Wahrscheinlich besteht eine etymologische Beziehung zu *mainomai* ›verrückt sein‹ und *mania* ›Wahnsinn‹. Das bedeutet natürlich nicht, daß die Seher geisteskrank waren; aber sie wirkten abnormal, zumindest wenn sie in Ekstase gerieten. Das Wort *ekstasis* wird auch verwendet, um einen abnormen Zustand zu bezeichnen. Wer in Ekstase ist, ist wortwörtlich aus sich selber »hinausgetreten«, ein Zustand, den man heute mit »Trance« bezeichnet. Die Assoziation von »Wahnsinn« und »Weissagung« scheint in den indoeuropäischen Stämmen sehr alt zu sein, wie die Etymologie zeigt,[1] und die Beschreibungen von prophetischer Trance heben gerade diesen Aspekt hervor. Anderseits ist dies nur eine Form der Divination; es gibt daneben noch andere Arten, z. B. die Traum-

deutung oder die astrologische Prognose, die durchaus keinen abnormen Bewußtseinszustand voraussetzen.

Man muß sich auch auf die ursprüngliche Bedeutung von
»Prophet«, »Prophezeiung« besinnen. Im Griechischen ist
prophetes ein Mensch, der »für einen anderen spricht«, wobei der andere gewöhnlich eine Gottheit ist. Allerdings hießen in Delphi die Priester, welche die wirren Äußerungen
der Pythia deuteten, *prophetai*. Sie sprachen aber auch indirekt für den Gott. Die Pythia war die Seherin, *mantis*,
und der Gott sprach aus ihr, aber seine Mitteilungen waren
so unverständlich, daß sie in normales Griechisch übersetzt
werden mußten. Vielleicht wirkt hier die alte, bei Homer
faßbare Vorstellung nach, daß die Götter eine andere Sprache sprechen als die Menschen. Im *Timaios* (72 A) sagt Platon, daß das Wort *prophetes* für diejenigen vorbehalten sein
sollte, die ekstatische Äußerungen eines Sehers oder einer
Seherin in verständliches Griechisch übertragen. Aber im
allgemeinen ist *prophetes* jemand, der für einen Gott
spricht, durch den ein Gott spricht. Dies gilt auch für die
Propheten des Alten Testaments, für Johannes den Täufer,
für Jesus.

Die Divination, wie wir sie kennen, hat ihre Wurzeln in
Mesopotamien. Die Gabe der Prophezeiung ist im Alten
Testament etwas Besonderes. Propheten stehen zu Gott in
einem eigentümlichen Verhältnis: sie haben das Vorrecht,
ihn zu hören, ihn zu sehen, und dann ist es ihre Pflicht, den
Menschen diese Botschaft mitzuteilen. Die prophetischen
Bücher des Alten Testaments zeigen deutlich, daß dies keine einfache Aufgabe war; denn wer die Botschaft Gottes zu
verbreiten hatte, stieß oft auf Mißtrauen und Ablehnung,
vor allem, wenn er gegen Irrlehren und Zuchtlosigkeit auftrat. Das Schicksal von Kassandra und Teiresias lehrt übrigens, daß die Gabe der Prophezeiung mehr ein Fluch als ein
Segen sein konnte.[2]

Die Babylonier glaubten, daß die Entscheidungen ihrer
Götter wie diejenigen ihrer weltlichen Herrscher willkür-
lich waren, daß man sie aber einigermaßen erraten konnte.
Jedes Ereignis auf Erden, auch wenn es unbedeutend

scheint, kann den Willen der Götter widerspiegeln, denn
das Weltall dachte man sich als lebenden Organismus, und
was in einem seiner Bezirke geschieht, kann durch einen
Vorgang, der sich in einem weit entfernten Bezirk abspielt,
hervorgerufen werden. Hier ist der Ursprung des Gedan-
kens der »kosmischen Sympathie«, der allen okkulten Theorien zugrunde liegt.

In Babylonien wurden Listen ungewöhnlicher Phänomene angelegt, die man später mit Ereignissen, die das Land,
die Bevölkerung betrafen, in Zusammenhang brachte. Diese
Listen, während Jahrhunderten von den Priestern geführt,
gaben reiches Material für Spekulationen her. Auf ihnen ba-
sieren wohl die bekannten Methoden der Zukunftsdeutung:
die Astrologie, die Leberschau, die Traumdeutung. Auch
Mißgeburten und das absonderliche Verhalten von Tieren
wurden nach gewissen Regeln gedeutet. Die Etrusker, die
fast sicher aus dem Mittleren Osten kamen, brachten diese
Methoden nach Italien und vererbten sie den Römern.

Ciceros zwei Bücher *De Divinatione* sind der bedeutendste Text, den wir haben. Man muß ihn zusammen mit seinen Abhandlungen *De Natura Deorum* und *De Fato* lesen,
denn die Zukunftsschau als Ganzes ist eigentlich ein Bestandteil der antiken Theologie, und die Lehre, daß alles
Geschehen Schicksal ist, begünstigt den Glauben, daß die
Zukunft voraussehbar ist. Die drei eben genannten Werke
Ciceros geben uns ein ziemlich gutes Bild der hellenistischen Theologie, wie sie in den verschiedenen philosophischen Schulen gelehrt wurde.

Was Divination betrifft, so bleibt Cicero skeptisch, aber
er läßt die Philosophen, die an sie glaubten, ausgiebig zu
Wort kommen. Der bedeutendste Vertreter der sogenannten Mittleren Stoa, Poseidonios von Apamea (ca. 135–50
v.Chr.), scheint ein Werk verfaßt zu haben, in dem er auf
Grund zahlreicher von ihm selber gesammelter Daten zu
beweisen suchte, daß eine Vorausschau der Zukunft möglich ist. Um diesem Phänomen eine philosophische Grundlage zu geben, formulierte er das Prinzip der »kosmischen
Sympathie«, aus dem sich, wie schon gesagt, alle okkulten

Wissenschaften ableiten lassen. Es ist ein uraltes Prinzip, aber Poseidonios und nach ihm Plotin haben es philosophisch begründet.

Träume

Nach Cicero (*Div.* 1.11; 2.26), der wiederum Poseidonios zu folgen scheint, gibt es zwei verschiedene Arten der Divination: die natürliche und die künstliche.[3] Die geläufigste Form der natürlichen Divination ist der Traum. Plutarch nennt den Traum das älteste Orakel der Menschheit. Auskünfte antiker Traumdeuter sind uns in Artemidoros' *Oneirokritika* überliefert.[4]

Es gab eine Theorie, wonach physische oder seelische Krankheiten im Organismus gewisse Kräfte auslösten; so berichtet Augustin den Fall eines geisteskranken Patienten, der regelmäßig von einem Priester besucht wurde und diesen ›sah‹, wie er den zwölf Meilen langen Weg zu seinem Haus zurücklegte.[5]

Wie andere Formen der Divination stammt auch die Traumdeutung vermutlich aus Mesopotamien.[6] Von dort wanderte sie, wie es scheint, nach Ägypten, wurde dort aber von den Priestern weiter ausgebildet. Als König Eserhaddon von Assyrien 671 v. Chr. Ägypten eroberte, nahm er eine Anzahl dieser Priester mit sich, vermutlich weil sie als die besten galten. Aber die Traumdeutung ist auch in Ägypten sehr alt. Der Papyrus *Chester Beattie 3* (um 1800 v. Chr.) enthält ein Traumbuch, das demjenigen Apollodors schon ganz ähnlich sieht. Wer im Traum Eselsfleisch ißt, kann mit einer Beförderung rechnen; wer im Traum in einen Fluß taucht, darf die Vergebung seiner Sünden erhoffen (das Wasser als Symbol der Reinigung?); wer im Traum Geschlechtsverkehr mit einem Schwein hat, wird seinen ganzen Besitz verlieren. Solche Träume sind nicht erfunden; sonst wären die Traumbücher ja zwecklos. Soweit sie kulturell bedingt sind, muten sie fremdartig an, aber immer zeigen sie den Menschen mit seinen Hoffnungen, Ängsten und

Problemen, die ihn auch in den Schlaf verfolgen und über die er beim Erwachen nachsinnt. Man glaubte, daß der Mensch im Schlaf Zugang zu Welten hat, die ihm im wachen Zustand verschlossen sind.

Im Alten Testament sind Träume ein Weg der Verständigung zwischen Gott und den Menschen, aber auch hier gibt es bedeutungslose oder irreführende Traumgesichte. Träume von Königen, Priestern und Propheten haben naturgemäß mehr Bedeutung als diejenigen von gewöhnlichen Menschen. Könige schlafen manchmal an heiligen Stätten, wenn sie Gottes Hilfe brauchen; so ist Salomons Traum bei Gibeon eine Art Inkubationstraum (*1.Könige* 3.4–15; *2.Chron.* 1.3–12). Josephs Traum (*1.Moses* 37.5–11) ist einer der ersten aufgezeichneten Wahrträume. Der Traum Pharaos (*1.Moses* 41.1–45), den die ägyptischen Magier und Weisen nicht deuten können, wird von Joseph entschlüsselt, weil Joseph den »Geist Gottes« hat. Da Träume von Gott kommen, muß man den Geist Gottes besitzen, um sie zu deuten. Merkwürdigerweise hat Pharao, obwohl er eine Art Gott auf Erden ist, nicht die Autorität, seine eigenen Träume auszulegen.

Als Erfinder der Traumdeutung erscheint Prometheus im Drama des Aischylos (V. 485 Wil.). Die früheste Sammlung von Träumen ist bei Isokrates (*Or.* 19.5) bezeugt; sie wurde unter dem Namen des Sehers Polymainetos überliefert. Der erste Traum, von dem die griechische Literatur berichtet, ist der Traum Agamemnons in der *Ilias* (2.5 ff). Es ist ein trügerischer Traum, von Zeus gesandt, um »viele Achäer in ihrem Lager zu vernichten«, wie Homer sagt, so daß die Griechen schließlich zur Einsicht kommen, daß es ohne Achilles nicht weiter geht. Die Götter können also trügerische Träume senden. Nestor sagt in der Versammlung, in der dieser Traum erörtert wird: »Wenn irgendein anderer uns diesen Traum berichtet hätte, würden wir ihn als falsch erklären und uns von ihm abwenden; doch nun war es derjenige, der beansprucht, der größte der Achäer zu sein, der dieses Traumgesicht hatte!«

In der *Odyssee* (19.562 ff) unterscheidet Penelope zwi-

schen trügerischen und glaubwürdigen Träumen. Sie
spricht von den zwei Toren, durch die die Träume kommen: das eine ist aus Elfenbein, das andere aus Horn.

Die trügerischen Träume fliegen durch das Tor aus Elfenbein, die zuverlässigen durch das Tor aus Horn. Aber es ist
schwierig, die einen von den anderen zu unterscheiden, und
gerade in diesem Fall rät Penelopes Instinkt ihr, einem
Traum nicht Glauben zu schenken, obwohl sie das eigentlich möchte.

Nach Hesiod, *Theogonie* 211–13 sind Träume Kreaturen
der Nacht, wie Schlaf, Verhängnis, Tod und ähnliche Verkörperungen des Unheils. Merkwürdig, daß bei Hesiod von
angenehmen Träumen überhaupt nicht die Rede ist, obwohl
sie in der epischen Dichtung vorkommen; er denkt nur an
quälende Traumgesichte und Angstträume.

Im 7. Jahrhundert v. Chr. zeichnet sich eine neue religiöse Bewegung, die Orphik, ab. Einige ihrer Vorstellungen,
die Seele betreffend, haben spätere Dichter und Denker, darunter Pindar, Aischylos, Sophokles und Platon, beeinflußt:
Im Schlaf befreit sich die Seele von der Bindung an den Körper und verläßt ihn; sie ist, im Gegensatz zu ihm, hellwach
und verkehrt mit höheren Wesen. Wenn der Körper wach
ist, schläft die Seele – oder das »Unbewußte«, wie wir sagen
würden. Die Seele sitzt – so hat Aischylos es im *Agamemnon* (V. 178; vgl. auch 975 mit Fraenkels Kommentar) ausgedrückt, im menschlichen Herzen wie die Prophetin auf ihrem Stuhl und deutet die Gesichte des Blutes.[7]

Etwas anders sagt es Euripides: Für ihn sind (*Iphig.
Taur.* 1261 ff) Träume die Geschöpfe der Erde. Text und
Deutung dieses Chorlieds sind umstritten, aber der Dichter
scheint die Träume der Menschen mit den prophetischen
Visionen der Pythia zu vergleichen, die ja auch ihre Einge-
bungen aus dem Erdinneren empfing. Der Chor, der aus
griechischen Frauen besteht, ist davon überzeugt, daß
»Träume das berichten, was zuerst geschah, was dann geschah und was in der Zukunft geschehen wird.«

In Platons *Phaidon* (60 C–61 C) erinnert sich Sokrates im
Gefängnis an eine Traumerscheinung – immer dieselbe –,

die ihm auftrug, »Musik zu machen«. Der Ausdruck ist im Griechischen vieldeutig; er kann sich auf alle sogenannten musischen Künste beziehen, also auch auf Dichtung und Philosophie. Sokrates war der Meinung, er sei viele Jahre lang »musisch tätig« gewesen, und zwar durch seine philosophischen Gespräche. Modern ausgedrückt, befahl ihm die Traumerscheinung, schöpferisch tätig zu sein, und für Sokrates war die höchste Form schöpferischer Tätigkeit die philosophische Forschung. Aber nach seiner Verurteilung glaubte er, daß übernatürliche Mächte von ihm etwas anderes verlangten: Er sollte dichten. Das tat er auch, indem er äsopische Fabeln, die er auswendig konnte, in Verse übertrug. Macrobius (5. Jahrhundert n. Chr.) bezeichnet diese Art von Traum als *Chrematismos*, »Orakelbescheid«, und sein Zeitgenosse Chalcidius beschreibt ihn als *admonitio*, »Auftrag«. Der Träumende sieht im Schlaf Vater oder Mutter, einen Priester, einen Gott, und diese Autoritätspersonen teilen ihm direkt, ohne symbolische Verhüllung, mit, was zu tun oder zu lassen sei.[8]

Daß Sokrates auf seine Träume achtete und ihnen dieselbe Bedeutung wie den Antworten des Orakels und seiner inneren Stimme, dem *daimonion*, beimaß, geht aus einer Stelle der *Apologie* (33 C) hervor: »Der Gott hat mir durch Orakel und Träume und auf jede andere Weise, die die göttliche Vorsehung benutzt, um ihre Befehle zu erteilen, befohlen, dies zu tun.

Xenophon, ein Schüler des Sokrates, glaubte, daß Divination durch Träume möglich sei und nicht vernachlässigt werden sollte (*Kyropaedia* 8.7.21): »Im Schlaf bekundet die Seele eindeutig ihre göttliche Natur; im Schlaf wird ihr eine Art Einblick in die Zukunft gewährt, und das geschieht offenbar, weil sie im Schlaf vollkommen frei ist.«

Platon ging noch einen Schritt weiter. Er sagte, der Mensch habe einen gewissen Einfluß auf seine Träume und daß es wichtig sei, diesen Einfluß auszuüben (*Staat* 571 C). Vor dem Einschlafen sollten wir unsere rationalen Kräfte wecken und uns auf edle Gedanken konzentrieren. Nur wenn wir unsere niederen Gelüste unterdrücken und uns

von den Leidenschaften befreien, sehen wir im Traum die
Wahrheit; gelingt das nicht, so werden wir leicht das Opfer
grotesker Traumgesichte.⁹

In einem seiner frühen Dialoge (*Über Philosophie*, Fr.
12 a Ross) schreibt Aristoteles, noch stark unter Platons Einfluß: »Der Geist entdeckt sein wahres Wesen im Schlaf.« In
seinen späteren Schriften *Über den Schlaf*, *Über Träume*
und *Über Divination im Schlaf* (sie gehören zu seinen kürze-
ren naturwissenschaftlichen Abhandlungen) äußert er sich
vorsichtiger. Er ist nicht davon überzeugt, daß die Träume
von einem Gott gesandt sind, denn wenn die Götter mit
Menschen verkehren möchten, dann könnten sie das gerade-
sogut auch tagsüber tun und sie würden sich vor allem die
Träumer etwas sorgfältiger aussuchen.¹⁰

Träume sind für Aristoteles in seiner späteren Phase etwas, das sich im Zentralorgan des Bewußtseins abspielt.
Der Träumende spürt alles, was in seinem Organismus vorgeht und was auf seine Träume einwirken kann. Der Schlä-
fer hört ein leises Geräusch, und sein Traum macht daraus
ein Donnerwetter. Eindrücke des Tages kehren im Traum
in anderer Form wieder.

Träume bedeuten etwas, sagt Aristoteles, und Ärzte sollten ihre Patienten anweisen, den Träumen Beachtung zu
schenken. Der beste Traumdeuter sei derjenige, der Analogien wahrnehme und das wahre Bild hinter dem Traumbild
erkenne, denn das wahre Bild sei oft verzerrt, so wie ein
Spiegelbild im Wasser durch die sich kräuselnde Oberfläche
verzerrt wird.

Nach Aristoteles haben folgende Phänomene denselben
Ursprung: Träume, Halluzinationen von kranken Menschen, optische Täuschungen auch von gesunden. Träume
sind nicht göttlich; sie sind »dämonisch«, denn die Natur
selbst ist dämonisch,¹¹ ein Ausspruch, der zum Nachdenken
anregt. Wenn ein Traum sich bewahrheitet, so mag das Zufall sein, aber es gibt zwei Arten von Träumen, die als Prophezeiungen aufgefaßt werden können: solche, die den Gesundheitszustand des Träumenden voraussagen, und solche, die ihre eigene Erfüllung dadurch in die Wege leiten,

daß sie dem Träumenden eine bestimmte Handlungsweise nahelegen.[12]

Es darf als sicher gelten, daß die meisten von Aristoteles' Zeitgenossen an Träume glaubten; denn man liest von verschiedenen Maßnahmen, die damals empfohlen wurden, um das Eintreffen böser Träume zu verhindern. So konnte man einen Traum »der Sonne erzählen«, Gebete und Opfer darbringen oder sich reinigenden Bädern unterziehen und so gleichsam die drohende Gefahr von sich abwaschen.[13] Von uns aus gesehen, ist das eine Form von Psychotherapie, und sogar für den Schicksalsgläubigen war das Gesetz der Vorherbestimmung nicht verletzt, denn wenn im Traum eine Warnung ausgesprochen wurde, so konnte auch diese Warnung vorherbestimmt sein.

Mark Aurel nahm seine Träume ernst (*An sich selbst* 1.17). Die Stoiker sammelten Fälle von Voraussagen (durch Träume, Orakelsprüche usw.), die tatsächlich eingetroffen waren, um so ihrer Lehre von der Vorherbestimmung alles Geschehens eine empirische Grundlage zu geben. Für sein Werk *De Divinatione* scheint Cicero diese Sammlungen benutzt zu haben, allerdings mit Skepsis. Poseidonios war überzeugt, daß göttliche Mächte mit menschlichen Wesen durch Träume verkehren, und daß dies auf dreifache Weise geschieht: (1) da die Seele göttlich ist, darf sie manchmal die Zukunft sehen, so wie nur Götter und Dämonen sie sehen; (2) die Luft ist voll von körperlosen Seelen (die man auch als Dämonen auffassen kann), und sie dringen in den Organismus des Träumenden ein; (3) die Götter reden direkt mit dem Träumenden.

Wenn Träume uns tatsächlich vor drohenden Gefahren warnen können, zerbricht die ganze Kette von Ursachen und Wirkungen, die doch scheinbar unzerbrechlich ist. Ein Mensch träumt, daß das Schiff, auf dem er eine Überfahrt gebucht hat, untergehen wird, und bleibt zuhause. Das Schiff geht unter mit Mann und Maus, aber ihm ist nichts passiert. Wie vereint sich ein solches Ereignis mit der stoischen Lehre, daß niemand seinem Schicksal entfliehen kann? Seneca (*Naturales Quaestiones* 2.37–38) antwortet auf diese Frage, vielleicht im Anschluß an Poseidonios: Gewisse Ereignisse sind sozusagen von den unsterblichen Göttern in der Schwebe gelassen, so daß alles gut ausgehen kann, wenn man zu den Göttern betet und Gelübde an sie richtet. Daher ist der glückliche Ausgang nicht gegen das Schicksal; er ist selber Teil des Schicksals.

Senecas Entgegnung wirkt etwas oberflächlich, denn sie bricht doch die ganze unpersönliche Kette von Ursachen und Wirkungen, die vom Schicksal bestimmt sind, durch das Einwirken einer persönlichen Macht, die irgendwie beeinflußt werden kann – die Macht der Götter.

Eine andere Erklärung, die sicher weit verbreitet war, gibt Achilles Tatios in seinem Roman (2. Jahrhundert n. Chr.). »Die göttliche Macht will den Menschen manchmal in der Nacht die Zukunft zeigen, nicht, um sie vor einem tragischen Ereignis zu bewahren (denn wir haben keine Macht über das Schicksal), sondern um ihnen zu helfen, ein solches Ereignis zu ertragen, wenn es eintrifft. Wenn sich unerwartete Katastrophen reihenweise ereignen, lösen sie Bestürzung aus und überwältigen uns, aber wenn wir darauf vorbereitet sind und über die Ereignisse nachdenken können, nimmt es ihnen etwas von ihrer Schärfe.«[14]

In seinem Lehrgedicht *De Natura Rerum* (4.749–822; 961–1036) überträgt Lukrez (1. Jahrhundert v. Chr.) die epikureische Lehre in Verse. Nach Lukrez (d. h. nach Epikur) sehen wir in unseren Träumen Dinge, mit denen wir uns im wachen Zustand beschäftigt haben: Rechtsanwälte träumen von ihren Fällen, Heerführer von Schlachten, Lukrez selber von dem Buch, an dem er arbeitet. Wir träumen aber auch von Dingen, die uns Freude bereiten: von Musik und Tanz, Theaterstücken und Unterhaltung ganz allgemein, denn der Schlaf ist eine Zeit der Entspannung und Erholung.

Da die Epikureer sich ihre Götter vollkommen sorglos und selig vorstellten, konnten sie nicht zugeben, daß Träume, die uns vor drohenden Gefahren warnen, von den Göttern ausgehen. Eine rein natürliche Erklärung der Träume schien ihnen die einzig richtige.

Dennoch glaubten die meisten Menschen an eine beson-

dere Bedeutung der Träume; das zeigen schon die Traumbücher, die sich aus dem Altertum erhalten haben. Das älteste, das wir haben, stammt aus dem 2. Jahrhundert n. Chr.
Sein Verfasser, Artemidoros von Daldoi, ein Traumdeuter
von Beruf, sammelte über dreitausend Träume und interessierte sich für den Charakter der Menschen, die ihm ihre
Träume berichteten. So ist sein Werk, obwohl reichlich
skurril, psychologisch sehr interessant. Übrigens hat es lange vor ihm solche Traumbücher gegeben (Christ-Stählin,
Griech. Literaturgeschichte I [⁶1920]; 550f u. Anm. 5; 633;
638; II [⁶1924]; 239), auch nach ihm (zu dem byzantinischen
Traumbuch des »Propheten Daniel an Nebukadnezar« vgl.
E. de Stoop: *Revue de Philol.* 33 [1909], 93 ff). Artemidoros
trennt eigentliche Träume von Gesichten, Orakeln, Phantasien und Erscheinungen; dann wieder unterscheidet er zwischen Träumen, die zukünftige Ereignisse voraussagen, und
solchen, die sich mit der Gegenwart beschäftigen.

Der Sinn des Traums erschließt sich dem Deuter durch
seine Symbolik. Manche Symbole sind ohne weiteres verständlich: Ein Abgrund bedeutet Gefahr, ein blühender
Baum Glück und Erfolg. Ein Bad in reinem Wasser bedeutet eine günstige Wendung, ein Bad in trübem Wasser das
Gegenteil. Eine Kerze, die angezündet wird, sagt eine Geburt voraus, eine, die schon brennt, deutet auf Erfolg hin,
eine, die nur ein spärliches Licht verbreitet, kündet Schwierigkeiten an.

In gewissem Sinn nimmt Artemidoros' Traumbuch
Freudsche Gedanken voraus, zum Beispiel den Begriff der
Wunscherfüllung und des Wunschersatzes. Ist der Träumende verliebt, sagt Artemidoros, sieht er im Traum nicht die
Frau, die er liebt, sondern etwa ein Pferd, einen Spiegel, ein
Schiff, das Meer, oder ein weibliches Kleidungsstück (Vorwort zu Buch 4). Der Traumdeuter muß in Erfahrung bringen, ob der Mensch, der ihn um Rat fragt, verliebt ist; erst
dann wird er die Symbolik richtig verstehen. Die ganze Persönlichkeit – Beruf, Gewohnheiten, sich wiederholende
Träume – muß berücksichtigt werden. Wenn einer träumt,
daß er vom Blitz getroffen wird, so hat das mindestens fünf-

zehn verschiedene Bedeutungen, und nur ein längeres Gespräch führt auf die passende Anwendung.

Die bekannteste Stelle in diesem Traumbuch ist der Ödipus-Traum (1.79 = Nr. 92) und seine Varianten. Ganz sach-
lich erörtert Artemidoros verschiedene Arten von Inzest-
Träumen, mit abstrusen Varianten, z. B. auch Nekrophilie,
wie es scheint, und jede Variante hat ihre eigene Bedeutung.

Mark Aurel, der »Philosoph auf dem Kaiserthron«, bezeugt in seinen »Selbstbetrachtungen« (1.17.20), daß er in
Träumen Ratschläge empfing. An einer bemerkenswerten
Stelle (9.27) beschwört er den Leser, diejenigen zu lieben,
die ihn hassen, und erinnert ihn daran, daß selbst seine Feinde aus Träumen und Orakeln Nutzen ziehen, auch wenn sie
Böses im Sinn haben. Mark Aurel glaubt an die Möglichkeit
der Divination, aber er lehnt Magie, Exorzismus und »Derartiges« ab (1.6).

Im 1. Jahrhundert n. Chr. zeichnet sich vor allem in Alexandria und Rom eine neue Phase des Pythagoreismus ab. Es
scheint eine Mischung von pythagoreischen Gedanken mit
platonischen und stoischen Lehren zu sein. Apollonios von
Tyana, der Wundertäter und Wanderphilosoph, gilt als Neupythagoreer, und Philostrats Biographie (vgl. 2.32) kann,
mit Vorsicht benützt, als Zeugnis dieser Bewegung dienen.
Sie wirkt auch in der Pythagoras-Biographie nach, die der
Neuplatoniker Iamblichos um 300 n. Chr. schrieb. Hier erfahren wir, daß schon Pythagoras ähnlich wie Platon an die
Möglichkeit geglaubt habe, Träume bewußt hervorzurufen.
Im Grunde beruht der Tempelschlaf, die Inkubation, auf
dieser Möglichkeit (s. Nr. 37). Wie das in der Praxis durchgeführt wurde, wissen wir nicht, aber die Theorie, wonach
Träumen nicht etwas Passives ist, sondern eine Aktivität,
die unser waches Leben gleichsam in einer anderen Dimen-
sion fortsetzt, kann, wenn wir Iamblichos folgen, über Platon hinaus bis auf Pythagoras zurückgeführt werden.

Der Neupythagoreismus übte eine starke Wirkung auf
den Neuplatonismus aus, und es war ein christlicher Anhänger dieser Schule, Synesios (etwa 373–410 n. Chr.), der in seinem Buch *Über Träume* die Ansicht äußerte, daß Träume

gleichsam ein Vorspiel bedeutsamer Ereignisse sind und uns
in die geeignete Stimmung für das uns bevorstehende Erlebnis versetzen. Da kein Mensch genau gleich ist wie der andere, sagt Synesios, gebe es keine festen Regeln für die
Deutung von Träumen; wir müssen vielmehr in jedem Einzelfall unsere eigene Auslegung finden. Das richtet sich gegen die damals gängigen Traumbücher wie dasjenige des
Artemidoros. Synesios selber verdankte seinen Träumen
neue Ideen; offenbar jagte er gerne, und einmal gelang es
ihm, dank einem Traum eine neue Art von Falle zu erfin-
den.

Für Synesios war ein Traum eine Offenbarung und zugleich ein Rätsel. Aber das Rätsel konnte gelöst werden,
und dann offenbarte sich in ihm die Wahrheit. Er kannte
Menschen, die völlig ungebildet waren, aber im Traum mit
den Musen Gespräche pflegten und als Dichter erwachten.
»Mach dein Bett auf einem delphischen Dreifuß,« sagt Synesios, »und du wirst ein edleres Leben führen. Jede Frau, jeder Mann ist dazu fähig, denn der Schlaf ist das am leichte-
sten zugängliche Orakel. Die Seele ist nur dann erleuchtet
und beweglich, wenn der Körper schläft« (*Über Träume*
144 B).

Was in neuerer Zeit über die Traumdeutung geschrieben
worden ist, baut zum Teil auf antiken Theorien auf.[15] Freud
zitiert Aristoteles und Artemidoros,[16] und E. R. Dodds, der
Psychoanalyse und Anthropologie mit den herkömmlichen
Methoden der klassischen Altertumswissenschaft verbindet, kommt zu dem Ergebnis, daß gewisse Träume mit
antiken Mythen verwandt sind.[17] Im Traum lebt sich die
mythenbildende Begabung der Menschheit aus, und der
Mythos einer Kultur ist, wie Jane Harrison es bezeichnet
hat, ihr Traumdenken, so wie der Traum des Einzelnen sein
persönlicher Mythos ist. In Träumen schaffen wir unsere
eigene Mythologie, aber nur ein Teil davon stammt aus
ganz persönlichen Erlebnissen oder Wünschen; manche
Traumbilder und -gestalten strömen aus dem »kollektiven
Unbewußten« ein, das wir von unseren Vorfahren ererbt
haben.

Es ist kaum möglich, eine Kultur zu verstehen, ohne etwas über ihre typischen Träume und die für sie gültigen Deutungen zu wissen. Leider ist das überlieferte Material sehr dürftig, und man kann bezweifeln, daß »literarische« Träume immer ganz echt sind. Doch da wir alle Erfahrung mit Träumen haben, sind wir wohl imstande, die verborgenen Mechanismen, die im Altertum Träume hervorbrachten, wenigstens zu ahnen, denn dieselben Mechanismen sind heute noch am Werk.

Orakel

Plutarch nennt den Traum das »älteste Orakel« der Menschheit. Im Traum ist jeder sein eigener Prophet. Die Antike kannte aber auch Institutionen, in denen regelmäßig geweissagt wurde. Nicht jeder Seher oder jede Seherin wirkte an solchen Institutionen. Es gab selbständige Wanderpropheten, »Schrumpf-Schamanen« sozusagen, denen nur die Gabe der Weissagung geblieben war, während die großen »Schamanen« wie Orpheus und Pythagoras noch über die ganze Skala übernatürlicher Fähigkeiten verfügten.[18]

Wie verhält sich die Prophetie zur Religion? Im Alten Testament sind die Propheten nicht nur Künder der Zukunft, sondern Theologen. In ihren Visionen erfahren sie das Wesen Gottes, und in ihrer bilderreichen Sprache verkünden sie es dem Volk. Aber ihr Gottesverständnis steht oft im Gegensatz zu einem anderen, so daß man nicht behaupten kann, daß die alttestamentlichen Propheten jeweils für das ganze Volk sprechen. Man gewinnt vielmehr die Überzeugung, daß die Propheten gegen Irrlehren und gottloses Treiben ankämpften, und daß sich in dieser Auseinandersetzung der Gottesglaube reinigte und festigte.

In Griechenland ist es anders. Wir besitzen von Pythagoras keinen zusammenhängenden, authentischen Text, nur Traditionen und Mythen. Orpheus ist eigentlich nur als Mythos faßbar, obwohl die Orphik als historische Tatsache

gelten muß und orphische Texte, allerdings aus späterer
Zeit, erhalten sind. Wenn wir der Überlieferung glauben
dürfen, sind beide Lehren auf Widerstand gestoßen. Sicher
hat es Konflikte zwischen der »Volksreligion« und den
»neuen Theologien« gegeben. Pythagoras wirkte vor allem
durch seine Persönlichkeit, aber seine Schule scheint ihn
nur kurze Zeit überlebt zu haben. Die »Volksreligion« siegte, und die Divination wurde ihr eingegliedert. Apollon war
fortan der Gott der Weissagung, und die Schau der Zukunft
geschah durch ihn.

Was ist ein Orakel? Das Wort hat drei verschiedene Bedeutungen. 1. die Auskunft, die ein Priester oder eine Priesterin in einem Heiligtum den um Rat Suchenden erteilt; 2.
das Heiligtum selber, also z. B. das delphische Orakel; 3. das
wirkliche Orakel, d. h. die göttliche Macht, die in dem Heiligtum waltet und von der aus – wie aus einer anderen
Welt – die Deutung der Zukunft ausgeht.[19]

Jedes bedeutende Heiligtum hatte seine eigene Methode,
die Zukunft zu erforschen. Auch das Ritual, das der Ertei-
lung des Orakels vorausging und sie begleitete, war nicht
überall dasselbe.

Der Glaube an die Orakel war sicher nicht zu allen Zeiten, bei allen Menschen gleich stark. Auch im religiösen Bereich gibt es Strömungen, Veränderungen, Unsicherheiten.
Etwas ironisch, aber nicht unzutreffend hat der französische Philosoph Bernard de Fontenelle (1657–1757) gesagt:[20]
»Handle wie die anderen und glaube, was du willst.« Solange man, so tat, als nehme man die Orakel ernst, die verlangten Opfer und Geschenke darbot, war alles in Ordnung.
Gegenüber dem Glauben betont Fontenelle die Macht der
Gewohnheit, des Brauchtums, das keinen Halt in der Vernunft oder im Glauben benötigt.

Ein sehr altes ägyptisches Orakel in der Oase Siwa in der
libyschen Wüste, das Heiligtum des Ammon, scheint zumindest auf die Einrichtungen in Delphi und Dodona Einfluß
gehabt zu haben.[21] Staatsmänner aus Athen und Sparta reisten im 5. und 4. Jahrhundert v. Chr. dorthin, und später
wurde es von Alexander dem Großen konsultiert.

Bevor wir die Orakel als Institutionen besprechen, sollte ganz allgemein etwas über Prophetie gesagt werden.[22] Die Voraussage von künftigen Ereignissen, die auf einer Vision, dem Hören einer göttlichen Stimme oder auf Trance beruhen, ist im Mittleren Osten seit ältester Zeit bezeugt. Wir hören von Propheten (*1.Samuel* 10.5 ff), die noch älter sind als die »kanonischen« Propheten wie Jesaia und Jeremia. Viel ist über das Wesen der Prophetie im Alten Testament geschrieben worden,[23] aber diese Frage liegt außerhalb des Rahmens unserer Untersuchung. Im Neuen Testament werden Johannes der Täufer und Jesus »Propheten« genannt. In der frühen Kirche gelten Menschen, die die Gabe besitzen, in Trance zu reden, als »Propheten« (das Wort wird manchmal durch den Ausdruck »Charismatiker« wiedergegeben; vgl. *Apg.* 11.27; 15.32 für Jerusalem; 13.1 für Antiochia). In einem frühen christlichen Text, der »Lehre der Zwölf Apostel« (*Didache*), die um 150 entstand, aber vermutlich ältere Stücke einschließt, finden sich ebenfalls Hinweise auf solche »Charismatiker«. Sie werden unterschieden von den »Aposteln« (oder »Missionaren«) und den »Lehrern« (vgl. *1.Korinther* 12.28). Sie sprachen offenbar in Trance, aber ihre Rede war – anders als die der »Zungenredner« – verständlich und bedurfte keiner Übersetzung, obwohl die Sprecher manchmal sofort den Inhalt ihrer Rede vergaßen. Diese »Propheten« waren in der Gemeinde hoch angesehen, aber es gab schon Betrüger, die diese besondere Gabe vortäuschten, um sich so ihren Lebensunterhalt zu verdienen (*Didache* 11–12).

Das »Zungenreden« (*glossolalia*) ist kein ausschließlich christliches Phänomen; es findet sich schon im Hellenismus,[24] und später berichtet Lukian (*Alexander oder der Lügenprophet,* 23), daß die Rede der Sibylle wie Hebräisch oder Phönizisch klang; natürlich war es keine dieser semitischen Sprachen, es klang nur so.

»Vom Geist erfüllt zu sein« bedeutete für die frühe Kirche drei verschiedene Gaben: (1) Prophetie; (2) Glossolalie; (3) Heilen. Das eigentliche Zungenreden, also die unartikulierte, unverständliche Mitteilung, ist nur eine von diesen.[25]

Allerdings muß hinzugefügt werden, daß die plötzlich auf-
tauchende Fähigkeit, in »fremden«, d. h. unverständlichen
Sprachen zu reden, auch als Zeichen für Besessenheit galt
und für die Exorzisten der römisch-katholischen Kirche
heute noch gilt.[26] Das ist nicht überraschend, denn auch die
Trance der Pythia galt als eine vorübergehende Besessenheit: Apollon ergriff Besitz von ihr, erfüllte und beherrschte
sie. Es kommt natürlich darauf an, wer von einem Menschen Besitz ergreift: ein Gott oder ein böser Dämon.

Galen hat die Trance als eine Art Wahnsinn beschrieben,
der nur kurze Zeit dauert. Daß zwischen *mania*, »Wahnsinn« und *manteia*, »Weissagung« eine sprachliche Beziehung besteht, wird heute kaum bezweifelt. Das Phänomen
selbst ist oft erörtert worden,[27] aber es entzieht sich, wie
etwa Hypnose, immer noch dem vollen Verständnis. Prophetische Trance oder Ekstase charakterisiert den Schaman.[28] Sie kann auf autosuggestivem Weg zustande kommen, etwa durch das monotone Rezitieren von Wörtern
und Formeln, durch Tanzen, durch Fasten, durch Baden in
heiligen Quellen, Schlafentzug, aber auch durch äußere Mittel (Einnehmen von Kräutern, Pilzen, Drogen, Einatmen
aromatischer Düfte). Wir müssen annehmen, daß diese Mittel den Priestern bekannt waren und daß Schamanen sie intuitiv entdeckten. Das Entscheidende ist der religiöse Zusammenhang: man suchte diese Zustände, diese Erlebnisse
und Erfahrungen nicht um ihrer selbst willen, sondern um
den Willen der Götter zu erforschen und mitzuteilen.

Das Phänomen prophetischer Schau und Erkenntnis war
schon Homer ganz geläufig. Helenos, der trojanische Seher
(*Il.* 7.44–45), »verstand in seinem Sinn die Entscheidung,
die die Götter in ihren Beratungen getroffen hatten.«
Gegen Ende der *Odyssee* (20.345 ff) sitzen die Freier Penelopes, die schon bald von dem bereits heimlich
zurückgekehrten Hausherrn Odysseus getötet werden
sollen, wie üblich essend, trinkend und lachend beiein-
ander, aber »ihre lachenden Kinnbacken gehören ihnen
nicht mehr, das Fleisch, das sie essen, ist von Blut besudelt, und ihr Sinn ahnt Unheil.« Der Seher Theoklyme-

nos, der zugegen ist, deutet ihre furchtbare Ahnung, indem
er ruft:

»Arme Toren! Ahnt ihr, welch furchtbares Schicksal
euer wartet? Eure Köpfe, eure Gesichter, eure Knie sind in
Dunkelheit gehüllt; Wehegeschrei ist ausgebrochen wie
Feuer; eure Gesichter sind von Tränen überströmt. Die
Wände und die schönen Säulen sind von Blut bespritzt. Der
Eingang zum Hof und der Hof selber sind voll von Gespen-
stern, deren Bestimmung die Unterwelt, das Dunkel ist. Die
Sonne ist vom Himmel völlig verschwunden, und der Ne-
bel des Unheils überzieht ihn.«

Die dem Tod geweihten Freier lachen fröhlich über diese
Prophezeiung.

Es ist eine gewaltige Szene, die der Dichter der Odyssee
hier so anschaulich gestaltet, als hätte er selber solche Unter-
gangsvisionen miterlebt. Möglich, daß diese Prophezeiung
Bestandteil des ursprünglichen Mythos war, aber der Dichter hat ihr eine unheimliche Realität verliehen. Der Prophet
sieht in einer blitzartigen Erleuchtung, die für ihn quälend
sein kann,[29] in den heiter zechenden Freiern die Leichen, die
Gespenster, die sie in kürzester Zeit sein werden, ohne es
selber zu wissen. Darin liegt die tragische Ironie der Episode. Für Homers Publikum war diese Art von Prophetie etwas Selbstverständliches, wenn auch nicht Alltägliches.

Trance stellte man sich als einen Zustand vor, in dem die
Seele den Körper verläßt und Einblicke und Erkenntnisse
gewinnt, die ihr normalerweise versagt sind.[30] Die höchste
Form von Trance dient weniger der Prophezeiung als der
mystischen Vereinigung der Seele mit der Gottheit oder
dem Einen (Plotin, *Enneaden* 6.9.11), und zwar nicht als Geschenk des Einen, sondern als Ergebnis einer besonderen
Anstrengung, einer selbstauferlegten Disziplin. Das ist
nicht unbedingt ein neuplatonischer Gedanke; es könnte
eine viel ältere Vorstellung sein, wonach der Mensch ganz
allein – ohne Hilfe der Götter oder sogar, wie Prometheus,
gegen den Willen der Götter – Großes vollbringt.

Es ist schwierig, Trance zu beschreiben oder zu ver-

stehen. Das Medium, das sie an sich selber erlebt, findet
nicht die Worte, zu schildern, was in ihm vorgeht.

Man kann *ekstasis*, eigentlich das »Aus-sich-heraus-
treten«, unterscheiden von *enthusiasmos*, »Von-Gott-
erfüllt-sein«, aber vielleicht sind das nur sprachlich bedingte
Aspekte desselben Tatbestandes. Die Griechen versuchten,
ein Erlebnis zu beschreiben, das sich wissenschaftlich gar
nicht erklären läßt und mußten sich deshalb bildlicher Ausdrücke bedienen.[31]

Prophetische Ekstase ist ein psychologisches Phänomen,
das überall auftreten kann, nicht nur in Delphi. Es brauchte
kein religiöses Erlebnis zu sein. Man kann sich ohne weiteres vorstellen, daß ein Mensch mit medialen Fähigkeiten diese außerhalb eines religiösen Zusammenhangs ausübt. Aber
die historische Erfahrung zeigt, daß in der Regel die Religion, das heißt, die Institutionen, die Priester, das Phänomen überwachten. Delphi liefert das beste Beispiel dafür.

Statt »Prophetie« kann man »Hellsehen« sagen, denn es
handelt sich, wie F. W. H. Myers es formuliert hat, um die
»Fähigkeit oder die Kunst, gleichsam optisch ein entferntes
Geschehen wahrzunehmen, wobei die Wahrnehmung gelegentlich zutrifft.« Die Entfernung kann sowohl zeitlich wie
räumlich sein. Manche aus der Antike überlieferten Prophezeiungen waren zweifellos echte Visionen.[32] Man verwendet die verschiedensten Termini für diese Vorgänge,
aber sie erklären im Grunde nichts.[33]

Eine prophetische Vision kann sich spontan ereignen,
wie zum Beispiel die Vision von Theoklymenos in der
Odyssee, oder die Vision von Kassandra kurz bevor sie und
Agamemnon ermordet werden. In solchen Fällen hat es den
Anschein, als wäre ein Ort gleichsam geladen oder angefüllt
von den Schwingungen eines furchtbaren Ereignisses, das
sich schon bald dort abspielen wird; das Medium erfaßt diese Schwingungen. Ähnlich kann ein Medium auch Schwingungen erfassen, die ein vergangenes Ereignis hinterlassen
hat. Kassandra besaß auch diese Fähigkeit (Aischylos, *Agamemnon* 1194 ff).[34]

»Offenbarung« bezeichnet die Enthüllung von Gottes

Willen durch Visionen und Träume. Sie geht von Gott aus
und beruht in der Regel nicht auf einer bestimmten Technik. Judentum und Christentum sind geoffenbarte Religionen. Die Hermetik, eine Form der Gnosis, beruht ebenfalls
auf einer Uroffenbarung durch den ägyptisch-griechischen
Gott Thoth (= Hermes Trismegistos). Okkulte Wissenschaften, wie Astrologie und Alchemie, wurden auserwählten Menschen durch göttliche Offenbarung mitgeteilt.[35]

Heiligtümer, in denen regelmäßig die Zukunft gedeutet
wurde, heißen Orakel (*oracula*; griechisch *manteia* oder
chresteria).[36] Hier praktizierte man verschiedene Methoden
und Techniken, die nicht mehr in allen Einzelheiten bekannt sind.[37] Das berühmteste Orakel der alten Welt war
das delphische.[38] Seine Ursprünge liegen im minoischen Zeitalter; man vermutet, daß es jahrhundertelang ein Heiligtum
der großen Erdgottheit *Ga* (*Ge*, *Gaia*) war. Der Name *Del-
phoi* wird abgeleitet von *delphys* ›Mutterschoß‹; vielleicht
stellte man sich vor, daß die Pythia ihre Eingebung aus dem
Schoß der Mutter Erde empfing. Einen weiteren Hinweis
gibt der *Omphalos*, ›Nabel‹ der Erde, der durch eine uralten
kegelförmigen Stein mit der Inschrift *Gas*, d. h. ›der Erde‹,
versehen war. Hier befand sich nach antiker Vorstellung der
Mittelpunkt der Welt. Das alles deutet darauf hin, daß hier
in vorgriechischer Zeit die Erde als Muttergottheit verehrt
wurde. Dazu kommt der Name ›Pythia‹, der mit der Pythonschlange, dem Symbol der Erdgottheit, zusammen-
hängt. Als die Griechen in Hellas eindrangen, übernahmen
sie die alte Orakelstätte und weihten sie ihrem eigenen
Gott, Apollo. Der Übergang vom Alten zum Neuen drückt
sich im Mythos von der Tötung der Pythonschlange durch
Apollon aus. Diese Schlange muß das Kultbild der vorgriechischen Erdgottheit gewesen sein, das die Eroberer zerstörten. Die Methode der Weissagung änderte sich aber
nicht, und das Heiligtum erlebte eine neue Blütezeit. Die
Geschichte der Religionen der Alten Welt bildet ein eigenar-
tiges Kontinuum: das Alte stirbt nicht; es wird verwandelt.

Wie die Trance der Pythia zustandekam, ist nicht geklärt.
Die Ausgrabungen haben gezeigt, daß hier kein Spalt war,

aus dem sie Erdgas einatmen konnte.[39] Auch das Kauen von
Lorbeerblättern – man hat Experimente angestellt – scheint
diese Wirkung nicht zu haben. War es das heilige Wasser,
das sie trank und in dem sie badete? Eher das Fasten, Beten,
der Schlafentzug – asketische Übungen, die unter der Aufsicht der Priester vollzogen wurden.[40] Aber eigentlich hat es
wenig Sinn, sich auf eine bestimmte Erklärung zu verstei-
fen. Da es die Trance als Bewußtseinsstufe gibt, gibt es wahrscheinlich auch verschiedene Möglichkeiten, sie herbeizuführen; welche Mittel und Wege jeweils angewendet wurden, möchte man natürlich gerne wissen, aber gerade das
wurde geheim gehalten. Heute würde man die Pythia einfach als Medium bezeichnen.[41] Tacitus (*Annalen* 2.54) berichtet, daß der Priester im Heiligtum von Klaros nur die Namen derjenigen, die das Orakel befragten, wissen wollte;
dann zog er sich in die heilige Grotte zurück, trank das
heilige Wasser und gab passende Antworten auf Fragen, die
er gar nicht gehört hatte. Plutarch schreibt, die Pythia habe
diese Fähigkeit manchmal auch besessen, was wohl bedeutet, daß es keine unbedingte Voraussetzung war.

Berühmt war auch das eben erwähnte Apollon-Orakel
von Klaros bei Kolophon.[42] Es scheint ein sehr altes Heiligtum gewesen zu sein. Der »Prophet«, dem ein Priester und
ein Thespiode (d. h. ein »Singer von Orakeln«) beistanden,
vollzog das oben angedeutete Ritual. Wie konnte er die konkreten Fragen derjenigen, die das Orakel konsultierten, erraten? Dodds vermutet, daß es sich um eine Form von Gedan-
kenlesen handelte; er weist auch darauf hin, daß der »Prophet«, wie die Pythia, in der Regel nicht besonders gebildet
war; seine Äußerungen waren unverständlich, rätselhaft
und mußten vom Thespioden, wie es scheint, gedeutet und
in verständliches Griechisch übertragen werden.[43]

Jedes bekannte Orakel besaß seine besondere Methode
der Divination. Manchmal wurde die Verhaltensweise von
Tieren beobachtet und gedeutet. In Dodona war nicht nur
das Blätterrauschen der heiligen Eiche von Bedeutung, sondern auch der Flug und das Gurren der heiligen Tauben in
der Eiche und um sie herum. Im Apollon-Orakel von Sura

in Lykien kam alles auf die Bewegungen der heiligen Fische
an, die in einem Behälter oder einem Teich herumschwam-
men. Im Hain des Apollon in Epirus fütterte die Priesterin
zahme Schlangen, und wenn sie Appetit zeigten, wurde die
Ernte gut. Etwas ähnliches berichtet Properz von einer unterirdischen Schlange, die in Lanuvium, einer alten Stadt in
den Albanerbergen, verehrt wurde (4.8.54 ff). Einmal im
Jahr, wenn die riesige Schlange durch Pfeifen ihren Hunger
bekundete, wurden junge Mädchen auf dem »heiligen Weg«
in eine dunkle Höhle geschickt. Sie sahen nichts, spürten
aber den Kopf der Schlange, wenn sie ihr Futter aus dem
Körbchen schnappte. Gab sich die Schlange damit zufrieden, so bedeutete es, daß die Mädchen noch keusch waren,
und die Bauern riefen: »Die Ernte wird gut!«

Diese Bräuche deuten auf einen uralten Tierkult hin, der
in den Mittelmeerländern lange vor der Ankunft der griechisch-römischen Götter, wie wir sie kennen, verbreitet
war. Tiere aus allen drei Reichen – der Erde, dem Wasser
und der Luft – wurden für die Divination benutzt: das
heißt, sie waren alle einmal göttlich. Schlangen und Drachen verband man mit Erdgottheiten, wie das Beispiel von
Delphi zeigt, wo die Pythonschlange die uralte Erdgöttin
selbst verkörpert. Die Deutung der Zukunft aus dem Flug,
dem Schreien von Vögeln war in Griechenland und Rom
eine priesterliche Kunst; davon wird später die Rede sein.

Aufstieg und Niedergang der Orakel

Wie kam es, daß die Orakel der Alten Welt soviel Ansehen
gewannen? Und warum verloren sie allmählich ihren Einfluß?

Diese Fragen hat man sich schon in der Antike gestellt.
Um sie zu beantworten, sollte man zunächst, wie Dodds
das getan hat, die Religion, die Kultur, das gesellschaftliche
Leben Griechenlands in der archaischen Zeit betrachten.[44]
Es ist eine historische Tatsache, daß der Glaube an das del-

phische Orakel tief im Denken der Griechen verwurzelt
war, und daß dieser Glaube auch dann nicht ernstlich erschüttert wurde, wenn das Orakel sich irrte oder geradezu
Landesverrat betrieb, wie zum Beispiel, als es im frühen 5.
Jahrhundert v. Chr. den Griechen davon abriet, der persischen Invasion Widerstand zu leisten. Die Griechen befolg-
ten den Rat nicht, siegten über die Perser und vergaßen sehr
bald den schlechten Rat, den das Orakel ihnen gegeben hatte. Das kann nur damit erklärt werden, daß die Griechen
ihre Orakel hatten, weil sie sie brauchten. Sie besaßen keine
Heilige Schrift, keine Kirche in unserem Sinn, und ihre
Angst- und Schuldgefühle konnten offenbar nur durch den
Glauben an eine sich ständig erneuernde, mehr oder weniger zuverlässige Kundgebung des göttlichen Willens im
Gleichgewicht gehalten werden. Absolute Zuverlässigkeit
wurde nicht erwartet; an sich konnte der Gott sich nicht
irren, aber da die Übermittlung durch Menschen erfolgte,
waren Fehler immer möglich.

Über die Jahrhunderte hinweg haben die delphischen
Priester eine Theologie und eine Ethik ausgearbeitet, die un-
abhängig von dem, was wir die »griechische Religion«
nennen, bestand und doch ein Teil davon war, zumindest
aus späterer Sicht. Wer den Tempel betrat, sah sogleich die
große Inschrift: »Erkenne dich selbst!« Sie wird manchmal
falsch gedeutet; was sie in Wirklichkeit besagt, ist dies:
»Nimm zur Kenntnis, wie unwichtig du im Vergleich zum
Gott bist.« Eine andere Inschrift gab den Rat »Nichts im
Übermaß!« Daß die Griechen diesen Rat nötig hatten, beweist die Geschichte zur Genüge.

Sokrates glaubte an die Autorität des delphischen Orakels wie an sein eigenes *daimonion*, und seine Schüler folgten ihm darin; Xenophon mehr im Sinne des Lehrers,[45] Platon mit Einschränkungen.[46]

Man hat die Bedeutung von Delphi im Altertum mit derjenigen des Vatikans verglichen, und das ist sicher nicht
falsch. Solche Zentren hat es gegeben und es gibt sie, weil
die Menschen auf einem gewissen Stand der Kultur sie offenbar brauchen. Delphi war jahrhundertelang ein Mittel-

punkt des *piccolo mondo antico*. Hier liefen viele Nervenstränge zusammen.

Delphi war auch ein Finanzzentrum und ein einziges großes Museum. Der Tempel diente unter anderem als Bank, und in den Schatzhäusern der verschiedenen Stadtstaaten und Königreiche wurden prachtvolle Geschenke ausgestellt. In der Zeit der Kolonisation, als sich der griechische Einfluß nach Osten und Westen ausdehnte, bestimmte der Rat des Orakels die Wahl neuer Siedlungen.[47]

Für sehr viele Griechen und Römer war der Besuch des delphischen Orakels ein religiöses Erlebnis, das mit den Pilgerfahrten des Mittelalters verglichen werden kann. Hier trafen sich Menschen aus verschiedenen Ländern, erwiesen dem Gott ihre Verehrung, nahmen seinen Rat entgegen, ließen reiche Geschenke zurück und genossen die dargebotenen Schauspiele und sportlichen Veranstaltungen. Das alles gehörte jahrhundertelang zum Gesamtbild von Delphi. Die Tradition heiligte vieles. Es ist durchaus denkbar, daß ein Grieche der klassischen Zeit nach Delphi reiste, sich dort dem Ritual unterzog, Opfer darbrachte, den Wahrspruch des Gottes entgegennahm und sich ganz privat über den Betrieb lustig machte.

Das zweite Problem – warum verloren die Orakel an Bedeutung in der Kaiserzeit – wird von Plutarch in seiner Schrift *Über den Niedergang der Orakel* [48] behandelt. Er nennt verschiedene Gründe, zunächst politische und wirtschaftliche. Ein Orakel wie das delphische kann nur florieren, wenn es jedes Jahr von Tausenden von Menschen besucht wird, die dort ihr Geld ausgeben oder stattliche Geschenke hinterlassen. Je prächtiger die in den Schatzhäusern aufbewahrten Geschenke waren, desto höher stand das Ansehen des Gebers. Die vielen Kriege der Griechen untereinander, der Vorstoß Makedoniens und die Eingliederung Griechenlands ins römische Imperium hatten eine fast unvorstellbar Verarmung des Landes zur Folge. In den römischen Bürgerkriegen – das hat Plutarch zwar nicht direkt miterlebt, wohl aber durch mündliche Überlieferung erfahren – wurde Griechenland jeweils von beiden Parteien rücksichtslos ausgesogen. Ein verarmtes Griechenland aber konnte die Orakel nicht mehr unterstützen. Auch fiel jetzt die Rivalität zwischen den Stadtstaaten weg, die in der archaischen und klassischen Zeit vom Orakel geschickt für seine Zwecke ausgenützt worden war. Die Römer hatten kein großes Interesse daran, die Orakel zu fördern und besuchten diese ehrwürdigen Stätten mehr aus Neugierde.

Plutarchs Hauptargument ist theologisch. Er fühlt sich verpflichtet, die Macht der Götter zu verteidigen, und behauptet deshalb, daß sie für das Funktionieren der Orakel nicht direkt verantwortlich seien, sonst müßten diese ja nach wie vor gedeihen. Es sind vielmehr mächtige Dämonen, denen diese Aufgabe obliegt, und da diese Dämonen, anders als die Götter, nicht ewig jung und unsterblich sind, muß man annehmen, daß sie jetzt ihr Greisenalter erreicht haben und bald sterben müssen. Um diese Theorie, die sich unschwer aus der mittelplatonischen Dämonologie ableiten läßt, zu erläutern, erzählt er die seltsame Geschichte vom Tod des Großen Pan. (Nr. 60) Soweit Plutarch.

Auch die Christen befaßten sich mit dem Problem. Für sie gab es eine andere Erklärung: Weil Christus in die Welt gekommen ist, ziehen die Dämonen aus.[49] Rabelais und nach ihm Fontenelle haben diesen Gedanken aufgenommen, allerdings in etwas anderer Form.[50] Rabelais dachte, Pan sei Christus, denn *pan* heißt »alles«, und Christus ist der Menschheit Alles. Es war der Tod und die Auferstehung Jesu, die den Dämonen solche Angst einjagte, denn nun war es aus mit ihrem Regiment. Die Kreuzigung Christi und der Tod des Großen Pan fanden ja ungefähr gleichzeitig, unter Tiberius, statt.

Selbst wenn diese Erzählung keine historische Grundlage hat, spiegelt sie doch die Stimmung des Zeitalters. Ein Mythos, auch ein später, enthält oft mehr Wahrheit als das, was wir Geschichte nennen. Man muß bedenken, daß Plutarchs frühe Lebensjahre in die Zeit fallen, in der die Schriften des Neuen Testaments entstanden. Er ist also durchaus ein Zeuge, wenn auch unbewußt, für den Übergang vom Alten zum Neuen.

Heute werden noch andere Gründe für den Niedergang der Orakel geltend gemacht. Wer die Zukunft erforschen wollte, verfügte über einfachere und billigere Methoden. Überall gab es Astrologen und Traumdeuter, auch Losorakel, und man konnte sich die lange, kostspielige Reise nach Delphi ersparen. Auch auf diesem Gebiet gilt das Gesetz des Wettbewerbs. Eine bestimmte Methode – das Orakel eines Gottes – herrscht lange Zeit vor, kann sich aber nicht gegen die Methoden anderer Kulturen behaupten, die denselben Anspruch auf Zuverlässigkeit erheben und zugleich einfacher und billiger sind.

Ornithomantie

Eine in Griechenland und Rom seit ältester Zeit geübte Methode der Weissagung bestand darin, daß ein Priester oder Seher den Flug, die Stimmen von Vögeln oder die Art und Weise, wie sie fraßen, deutete. Diese Techniken waren im Altertum so weit verbreitet, daß schließlich jeder Seher oder Prophet ›Augur‹ und jede Weissagung ›Augurium‹ heißen konnte. Aber ursprünglich ging es bei dieser Kunst nur um das Verhalten von Vögeln. Cicero, der selber das Amt eines Auguren bekleidete, weiß, daß diese Kunst im Nahen Osten in verschiedenen Kulturen von altersher praktiziert worden war.[51] Die Römer haben sie durch etruskische oder griechische Vermittlung übernommen.

Aus der griechischen Mythologie wissen wir, daß es im heroischen Zeitalter Seher gab, welche die »Sprache der Vögel« verstanden, zum Beispiel Kalchas, Melampus und Teiresias. Aber diese Seher konnten auch andere Phänomene deuten; sie waren nicht alle auf Vogelzeichen spezialisiert. Homer berichtet (*Ilias* 2.308 ff), daß Kalchas sofort die Bedeutung eines Ereignisses erfaßte, an dem ein Drache (eine riesige Schlange) und neun Spatzen beteiligt waren. Melampus verstand nicht nur die Sprache der Vögel, sondern die aller Tiere, weil Schlangen seine Ohren sauber geleckt hatten (Scholion zu Homer, *Odyssee* 11.290). Teiresias, der einmal zwei sich paarende Schlangen beobachtete (Hygin, Fab. Nr. 745), war blind, als er seine prophetische Gabe erhielt, so daß er den Vogelflug nicht beobachten, wohl aber die Vogelstimmen hören konnte.

Die Tatsache, daß diese Seher das Verhalten von Schlangen und Vögeln zu deuten wußten, ist bemerkenswert. Schlangen kommen aus der Erde, sind also Boten oder Verkörperungen der alten Erdgottheit, während Vögel im himmlischen Raum heimisch sind und den Willen der oberen Götter wissen. Wir haben es mit zwei ganz verschiedenen Auffassungen zu tun: nach der einen kommt die Wahrheit aus der Erde, nach der anderen aus dem Himmel. Die Religion der Erdgottheit ist zweifellos älter als die der olympischen Götter. In der griechischen Mythologie stehen die beiden Anschauungen, wie die oben genannten Beispiele zeigen, nebeneinander. Einer wird Seher, weil er die Vogelsprache versteht, ein anderer, weil Schlangen ihm sein Gehör geöffnet haben, ein dritter durch ein Erlebnis, das Schlangen mit Vögeln verbindet. Der Mythos spiegelt eine Zeit des Übergangs.

Für die Griechen war ein Vogel, der etwas bedeutete, *oionos*, nicht einfach *ornis*, und ein Mensch, der »aus dem Flug und den Stimmen von Vögeln die Zukunft voraussagt«, war *oionistes*, *oionothetes* oder *oionoskopos*.

In Rom war das Kollegium der *augures* mit der Beobachtung von Vögeln betraut. Es war eines der wichtigsten Priesterkollegien. Ursprünglich bestand es aus drei Mitgliedern, aber die Zahl wurde im Lauf der Zeit auf fünfzehn erhöht. Sie trugen die *trabea*, eine in den Farben Purpur und Scharlach gestreifte Robe und hielten den *lituus*, einen knotenlosen Krummstab, in der Hand.

Die römischen Auguren waren keine inspirierten Seher, sondern Amtspersonen, die ihre Auspizien nur auf Anordnung anderer Amtspersonen vornehmen durften. Die Regeln, nach denen sie die Zukunft deuteten, waren in alten Ritualbüchern festgelegt, zu denen nur sie Zugang hatten.

Es handelte sich darum, zu ergründen, ob die Götter einem gefaßten Entschluß zustimmten oder nicht. Die Vogelzeichen wurden eingeteilt in »zufällige« (*oblativa*)[52] und »solche, auf die man wartet« (*impetrativa*). Der Augur steckte in Gedanken oder mündlich einen Bezirk des Himmels ab, (genannt *templum*, wahrscheinlich verwandt mit griech. *temno*, ›schneiden‹) und beobachtete ihn; denn alles, was sich in diesem Bezirk ereignete, war nun von Bedeutung.

Alektryomantie ist eine Unterart der Ornithomantie. Hier handelt es sich nicht um wild lebende Vögel. Man beobachtete vielmehr das Verhalten von Hähnen oder Hühnern zur Zeit der Fütterung. Wenn sie gierig fraßen, war es ein gutes Zeichen; Appetitlosigkeit war ungünstig. Oder man zog einen Kreis, schrieb die Buchstaben des Alphabets darauf, legte auf jeden ein Korn und ließ den Hahn fressen. Die Buchstaben, die er zu wählen schien, bildeten die Antwort auf die Frage an dieses Orakel. Es konnte leicht transportiert werden, zum Beispiel auf einem Feldzug, und eine Konsultation an Ort und Stelle, etwa vor einer Schlacht, war ohne weiteres möglich.

Die Etruskische Kunst

Die Beschauung der Eingeweide eines Opfertiers, besonders die der Leber (Hepatoskopie), lieferte Hinweise auf die Zukunft. Diese Kunst hieß *Etrusca disciplina* oder *haruspicina* (sc. *ars*), und ihre Ausübung nannte man *haruspicium* (in Analogie zu *auspicium*), während diejenigen, die sie ausübten, den Titel *haruspices* trugen.[53] Der erste Teil des Wortes ist vielleicht verwandt mit griech. *chorde* ›Eingeweide‹; der zweite wird abgeleitet von *specio*, ›schauen‹. Die Römer übernahmen diese Technik von den Etruskern, die sie ihrerseits vermutlich aus dem Nahen Osten mitbrachten, denn heute steht fest, daß die Babylonier und die Hethiter sie praktizierten.[54]

Beide Methoden – Vogelschau und Leberschau – waren

in Rom, wie man sagen könnte, ›offiziell anerkannt‹ und wurden jahrhundertelang nebeneinander praktiziert. Auf der einen Seite waren die *augures*, auf der anderen die *haruspices*. Es dürfte eine Konkurrenz gegeben haben, aber welche Formen sie annahm, wissen wir nicht.

Die Etrusker hatten einen Mythos geschaffen oder ausgestaltet, der die ihnen geläufige Art von Weissagung legitimierte. Cicero *De Div.* 2.50 erzählt ihn etwas respektlos.[55] Ein etruskischer Bauer pflügte seinen Acker in der Nähe von Tarquinii, rund neunzig Kilometer von Rom entfernt, als plötzlich ein Wesen, das aussah wie ein Kind, aus einer tiefen Furche auftauchte. Das Wesen nannte seinen Namen – Tages – und enthüllte allen Etruskern, die sich unterdessen angesammelt hatten und alles sorgfältig aufschrieben, die Geheimnisse der *haruspicina*. Dies waren die Anfänge einer Wissenschaft, die mit der Zeit stark erweitert wurde, aber Cicero fügt sarkastisch hinzu: »Das ist es, was sie (die Etrusker) uns erzählen; das ist es, was ihre Aufzeichnungen (die Priesterbücher) bewahren; dies sind die Anfänge ihrer Wissenschaft.« Für Cicero ist das alles etwas Fremdartiges und Zweideutiges in der römischen Kultur, und er wundert sich, daß diese Kunst den Römern von jeher solchen Eindruck machte. Er stimmt offensichtlich mit dem alten Cato überein, dessen bekannte Frage er (*De Div.* 2.51) zitiert: »Wie können zwei *haruspices*, die sich begegnen, das Lachen unterdrücken?«[56] Beide wissen, daß ihre Kunst eigentlich ein Schwindel ist, aber solange die Menge daran glaubt – und das war offenbar bis in die Kaiserzeit der Fall –, machen sie ruhig weiter. Hier zeigt sich die zwiespältige Haltung der Römer gegenüber der etruskischen Kultur: einerseits Ablehnung und Verachtung, anderseits Aneignung und Nachahmung.

Die *haruspices* beobachteten drei verschiedene Phänomene: (1) Eingeweide von Tieren; (2) abnormales Geschehen in der Natur; (3) Blitze. Der etruskische *haruspex* Arruns, den Lucan, *Pharsalia* 1.584 ff beschreibt, ist vermutlich keine historische Figur, aber sein Aufgabenbereich ist typisch: »Er kennt genau den Weg des Blitzes, die Zeichen auf den noch warmen Eingeweiden und die Botschaften geflügelter Wesen, die die Luft durchkreuzen. Er ordnet an, daß … Ungeheuer, welche die Natur hervorgebracht hatte und Mißgeburten aus gemischtem Samen zerstört werden müssen und läßt die abscheuliche Frucht eines unfruchtbaren Leibes auf Holz von einem unheilbringenden Baum verbrennen.« Danach bringt er ein Opfer dar und beobachtet ein böses Omen nach dem anderen. Die Leber des geschlachteten Tiers zum Beispiel hat zwei Lappen: Der eine ist schlaff, während der andere hektisch pulsiert. Sobald er das sieht, weiß der *haruspex*, daß eine furchtbare Katastrophe bevorsteht – der Bürgerkrieg zwischen Caesar und Pompeius ist Wirklichkeit!

Die Lucanverse zeigen auch, wie man im Altertum »abnormale Dinge oder Ereignisse in der Natur« (*monstra*) verstand. Es waren tierische oder menschliche Mißgeburten, aber auch mißratene Pflanzen und außergewöhnliche Wetterphänomene. Solche Beobachtungen wurden gesammelt und gedeutet, und wenn sie während einer bestimmten Periode häufiger auftraten als sonst, machte man sich auf eine Krise gefaßt.

Die Deutung der Blitze gehörte ebenfalls zur etruskischen Kunst. Es kam darauf an, aus welcher Region des Himmels der Blitzstrahl fiel und welche Stelle oder welches Objekt er traf.

Das sind grundverschiedene Methoden, und es hat vermutlich rein historische Gründe, daß sie unter dem Namen »Etruskische Kunst« zusammengefaßt wurden. Die Etrusker behaupteten, sich auf alle drei Methoden zu verstehen, und die Römer ließen das gelten, wenn auch mit gewissen Bedenken, wie wir gesehen haben. Aber in Krisenzeiten – Krieg, Hungersnot, Pestilenz – war man bereit, alle Methoden der Reihe nach zu versuchen, um den Willen der Götter zu erforschen. Am Schluß kam eine Art Konsens heraus, und man fand sich mit dem Unvermeidlichen ab. Darin liegt wohl der psychotherapeutische Wert dieser Praktiken.

Andere Methoden der Weissagung

Es gab und gibt so viele Methoden, die Zukunft vorauszusagen, daß es fast unmöglich ist, sie alle aufzuzählen. Diejenigen, die im Altertum und später besonders populär waren, haben ihre Bezeichnungen. Eine Liste der Methoden ist nicht ganz reizlos, handelt es sich doch um ein Kapitel menschlicher Kulturgeschichte.

Die Nachrichten, die wir besitzen, kommen aus verschiedenen Quellen, manche davon spät, aber es scheint, daß Marcus Terentius Varro (116–27 v. Chr.) in Buch 41 seines monumentalen Werks *Antiquitates rerum humanarum et divinarum* sehr viel Material zusammengetragen hat. Er galt als Autorität auf dem Gebiet der römischen Religion, und spätere Schriftsteller, zum Beispiel Kirchenväter, haben aus ihm geschöpft. Das Werk als Ganzes ist verloren.

Die spontanen Reaktionen des menschlichen Körpers auf irgendeinen Reiz (Zucken, Niesen) hatten ihre Bedeutung. Das Omen konnte gut oder schlecht sein; deshalb war es wichtig, ihm sofort einen guten Sinn unterzulegen, bevor ein Anwesender an etwas Böses denken konnte. Unser Brauch, schnell »Gesundheit!« zu rufen, wenn jemand niest, leitet sich daraus her. Alles, was einem über den Weg lief, konnte bedeutsam sein. Solche Vorzeichen hießen *enodia* (»Was auf dem Weg ist«). Cassius Dio schrieb ein Buch mit diesem Titel über die Träume und Vorzeichen, die in Septimius Severus Hoffnungen auf den Kaiserthron erweckten (Dio 745.3); er selber hatte Visionen (Dio 72.23.4), und er äußert sich als Historiker über die Tyche (72.23.3).

Die verschiedenen Methoden, unbeseelte Dinge zum Wahrsagen zu verwenden, wurden von Varro in vier Klassen unterteilt, die den vier Elementen entsprachen: Geomantie, Aeromantie, Hydromantie und Pyromantie. Eigentlich ist der Ausdruck ›unbeseelte Dinge‹ unzutreffend, denn nach antiker (vor allem stoischer) Vorstellung waren die Elemente beseelt. Nichts war ohne Anteil an der Weltseele, und deshalb war die Weissagung aus den Elementen überhaupt möglich.

Geomantie (auch Punktierkunst genannt) kommt dadurch zustande, daß man nach einem bestimmten System in der Erde Punkte markiert oder Linien formt, wobei man Erde auf eine flache Unterlage streut. Aeromantie erforderte das Werfen von Sand oder Staub in den Wind; man deutete die Staubwolke, die sich ergab; manchmal warf man auch Samenkörner in den Wind, wartete, bis sie zur Erde fielen und deutete die Figuren, die sich bildeten. Auch Mehl konnte verwendet werden: man spricht dann von Aleuromantie.[57] Man hat im Altertum aus dem Donner und dem Blitz, aus Sonnen- und Mondfinsternissen, aus gewissen Zeichen am Mond, aus Kometenerscheinungen und sogar aus Erdbeben geweissagt und Lehrschriften über einige dieser Künste verfaßt.

Pyromantie oder Empyromantie beruht auf der Beobachtung von Flammen. Wird Weihrauch ins Feuer geworfen, so spricht man von Libanomantie; in diesem Fall wird der Dampf gedeutet. Auch Mehl kann auf die Flammen geworfen werden; das ist eine Verbindung von Pyromantie und Aleuromantie. Bricht man ein Ei über dem Feuer, so praktiziert man Ooskopie.[58] Erhitzt man das Schulterblatt eines Schafs in einem Kohlenfeuer, so betreibt man Omoplatoskopie oder Skapulomantie. Psellos beschreibt die Technik, die noch im letzten Jahrhundert von den Südslaven praktiziert wurde. Diese gelehrten Ausdrücke, die im Gegensatz zu den praktizierten Methoden zum Teil nicht antik sind, enthalten als ersten Bestandteil den Stoff oder Gegenstand, der verwendet wird, als zweiten den Begriff »Schau« oder »Weissagung«.

Alle genannten Methoden wurden vermutlich im Altertum irgendwo, zu irgendeiner Zeit praktiziert. Sie waren relativ einfach und billig. Man brauchte nicht nach Delphi zu reisen oder teure astronomische Instrumente zu kaufen. Ein Ei, eine Handvoll Mehl oder ein größerer Knochen genügten. Das waren offenbar die Orakel der kleinen Leute. Wir haben gesehen (Nr. 4), daß auch ganz alltägliche Substanzen, wie sie in jedem Haushalt zu finden waren (Lorbeerblätter, Gerstengraupen, Wachs) als zauberkräftig galten. Man muß auch bedenken, daß nach antiker Vorstellung jedes der vier Elemente an der Gottheit Teil hatte oder diese Gottheit war. Durch die Berührung mit dem Feuer wurde auch der Schafknochen mantisch.

Die verschiedenen Arten der Hydromantie sind nicht immer klar unterschieden.[59] Im Englischen gibt es das Wort *scrying*, was so viel heißt wie »im Farbenspiel eines Kristalls Erscheinungen wahrnehmen«, aber genau genommen konnte jede schimmernde, spiegelnde oder durchsichtige Fläche dazu dienen. Kristallomantie ist nicht vor der byzantinischen Periode bezeugt, wird aber älter sein.[60] Die Bilder sind manchmal belebt.[61] Durch diese Technik können sich, wie die moderne Parapsychologie annimmt, vergessene oder verdrängte Eindrücke und Vorstellungen oder auch reine Phantasien manifestieren. Wahrscheinlich muß man aber auch hier vom Zustand der Trance ausgehen, in dem die medialen Fähigkeiten des Betrachters wach werden; der Spiegel, die Glaskugel usw. sind also wohl nur Hilfsmittel, die Trance herbeizuführen. Diese Fähigkeiten sind nicht jedem gegeben.[62]

Wird ein Spiegel – eine glatt polierte, schimmernde Oberfläche, wie zum Beispiel der Metallschild eines Soldaten – verwendet, so spricht man von Katoptromantie. Der Ausdruck scheint erst in der Renaissance aufgekommen zu sein, die Technik ist sicher antik. Schaut der Wahrsager in eine mit Wasser gefüllte Schüssel, so heißt das Lekanomantie (von griech. *lekanon*, »Schüssel«). Phialomantie (von griech. *phiale* »Schale«) ist eine Form der Lekanomantie.

Die meisten Arten der Hydromantie[63] stammen aus Babylonien, und die griechisch-römische Antike wurde mit ihnen durch ägyptische Vermittlung bekannt, wahrscheinlich im Späthellenismus.[64] Sie wurden noch im Mittelalter praktiziert, auch gegen den Widerstand der Kirche, die darin das Werk des Teufels sah; in den Hexenprozessen finden sich Hinweise.

M. P. Nilsson beschreibt eine im Altertum geübte Prozedur wie folgt:[65]

»Ein Medium, ein unschuldiger Knabe, wurde gewählt,

nachdem man ihn geprüft und für geeignet befunden hatte… Mit geschlossenen oder verbundenen Augen lag das
Medium auf dem Bauch, das Gesicht über einem mit
Wasser gefüllten Kessel. Dann wurden gewisse Riten vorgenommen, die zur Trance führten; das Medium erreichte
diesen Zustand, indem es auf die Wasseroberfläche starrte;
darin sah es dann die Wesen, die der Magier heraufbeschworen hatte und beantwortete die vorgelegten Fragen.«

Der Knabe heißt »unschuldig«, weil er noch keinerlei
sexuelle Erfahrung hat. Statt des Knaben konnte auch eine
schwangere Frau als Medium dienen, und statt des Kessels
wurde zuweilen eine bauchige Flasche (*gastra*) verwendet;
dieses Verfahren hieß *Gastromantie*; der Ausdruck ist aber
zweideutig.[66]

Ein Zauberpapyrus in London (*PGM* 5) schildert, wie
man vom Gott Serapis ein Orakel erlangt. Es werden benötigt: Ein Knabe, eine Schüssel, eine Lampe, eine Bank. Das
Ritual ist folgendes: Der Gott wird angerufen, man gießt
Wasser in die Schüssel, zündet die Lampe an, und dann legt
sich der Knabe (diese Phase ist nicht ganz klar) auf die
Bank, so daß er in die Schüssel, die auf dem Boden steht,
hinabschauen kann. Er wartet auf die Erscheinungen, die
sich im Wasser manifestieren; dann folgt ein Gebet und eine
Formel, die den Knaben beschützen soll. Wenn der Knabe
gewisse Dinge im Wasser sieht – es ist die Rede von vier
Männern, mit Ölzweigen bekränzt, einen Thron tragend
und hinter einem, der ein Weihrauchgefäß hält, schreitend –, so weiß der Priester, daß das Medium in Trance ist.
Offenbar waren solche Bilder vorprogrammiert, wie man
heute sagt. In diesem Fall sieht der Knabe vermutlich eine
Prozession zu Ehren von Serapis. Im Prinzip konnten andere Bilder an die Stelle dieses einen treten, aber gerade dieses scheint sich lange Zeit behauptet zu haben; denn der
Bericht eines Engländers, E. W. Lane, der im 19. Jahrhundert Ägypten bereiste, berührt sich auffällig mit dem
antiken Text.[67]

Kristallomantie ist, wie schon erwähnt, unter diesem Namen erst in byzantinischer Zeit bezeugt, muß aber älter sein.[68] Man bevorzugte den Beryll, ein durchsichtiges Mineral, das in verschiedenen Farben vorkommt, von weiß über gelb bis grün und hellblau.[69]

Sicher wurden noch viele andere mantische Techniken verwendet, von denen keine genaueren Beschreibungen erhalten sind. So ist etwa fast zufällig der Ausdruck Rhabdomantie überliefert, also »Wahrsagen mittels einer Rute«, und man hat das mit einer Stelle bei Herodot (4.67) in Verbindung gebracht; dort heißt es, daß Meder, Perser und Skythen einen Stecken oder eine Rute verwendeten, um gewisse Dinge zu erfahren. Vermutlich handelt es sich um die Wünschelrute, die ja heute noch zum Finden von unterirdischen Wasser- und Erzadern verwendet wird.[70] Wie man aus den Bewegungen oder Ausschlägen der Rute die Zukunft deuten wollte, wissen wir nicht; vielleicht liegt das Prinzip des Pendels zugrunde.

Dieses war im Altertum bekannt. Ammianus Marcellinus (29.1.25 ff)[71] berichtet von einer magischen oder mantischen Technik, die eine Art Ouija-Brett einbezog. Auf einem Dreifuß aus Ölbaumholz ruhte eine runde Metallscheibe. An ihrem Rand waren die vierundzwanzig Buchstaben des griechischen Alphabets eingraviert. Über der Scheibe hing an einem Leinenfaden ein Ring, der sich schwingend von Buchstaben zu Buchstaben bewegte. Jemand stellte die Frage: »Wie wird der nächste Kaiser heißen?« Der Ring buchstabierte THETA, dann EPSILON, dann OMIKRON – und alle dachten, das könne nur »Theodorus« sein. Das war eine voreilige Folgerung. Ein Teilnehmer erzählte einem vermeintlichen Freund von diesem Experiment. Kurz danach wurden alle verhaftet, gefoltert und zum Tod verurteilt, und Theodorus, der versicherte, von allem nichts gewußt zu haben, wurde ebenfalls hingerichtet. Sieben Jahre später starb Valens, der regierende Kaiser, und sein Nachfolger hieß – Theodosius.

In dem »Zaubergerät«, das bei Ausgrabungen in Pergamon zum Vorschein kam, kann man ein tragbares Orakel ähnlicher Art sehen[72], aber es scheint sich weniger um ein Ouija-Brett als um eine Art Roulette zu handeln.

Chiromantie oder Palmomantik, die Kunst, aus den Handlinien eines Menschen seine Zukunft vorauszusagen, stammt aus dem Mittleren Osten und wird im 2. Jahrhundert n. Chr. von dem griechischen Autor Pollux erwähnt. Bei der Deutung spielen astrologische Lehren mit: so sind die Erhöhungen unter den Fingern, die sogenannten »Berge«, zum Teil nach Planeten benannt; Dreiecke (dem Trigon entsprechend) sind günstig, Quadrate ungünstig, genau wie in der Astrologie. Aus der Chiromantie hat sich die Chirologie oder Chirognomie entwickelt, die sich ganz auf Konstitution und Charakter des Menschen konzentriert und heute von manchen Ärzten und Psychologen als diagnostisches Mittel angewendet wird.[73]

Manchmal wird der Wille des Gottes durch das Werfen oder Wählen von Losen (griech. *kleroi*, lat. *sortes*) erforscht. Die Lose waren Würfel, Hölzchen oder Knöchlein, wahrscheinlich auch schon im Altertum bemalte Karten. Man beachtete die Art und Weise, wie die Lose fielen, aber es gab offenbar auch eine gewisse Technik, sie aufzulesen; daher das spätlateinische Wort *sortilegium*, »Auflesen der Lose«; wer diese Technik verstand, war ein *sortiarius* (davon franz. *sorcière*, »Zauberin«); sicher besteht auch im Deutschen ein Zusammenhang zwischen »lesen« und »Los«. Im Altertum gab es berühmte Losorakel in Klaros, Praeneste und Antium, und für den privaten Gebrauch gab es Bücher wie die *Sortes Sangallenses* oder die *Sortes Astrampsychi*. Es muß sich um eine uralte Technik handeln, die im Kartenlegen weiterlebt.

Die Tarot-Karten sind erst seit dem 14. Jahrhundert nachgewiesen, dürften aber als eine ausgeklügelte, symbolhaft vertiefte und künstlerisch gestaltete Weiterentwicklung des Losorakels eine lange Vorgeschichte haben. Nur dieses System stammt vermutlich aus Ägypten und gehörte wohl zu einer kabbalistischen Geheimlehre, die von jüdischen Gelehrten nach Spanien gebracht wurde und sich von dort aus verbreitete, wobei die alten Symbole der mittelalterlichen Gesellschaftsstruktur angepaßt wurden: Pokale bezeichnen die Geistlichkeit, Schwerter den Adel, Pentagramme das

Bürgertum, Stäbe den Bauernstand. Später verloren diese Klassenunterschiede an Bedeutung, und die Symbole wurden neu interpretiert. Aber auch in diesem Fall hat ein antikes System seine Anpassungs- und Überlebensfähigkeit unter Beweis gestellt. Der erste Kartenleger, der seine Kunst überliefert hat, ist Francesco Marcolini, dessen *Sorti* 1540 in Venedig erschienen.

Eine Variante zum Losorakel ist das Buchorakel (Bibliomantie): Man sticht mit einer Nadel in eine Buchrolle oder in einen Codex oder öffnet den Band nach Belieben und interpretiert die betreffende Stelle als Voraussage der Zukunft. Homer, Vergil und die Bibel (*sortes Homericae*; *sortes Vergilianae*; *sortes Biblicae*) waren die am meisten verwendeten Texte.[74]

Zwei Sammlungen, die in gewissem Sinn auch Buchorakel sind, können hier erwähnt werden: die Sibyllinischen und die Chaldäischen Orakel. Sibyllen waren Frauen, die wie Kassandra oder die delphische Pythia in Trance weissagten. Die Sibylle von Cumae ist bekannt durch das sechste Buch der *Aeneis*, und die ekstatische Natur ihrer Prophezeiungen geht aus den Versen 77–102 hervor; anschließend führt sie den Helden durch die Unterwelt. Die Sibyllinischen Orakel sind eine Sammlung von Weissagungen in griechischen Hexametern, die zum größten Teil erhalten ist: von vierzehn Büchern fehlen nur zwei.[75] Die Sammlung enthält, wie man annimmt, echte griechische Orakel, daneben auch jüdische und christliche Propaganda gegen das römische Reich und das Heidentum.[76]

Die Chaldäischen Orakel sind, wie es scheint, unter Mark Aurel von einem gewissen Julian, dem »Theurgen«, zusammengestellt worden. Wir besitzen nur noch Fragmente dieser Sammlung, und die meisten sind nicht eigentlich »Orakel«, das heißt Prophezeiungen, sondern mystische Erlebnisse, bilderreich dargestellt. Für Neuplatoniker wie Iamblichos und Proklos spielten diese Zeugnisse eine große Rolle; denn sie bewiesen, daß der Mensch unter gewissen Bedingungen einen direkten Zugang zur Gottheit fand und auf sie sogar einen Druck ausüben konnte; es handelt sich um eine

Verbindung von Theologie und Magie, die den Namen
»Theurgie« trägt. Andere Neuplatoniker blieben der Theurgie gegenüber skeptisch; einige lehnten sie ab, doch war sie
ein gewichtiges Argument in der Polemik des Heidentums
gegen die neue Religion. Wie diese »Orakel« zustandeka-
men, ist ungewiß. Man mag sie als bewußte Fälschung betrachten, aber vielleicht hatten sie ihren Ursprung in den
ekstatischen Äußerungen von Medien, aus denen höhere
Wesen zu sprechen schienen.[77] Modern ausgedrückt hätte
also Julian, der »Theurg«, spiritistische Experimente durchgeführt, die Resultate aufgeschrieben und ihnen eine präg-
nante literarische Form gegeben.[78] Iamblichos hat in einem
verlorenen Werk seine Theologie aus den »Chaldäischen
Orakeln« abgeleitet, und Proklos soll gesagt haben (Mari-
nos, *Leben des Proklos*, 38), daß von allen Büchern nur Platons *Timaios* und diese »Orakel«, wenn es auf ihn ankäme,
verdienten, erhalten zu bleiben. So wie der »Chaldäer« diese Neuplatoniker beeinflußte, war er zweifellos selber vom
Mittleren Platonismus und von der Mittleren Stoa geprägt,
so daß er in der Geistesgeschichte keinen allzu großen Umweg darstellt.

Selbst dieser skizzenhafte Überblick hat gezeigt, wie
praktisch alles im menschlichen Bereich für die Zukunftsschau verwendet werden konnte: der Mensch selber, die Organe eines Tiers, Mineralien, die vier Elemente, die Sterne,
Kunsterzeugnisse aller Art. Jedes Phänomen, jede Erfahrung, alles, was irgendwie auffiel oder bedeutungsvoll erschien, aber auch alles, was irgendwie manipuliert werden
konnte – auf ganz einfache Art oder in einem komplizierten Ritual –, hat zu irgendeiner Zeit in irgendeinem Kul-
turkreis der Deutung der Zukunft gedient. Manche Techniken konnten von jedermann gehandhabt werden, andere – etwa die Astrologie – erforderten ein gründliches
Studium. In der Antike stellte man sich vor, daß diese
Methoden durch göttliche Offenbarung einem privilegierten Menschen oder einer privilegierten Gruppe mitgeteilt
worden war, die Astrologie durch Hermes Trismegistos,
die »etruskische Kunst« durch Tages. Heute wird man sa-

gen: Am Anfang war die Konvention. Jemand kann ganz willkürlich behaupten, daß eine Schafsleber die Geschicke eines Volks widerspiegelt, und wenn sich dieser Glaube und das entsprechende Ritual einmal festsetzten, so ist das eben jahrhundertelang die anerkannte Methode. Andere Methoden gingen nebenher.

Man darf nicht vergessen, daß Weissagung eine Form von Psychotherapie war. Sie half den Menschen, die an eine Vielzahl von übernatürlichen Mächten glaubten, ihre Ängste zu beherrschen, und nötigte sie, Entschlüsse zu fassen, wenn alle Denkmittel erschöpft waren.

Orakel

65

Heraklit, der »dunkle Philosoph«, lebte um 500 v. Chr., als das
delphische Orakel in hohem Ansehen stand. In dem lapidaren
Satz, der sich erhalten hat, versucht Heraklit, die »Dunkelheit«
der Orakelsprüche zu rechtfertigen. Diese Dunkelheit ist eigentlich eine bewußt konstruierte Vieldeutigkeit, die natürlich für alle, die eine klare Antwort auf ihre Fragen wünschten, höchst är-
gerlich war. Die Priester beherrschten die Kunst, Verse abzufas-
sen, die auf verschiedene Weise interpretiert werden konnten.
Was immer geschah, der Gott behielt recht. Aber Heraklit hat
eine andere Erklärung. Er unterscheidet zwischen verschiedenen
Arten der Mitteilung. Etwas wird ausgesprochen oder es wird
angedeutet. Im täglichen Leben sprechen wir Dinge aus, aber
Dichter und Philosophen – Heraklit selber – deuten manchmal
an. Wenn man die spärlichen Fragmente betrachtet, die von Heraklit überliefert sind, so möchte man sagen, daß er seinen Stil
dem des delphischen Orakels angepaßt hat. Er sagt lieber zu wenig als zu viel.

Heraklit, zitiert von Plutarch, *Die Orakel der Pythia,* p. 404

Das delphische Orakel spricht nicht frei heraus, aber es verbirgt auch nichts: es deutet an.

66

Die Fragen, die man dem Orakel von Dodona vorlegte, waren auf
dünne Bleitäfelchen geschrieben, und man bewahrte sie in den
Archiven des Heiligtums auf. Viele sind ausgegraben und entziffert worden. Die Antworten des Orakels haben sich nicht erhalten. Die folgende Auswahl von Fragen (die meisten stammen
aus dem 3. Jahrhundert v. Chr.) zeigt, daß die Leute manchmal
mit ganz trivialen Anliegen vor den Gott traten.

Dodona liegt im Gebirge von Epirus im Nordwesten Griechenlands. Seine Anfänge reichen in graue Vorzeit zurück, denn
schon Homer erwähnt es (*Ilias* 16.233–35 und anderswo). Eine
mächtige Eiche bildete den Mittelpunkt des Kults, und das Rau-
schen ihrer Blätter enthüllte den Willen des Gottes. In Dodona

wurde er als Zeus Naios verehrt, und seine Gattin war nicht He-
ra, sondern Dione, eigentlich eine weibliche Hypostase von Zeus
(Genetiv: Dios), wie der Name zeigt; aber Homer kennt sie als
eine der vielen Geliebten des Göttervaters. Die Priester trugen
den Namen *Selloi*, und Homer beschreibt sie als »die mit den
ungewaschenen Füßen, die auf dem Boden schlafen« (*Ilias* 16.255);
die Priesterinnen hießen »die alten Damen« oder »die Tauben«.
Solche Bezeichnungen bestätigen, daß es sich um ein uraltes Heiligtum handelt, denn das Waschen der Füße und das Schlafen in
einem Bett waren relativ moderne Bräuche in der langen Geschichte der griechischen Kultur. Daß die Priesterinnen manchmal alte Damen waren, leuchtet ein, und der Name »Tauben«
beruht auf der alten Kultlegende, wonach eine Taube, die vom
ägyptischen Theben kam, sich auf der heiligen Eiche niederließ
und mit Menschenstimme die Gründung des Orakels forderte.

Manche Fragen an das Orakel muten heute sonderbar an. Die
Bürger eines unbedeutenden Stadtstaats senden eine Delegation
nach Dodona, um herauszufinden, ob ein Darlehen, das eine Mit-
bürgerin verlangt, eine gute Geldanlage sei. Man muß annehmen – vor allem, wenn man Xenophons Ausführungen be-
denkt –, daß die Magistraten alle finanziellen Aspekte besprochen hatten und sich nicht einigen konnten; da blieb nichts anderes übrig, als den Rat des Gottes einzuholen. Vermutlich handelte
es sich um eine größere Transaktion, so daß eine Reise nach Dodona zu verantworten war. Aber das sind reine Vermutungen.

Es ist auch möglich, daß die Magistraten jenes Stadtstaates warteten, bis sich ein ganzer Stapel von derartigen Gesuchen angesammelt hatte, und erst dann nach Dodona pilgerten; aus dem
Stapel hat sich zufällig dieser eine Antrag erhalten.

Es scheint, daß manche Menschen mit ganz persönlichen Problemen kamen, die sie belasteten; für andere war es vielleicht
mehr eine Formalität. Man kann Religion nicht auf einen Nenner
bringen und behaupten, daß alle gleichermaßen fromm und gläu-
big sich auf diese Wallfahrten begaben. Aber eine solche Wall-
fahrt war doch immerhin eine Leistung, und man konnte auf
einen Rat rechnen, auch wenn er dunkel und verschlüsselt war.

Das Orakel hatte es auch nicht immer leicht. Was sollte es
einem Mann sagen, der nicht sicher war, ob er der Vater des Kindes sei, das seine Frau erwartete? Schon eine verschleierte Antwort im traditionellen Orakelstil hätte eine Familientragödie zur
Folge gehabt. Um die Ehe zu retten, hatte das Orakel keine andere Wahl als dem Manne zu sagen: Es ist dein Kind!

Man ist versucht, sich die Orakel als die psychiatrischen Beratungsstellen der Antike zu denken, und das war wohl eine ihrer Funktionen. Es brauchte nicht immer eine eindeutige Antwort auf eine gestellte Frage zu sein. Durch die Begegnung mit dem Gott, durch das Erlebnis seines Heiligtums war es möglich, ein neues Verhältnis zu dem Problem zu gewinnen, das man mit sich herumtrug. Wenn die Orakel jahrhundertelang die Ratlosen anzogen, muß man annehmen, daß dort etwas geboten wurde, was es sonst nicht gab. Als die Orakel ihre Anziehungskraft verloren, trat vermutlich etwas anderes an ihre Stelle, etwas, das dieselbe Funktion ausübte, aber leichter zugänglich war.

Eine der Antworten, die das Orakel von Dodona erteilte, ist besonders interessant. Ein Grundeigentümer wollte wissen, ob Viehzucht für ihn von Vorteil sei. Auf der Rückseite des Täfelchens ist Verschiedenes notiert. (1) eine Rubrik; (2) der abgekürzte Name des Bittstellers; (3) eine Nummer. Da der Name stark abgekürzt erscheint, muß man annehmen, daß jeder Befrager eine Nummer erhielt, und daß die Verbindung des abgekürzten Namens mit der Nummer mögliche Versehen ausschließen sollte.

Fragen, die dem Orakel von Dodona gestellt wurden (aus Dittenberger, *Sylloge²* 793–95; 797–99)

793. Der Stadtstaat der Mondaiatai befragt Zeus Naios und Dione in bezug auf das Geld von Themisto, ob sie sich das leisten kann und ob es in Ordnung ist, ihr das zu leihen.

794. Herakleides bittet Zeus und Dione, ihm Glück zu schenken, und er möchte vom Gott etwas über ein Kind wissen, ob er eins von seiner Frau Aigle haben wird, von derjenigen, die er jetzt hat.

795. Nikokrateia möchte wissen, welchem Gott sie Opfer darbringen soll, um gesund zu werden und ihre Krankheit los zu werden.

797. Lysanios möchte von Zeus Naios und Dione wissen, ob das Kind, das Annyla erwartet, von ihm ist oder nicht.

798. Ist es vorteilhafter für mich und einträglicher, wenn ich das Haus in der Stadt und das Grundstück kaufe?

799. Kleoutas fragt Zeus und Dione, ob es gewinnreich und zu seinem Vorteil ist, wenn er Viehzucht betreibt. [Auf der Rückseite: Über Viehzucht. K<LE> <OYTAS>. Nr.5].

67

Diese Inschrift aus dem späten fünften Jahrhundert hält einen Beschluß des Rats der Stadt Anaphe fest, aber auch die Anfrage
eines einzelnen Bürgers, Timotheos, an das Orakel sowie dessen
Antwort.

Timotheos muß ein reicher Mann gewesen sein. Er war bereit,
für seine Stadt einen Tempel der Aphrodite zu bauen. Ein solches
Geschenk war oft eine Form von Besteuerung, aber es hob gleichzeitig das Ansehen des Stifters. Das Orakel mußte über das ganze
Projekt und den gewählten Standort befragt werden. Timotheos
braucht den Standort nicht näher zu beschreiben: der Gott weiß
das alles. Der Gott heißt das Projekt gut, gibt einem Standort den
Vorzug, und erteilt weitere Weisungen; all das führt zu dem in-
schriftlich festgehaltenen Beschluß.

Timotheos will einen Tempel bauen (= Dittenberger, *Sylloge*² 555)

Timotheos fragte den Gott, ob es angemessen und angebracht wäre, wenn er die Stadt bäte, an der bewußten Stelle
einen Tempel der Aphrodite zu bauen, im Bezirk des Apollon von Asgelata, und dies zum öffentlichen Besitz erkläre,
oder ob er es im Heiligtum des Asklepios, an der bewußten
Stelle, errichten solle.

Der Gott antwortete, er möge die Stadt bitten, den Tempel im Bezirk des Apollon zu bauen und nach Vollendung
des Baus den Beschluß, das Orakel und die Bitte auf einer
Steinplatte schriftlich festhalten. Der Senat faßte einen Entschluß in dieser Sache und gewährte ihm seine Bitte, die
Zustimmung der Versammlung vorausgesetzt.

68

Diese fragmentarische, in drei Stücken erhaltene Inschrift wurde
auf einem Hügel in der Nähe der Bucht von Pergamon gefunden.
Im Altertum stand hier die Stadt Demetrias. Die Inschrift stammt
vermutlich aus dem 1. Jahrhundert v. Chr.

Sie zeigt, daß auch kleinere Städte, von denen die Geschichte
kaum etwas weiß, ihr Orakel haben konnten. Durch sie wissen
wir etwas über das Orakel des Apollon von Korope, das als eine

alte Einrichtung bezeichnet wird; aber »alt« in diesem Zusammenhang heißt wahrscheinlich »vorhellenistisch«. Im 1. Jahrhundert v.Chr. machte sich bereits der Niedergang der Orakel bemerkbar, und man bemühte sich in Demetrias, die Prozedur der Befragung neu zu ordnen und strikte Regeln vorzuschreiben. Die Behörden der Stadt waren verantwortlich für die Durchführung des Ganzen. Wahrscheinlich hatten sie in vergangenen Jahren ihre Pflichten vernachlässigt, und es hatte Klagen gegeben. Die Besucher hatten sich wohl auch nicht immer vorbildlich benommen; sie waren nicht korrekt gekleidet oder tranken zuviel. Vielleicht hatten sie versucht, Beamte zu bestechen, um bevorzugt behandelt zu werden.

Die Inschrift, die sicher gut sichtbar vor dem Tempel aufgestellt war, stellt aber auch ein Stück Propaganda dar. Dem Besucher wurde klar gemacht, daß hier alles mit rechten Dingen zuging. Die Fragen wurden in ein Gefäß geworfen, das Gefäß mehrfach versiegelt. Am nächsten Morgen erschien auf jedem Täfelchen die Antwort des Gottes, ohne daß die Siegel verletzt worden waren. Diese Tatsache mußte umständlich demonstriert werden; daher vermutlich das ganze Aufgebot von Beamten.

Verlauf der Befragung des Orakels (= Dittenberger, *Sylloge*² 790)

Während des Priesteramts von Krinon, Sohn des Parmenion, am 10. des Areios-Monats, wurde ein Antrag gestellt von:

Krinon, Sohn des Parmenion, von Homolion, Priester des Zeus Akraios; Dionysodoros, Sohn des Euphraios von Aiolia, Kommandant der Magnesier; den Kommandanten Aitolion, Sohn des Demetrios von Pagasai, und Kleogenes, Sohn des Amyntas von Halai [mehr Namen] …

In Anbetracht dessen, daß unsere Stadt alle Götter fromm verehrt, vor allem Apollon von Korope, und ihn mit ganz besonderen Ehren auszeichnet, wegen der Segnungen, die sie von dem Gott erhalten hat, durch sein Orakel, seine klaren Anweisungen, im allgemeinen und im einzelnen, Gesundheit und Wohlbefinden betreffend,

da das Orakel alt und von unseren Vorfahren hoch geachtet worden ist, und da manche Ausländer den Sitz des Orakels besuchen, ist es geziemend und angebracht, daß die

Stadt sorgfältige Maßnahmen für den geeigneten Unterhalt
des Orakels ergreift.

Der Rat und das Volk mögen beschließen, daß, wenn immer eine Befragung des Orakels abgeschlossen worden ist,
der von der Stadt bestimmte Apollonpriester, der die Verantwortung trägt, und ein Vertreter der Kommandanten,
der Gesetzeswächter, ein Abgeordneter der beiden vorge-
setzten Korporationen und einer von den Prytanien, der
Schatzmeister und der Sekretär des Gottes und der Hüter
des Orakels [oder: der Übersetzer?] anwesend sein sollen
[?]... [mehr Beamte werden genannt].

Wenn die oben genannten im Orakel anwesend sind und
sie das Opfer nach herkömmlicher Weise mit einem günsti-
gen Ergebnis dargebracht haben, soll der Sekretär des
Gottes unmittelbar nach dem Opfer die Gesuche derjenigen
sammeln, die das Orakel zu befragen wünschen, alle Namen auf eine weiße Tafel schreiben, die weiße Tafel sogleich
vor dem Tempel zur Schau stellen und die Betreffenden hineinführen, indem er einen jeden der Reihe nach namentlich
aufruft, es sei denn, jemand habe das Vorrecht, vor anderen
aufgerufen zu werden. Wenn die aufgerufene Person nicht
anwesend ist, soll der Sekretär die nächste hineinführen, bis
die zuerst aufgerufene eintrifft.

Im Heiligtum sollen die Personen auf der Liste in gezie-
mender Weise, in glänzenden [d. h. sorgfältig gewaschenen]
Gewändern sitzen, mit Lorbeer bekränzt, sauber und nüchtern, und sie sollen die Täfelchen von denjenigen empfangen, die das Orakel aushändigen. Wenn die Befragung abgeschlossen ist, sollen sie die Täfelchen in ein Gefäß werfen
und [es] mit dem Siegel der Kommandanten und der Gesetzeswächter und dem des Priesters versiegeln, und sollen es
[das Gefäß] im Heiligtum lassen. Im Morgengrauen soll der
Sekretär des Gottes das Gefäß hereintragen, den oben genannten die Siegel zeigen, sie erbrechen, die Namen auf der
Liste der Reihe nach ablesen und jedem das Täfelchen...
[mit] dem Orakel zurückgeben.

[Es folgen weitere Anordnungen, die dem Befrager zeigen, wie ernst die Stadt ihr Orakel nimmt, und daß irgend-

ein Betrug praktisch ausgeschlossen ist, weil einer auf den anderen aufpaßt].

69

Porphyrios beschreibt im folgenden Text eine Art spiritistische Sitzung, während der Leute, die er kannte, den »höheren Mächten« alle möglichen banalen Fragen stellten. Solche Fragen wurden sehr oft, wie es scheint, auch an die großen und kleineren Orakel gerichtet. Für Porphyrios, wie auch für seinen Lehrer Plotin, ist dieses Unterfangen absurd, es sei denn, man betrachte es als ein Experiment, der Forschung wegen. Wie kann man nur die Götter mit solchen Belanglosigkeiten belästigen? fragt er. Man sollte ihnen nur ganz ernste Fragen vorlegen, etwa über das Wesen des Guten, das Wesen des Glücks, aber irgendwie geschieht das kaum, und wenn es geschieht, dann kommen keine tiefsinnigen Antworten. Porphyrios gibt zu, daß derartige Sitzungen manchmal reiner Schwindel sind.

Porphyrios, *Brief an Anebo*, Kap. 46

Ich möchte, daß du mir den Weg zum Glück zeigst und mir erklärst, worin es eigentlich besteht. In unserem Kreis wird eine Frage leidenschaftlich diskutiert: Wir versuchen, auf der Grundlage der menschlichen Vernunft uns eine Vorstellung von der Idee des Guten zu bilden. Diejenigen, die mit den höheren Mächten in Verbindung stehen – es sei denn, daß sie diese Methode eher zwanglos [?], im Interesse der Forschung, benützen –, üben ihre Kunst vergeblich aus, denn sie belästigen die göttliche Vernunft mit Fragen wie diesen: Wo kann ich einen entlaufenen Sklaven finden? Soll ich dieses Grundstück kaufen? Wird diese Ehe glücklich sein, dieses Geschäft gelingen? Wenn das alles im Ernst getan wird und die »Anwesenden« [d. h. die höheren Mächte, die angerufen wurden] völlig zutreffende Antworten auf die üblichen Fragen erteilen, aber nichts Glaubhaftes, nichts Zuverlässiges zur Frage des Glücks zu sagen haben, während sie gründlich über schwierige Probleme referieren, die dem Menschen keinen Nutzen bringen, dann sind sie eindeutig weder Götter noch wohlgesinnte Geister, sondern das Gan-

ze ist eine typische, leicht durchschaubare [?] Illusion oder
aber von Menschen ins Werk gesetzt, eine von Menschen
bewirkte Vorspiegelung von Anfang bis zum Ende.

Das prophetische Medium: Trance und Ekstase

70

Berühmt sind die Verse im 6. Buch von Vergils *Aeneis*, in denen
die Ekstase der Sibylle von Cumae geschildert wird. Diese Szene
ist gleichsam die Vorbereitung von Aeneas' Abstieg in die Unterwelt. Das Motiv der Zukunftsschau tritt in dem Buch eigentlich zweimal auf: durch die Antwort der Sibylle in ihrer Grotte
und dann durch die Weissagungen von Aeneas' Vater Anchises in
der Unterwelt. Zwei verschiedene Traditionen, die delphische
Tradition der Rätselrede in Trance, und die nekromantische, von
Homer beschriebene, werden hier verbunden.

Was Vergil hervorhebt, ist folgendes: (1) die Prophetin wehrt
sich dagegen, von Apollon besessen zu werden, und ihr »Rasen«
ist zunächst ein Versuch, den Gott abzuschütteln, wie ein wildes
Pferd seinen Reiter abschütteln will. Er aber zwingt sie umso härter und zähmt sie, bis sie seinen Willen verkündet. (2) Ihre Botschaft ist »schauerlich« und »rätselhaft«. Hier gibt Vergil die griechischen Adjektive *phoberos* und *mysteriodes* wieder. Der Zeuge
eines solchen Vorgangs spürt, daß er in Gegenwart eines Gottes
ist, und er weiß, daß er nun die Wahrheit erfahren wird, auch
wenn er wenig oder nichts versteht. Die Szene ist das grandiose
Vorbild für die viel längeren Episoden in Senecas *Agamemnon*
(Nr.71) und Lukans *Pharsalia* (Nr.72).

Vergil, *Aeneis* 6.77–102

Die Prophetin, die Phoibos noch nicht erträgt, tobt mächtig
in der Höhle und will den großen Gott von sich abschütteln; er aber zwingt umso härter ihren rasenden Mund,
zähmt ihr unbändiges Herz und formt es, indem er es
drückt. Nun öffnen sich von selber die tausend Tore des
Hauses und tragen durch die Luft die Antwort der Seherin...

So singt die kumäische Sibylle aus dem innersten Heilig-

tum ihre geheimnisvolle, schauerliche Botschaft, die in der
Höhle widerhallt, wobei sie das Wahre in dunkle Worte
hüllt. Apollon rüttelt am Zaum, der die Rasende hält, und
treibt ihr tief den Sporn ins Herz. Sobald der Wahnsinn von
ihr weicht und ihr schäumender Mund sich beruhigt hat,
beginnt der Held Aeneas, zu sprechen…

71

Diese Szene aus Senecas *Agamemnon* erinnert nur entfernt an
Aischylos' Tragödie, aber die Handlung ist dieselbe: Agamemnon, König von Mykenai und Oberbefehlshaber der Griechen im
trojanischen Krieg, kehrt nach über zehn Jahren als Sieger zurück. Er bringt mit sich als seine Sklavin Kassandra, die schönste
von Priamos' Töchtern. Apollon, der sich früher einmal in sie
verlieb hatte, verlieh ihr die Gabe der Weissagung, doch als sie
ihn enttäuschte, verwünschte er sie: Das Unglück, das sie jeweils
prophezeit, wird wahr, aber niemand schenkt ihr Glauben, wenn
sie es prophezeit. Und so kam es auch: Als ihr Bruder Paris geboren wurde, weissagte sie, daß er der Untergang von Troja sei;
als die Griechen das Hölzerne Pferd zurückließen, warnte sie ihre
Mitbürger. Niemand hörte auf sie.

Seneca, *Agamemnon* 710–78

CHOR. Plötzlich schweigt die Priesterin Apollons. Ihre Wangen sind blaß; ihr ganzer Körper bebt. Ihr Stirnband wird
steif, ihr weiches Haar sträubt sich; ein hektisches Keu-
chen – es tönt, als müßte sie ersticken – dringt aus ihrer
Brust. Ihr Blick wandert unstet hierhin, dorthin; ihr Auge
scheint sich umzukehren und nach innen zu schauen, und
dann wieder starrt es reglos. Jetzt hebt sie ihr Haupt, höher
als sonst, und geht aufrecht. Jetzt schickt sie sich gegen ihren Willen an, ihre Stimmbänder zu entsiegeln; jetzt wieder
versucht sie, ihre Lippen zu schließen, kann aber ihre Worte
nicht in sich behalten. Eine Priesterin in Ekstase, die gegen
ihren Gott ankämpft!
KASSANDRA. Heilige Höhen des Parnassos! Warum quält ihr
mich mit dem Stachel eines Wahnsinns, der mir fremd ist?

Ich habe den Verstand verloren: warum fegt ihr mich fort? Laß mich, Phoibos! Ich gehöre dir nicht mehr. Lösch die Flamme, die du tief in meiner Brust entzündet hast. Was hilft es, wenn ich hin und her rase? Wer bedarf meiner bakchantischen Ekstase? Troja ist gefallen: Was bleibt für mich, die »Lügenprophetin«, zu tun? Wo bin ich? Das freundliche Licht ist fort; tiefe Dunkelheit blendet meine Sicht; der verdüsterte Himmel verbirgt sich vor mir. Zwei helle Sonnen stehen am Himmel; es gibt ein doppeltes Argos mit zwei ragenden Palästen! Ich sehe den Hain von Ida, in dem der schicksalhafte Hirte sitzt, der als Richter über mächtige Göttinnen entscheidet. Könige, hütet euch vor Nachkommen aus Blutschande! Dieser Jüngling vom Land ist der Untergang einer Dynastie! Wer ist diese Wahnsinnige? Wozu trägt sie das bloße Schwert in der Hand? Sie ist gekleidet wie eine Spartanerin, hält aber das Beil der Amazonen. Wer ist der Held, den sie angreift? Jetzt richtet sich mein Blick auf ein anderes Gesicht. Wem gehört es? Ein afrikanischer Löwe, der König der Tiere, sein Nacken einst so stolz, liegt da, von einem bösartigen Zahn gebissen, blutend vom Zahn einer kühnen Löwin. Schatten meiner Toten, warum ruft ihr mich? Ich bin die einzige, die noch lebt. Ich werde dir folgen, Vater, ich, die Zeugin von Trojas Begräbnis. Bruder, Helfer der Trojaner, Schrecken der Griechen, ich sehe dich! Aber ich sehe dich nicht in deinem einstigen Glanz, als deine Hände noch heiß von den brennenden Schiffen waren. Dein Körper ist verstümmelt, deine Arme von schweren Banden gezeichnet. Troilos – zu früh bist du Achill begegnet, und ich muß dir folgen. Dein Antlitz, Deiphobos, ist nicht mehr zu erkennen: ein Geschenk deiner neuen Gattin! Gern will ich durch die Tiefen des stygischen Gewässers waten, um den wilden Hund des Tartaros und das düstere Reich des Dis zu schauen. Heute wird die Fähre zwei königliche Seelen über den schwarzen Phlegethon bringen – die eines Siegers und die einer Besiegten. Schatten, hört mein Gebet! Wasser, bei dem die Götter schwören, hör mein Gebet! Öffne schnell den Deckel der Welt des Dunkels, damit die gespenstische Schar der Trojaner Mykenai schauen kann. Seht hin, ihr armen Seelen: das Schicksal hat sich völlig gewandelt!

Die grausigen Schwestern drohen. Sie schütteln ihre blutigen Peitschen; sie halten in der Linken ihre halbverbrannten Fackeln; ihre fahlen Wangen sind aufgebläht; dunkle Trauergewänder umgeben ihre dürren Lenden. Die schrecklichen Geräusche der Nacht werden lebendig. Die Gebeine eines riesigen Körpers, der vor vielen Jahren verfaulte und verweste, liegt da in einem schlammigen Sumpf. Sieh nur! Tantalos, der alte Sünder, vergißt, wie durstig er ist, und versucht nicht mehr, das Wasser zu trinken, das seine Lippen nicht erreichen; er trauert, weil ein anderer bald sterben muß. Doch Vater Dardanos freut sich und wandelt majestätisch einher.

CHOR. Ihr ekstatisches Schwärmen hat ein Ende gefunden. Sie ist vor dem Altar auf die Knie gesunken, wie ein Stier, der von einem schlecht gezielten Hieb in den Nacken getroffen wurde. Wir wollen sie aufheben…

72

In seinem unvollendeten Epos *Pharsalia*, das den Bürgerkrieg zwischen Cäsar und Pompeius zum Gegenstand hat, schildert Lucan, wie ein vornehmer Römer das delphische Orakel über den Ausgang des Kriegs befragte. Diese Episode hat er vermutlich erfunden, als Gegenstück zur homerischen Nekyia (*Odyssee*, Buch 11) und zu Aeneas' Abstieg in die Unterwelt (*Aeneis*, Buch VI). Ein weiteres Gegenstück ist die nekromantische Szene in Buch 6 seines Epos.

Lucan befaßt sich auch mit der damals viel diskutierten Frage nach dem Grund für den Rückgang der großen Orakel (s. oben S. 310-314). Als Stoiker glaubt er an eine göttliche Kraft, die sich auf verschiedene Weise in der Natur offenbart. Ein früheres Zeitalter hatte diese Kraft »Apollon« genannt. Lucan lehnt den Mythos nicht direkt ab, aber er bietet eine »moderne« wissenschaftliche Erklärung an. Er vermutet, daß es eine göttliche Kraft im Himmel und eine in der Erde gibt und daß sie ein und dieselbe Kraft sind.

Den Prestigeverlust des Orakels erklärt er vor allem durch politische Gründe. Die römischen Kaiser – und vermutlich schon der Senat der ausgehenden Republik – hatten alles getan, um die Autorität der Orakel zu untergraben. Methoden der Divination, die in Rom nicht heimisch waren, galten als suspekt. Das Wissen der Zukunft bedeutete Macht, und diese Macht war gefährlich. Deshalb wurden unter den Kaisern von Zeit zu Zeit die Astrologen aus Italien verbannt.

Wenn man Lucan glauben will, so waren die delphischen Priesterinnen nicht unglücklich, daß immer weniger Besucher kamen, denn jede Trance war offenbar eine gewaltige seelische und körperliche Belastung. In diesem Fall war überhaupt keine amtierende Pythia vorhanden, und die Priester mußten in aller Eile die Stelle besetzen. Das Mädchen, das sie rekrutieren, täuscht zunächst eine Trance vor, aber ihr Spiel wird durchschaut, denn die Zeichen einer wahren Trance sind nicht wahrnehmbar: unartikuliertes Schreien, das den ganzen Tempel erfüllt, daneben eine Art Wimmern, wie es scheint, sich sträubendes Haar, und, als unterirdische Begleitung des Ganzen, ein leichtes Beben. (Wie dieser letzte Effekt zustande kam, wissen wir nicht).

Die durch Drohungen eingeschüchterte Frau erlebt dann die erste Trance ihres Lebens. Der Gott überfällt sie, bezwingt sie, erfüllt sie durch seine Gegenwart und treibt sie buchstäblich in den prophetischen Wahnsinn, wenigstens für kurze Zeit. Sie wird durch den Gott geradezu vergewaltigt und »geritten«.

Lucan, *Pharsalia* 5.86–224

Welcher Gott ist hier verborgen? Welch göttliches Wesen schwebte einst vom Himmel herab und geruhte, in einer dunklen Höhle zu wohnen? Welcher Gott hält es in der Erde aus, kennt alle Geheimnisse des ewigen Ablaufs der Dinge, weiß die Zukunft der Welt, ist bereit, sich der Menschheit zu offenbaren und duldet die Berührung mit Sterblichen? Ob er das Schicksal nur verkündet oder ob alles, was er durch seine Verkündigung anordnet, Schicksal wird, mächtig ist er und groß. Vielleicht ist ein großer Teil des himmlischen Gottes Jupiter in die Erde eingegangen, sie zu lenken; er stützt den Erdball, läßt ihn im leeren Luftraum schweben, und es ist dieser Teil, der aus der Höhle von Kirrha strömt und vom Donnerer im Himmel eingesogen wird, weil es ein Teil seiner selbst ist. Wenn diese göttliche Kraft in der Brust einer Jungfrau Einlaß findet und klingend an eine menschliche Seele rührt, lösen sich die Lippen der Seherin. So fließt der Gipfel des Ätna auf Sizilien über, wenn die Flammen ihn bedrängen; so dampft brausend aus den Felsen Kampaniens Typhoeus, der für alle Zeiten unter der Maße von Inarime begraben liegt.

Obwohl das Heiligtum allen offen steht und keinem der Zugang verwehrt ist, bewahrt es sich doch als einziges rein vor der Ansteckung durch den wahnsinnigen Krieg, die die Menschen ergriffen hat. Dort murmelt man keine bösen Gebete; der Gott verbietet den Menschen, um irgendetwas zu bitten; er kündet das, was feststeht, was niemand ändern kann. Zu den Gerechten ist er gütig, und den Menschen, die ihre Heimat verlassen mußten, wie etwa den Einwohnern von Tyros, gab er öfters neue Stätten. Anderen verlieh er den Mut, die Schrecken des Kriegs abzuwehren; das Meer bei Salamis hat das nicht vergessen. Er beendete den Zorn der unfruchtbar gebliebenen Erde, zeigte einen Ausweg und reinigte die verpestete Luft.

Doch als die Herrschenden sich vor der Zukunft fürchteten und den Himmlischen Redeverbot auferlegten, verstummte das Heiligtum von Delphi. So ging das größte Geschenk der Götter unserem Zeitalter verloren.

Die Prophetinnen von Kirrha [d.h. Delphi] sind nicht traurig, daß ihnen die Stimme versagt ist: im Gegenteil, sie freuen sich, daß das Orakel eingestellt wurde. Denn wenn der Gott in eine sterbliche Brust eindringt, ist vorzeitiger Tod die Strafe – oder der Lohn? – dafür, daß man ihn beschwor. Unter dem Stachel, dem Wogen der Ekstase zerbricht das Gefüge des menschlichen Organismus, und die Wucht der Götter erschüttert die zarte Seele.

So hatte sich denn der Dreifuß schon lange nicht mehr bewegt, und lange schon schwieg die riesige Höhle. Da brachte Appius, der das letzte Geheimnis von Roms Schicksal zu ergründen wünschte, sein Begehren vor. Als der Oberpriester den Auftrag erhielt, das ehrwürdige Heiligtum zu öffnen und eine Seherin, selbst wenn sie sich davor fürchten sollte, zu den Göttern einzulassen, erging sich Phe-

monoe sorglos in einem abgelegenen Wäldchen in der Nähe
des kastalischen Quells. Der Oberpriester packte sie und
zwang sie, durch das Portal den Tempel zu betreten. Die
Priesterin des Phoibos versuchte, den hohen Herrn von seinem dringenden Anliegen, die Zukunft zu ergründen, abzu-
bringen. Ihre List war umsonst.

»Welch unerlaubtes Verlangen, die Wahrheit zu erfahren, Römer, führt dich hierher?« fragte sie. »Der Parnaß
ist verstummt, und seine Spalte schweigt. Er hat den Gott
verdrängt, vielleicht, weil der Geist diesen Schlund verlassen und den Weg zu einer fernen, abgelegenen Gegend der
Welt gefunden hat; oder weil Asche in die riesige Höhle fiel
und Phoibos einschloß, als Python von den Fackeln der Barbaren in Brand gesteckt wurde; oder weil Kirrha nach dem
Gebot der Götter schweigen muß und es genügt, wenn die
euch anvertrauten Sprüche der uralten Sibylle die Geheimnisse der Zukunft künden; oder weil Paian, der gewohnt ist,
Frevler von seinem Tempel fernzuhalten, in unserem Jahrhundert niemand findet, dessen Lippen er lösen könnte.«

Aber die List der Jungfrau war leicht zu durchschauen,
und gerade ihre Furcht bestätigte die Macht des Gottes, den
sie leugnen wollte. Nun schlang man ihr die gewundene Binde über der Stirn ums Haar, und um die Locken, die sonst
frei über den Nacken wallten, knüpfte man das weiße Kopf-
band mit dem Lorbeer von Phokis. Als sie noch immer zö-
gernd und unentschlossen dastand, stieß der Priester sie vor-
wärts und trieb sie in den Tempel.

Sie erschauerte vor dem verborgenen Allerheiligsten,
dem Sitz des Orakels, blieb im Vorraum des Tempels stehen und täuschte eine göttliche Ekstase vor, indem sie ge-
heuchelte Worte ausstieß; doch ihr Herz blieb ruhig dabei:
keine wirren, gestammelten Laute bezeugten, daß ihr Geist
vom heiligen Wahnsinn durchdrungen war. Dem hohen
Herrn wäre durch ihre falsche Prophezeiung weniger Schaden erwachsen als dem Dreifuß und dem Ansehen Apollons. Keine zitternden Schreie unterbrechen ihre Worte,
und ihre Stimme ist nicht stark genug, den weiten Raum des
Gewölbes zu füllen; der Lorbeerkranz wird nicht von dem

sich sträubenden Haar geworfen; der Tempel bleibt still
und ruhig der Hain; all das verrät ihre Furcht, sich Phoibos
völlig hinzugeben.

Appius merkt, daß der Dreifuß sich nicht bewegt, und
ruft voller Zorn:

»Ich und die Götter, die du heuchelst, werden dich strafen, wie du es verdienst, unverschämtes Geschöpf, wenn du
nicht sofort in die Höhle hinabsteigst und aufhörst, mit deiner eigenen Stimme zu sprechen! Ich habe dir eine Frage
über diesen furchtbaren Krieg in einer erschütterten Welt
vorgelegt!«

Erschreckt floh die Jungfrau jetzt zum Dreifuß hin. Sie
näherte sich der riesigen Höhle, blieb stehen und empfing
in ihrer Brust, die das noch nie erlebt hatte, die göttliche
Kraft des Gottes, die der Geist des Berges, nach so vielen
Jahrhunderten immer noch nicht erschöpft, der Seherin ein-
hauchte. Jetzt endlich ergriff Apollon von der Seele des delphischen Mädchens Besitz, und nie zuvor war er mächtiger
in den Leib einer Priesterin gestürmt, hatte ihr normales
Bewußtsein ausgeschaltet und alles, was in ihrem Herzen
menschlich war, vertrieben, um für sich selber Platz zu
schaffen. In Ekstase taumelt sie durch die Höhle; ihr Nak-
ken gehorcht ihr nicht mehr; Apollons Binde und das Kopf-
band des Gottes fliegen aus ihrem gesträubten Haar; sie wir-
belt durch den leeren Raum des Tempels, den Kopf bald
hierhin, bald dorthin werfend, stürzt Dreifüße um, die ihr
im Wege stehen, wie sie ziellos umherirrt, und brodelt von
einem gewaltigen inneren Feuer: sie trägt Apollon in seinem
Zorn!

Er gibt ihr nicht nur Peitsche und Sporn und stößt Feuerbrände in ihr Innerstes; auch die Zügel bekommt die Priesterin zu spüren: sie darf nicht alles verkünden, was sie
weiß. Alle Jahrhunderte ballen sich zusammen; viele Jahrhunderte drängen qualvoll an ihr Herz; die lange Kette der
Ereignisse liegt offen da; die gesamte Zukunft drängt ans
Licht, und Schicksale, die um eine Stimme ringen, liegen im
Kampf miteinander. Da war der erste Tag der Welt und der
letzte zugleich, der Umfang des Ozeans und die Summe al-

ler Sandkörner. Wie die Sibylle von Cumae in ihrer Höhle
auf Euboia, empört, daß ihre Ekstase so vielen Völkern dienen soll, aus dem riesigen Haufen der Schicksale hochmütig
nur die römischen heraussucht, so müht sich Phemonoe,
des Gottes voll, weil sie Appius – er ist es, der den in kastali-
scher Erde verborgenen Gott befragen will – trotz langen Suchens kaum finden kann; große Schicksale verdecken
ihn.

Da erst fließt der Wahnsinn über ihre schäumenden Lippen; sie ächzt und stöhnt laut, und keuchend geht ihr Atem.
Dumpf tönt ihr Heulen und Wehklagen in dem riesigen Gewölbe, durch das die letzten Worte der jetzt endlich über-
wältigten Jungfrau gellen:

»Römer! Du wirst an diesem gewaltigen Entscheidungs-
kampf überhaupt nicht teilnehmen. Du wirst den furchtbaren Schrecken des Krieges entgehen und ganz allein in
einem weiten Tal an der Küste Euboias in Frieden leben.«

Apollon verschloß ihr die Kehle und unterdrückte den
Rest.

Orakel, die ihr über das Schicksal wacht! Geheimnisse
des Weltalls! Paian, Herr der Wahrheit, vor dem die Himmlischen keinen künftigen Tag verborgen halten! Warum
scheust du dich, das Ende, den Zusammenbruch des römischen Reichs, die Ermordung von Führern, den Tod von
Königen und die Vernichtung vieler Völker durch Italiens
Katastrophe zu verkünden? Haben die Götter das entsetzli-
che Unglück noch gar nicht beschlossen? Hängt das Schicksal unzähliger Menschen noch in der Schwebe, weil die Gestirne zögern, Pompeius zum Tod zu verdammen? Oder
verschweigst du die Tat des rächenden Schwerts, die Strafe
für den Bürgerkrieg, die Rückkehr der Tyrannei, die noch
einmal ihren Brutus findet, damit das Schicksal sein Werk
vollende?

73

Die delphische Pythia gab unverständliche Laute von sich, wenn
sie in Ekstase geriet, und es war Aufgabe der Priester, daraus

einen verständlichen Text zu machen, in der archaischen Zeit in Hexametern, später offenbar auch in Prosa.

In den frühchristlichen Gemeinden waren Juden und Heiden vertreten, zwei Gruppen mit ganz verschiedenen religiösen und kulturellen Traditionen. Zum Erbe der Juden gehörte das Alte Testament mit seinen Propheten, deren Botschaft in einer bilderreichen, symbolträchtigen Sprache abgefaßt ist, die trotzdem verständlich bleibt. Das soll nicht heißen, daß den alttestamentlichen Propheten das Erlebnis der Ekstase fremd war; ob die Texte in der Form, wie wir sie besitzen, ediert wurden, wissen wir nicht. Für die Griechen war es etwas Selbstverständliches, daß Pythien und Sibyllen in einer Sprache redeten, die nur dem Eingeweihten zugänglich war.

Paulus versucht, die beiden verschiedenartigen Traditionen zu vereinen. Er läßt beide gelten, aber er hat eine gewisse Vorliebe für den prophetischen Stil des Alten Testaments, wie es scheint. Für das ekstatische Stammeln und Schreien hat er eigentlich nicht viel übrig, es sei denn, daß es sich in gewissen Grenzen hält und daß es laufend für die Gemeinde übersetzt wird.

Die Korinther hatten nichts dagegen, wenn jemand »in Zungen« redete. Auch wenn sie kein Wort verstanden, so hatten sie doch das Gefühl, daß die Sprache, die sie hörten, aus einer anderen Welt kam. Das waren Dinge, die sich in der Sprache des Alltags nicht ausdrücken ließen, und für sie mußte es eine besondere Sprache geben.

Paulus, *Erster Brief an die Korinther* 14.1–33

Suchet die Liebe, aber bemüht euch besonders um die geistigen Gaben, vor allem um die Prophetie. Denn wer in Zungen redet, redet nicht für Menschen, sondern für Gott. Niemand hört [oder: versteht] ihn; er äußert Geheimnisse im Geist. Wer prophezeit, spricht für Menschen [und gibt ihnen] Erbauung, Zuspruch und Trost. Wer in Zungen redet, erbaut sich selber. Wer prophezeit, erbaut die Gemeinde. Ich will, daß ihr alle in Zungen redet, vor allem aber, um zu prophezeien, denn derjenige, der prophezeit, ist größer als derjenige, der in Zungen redet, es sei denn, er übersetze es, damit die Gemeinde Erbauung empfange.

Aber wenn ich jetzt zu euch komme, Brüder, und in Zungen rede, was nützt euch das, sofern, was ich sage, für euch

nicht eine Offenbarung, eine Erkenntnis, eine Prophezeiung oder eine Belehrung ist? Unbeseelte Dinge – eine
Flöte oder eine Kithara – geben auch Töne von sich, aber
wenn ich den Tönen keine Unterscheidung gebe, wie kann
ich dann die Melodie auf der Flöte oder der Kithara erkennen? Oder wenn die Trompete einen unklaren Ton von sich
gibt, wer wird sich dann zum Krieg rüsten? So ist es auch,
wenn ihr in Zungen redet, ohne eine klare Botschaft zu
überbringen; wie kann da einer das Gesprochene verstehen?
Ihr werdet in den Wind reden. Es gibt ja so viele Arten von
Tönen in der Welt – nichts ist tonlos –, aber wenn ich die
Bedeutung des Tons nicht verstehe, so bin ich wie ein
Fremder [wörtlich: ein Barbar] in den Augen des Sprechen-
den, und er ist ein Fremder, was mich angeht. Da ihr euch
um die geistigen Gaben bemüht, müßt ihr auch die Erbauung der Gemeinde suchen, um euch hervorzutun.

Deshalb muß derjenige, der in Zungen redet, auch darum
beten, daß er deuten kann. Wenn ich zungenredend bete,
dann betet der Geist in mir, aber mein Verstand ist frucht-
los. Was heißt das? Ich muß beten im Geiste, beten aber
auch im Verstand. Denn wenn ihr Gott im Geiste preist,
wie wird derjenige, der den Platz des ›Außenseiters‹ einnimmt, zu deinem Dankgebet »Amen« sagen? Denn er
weiß ja nicht, was du sagst. Dein Dankgebet ist gut, aber
der andere wird nicht erbaut. Ich danke Gott dafür, daß ich
mehr als ihr alle in Zungen rede, aber in der Gemeinde
möchte ich lieber fünf Worte durch meinen Verstand als
zehntausend Worte in Zungen reden.

Brüder, werdet nicht Kinder in eurem Sinn; seid kind-
lich, was das Böse betrifft, aber in eurem Sinn müßt ihr reif
sein. Im Gesetz steht geschrieben [5.Buch Moses 28.49; Jesaia 28.11–12]: »In fremden Zungen und auf den Lippen von
Fremden werde ich zu diesem Volk reden, und auch so
werden sie nicht auf mich hören, spricht der Herr.« Daher
sind die [fremden] Zungen als Zeichen gedacht, nicht für
die Gläubigen, sondern für die Ungläubigen, die Prophezeiung dagegen nicht für die Ungläubigen, sondern für die
Gläubigen. Wenn also die ganze Gemeinde versammelt ist,

und alle in Zungen reden, und es kommen ›Außenseiter‹ oder Ungläubige herein, werden sie nicht sagen, daß ihr von Sinnen seid? Aber wenn die ganze Gemeinde prophezeit und es kommt ein Ungläubiger oder ein ›Außenseiter‹ herein, so wird er von allen überführt, von allen gerichtet. Die Geheimnisse seines Herzens werden offenbar, und er wird auf sein Gesicht fallen und Gott anbeten und verkündigen: »Wahrlich, Gott ist in euch!«

Was heißt das alles, Brüder? Wenn ihr euch versammelt, hat jeder von euch einen Psalm, hat eine Lehre, hat eine Offenbarung, hat eine Botschaft in Zungen, hat die Deutung [dieser Botschaft]. All das muß der Erbauung dienen. Wenn man in Zungen redet, so sollen es zwei, höchstens drei sein, und nur einer aufs Mal, und einer soll dolmetschen. Wenn kein Dolmetscher da ist, so soll man in der Kirche schweigen und für sich selber und für Gott sprechen. Nur zwei oder drei Propheten sollen sprechen, und die anderen sollen urteilen. Wenn einer, der sitzt, eine Offenbarung hat, so soll der erste Sprecher schweigen. Denn ihr könnt alle, einer nach dem anderen, prophezeien, damit alle lernen und alle ermahnt werden. Der Geist der Propheten ist den Propheten untergeordnet, denn Gott ist nicht ein Gott der Zwietracht, sondern des Friedens.

74

Das Aussehen der Pythia und der Klang ihrer Stimme hatten etwas Besonderes an sich und ließen deutlich erkennen, wie alt dieses Orakel war. Sie trug keine Gewänder, die einem Stil der historischen Zeit entsprachen, war nicht parfümiert, und ihre Stimme klang nicht melodisch und gefällig wie diejenige der gefeierten Sängerinnen jener Zeit. In manchen Tempeln wurden auf dem Altar aromatische Essenzen verbrannt, aber die Pythia benutzte nur die uralten Ingredienzien wie Lorbeerblätter und Gerstengraupen. (Dieselben Ingredienzien wurden übrigens auch in magischen Handlungen verwendet; siehe oben Nr. 4). Weissagen war eine schwere, anspruchsvolle Aufgabe, und die Tradition wurde jahrhundertelang streng gewahrt.

Plutarch, *Über das E in Delphi* 396–97

Sarapion sagte: »Ja, Boethos, wir sind krank, was unsere Ohren und Augen betrifft, denn durch unseren verweichlich-
ten, luxuriösen Lebensstil haben wir uns daran gewöhnt,
das, was lediglich angenehm ist, als wahrhaft schön zu betrachten. Nächstens werden wir die Pythia kritisieren, weil
sie nicht so melodisch singt wie Glauke, wenn sie sich zur
Kithara hören läßt, und weil sie nicht nach Parfüm duftet
und keine purpurnen Gewänder trägt, wenn sie sich ins
Allerheiligste begibt, und weil sie auf dem Altar nicht Zimt-
rinde, Zistrosenharz oder Weihrauch verbrennt, sondern
nur Lorbeerblätter und Gerstengraupen. Spürst du nicht
den Reiz von Sapphos Liedern – wie sie die Hörer besänftigen und bezaubern? Aber die Sibylle mit ihrem »ekstatischen Mund«, wie Heraklit sagt, dringt, weil der Gott sie
beseelt, durch ein Jahrtausend hindurch, auch wenn ihre
Worte nicht lächeln, nicht geschmückt und nicht parfümiert
sind.

75

Als Ausgangspunkt für seine Diskussion der Trance benützt Iamblichos die tiefgreifenden Veränderungen in der Persönlichkeit
des Mediums, die erfahrungsgemäß eintreten. Der Körper verfügt
nicht mehr über die Empfindungen und Reflexe, die er im normalen Bewußtseinszustand hat. Wenn aber der Körper nicht unter seinen üblichen Beschränkungen leidet, zum Beispiel keinen
Schmerz empfindet, dann muß auch der Geist, so folgert Iamblichos, eine höhere Stufe erreicht haben. Keine Trance, so stellt
er fest, sei genau gleich wie die andere, und obwohl seine Erklärung dafür rein spekulativ ist, mag die Beobachtung selber Geltung besitzen. Unter anderem erwähnt er auch Levitation und
Licht- oder Feuerphänomene. Er ist sich bewußt, daß nicht jedes
Medium dieselbe Fülle der Gesichte wahrnimmt oder sie anderen
mitteilen kann.

Iamblichos, *Über die Mysterien Ägyptens* 3.4–6

Du behauptest, es gäbe viele Menschen, welche die Zukunft
durch göttliche Besessenheit und göttliche Eingebung erfas-

sen, und daß sie in wachem Zustand sind, was ihre Handlungsfreiheit und ihre Sinneswahrnehmungen betrifft, daß sie aber nicht bei vollem Bewußtsein sind oder doch nicht in dem Maße wie zuvor. In diesem Zusammenhang möchte ich auch die charakteristischen Merkmale derjenigen, die wahrhaft von den Göttern besessen sind, aufzeigen. Denn wenn sie ihr ganzes Leben als Träger, als Werkzeug den Göttern, die sie beseelen, ausliefern, tauschen sie entweder ihr irdisches Leben für ein göttliches Leben ein, oder sie passen ihr Leben dem Gott an und handeln nicht gemäß ihren eigenen Sinneswahrnehmungen; sie sind auch nicht wach wie diejenigen, deren Sinne völlig wach sind. Sie nehmen die Zukunft nicht durch sich selber wahr und bewegen sich auch nicht wie diejenigen, die impulsiv handeln. Sie sind nicht so bei Bewußtsein wie zuvor und konzentrieren ihre angeborene Intelligenz nicht auf sich selber oder zeichnen sich durch irgendein Spezialwissen aus.

Es gibt dafür einen klaren Beweis: Manche [die in Trance sind,] erleiden keine Verbrennungen, selbst wenn sie ganz nah bei einem Feuer sind, denn infolge der göttlichen Beseelung kann [irdisches] Feuer sie nicht berühren. Wenn sie tatsächlich Verbrennungen erleiden, reagieren manche überhaupt nicht, denn in diesem Augenblick leben sie nicht das Leben einer [gewöhnlichen] Kreatur. Manche werden von Dolchen durchbohrt und fühlen nichts; anderen wird der Rücken von Beilen zerfetzt; wieder andere werden mit Messern an den Armen verwundet, und sie merken überhaupt nichts davon. Was immer sie tun, findet außerhalb der menschlichen Sphäre statt. Das Unerreichbare wird erreichbar für diejenigen, die von einer Gottheit beseelt sind: sie springen ins Feuer und gehen durchs Feuer; sie überqueren Ströme wie die Priesterin in Kataballa. Das alles zeigt, daß sie im Zustand göttlicher Besessenheit, nicht mehr im normalen Bewußtseinszustand sind und daß sie nicht mehr das normale Leben einer Person, einer Kreatur führen, was Sinneswahrnehmungen und Willensakte betrifft. Sie tauschen diese für ein anderes, göttlicheres Leben aus, das sie beseelt und vollständig beherrscht.

Es gibt verschiedene Arten von göttlicher Ekstase, und die göttliche Inspiration kommt auf viele verschiedene Weisen zustande. Denn erstens rufen die verschiedenen Götter, von denen wir eine Inspiration empfangen, verschiedenartige Inspirationen hervor. Zweitens ändert eine bestimmte Art von göttlicher Besessenheit, in dem Maß, wie sie sich jeweils selber ändert, auch die Natur der göttlichen Inspiration. Denn entweder ergreift der Gott Besitz von uns oder wir werden ganz ein Teil des Gottes oder aber wir bringen unser Tun in Einklang mit dem seinen. Manchmal haben wir Teil an der niedrigsten Kraftstufe des Gottes, manchmal an der mittleren, und manchmal an der höchsten. Manchmal ist es einfache Teilnahme, dann wieder ein Teilhaben, und manchmal eine Verbindung dieser beiden Typen. Entweder genießt das die Seele allein oder sie teilt es mit dem Körper oder es ist der ganze Mensch, der es genießt.

Demzufolge sind die äußerlichen Anzeichen göttlicher Besessenheit mannigfaltig: Bewegungen des Körpers oder seiner Teile, oder ein völliges Fehlen von Bewegung; harmonische Melodien, Tänze, melodische Stimmen oder das Gegenteil davon. Man hat beobachtet, daß Körper sich erhoben, sich vergrößerten oder in der Luft schwebten; aber auch das Gegenteil dieser Phänomene wurde beobachtet. Die Stimme [der Person in Trance] schien gelegentlich von gleichbleibender Tonstärke, und auch die Intervalle zwischen Äußerungen und Schweigen blieben sich gleich; es kamen aber auch Unregelmäßigkeiten vor. Dann wieder schwoll die Stimme an oder klang ab, und gelegentlich geschah noch etwas anderes.

Aber das wichtigste: Das Medium, das ein göttliches Wesen zu sich herabzieht, sieht den Geist sich herniedersenken, sieht, wie groß er ist, welcher Art er ist, und kann ihn auf geheimnisvolle Weise beeinflussen und lenken… Manchmal ist das Feuer für alle sichtbar, die zuschauen, sei es, daß der Gott herab-, sei es, daß er aufsteigt. Deshalb sind die Wissenden imstande, die volle Wahrheit, die wahre Macht zu begreifen, die wahre Ordnung, die er vertritt, und sie verstehen, in welchem Sinn er berufen ist, die Wahrheit mit-

zuteilen und Macht zu verleihen oder sie aufrecht zu erhalten. Diejenigen, welche die Geister zu sich herunterzie-
hen, ohne diese Erfahrungen gehabt zu haben, tappen im
Dunkeln, wenn man das so ausdrücken darf, und wissen
nicht, was sie tun, ausgenommen gewisse unbedeutende Anzeichen am Körper der besessenen Person und andere trivia-
le Manifestationen; die volle Wirklichkeit der göttlichen Inspiration bleibt ihnen verborgen, und sie sind unwissend.

Präkognition und Hellseherei

76

Was Sokrates selber über sein *daimonion*, die »innere Stimme«,
die ihn gelegentlich warnte, zu sagen hatte, wissen wir nicht, aber
in der *Apologie*, die Platon nach dem Tod seines Lehrers schrieb,
findet sich eine bemerkenswerte Charakteristik. Sokrates war
zum Tod verurteilt worden, weil das Gericht die beiden Anklagen, die von Mitbürgern gegen ihn erhoben worden waren, als
erwiesen betrachtete: (1) daß Sokrates die Jugend verdorben, (2)
daß er neue Götter eingeführt hatte.

Die Geschichte zeigt, daß immer wieder Menschen, die sich
innerhalb einer Gemeinschaft unbeliebt machten, auf Grund falscher Anschuldigungen der Prozeß gemacht wurde. Was der historische Sokrates vor Gericht zu seiner Verteidigung vorgebracht hat, ist unbekannt, aber in der Rede, die Platon ihn halten
läßt, erklärt er, wie sein *daimonion* funktionierte. Für ihn war das
jeweils ein bedeutungsvolles Erlebnis. In der *Apologie*, die Xenophon für seinen Lehrer schrieb, nennt dieser sein *daimonion* »die
Stimme des Gottes«. Da die großen Orakel der Alten Welt gewissermaßen Sprachrohre der Götter waren, scheint Sokrates sein
daimonion als eine Art privates Orakel betrachtet zu haben.

Die Besonderheit seines Erlebnisses ist oft erörtert worden,
und zwar schon im Altertum, etwa von Apuleius in seiner Schrift
Über den Schutzgeist des Sokrates und von Plutarch in der Abhandlung *Über Sokrates' Zeichen*. Auch die moderne Psychologie hat sich damit befaßt. Offenbar haben schon seine Zeitgenos-

sen das Phänomen nicht verstanden, und einige haben es mißverstanden, vielleicht mit Absicht. Das Wort *daimonion* erregte
natürlich den Verdacht, daß Sokrates eine geheime, namenlose
Gottheit verehre. Wenn ihm aus dem Verkehr mit dieser Gottheit
irgendwelche Vorteile erwuchsen, deren andere nicht teilhaftig
waren, so konnte natürlich der Verdacht der Zauberei entstehen,
denn nur Zauberer – so stellte man sich vor – verehren insgeheim Gottheiten ohne Namen. Auf diesem Verdacht beruhte
auch Jahrhunderte später die Anklage gegen Apuleius.

Platon, *Apologie* 33 B8–E8; 39 C1–40 C3

Aus welchem Grund verbringen Menschen gern viel Zeit in
meiner Gesellschaft? Bürger von Athen, ihr habt den
Grund gehört; ich habe euch die reine Wahrheit gesagt. Der
Grund ist dieser: Man hört mir gern zu, wenn ich Leute ins
Kreuzverhör nehme, die sich für weise halten, es aber nicht
sind. Das ist natürlich ganz lustig. Ich behaupte, daß mir
der Gott aufgetragen hat, dies zu tun – und zwar in Orakeln, in Träumen und auf jede andere Weise, in der irgendein göttliches Wesen je einem Menschen etwas aufgetragen
hat. Das ist die Wahrheit, Bürger von Athen, und sie läßt
sich leicht beweisen. Denn wenn ich wirklich einige junge
Menschen verdorben hätte und gerade jetzt einige verderben würde, dann hätten sie sich doch sicher, als sie erwachsen waren und sich darüber klar wurden, daß ich sie
schlecht beraten hatte, gemeldet, mich angeklagt und auf
meine Bestrafung gedrängt. Oder wenn sie selber nichts unternehmen wollten, würden sich Verwandte – ihre Väter,
ihre Brüder oder irgendwelche Angehörige – jetzt erinnern
und eine Bestrafung verlangen. Jedenfalls sehe ich viele von
ihnen hier im Gerichtshof – zunächst Kriton, der etwa
gleich alt ist wie ich und dem gleichen Stamm angehört – er
ist der Vater von Kritobulos, der dort drüben steht –, aber
auch Lysanias von Sphettos, den Vater von Aischines dort
drüben, ferner Antiphon von Kephisos, den Vater des Epi-
genes…

   [Sokrates bezeugt seine Unschuld, für die gute Gründe
sprechen; er ist aber auch bereit zu sterben, obwohl er die
Anklage als ungerecht und böswillig betrachtet. Nachdem

das Todesurteil gefällt worden ist, läßt Platon seinen Sokrates sagen:]

Jetzt, meine Mitbürger, die ihr mich zum Tode verurteilt
habt, möchte ich euch etwas prophezeien; denn ich bin jetzt
an dem Punkt angelangt, an dem Menschen eine besondere
Begabung entwickeln, zu prophezeien – kurz vor ihrem
Tod. Ich sage euch, meine Freunde, meine Mörder, daß
kurz nach meiner Hinrichtung eine viel schlimmere Strafe
weiß Gott! als die Todesstrafe, die ihr über mich verhängt
habt, euch einholen wird. Ihr meint jetzt, ihr hättet etwas
geleistet, indem ihr die Gefahr, über euer Leben Rechenschaft abzulegen, beseitigt habt. Ich aber sage euch, daß
euch das genaue Gegenteil zustoßen wird, denn es werden
mehr Kritiker auftreten als zuvor; (bis jetzt habe ich versucht, sie zurückzuhalten; ihr habt es nur nicht bemerkt,)
und sie werden noch lästiger sein, weil sie so viel jünger
sind, und es wird euch noch mehr stören. Wenn ihr meint,
dadurch, daß ihr Menschen hinrichtet, andere daran hindern zu können, eure unnatürliche Lebensweise zu kritisieren, täuscht ihr euch...

Meine Richter – denn ich darf euch sicher als »meine
Richter« anreden –, mir ist etwas Wunderbares begegnet.
Die vertraute prophetische Stimme meines »inneren Rat-
gebers« hat sich sehr oft mein ganzes Leben lang manifestiert und sich mir selbst in trivialen Dingen widersetzt, immer, wenn ich mich anschickte, etwas Unrechtes zu tun.
Was mir jetzt zustößt, könnte man ohne weiteres, wie ihr
selber seht, für das schlimmste Unglück halten, und dafür
hält man es auch. Und dennoch, als ich heute frühmorgens
mein Haus verließ, hat sich das Zeichen des Gottes mir
nicht widersetzt, noch [meldete es sich] auf dem Weg zum
Gerichtshof, oder an irgendeinem Zeitpunkt meiner Rede,
wenn ich etwas sagen wollte. Bei vielen anderen Gelegenheiten ließ es mich mitten in einer Rede einhalten, aber diesmal
hat es sich dem, was ich tat oder sagte, nicht widersetzt.
Was könnte wohl der Grund dafür sein? Ich will es euch
sagen: Was mir zustößt, muß gut sein, und diejenigen von
uns, die den Tod für ein Übel halten, müssen sich irren...

77

Xenophon nimmt seinen Lehrer gegen die Anschuldigung, »fremde Götter eingeführt zu haben«, in Schutz. Er bezeugt, daß Sokrates alle Götter verehrte, denen ein Athener Verehrung schuldete, daß er aber zusätzlich an eine »geistige Realität« glaubte, die sozusagen als sein privates Orakel wirkte. Es gab ihm Hinweise – wie das delphische Orakel –, aber es machte keine genauen Aussagen. Sokrates wußte offenbar immer, was seine innere Stimme ihm riet, und er ließ auch seine Freunde an dieser Beratung teilnehmen, aber nicht immer; manchmal verwies er sie auf »offizielle« Orakel.

Xenophon bespricht nicht nur Sokrates' *daimonion*, sondern Weissagung ganz allgemein. Er selber glaubt fest an die Möglichkeit, mehr noch, an die Notwendigkeit des Wahrsagens. Die Methoden sind nicht so wichtig, obwohl Sokrates seine eigene Methode vorzog.

Wer erfolgreich sein möchte – so dachte Sokrates –, muß über technische Kenntnisse und Fertigkeiten verfügen, aber er muß auch die Zukunft voraussagen können, und das ist etwas ganz anderes. Ohne diese Gabe wird ihm wenig gelingen.

Xenophon, *Erinnerungen an Sokrates* 1.1

Ich habe mich oft gefragt, aus welchen Gründen Sokrates' Ankläger die Athener zu überzeugen vermochten, daß er den Tod verdiene… Die Anklage lautete nämlich: »Sokrates ist schuldig, weil er die von der Polis verehrten Götter ablehnt und neue, ungewohnte Götter, die ganz anders sind, einführt; er hat auch auf kriminelle Weise die Jugend verdorben.«

Dazu muß ich erstens sagen: Wie konnten sie beweisen, daß er die Götter, welche die Polis verehrt, ablehnt? Man hat ihn oft gesehen, wie er zuhause und an den öffentlichen Altären Opfer darbrachte; nie hat er insgeheim die Zukunft erforscht. Es war allgemein bekannt, daß Sokrates behauptete, von einer »geistigen Kraft« beraten zu werden, und das war vermutlich der Hauptgrund für die Anklage, daß er neue Gottheiten einführe. Aber was er einführte, war nicht neuartiger als der Glaube anderer Menschen an Vogelzeichen, prophetische Stimmen, geheime Zeichen und Opfer. Sie glauben ja nicht, daß die Vögel oder die Leute, denen sie zufällig begegnen, wirklich etwas wissen, das dem Wahrsager nützen könnte; sie glauben, daß die Götter uns auf diese Weise Hinweise geben, und Sokrates glaubte das auch. Aber während die meisten sagen, sie seien durch Vögel oder Menschen, denen sie zufällig begegneten, gewarnt oder ermutigt worden, sagte Sokrates genau das, was er dachte: er sagte, daß die »geistige Kraft« ihm Hinweise gebe. Manche seiner Freunde wurden von ihm beraten, dies zu tun und jenes zu lassen, so wie die »geistige Kraft« ihn leitete. Diejenigen, die seinem Rat folgten, waren erfolgreich, aber jene, die das nicht taten, hatten alle Ursache, es zu bereuen… Es ist klar, daß Sokrates diese Ratschläge nicht erteilt hätte, wäre er nicht überzeugt gewesen, daß alles sich so ereignen würde, wie er es voraussagte. Und wer sonst als ein Gott hätte ihm diese Überzeugung gegeben? Und da er ein solches Vertrauen in die Götter hatte, wie hätte er nicht an sie glauben können?

Er hatte noch eine andere Art, mit seinen Freunden zu verkehren: Er riet ihnen, das, was sie tun mußten, so gut zu tun, wie sie konnten. Doch wenn der Ausgang einer Sache zweifelhaft schien, schickte er seine Freunde zum Orakel, so daß sie erfragen konnten, was zu tun oder nicht zu tun sei. Diejenigen, die sich um ihr Haus oder um den Staat kümmern wollten, benötigten zusätzlich die Gabe der Weissagung, sagte er. Denn das Handwerk des Zimmermanns, des Schmieds, des Bauern oder des Staatsmanns oder die Kenntnis von Dialektik, Logik, Volkswirtschaft oder Kriegskunst… alle diese Fächer, so meinte er, könnten vom menschlichen Verstand bewältigt werden, aber den wichtigsten Teil dieser Wissenschaften hätten die Götter sich selber vorbehalten; er sei den Menschen nicht zugänglich. Man kann einen Acker gut anpflanzen, aber man weiß nicht, wer ernten wird; man kann ein Haus nach allen Regeln der Kunst bauen, aber man weiß nicht, wer darin wohnen wird; es kann einer ein guter Kommandant sein, aber er weiß nicht, ob er sein Kommando erfolgreich ausüben wird; es kann einer ein guter Politiker sein, aber niemand weiß, ob

seine Politik dem Staate nützen wird; es kann einer eine
schöne Frau heiraten, aber wer weiß, ob sie ihm Leid
bringt; man gewinnt durch eine Ehe einflußreiche Verbindungen im Staat, aber wer weiß, ob man gerade deswegen in
die Verbannung gehen muß. Wenn einer sich vorstellt, daß
nichts von alledem durch göttliche Kräfte bewirkt wird und
daß alles auf dem menschlichen Verstand beruht, dann ist er
sicher verrückt [das Wortspiel *daimonion* ›göttliches Wesen‹ und *daimonan* ›besessen sein‹ läßt sich in der Übersetzung nicht wiedergeben]. Anderseits wäre es Wahnsinn,
durch Divination etwas erforschen zu wollen, das die Menschen mit Erlaubnis der Götter durch Anwendung ihrer
Vernunft erfahren, zum Beispiel: Ist es besser, einen erfahrenen Kutscher einzustellen, um meinen Wagen zu fahren,
oder einen, der keine Erfahrung hat? Ist es besser, einen
erfahrenen Seemann anzuheuern, um mein Schiff zu lenken,
als einen, der keine Erfahrung hat? Das gilt für alles, was
durch Zählen, Messen und Wägen bestimmt werden kann.
Den Göttern solche Fragen vorzulegen, hielt er für eine Sünde. Er sagte, wir müßten das lernen, was die Götter uns
lernen lassen, und wir müßten durch Divination von ihnen
in Erfahrung bringen, was wir als Menschen nicht sicher
wissen können: die Götter würden ihren Günstlingen einen
Hinweis geben.

78

In Porphyrios' Biographie Plotins werden die »übersinnlichen«
Fähigkeiten des Lehrers kurz gewürdigt. Er überführte einen die-
bischen Sklaven; er sagte auch die Zukunft einiger Kinder voraus.
Als Porphyrios eine schwere Depression durchmachte und an
Selbstmord dachte, spürte das sein Lehrer und gab ihm guten Rat.

Porphyrios, *Leben Plotins,* Abschn. 61

Plotin besaß auch eine fast übernatürliche Kenntnis der
menschlichen Natur. Chione, eine durchaus achtbare Witwe, wohnte mit ihren Kindern in seinem Haus. Eines Tages
wurde ihr ein wertvolles Halsband gestohlen. Die Sklaven

wurden versammelt, und Plotin schaute jedem in die
Augen. »Dieser ist der Dieb!« sagte er und deutete auf einen
von ihnen. Der Mann wurde ausgepeitscht, leugnete aber
zuerst hartnäckig; später bekannte er die Tat, ging, den ge-
stohlenen Gegenstand zu holen und brachte ihn zurück.
Plotin sagte auch voraus, was aus jedem der Kinder, die bei
ihm wohnten, werden würde. Er beschrieb, was für ein
Mensch Philemon sei und sagte, er neige zur Verliebtheit
und werde nicht lange leben; und so geschah es auch. Einmal spürte er, daß ich, Porphyrios, an Selbstmord dachte.
Ich war gerade bei ihm zu Hause, und plötzlich kam er zu
mir und sagte, meine Absicht habe ihre Wurzeln nicht in
meinem Geist, sondern in einer bestimmten Art von Gallen-
krankheit [wörtlich: »in einem melancholischen Zustand«]
und er riet mir, außer Landes zu gehen. Ich folgte seinem
Rat und reiste nach Sizilien, wo ich einen weithin bekannten Mann namens Probus besuchte; ich hatte gehört, daß er
in Lilybaeum wohne.

So kam es, daß ich meine Absicht fallen ließ und es mir
nicht vergönnt war, bis zu seinem Tod bei Plotin zu bleiben.

79

Eunapios (4./5. Jahrhundert n. Chr.) hatte Rhetorik, platonische
Philosophie und offenbar auch Medizin studiert und wirkte als
»Sophist«, d. h., er unterrichtete und hielt öffentliche Vorträge.
Er scheint ein gewisses Ansehen genossen zu haben, denn eine
Zeitlang bekleidete er ein hohes Priesteramt, das des Hiero-
phanten an den eleusinischen Mysterien. Seine *Biographien der
Philosophen und Sophisten* sind voll von merkwürdigen Anekdo-
ten wie etwa die folgende, die Sosipatra betrifft.

Einer ihrer Söhne, Antoninus, scheint ihre Befähigung geerbt
zu haben; er wurde selber ein bekannter Lehrer und Theurg. Unter anderem sagte er die Zerstörung des großen Serapistempels in
Alexandria durch die Christen voraus. Antoninus starb 390
n. Chr. und der Tempel wurde im folgenden Jahr zerstört.

Eunapios, *Leben der Philosophen und Sophisten,* p. 470
Boissonade

Einmal trafen sich alle ihre Freunde in Sosipatras Haus. Philometor war nicht dabei; er hielt sich gerade auf dem Land
auf. Sie beschäftigten sich mit dem Problem der Seele. Mehrere Theorien wurden vorgetragen, aber dann begann Sosipatra zu sprechen, und ihre Beweise machten kurzen Prozeß mit den Argumenten, die man erwogen hatte. Dann begann sie den Abstieg der Seele und welcher Teil von ihr der
Bestrafung unterliege, welcher unsterblich sei, zu erörtern.
Mitten in ihrem ekstatischen, enthusiastischen Vortrag verstummte sie, als wäre ihr die Stimme abgeschnitten worden,
und nach einer kurzen Pause rief sie vor der ganzen Versammlung aus: »Was ist das? Dort ist Vetter Philometor; er
reist in seinem Gefährt. Da ist eine holprige Stelle in der
Straße; der Wagen ist umgekippt, und seine Beine sind ge-
fährdet! Aber seine Diener haben ihn herausgezogen, und
es steht nicht schlimm um ihn; er hat sich nur an Ellbogen
und Händen verletzt, aber auch diese Wunden sind harmlos. Sie tragen ihn auf einer Bahre; er stöhnt.« Das sprach
sie, und es stimmte alles. Jedem wurde klar, daß Sosipatra
allgegenwärtig war, und was auch immer geschah, sie war
dabei, so wie die Philosophen das von den Göttern sagen.
    Als sie starb, hinterließ sie drei Söhne. Die Namen von
zwei brauchen nicht erwähnt zu werden, aber [der dritte,]
Antoninus, war seinen Eltern ebenbürtig; er ließ sich an der
kanopischen Mündung des Nils nieder, widmete sich völlig
den religiösen Riten, wie sie dort praktiziert wurden, und
bemühte sich nach Kräften, die Prophezeiung seiner Mutter
zu erfüllen. Alle Jünglinge, deren Geist gesund war und die
nach philosophischer Erkenntnis dürsteten, studierten bei
ihm, und der Tempel war voll von Kandidaten für das Priesteramt. Obwohl er immer noch Mensch zu sein schien und
mit Menschen umging, prophezeite er seinen Schülern, daß
nach seinem Tod das Heiligtum nicht mehr existieren würde, daß der große, heilige Tempel des Serapis ein dunkles,
unförmiges Ding werden und sich in etwas anderes verwan-

deln würde und daß eine Düsternis von seltsamer Häßlichkeit über die schönsten Dinge der Welt herrschen würde. Mit der Zeit bestätigten sich alle diese Weissagungen, und die Ereignisse verliehen ihm die Autorität eines Orakels…

Wie schon gesagt, begab Antoninus sich nach Alexandrien, war beeindruckt von der Mündung des Nils bei Kanopos und fühlte sich dort sehr wohl. Deshalb widmete er sich völlig den Göttern, die dort verehrt werden.

Schon bald erreichte er die [ersehnte] Verwandtschaft mit dem Göttlichen, verachtete den Körper, befreite sich von den Lüsten des Körpers und strebte nach der Weisheit, die der Menge unbekannt bleibt. Er hatte keine Lust, Theurgie oder irgendetwas anderes, das übersinnliche Kräfte voraussetzt, zu betreiben, vielleicht weil er die Politik der Kaiser fürchtete, die solche Praktiken verpönten. Doch alle bewunderten seine Lehre und seinen starken, unbeugsamen Charakter, und alle Studenten in Alexandria pflegten ihn am Strand zu sehen.

Denn durch das Heiligtum des Serapis war Alexandria eine religiöse Welt für sich. Die Zahl derjenigen, die aus aller Welt hierherkamen, war so groß wie die der Einwohner. Nachdem sie dem Gott ihre Verehrung erwiesen hatten, eilten sie weiter zu Antoninus, die einen – es waren diejenigen, denen es wirklich eilte – zu Land, während andere sehr gern die Flußboote benützten, die sie gemächlich an ihren Studienort brachten. Wenn er sie zu einem Gespräch empfing, legten ihm die einen ein wissenschaftliches Problem vor und wurden sogleich durch platonische Gedanken genährt; andere aber, die ihn über theologische [gemeint sind wohl »theurgische«] Dinge befragten, »begegneten einer Statue«: er sagte kein Wort zu ihnen; seine starren Augen zum Himmel gerichtet, saß er da, ohne zu reden und gab nicht nach. Keiner konnte je bezeugen, daß er leichthin mit irgend jemandem ein Gespräch über diese Dinge begonnen hätte.

Kurz danach erwies sich durch ein Zeichen, daß er ein göttliches Element in sich hatte. Denn sobald er aus der Gemeinschaft der Menschen abgeschieden war, wurden die

alexandrinischen Kulte und vor allem das Heiligtum des
Serapis vollständig zerstört – nicht nur die Kulte selbst, sondern auch die Gebäude.

Sogenannte Mönche wurden zu heiligen Orten ge-
schafft... Sie sammelten die Gebeine und Schädel von Ver-
brechern... und betrachteten sie als Götter, ...indem sie sie
»Zeugen« nannten und in ihnen sozusagen »Diener« und
»Abgesandte« der Götter sahen, die die Gebete der Menschen in Empfang nehmen sollten, ...aber all das steigerte
nur Antoninus' Ansehen als Hellseher, hatte er doch allen
prophezeit, daß aus den Tempeln Gräber würden...

Traumdeutung

80

Artemidoros lebte im 2. Jahrhundert n. Chr. vor allem in Daldis
(Lydien), aber er reiste viel, um Traumdeutungen und Traumbücher zu sammeln.

In der Widmung seines eigenen Traumbuchs berichtet er, daß
er manches aus Gesprächen mit berufsmäßigen Traumdeutern in
vielen Städten gelernt habe. Obwohl dieser Berufsstand von
rechtschaffenen Bürgern nicht sehr hoch geachtet wurde, hatten
seine Vertreter, so meint Artemidor, wertvolle Erfahrungen gesammelt. Es scheint, daß man in jeder antiken Stadt auf dem
Marktplatz solche Traumdeuter antreffen konnte; vermutlich hatten sie dort ihre Buden, wie die Wahrsager der neueren Zeit. Artemidor distanziert sich von ihnen, unterschätzt aber keineswegs
ihr Wissen und ihre Kenntnis der menschlichen Natur. Er ist bereit, ständig dazuzulernen und will durch seine Kunst den Mit-
menschen helfen.

Zu Beginn seines Werks unterscheidet Artemidor zwischen
»theorematischen« und »allegorischen« Träumen. Die ersteren
sind ohne weiteres verständlich, die letzteren müssen gedeutet
werden.

Für Artemidor ist es außerordentlich wichtig, daß man einen
Traum von Anfang bis Ende in Erinnerung behält. Es kommt
häufig vor, daß der Deuter eine unvollständige Abfolge von

Traumerlebnissen analysiert; wenn er das tut, täuscht er seinen
Kunden und bringt sich selber in Mißkredit.

Der Verfasser deutet dann einige Träume, und zwar nicht
systematisch, sondern zwanglos, vielleicht, um typische Beispiele
vorzuführen. Manche dieser Träume sind für heutige Menschen
absonderlich: sie handeln von Inzest, sexuellen Perversionen, Ge-
walthandlungen. Wahrscheinlich kann nur ein Deuter, der demselben Kulturbereich angehört, solche Träume ganz verstehen.

Die Beispiele, die Artemidor erwähnt (1.2), zeigen aber auch,
daß die Menschen damals wie heute durch ihre Kindheit, ihre
Umgebung und durch bestimmte Erlebnisse gleichsam »vorprogrammiert« waren, daß sie später – manchmal viel später – ihre
Hoffnungen und Ängste aus diesen Erfahrungen in Träume über-
trugen und so den Wortschatz für ihre eigene Traumsprache schufen. Jemand träumt, daß er nochmals die Schule besuchen muß;
das kann nichts Gutes bedeuten, denn die Schuljahre waren offenbar für die meisten Menschen keine glückliche Zeit (1.53).

Dramatische Aufführungen erregten die Zuschauer und wirkten in ihren Träumen nach. Da das Drama die Erfahrungen eines
Menschenlebens in wenige Stunden komprimiert, kann es ebenfalls als Symbolsprache für Gefühle dienen, die sich sonst nicht
leicht ausdrücken lassen.

In 1.78 und 79 behandelt Artemidor sexuelle Träume. Sie scheinen im Altertum sehr häufig gewesen zu sein. Nach Sueton (*Cäsar*, Kap. 7), wurde Cäsars Inzesttraum von den Traumdeutern
als Hinweis auf die ihm verheißene Herrschaft über die Erde ausgelegt; denn die Mutter sei ein Symbol für die Erde. Was den
»Ödipustraum« betrifft, so sieht ihn auch Artemidor als günstiges Zeichen an.

Im Vorwort zu Buch 4 erteilt der Verfasser praktische Ratschläge. Er ist der Ansicht, daß gesunde, normale, rechtschaffene
Menschen sich von seltsamen, verwirrenden Träumen nicht weiter beunruhigen lassen. Wir sind unseren Träumen nicht hilflos
ausgeliefert.

Nach Artemidor gibt es sechs Fragen, die sich der Traumdeuter stellen muß: 1. Entspricht der Traum der Natur? 2. Entspricht
er den Gesetzen? 3. Entspricht er den herrschenden Sitten? 4. Entspricht er der Kunst? 5. Entspricht er dem Namen der Person? 6.
Entspricht er der Zeit?

Die Unterscheidung zwischen »Natur« und »Gesetz« ist derjenigen zwischen »ungeschriebenen« und »geschriebenen« Gesetzen vergleichbar, während die »herrschenden Sitten« an beiden

Bereichen Anteil haben. Die »Kunst« bedeutet hier den Beruf des Träumenden, aber auch sein Name – nach dem Grundsatz *nomen est omen* – hat eine gewisse Bedeutung. Die »Zeit« bezieht sich auf das Lebensjahr des Träumenden; es ist nicht normal, wenn – wie oben erwähnt – ein Mann in mittleren Jahren träumt, daß er wieder zur Schule geht.

In 3.4 befaßt sich Artemidor kurz mit magischen Praktiken. Für ihn ist Magie eine Art Erpressung. Einen Gott zu erpressen, uns einen Gefallen zu tun, ist nach seiner Ansicht genauso verfehlt, wie wenn man versuchen würde, auf eine hochstehende Persönlichkeit Druck auszuüben. Anderseits hat es nichts mit Magie zu tun, wenn man um einen Traum bittet; und den Göttern für eine erwiesene Wohltat zu danken, ist ein Gebot der Höflichkeit.

Auch die Astrologie lehnt Artemidor als Hilfswissenschaft der Traumdeutung ab. Der Traum und die Persönlichkeit des Träumenden liefern alle Daten, die der Traumdeuter braucht, aber diese Informationen sollten möglichst lückenlos sein (4.59).

Artemidoros, *Oneirokritika* oder *Die Kunst, Träume zu beurteilen*, Auszüge

Buch 1, Widmung

Es gibt kein Buch über die Traumdeutung, das ich nicht erworben habe, denn dies war mein Hauptehrgeiz. Die Wahrsager auf den Märkten werden allgemein verachtet; ehrenwerte Bürger heben die Augenbrauen und nennen sie Scharlatane, Betrüger, Gaukler. Ich schenkte diesen Verleumdungen keine Beachtung, sondern verkehrte mit ihnen viele Jahre lang in den Städten Griechenlands an den großen Festtagen, aber auch in Kleinasien, in Italien, auf den größeren, dichter bevölkerten Inseln, und ich war bereit, mir alte Träume und die Ereignisse, die ihnen folgten, anzuhören; denn es gibt keinen anderen Weg, diese Kunst zu beherrschen.

Buch 1, Kap. 2

Einige Träume sind theorematisch, andere allegorisch.

Diejenigen, deren Erfüllung dem Gesicht gleicht, das sie bieten, sind theorematisch. Ein Reisender träumte, daß er Schiffbruch erlitt, und das geschah auch. Sobald der Schlaf

von ihm wich, wurde das Schiff in die Tiefe gesogen und
zerschellte, und er rettete sich mit wenigen anderen mit Mühe und Not. Ein anderer träumte, er werde von einem
Mann, mit dem er am folgenden Tag auf die Jagd gehen
wollte, verwundet. Als sie gemeinsam aufbrachen, wurde er
an der Schulter verletzt, genau so wie es im Traum geschehen war. Einer träumte, daß er von einem Freund Geld aus-
bezahlt bekam; am nächsten Morgen brachte ihm der
Freund zehn Minen und er behielt die Summe als Anzahlung aufs Konto. Es gibt viele andere Beispiele dieser Art.

Allegorische Träume dagegen weisen durch etwas auf etwas anderes hin. In diesen Träumen deutet die Seele nach
bestimmten Regeln etwas an, wie in einem Rätsel…

Ein Traum ist eine Bewegung oder Formgebung der Seele mit vielen Aspekten, auf Gutes oder Böses hindeutend,
das in der Zukunft liegt…

Ich möchte betonen, daß Träume, die man nicht vollständig in Erinnerung behält, nicht gedeutet werden können,
gleichgültig ob der Träumende den mittleren Teil oder das
Ende vergessen hat. Denn wenn du den Sinn eines Traums
ergründen willst [Text unsicher], mußt du den Punkt erforschen, zu dem das Traumgesicht hinführt. Nur das, was von
Anfang bis Ende in der Erinnerung bleibt, kann gedeutet
werden.

So wie die Seher, die ein Opfer darbringen, zweideutige
Zeichen nicht »trügerisch« nennen – sie sagen nur, sie könnten die Zeichen, die ihre Opferhandlung begleiten, nicht verstehen –, so darf auch der Traumdeuter nicht seine Meinung aussprechen und nicht aufs Geratewohl eine Antwort
geben, die sich auf Dinge bezieht, die er nicht ganz versteht;
sonst verliert er sein Ansehen und schadet dem Träumenden.

Buch 1, Kap. 53

Lesen und schreiben lernen [im Traum] bedeutet etwas Gutes für den Träumenden, wenn er es noch nicht gelernt hat,
doch geht dem Guten Schmerz und Angst voraus, denn
Schüler haben Angst und leiden, selbst wenn sie zu ihrem

eigenen Nutzen lernen. Wenn einer, der schon lesen und schreiben kann, dies [im Traum] nochmals lernt, dann muß das etwas Schmerzliches bedeuten, denn das ABC lernt man in der Kindheit. Daher bedeutet dies sowohl Unfähigkeit wie auch Furcht und Schmerz. Solche Träume verheißen nur demjenigen Glück, der sich ein Kind wünscht, denn in diesem Fall wird das Kind, das ihm geboren werden wird, nicht er selber, lesen und schreiben lernen.

Wenn ein Römer Griechisch oder ein Grieche Lateinisch lernt, so heißt das, daß der erstere mit Griechen, der letztere mit Römern zu tun haben wird. Manche Römer, die diesen Traum hatten, heirateten Griechinnen, und Griechen heirateten Römerinnen. Ich kenne einen Mann, der träumte, er lerne Latein; er wurde zur Sklaverei verurteilt; es kommt nie vor, daß ein Sklave Griechisch lernt.

Buch 1, Kap. 56

In einer Tragödie auftreten oder tragische Rollen oder Masken übernehmen oder tragischen Schauspielern zuhören oder Iamben rezitieren, [bedeutet]: (a) Wenn man die Worte auswendig kann, so werden die Ereignisse je nach dem Zusammenhang sein; (b) wenn man sie vergessen hat, dann gibt es Elend, Sklaverei, Schlachten, Gewalt, Gefahren und noch furchtbarere und grausamere Leiden als diese; denn Tragödien sind voll von solchen.

In einer Komödie spielen oder komischen Schauspielern zuhören oder komische Masken oder Rollen übernehmen, [bedeutet]: Wenn sie zur Alten Komödie gehören, so deutet das auf obszöne Witze und Wortgeplänkel; gehören sie zur Neuen Komödie, so nehmen sie dieselben Ereignisse voraus wie die Tragödie, versprechen aber ein befriedigendes, beglückendes Ende; denn so ist die Handlung einer Komödie.

Buch 1, Kap. 76

Mit geschminktem Gesicht [oder: maskiert?] im Theater tanzen und auch sonst das herkömmliche Kostüm tragen, bedeutet Erfolg und Applaus; für einen Armen bedeutet es Reichtum, aber er wird nicht bis ins Alter vorhalten; denn der Schauspieler auf der Bühne spielt einen König und hat viele Diener, aber wenn das Stück zu Ende ist, ist er allein…

Buch 1, Kap. 78

Im Abschnitt über Geschlechtsverkehr empfiehlt sich vielleicht folgende Einteilung: (a) Verkehr, der rechtmäßig und natürlich ist; (b) ungesetzlicher Verkehr; (c) unnatürlicher Verkehr.

Was zunächst den rechtmäßigen Verkehr betrifft, so möchte ich folgendes bemerken: Wenn du mit deiner Gattin verkehrst und sie ist willig und bereit und leistet keinen Widerstand, dann ist das gut für alle; denn die Gattin bedeutet das Handwerk oder den Beruf des Mannes – eine Tätigkeit, die uns Freude macht, die wir beherrschen und kontrollieren, genau wie unsere Frauen. Der Traum deutet also den Gewinn aus solchen Dingen an. Der Mensch hat Freude an Sex; er hat aber auch Freude am Gewinn. Wenn die Frau sich sträubt und ihren Körper verweigert, bedeutet es das Gegenteil. Dieselbe Deutung gilt auch für die Geliebte.

Geschlechtsverkehr mit Dirnen, die ihre Tätigkeit in einem Bordell ausüben, deutet auf eine nicht allzu peinliche Situation und auf geringfügige Kosten hin. Denn wenn man sich solchen Frauen nähert, so ergeben sich Peinlichkeiten und Kosten. Dieser Traum ist günstig für alle möglichen Unternehmungen, denn man nennt sie »Arbeiterinnen«; sie sind sehr zuvorkommend und sagen nie nein. Es dürfte auch ein gutes Zeichen sein, ein Bordell zu betreten und es wieder zu verlassen; nicht imstande zu sein, es zu verlassen, ist schlecht. Ich kannte einen, der träumte, daß er ein Bordell besuchte und nicht wieder herauskam; wenige Tage später war er tot. Was ihm zustieß, entsprach dem Traum, denn ein Bordell, wie ein Friedhof, wird eine »öffentliche Einrichtung« genannt; der Friedhof nimmt die Toten auf, und im Bordell wird viel männlicher Samen verschwendet. Deshalb leuchtet es ein, daß das Bordell mit dem Tod in Verbindung gebracht wird…

Buch 1, Kap. 79 (Der Ödipus-Traum)

Das Kapitel über die Mutter hat mancherlei Aspekte, Teile
und Unterteilungen, die von vielen Traumdeutern bisher
nicht beachtet worden sind. Es verhält sich wie folgt. Der
Geschlechtsverkehr an sich genügt nicht, die Bedeutung auf-
zudecken; vielmehr weisen die verschiedenen Arten der Um-
armungen und Stellungen auf verschiedenartige Ereignisse
hin. Zunächst sei die Stellung »Körper an Körper« besprochen, und zwar, wenn die Mutter noch lebt, denn es bedeutet nicht dasselbe, wenn sie gestorben ist. Wenn einer [im
Traum] »Körper an Körper« mit der Mutter geschlechtlich
verkehrt – also in der Stellung, die manchmal »normal« genannt wird – und sie ist noch am Leben und der Vater erfreut sich guter Gesundheit, so heißt das, daß der Vater ihn
hassen wird, denn zwischen Männern herrscht ganz allgemein Eifersucht. Wenn der Vater krank ist, so wird er
[bald] sterben, denn der Sohn, der den Traum hat, wird sich
um die Mutter kümmern, und zwar als ihr Sohn, wie auch
[gewissermaßen] als ihr Mann. Es ist ein günstiger Traum
für jeden Handwerker und Kunstgewerbler, denn es ist üblich, daß sie ihr Handwerk ihre »Mutter« nennen, und mit
der Mutter geschlechtlich zu verkehren kann gar nichts anderes bedeuten als vollbeschäftigt zu sein und vom Gewer-
be, das man treibt, zu leben. Es ist auch ein günstiger Traum
für Staatsmänner und Politiker, denn die Mutter ist ein Symbol für die Heimat. So wie derjenige, der »nach Aphrodites
Regel«, d. h. in der normalen Stellung, geschlechtlich verkehrt, den ganzen Körper der Frau beherrscht, wenn sie
willens ist und es geschehen läßt, so wird der Träumende
die Politik seines Staats beherrschen...

Buch 1, Kap. 80

Mit einem Gott oder einer Göttin geschlechtlich zu verkehren oder von einem Gott sexuell gebraucht zu werden, bedeutet Tod für einen, der krank ist, denn an diesem Punkt,
wenn die Seele schon bald den Körper verlassen wird, in
dem sie wohnt, sieht sie voraus, daß sie den Göttern begeg-

nen und sich mit ihnen vereinen wird; für die anderen [d. h. diejenigen, die nicht krank sind] bedeutet es Hilfe von höheren Mächten, wenn es für sie ein angenehmes Erlebnis ist; wenn nicht, bedeutet es Angst und Not...

Buch 2, Kap. 53

Gekreuzigt zu werden ist ein gutes Zeichen für alle, die zur See fahren, denn das Kreuz besteht aus Balken und Nägeln, wie ein Schiff, und der Mast eines Schiffs sieht aus wie ein Kreuz. Es ist gut für einen Armen, denn das Opfer der Kreuzigung hängt hoch oben und füttert viele Vögel. Es bringt Verborgenes ans Licht, denn der Gekreuzigte ist deutlich sichtbar. Es ist schlecht für einen Reichen, denn die Gekreuzigten sind nackt und ihr Fleisch schwindet dahin... In einer Stadt gekreuzigt zu werden bedeutet, ein Amt in dieser Stadt zu bekleiden, das dem Ort des Kreuzes entspricht.

Buch 2, Kap. 55

In den Hades hinabzusteigen und alles dort unten zu sehen – alles, was nach der Meinung des Volkes dort ist – bedeutet Arbeitsverlust und Verdienstausfall für diejenigen, die wohlhabend und erfolgreich sind, denn die Bewohner des Hades sind untätig, kalt, bewegungslos. Für diejenigen, die Angst, Not und Verdruß leiden, bedeutet es Erlösung von Kummer und Sorgen, denn die Bewohner des Hades kennen keinen Kummer und sind der Sorgen ledig. Für die anderen bedeutet es Reisen – oder es treibt sie jedenfalls weg von dem Ort, an dem sie wohnen. Die Alten sagten von einem, der eine lange Reise unternahm, er »gehe in den Hades« – aber das ist nicht alles; der Mythos zeigt, daß die Bewohner des Hades nicht alle am selben Ort sind...

Buch 3, Kap. 56

Träumst du, daß du einen Koch im Haus hast, so ist das ein gutes Zeichen, wenn du die Absicht hast, zu heiraten, denn für die Hochzeit brauchst du einen Koch. Auch für einen Armen ist es ein gutes Zeichen, denn nur Leute, die viel Eßwaren haben, stellen Köche an. Für einen Kranken bedeu-

tet es Reizungszustände und Entzündungen und einen Mangel an Gleichgewicht zwischen den Körpersäften, der zu
Säure führen kann; dies ist die Meinung der Fachleute. Aber
es sagt auch Tränen voraus, wegen des Rauchs, den der
Koch verbreitet. Ferner bringt es Verborgenes und Dinge,
die im geheimen getan wurden, ans Licht, denn die Schöp-
fungen des Kochs werden vorgezeigt und den Gästen ser-
viert und sie erscheinen als das, was sie sind [d.h. wohl: sie
schmecken so gut wie sie aussehen].

Buch 4, Vorwort

Vergiß nicht, daß Menschen, die ein gutes, anerkennenswer-
tes Leben führen, nie gewöhnliche Träume oder ungereimte
Phantasien haben, sondern immer Traumvisionen und vor
allem theorematische. Denn ihre Seele wird an der Oberfläche nicht von Furcht oder Hoffnung getrübt, und sie wissen die körperlichen Lüste zu zügeln. Kurz gesagt, ein guter
Mensch hat nie einen gewöhnlichen Traum oder eine absur-
de, phantastische Vorstellung. Der Durchschnittsmensch
und der Traumdeuter haben nicht dieselben Träume, denn
der Durchschnittsmensch träumt von den Dingen, die er
[tagsüber] begehrt oder fürchtet, aber der Weise, der Sach-
kundige träumt nur von den Dingen, die er begehrt. Wenn
einer, der kein Fachmann ist, einen Traum hat, dann muß
sein Traum als ein gewöhnlicher gedeutet werden, nicht als
ein Traumgesicht [Text unsicher]. Nehmen wir an, daß
einer, der etwas von der Sache versteht – sei es daß er
Traumbücher konsultiert hat oder Beziehungen zu Traumdeutern hatte oder weil er eine natürliche Begabung dazu
besitzt – eine Frau liebt; er wird nicht von der Geliebten
träumen, sondern von einem Pferd oder einem Spiegel oder
dem Meer oder einem weiblichen Tier oder einem weiblichen Kleidungsstück oder von irgendetwas anderem, das
eine Frau symbolisiert...
   Um dies etwas verständlicher zu machen, möchte ich beifügen, daß viele Leute – in Tat und Wahrheit die meisten –
...nur gewöhnliche Träume haben; es gibt nur ganz wenige,

eigentlich nur die Traumdeuter, welche die andere Art von
Träumen haben, diejenige, die ich eben erwähnte.

Buch 4, Kap. 2

Es ist ein allgemeines Prinzip, daß alle Träume, die in Übereinstimmung mit der Natur oder dem Gesetz oder der
Kunst oder der Zeit sind, etwas Gutes bedeuten und daß
Träume, die im Gegensatz dazu stehen, schlecht und nutz-
los sind. Aber vergiß nicht, daß diese Theorie nicht absolute, universale Geltung hat; sie bewährt sich jedoch in den
meisten Fällen. Denn manche Träume nehmen ein gutes Ende, obwohl sie gegen die Erfahrung des täglichen Lebens
verstoßen und nicht im Einklang mit der Natur und den
anderen Kriterien sind. So schlug einer im Traum seine Mutter. Das ist nun allerdings ein Verbrechen, und doch brachte
es ihm Erfolg, denn er war ein Töpfer; wir nennen die Erde
»Mutter«, und der Töpfer arbeitet mit der Töpfererde, die
er schlägt. Deshalb arbeitete er mit großem Erfolg…

Buch 4, Kap. 3

Die Träume, die Menschen haben, wenn sie sich über etwas
Geschäftliches Sorgen machen oder wenn irgend ein impul-
siver Wunsch oder Drang sie beherrscht, kann man als
»Angstträume« bezeichnen. Wir nennen sie auch »Träume
auf Verlangen«, denn man bittet einen Gott um einen
Traum, der sich auf ein aktuelles Problem bezieht. Doch
vergiß nicht: Wenn du einen Traum verlangst, darfst du keinen Weihrauch verbrennen und keine unaussprechlichen
Namen nennen. Kurz gesagt, verlange von den Göttern
nichts, was magische Praktiken einschließt. Es wäre lächerlich, wenn die Götter denen gehorchten, die unter Drohungen etwas von ihnen wollen, denn einflußreiche Persönlichkeiten lehnen die Gesuche von Leuten ab, die sie bedrohen
und erpressen, gewähren aber denen, die sich höflich ihnen
nähern, ihre Gunst. Nachdem du den Traum gehabt hast,
sollst du Opfer bringen und danken. Wir dürfen diejenigen,
die den Göttern Gesetze auferlegen, nicht ernst nehmen. Sie
fragen zum Beispiel: »Soll ich das tun?« oder »Wird mir

dies gewährt werden?« oder »Darf ich jetzt die Frucht von
Demeter sehen? Oder, wenn nicht, diejenige von Dionysos?« oder »Wenn das gut und vorteilhaft für mich ist, darf
ich es haben? Wenn nicht, soll ich es hergeben?« In all dem
steckt ein grundlegender Irrtum… Man muß die Götter um
die Dinge bitten, um die man sich Sorgen macht, aber die
Art und Weise, wie man die Bitte zunächst formuliert, muß
man dem Gott oder der eigenen Seele überlassen.

Buch 4, Kap. 59

Du mußt zunächst etwas über die Lebensweise des Menschen wissen, der dich befragt; anders gesagt, du solltest
dich genau informieren. Und wenn du von dem Träumenden keine brauchbare Auskunft bekommst, verschiebe
deine Antwort auf später und erkundige dich bei jemandem; sonst könnte dir ein Irrtum passieren. Laß dich nicht
mit denen ein, die der Meinung sind, Träume sollten nach
Maßgabe des Horoskops des Träumenden gedeutet werden,
die guten wie auch die bösen. Sie behaupten, die guten Planeten schenkten dir ein Gefühl des Wohlbehagens im
Traum, selbst wenn sie nicht imstande seien, etwas Gutes
für dich zu tun, und daß die bösen Planeten, auch wenn sie
nicht imstande seien, dir etwas Böses anzutun, dich doch im
Traum quälten und erschreckten. Wenn das der Fall wäre,
würde sich kein Traum je erfüllen; tatsächlich erfüllen sich
aber die guten wie die bösen, je nach ihrer Bedeutung.

Divination als philosophische Streitfrage

81

Ciceros Schrift *De Divinatione* ist eine Kritik der stoischen
Schicksalslehre und der darauf gegründeten Möglichkeit, die Zukunft vorauszusagen, wie vor allem Poseidonios sie ausgeführt
hatte. Im folgenden Abschnitt beschäftigt sich Cicero mit den
Orakeln. Er behauptet, die Orakel hätten ihre Glanzzeit gehabt,
als das Volk naiv war. Sobald die philosophische Skepsis der

Neuen Akademie (d. h. der Platoniker, denen Cicero folgt) die stoische Position unterhöhlt hatte, begann der Niedergang der Orakel.

Cicero zitiert zwei berühmte Bescheide des delphischen Orakels. Der eine wurde Kroisos, dem König von Lydien (6. Jahrhundert v. Chr.), der andere Pyrrhos, dem König von Epirus (4./3. Jahrhundert v. Chr.) zuteil. In beiden Fällen hatte ein ehrgeiziger König sich vorgenommen, eine benachbarte Macht anzugreifen: Kroisos die Perser, Pyrrhos die Römer. In beiden Fällen war der Bescheid des Orakels zweideutig: Kroisos wurde besiegt und vernichtete damit sein eigenes Königreich; Pyrrhos errang zwar zwei Siege (280 und 279 v. Chr.), aber es waren eben »Pyrrhossiege«, und er mußte mit einem Drittel seiner einstigen Streitmacht den Rückmarsch antreten.

Obwohl das Orakel recht behielt, wendet Cicero ein, daß es in beiden Fällen die es befragenden Herrscher irregeführt hatte, indem es ihnen ein falsches Selbstvertrauen gab. Heute würde man das Orakel mit einem Berater vergleichen, der für ein Honorar arbeitet; auch das beste Honorar bürgt nicht dafür, daß der Rat unfehlbar ist.

Cicero zweifelt auch an der historischen Richtigkeit der Antworten des Orakels. Wäre es nicht denkbar, daß Herodot die eine, Ennius die andere erfunden hatte? Vor allem die zweite ist verdächtig, denn wir haben nur die lateinische Fassung, die metrisch ist; aber zu jener Zeit, das weiß Cicero, sprach das Orakel nicht mehr in Versen und schon gar nicht in lateinischen.

Daß das Ansehen der Orakel in Ciceros Zeit schon verblaßt war, ist auch sonst bezeugt, und die Philosophen boten verschiedene Erklärungen an. Die stoische Theorie, die Cicero zitiert, erscheint in etwas anderer Form bei Lucan (Nr. 72) und Plutarch (Nr. 86). Die historischen Gründe sind nicht leicht zu erkennen, aber man kann folgendes sagen: (1) Im späteren Hellenismus zeichnet sich eine Tendenz ab, die großen religiösen Zentren zugunsten einer mehr persönlichen Beziehung zur Gottheit aufzugeben; (2) Griechenland war ein Teil des römischen Reichs, und die Römer unternahmen wenig, um das Fortbestehen dieser alten Heiligtümer zu sichern; im Gegenteil, das römische Steuersystem sorgte dafür, daß Geldmittel, die früher nach Delphi oder Dodona flossen, jetzt dem römischen Staat zugute kamen.

Cicero, *De Divinatione* 2.115–17

Ein berühmtes Orakel erhielt einst der reichste Herrscher Kleinasiens:

»Wenn Kroisos den Halys überquert, wird er eine Großmacht zerstören.«

Er dachte, er werde seinen mächtigen Feind zerstören; in Wirklichkeit verlor er sein eigenes Reich. Gleichgültig, was eintrat, das Orakel behielt recht. Doch warum soll ich glauben, daß Kroisos jemals diese Weissagung erhielt? Warum soll ich glauben, daß Herodot zuverlässiger als Ennius ist? Ist es Herodot weniger zuzutrauen, daß er etwas über Kroisos fabulierte, als daß Ennius etwas über Pyrrhos erfand? Denn wer hat jemals geglaubt, daß das Orakel Apollons dem Pyrrhos folgende Antwort gab:

»Ich sage dir, Nachkömmling des Aiakos, daß du imstande bist, Rom zu besiegen!«

Erstens hat Apollon nie auf Latein geantwortet. Zweitens wissen die Griechen nichts von diesem Orakel. Drittens sprach Apollon zu Pyrrhos Zeiten nicht mehr in Versen...

Doch die Hauptsache: Warum werden derartige Orakel [Text und Sinn unsicher] in Delphi heute nicht mehr erteilt, und zwar nicht nur heute, sondern schon seit längerer Zeit [Text unsicher], so daß das Orakel sein Ansehen völlig verloren hat [Sinn unsicher]? Wenn man den Stoikern mit diesem Argument zusetzt, so antworten sie, daß im Lauf der Zeit die Kraft verdunstete, die an dieser Stelle in der Erde war und von der jener Atem herrührte, der den Geist der Pythia erweckte und sie weissagen ließ... Aber wann ist diese Kraft verdunstet? Vielleicht als die Leute weniger abergläubisch wurden?

82

In seiner Schrift behandelt Cicero auch verschiedene Aspekte der stoischen Lehre, wie sie von Chrysipp (ca. 280–207 v. Chr.) formuliert und gegen die Angriffe der Skeptiker energisch verteidigt wurden (2.130). Cicero kennt auch Poseidonios (ca. 135–50

v. Chr.), der offenbar viel Material gesammelt hatte, um zu beweisen, daß eine Voraussage der Zukunft möglich ist. Aber andere
Stoiker, wie Cicero (1.82) zeigt, verließen sich ganz auf dialektische Argumente, wie zum Beispiel dieses: Wenn die Götter allwis-
send, allmächtig und um das Wohl der Menschheit besorgt sind,
dann folgt, daß sie wissen, was die Zukunft bringt, und daß sie ihr
Wissen uns mitteilen wollen und können, weil uns das von Vorteil ist.

In einem anderen Abschnitt (1.72) unterscheidet Cicero zwischen »natürlichen« und »technischen« Methoden der Weissagung. Träume zu deuten ist eine natürliche Methode; daneben
gibt es komlizierte Techniken, wie die Astrologie.

Schon im Altertum hat man Statistiken verarbeitet, um der Divination eine Grundlage zu geben (1.109f). Cicero verwendet den
Ausdruck »Häufigkeit von Aufzeichnungen«, und das ist genau
das, was wir heute »Statistik« nennen. Man hat in Babylonien
und Ägypten, aber auch in Griechenland und Italien über Jahrhunderte hinweg Beobachtungen angestellt, sie aufgezeichnet
und mit späteren Ereignissen in Beziehung gebracht. Man suchte,
aus etwas, was keine Wissenschaft sein konnte, eine Wissenschaft
zu machen. Der Historiker Livius hat lange Listen von außer-
gewöhnlichen Erscheinungen, die in einer Berichtsperiode beobachtet worden waren. Offenbar überließ er es dem Leser, einen
Zusammenhang zwischen diesen Zeichen und gewissen Ereignissen herzustellen.

Cicero (2.33) gibt fast widerwillig zu, daß der stoische Gedanke einer kosmischen Sympathie eine gewisse Berechtigung hat.
Die Welt ist ein beseelter Organismus, und alle ihre Teile stehen
in einem Zusammenhang. Aber dieser Gedanke hat keinerlei praktische Bedeutung für die Weissagung. Ein Seher betrachtet die
Leber eines frisch geopferten Schafs und sagt einem Menschen,
wo ein verborgener Schatz zu finden wäre. Was hat das Weltall
damit zu tun?

Cicero, *De Divinatione,* Auszüge

2.130. Chrysipp definiert die Weissagung als die Fähigkeit,
die Zeichen, die den Menschen von den Göttern geboten
werden, zu sehen, zu verstehen und zu deuten.
1.82. Daß Weissagung wirklich möglich ist, geht aus dem
folgenden stoischen Schluß hervor: Wenn es Götter gibt
und sie den Menschen die Zukunft nicht offenbaren, dann

lieben sie entweder die Menschen nicht, oder sie wissen nicht, was sich ereignen wird, oder sie meinen, daß die Menschen kein Interesse an der Zukunft hätten, oder sie halten es für unter ihrer Würde, die Menschen vor künftigen Ereignissen zu warnen, oder selbst die Götter sind außerstande, uns vor dem zu warnen, was uns bedroht. Nun steht aber fest, daß sie uns lieben, denn sie meinen es gut mit uns und sind der Menschheit wohlgesinnt; sie wissen sicher auch, was sie selber geplant und bestimmt haben; es ist eindeutig in unserem Interesse, das zu wissen, was uns bevorsteht, denn wenn wir es wissen, können wir uns vorsehen; es vereinbart sich völlig mit ihrer Würde, denn nichts ist wichtiger für sie, als Wohltaten zu erweisen, und selbstverständlich sind sie imstande, die Zukunft vorauszusagen.

1.72. Alles, was durch Vermutung gedeutet oder beobachtet oder im Fall von besonderen Ereignissen festgehalten wird, gehört ins Gebiet der Weissagung, die… man »technisch«, nicht »natürlich« nennt. Die *haruspices* [die Deuter von Organen geschlachteter Opfertiere, von Prodigien und Blitzen], die *coniectores* [Wahrsager] und die *augures* [die Deuter von Vogelzeichen] sind dafür zuständig. Die Peripatetiker lehnen das ab, doch die Stoiker lassen es gelten.

1.109–10. Sind ein verhältnismäßig einfaches System technischer Voraussagen und ein geheimeres System göttlicher Prophezeiungen denkbar? Ereignisse, die sich in Organen, im Blitz, in den Sternen ankündigen, werden durch eine Wissenschaft gedeutet, die auf langjährigen Beobachtungen beruht, und alte Überlieferungen tragen jeweils durch eine Anhäufung von Beobachtungen eine ungeheure Masse von Fakten bei: Dieses Wissen ist möglich, sogar ohne jeden Einfluß, jeden Anstoß von seiten der Götter, weil Statistiken angeben, was als Ergebnis von etwas anderem eintritt und was es bedeutet.

Daneben gibt es die »natürliche« Weissagung, und man muß sie, wie ich schon ausgeführt habe und wie bedeutende Philosophen lehren, theologisch gesprochen im Zusammenhang mit den Göttern sehen, denn wir haben unsere

Seele von den Göttern eingesogen und in uns aufgenommen. Da das Weltall bis zum Rand von einem unvergängli-
chen Sinn, von einem göttlichen Geist erfüllt ist, folgt notwendig, daß der menschliche Geist durch die Berührung
mit einem göttlichen Geist gelenkt wird.

1.118. Die Stoiker glauben nicht, daß in den Trennlinien der
Leber oder in Vogelstimmen ein Gott tatsächlich gegenwärtig ist, denn das würde sich für Götter nicht geziemen,
es wäre ihrer unwürdig und ist einfach undenkbar. Sie glauben, daß die Welt von Anbeginn an so geplant war, daß
gewisse Ereignisse auf gewisse Zeichen folgen – Zeichen in
Körperorganen, in Blitzen, in Ankündigungen, in Gestirnen, in Traumgesichten, in den Äußerungen Geisteskran-
ker. Jene, die von diesen Dingen etwas verstehen, irren sich
nur selten; Irrtümer und Fehldeutungen kommen vor, nicht
weil die Tatsachen uns täuschen, sondern weil die Deuter
versagen.

2.33. In welcher Beziehung stehen diese Dinge [d. h. die Organe, aus denen der Seher die Zukunft voraussagt] zur Natur [des Weltalls]? Zugegeben, daß ein gemeinsames Gefühl
es zusammenhält und daß es ein einheitliches Ganzes bildet, – ich sehe, daß dies die Ansicht der Naturphilosophen
ist, vor allem derjenigen, die glauben, daß das Weltall eine
Einheit ist – aber was hat das Weltall mit der Entdeckung
eines Schatzes zu tun?

83

Cicero kehrt in verschiedenen Teilen von *De Divinatione* zu denselben Fragen zurück.

In 2.41 wendet er sich gegen die stoische Lehre, daß die Götter
es gut mit uns meinen und uns deshalb die Erforschung der Zukunft ermöglichen (s. Nr. 82). Cicero oder seine Quelle dreht den
Gedanken um und sagt: ›Wir können die Zukunft nicht erforschen; also gibt es keine Götter.‹ Ob Cicero selber nicht an Götter glaubte, ist eine andere Frage; hier geht es ihm nur darum, zu
zeigen, daß das stoische Argument keine Beweiskraft hat. Ein anderes Argument der Stoiker ist die Übereinstimmung der
Menschheit (2.81): Alle Völker verehren Götter; deshalb praktizie-

ren alle Völker Weissagung. Cicero führt dieses Argument ad ab-
surdum, indem er sagt: (1) die Stoiker kümmern sich wenig um
den universalen Konsens der Menschheit, wenn er ihren
Zwecken nicht dient; (2) nichts ist so universal wie die menschliche Dummheit.

Warum – so fragt Cicero – sollten die Götter uns die Zukunft
in Andeutungen offenbaren? Angenommen, sie tun es, warum
sind die Andeutungen so unbestimmt? Eigentlich müßten die
Götter uns helfen, weil sie uns lieben. Warum denn machen sie
uns alles so schwer? Sie warnen uns vor einem bevorstehenden
Unheil, sagen uns aber nicht, wie wir das Unheil abwehren könnten. Katastrophen haben sich ohne jede Warnung ereignet, aber
ein Prophet konnte immer nur hinterher behaupten, er habe es
kommen sehen.

Dann berichtet er einige typische *omina* und *portenta*, die jedem Römer etwas sagten. Die moderne Wissenschaft, die für Cicero mit Thales von Milet (6. Jahrhundert v. Chr.) begann, hielt
Erklärungen bereit. Diese Erklärungen, so verschieden sie waren,
hatten eines gemeinsam: mit den Göttern hat das alles nichts zu
tun; man muß den Geist der Menschen von Furcht und Aberglauben befreien, ihn beruhigen.

Cicero, *De Divinatione,* Auszüge

2.41. Die Stoiker behaupten…: »Gibt es Götter, so gibt es
Weissagung; es gibt Götter; also gibt es Weissagung.« Es
wäre vernünftiger, zu sagen: »Es gibt keine Weissagung;
also gibt es keine Götter.«

2.81. [Der Verteidiger der Weissagung wendet ein:] Aber
sämtliche Könige, Völker, Nationen beachteten Wahrzei-
chen. [Cicero entgegnet:] Als ob etwas so universal wäre
wie die Tatsache, daß die Menschheit dumm ist! Als ob du
selber dich der Mehrheit anschließen würdest, wenn du dir
ein Urteil bildest! Wie viele gibt es, die bestreiten, daß die
Lust ein Gut ist? Die meisten nennen sie das höchste Gut.
Erschüttert ihre Mehrheit die Stoiker in ihrer Überzeugung? Oder beugt sich die Masse vor der Autorität der Stoiker…?

Was ist diese ›von den Göttern gesandte‹ Vorahnung, diese sogenannte Warnung vor drohenden Katastrophen? Was
haben die unsterblichen Götter im Sinn, wenn sie uns Hin-

weise geben, die wir ohne Deuter nicht verstehen und – das
möchte ich hinzufügen – gegen die wir uns ohnehin nicht
schützen können? Kein anständiger Mensch würde so etwas tun – einem Freund ein bevorstehendes Unheil prophezeien, wenn keine Rettung möglich ist! Oft weiß der Arzt
die Wahrheit, aber er würde dem Patienten niemals sagen,
daß er an dieser oder jener Krankheit sterben wird. Denn
die Ankündigung von Unheil ist doch nur annehmbar,
wenn ein Rat, wie es zu vermeiden wäre, die Ankündigung
begleitet. Inwiefern haben Vorzeichen und ihre Deuter
einst den Spartanern und vor nicht allzu langer Zeit den
Römern geholfen? Wenn sie als Zeichen der Götter gelten
sollen, warum sind sie so dunkel? Wenn die Götter wirklich
wollten, daß wir die Zukunft voraussehen, dann hätten sie
uns das ganz klar sagen müssen; wenn sie es nicht wollten,
hätten sie es nicht einmal andeuten dürfen.

[Vorzeichen und Omina haben keine besondere Bedeutung; sie können auf ganz natürliche Weise erklärt
werden.]

2.58. Es hieß, daß blutiger Regen fiel, daß der Fluß Atratus
Blut führte, daß die Götterstatuen schwitzten. Glaubst du,
Thales oder Anaxagoras oder irgendein anderer Natur-
philosoph hätte solchen Berichten Glauben geschenkt? Blut
oder Schweiß kann doch nur von einem Körper kommen…
2.60. Oder hast du Angst, wenn eine tierische oder menschliche Mißgeburt beschrieben wird? Ich fasse mich kurz: das
alles kann auf ganz natürliche Weise erklärt werden. Was
geboren wird, gleichgültig, wie es ist, muß seinen Ursprung
in der Natur haben; auch wenn es abnormal ist, kann es
nicht außerhalb der Natur sein. Du mußt auf jeden Fall die
Ursachen seltsamer Phänomene erforschen, wenn das möglich ist, und wenn nicht, darfst du ruhig annehmen, daß
nichts ohne Ursache geschehen konnte. Wenn ein absonderliches Phänomen dich erschreckt, werden wissenschaftliche
Erkenntnisse dich beruhigen.

84

Cicero beschäftigt sich mit der Lehre von der »natürlichen Weissagung«, wie Poseidonios sie formuliert hatte. Poseidonios lehrte, daß der Luftraum, in dem wir leben, voll von unsichtbaren Seelen und Geistern ist. Einige sind auf dem Weg, in Körper einzudringen; andere haben gerade einen Toten verlassen; wieder andere haben sich vorübergehend von einem schlafenden Menschen entfernt. Zwischen diesen Geistern und den Göttern muß es irgendwelche Kontakte geben.

Poseidonios hatte offenbar eine Reihe von Fällen untersucht, die ihm eindeutig bewiesen, daß Divination möglich ist; seine Theorie sollte dieses Phänomen begründen und erklären. Er war unter anderem davon überzeugt, daß Sterbende Blicke in die Zukunft werfen und magische Fähigkeiten entwickeln.

Cicero, *De Divinatione* 1.63–64

Wenn der Geist im Schlaf der Gemeinschaft mit dem Körper ledig und mit ihm nicht in Berührung ist, erinnert er sich an die Vergangenheit, sieht die Gegenwart und ahnt die Zukunft. Der Körper des Schlafenden liegt da, als wäre er tot, aber sein Geist ist wach und lebendig. Dies gilt in noch höherem Maße nach dem Tod, wenn der Geist den Körper ganz verlassen hat; daher ist der Geist in weit höherem Maße göttlich, wenn der Tod eines Menschen unmittelbar bevorsteht. Denn jene, die ernstlich krank, todkrank sind, sehen die unmittelbare Nähe des Todes; deshalb haben sie ›Visionen von Toten‹, und in diesem Moment möchten sie so sein, daß man sie loben könnte; aber diejenigen, die nicht so gelebt haben, wie man sollte, bereuen jetzt ihre Sünden zutiefst. Um zu beweisen, daß Sterbende die Zukunft voraussehen, erwähnte Poseidonios folgendes Beispiel: Ein Mann aus Rhodos lag im Sterben und nannte sechs Zeitgenossen in der Reihenfolge, in der sie nach seinem Tod aus dem Leben scheiden würden.

Poseidonios meint, daß die Götter auf drei verschiedene Weisen in den Menschen Träume erzeugen: Erstens weil der Geist ganz allein die Zukunft vorausieht, zweitens weil die Luft voll von unsterblichen Geistern ist, auf denen das

Siegel der Wahrheit erscheint, als wäre es ihnen eingedrückt worden. Drittens, weil die Götter selber mit schlafenden Menschen sprechen.

85

Cicero kritisiert nun Poseidonios' Theorie der Träume. Die Erfahrung zeigt, daß nicht alle Träume in Erfüllung gehen. Es ist eine Tatsache, daß die überwiegende Mehrzahl der Träume keine Hinweise auf die Zukunft enthält. Darauf könnten die Stoiker antworten, daß wir uns selten an alle Einzelheiten eines Traumes erinnern, und selbst wenn wir die meisten im Gedächtnis behielten, könnten wir sie nicht alle richtig deuten.

Cicero, *De Divinatione* 2.127–28

Wer wäre so kühn, zu behaupten, daß alle Träume wahr werden? »Einige Träume werden wahr,« sagt Ennius, »aber nicht notwendigerweise alle.« Doch was soll diese Unterscheidung? Welche betrachtet er als wahr, welche als falsch? Und wenn die wahren von einem Gott gesandt werden, woher kommen die falschen? Denn wenn sie auch göttlich sind, was wäre unbeständiger als der Gott? Und was wäre kindischer als die Menschen mit falschen, trügerischen Gesichten zu quälen? Wenn wahre Gesichte göttlich und falsche menschlich sein sollen, so ist das eine ganz willkürliche Unterscheidung. Soll das heißen, daß der Gott dieses bewirkt, die Natur jenes? Müssen wir nicht annehmen, daß der Gott alles geschaffen hat – doch ihr bestreitet das – oder daß die Natur alles geschaffen hat? Doch da ihr das erstere verneint, muß man notwendigerweise das letztere annehmen… Wenn der Geist vom Körper und von den Sinnesorganen keinen Gebrauch machen kann, weil sie müde sind, begegnen ihm unklare Gesichte verschiedener Arten; sie stammen, wie Aristoteles sagt, von Eindrücken ab, die von Dingen übriggeblieben sind, die er in wachem Zustand tat oder dachte; wenn diese sich selbständig machen, entstehen seltsame Träume.

86

Plutarch beschäftigt sich in mehreren seiner philosophischen Schriften mit dem delphischen Orakel. Sein Interesse erklärt sich schon dadurch, daß er selber seit 95 n. Chr. dort als Priester auf Lebenszeit tätig war. Seine *Pythischen Dialoge* scheinen spät zu sein; in diese Gruppe gehören *Über das Aufhören der Orakel*, *Über das E in Delphi* und *Über die Orakel der Pythia*. Hier behandelt er Fragen der Dämonologie und der Divination. Die Erklärung des Hellsehens, die er gibt, hätte Stoikern ebenso gut eingeleuchtet wie Platonikern. Plutarch behauptet nämlich, daß jede menschliche Seele die Gabe des Hellsehens besitzt, ob sie sich in einem Körper befindet oder nicht; aber so lange sie mit einem Körper verbunden ist, ist diese Gabe nur schwach entwickelt und betätigt sich vor allem im Schlaf und in Trance, weniger in wachem Zustand.

Plutarch lehrt auch, daß gewisse Kräfte durch die Luft oder in Wasser übermittelt werden, und daß diese Kräfte irgendwie in den Körper eindringen und in der Seele eine Veränderung hervorrufen können. Plutarch muß sich mit Gewährsleuten unterhalten haben, denen Trance etwas Vertrautes war und die ihm zu beschreiben versuchten, was sie erlebten. Am Ende muß er sich mit Bildern behelfen.

Plutarch, *Über das Aufhören der Orakel* 431 E–432 E

Wenn die Seelen, die von einem Körper getrennt oder die nie gemeinsam mit einem Körper existiert haben, nach eurer Lehre [d. h. nach Ansicht der Platoniker] Dämonen sind und nach dem göttlichen Hesiod [*Werke und Tage*, 123] »heilige Bewohner der Erde, Hüter sterblicher Menschen« sind, warum sollten wir körperlosen Seelen diese Fähigkeit, diese natürliche Gabe absprechen, durch die Dämonen die Zukunft voraussehen und voraussagen? Ist es nicht wahrscheinlich, daß irgendeine Fähigkeit, irgendeine Möglichkeit den Seelen gegeben wird, nachdem sie den Körper verlassen haben, und zwar zusätzlich zu denen, die sie schon vorher hatten; aber eigentlich hatten sie sie schon immer; sie ist nur schwächer, solange die Seele mit einem Körper verbunden ist. Einige sind gar nicht wahrnehmbar und verborgen, andere schwach und trübe, so unwirksam und lang-

sam wie Menschen, die im Nebel zu sehen oder sich im
Wasser zu bewegen versuchen, und sie brauchen viel Pflege,
um ihre wahre Funktion wiederzugewinnen und eine Reinigung, um das, was sie verbirgt, zu beseitigen. Die Sonne
wird nicht erst dann hell, wenn sie aus den Wolken bricht:
sie ist immer hell, aber uns erscheint sie düster und trübe,
wenn wir sie durch einen Nebel sehen. Gleichermaßen er-
wirbt die Seele die Gabe zu prophezeien nicht erst, wenn sie
den Körper verlassen hat – als ob sie aus einer Wolke käme –, sondern sie hat diese Gabe schon jetzt, obwohl sie
durch ihre Verbindung und Verhaftung mit dem Körper geblendet ist. Wir sollten nicht überrascht sein oder zweifeln;
wir brauchen nur an diejenige Fähigkeit der Seele zu denken, die das Gegenteil der prophetischen ist, diejenige nämlich, die wir »Gedächtnis« nennen. Welche Leistung vollbringt sie, wenn sie die Vergangenheit oder vielmehr die
Gegenwart bewahrt und behält! Nichts Vergangenes hat irgendeine Art von Existenz oder Realität; sobald es geschehen ist, ist alles vorbei – Handlungen, Worte, Erlebnisse –,
denn die Zeit trägt alles fort wie ein Strom. Aber diese Fähigkeit der Seele [das Gedächtnis] bringt es fertig, Dinge zu
behalten, die nicht Wirklichkeit sind und ihnen Form und
Wesen zu verleihen…

Daher haben alle Seelen diese [andere] Fähigkeit [der
Weissagung], sie ist ihnen eingeboren, obwohl nur unklar
und kaum wirklich, und doch blüht sie nicht selten auf und
strahlt in Träumen und manchmal in der Stunde des Todes,
wenn der Körper eine Reinigung erfährt oder in einen Zustand übergeht, der für diesen Zweck geeignet ist, einen Zustand, in dem die Vernunft, der Denkapparat, sich von der
Gegenwart lösen und befreien und sich dem irrationalen,
imaginären Bereich der Zukunft zuwendet [lies *epistrepho-
menon*]. Was Euripides sagt [Fr. 973 N.²], »der beste Seher
ist der, welcher am besten mutmaßt«, stimmt nicht. Nein, es
ist der intelligente Mensch, der dem rationalen Teil seiner
Seele folgt, dem Teil, der dadurch den Weg weist, daß er
vernünftige Vermutungen anstellt. Die Gabe der Weissagung ist wie ein Schreibtäfelchen ohne Schrift, vernunftlos

und unbestimmt an und für sich, aber fähig, Bilder, Eindrük-
ke [lies: *kai pathesi*] und Vorahnungen in sich aufzunehmen, und paradoxerweise begreift man die Zukunft erst,
wenn die Zukunft so weit wie nur denkbar von der Gegenwart entfernt ist. Diese Entfernung ist das Ergebnis einer
Veranlagung, eines Zustands des Körpers, der durch eine
Änderung, genannt »Inspiration«, beeinflußt wird. Öfters
gerät der Körper von sich aus in diesen Zustand, aber die
Erde übermittelt den Menschen die Quelle vieler anderer
Fähigkeiten; einige davon bewirken Trance, Krankheiten,
sogar den Tod, aber andere sind vorteilhaft, angenehm und
wohltuend; das geht aus den Berichten jener hervor, die sie
erlebt haben. Aber die Strömung, der Geist der Weissagung
ist am göttlichsten, am heiligsten, wenn sie ganz von selber
durch die Luft oder im fließenden Wasser naht, denn wenn
sie in den Körper eintritt, bewirkt sie in der Seele einen
ganz besonderen, ganz ungewöhnlichen Zustand. Es ist
schwierig, seinen Charakter genau zu beschreiben, aber
einige Analogien bieten sich an... [es folgen Bilder: es ist
wie Wein, wenn seine Dämpfe in den Kopf steigen; es ist
wie ein heißes Stahlmesser, das ins Wasser getaucht wird].

87

Auch in diesem Abschnitt vertritt Plutarch die These von der na-
turgesetzmäßigen Geltung der Divination. Sie stellt eine natürliche Tätigkeit der Seele dar, und man darf sich nicht darüber wundern, daß es sie gibt. Sogar der Ausdruck »weissagen« sei irreführend, meint er; man sollte einfach das Wort »sagen« verwenden.
   Plutarch unterscheidet zwischen einem Ereignis, das eintritt,
nachdem es vorausgesagt wurde, und der Voraussage eines Ereignisses, das eintreten wird. Dieser Unterschied mag uns etwas ge-
künstelt vorkommen, ähnlich wie die Spitzfindigkeiten der Stoiker, mit denen sich Cicero in *De Fato* auseinandersetzt. Es ist
auch merkwürdig, daß Plutarch gewisse Voraussagen als »un-
wahr« bezeichnet, obwohl sie durch spätere Ereignisse bestätigt
werden. Vielleicht meint er damit folgendes: In dem ungeheuren
Ozean der Zeit – sagen wir, während Millionen von Jahren –
wird sich früher oder später alles, was je vorausgesagt wurde, be-

wahrheiten. Für Plutarch ist die Voraussage eines Ereignisses, das in weiter Ferne liegt, keine echte Weissagung. Um auf menschlicher Ebene einen Wert zu haben, muß sie sich innert absehbarer Zeit erfüllen.

Plutarch, *Über die Orakel der Pythia* 398–99

Gibt es irgendein Ereignis, das die Zeit der Natur nicht schuldet? Gibt es etwas so Seltsames, so Unglaubliches zu Lande, zur See, in den Städten, im menschlichen Bereich, daß es nicht vorausgesagt werden kann, bevor es tatsächlich eintritt? Und das kann man kaum »weissagen« nennen, nur »sagen«, oder noch besser: Worte, die jeder Grundlage entbehren, in den unendlichen Raum werfen und ausstreuen. Gelegentlich begegnet ihnen auf ihrer Wanderschaft der Zufall und stimmt freiwillig mit ihnen überein. Es besteht ein Unterschied, meine ich, zwischen einem Ereignis, das eintrifft, nachdem es vorausgesagt wurde, und der Voraussage eines Ereignisses, das eintreten wird. Denn ein Bericht über Dinge, die noch nicht Wirklichkeit sind, birgt in sich ein Element des Irrtums, und es ist nicht recht, daß man auf eine Bestätigung, die sich zufällig ergibt, warten muß; auch darf man die Tatsache, daß das Ereignis eintrat, nachdem es vorausgesagt wurde, nicht als schlüssigen Beweis dafür verwenden, daß man es auf Grund eigenen Wissens voraussagte; alles bringt das Unendliche zustande. Nein, der treffsichere Mutmaßer, der nach dem Sprichwort [Euripides, Fr. 973 N.²] der beste Seher ist, gleicht einem Mann, der am Boden nach Indizien sucht und die Zukunft durch vernunftmäßige Vorhersagen ergründet. Propheten wie die Sibylle oder Bakis haben ihre Voraussagen wahllos in den Ozean der Zeit geworfen und gestreut – Worte und Sätze, die sich auf Erfahrungen und Ereignisse aller Art beziehen, und obgleich sich einige davon tatsächlich durch Zufall verwirklichen, ist das, was jetzt ausgesprochen wird, trotzdem eine Lüge, sogar, wenn die Prophezeiung sich als wahr herausstellt, sollte das Ereignis eintreten.

V

ASTROLOGIE

Einleitung

Der Glaube an die Macht der Gestirne ist älter als die wissenschaftliche Beschäftigung mit den Himmelskörpern. Im Griechischen steht *astronomia* für »Astronomie« und »Astrologie«. Daneben gibt es das Wort *mathesis*, »Wissenschaft«, aber spezifisch »Astrologie« als die Wissenschaft; *mathematikos* ist nicht eigentlich der »Mathematiker«, sondern der »Astrologe«. In der Antike, genau so wie heute, beruhte die Astrologie auf mathematischen Berechnungen und astronomischen Beobachtungen, aber das waren die Mittel zum Zweck. Dennoch darf man sagen, daß die Astrologie die »wissenschaftlichste« unter den okkulten Disziplinen ist.[1] Zahlenoperationen an sich sind objektiv; aber die Deutung, die auf ihnen beruht, ist von uralten Spekulationen gefärbt.

Die Wurzeln der Astrologie sind in Mesopotamien zu suchen. Die Chaldäer, ursprünglich eine babylonische Priesterkaste, gelten als die Erfinder der Astrologie, und noch viel später ist ein »Chaldäer« ein wahrsagender Astrologe.[2] Das Wort wird abgeleitet von Kaldu, einer Gegend im Südosten des babylonischen Reichs. Die Chaldäer verwendeten ihre astronomischen Kenntnisse, um einen Kalender festzulegen und die Daten religiöser Feiertage zu bestimmen. Inzwischen hatten die Assyrer Babylonien erobert und die astrologischen Methoden weiterentwickelt. Ihr König Assurbanipal ließ ein umfassendes Archiv anlegen, in dem auf Tontäfelchen astronomische Beobachtungen und Berechnungen aufbewahrt wurden. Diese Aufzeichnungen brachte man vermutlich in Zusammenhang mit besonderen Ereignissen, doch sie hatten ihren Wert an sich, denn sie erlaubten

es, Beobachtungen über lange Zeiträume hinweg zu koordi-
nieren und Fehler zu korrigieren. Obwohl Babylonier und
Assyrer keine Observatorien mit Präzisionsinstrumenten
im modernen Stil hatten, darf man ihre Leistungen nicht
unterschätzen.[3]

Man unterscheidet in der antiken Astrologie zwei verschiedene Gattungen: a) die Voraussage von Ereignissen,
die den König und das ganze Land, b) Ereignisse, die ein
Individuum betreffen. Die erste Gattung scheint die ältere
zu sein, denn lange Zeit war die Astrologie das Vorrecht der
Könige,[4] aber beide Gattungen beruhen auf dem Glauben,
daß die Position der Planeten in den Zeichen des Tierkreises
das Schicksal des Menschen als Individuum oder als Glied
einer Gemeinschaft bestimmt.

Das Horoskop eines Kindes, das am 29. April 263 v. Chr.
geboren wurde, mag als Beispiel spätbabylonischer Astrologie gelten: »Zu der Zeit [der Geburt] stand die Sonne im
Widder, 13,30 Grad, der Mond im Wassermann, 10 Grad,
Jupiter am Anfang des Löwen, Venus mit der Sonne, Saturn
im Krebs, Mars am Ende des Krebses… Ihm wird Reichtum fehlen… seine Nahrung wird seinen Hunger nicht befriedigen. Der Reichtum, den er in seiner Jugend hat, wird
nicht erhalten bleiben [?]. Während sechsunddreißig Jahren
wird er reich sein. Er wird lange leben.« Der Rest des Textes ist unklar.[5]

In diesem Horoskop ist die Sonne in einer guten Position, im Widder (nur der Löwe wäre noch besser), und das
könnte schon auf Erfolg, Reichtum und langes Leben hindeuten. Doch wenn ein Planet sich in einem Zeichen aufhält, das seinem natürlichen Domizil gegenübersteht, wird
die an sich günstige Deutung eingeschränkt; Saturn im
Krebs ist ungünstig; denn dieses Zeichen ist dem Steinbock,
dem Domizil Saturns, diametral entgegengesetzt; also ist ein
finanzieller Verlust zu erwarten.

Von Babylonien wanderte die Astrologie in die hellenisierten Teile des Mittleren Ostens, vor allem nach Ägypten,
von dort nach Griechenland. Im 3. Jahrhundert v. Chr.
schrieb Berossos, ein babylonischer Priester, eine Geschich-

te Babyloniens (nicht erhalten), die er König Antiochos I.
(324–261 v. Chr.) widmete. Dieses Werk behandelte offenbar
auch astrologische Lehren und wurde später in Ägypten gelesen. Dort entstand dann im 2. Jahrhundert v. Chr. ein umfassendes astrologisches Lehrbuch, als dessen Autoren Nechepso und Petosiris gelten. Nach ihrer Aussage empfingen
sie ihr astrologisches Wissen von Hermes (identisch mit
dem ägyptischen Gott Thoth.

Die derart systematisierte Astrologie verbreitete sich in
der griechischen Welt und wurde von den verschiedenen
Philosophenschulen diskutiert. Aristoteles beschrieb die Gestirne als Wesen, die mit übernatürlicher Intelligenz begabt
sind und rechnete mit ihrem Einfluß auf biologische Vorgänge auf der Erde. Die Stoiker (mit wenigen Ausnahmen)
hielten astrologische Prognosen für gültig, denn jede Art
von Divination vertrug sich mit ihrer Schicksalslehre. Die
skeptische Richtung innerhalb der platonischen Akademie
(Karneades, dessen Argumente bei Cicero nachwirken) und
außerhalb (Sextus Empiricus) lehnte die Astrologie ab.

Was das Alte Testament über die Astrologie sagt, ist lehr-
reich. Die Israeliten wußten, daß in benachbarten Kulturen
die Gestirne göttliche Verehrung genossen und daß die
Astrologie dementsprechend in hohem Ansehen stand. Es
gibt sogar Anzeichen, daß ganz früh auch Israel eine Art
Gestirnreligion kannte. Im Deboralied (*Richter* 5.2–31),
einem der ältesten Denkmäler hebräischer Literatur, nach
Baraks Sieg über Sisera verfaßt, heißt es »Die Sterne haben
vom Himmel herab gekämpft; die Sterne in ihren Bahnen
haben gegen Sisera gekämpft.« Aber das Lied als Ganzes ist
ein Dankhymnus an Jahwe, die Gestirngötter sind ihm also
untergeordnet.

Jesaia (eigentlich Deutero-Jesaia, kurz vor 539 v. Chr.) verspottet die Chaldäer (47.13): »Laßt eure Astrologen, eure
Sterngucker, die die Zukunft Monat für Monat voraussagen, aufstehen und euch retten.« Er nennt diese Astrologen
zusammen mit den Magiern als Berater des Königs von Babylon: sie machen sich anheischig, ihr Volk zu retten, aber
sie sind alle verloren.

Im Buch *Daniel*, das nach der Überlieferung im 6. Jahrhundert v. Chr. am babylonischen Hof verfaßt wurde, ist Daniel der erste unter den »Weisen«, d. h. den Astrologen und Magiern von Babylon, aber er bleibt den Gesetzen seiner Religion treu (*Daniel* 2.48). Das wird bedeuten, daß es unter gewissen Umständen einem frommen Juden erlaubt war, sich mit Astrologie zu befassen. Das Buch *Daniel* ist aber vermutlich erst im 2. Jahrhundert v. Chr. entstanden, spiegelt also bereits hellenistische Gedanken.

Wie schon gesagt, ist die Astrologie wie die Magie zuerst im hellenistischen Ägypten zu einem System ausgebaut worden.[6] Astrologen konnten von Menschen aller Schichten konsultiert werden, und sie erteilten Rat in allen Lebenslagen. Einige von ihnen, wie zum Beispiel der Astrologe Horus bei Properz (4.1.7–20), gaben sich als Seher oder Hierophanten aus;[7] andere praktizierten zweifellos auch Magie, um ihre Kunden vor den ungünstigen Einwirkungen der Gestirne, die sie erkannten, zu schützen.

Erwähnt sei die astrologische Medizin, auch »Iatromathematik« genannt. Es gab im Altertum Ärzte, die ihre Patienten nicht nur untersuchten, sondern auch ihr Horoskop stellten. Man hat sogar Galen einen iatromathematischen Text untergeschoben (*Opera* XIX, 529 ff K.). Er selber hat sich aber damit nicht befaßt (XIV 615 K.).

Die Christen und die Astrologie

Wir haben gesehen, daß in der »Weisheit Salomons«, einem apokryphen Buch, das vermutlich zu Beginn unseres Zeitalters von einem hellenisierten Juden in Alexandria verfaßt wurde, Salomon sagt, er habe von Gott okkultes Wissen verschiedenster Art empfangen, darunter »den Wechsel der Sonnenwenden und den Ablauf der Jahreszeiten, die Zyklen der Jahre und die Stellungen der Gestirne.[8] Das scheint eine Umschreibung der Astrologie zu sein, wie sie damals in Alexandrien aufgefaßt wurde. Obwohl das Buch nicht kanonische Geltung besitzt, hat es doch großen Einfluß innerhalb der Kirche gehabt. Augustin zitiert es fast achthundertmal.

Es gibt keinerlei Hinweise, daß Jesus und seine Jünger an die Macht der Sterne glaubten, aber die Erzählung von seiner Geburt, wie sie im *Matthäusevangelium*, 2.1–12 – nicht aber in den anderen Evangelien – niedergelegt ist, läßt die *magi*, die Weisen aus dem Morgenland, nach Bethlehem kommen, weil ein Stern ihnen die Geburt des Königs der Juden verkündet hatte. Diese Weisen sind Priesterkönige, vornehme Chaldäer, und ihre Kenntnis okkulter Dinge schließt die Astrologie ein und kann ohne weiteres im Sinne der »Weisheit Salomons« definiert werden. Dieser »Salomon« ist zum Teil der historische König des 10. Jahrhunderts v. Chr., zum Teil ein späthellenistischer Priesterkönig, dem auch eine Sammlung von Zauberformeln zugeschrieben wurde.

Da die *magi* in dem neugeborenen Kind einen König sahen, der ihrer Verehrung würdig war, vermuteten sie in ihm wahrscheinlich auch Fähigkeiten, die sie selber besaßen; das heißt: wäre aus Jesus ein Priesterkönig geworden, so wäre er der vollkommene *magus* gewesen, der größte Exorzist, der größte Astrologe, aber auch ein weltlicher Herrscher. Man kann nicht behaupten, daß all das in den Sternen geschrieben stand und dennoch logen sie nicht.

Die drei Weisen haben ihren festen Platz in der christlichen Tradition und bezeugen die weit verbreitete Vorstellung, daß die Himmelskörper große Ereignisse voraussagen, wenn man sie richtig zu deuten weiß. Sie lösen die Ereignisse nicht aus, sondern zeigen sie an. Eigentlich ist das ein Kompromiß zwischen der jüdischen Religion und der Astralreligion benachbarter Kulturen. Alle Macht ist bei Jahwe, aber man muß auch die Zeichen am Himmel beachten.

Die »Dunkelheit«, die sich über dem Land ausbreitete, als Jesus gekreuzigt wurde, und die bis kurz vor seinem Tod dauerte, wird von Matthäus (27.45), Markus (15.33) und Lukas (23.44–45) berichtet. Man hat darin eine Sonnenfinsternis gesehen, und das scheint die Auffassung des *Lukasevangeliums* zu sein, obwohl der Text unsicher ist. Dann wäre das der Gegensatz zu dem hellen Stern, der zur Zeit von Jesu Geburt am Himmel strahlte. So wurden seine Geburt und sein Tod als kosmische Ereignisse gesehen.

Merkwürdige astrologische Vorstellungen finden sich in der *Offenbarung Johannis.* Am Anfang (2.28) verspricht Jesus den Gläubigen den Morgenstern; am Ende (22.16) wird er selber mit dem Morgenstern verglichen; anderswo (1.20) dienen die Gestirne als Symbole für Engel.[9] Diese letztere Auffassung ist nicht selten; so heißt in einem Zauberpapyrus ein Stern ein Engel. Man kann auch darauf hinweisen, daß im Mittleren Platonismus (z.B. bei Philo von Alexandrien, *Plant.* 12 die Gestirne lebende, vernunftbegabte Wesen sind.

In seinem *Brief an die Galater* (4.3ff) tadelt Paulus die christlichen Gemeinden in Galatien, weil sie immer noch »die Elemente« (*ta stoicheia*) verehren und besondere Tage, Monate, Jahreszeiten und Jahre beachten. Die Bedeutung dieser »Elemente« ist umstritten, aber eine nicht unwahrscheinliche Erklärung ist die: Paulus denkt an Himmelskörper, und die besonderen Anlässe, welche die Galater immer noch feiern, sind die alten heidnischen Feste, die mit Sonne, Mond und den übrigen Gestirnen verbunden sind, denn auf ihren Bewegungen beruht der Kalender. Paulus warnt die Galater, den Neumond zu verehren, denn das entspricht noch ganz der alten Astralreligion und verträgt sich nicht mit dem Wort Gottes.

Im *Römerbrief* (8.38–39) schreibt Paulus: »Ich bin überzeugt, daß weder Tod noch Leben, weder Engel noch [übernatürliche] Mächte, daß weder die Gegenwart noch die Zukunft noch [kosmische] Kräfte über uns oder unter uns, daß kein anderes Geschöpf uns von der Liebe Gottes, die in unserem Herrn Jesus Christus ist, trennen kann.« Er verwendet die Begriffe *archai* und *dynameis, hypsoma* und *bathos*, übernatürliche Mächte und im Kosmos wirkende Kräfte. Wahrscheinlich dachte Paulus an Engel und Dämonen, die man sich als eine Hierarchie oder eine Armee nach dem Muster der römischen vorstellte. Vielleicht dachte er vor allem an die Gestirne, denn *hypsoma* und *bathos*, »Erhöhung« und »Erniedrigung«, sind auch astrologische Ausdrücke. Die eine Vorstellung schließt die andere nicht aus. Paulus ermahnt also die Christen in Rom, sich nicht vor Dämonen und anderen überirdischen Mächten zu fürchten. Einige davon mögen als Astralgeister in den Gestirnen wohnen.

Wir haben gesehen, daß die Bibel als Ganzes keine einheitliche Stellung gegenüber der Astrologie erkennen läßt. Der Wahrheitsanspruch des Christentums verdächtigt alle anderen Religionen und Offenbarungen – und die Astrologie war ursprünglich beides – oder läßt sie in den Hintergrund treten. Paulus jedenfalls sieht in dem uralten Glauben an Dämonen jeder Art eine Gefahr.

Man versteht gut, warum auch das frühe Christentum die Astrologie weder eindeutig akzeptiert noch mit aller Schärfe abgelehnt hat. Die alten Vorstellungen waren noch zu tief im Denken der Menschen verwurzelt. Auch die magischen Praktiken wurden nicht sofort abgeschafft.

Origenes (ca. 185–255 n. Chr.) war ebensosehr Platoniker wie Christ und glaubte wie Philon, daß die Gestirne vernunftbegabte (oder geisterfüllte) Wesen seien, die an den Menschen Anteil nehmen und Hinweise auf die Zukunft geben, nicht aber Ereignisse verursachen. Gleichzeitig meint er, daß die Astrologie als Wissenschaft jenseits aller menschlichen Fähigkeiten liege. Die Engel hätten sie von Gott gelernt, aber die Sterndeutung, wie sie auf Erden praktiziert wird, sei nicht nur wertlos, sondern geradezu gefährlich.[10] Dies ist ein genialer Kompromiß. Einerseits braucht Origenes nicht auf die Astralmystik zu verzichten, die sich aus seiner Philosophie ergibt; anderseits kann er die Vulgärastrologie, die natürlich manches Abstoßende hatte, verurteilen. Es gibt eben zwei Arten von Astrologie, so wie es zwei Arten von Liebe gibt, die himmlische und die irdische.

Für Tertullian (ca. 160–225 n. Chr.) wurde die Astrologie von den gefallenen Engeln erfunden, und kein Christ darf sich mit ihr befassen. Immerhin hat sie doch gewissermaßen einen himmlischen Ursprung. Die Weisen aus dem Morgenland waren nach seiner Meinung Astrologen, aber die sogenannte Wissenschaft an sich blieb dennoch suspekt. Tertullian findet es richtig, daß es den Astrologen verboten ist, Rom zu betreten.[11]

In seiner Jugend glaubte Augustin (354–430 n. Chr.), daß die Bewegungen der Sonne, des Mondes und der übrigen Gestirne den Ablauf des menschlichen Schicksals darstellten. Später jedoch griff er die Astrologie an. Das hat wohl damit zu tun, daß er jahrelang dem Manichäismus anhing, einer Form der Gnosis, die nach ihrem Gründer Mani (geboren um 216 n. Chr. in Babylon) benannt wird. Mani sah sich selber als Nachfolger Christi, aber seine Theologie wurde heftig bekämpft und schließlich zur Irrlehre erklärt.

Mani glaubte an ein mächtiges Prinzip des Bösen in der Welt, das Gott, dem Prinzip des Guten, entgegengesetzt war. Er war davon überzeugt, daß die Gestirne das Schicksal der Menschen regieren, und daß die Menschen, weil die Gestirne Dämonen oder Werkzeuge von Dämonen sind, eine Religion brauchen, die die Astrologie einschließt, damit sie diesen Mächten nicht hilflos ausgeliefert sind.[12] Augustins Kritik der Astrologie in den ersten sieben Kapiteln von Buch V des *Gottesstaats* ist ein dialektisches und rhetorisches Meisterstück.

Sein Hauptargument sind die Kinder, die sozusagen zur gleichen Zeit geboren werden, und deren Schicksale doch völlig anders verlaufen: der eine wird Senator, der andere Sklave. Solche Fälle waren von den Stoikern besprochen worden, und Nigidius Figulus, ein Neupythagoreer, führte folgendes Experiment aus: Er versammelte eine Gruppe von Skeptikern um eine Töpferscheibe und versetzte diese in schnelle Umdrehung. Dann versuchte er, einen im voraus markierten Punkt zu treffen.[13] Dies war unmöglich; die Scheibe drehte sich zu schnell, und die neuen Markierungen stimmten nie mit den alten überein. Nach Nigidius bewies dies, daß Zwillinge eine andere Persönlichkeit und ein anderes Schicksal haben, denn zwischen der Geburt des einen und der des anderen hat sich das Universum schon mit unvorstellbarer Schnelligkeit weiterbewegt; wenige Minuten oder Sekunden verändern das Bild von Grund auf. Für Augustin ist dieses Argument noch zerbrechlicher als der Topf, der durch die Drehung der Scheibe hergestellt wird.

Die Sterne und der Schicksalsglaube

Astrologie und Schicksalsglaube[14] gehen scheinbar Hand in Hand. Für viele Philosophen war das eine metaphysisch notwendige Verbindung. Andere lehnten die Astrologie ab, weil sie den freien Willen auszuschalten schien. Der Dichter James Kirkup hat dieses Dilemma folgendermaßen ausgedrückt: »Ich möchte gern an die Astrologie glauben, aber ich habe gleichzeitig das Gefühl, daß ich das nicht tun sollte. Doch die festgelegte Ordnung der Gestirne, ihr besonderer Aspekt im Augenblick unserer Geburt, haben etwas Unausweichliches, etwas Schicksalhaftes an sich. Ich glaube an die Sterne, so wie einige Rationalisten an Gott glauben.«[15]

Die alte Schicksalsidee, die ihre Wurzeln im religiösen Denken hat,[16] wurde von den Stoikern weiterentwickelt. Für sie ist Schicksal das Gesetz, nach dem alles, was geschah, so geschah, alles, was geschieht, so geschieht und alles, was geschehen wird, so geschehen muß. Für die Stoiker machten die Gestirne dieses Gesetz sichtbar, weil auch sie sich nach ewigen Gesetzen bewegen.

Das stoische Fatum ist nicht blind. Es ist vernünftig. Es stellt eine Form des kosmischen *logos* dar, der göttlich ist. Über diese Schicksalslehre entspannen sich fast unvermeidliche Kontroversen zwischen den philosophischen Schulen.[17]

Manche Astrologen waren Magier und versuchten, durch Formeln und Beschwörungen den Einfluß der Gestirne zu brechen oder doch zu mildern.[18] Wenn die Gestirne göttliche Wesen waren, so mußte es möglich sein, göttliche Wesen noch höheren Ranges zu finden und gegen sie einzusetzen.

Bemerkungen zur astrologischen Technik

Prinzipien und Technik der modernen Astrologie sind im wesentlichen dieselben, die sich für die hellenistische Zeit nachweisen lassen. Das System ist durch die griechischen und lateinischen Lehrschriften, die erhalten sind, durch die arabischen Übersetzungen verlorener Texte und durch die lateinischen Übersetzungen erhaltener und verlorener arabischer Texte tradiert worden. Auf jeder Stufe konnten neue Beobachtungen und Methoden hinzutreten. Auch das Universum änderte sich: drei neue Planeten (Uranus, Neptun und Pluto) wurden entdeckt. Durch die Präzession der Tagundnachtgleichen ist die Sonne schon längst nicht mehr zu der Zeit im Widder, zu der sie nach astrologischer Lehre dort sein sollte, also zwischen dem 21. März und dem 20. April. Dennoch gilt ein Horoskop heute wie damals als eine »geozentrische Karte des Sonnensystems im Augenblick einer Geburt«,[19] und die Deutung vollzieht sich nach den traditionellen Regeln, d. h. für den heutigen Astrologen steht die Sonne nach wie vor im Widder; allerdings wird er die »neuen« Planeten berücksichtigen, für deren Wirkungen unterdessen ein Konsens besteht.

Eins der wichtigsten Elemente des Horoskops ist der Aszendent, derjenige Grad der Ekliptik, der im Moment der Geburt am Horizont aufgeht. Dieser Grad befindet sich in einem der zwölf Zeichen, in die die Ekliptik unterteilt ist. Der Mensch wird durch dieses Zeichen, und innerhalb des Zeichens durch die sogenannten »Dekane«, das heißt Abschnitte von zehn Graden, sowie die Präsenz von Planeten und die Aspekte anderer Planeten geprägt. Der Aszendent, durch eine imaginäre Linie mit dem Erdzentrum verbunden, bestimmt den Beginn des ersten von zwölf »Häusern«.

Diese zwölf Häuser sind eine eigenartige Konstruktion. Im Gegensatz zu den Planeten und den Sternbildern haben sie keine konkrete Entsprechung im Weltraum. Es handelt sich um eine sinnreiche Aufteilung der Persönlichkeit, der Umwelt, des Schicksals eines Menschen in zwölf Sphären. Die Planeten und die Sternbilder geben jeder Sphäre ihren

Inhalt. Der Begriff des »Hauses« ist antik, aber die heute verwendeten Methoden der Abgrenzung, die auf trigonometrischen Operationen beruhen, sind kaum älter als die Renaissance. Die antiken Methoden waren wesentlich einfacher.

Das erste Haus ist die Persönlichkeit, das Ich, seine Ansprüche, seine Möglichkeiten und ihre Verwirklichung.

Das zweite Haus gibt Auskunft über den Besitz, das Vermögen, den finanziellen Erfolg, das dritte über Brüder und Schwestern, aber auch über Erziehung und Ausbildung, das vierte betrifft die Eltern, das väterliche Haus, die Wurzeln in der Vergangenheit, das fünfte Liebesbeziehungen, Liebhabereien und die eigenen Kinder (eine merkwürdige, aber nicht ganz unlogische Verknüpfung), das sechste den Gesundheitszustand, aber auch die Arbeit, die man leisten muß.

Das siebente Haus ist das Haus der Ehe, der Partnerschaft und der Feinde (die Kombination mutet ironisch an, leuchtet aber ein, wenn man an die Themen griechischer Tragödien denkt). Das achte Haus ist das Haus des Todes, deutet aber auch auf Menschen hin, die man beerben kann. Das neunte Haus bezieht sich auf das geistige Leben des Menschen, seine Religion, seine Philosophie, aber auch seine Reisen. Das zehnte Haus gibt Aufschluß über das Haus, in dem man wohnen, den Beruf, den man ausüben wird, die gesellschaftliche Stellung, den Lebensstil überhaupt. Das elfte Haus enthüllt Freundschaften und politische Beziehungen, und das zwölfte ist das Haus der Anfechtung, der Krankheit, der Sorgen, des Verrats und der Erniedrigung.

Die anderen Faktoren, die bei der Deutung des Horoskops berücksichtigt werden müssen, sind die Planeten. Jeder Planet hat Zeichen, die er bevorzugt, in denen er seine Wirkung vorteilhaft ausübt. Für die Sonne (sie wird, wie der Mond, nach der altüberkommenen astrologischen Lehre als Planet behandelt) ist das der Löwe, für den Mond der Krebs. Wichtig sind auch die »Aspekte« der Planeten untereinander, das heißt, die Winkel, unter denen sie sich »anschauen«. Opposition (180 Grad) und Quadrat (90 Grad) gelten als ungünstig, während Trigon (120 Grad) und Sextil (60 Grad) etwas Gutes bedeuten. Es ist eigenartig, wie rein zahlenmäßige Verhältnisse positiv oder negativ bewertet werden. Eigenartig ist auch die Vorstellung, daß die relative Stellung der Planeten zueinander ihre Macht modifiziert. Das mutet an wie eine Art himmlisches Schachspiel, in dem eine Figur die andere schlagen oder sogar matt setzen kann. Was nützt es zum Beispiel, einen »guten Jupiter« im Horoskop zu haben, wenn dieser von einem »schlechten« Mars, also etwa von Mars »erniedrigt«, in einem Zeichen, das ihm nicht zusagt, in einem Winkel von 90 Grad »angeschaut« wird? Daß reine Zahlenverhältnisse am gestirnten Himmel sich auf Erden positiv oder negativ auswirken können, ist ein Gedanke, den man Pythagoras zutrauen würde, wenn er nicht vermutlich noch älter wäre; aber daß Pythagoras daran beteiligt war, ist fast sicher.

Der Gedanke eines »himmlischen Schachspiels« ist faszinierend. Die Planetengötter bewegen sich auf dem kosmischen Schachbrett nach festen Regeln, und die Macht jedes einzelnen im Moment der Geburt kann ebenfalls nach festen Regeln bestimmt werden. Der Astrologe überblickt den Stand der Partie und kann sagen, weil er die Regeln beherrscht, ob das Gute oder das Böse siegen wird, das heißt, ob die Gestirne dem Nativen mehr Glück oder Unglück bringen.

Einerseits rechnet die Astrologie mit einem himmlischen Schachspiel. Andererseits ist die Astrologie mehr als nur ein Spiel. Sie läßt den ernsten Charakter einer alten Religion nicht verkennen. Es könnte eine Religion gegeben haben, in der die kosmischen Mächte des Guten und Bösen sich gegenseitig bekämpften, für die das menschliche Schicksal das Abbild eines kosmischen Dramas war. Eine solche Religion hat es tatsächlich gegeben: es ist die altpersische. Im Zoroastrismus stehen sich das Prinzip des Guten, Ahura Masda, und das Prinzip des Bösen; Ahriman, gegenüber. Man kann die »guten« und »bösen« Planeten als Verkörperungen dieser Mächte sehen. Nehmen wir dazu die Überlieferung von den Magiern aus dem Morgenland, so können wir die Mög-

lichkeit erwägen, daß Persien seinen Beitrag zur Astrologie
wie zur Magie geleistet hat.

Zarathustra soll von etwa 630 bis 550 v. Chr. gelebt haben,
Pythagoras von etwa 570 bis 495. Es wäre also nicht auszuschließen, daß Pythagoras diese Gedanken aufgenommen
und ihnen eine griechische Prägung gegeben hat.

Antike Literatur zur Astrologie

Die ältesten griechischen Horoskope, die sich erhalten haben, sind Papyrustexte oder Graffiti. Auch die überlieferten
Einführungen in die Astrologie sind relativ jungen Datums,
aber hinter ihnen steht eine lange Tradition. Keine dieser
Einführungen ist ein Handbuch in unserem Sinn, und niemand kann aus ihnen das Handwerk von den nötigen mathematischen Berechnungen bis zu den Regeln für die Deutung
von Grund auf erlernen. Das hängt wohl damit zusammen,
daß die astrologischen Autoren nicht alle ihre Geheimnisse
verraten wollten. Auch wer ein solches Buch gründlich studiert hatte, mußte wahrscheinlich noch bei einem erfahrenen Astrologen in die Lehre gehen. Manche Kenntnisse wurden mündlich überliefert.

Es ist hier nicht möglich, eine umfassende Darstellung
der astrologischen Literatur der Antike zu geben. Die wichtigen Bibliotheken Europas besitzen zahlreiche Manuskripte, die noch nicht veröffentlicht sind.[20] Hier bleibt für die
Forschung viel zu tun.

Ein bedeutendes Werk entstand unter Augustus und
Tiberius, in den ersten Jahren nach Christi Geburt. Es ist
ein astrologisches Lehrgedicht, über dessen Verfasser, Manilius, man praktisch nichts weiß. Er muß ein Stoiker gewesen
sein, und er beherrscht den durch Lukrez und Vergil gepräg-
ten Stil des lateinischen Lehrgedichts. Manches ist rein technischer Natur, aber es gibt Partien von poetischem Zauber.
Das Werk setzt Leser voraus, die schon viel Sachkenntnis
besitzen, und es legt Gewicht auf die philosophischen

Grundgedanken der Astrologie und die Schönheit ihres in sich geschlossenen Weltbilds.[21]

Übrigens hat das astrologische Lehrgedicht eine besondere Tradition. Die *Thesauroi* des Antiochos von Athen waren noch bei den Arabern berühmt; allerdings hat sich nur bei Palchos (5. Jahrhundert n. Chr.) ein Stück in Hexametern erhalten; auch eine ältere Prosaparaphrase gab es, aber das meiste davon ist verloren. Die *Apotelesmatika* des sogenannten Manethon enthalten vermutlich Stücke von verschiedenen Verfassern und sind im 2. Jahrhundert n. Chr. redigiert worden; auch von diesem Werk gibt es eine Paraphrase in Prosa.

Ptolemaios, dessen *Tetrabiblos* in der ersten Hälfte des 2. Jahrhunderts n. Chr. entstand, war einer der bedeutendsten Mathematiker und Astronomen aller Zeiten; seine wissenschaftlichen Verdienste werden noch heute anerkannt. Für ihn war auch die Astrologie eine Wissenschaft, und er bemühte sich, den Beweis zu erbringen, daß die Gestirne alles Leben auf unserer Erde in irgendeiner Form beeinflussen, wobei er Argumente vorausnahm, die erst etwas später, im Werk *Gegen die Astrologen* (um 200 n. Chr.) des Sextus Empiricus auftreten.

In Buch 1 der *Tetrabiblos* äußert sich Ptolemaios über den praktischen Nutzen der Astrologie. Seine Argumente schöpft er anscheinend aus Poseidonios, und dieser Philosoph wirkt auch in der astrologischen Ethnographie von Buch 2 nach, die Parallelen bei Manilius, Buch 4 hat; einiges stammt wohl aus der alten hippokratischen Schrift *Über Klima, Wasser und Lage*.

Vettius Valens aus Antiocheia, der Verfasser der *Anthologiae* (»Exzerpte«) lebte vermutlich im 3. Jahrhundert. Trotz des Titels handelt es sich um ein umfängliches Werk, und man fragt sich, wie groß das Werk gewesen sein muß, aus dem es »exzerpiert« wurde. Man könnte fast von einem systematischen Lehrbuch sprechen, aber es weist Lücken auf und scheint sich, ähnlich wie das Lehrgedicht des Manilius, an einen Leser zu wenden, der bereits gute theoretische Kenntnis und praktische Erfahrung hat. Er schöpft aus

Quellen, die auch Manetho und Firmicus Maternus benützen.

Firmicus Maternus (um 335 n. Chr.) schrieb ein Werk in
acht Büchern, das unter dem Titel *Libri Matheseos* überliefert und einem Prokonsul gewidmet ist.[22] Manche älteren
Quellen, zum Beispiel Nechepso und Petosiris, werden zitiert. Der Autor gibt Anleitungen für die Horoskopie und
Richtlinien für die Deutung. Er befaßt sich auch mit philosophischen Problemen, zum Beispiel mit der Willensfreiheit
und scheint sich bei einem Kompromiß zu beruhigen, der
auf neuplatonischen Einfluß deuten könnte: Da die Seele
göttlich ist, ist sie nicht ganz und gar von den Mächten abhängig, die durch die Sterne verkörpert oder zumindest an-
gezeigt werden. Man weiß nicht, ob Firmicus schon Christ
war, als er dieses Werk schrieb.[23] Die vielen astrologischen
Lehrschriften, die sich aus dem späteren Altertum erhalten
haben (manche sind noch nie vollständig ediert worden)
scheinen zum großen Teil von relativ wenigen älteren Werken abzuhängen, die wir nicht mehr besitzen; sie kompilie-
ren aber auch Ptolemaios und andere bekannte Texte. Im 8.
und wieder im 11. Jahrhundert scheint Konstantinopel eine
Blütezeit astrologischer Studien erlebt zu haben.

Plinius d. Ä., der oft magische Vorstellungen und Praktiken berücksichtigt, wendet sich gegen die Astrologie (*Nat.
Hist.* 2.6).[24] Er verneint jede enge Verwandtschaft (»Sympathie«) zwischen den Gestirnen und der Menschheit und
macht sich über die herkömmliche Symbolik lustig, nach
der z. B. die hellen Sterne Reichtum bedeuten usw. Die
»himmlische Mechanik« ist genau das, was der Ausdruck
besagt, nicht mehr. Dennoch scheint er an einen gewissen
Einfluß der Gestirne zu glauben, der noch nicht genau erkannt sei, am wenigsten von den Astrologen; denn »ihre
Natur ist ewig; sie weben sich in den Stoff der Welt und
mischen sich in seinen Einschlag.«

Neben der »wissenschaftlichen« Astrologie gab es damals wie heute eine populäre Astrologie, eine verwässerte
und durch Mißverständnisse entstellte Variante der »wissenschaftlichen«. Über diese Mißverständnisse macht sich

Petronius in Kapitel 39 seines *Satyricon* lustig. Ein schwer-
reicher, ungebildeter Protz namens Trimalchio sucht dort,
seine Gäste durch erlesene Speisen und allerlei anspruchsvolle Darbietungen zu beeindrucken. Er behauptet unter anderem, daß Menschen, die im Zeichen des Widders geboren
werden, viele Schafe und viel Wolle besitzen würden, daß
sie aber auch einen Hang zu lästiger Pedanterie hätten.
Nach derselben Pseudo-Symbolik werden diejenigen, die
im Zeichen der Waage geboren sind, Apotheker oder Metz-
ger, denn in diesen Berufen braucht man Waagen.

   Von besonderem Interesse sind die Horoskope, die sich
aus der Antike erhalten haben, zum Beispiel dasjenige Kaiser Hadrians (76–138 n. Chr.).[25]

Quellen

88

Dies ist ein Auszug aus einer *Suasoria*, einem Übungsstück, wie es die Professoren der Rhetorik von ihren Schülern verlangten und selber vorführten. Es galt, sich in eine bestimmte historische Situation zu versetzen, in diesem Fall in die Situation Alexanders des Großen vor seinem Einmarsch in Babylon. Die Astrologen hatten ihn davor gewarnt, und nun wandte – so wird angenommen – der König sich an seine Berater. Der Schüler mußte die Rolle der Berater spielen und alle Argumente, die für oder gegen den Einmarsch sprachen, so überzeugend wie möglich formulieren. Anschließend gab der Professor – in diesem Fall Arellius Fuscus, dessen Schule unter anderen der Dichter Ovid besucht hatte – seine eigene Version.

Diese Version ist von Seneca dem Älteren, dem Vater des Philosophen, viele Jahre später aus dem Gedächtnis vermutlich gekürzt aufgezeichnet worden.

Arellius Fuscus stellt sich auf die Seite der Skeptiker, die weder an Astrologie noch an irgendeine andere Form der Divination glauben. Für ihn ist ein Astrologe ein Scharlatan, der so tut, als sei seine Wissenschaft ein Geschenk der Götter, ähnlich wie Horus bei Properz 4.7. Die Ironie ist unverkennbar.

Der zweite Abschnitt beginnt mit den Worten: »Wenn das alles wahr wäre, warum beschäftigen sich nicht alle Menschen in jedem Zeitalter mit diesen Dingen?« Arellius Fuscus meint mit »diesen Dingen« alle damals praktizierten Methoden der Divination. Wenn die Astrologie wirklich eine exakte Wissenschaft wäre, würden alle Menschen Astrologen. Nun hatten die meisten zwar eine Ahnung von der Astrologie, aber die wenigsten praktizierten diese Kunst; folglich…

Im gleichen Zusammenhang nennt Arellius die Astrologen »jene, die sich in den Kampf der Schicksale werfen« (man muß *proelia* statt *pignora* lesen; das letztere ist die sinnstörende Wiederholung eines Wortes, das kurz zuvor verwendet wurde). Auch das ist ironisch: Die Astrologen sehen sich selber als Helden in einer kosmischen Schlacht: sie kämpfen, um ihre Kunden vor Schicksalsschlägen zu bewahren.

Seneca der Ältere, *Suasoriae* 3.7.4 (Arellius Fuscus)

Was ist das für ein Mensch, der behauptet, das Schicksal im
voraus zu wissen? Das Schicksal eines Menschen, der auf
Befehl eines Gottes Weissagungen singt, ist sicher ganz ungewöhnlich. Er kann sich nicht mit dem Mutterleib zufrieden geben, dem wir anderen, die wir nichts über die Zukunft wissen, entstammen. Der Mensch, der die Gebote
eines Gottes enthüllt, ist sicher durch ein göttliches Symbol
gekennzeichnet. Ja, gewiß: ein Seher erregt Furcht in der
Seele eines Königs, des Herrschers der Welt! Der Mann,
dessen Vorrecht es ist, Alexander zu ängstigen, muß selber
groß sein, muß hoch über der Masse stehen. Soll er doch die
Sterne seine Ahnen nennen! Soll der Gott ihn als den seinen
[d. h. seinen Sohn oder Nachkommen] bezeichnen! Wer
den Völkern ihre Zukunft kündet, kann sein Leben nicht
innerhalb derselben Grenzen [wie gewöhnliche Menschen]
leben; seine Person muß außerhalb aller Zwänge des Schicksals sein.

Wenn all das wahr wäre, warum beschäftigen sich nicht
die Menschen jedes Zeitalters mit diesen Dingen? Warum
nähern wir uns nicht von Kindheit an der Natur und den
Göttern so weit es geht? Die Gestirne sind ja zugänglich,
und wir können uns unter die Götter mischen! Warum erlernen wir mühevoll die Beredsamkeit? Es hat doch keinen
Sinn. Warum hantieren wir mit Waffen und bekommen
schwielige Hände dabei? Es ist ja gefährlich. Gibt es einen
besseren Gebrauch für unsere Gaben als die Kenntnis der
Zukunft?

Aber diejenigen, die sich »in die Schlacht der Schicksale«
werfen, wie sie es ausdrücken, wollen deinen Geburtstag
wissen und betrachten die erste Stunde deines Lebens als
Anzeiger aller kommenden Jahre. Sie beobachten die Bewegungen der Gestirne, die Richtungen, in die sie sich bewegen: ob die Sonne in drohender Opposition stand oder gütig auf das Horoskop schien; ob das Kind das Licht des Vollmonds empfing, ob der Mond eben begann, zuzunehmen
oder ob der Neumond sein Gesicht in Dunkel hüllte; ob

Saturn das eben geborene Kind einlud, ein Bauer zu werden, Mars einen für den Krieg bestimmten Soldaten aus ihm machte, Merkur einen erfolgreichen Geschäftsmann, ob Venus huldvoll ihre Gunst versprach oder Jupiter das Neugeborene aus einfachen Verhältnissen zu schwindelerregenden Höhen tragen würde. So viele Götter um ein Haupt versammelt!

Sie prophezeien also die Zukunft. Manchen haben sie ein langes Leben versprochen, aber der Tag [des Todes] war plötzlich da, ohne jede Warnung; anderen sagten sie einen frühen Tod voraus, und dennoch lebten sie lange Zeit, von sinnloser Furcht gequält [Text unsicher]. Wieder anderen haben sie ein glückliches Leben prophezeit, aber das Schicksal sandte ihnen Unbill jeder Art.

Es ist eben so, daß wir ein unsicheres Schicksal teilen, und daß das alles Illusionen sind, von schlauen Astrologen ausgedacht, und nichts wahres an ihnen ist. Gibt es einen Ort auf Erden, Alexander, der keinen deiner Siege gesehen hat? Der Ozean stand dir offen, und Babylon soll dir verschlossen bleiben?

89

Manilius, ein römischer Stoiker, hat ein imposantes astrologisches Lehrgedicht verfaßt. Man weiß über ihn nur, daß er unter Augustus und Tiberius gelebt hat. Sein Gedicht in fünf Büchern ist aber keine Einführung in die Astrologie. Es berührt einige Aspekte, läßt andere aus, bietet Exkurse, die für den Leser außerordentlich reizvoll sind, aber dem praktizierenden Astrologen jener Zeit wahrscheinlich wenig boten. Es ist möglich, daß das Werk unvollständig überliefert ist – ein großartiger Entwurf. Wie Lukrez seine Leser zur epikureischen Weltanschauung bekehren wollte, so will Manilius die Menschen zum Stoizismus hinführen. Für ihn ist das wie eine Erlösungsreligion.

Im folgenden Text beschreibt Manilius die Astrologie als ein Geschenk des Gottes Hermes, das ist nicht der altgriechische Hermes, sondern der ägyptische Thoth, der im späteren Hellenismus als Hermes Trismegistos verehrt wird. Das heißt wohl, daß Manilius die Astrologie als eine ägyptische Geheimwissenschaft be-

trachtete, die vor langer Zeit den Priestern offenbart worden war,
zumindest in ihren Grundgedanken, denn die Offenbarung
schließt nicht aus, daß im Lauf der Jahrhunderte eine Entwicklung stattfand.

Nach Manilius ist der Fortschritt der Astrologie nur ein Kapitel in der Geschichte des Fortschritts der Zivilisation überhaupt.
Er ist davon überzeugt, daß Magie, Astrologie und andere okkulte Wissenschaften ganz konkrete, zuverlässige Ergebnisse liefern,
weil sie auf wissenschaftlicher Grundlage beruhen und bewährte
Methoden anwenden.

Manilius, *Astronomica* I.25–112

Dank eines Geschenks der Götter wurde der Erde [d. h. der
Menschheit] eine tiefere Kenntnis des Weltalls gewährt.
Denn wenn sie das vor uns hätten verbergen wollen, wer
wäre klug genug gewesen, das kosmische Geheimnis, das
alles lenkt, zu stehlen? Könnte jemand, nur mit menschlicher Vernunft begabt, eine so gewaltige Aufgabe unternehmen, wie ein Gott gegen den Willen der Götter auftretend
und die Bewegungen der Himmelskörper im Zenith und im
Nadir, unter der Erde, enthüllen und beschreiben, wie die
Gestirne ihren Bahnen gehorchen, wenn sie den Weltraum
durchqueren? Du, Gott von Kyllene [Hermes], bist der Urheber, der Ursprung dieser großen, heiligen Überlieferung.
Dank dir kennen wir die fernsten Regionen des Himmels,
die Sternbilder, die Namen und die Bewegungen der Sterne,
ihre Bedeutung und ihren Einfluß. Du wolltest das Gesicht
des Weltalls vergrößern; du wolltest, daß die Macht der Natur, nicht nur ihre Erscheinung verehrt werde; du wolltest,
daß die Menschheit entdeckt, inwiefern der Gott der Erha-
benste ist.

Auch die Natur bot ihre Kräfte an und offenbarte sich
selbst. Sie fand es nicht unter ihrer Würde, den Geist von
Königen zu beflügeln; sie gab ihnen die Fähigkeit, die dem
Himmel nahen Höhepunkte zu berühren. Sie schuf eine Zivilisation für die wilden Völker im Osten, deren Länder
vom Euphrat geteilt und vom Nil überschwemmt werden,
wo das Weltall zurückkehrt und davonfliegt, hoch über den
Städten der dunklen Völker.

Da gewannen die Priester, die ihr Leben lang in den Tempeln ihren Gottesdienst verrichteten und auserwählt waren, die Gebete der Menschen auszudrücken, durch ihre Hingabe die Gunst der Götter. Schon die Gegenwart der göttlichen Macht entzündete ihre reinen Seelen, und Gott selber brachte Gott in ihre Herzen und offenbarte sich seinen Dienern.

Das waren die Männer, die unsere edle Wissenschaft begründeten. Sie waren die ersten, die dank ihrer Kunst erkannten, daß das Schicksal von den Planeten abhängt. Über viele Jahrhunderte hinweg wiesen sie mit unermüdlicher Sorgfalt jedem Zeitabschnitt die Ereignisse zu, die mit ihm verbunden sind: der Tag, an dem ein Mensch zu Welt kommt, das Leben, das er führen wird, der Einfluß jeder Stunde auf die Gesetze des Geschicks und die gewaltigen Auswirkungen kleiner Bewegungen. Sie erforschten jeden Aspekt des Himmels, wenn die Sterne zu ihren Ausgangsstellungen zurückkehrten. Sie wiesen dem unveränderlichen Ablauf des Schicksals den besonderen Einfluß gewisser Konstellationen zu. Das Ergebnis: Erfahrung, auf verschiedene Weise angewandt, brachte eine Kunst hervor; Beispiele zeigten den Weg; lange Erfahrung führte zur Entdeckung, daß die Gestirne durch geheimnisvolle Gesetze die ganze Welt beherrschen, daß die Welt selber sich nach ewigen Grundsätzen bewegt, und daß wir aus untrüglichen Anzeichen das Auf und Ab des Schicksals erkennen.

Vorher war die Menschheit roh und unwissend. Man betrachtete nur den äußeren Anschein der Schöpfung, ohne sie zu verstehen; voller Staunen starrte man auf das seltsame neue Licht des Weltalls. Manchmal trauerten die Menschen, als ob sie es verloren hätten; dann wieder waren sie froh, weil es schien, als wären die Sterne neu geboren [Text unsicher]. Sie verstanden nicht, warum die Tage verschieden lang sind und warum die Nächte nicht immer ein gegebenes Zeitmaß füllen, warum die Länge der Schatten nicht immer dieselbe ist, da sie ja davon abhängt, ob die Sonne sich entfernt oder zurückkommt. Die Menschheit war noch nicht so einfallsreich, um Handwerk und Kunst zu erlernen. Die

Erde lag öde und brach, weil die Bauern nichts wußten. In den Bergen lag Gold, aber keiner ging hin. Der Ozean hielt, von niemandem gestört, unbekannte Welten geheim: die Menschen wagten es noch nicht, ihr Leben der See und ihre Gebete den Winden anzuvertrauen; sie hielten das bißchen Wissen, das sie hatten, für ausreichend.

Aber mit der Zeit schärfte sich der Verstand des Menschen. Harte Arbeit machte die armen Geschöpfe erfinderisch. Die schwere Last, die jeder tragen mußte, zwang ihn, für sich selber zu sorgen. Sie begannen, sich zu spezialisieren und traten in einen geistigen Wettbewerb miteinander, und was immer sie durch Intelligenz, Erfahrung, Experimentieren entdeckten, teilten sie bereitwillig miteinander und trugen so zum Gemeinwohl bei. Ihre Rede – bisher war sie barbarisch gewesen – paßte sich nun ihren eigenen Regeln an. Der Boden – bisher unbebaut – wurde jetzt bestellt und gab vielerlei Ertrag. Der Seemann, immer unterwegs, fuhr über ein noch unerforschtes Meer und verband durch Handelswege Länder, die vorher nichts voneinander gewußt hatten. Allmählicher Fortschritt führte zur Entwicklung der friedfertigen und der kriegerischen Künste, denn Erfahrung bringt eine Fertigkeit aus der anderen hervor. Das Naheliegende braucht gar nicht erwähnt zu werden; aber die Menschen lernten, die Sprache der Vögel zu verstehen, die Zukunft aus den Eingeweiden vorherzusagen, Schlangen durch Beschwörungen zu brechen, Geister zu beschwören und die Tiefen des Acherons aufzuwühlen, Tag in Nacht zu verwandeln und Nacht in Tag. Die menschliche Intelligenz, immer begierig zu lernen, überwand alles durch stetes Bemühen, und der menschliche Verstand setzte seinem Streben keine Grenze, bis er den Himmel erklommen, die Geheimnisse der Natur bei ihren Grundsätzen erfaßt und alles gesehen hatte, was zu sehen ist.

Die Menschen begriffen, warum die Wolken durch gewaltige Donnerschläge erschüttert werden, warum Schneeflokken im Winter weicher sind als Hagel im Sommer, warum Feuer aus der Erde lodert, warum die feste Erde bebt, warum Regen fällt, was die Winde hervorbringt. Die Vernunft

befreite uns von dem Schrecken, den die Natur uns einjagt;
sie nahm Jupiters Blitz und Donnergrollen weg und schrieb
das Tosen den Winden, das Leuchten den Wolken zu. Nachdem die menschliche Vernunft jede Erscheinung auf ihre
wahre Ursache zurückgeführt hatte, machte sie sich daran,
den Aufbau des Weltalls zu erforschen, wobei sie ganz unten anfing, und versuchte, den gesamten Himmel zu erfassen; sie erkannte die Formen, gab den Sternen ihre Namen,
beobachtete die Kreise, in denen sie sich nach ewigen Gesetzen bewegen. Sie erkannte, daß alles nach dem Willen einer
göttlichen Macht geschieht und daß die Aspekte des Himmels und der Sterne durch ihre vielfältigen Konstellationen
unser Schicksal bestimmen.

90

An den Anfang seines Lehrgedichts stellt Manilius eine stoische
Kosmogonie. Es ist eine außerordentlich dramatische Darstellung
der Erschaffung der Welt, vergleichbar gewissen Stellen bei Lukrez und in Ovids *Metamorphosen*, die Manilius zweifellos gekannt hat, aber er hat etwas völlig neues aus ihnen gemacht. Er
stellt die Elemente in äußerst rascher Bewegung dar, die aber nur
so lange dauert, bis sie ihren Platz im Weltall gefunden haben:
Das Feuer rast empor zu den Zonen des Äthers, die Erde springt
durchs Wasser und so weiter. Das ganze Drama der Schöpfung
wird eindrucksvoll dargestellt. Ein typisch stoischer Gedanke
tritt in den Vordergrund: die Natur weiß genau, was sie tut; sie ist
kein »stümperhafter Dilettant«; der Philosoph hat nichts anderes
zu tun, als sie genau zu beobachten.
	Das freie Schweben der Erde im Weltall war offensichtlich ein
wissenschaftliches Problem, das Manilius und seine Zeitgenossen
beschäftigt hat. Er gibt eine relativ einfache Erklärung. Die Erde
ist rund, und rund ist auch das Weltall, das um sie rotiert. Die
Sonne, der Mond, alle Planeten sind rund, und rund sind auch die
Götter. Während das Planetensystem das Weltall durchquert (ein
bemerkenswerter Gedanke, der ganz modern anmutet), bewirkt
seine Rotation eine Art zentrifugale Bewegung. Manilius hat vielleicht ein physikalisches Experiment beobachtet, das einen solchen Ablauf nahelegte, aber im Grund ist seine Erklärung revolu

tionär im Vergleich zum Weltbild der meisten seiner Zeitgenossen.

Am Ende dieses Abschnitts gibt Manilius seinem Glauben an einen kosmischen Gott Ausdruck, einen Gott, dessen Geist (*pneuma*) der Atem des Weltalls ist. Das Weltall ist also ein beseelter, atmender Organismus, und sein Atem heißt »Gott«. Er ist das immanente Prinzip, das diese Welt am Leben hält. So wie im menschlichen Körper ein Organ ein anderes beeinflussen kann, so wird auch ein Teil des Weltalls durch etwas, das in einem weit entfernten Teil geschieht, beeinflußt. Manilius glaubt an das Prinzip der »kosmischen Sympathie«, das in der Astrologie und in den anderen okkulten Wissenschaften so bedeutungsvoll ist. Die philosophische Formulierung dieses Prinzips wird Poseidonios zugeschrieben, den Manilius offenbar als Autorität anerkannte.

Manilius, *Astronomica* 1.149–254 (V. 154 vor V. 159 und V. 167 nach V. 214 gestellt)

Feuer schwang sich im Flug hinauf zu den Zonen des Äthers, verteilte sich ganz oben am gestirnten Himmel und schuf aus flammenden Wänden die Mauern des Weltalls. Dann sank ein geistiges Element herab, verwandelte sich in eine leichte Brise und verteilte Luft im Mittelteil des Weltraums. Das dritte Element dehnte sich wellenförmig, als Wasser, aus und verströmte den Ozean, der aus dem Weltmeer kommt. Das alles geschah, damit das Wasser die leichten Lüfte ausatmen und verteilen und die Atmosphäre nähren konnte, die ihre Samen von ihm [dem Wasser] bezieht, aber auch, damit der Wind das Feuer nähren konnte, das sich unmittelbar unter den Gestirnen befindet. Schließlich senkte sich die Erde bis auf den Grund; sie war kugelförmig wegen ihres Gewichts, Schlamm, mit Triebsand gemischt, und Form annehmend, in dem Maße wie die Flüssigkeit verdunstete. Mehr und mehr Feuchtigkeit entschwand und wurde Wasser, Meere versickerten, das Land wuchs in die Höhe, und die Wasserflächen lagerten sich neben den Talsohlen. Berge tauchten aus den Meeren auf. Die Erde, zwar immer noch auf allen Seiten vom Ozean eingeschlossen, sprang durch die Wellen und blieb stabil, weil das Firmament an jedem Punkt dieselbe Distanz von ihm behielt, und

da es von allen Seiten fiel, bewahrte es seine Mitte und seinen untersten Teil vor dem [freien] Fall. [Hier folgt eine
Glosse: Denn Körper, die von Impulsen aus ihren Innern
getroffen werden, bleiben wie sie sind, und infolge der Zen-
tripetalkraft können sie sich nicht sehr weit entfernen.] Hin-
ge die Erde nicht in der Schwebe, so würde die Sonne, wenn
am Himmel die Sterne erscheinen, ihren Wagen nicht von
ihrem Untergang hinweg lenken und zu ihrem Aufgang zurückkehren. Auch der Mond würde nicht unter dem Horizont seinen Lauf durch den Raum nehmen; und der Morgenstern würde nicht in der Frühe des Tags scheinen, wenn
er am Ende des Tags als Abendstern sein Licht gespendet
hat. Genau genommen, ist die Erde nicht bis zu ihrem Tief-
punkt geschleudert worden. Sie schwebt nach wie vor im
Mittelpunkt. Deshalb gewährt ihr der ganze Raum [um sie
herum] Durchgang, so daß unter der Erde das Firmament
untergehen und wieder aufgehen kann.

Denn ich kann nicht glauben, daß die Sterne, die am Horizont erscheinen, rein zufällig dort aufsteigen, und [ich
kann nicht glauben], daß das Firmament immer und immer
wieder neu geschaffen wird und daß an jedem Tag die Sonne stirbt und neu geboren wird. Über die Jahrhunderte hinweg haben sich die Konstellationen in ihrem Aussehen
nicht geändert. Dieselbe Sonne ist von derselben Himmels-
richtung aus aufgestiegen. Der Mond hat sich im selben Zeitabschnitt durch seine Phasen bewegt. Die Natur bleibt den
Wegen, die sie selber geschaffen hat, treu. Sie ist kein blutiger Anfänger; Tage wandern um die Erde mit dem Licht,
das niemals ausgeht, und weisen dieselben Stunden bald diesen, bald jenen Regionen der Welt. Wenn du nach Osten
reisest, bewegt sich der Osten ständig von dir fort; dasselbe
geschieht mit dem Westen, wenn du nach Westen ziehst.
Was für die Sonne gilt, gilt auch für den Himmel... [Es folgen Beweise, daß die Erde im Raum schwebt und rund ist.]

Der organische Aufbau des gewaltigen Weltalls, seine einzelnen Teile, die aus verschiedenen Elementen bestehen –
aus Luft, Feuer, Erde und dem flachen Meer – wird von der
göttlichen Macht des Geistes beherrscht. Gott atmet durchs

Ganze auf mystische Weise und beherrscht es geheimnisvoll. Er überwacht die gegenseitigen Beziehungen zwischen allen Teilen, durch die der eine dem anderen seine Kraft vermittelt und die Kraft des anderen empfängt. So kommt es, daß kosmische Sympathie in alle Ewigkeit über einer Vielfalt von Phänomenen herrscht.

91

Wenn Manilius die Astrologie als einen Teil der stoischen Lehre verteidigt, so muß er gleichzeitig die Lehre Epikurs verwerfen. Die Epikureer geben zwar die Existenz der Götter zu, verneinen aber, daß sie sich mit den Anliegen der Menschen befassen. Die Stoiker glauben an eine permanente göttliche Kraft in der Weltgeschichte, die das Wirken des Zufalls ausschließt. Die Sternbilder, die Manilius zu Beginn unseres Zeitalters am Himmel sah, waren dieselben Sternbilder, welche die Griechen während des trojanischen Kriegs gesehen hatten. Darin drückt sich für Manilius ein göttlicher Wille aus, der sich immer gleich bleibt.

Manilius war sich der historischen Umwälzungen bewußt, die sich seit dem trojanischen Krieg ereignet hatten. Die Nachkommen der besiegten Trojaner hatten die Nachkommen der siegreichen Griechen gründlich besiegt. Auch das war Teil des göttlichen Plans. Nichts ist dem Zufall überlassen, sagt Manilius; alles geschieht im Rahmen eines kosmischen Plans, und die Astrologie ist die Wissenschaft, die diesen Plan erforscht.

Manilius, *Astronomica* 1.474–531

Es ist leicht, die hellen Sternbilder zu erkennen, denn sie zeigen keinerlei Abweichungen in ihren Auf- und Untergängen. Alle erscheinen zur gewohnten Zeit, um die ihnen eigenen Gestirne zu zeigen, und ihr Erscheinen und Verschwinden folgt einer gewissen Ordnung. Nichts ist wunderbarer in diesem unermeßlichen Gefüge als dieses Prinzip und die Tatsache, daß alles Geschehen bestimmten Gesetzen gehorcht. An keinem Punkt kann Verwirrung eindringen. Nichts weicht in irgendeiner Richtung ab oder bewegt sich in größeren oder kleineren Kreisen oder ändert seinen Lauf. Gibt es etwas anderes, das in seiner Erscheinung

so überwältigend und in seinem Rhythmus so zuverlässig
ist?

Kein anderes Argument scheint mir so überzeugend wie
dieses, zeigt es doch, daß sich die Welt in Übereinstimmung
mit einer göttlichen Macht bewegt, selber eine Gottheit ist
und nicht durch eine Laune des Zufalls entstand. Doch das
ist es, was Epikur uns einreden möchte: Er erbaute zuerst
die Wände des Weltalls aus winzigen Samen und löste sie
dann wieder in diese Samen auf. Er meinte ferner, daß die
Meere, das Festland und die Sterne am Himmel, aber auch
der Äther aus Atomen bestehen, und daß in dem gewaltigen
Raum ganze Welten geschaffen werden, sich wieder auf-
lösen und neu entstehen. Er behauptet auch, daß alles wieder in die Phase der Atome zurückkehren und seine Erscheinung ändern wird. Aber wer könnte glauben, daß so riesige
Ballungen von Materie ohne einen göttlichen Willen aus
winzigen Partikeln geschaffen werden, und daß die Welt
das Ergebnis von zufälligen Verbindungen ist? Wenn der
Zufall uns dieses Weltall gab, so soll der Zufall es lenken?
Aber dann muß man sich fragen, weshalb man die Gestirne
in regelmäßigen Zeitabständen aufgehen und ihren Lauf
vollenden sieht, wie auf Befehl, wie auf ein Gebot hin, niemals übereilt, niemals verspätet. Warum schmücken immer
dieselben Sterne die Sommernächte, dieselben Sterne immer
die Winternächte? Warum erlegt jeder Tag dem Himmel
eine gewisse Konstellation auf, wenn er kommt, und eine
gewisse Konstellation, wenn er geht? Als die Griechen
Troia zerstörten, bewegten sich der Große Bär und Orion
aufeinander zu; dem Bären genügte es, sich in einem Kreis
ganz oben zu drehen, und Orion stieg von der entgegengesetzten Seite auf zu ihm, während der Bär sich von ihm ab-
wandte, wobei Orion jeweils das ganze Firmament durch-
jagt, um ihm zu begegnen. Auch damals waren die Menschen imstande, mit Hilfe der Sternbilder die Zeit abzule-
sen, und der Himmel hatte seine eigene Uhr eingerichtet.
Wieviele Reiche sind seit der Zerstörung Trojas untergegan-
gen! Wieviele Völker sind in Gefangenschaft geraten! Wie
oft hat Fortuna Versklavung und Triumph in der Welt ver-

teilt und sich in anderer Form wieder gezeigt! Hat sie nicht die Asche Trojas neu entzündet und den Trojanern die Weltherrschaft gegeben, ohne an die Vergangenheit zu denken? Und jetzt ist Griechenland an der Reihe, vom Schicksal Kleinasiens [d. h. der Nachfahren der Trojaner, der Römer] unterdrückt zu werden. Wozu die Jahrhunderte aufzählen und nennen, wie manches Mal die Sonne wiederkam, um die Welt auf ihrem wechselhaften Lauf zu erhellen? Alles, was unter dem Gesetz der Sterblichkeit geboren ist, muß sich wandeln. Die Erde ist sich nicht bewußt, daß sie im Wandel der Zeiten verwüstet wird und daß ihr Gesicht sich im Lauf der Jahrhunderte ändert. Aber das Firmament bleibt sich gleich; es bewahrt alle seine Elemente; lange Zeiträume vergrößern es nicht, und das Alter vermindert es nicht; es weicht auch nicht im geringsten von seiner Bewegung ab oder bleibt in seinem Lauf zurück. Es wird immer sich selber bleiben, weil es immer sich selber war. Unsere Ahnen sahen es nicht anders, und unsere Nachfahren werden es nicht anders sehen. Es ist Gott; es wird sich niemals wandeln. Die Sonne macht nie einen Umweg in die Richtung der Bären, die in der entgegengesetzten Region des Himmels sind. Sie ändert ihre Richtung nie, bewegt sich nie von Westen nach Osten, die Morgendämmerung Ländern bringend, die sie noch nie gesehen haben. Der Mond wächst nicht über seine normale Lichtsphäre hinaus, sondern nimmt im gleichen Rhythmus ab und zu. Die Sterne, die am Himmel befestigt sind, fallen nicht auf die Erde herab, sondern vollenden ihre Bahnen in den ihnen zugemessenen Zeiträumen. Das alles ist nicht das Werk des Zufalls, sondern die Planung eines obersten Gottes.

92

Die Milchstraße spielte in der astrologischen Praxis der Antike keine große Rolle, aber als auffälliges himmlisches Phänomen mußte sie gewürdigt werden. Nachdem Manilius einige ältere Theorien erwähnt hat, beschäftigt er sich besonders mit der einen, die schon in Ciceros *Somnium Scipionis* (*De Republica*

6.16) vorliegt. Danach ist die Milchstraße der Ort am Himmel, der den Seelen von Heroen als Aufenthalt dient. Diese Seelen haben dieselbe Substanz wie die Sterne selber, und die Affinität wirkt als Anziehungskraft. Der Katalog bedeutender römischer Staatsmänner und Heerführer endet mit Augustus, der noch unter den Lebenden weilt, dem der Dichter aber schon jetzt einen Ehrenplatz im Himmel zuweist. Manilius kennt sicher Ciceros *Somnium* oder seine griechische Quelle; er kennt auch Vergils *Aeneis* 6.756 ff, wo Anchises seinem Sohn, der ihn in der Unterwelt besucht, die Reihe der Heroen zeigt, die während der kommenden Jahrhunderte die römische Geschichte bestimmen werden.

Nach dem folgenden Text zu schließen, bildeten Spekulationen über das Leben nach dem Tode einen Teil der astrologischen Lehre. Wer an das Überleben der Einzelseele glaubte (nicht alle Stoiker taten das), mußte die Seelen irgendwie einordnen. Die Milchstraße bot sich als passender Aufenthalt für hochstehende Seelen an: sie war sichtbar und bedeutungsvoll – der äußerste Gegensatz zu Hades, dem großen »Unsichtbaren«.

Manilius, *Astronomica* 1.758–804

[Der Dichter faßt zuerst fünf ältere Theorien zusammen; dann gibt er eine Erklärung der Milchstraße, die er selber bevorzugt.]

Oder könnte es sein, daß die Seelen von Heroen, von großen Männern, die des Himmels würdig sind, hierher kommen, um ihren eigenen Himmel zu bewohnen, nachdem sie aus ihren Körpern befreit und aus der irdischen Sphäre entlassen sind, und daß sie hier »ätherische Jahre« verbringen und das Firmament genießen…?

[Er nennt dann Heroen der griechischen Mythologie, darunter Peleus, Achilles und Agamemnon, und fügt ihnen eine Persönlichkeit der Geschichte bei, Alexander den Großen. Griechische Staatsmänner und Philosophen erwähnt er ebenfalls. Ein Katalog von bedeutenden römischen Heerführern und Staatsmännern folgt. Manilius hält fest, daß Augustus noch lebt; aber eines Tages wird er durch die Tierkreiszeichen den Himmel regieren, zusammen mit Jupiter, dem Donnerer, als seinem Gefährten.]

93

Manilius behandelt hier wie anderswo die »gegenseitige Sympathie«, die im Kosmos herrscht, und die »Summe aller Dinge«, die
ewig konstant bleibt. Manilius glaubt an einen obersten Gott, der
das Weltall geschaffen hat und es in Bewegung hält, aber – so
drückt er es aus – »die Bewegung speist die Schöpfung, sie ändert
sie nicht«. Eine bemerkenswerte Formulierung – genau so bemerkenswert wie Manilius' Vorausnahme eines Grundsatzes der modernen Physik.

Manilius, *Astronomica* 2.60–79

Ich will singen von dem Gott, der auf geheimnisvolle Weise
die Natur beherrscht, dem Gott, der den Himmel, die Erde
und das Meer durchdringt und das ganze gewaltige Gefüge
durch sein einigendes Band zusammenhält. Ich will davon
singen, wie das Leben des gesamten Weltalls auf gegenseiti-
ger Sympathie beruht und wie es sich durch die Kraft der
Vernunft bewegt, weil ein einziger Geist allen seinen Teilen
innewohnt und seine Ausstrahlung durch die ganze Welt
schickt, indem er sich überall verbreitet und allem die Form
eines lebenden Wesens gibt. Wenn der ganze Mechanismus
nicht solid aus sympathetischen Elementen errichtet wäre
und einem obersten Gebieter gehorchte, und wenn die Vorsehung nicht die ungeheuren Möglichkeiten des Weltalls beherrschte, so wäre die Erde nicht stabil und die Sterne blieben nicht innerhalb ihrer Bahnen – das Weltall würde vielmehr in die Irre gehen und sich ziellos bewegen oder aber
völlig still stehen; die Sternbilder würden die ihnen vorgeschriebenen Wege nicht beibehalten, die Nacht vor dem
Tag nicht fliehen und auch ihrerseits nicht dem Tag auf den
Fersen folgen. Der Regen würde nicht die Erde nähren,
noch die Winde den Äther, das Meer die Wolken, die Flüsse
das Meer, der Ozean die Quellen, noch würde die Gesamt-
summe der Dinge durch und durch in Ewigkeit dieselbe
bleiben, nachdem doch alles vom Schöpfer in gerechter Weise so geordnet wurde, daß die Wellen nicht vertrocknen,
das Festland nicht versinkt, der Himmel in seiner Bewegung nicht schrumpft oder sich über seine natürlichen Aus-

maße ausdehnt. Bewegung nährt die Schöpfung, verändert sie aber nicht…

94

Manilius will beweisen, daß die Astrologie wissenschaftliche Geltung besitzt. Seine Beweisführung ist zum Teil empirisch; so spricht er etwa von Seetieren, die ihre Gestalt in Übereinstimmung mit den Bewegungen des Mondes ändern. Solche Fakten hatte Poseidonios gesammelt.

Einige Gedanken, die er in diesem Abschnitt formuliert, sind besonders schön und tief und gehören in eine philosophische Tradition, die in der Antike immer wieder nachgewiesen werden kann und nicht einer bestimmten Schule angehört. Der Satz »Wir erkennen den Himmel nur dank dem Himmel« erinnert an das Axiom Plotins, wonach das Auge sonnenhaft sein muß, um das Licht der Sonne zu sehen.

Manilius verwendet auch das stoische Argument *a consensu gentium*: Wenn alle Menschen in einem Punkt gleicher Meinung sind, so muß in diesem einen Punkt die Wahrheit sein.

Manilius, *Astronomica* 2.80–149

So ist im Weltall alles eingerichtet und gehorcht einem Herrn. Dieser Gott und die Vernunft, die alles beherrscht, bringt irdische Geschöpfe von himmlischen Sternen herab. Obwohl die Sterne in weiter Ferne sind, gibt er uns ihren Einfluß zu spüren, weisen sie doch den Menschen ihr Leben, ihr Geschick und jedem Einzelnen seinen besonderen Charakter zu. Wir brauchen nicht in die Weite zu schauen, um den Beweis zu finden: So wirkt der Himmel auf die Äcker, so gibt er und versagt er diesen oder jenen Ertrag; so bewegt er das Meer durch Ebbe und Flut. Die ständige Bewegung des Meeres wird manchmal vom Mond bewirkt, wird aber auch dadurch hervorgerufen, daß er sich irgendwohin zurückzieht, und manchmal hängt sie vom jährlichen Lauf der Sonne ab. Deshalb verändern Tiere, die am Meeresgrund in ihrer Schale eingesperrt sind, ihre Gestalt, der Bewegung des Mondes entsprechend, und richten sich nach deinem Zunehmen, Delia, und nach deinem Abnehmen.

Deshalb drehst du dein Antlitz zum Wagen deines Bruders,
wendest es wieder ab und wirfst das Licht, das er dir gab
oder ließ: du bist ein Gestirn auf Kosten eines Gestirns.
Und dann: schau das Vieh, schau die Tiere an: sie werden
nie über sich selber und die Naturgesetze etwas wissen,
doch wenn die Natur sie ermahnt, heben sie ihre Seelen
zum Himmel, ihrem Vater, auf; sie schauen die Sterne an
und reinigen ihre Körper, wenn sie sehen, wie die Hörner
des Mondes zusammenwachsen. Sie sehen das Kommen
von Stürmen und die Rückkehr des schönen Wetters voraus. Wer kann da noch zweifeln, daß der Mensch mit dem
Himmel verwandt ist... [hier scheint etwas im Text zu feh-
len] ..., der Mensch, dem die Natur so wunderbare Gaben
verlieh: das Sprachvermögen, eine überragende Intelligenz,
einen scharfen Verstand. Steigt Gott nicht allein in den Menschen herab, wohnt in ihm und sucht sich selber? [Text unsicher; ein Stück scheint aus dem Zusammenhang geraten
zu sein]... Wer kann den Himmel erkennen, es sei denn
durch die Gnade des Himmels? Wer kann Gott finden, es
sei denn, er ist ein Teil von Gott? Wer kann denn eigentlich
in seinem beschränkten Geist den gewaltigen Bau dieses Gewölbes, das sich in die Unendlichkeit erstreckt, die Tänze
der Sterne, die ewigen Kriege zwischen den Planeten und
den Sternbildern [eine weitere Unsicherheit im Text]... sehen und verstehen, wenn die Natur unseren Geist nicht mit
einem besonderen Sehvermögen gesegnet, einen ihr verwandten Verstand auf sich selber gerichtet und uns in dieser
wunderbaren Wissenschaft unterrichtet hätte? Wie sonst,
wenn nicht durch etwas, das vom Himmel kommt und uns
in den Himmel und in die heilige Gemeinschaft der Natur
einlädt?

Wer wollte leugnen, daß es Frevel wäre, den Himmel gegen seinen Willen verstehen zu wollen, ihn einzufangen,
wenn der Ausdruck erlaubt ist, ihn in die menschliche Seele
zu zerren? Doch es bedarf keiner langen Erörterungen, um
zu beweisen, was klar ist: die Menschen glauben an unsere
Wissenschaft, und das verleiht ihr Ansehen und Gewicht.
Unsere Wissenschaft täuscht sich selber nie noch täuscht sie

andere. Die Technik muß genau nach Vorschrift befolgt werden, und man schenkt ihr mit gutem Grund Vertrauen. Alles ereignet sich so, wie es vorausgesagt wurde. Wer würde wagen, das als Lüge zu bezeichnen, was Fortuna bestätigt? Wessen Stimme könnte sich gegenüber dieser überwältigenden Mehrheit durchsetzen?

Das alles möchte ich enthusiastisch in meinem Gesang bis hinauf zu den Sternen tragen. Ich verfasse kein Gedicht in der Masse und für die Masse. Frei und ganz allein will ich meinen Wagen lenken, als wäre die Rennbahn leer, und keiner wird aus der entgegengesetzten Richtung kommen oder neben mir auf derselben Strecke fahren. Was ich singe, soll der Himmel hören, die Sterne werden staunen und die Welt sich am Gesang ihres Dichters freuen. Ich singe auch für die, denen die Sterne großzügig das Wissen um ihre Wege und deren Bedeutung verliehen haben: es sind nur ganz wenige in der ganzen Welt. Doch groß ist die Masse derer, die Reichtum und Gold lieben, Macht und die Abzeichen der Macht, ein Leben der Muße, voll von sanftem Luxus, süßer, angenehmer Musik und lieblichen Klängen, die das Gehör berühren. Das alles versteht man viel leichter als die Lehre vom Schicksal. Aber das Gesetz des Schicksals gründlich zu erfassen, ist ebenfalls ein Teil des Schicksals.

95

Die antike Astrologie gab sich als eine Wissenschaft, war aber gleichzeitig mehr und weniger als ihre Anhänger behaupteten. Sie erforderte mathematische Kenntnisse. Das errechnete Horoskop mußte nach bestimmten Regeln gedeutet werden. Dazu kam die persönliche Erfahrung des Astrologen, seine Intuition. Dieser Teil wird wohl im Traumbuch des Artemidoros behandelt, aber kaum in den astrologischen Texten. Und doch ist die Situation dieselbe.

Der Astrologe spricht mit dem Klienten, gewinnt einen Eindruck von ihm, verschafft sich Einblick in seine persönlichen Verhältnisse. Es ist natürlich anders, wenn das Horoskop eines Neugeborenen gestellt wird, aber auch dann erfährt der Astrologe etwas über das Elternhaus, die Verwandtschaft, die soziale Stellung der Familie. Man wird kaum behaupten, daß sich der Astrologe einzig und allein von den Gestirnen lenken ließ, auch wenn es für Manilius scheinbar nichts anderes gibt.

Manilius, *Astronomica* 2.567–607

Die vielfältigen Beziehungen zwischen den Zeichen bewirken Feindschaften und schaffen mancherlei Konflikte und in entsprechender Zahl. Deshalb hat die Natur aus sich selber nie etwas Wichtigeres, Wertvolleres geschaffen als die Bande der Freundschaft. Unter vielen Generationen von Menschen, während vieler Zeitalter und Perioden, in vielen Kriegen und schweren Zeiten, sogar im Frieden, ist es fast unmöglich, einen Freund zu finden, wenn man ihn braucht. Es gab nur einen Pylades, einen Orestes, der sich anerbot, für seinen Freund zu sterben; jahrhundertelang gab es nur diesen einen Wetteifer, sich aufzuopfern; es war einzigartig, daß der eine sterben und der andere nicht nachgeben wollte… [Das folgende Textstück gehört vermutlich nicht hierher]. Aber wie groß ist die Summe der Verbrechen in der Geschichte der Menschheit! Völlig unmöglich ist es, die Erde von der Last des Hasses freizusprechen!… [Text unsicher]… Muß ich die Zerstörung von Städten, den Verrat von Tempeln, Katastrophen aller Art mitten in Friedenszeiten, giftige Mixturen, Überfälle auf dem Marktplatz, Mord innerhalb der Stadtmauern, Verschwörungen, die unter dem Mantel der Freundschaft lauern, erwähnen? Das Böse waltet überall inmitten der Menschen, und die ganze Welt ist voll von Wahnsinn. Gut und Böse werden verwechselt, und Ungerechtigkeit mißbraucht brutal die Gesetze; das Verbrechen vermag mehr als die Strafe. Kein Wunder: Unter vielen Zeichen werden Menschen für Zwietracht geboren. Deshalb ist der Friede aus der Welt verschwunden; selten findet man das Band des Vertrauens, und nur wenigen ist es verliehen; die Erde befindet sich im Konflikt mit sich selber, der Himmel auch; das Menschengeschlecht wird vom Gesetz des Zwists beherrscht.

96

Obwohl Manilius an Götter glaubt oder doch von ihnen als kosmischen Mächten spricht, operiert er auch mit dem Konzept der Natur, *physis*. Es ist schwer, zu sagen, ob die Natur für ihn eine wirkliche Macht ist oder nur eine Bezeichnung für alles, das göttlich, schöpferisch und dauernd ist. Vielleicht handelt es sich um einen Kompromiß zwischen dem traditionellen Polytheismus der griechisch-römischen Welt, einem Stoizismus römischer Prägung und der besonderen Weltanschauung eines Astrologen, der gleichzeitig Stoiker ist. Der Gedanke, daß das Weltall sich selber beherrscht, ist in diesem Zusammenhang wichtig, und »Natur« scheint ein Oberbegriff für einen autonomen, allumfassenden Organismus zu sein, in dem jedes Phänomen, jede Idee, jeder Traum seinen Stellenwert, seine Bedeutung hat. Die Astrologie kann daher als eine Symbolsprache betrachtet werden, welche diese Wahrheit ausspricht.

Für Manilius und die philosophische Autorität, der er folgt (Poseidonios?), ist das Weltall nicht so sehr ein wissenschaftlich zu erforschendes Objekt als ein Geheimnis, das es zu erleben und zu ergründen gilt; sobald dies geschehen ist, liefert es ein System von Regeln, und diese Regeln ermöglichen es dem Astrologen, die Persönlichkeit eines Menschen zu beschreiben und seine Zukunft zu bestimmen.

Manilius, *Astronomica* 3.47–66

Die Natur, der Ursprung von allem, die Hüterin von Geheimnissen, schuf die gewaltigen Bauten, die die Mauern des Weltalls bilden und umgab den Erdball, der genau in der Mitte schwebt, mit einer weit sich dehnenden Schar von Gestirnen. Mittels bestimmter Gesetze gliederte sie unter sich verschiedene Teile – Luft, Erde, Feuer und Wasser, das fließt – in eine Einheit und gebot ihnen, sich gegenseitig zu nähren, damit eine Harmonie über all diesen gegensätzlichen Prinzipien herrsche und die Welt, durch die Bande eines gegenseitigen Abkommens zusammengehalten, von Bestand sei. Um sicher zu sein, daß nichts in ihrem Grundplan fehle und daß alles, was zum Weltall gehört, vom Weltall selber beherrscht werde, richtete die Natur es ein, daß das Leben und das Schicksal der Sterblichen von den Ster-

nen abhängt. Die Natur wollte, daß sie [die Gestirne] in
ihrer nimmermüden Bewegung für alle entscheidenden Ereignisse verantwortlich seien: den Lichtglanz, den Ruhm...
Jede nur denkbare Situation, jede Tätigkeit, jede Leistung,
jede Fertigkeit, jeder Umstand, der in einem Menschen-
leben eintreten kann, wurde von der Natur in ihrer Zuteilung erfaßt und der Zahl der Gestirne entsprechend verteilt...

97

Manilius bespricht die zwölf »Häuser«, in die nach herkömmlicher Lehre die Astrologie den Raum um die Erde aufteilt. Diese
Regionen werden bis heute im Horoskop durch zwölf Radien
bezeichnet, die von der Erde als Mittelpunkt ausgehen. Anders
als die zwölf Zeichen des Tierkreises entsprechen sie keinerlei
Realität im Weltraum; sie sind eine Konstruktion, die ihren Ursprung in der antiken Anthropologie und Psychologie hat. Jedes
Haus stellt, wie oben (S. 392f) erläutert, einen Aspekt der menschlichen Persönlichkeit, des menschlichen Lebens dar.
    Eine Frage, die der Astrologe sehr oft beantworten mußte, ist
die Frage nach der Lebenserwartung. Manilius beschreibt eine
Methode, die auf zwei Grundsätzen beruht. Zuerst betrachtet der
Astrologe den Aszendenten, also das erste Haus. Wenn es mit
dem Widder zusammenfällt, d. h., wenn das Tierkreiszeichen Widder im Augenblick der Geburt am Aufgehen begriffen ist, so fügt
dies den (auf anderem Weg errechneten) Lebensjahren des Nativen weitere 10 ⅔ Jahre hinzu. Ist der Mond im ersten Haus in
günstiger Position, so bedeutet das eine Lebensspanne von 78 Jahren. Addiert man die Lebenserwartungen aller 12 Häuser und divi-
diert durch 12, so ergibt sich ein Durchschnitt von knapp 55 Jahren. Die höchste Lebenserwartung ist die oben genannte von 78,
und das scheint damals ein relativ hohes Alter gewesen zu sein. In
Ciceros *Somnium Scipionis* (*De Republ.* 6.12), einem Text, den
Manilius sicher kannte, prophezeit Scipio Africanus der Ältere
seinem Adoptiv-Enkel den Tod im Alter von 56 Jahren und sieht
im Produkt von 7 und 8 eine besondere Bedeutung, denn diese
beiden Zahlen seien »vollkommen«; Numerologie und Astrologie bestätigen sich also gegenseitig.

Manilius, *Astronomica* 3.560–617

Ich habe gezeigt, was für ein Leben uns über bestimmte
Zeitabschnitte hinweg in jedem Augenblick bestimmt ist.
Ich habe ferner gezeigt, welchem Gestirn jedes Jahr, jeder
Monat, jeder Tag, jede Stunde gehört. Nun ist es nötig, daß
ich ein anderes Prinzip erkläre, das sich auf die Lebenszeit
des Individuums bezieht: es zeigt an, wieviele Jahre jedes
Zeichen gewähren soll. Man muß diese Theorie sorgfältig
erwägen und die Zahlen im Gedächtnis behalten, wenn man
die Lebensspanne mittels der Sterne voraussagen will. Der
Widder gibt 10⅔ Jahre, der Stier 12⅔, die Zwillinge 14⅔,
der Krebs 16⅔, der Löwe 18⅔, die Jungfrau 20⅔, die
Waage dieselbe Zahl, der Skorpion dieselbe wie der Löwe,
und die des Schützen entsprechen derjenigen des Krebses.
Der Steinbock gibt 14⅔, der Wassermann 12⅔. Widder
und Fische haben nicht nur eine gemeinsame Grenze; sie
geben beide auch 10⅔ Jahre.

Um die Berechnung, die zur Bestimmung des zu erwartenden Lebensalters führt, zu verstehen, genügt es aber
nicht, sich die feststehende Zahl der Jahre zu merken, die
jedes Zeichen gibt. Die »Tempel« [d.h. Häuser] und die
»Teile« des Himmels schenken etwas Besonderes und fügen
die ihnen eigene Zahl von Jahren in genau festgelegter Folge
hinzu, wenn die Gesamtkonstellation richtig ist. Hier will
ich nur den Bescheid der »Tempel« erörtern; später, wenn
der Leser den ganzen Aufbau des Weltalls besser versteht
und die verschiedenen Abschnitte nicht hier und dort ver-
streut sind… [Text unsicher; es scheint etwas ausgefallen zu
sein], kann man die ganze Verbindung mit ihren Sonder-
bedeutungen behandeln.

                                  98

Manilius ist nicht nur Astrologe, er ist auch Philosoph, und Philosophie war damals zu einem großen Teil Psychotherapie. Es genügt nicht, dem Menschen zu sagen, wer er ist und was die Zukunft für ihn bereit hält; man muß ihm auch helfen, sich mit seinem Geschick abzufinden. Was Lukrez in seinem Lehrgedicht

ein halbes Jahrhundert zuvor aus epikureischer Sicht getan hatte, will Manilius jetzt vom stoischen Standpunkt aus tun. Er glaubt fest an eine göttliche Vorsehung. Die himmlischen Mächte meinen es gut mit uns, auch wenn wir das nicht immer sogleich erkennen. Es gilt also, sich in alles zu fügen, was einem zustößt. Nur so kann der Mensch glücklich leben. Was geschieht, mußte geschehen. Wir können unser Schicksal nicht ändern (auch nicht durch Magie), nur unsere Einstellung zu ihm.

Das Leben war damals nicht weniger komplex als heute, und wenn Manilius sagt: »Wir tun immer so, als würden wir gleich anfangen zu leben, aber wir leben nie«, so war das damals genau so gültig wie jetzt. Mit »leben« meint er »richtig« leben oder »glücklich« leben.

Manilius interessiert sich besonders für das Paradoxe in der Geschichte. Das Unerwartete, das Unvorhergesehene tritt immer ein. Das Schicksal wollte es, daß das alte Reich der Trojaner in einem einzigen Mann, Aeneas, überlebte, und weil er nach Italien kam, wurde Rom aus einem Dorf eine Weltstadt. Das ist natürlich eine mythologische Konstruktion, aber dank Vergil galt sie als historische Tatsache.

Manilius, *Astronomica* 4.1–118

Warum verbringen wir sinnlos unser Leben mit Sorgen? Warum quälen wir uns mit leeren Befürchtungen, grundlosen Wünschen? Wir altern vorzeitig, weil wir uns ständig ängstigen; wir verlieren das Leben, das wir verlängern möchten. Weil unseren Wünschen keine Grenze gesetzt ist, können wir nie glücklich sein. Wir tun immer so, als würden wir gleich anfangen zu leben, aber wir leben nie. Je mehr einer hat, umso ärmer ist er, weil er immer mehr will; er zählt nicht das, was er schon hat, sondern wünscht sich nur das, was er noch nicht hat. Die Natur benötigt, erfordert eigentlich sehr wenig für sich selber, aber in unseren Gebeten errichten wir hohe Gebäude – von denen wir dann herabstürzen. Mit unserem Gewinn kaufen wir Luxusartikel und mit einem luxuriösen Leben – Erpressung. Der höchste Preis des Reichtums ist – den Reichtum zu verschleudern!

Befreit euren Geist, ihr Menschen, laßt eure Sorgen fahren und erleichtert euer Leben von all diesem sinnlosen

Kram. Das Schicksal regiert die Welt: Alles ist an bestimmte Gesetze gebunden: Ewigkeiten sind durch Ereignisse bestimmt, die im voraus festgelegt wurden. Wir sterben im Augenblick der Geburt, und vom Anfang hängt das Ende ab. Das Schicksal ist die Quelle von Reichtum, Macht und – leider auch – Armut; es gibt uns, wenn wir auf die Welt kommen, Fähigkeiten, einen Charakter, Laster und Tugend, Verlust. Niemand kann das zurückweisen, was ihm gegeben, noch das verlangen, was ihm verweigert ist. Keiner kann Fortuna erhaschen, indem er sie gegen ihren Willen herbeiwünscht, noch ihr entgehen, wenn sie sich nähert. Jeder muß das ihm bestimmte Los in Empfang nehmen...

Wie oft fällt der Tod kräftige Körper an! Wie oft flieht der Tod vor sich selber und stürmt durch die Flammen! Viele trug man zu ihrer Bestattung, aber sie kehrten lebend vom Grab zurück; zwei Leben wurden ihnen geschenkt; anderen kaum eines. Eine unbedeutende Krankheit kann zum Tod führen; von einem Leiden erholt man sich. Die Medizin ist hilflos, Logik und Erfahrung bemühen sich umsonst, Pflege schadet, Vernachlässigung hilft und Aufschub setzt manchmal der Krankheit ein Ende. Nahrung kann gefährlich sein, Gift harmlos.

Söhne sind schlechter als ihre Väter, aber manchmal auch besser; sie sind so wie sie sind. Der Erfolg [einer Dynastie?] kommt mit einem Herrscher und verschwindet mit einem anderen. Einer, der rasend verliebt ist, kann übers Meer schwimmen oder – Troja zerstören! Eines anderen ernste Gesinnung eignet sich dazu, Gesetze zu erlassen. Sieh nur: Söhne töten ihre Väter, Eltern ihre Kinder, und Brüder kämpfen miteinander auf Tod und Leben. Diese Verbrechen sind nicht Menschenwerk: die Menschen begehen solche Scheußlichkeiten unter Zwang; sie werden zu ihrer eigenen Bestrafung und Verstümmelung angetrieben...

Ist es nicht wahr, daß das Gute versagt und das Böse Erfolg hat, daß tollkühne Unternehmen sich lohnen und sorgfältig geplante scheitern? Das Geschick entscheidet nicht, wer den Sieg verdient; es hilft nicht dem, der das Recht auf seiner Seite hat; ziellos, absichtslos streift es durch die Menge.

Also ist da etwas Anderes, etwas Größeres, das uns zwingt und beherrscht und alles, was sterblich ist, seinen eigenen Gesetzen unterwirft. Den Menschen, die von ihm geboren werden, weist es die Lebensjahre, Aufstieg und Niedergang zu. Manchmal vereint es die Körper von Tieren und Menschen, und eine solche Geburt entsteht nicht aus einem Samen; denn was haben wir mit Tieren gemeinsam? Ist ein Ehebrecher jemals durch eine Mißgeburt für seine Sünde bestraft worden? Die Gestirne sind es, die neuartige Gebilde erzeugen; der Himmel bringt durch Kreuzung neue Rassen hervor. Und überhaupt: Wenn es keine schicksalshafte Kette von Ereignissen gäbe, warum wäre sie uns überliefert? Warum wird zu gewissen Zeiten alles, was eintrifft, prophezeit?

Und doch kann diese Lehre nicht dazu mißbraucht werden, ein Verbrechen zu entschuldigen oder eine edle Tat um ihren Lohn zu betrügen. Niemand haßt giftige Pflanzen weniger, weil sie nicht aus eigenem Willen, sondern aus einem ganz bestimmten Samen wachsen; und wohlschmeckende Nahrung wird man nicht weniger schätzen, weil die Natur, nicht ein Willensakt, uns diesen Ertrag der Erde schenkt. Gleichermaßen gebührt menschlichen Verdiensten größerer Ruhm, weil die Leistung dem Himmel verdankt wird. Anderseits müssen wir die Bösen noch mehr hassen, gerade weil sie für Verbrechen und Sühne bestimmt sind. Es spielt keine Rolle, wo das Verbrechen entspringt; es ist so oder so ein Verbrechen. Die Tatsache, daß ich das Schicksal auf diese Weise deute, ist vom Schicksal bestimmt.

99

Am Anfang seines astrologischen Lehrbuchs versucht Ptolemaios, wissenschaftlich zu begründen, warum die Astrologie recht hat. Uns wird eine solche Begründung kaum wissenschaftlich vorkommen. Wir wissen heute, daß die Sonne kein Planet ist, und neue Planeten sind seither im Sonnensystem entdeckt wor-

den. Aber man muß sagen, daß zu Ptolemaios' Zeiten keine bessere Begründung möglich war als die von ihm gegebene, und sein
Ansehen bewirkte, daß man seine Theorien allgemein akzeptier-
te. Nach seiner Meinung ist die Astrologie zum Teil empirisch,
zum Teil intuitiv, zum Teil theoretisch.

Er verwendet im wesentlichen zwei Konzepte – die »Äther-
substanz«, die er Aristoteles entlehnt, und die »kosmische Sympathie«, die er bei Poseidonios gefunden hat. Aber in gewissem Sinn
ist die Astrologie für ihn auch eine Erfahrungswissenschaft. Der
vielfältige Einfluß der Sonne und des Mondes auf natürliche Vorgänge auf der Erde war eine anerkannte Tatsache, und es lag
nahe, den entfernteren, weniger eindrucksvollen Planeten einen
ähnlichen Einfluß zuzuschreiben. Hier beginnt natürlich die Spe-
kulation: was für Sonne und Mond feststand, wurde auf andere
»wandelnde Gestirne« (denn das bedeutet *planetes*) übertragen,
und zwar nach einem ganz bestimmten Schema. Da das Volk
über die Bewegungen von Merkur, Venus, Mars usw. nichts wußte, wurde die Astrologie eine Wissenschaft für Spezialisten.

Man muß sich auch darüber im klaren sein, daß die Wirkung
der Sonne auf das Leben auf unserem Planeten ganz anderer Natur ist als die des Mondes. Sonne und Mond »erzeugen« die Gezeiten, wobei der Mond wesentlich stärker einwirkt als die Sonne. Gesichert ist der Einfluß der Sonne auf das Wachstum der
Pflanzen; eine elfjährige Periode, die an den Jahrringen von Bäumen abgelesen werden kann, entspricht der elfjährigen Sonnen-
fleckenperiode. Andere solar-terrestrische Erscheinungen (magne-
tische Stürme) werden noch erforscht. Untersucht werden auch
biologische Rhythmen, die mit dem Mondphasenwechsel parallel
laufen. Man spricht von einer »inneren« oder »physiologischen«
Uhr, die letztlich doch wohl von Himmelskörpern gesteuert
wird.

Was heute wissenschaftlich anerkannt ist, war zum Teil schon
im Altertum bekannt. Man darf sich nicht wundern, daß auf relativ gesicherter empirischer Grundlage ein kühnes spekulatives System errichtet wurde, das eine Vielzahl von Problemen zu lösen
schien.

Ptolemaios, *Tetrabiblos* 1.2.1–3

Es ist jedermann klar und kann ohne weiteres erklärt
werden, daß eine besondere Kraft aus der ewigen ätherischen Substanz ausströmt und sich verbreitet und daß sie

sich in Richtung des ganzen Raums, der die Erde umringt, bewegt. Dieser Raum ändert sich beständig, weil die Haupt-elemente der sublunaren [unteren] Sphäre, Feuer und Luft, durch Bewegungen in der ätherischen [oberen] Region be-einflußt werden. Doch sie selber umringen und beeinflussen alles andere, nämlich Erde, Wasser, Pflanzen und Geschöp-fe, die auf der Erde und im Wasser leben. Irgendwie beein-flußt die Sonne zusammen mit der Atmosphäre fortwäh-rend alles auf Erden, nicht nur durch die Veränderungen, die jeweils im Lauf der Jahreszeiten geschehen – Le-bewesen werden geboren, Pflanzen tragen Früchte, Wasser fließt, Körper verändern sich –, sondern sie wirkt auch durch ihren täglichen Lauf um die Erde, indem sie Wärme, Feuchtigkeit, Trockenheit und frische Luft in einer zweck-mäßigen Folge und ihren Konstellationen in Bezug auf den Zenith entsprechend aussendet. Weil der Mond der Erde am nächsten ist, entlädt er eine gewaltige Kraft auf sie. Le-bewesen und leblose Dinge in großer Zahl befinden sich in einem Sympathie-Verhältnis mit dem Mond und wechseln mit ihm: Flüsse schwellen an, trocknen aus, dem Licht des Mondes folgend; Meere wechseln ihre Gezeiten je nach Auf-gang und Untergang des Mondes; Pflanzen und Lebewesen wachsen und schrumpfen in einer durch den Mond beding-ten Rhythmik. Die Übergänge von Fixsternen und Planeten bringen ebenfalls Zustände von weitreichender Wirkung in der Atmosphäre hervor – Hitze, Wind, Schnee –, die ihrer-seits das Geschehen auf der Erde beeinflussen. Außerdem schaffen ihre gegenseitigen Aspekte durch ihre Begegnun-gen und die Mischungen von Einflüssen die verschiedensten Entwicklungen. Die Kraft der Sonne überwiegt, wenn man ganz allgemein die Struktur der Eigenschaft [Text unsicher] betrachtet, aber andere Himmelskörper tragen zu einem ge-wissen Teil dazu bei oder wirken ihm entgegen. Der Mond tut dies in einer Weise, die mehr in die Augen fällt und kon-tinuierlicher ist – zum Beispiel der Neumond, der Viertel-mond, der Vollmond. Die übrigen Gestirne tun dies in grö-ßeren Abständen und in einer Weise, die weniger deutlich sichtbar ist – zum Beispiel in ihren Auf- und Untergängen und ihren gegenseitigen Annäherungen. Wenn man es so betrachtet, muß es einem logisch erscheinen, daß nicht nur Dinge, die schon ihre Form gefunden haben, mit Notwendigkeit von den Bewegungen dieser Himmelskörper beeinflußt werden, sondern daß auch das Keimen und Reifen von Samen je nach dem Zustand der Atmosphäre Form und Gestalt annimmt...

100

Wie Manilius glaubt auch Ptolemaios, daß die Astrologie eine göttliche Kunst ist, die der Menschheit durch die besondere Gunst der Götter geschenkt wurde. Wie ist es denn möglich, daß sie sich irrt? Und dennoch kommt es vor. Man darf nicht der Kunst Schuld geben, sagt Ptolemaios, nur den unvollkommenen menschlichen Wesen, die sie ausüben. In dieser Hinsicht läßt sich die Astrologie mit der medizinischen Wissenschaft und der Kunst der Navigation vergleichen. Ein Steuermann macht einen Fehler; das bedeutet aber nicht, daß die Kunst der Navigation wertlos ist.

Wir können aus diesem Text (wie auch aus Nr. 88) ersehen, daß die Kunst, die Ptolemaios, Manilius und andere für göttlich hielten, schon im Altertum kritisiert wurde. Die Kritiker störte es unter anderem, daß der Astrologe jeweils möglichst viel über den Nativen, seine Familie usw. zu erfahren suchte, statt sich auf das Wissen zu beschränken, das ihm angeblich die Gestirne vermittelten. Darauf entgegnet Ptolemaios, daß sich auch die Ärzte mit gewissen Aspekten einer Krankheit befassen, die, genau genommen, außerhalb der medizinischen Forschung liegen. Man müsse eben die Gesamtpersönlichkeit betrachten, meint er.

Ptolemaios, *Tetrabiblos* 1.2.5

Es wäre falsch, über derartige Prognosen ganz hinwegzugehen, nur weil sie manchmal falsch sind. Schließlich halten wir auch die Kunst der Navigation nicht für unzuverlässig, weil sie öfters versagt. Wenn wir uns mit einer Kunst befassen, und ganz besonders, wenn es eine göttliche Kunst ist, müssen wir das akzeptieren, was im Rahmen des Möglichen liegt, und damit zufrieden sein. Wir Menschen sind so, daß wir unbekümmert alles fordern und die gültigen Auskünfte verlangen, die die Kunst nicht geben kann. Das ist falsch. Wir sollten uns vielmehr still ihrer Schönheit bewußt sein. Wenn der Arzt, der einen Patienten untersucht, über die Krankheit im allgemeinen und über die individuelle Reaktion des Patienten spricht, haben wir nichts einzuwenden. Warum kritisieren wir Astrologen, die in ihre Diagnose die Abstammung des Nativen, seine Heimat, seine Erziehung und andere Umstände miteinbeziehen?

101

Hier äußert sich Ptolemaios über die Schwierigkeiten der Zeitmessung in der Antike; es gab ja keine Präzisionsuhren.

Ptolemaios, *Tetrabiblos* 3.2

Manchmal ist es schwierig, die Grundlage, das wichtigste von allem, festzustellen, nämlich die Minute der Geburt. Im allgemeinen ergibt sich nur durch die Beobachtung mittels eines ›horoskopischen‹ [d.h. »die Stunde schauenden«] Astrolabiums im Augenblick der Geburt die genaue Zeit, und der Beobachter braucht eine gewisse Erfahrung. Fast alle ›horoskopischen‹ Instrumente, die von ernsthaften Astrologen verwendet werden, können in mancher Hinsicht versagen: Sonnenuhren, weil der Gnomon [d.h. die Nadel oder das Dreieck, das den Schatten wirft] an der falschen Stelle oder in einem falschen Winkel angebracht ist; Wasseruhren, weil das Wasser unregelmäßig oder überhaupt nicht abfließt; das kann aus verschiedenen Gründen, aber auch rein zufällig geschehen. Deshalb scheint es mir notwendig, durch eine natürliche, logische Methode den Grad des Tierkreises zu bestimmen, der im Begriff ist, aufzugehen… Wir müssen den Zeitpunkt der Syzygie [d.h. der Konjunktion oder Opposition] von zwei Himmelskörpern nehmen, der der Geburt unmittelbar vorausgeht – es kann Neumond sein oder Vollmond – und wenn wir den Grad der beiden Himmelsleuchten [d.h. Sonne und Mond] bestimmt haben, wenn Neumond oder Vollmond ist, den genauen Grad derjenigen Himmelsleuchte, die über der Erde

ist, müssen wir feststellen, welche Gestirne sie zur Zeit der
Geburt beherrschen.

102

Mars und Saturn gelten als »schädliche« Planeten, aber ihr Einfluß kann durch eine »ehrenvolle« Stellung gemildert werden. Stehen sie dagegen in Zeichen, die ihnen »feindselig« sind, so bringen sie Typen hervor, wie Ptolemaios sie im folgenden schildert.

Ptolemaios, *Tetrabiblos* 3.13

Saturn mit Mars in ehrenvoller Stellung vereint, bringt Menschen hervor, die weder gut noch böse sind; sie arbeiten
schwer, mischen sich gern in die Angelegenheiten anderer,
sind prahlerische Feiglinge, streng in ihrem Gehaben, erbar-
mungslos, hochmütig, grob, zänkisch, rücksichtslose Auf-
wiegler, Intriganten...
    In der entgegengesetzten [d. h. ungünstigen] Stellung
bringen sie [Mars und Saturn] hervor: Räuber, Piraten, Fäl-
scher, Geächtete, Schieber, Atheisten... Diebe, Meineidige,
Mörder, solche, die verbotene Speisen essen, Verbrecher,
Totschläger, Giftmörder, Tempelräuber, Grabschänder und
überhaupt Menschen, die ganz und gar verrucht sind...

103

Dieses kurze Gedicht des Ptolemaios faßt zusammen, was man
das religiöse Erlebnis des Astrologen angesichts der Gestirne
nennen könnte. Es drückt sich auch in seinem Handbuch hier
und dort aus, aber nie so deutlich wie in diesen Zeilen. Man spürt
ein Gefühl der Demut angesichts der Ewigkeit der Götter und
des Universums, gleichzeitig aber ein Gefühl des Stolzes.

Ptolemaios, *Anthologia Palatina* 9.577

Ich weiß, daß ich sterblich bin, das Geschöpf eines Tages.
Aber wenn ich die kreisförmigen Bahnen der Gestirne erforsche, berühre ich nicht mehr mit den Füßen die Erde; ich
bin Zeus nahe und nähre mich nach Herzenslust mit Ambrosia, der Götterspeise.

104

Der folgende Text, der sich auf einem Papyrus des 2. oder 3. Jahrhunderts n. Chr. erhalten hat, war ursprünglich Bestandteil eines
astrologischen Handbuchs. Der Abschnitt handelt von den verschiedenen Konstellationen der Planeten: Konjunktion, Opposition, Trigon. Die Bedeutung der einzelnen Konstellationen ergibt
sich aus ihrer Natur (das Trigon zum Beispiel ist günstig), der
Natur der Planeten, die sich »anschauen« (daher der Name
»Aspekt«) und aus ihrer Stellung in den Zeichen des Tierkreises.
Die Kunst des Astrologen besteht darin, die einzelnen Faktoren
gegeneinander abzuwägen und zu einem Gesamtbild zu verbin-
den.
   Die Symbolik, die dahinter steckt, ist leicht zu verstehen. Merkur deutet auf günstige Gelegenheiten, vor allem im Geschäftsle-
ben, Jupiter vertritt Macht, Ansehen, Autorität, Mars bezeichnet
Aggressivität. Diese Symbolik wirkt sich natürlich auf verschiedenen Lebensstufen ganz verschieden aus.

Papyrus Tebtunis Nr. 276 (2.–3. Jahrhundert)

Wenn außerdem Merkur in Konjunktion und Mars in einer
unregelmäßigen Situation ist … von einem ungünstigen Umstand. Wenn Mars gleichzeitig in Opposition mit Saturn ist,
während die eben genannte Konstellation noch existiert,
wird dies den Gewinn aus diesen Geschäften zunichte machen. Saturn im Trigon mit Mars bedeutet [Unglück]. Jupiter im Trigon oder in Konjunktion mit Mars bringt große
König- und Kaiserreiche. Venus in Konjunktion mit Mars
bedeutet Geschlechtsverkehr und Ehebruch; wenn außerdem Merkur in Konjunktion mit ihnen ist, so bedeutet es
Perversionen …

105

Vettius Valens, ein astrologischer Autor des 2. Jahrhunderts nach
Christus, hält es für seine Aufgabe, seinen Klienten die Wahrheit
zu sagen und ihnen zu helfen, sich mit ihr abzufinden. Die meisten Menschen sind nicht imstande, ihr Schicksal zu ertragen; sie
betrügen sich selber, indem sie sich falsche Hoffnungen machen
oder an die Macht des Zufalls glauben. Hoffnung und Zufall hal-

ten die Menschheit zum Narren. Wir müssen uns bemühen, gute
Soldaten des Schicksals zu sein und seine Befehle zu befolgen, so
gut es geht. Oder – ein anderes Bild – wir sollten uns Schauspieler zum Vorbild nehmen, die ihre Rolle spielen und die Bühne
verlassen, wenn das Stück zu Ende ist.

Dies ist die Selbstdisziplin der stoischen Ethik, wie sie im wesentlichen auch Manilius (Nr. 98) predigt.

Vettius Valens, *Anthologiae* 5.9 (= p. 219 Kroll)

Das Schicksal hat für jedes menschliche Wesen die unabän-
derliche Verwirklichung seines Schicksals beschlossen, indem es dieses mit vielen Ursachen für gute und schlimme
Ereignisse verstärkte. Deswegen handeln zwei selbstgezeug-
te Gottheiten als Diener des Geschicks. Sie beherrschen unser Leben. Durch Zwang und Trug bringen sie uns dazu,
das zu akzeptieren, was bestimmt ist. Die eine Gottheit [der
Zufall] manifestiert sich gegenüber allen durch die Verwirklichung des Horoskops, indem sie sich manchmal als gut
und freundlich, manchmal als düster und grausam erweist.
Manche erhebt sie, um sie in die Tiefe zu werfen; andere
stürzt sie ins Dunkel, um sie zu umso höherem Glanz em-
porzuheben. Die andere Gottheit [die Hoffnung] ist weder
dunkel noch heiter: sie versteckt sich und geht in Verkleidung umher, lächelt alle an wie eine Schmeichlerin und
zeigt ihnen viele wunderschöne Aussichten, die zu erreichen unmöglich ist. Durch solchen Trug beherrscht sie die
meisten, und obwohl sie von ihr betrogen werden und voller Vergnügungssucht sind, lassen sie sich zu ihr hinziehen
und glauben fest, daß ihre Wünsche erfüllt werden – und
dann passiert ihnen gerade das, was sie nicht erwarten.
Manchmal bietet dir die Hoffnung Garantien, aber in
Wirklichkeit hat sie dich schon verlassen und ist zu einem
anderen gegangen. Allen scheint sie nahe und bleibt doch
bei keinem.

Diejenigen, die mit astrologischen Prognosen nicht vertraut sind und sich mit ihnen nicht zu beschäftigen wünschen, werden von den beiden genannten Gottheiten fortge-
trieben und versklavt, erleben jede Art von Bestrafung und

leiden gern. Manche finden einen Teil ihrer Erwartungen
erfüllt, stecken dann ihre Ziele höher und hoffen auf ein
günstiges Ergebnis, das von Dauer wäre, ohne daß ihnen
bewußt wird, wie unsicher alles ist und wie leicht ein Unglück geschieht. Andere, die in ihren Erwartungen enttäuscht worden sind, und zwar nicht nur ab und zu, sondern immer wieder, liefern Körper und Seele den Leidenschaften aus und leben ohne Scham und Zucht, oder sie sind
Sklaven des launischen Zufalls und der trügerischen Hoffnung und können nie etwas leisten im Leben. Doch jene,
welche die Wahrheit und die Vorhersage der Zukunft zu
ihrem Lebensberuf machen, befreien ihre Seele aus der Sklaverei. Sie verachten den Zufall, geben sich nicht der Hoffnung hin, fürchten sich nicht vor dem Tod und leben unge-
stört. Sie haben ihre Seele zur Tapferkeit erzogen und sind
weder vom Erfolg aufgebläht noch vom Mißerfolg nieder-
gedrückt, sondern geben sich mit dem zufrieden, was
kommt. Da sie auf Vergnügungen und Versuchungen aller
Art verzichten, sind sie gute Soldaten des Schicksals geworden.

Denn es ist nicht möglich, durch Gebete oder Opfer die
Grundlage, die zu Anbeginn gelegt wurde, zu beseitigen
und durch eine zu ersetzen, die einem mehr zusagt. Alles,
was die Zukunft für uns bereithält, wird geschehen, auch
wenn wir nicht darum beten, und was nicht bestimmt ist,
wird nicht geschehen, trotz unseren Gebeten. Wie Schauspieler auf der Bühne, die ihre Masken dem Stück des
Autors entsprechend ändern und gelassen Könige oder Räuber oder gewöhnliche Leute oder Götter darstellen, so müssen auch wir die Rollen spielen, die das Schicksal uns zugewiesen hat, und uns dem anpassen, was sich in einer bestimmten Szene ereignet, auch wenn es uns nicht behagt.
Denn wenn einer sich widersetzt, so wird er »so oder so
leiden und keine Anerkennung ernten« [*Kleanthes,* Fr. 527
Arn.].

106

In seinem Handbuch schildert Vettius Valens die Freude, mit der
ihn seine Arbeit als Astrologe erfüllt. Für ihn ist die Astrologie
nicht nur ein Beruf, sondern eine Berufung, die ihm keine Zeit
für Vergnügungen und Zerstreuungen läßt. Pferderennen, Kon-
zerte, das Theater, das Ballett interessieren ihn nicht. Er ist überzeugt, daß alle diese sogenannten Belustigungen in sich bereits
den Keim des Leidens tragen, das ihnen auf dem Fuße folgt. Das
gilt nicht für die Beschäftigung mit dem gestirnten Himmel; es
gilt auch nicht für die reine Forschung, die Suche nach der Wahrheit. Die Alchemisten sprechen von ihrer Kunst mit demselben
Enthusiasmus, der hier spürbar ist.

Vettius Valens, *Anthologiae* 6.1 (= p. 242 Kroll)

Ich konnte mich nie für die verschiedenen Arten von Pferderennen, das scharfe Peitschenknallen oder die rhythmischen
Bewegungen von Tänzern begeistern. Auch den oberfläch-
lichen Reiz von Flöten, Dichtungen und melodischen Weisen – alles, was das Publikum durch eine gewisse Kunstfer-
tigkeit oder durch Scherze anzieht – genoß ich nie. Nie
nahm ich an irgendwelchen nützlichen oder schädlichen
Beschäftigungen teil, die zwischen Lust und Schmerz gespalten sind... Nachdem ich einmal die göttliche, ehrfürchtige
Betrachtung der Gestirne erlebt hatte, erfüllte mich der
Wunsch, meinen Charakter von jedem Laster, jeder Beflek-
kung zu reinigen und meine Seele unsterblich zurückzulas-
sen. Es war mir, als verkehrte ich mit himmlischen Wesen,
und ich eignete mir einen nüchternen Forschergeist an.

107

In seinen Lehrvorträgen befaßte sich Plotin nicht nur mit der Magie (oben Nr. 28), sondern auch mit der Astrologie. Er nimmt sie
ernst (*Enneaden* 3.1.5) und beruft sich auf die Lehre von der kosmischen Sympathie, um sie zu begründen. Allerdings sieht er in
den Gestirnen nicht die Ursachen des irdischen Geschehens. Sie
zeigen nur an, was geschehen wird; sie können weder unseren
Willen lenken noch unsere Persönlichkeit prägen, und da sie göttliche Wesen sind, darf man sie schon gar nicht für das Übel in der

Welt verantwortlich machen. Es muß eine höhere Macht geben, die gleichzeitig die Gestirne und unser Leben beeinflußt; die Gestirne selber sind nur eine Art Anzeiger dieser verborgenen Macht, und auch nur für jene, die sie zu lesen wissen.

Alle Seinsweisen sind durch die Ausdehnung oder das Überfließen einer einzigen unpersönlichen, immateriellen Kraft bedingt, die Plotin das »Eine« oder das »Gute« nennt. Das »Böse« gibt es auch, aber Plotin betrachtet es als eine Art von Nicht-Sein, das sich rein materiell der Sinnenwelt darbietet. Dadurch gelingt es ihm, die Vorstellung einer bösen Weltseele als Gegenspielerin des »Guten« auszuschließen.

In diesem besonderen Lehrvortrag will Plotin die Ansprüche der Astrologen herabsetzen, ohne jedoch die Kunst als solche in Frage zu stellen. Nach ihm gibt es bei jedem einzelnen nicht nur die Erbmasse, sondern darüber hinaus etwas, was »sein eigen« ist, d. h. seine Individualität.

Plotin ist offensichtlich mit der astrologischen Wissenschaft seiner Zeit vertraut. Vermutlich hat er ein Lehrbuch gelesen, und es sind ihm einige Fehlschlüsse aufgefallen. Trotz seiner kritischen Haltung sind seine Angaben wichtig für unsere Kenntnis der antiken Astrologie.

Plotin, *Enneaden* 3.1.5

Doch vielleicht... lenkt die Bewegung, die Bahn der Gestirne jedes Einzelding und beeinflußt es, wobei es auf die jeweilige Stellung der Planeten, ihre Aspekte, ihre Auf- und Untergänge und ihre Konjunktionen ankommt. Auf dieser Grundlage wird alles, was im Weltall in bezug auf jede einzelne Person im Weltall geschieht, vorausgesagt, vor allem, was ihr Geschick und ihre Persönlichkeit betrifft. Man sagt, daß man die anderen Lebewesen und die Pflanzen wachsen und sich vermindern sieht wegen der ›Sympathie‹, die zwischen ihnen und den Planeten besteht, und daß sie auch auf andere Weise durch die Planeten beeinflußt werden. Außerdem wird behauptet, daß sich die Gebiete der Erde je nach ihrem Verhältnis zum Weltall und besonders zur Sonne voneinander unterscheiden. Lebewesen ganz allgemein, aber auch Pflanzen, passen sich ihrer Umgebung an, und das trifft auch für Form, Größe, Farbe, Temperament, Wünsche, Lebensstil, Charakter der Menschen zu. Also steuert die Bewegung des Kosmos alles.

Dazu wäre folgendes zu sagen: sie [die Anhänger der Astrologie]... schreiben [anderen] Prinzipien das zu, was uns gehört – Willensakte, Leidenschaften, Schwächen, Triebe –, geben uns aber nichts und lassen uns wie dahinrollende Steine zurück, nicht wie Menschen, die im Einklang mit ihrer Natur ihre eigene Arbeit verrichten müssen. Sicher muß man uns das zuweisen, was uns gebührt; gleichzeitig ist es eindeutig so, daß gewisse Einflüsse aus dem Weltall sich zu dem gesellen, was unser eigen ist, was uns gehört. Man muß auch zwischen dem, was wir selber tun, und dem, was wir notwendigerweise erleben, unterscheiden und darf diesen [kosmischen Kräften] nicht alles zuschreiben. Ohne Zweifel erreicht uns etwas aus diesen Regionen und aus den Unterschieden in der Atmosphäre – zum Beispiel Hitze und Kälte in unserer individuellen Temperatur –, aber etwas kommt auch von unseren Eltern her. Wir sind ganz gewiß wie unsere Eltern im Aussehen und auch in den irrationalen Trieben unserer Seele. Andersits sieht man wesentliche Unterschiede bei den Menschen, auch wenn sie ihren Eltern ähnlich sehen, was ihren Charakter, ihre Denkweise betrifft, und zwar nicht in Übereinstimmung mit der Umgebung, so daß derartige Erscheinungen vermutlich von einem anderen Prinzip herrühren. Unser Widerstand gegenüber unserem physischen Temperament und unseren Begierden könnte in diesem Zusammenhang ebenfalls erwähnt werden. Aber die Astrologen blicken auf die Konstellationen der Gestirne und sagen uns, was jedem Einzelnen geschieht, wobei sie das als Beweis betrachten, daß die Ereignisse von ihnen [d. h. den Gestirnen] verursacht werden, als ob beispielsweise die Vögel die Ursache dessen wären, was sie lediglich anzeigen, oder alles, was die Wahrsager betrachten, wenn sie die Zukunft prophezeien...

Was immer ein Astrologe voraussagt, wenn er die Stellungen betrachtet, welche die Gestirne im Moment der Geburt einnehmen, ereignet sich angeblich nicht nur, weil die Gestirne es anzeigen, sondern weil sie es bewirken. Und wenn sie über die »edle Geburt« eines Menschen sprechen – also wenn er väterlicher- und mütterlicherseits eine vornehme Ahnenlinie hat –, wie kann man das so sagen, wenn schon seine Eltern das hatten, was die Astrologen aus einer bestimmten Konstellation herauslesen? Sie sagen auch das Schicksal der Eltern aus dem Horoskop der Kinder voraus und Charakter und Schicksal der Kinder aus dem Horoskop der Eltern – der Kinder, die noch nicht geboren sind! – und sie prophezeien den Tod eines Bruders aus dem Horoskop seines Bruders, was einem Gatten zustoßen wird aus dem Horoskop der Frau und umgekehrt. Nun, wie kann die Stellung der Gestirne in bezug auf einen Menschen etwas bewirken, was aus dem Horoskop seiner Eltern prophezeit worden ist? Entweder muß die Situation, wie sie vorher bestand, die Ursache sein oder, wenn das nicht der Fall ist, kann die letztere auch nicht die Ursache sein. Außerdem zeigt die Ähnlichkeit zwischen Eltern und Kindern, daß Schönheit und Häßlichkeit sich vererben und nicht durch die Bewegungen der Gestirne verursacht werden. Die Vernunft sagt einem, daß alle möglichen Lebewesen zur gleichen Zeit wie Menschen geboren werden, und dann müßten alle dasselbe Schicksal haben, da sie doch dieselbe Stellung der Gestirne teilen. Wie können Menschen und andere Lebewesen gleichzeitig durch bestimmte Konstellationen hervorgebracht werden?

In Wahrheit aber entstehen alle Einzelwesen gemäß ihrer eigenen Natur: ein Pferd, weil es von einem Pferd abstammt, ein menschliches Wesen, weil es von einem menschlichen Wesen abstammt. Zugegeben, daß die Bewegung des Weltalls etwas beiträgt, aber den wesentlichen Beitrag muß es doch den Eltern überlassen; zugegeben, daß die Gestirne auf das Körperliche in uns in vielerlei körperlichen Weisen einwirken, indem sie uns Wärme und Kälte spenden und die körperlichen Mischungen, die sich daraus ergeben: wie können sie unseren Charakter, unsere Lebensweise beeinflussen und das, was am wenigsten von körperlichen Mischungen abhängt, wie etwa, daß einer Lehrer wird oder Geometer oder Spieler oder Erfinder? Und wie könnte ein

schlechter Charakter von den Sternen her kommen? Sie
sind ja göttlich...

Nein, man muß sagen, daß sich die Sterne bewegen, damit das Weltall bewahrt bleibt. Sie leisten aber auch einen
anderen Dienst: Diejenigen, die die Konstellationen betrachten, als ob sie eine Art Handschrift wären, diejenigen,
die diese Handschrift lesen können, lesen die Zukunft aus
ihrem Muster und deuten es durch die systematische Anwendung des Prinzips der Analogie, wie wenn einer sagen
würde: »Wenn die Vögel hoch fliegen, bedeutet das außeror-
dentliche Ereignisse.«

108

In diesem Vortrag behandelt Plotin nochmals die astrologischen
Lehren seiner Zeit. Über die Jahre hinweg scheint er mehrmals zu
denselben Themen zurückzukehren, und wie Sokrates formuliert
er seine Gedanken beim Sprechen, aber er bevorzugt den Monolog gegenüber dem Dialog.

Es wäre absurd, zu behaupten, daß die Gestirne den Menschen
zürnen und sie strafen, indem sie bewirken, daß die Menschen
häßlich, arm, krank oder böse sind, sagt Plotin. Man muß bedenken, daß die Planeten nach den antiken Göttern benannt sind und
daß diese Götter unbeschränkte Macht besaßen. Plotins Zeitgenossen konnten sich ohne weiteres vorstellen, daß die Gestirngottheiten für alles Böse in der Welt verantwortlich waren –
Krankheiten, Verbrechen, Kriege. Doch das ist unhaltbar, sagt
Plotin.

Es gibt eine andere Möglichkeit: Die Gestirne sind an und für
sich weder gnädig noch ungnädig, aber ihre Strahlung kann positiv oder negativ sein, je nach ihrer Stellung im Universum. Oder
einige Gestirne sind gnädig, andere ungnädig, aber ihre Stellung
ändert die Intensität ihrer (positiven oder negativen) Ausstrahlungen.

Plotin faßt verschiedene astrologische Lehren zusammen, um
sie dann zu kritisieren. Zuerst beschäftigt er sich mit der Frage,
ob die Planeten beseelt sind. Wenn sie beseelt sind, müssen sie
auch ihren eigenen Willen haben, und dann können sie uns absichtlich Schaden zufügen. Da sie aber göttliche Wesen sind, wollen sie uns nicht schaden. Auf jeden Fall können sie nicht besto-

chen werden. Wenn die Planeten einen eigenen Willen haben, so könnten sie durch ihre Stellungen, ihre Konstellationen, gezwungen werden, uns zu schaden. Plotin scheint hier eine Art Hierarchie im Himmel anzunehmen, die jedem Gestirn einen Stellenwert zuweist. Ein Planet mag von Natur aus gütig sein, aber sein Einfluß kann vorübergehend gehemmt werden, und er wird vielleicht sogar gezwungen, gegen seine Natur etwas Böses zu tun.

Dieses Konzept einer himmlischen Rangordnung, in der jede Macht ihren Stellenwert hat, befördert oder degradiert werden kann, höhere Mächte anerkennen muß, niedere Mächte kommandieren darf, scheint die Hierarchien widerzuspiegeln, die den Menschen der Antike geläufig waren. In jedem Großreich – Babylonien, Ägypten, Persien, Rom – gab es diese Strukturen. Es konnte geschehen, daß ein an sich wohlmeinender Beamter strenge Weisungen, die von oben kamen, ausführen mußte; es war auch möglich, daß ein korrupter Beamter etwas Gutes für seine Untergebenen tat. Die Art und Weise, wie diese riesigen politischen und administrativen Apparate funktionierten, muß das Denken der Menschen beeinflußt haben: so stellten sie sich den größten aller Apparate, das Universum, vor.

In seinem Vortrag kritisiert Plotin dieses Modell des Universums. Er weigert sich, die Planeten als eine Art himmlischer Bürokraten zu sehen, die die Menschen schlecht behandeln, weil eine übergeordnete Instanz es ihnen befahl oder weil sie gerade schlechter Laune sind.

In der ersten gedruckten Ausgabe der *Enneaden* und in einer frühen lateinischen Übersetzung findet sich ein merkwürdiger Abschnitt (§ 12) nach § 5. Hier wird, wie es scheint, die Astrologie gegen Plotins Kritik verteidigt – aber von wem? Man hat schon vermutet, daß es sich um ein Kurzreferat handelt, das ein Schüler Plotins verfaßte. Die antiken Philosophen ermutigten ihre Schüler, ihnen zu widersprechen; dadurch wurden sie gezwungen, neue Argumente für ihre eigene Ansicht zu finden; für den Schüler war es eine dialektische Übung. § 12 könnte ein solches polemisches Referat sein, das sich unter den Notizen des Meisters fand und mit seinen eigenen Ausführungen herausgegeben wurde. Jedenfalls gehört es hierher, nicht nach § 11, wo die meisten Editoren es lassen; denn § 6 führt nicht die Gedanken von 5 weiter, sondern stellt eine Antwort auf 12 dar.

Plotin, *Enneaden* 2.3.1–5.12.6

1. Ich habe an anderer Stelle gesagt [*Enn.* 3.1.5], daß die Bahnen der Gestirne das anzeigen, was in einzelnen Fällen geschehen wird, daß sie aber nicht, wie die meisten Menschen
glauben, alles bewirken. Meine Ausführungen enthielten
einige Argumente dafür, aber ich muß das alles jetzt genauer und im einzelnen erörtern, denn es spielt doch eine große
Rolle, ob man es so oder so betrachtet.

Die Leute behaupten, daß die Planeten in ihren Bahnen
nicht nur allgemein Dinge wie Armut, Reichtum, Gesundheit, Krankheit, sondern auch Häßlichkeit und Schönheit herbeiführen sowie die Handlungen, die in jeder Situation sich daraus ergeben, als zürnten sie den Menschen aus
Anlässen, die sie nicht verschuldet haben, denn die Menschen sind so, wie sie sind, weil die Planeten sie so gemacht
haben.

Man sagt auch, daß die Planeten den Menschen Wohltaten erweisen, nicht weil sie sie lieben, sondern weil sie [die
Planeten] günstig oder ungünstig beeinflußt werden, je nach
der Stellung, die sie in ihrer Bahn erreicht haben. Es heißt
auch, ihre Laune sei nicht dieselbe, wenn sie ihren Zenith
erreicht haben und wenn sie absteigen.

Aber das wichtigste: Man sagt, einige Planeten seien gut
und andere böse, und daß die sogenannten guten schädliche
Gaben verleihen und die guten böse werden. Ferner glaubt
man, daß die Planeten, wenn sie sich anschauen, ein Ding
bewirken, und wenn sie sich nicht anschauen, ein anderes…

Ferner glauben sie, daß ein Planet gut ist, wenn er diesen
oder jenen Planeten anschaut, aber wenn er einen anderen
anschaut, wird er böse; auch unterscheiden sich die verschiedenen Aspekte voneinander. Noch etwas anderes, so
nimmt man an, sei die Mischung aller Planeten, so wie eine
Mischung verschiedener Flüssigkeiten etwas anderes ist als
die einzelnen Ingredienzien. So oder ähnlich sind die allgemeinen Ansichten. Wir sollten jetzt diese Fragen einzeln
betrachten und erörtern; dies wäre ein guter Ausgangspunkt.

2. Sollen wir annehmen, daß diese Körper, die sich in ihren Bahnen bewegen, beseelt sind oder nicht? Denn wenn sie keine Seelen haben, bieten sie nichts anderes als Hitze oder Kälte. Wenn wir aber annehmen, daß einige Gestirne kalt sind, werden sie unser Schicksal nur insofern beeinflussen, als unser Körper einbezogen ist, da es eine körperliche Bewegung in unsere Richtung gibt, eine Bewegung, die keine bedeutsame Veränderung in unserem Körper hervorruft, da der Ausfluß von jedem einzelnen Gestirn derselbe ist und da sie auf Erden in eine Einheit zusammengemischt sind, so daß es nur örtliche Unterschiede gibt, die von der Entfernung der Gestirne abhängen. Ein kaltes Gestirn wird denselben Einfluß haben, aber entsprechend seiner andersartigen Natur. Wie können sie dann die einen weise, die anderen töricht machen, Schulmeister aus den einen, Professoren der Rhetorik aus den anderen, Kitharöden aus den einen, solche, die andere Künste ausüben, aus den anderen, die einen reich, die anderen arm? Wie können die Gestirne für andere Dinge verantwortlich sein, Dinge, die ihre Ursache, ihren Ursprung nicht in einer Mischung von Körpern haben? Wie können sie zum Beispiel einem Menschen einen so oder so gearteten Bruder, Vater, eine so oder so geartete Gattin geben? Wie können sie einem Menschen vorübergehend Erfolg schenken oder aus ihm einen General, einen König machen? Doch wenn die Gestirne beseelt sind und all das absichtlich tun, was haben wir verbrochen, daß sie uns Schaden zufügen wollen, da sie sich doch in einer himmlischen Region aufhalten und selber himmlisch sind? Was Menschen schlecht macht, hat mit ihnen nichts zu tun, und es stößt ihnen auch nichts Gutes oder nichts Böses auf Grund unseres Glücks oder Unglücks zu.

3. »Die Planeten tun das alles nicht freiwillig, sondern weil sie durch ihre Stellungen und Aspekte dazu gezwungen werden.« Aber wenn sie gezwungen werden, sollten eigentlich alle in denselben Stellungen und unter denselben Aspekten dasselbe tun. Was ist der Unterschied für einen Planeten, wenn er bald durch diesen Teil des Tierkreises, bald durch jenen schweift? Er bewegt sich nicht einmal auf dem

Tierkreis, sondern weit unter ihm, und wo immer er ist, er ist in der Himmelsregion. Es wäre lächerlich, wenn ein Planet je nach dem Zeichen, durch das er sich bewegt, sich ändern und andersartige Geschenke verteilen würde, wenn er sich ändern würde, je nachdem, ob er aufgeht, im Zenith steht oder untergeht. Denn er fühlt sich nicht wohl, wenn er im Zenith steht, und ist nicht bekümmert oder tatenlos, wenn er untergeht. Ein anderer Planet wird nicht zornig, wenn er aufgeht, oder ist guter Laune, wenn er untergeht. Ein anderer ist sogar noch besser, wenn er im Untergehen ist. Denn jeder einzelne Planet ist an einem gegebenen Zeitpunkt im Zenith, was die einen betrifft, aber im Untergehen begriffen, was andere betrifft; und wenn er, von den einen aus gesehen, untergeht, steht er, von anderen aus gesehen, im Zenith. Sicher kann er nicht zur gleichen Zeit fröhlich und bedrückt, zornig und wohlwollend sein. Und natürlich ist es absurd, zu sagen, daß die einen Planeten fröhlich sind, wenn sie untergehen, andere, wenn sie aufgehen. Denn das würde auch wieder bedeuten, daß sie gleichzeitig fröhlich und bedrückt sein können. Und außerdem: Warum sollte ihr Schmerz uns wehtun? Aber es ist völlig ausgeschlossen, daß sie einmal fröhlich, ein andermal bedrückt sind. Sie sind immer heiter gestimmt und genießen das Gute, das sie haben und das Gute, das sie sehen. Jeder hat sein eigenes Leben ganz für sich, und jeder hat sein eigenes Gute in seiner Tätigkeit. Das hat mit uns nichts zu tun. Im allgemeinen haben Lebewesen, die keine Beziehung zu uns haben, nur nebenbei, nicht durch ihre Haupttätigkeit, Einfluß auf uns. Ihre Tätigkeit ist nicht auf uns gerichtet, aber wie die Vögel haben sie gelegentlich die Funktion von Zeichen.

4. Es ist also unsinnig, zu sagen, daß ein Planet glücklich ist, wenn er einen anderen anschaut [d. h. in einem bestimmten Aspekt zu ihm steht], und daß ein anderer Planet andere Empfindungen hat, wenn er einen anderen anschaut. Welche Feindschaft könnte denn zwischen ihnen bestehen? Und worauf könnte sie sich beziehen? Und warum spielt es eine Rolle, ob zwei Planeten in einem Aspekt von 120 oder

180 oder 90 Grad zueinander stehen? Und warum sollte
einer in einem solchen Aspekt zu einem anderen stehen und
dann, wenn er in einem anderen Tierkreiszeichen näher bei
ihm steht, überhaupt keinen Aspekt bilden? Ganz allgemein: Wie können sie je das tun, was sie angeblich tun?
Wie kann jeder für sich handeln? Wie können alle zusammen eine Wirkung hervorbringen, die sie einzeln so nicht
hervorbringen können? Sie schließen doch sicher kein Abkommen miteinander und wenden sich dann gegen uns, ihren Entschluß ausführend und auf eine Art Kompromiß ein-
gehend. Keiner von ihnen verhindert ja mit Gewalt das Einwirken eines anderen, und keiner überläßt einem anderen
sein Tätigkeitsfeld unter Druck. Und wenn man sagt, daß
ein Planet froh ist, wenn er sich im Bereich eines anderen
befindet, während es diesem ganz anders ergeht, wenn er
sich im Bereich von jenem aufhält – ist das nicht dasselbe,
als ob man sagte, zwei Menschen lieben einander und hinzu-
fügte: ›A liebt B, aber B haßt A‹?
5. Die Astrologen behaupten auch, einer der Planeten sei
kalt und fügen hinzu, daß er uns umso weniger schade, je
weiter weg von uns er sei, als ob sein ungünstiger Einfluß
auf uns darin bestehe, daß er kalt ist; dabei sollte es günstig
für uns sein, wenn er im entgegengesetzten Tierkreiszeichen
ist. Sie lehren auch, daß der heiße und der kalte Planet in
Opposition gefährlich für uns sind; in Wirklichkeit müßte
das eine Mischung von Temperaturen ergeben. Sie behaupten, daß ein Planet sich am Tag wohlfühle und gut werde,
indem er sich erwärme, während ein anderer, feuriger, die
Nacht liebe – als wäre es nicht immer Tag, das heißt, Licht,
für sie, und als ob der andere Planet, der hoch über dem
Erdschatten kreist, jemals von der Dunkelheit eingeholt
werden könnte! Ihre Theorie, wonach der Vollmond in
Konjunktion mit dem oder jenem Planeten günstig sei, der
abnehmende jedoch ungünstig – diese Theorie könnte man
umdrehen, wenn so etwas überhaupt zulässig ist. Denn
wenn der Mond für uns voll ist, ist er für den Planeten, der
in einer anderen Hemisphäre über ihm kreist, verdunkelt,
und wenn er, was uns betrifft, abnimmt, so wäre er, von

jenem Planeten aus gesehen, voll; deshalb müßte er das Umgekehrte tun, wenn er abnimmt, [was uns betrifft,] denn er
schaut den anderen Planeten mit seinem vollen Licht an.
Für den Mond selbst spielt es überhaupt keine Rolle, in welcher Phase er ist, denn eine Hälfte ist immer beleuchtet. Es
könnte eine Rolle spielen, wenn er sich erwärmt – den
Astrologen zufolge. Aber von unserem Standpunkt aus
könnte der Mond sich erwärmen, sogar wenn er verdunkelt
wäre...

15. Die Seite des Mondes, die uns anschaut, ist im Verhältnis
zu den irdischen Regionen dunkel. Sie fügt den oberen Regionen keinen Schaden zu. Aber da dieses [d. h. das, was
hoch oben ist] nichts nützt, weil es so weit entfernt ist,
scheint sie [d. h. die Konjunktion] weniger vorteilhaft zu
sein. Ist der Mond voll, so genügt er für das, was weiter
unten liegt, auch wenn der betreffende Planet weit entfernt
ist. Wenn der Mond dem feurigen Planeten seine unbeleuch-
tete Seite zeigt, so soll das für uns günstig sein... Die Körper von Lebewesen, die von dorther [den höheren Regio-
nen] kommen, haben ganz unterschiedliche Temperaturen,
aber keiner ist kalt. Ihre Stellung läßt darauf schließen. Der
Planet, den man Jupiter nennt, hat eine gut ausgewogene
Mischung von Feuer; Venus auch. Und aus diesem Grund,
weil sie ähnlich sind, sollen sie harmonisch sein. Sie sind
völlig anders als der Planet, den man Mars nennt, und zwar
wegen seiner Mischung, anders auch als Saturn, wegen seiner Distanz. Merkur ist weder so noch so und paßt sich
allen an, wie es scheint. Sie alle tragen etwas zum Ganzen
bei, und ihre gegenseitigen Beziehungen sind so, daß das
Ganze dadurch gefördert wird, wie das auch bei jedem Teil
eines Einzelwesens der Fall ist. Sie sind da um des Ganzen
willen. So dient zum Beispiel die Gallenblase dem ganzen
Körper, aber auch dem benachbarten Organ, denn es ist ihre Pflicht, einen Drang hervorzurufen, aber auch, den ganzen Körper und das benachbarte Organ vor gefährlichen
Exzessen zu bewahren. So muß es auch im Weltall ein ähnliches Organ geben, dessen Aufgabe es ist, Süßigkeit hervorzubringen. Dann gibt es auch die Augen. Alles nimmt

durch seinen unvernünftigen Teil an einer gemeinsamen Erfahrung teil; daher ist alles eins, und es gibt eine einzige Harmonie.

16. Aber es ist doch Unsinn, wenn die Astrologen diesen
Planeten Mars und jenen Venus nennen [man muß wahrscheinlich lesen: *Aphroditen tende themenous*] und sie für
Ehebruch verantwortlich machen, wenn sie in einem gewissen Aspekt zueinander stehen, als ob sie ihr gegenseitiges
Verlangen aus der Zügellosigkeit menschlicher Wesen be-
friedigten. Nehmen wir an, sie schauen einander an, wie
kann man daraus schließen, daß sie zwar den Anblick genießen, sonst aber nichts? Was wäre das für ein Leben für
die Planeten? Unzählige Lebewesen werden geboren und
existieren, und allen sollten die Planeten dieses oder jenes
zuweisen: angeblich machen sie die Menschen berühmt
oder reich, arm oder leichtfertig und übertragen alle ihre
Tätigkeiten auf sie. Wie können die Planeten für all das verantwortlich sein?

VI

ALCHEMIE

Einleitung

Das Wort »Alchemie« wird abgeleitet vom arabischen *alki-mya*. Darin steckt offenbar ein ägyptisches Wort, dessen Schreibweise zwischen *kamt, quemt* und *chemi* variiert. Dem Sinne nach bedeutet es »das Schwarze« oder »der schwarze Stoff«. Das könnte sich auf den fruchtbaren Nil-schlamm beziehen, aber auch auf ein schwarzes Pulver, das in Ägypten aus Quecksilber gewonnen und zur Herstellung eines Metalls verwendet wurde. Die griechischen Termini *melansis* und *melanosis* enthalten auch das »Schwarze«, aber »Schwarzkunst« als Übersetzung ist zweideutig.

Die Alchemie kann als Vorläuferin der modernen Che-mie gelten. Sie war im Altertum eine Geheimwissenschaft, die wie Magie und Astrologie auf dem Prinzip der kos-mischen Sympathie beruhte und im Laufe der Zeit Ele-mente aus anderen Geheimwissenschaften in sich aufnahm. Daneben war aber die antike Alchemie schon eine Wissen-schaft, eine Technologie im modernen Sinne. Eine Reihe von Apparaten wurden konstruiert; es gab Laboratorien und zweifellos auch kleine Fabriken, in denen kommerziell verwertbare Substanzen hergestellt wurden. Das will aber nicht heißen, daß die eigentlichen Ziele der Alchemie immer wissenschaftlich waren. Es scheint, daß schon damals be-deutsame Entdeckungen fast zufällig gemacht wurden. Oft hielt man sie geheim und dann gerieten sie in Vergessenheit.

Von den eigentlichen Zielen, besser gesagt: den Träumen der Alchemisten seien nur drei genannt: Die Verwandlung unedler Metalle in Silber oder Gold; die Herstellung eines Elixiers, das das Leben verlängern sollte; die Erschaffung eines künstlichen Menschen (*homunculus*). Auch wenn die-

se Ziele unerreichbar blieben, gelangen den Alchemisten
beim Experimentieren Entdeckungen, deren Nutzen mit
der Zeit erkannt wurde. Die Herstellung von Gold aus Blei
blieb eine Illusion, aber möglicherweise kam etwas heraus,
das wie Gold aussah und als billiger Schmuck verwendet
werden konnte. Die Reichen kauften sich echtes Gold, die
Ärmeren begnügten sich mit einer Imitation. Und bei der
Suche nach dem Lebenselixier schuf ein Alchemist vielleicht
Tinkturen, denen heilkräftige Wirkungen zugeschrieben
wurden. Zwei relativ alte Texte, ein Leidener und ein sehr
gut erhaltener Stockholmer Papyrus, beide aus dem 3. Jahrhundert n. Chr., geben Auskunft, wie edle Metalle und Steine, Perlen und kostbare Farbstoffe gefälscht oder imitiert
werden können.

Jahrhundertelang sammelten die ägyptischen Alchemisten, die in der Metallverarbeitung, der Kosmetik und Phar-
mazeutik tätig waren, Erfahrungen. Als im Hellenismus
griechische Wissenschaftler nach Alexandria kamen, wurden fast sicher neue Fortschritte gemacht. Es ist anzunehmen, daß die Ptolemäer derartige Forschungen nicht weniger förderten als die Literatur und die Künste. Auch auf
diesem Gebiet gab es also eine Symbiose zwischen Erkenntnissen, die empirisch im Lauf der Jahrhunderte gewonnen
worden waren, und dem neuen wissenschaftlichen Geist,
den griechische Philosophen, zum Teil Schüler des Aristoteles, nach Ägypten brachten.

Der *Papyrus Ebers*, eine etwa 20 m lange Rolle aus dem
16. Jahrhundert v. Chr., ist der älteste erhaltene alchemistische Traktat und wird manchmal das älteste Buch der Welt
genannt. Die Art von Wissenschaft oder Pseudo-Wissen-
schaft, die hier vermittelt wird, bezeichnet man auch als
Iatrochemie. Der Papyrus enthält über vierhundert Rezepte. Eins davon, betitelt »Ein feines Heilmittel gegen den
Tod«, empfiehlt, eine halbe Zwiebel mit Bierschaum zu mischen. Das Rezept hat mit magischen Praktiken wenig zu
tun; denn Bier und Zwiebel waren als Nahrungsmittel im
alten Ägypten weit verbreitet. Andere Rezepte beruhen auf
dem Gesetz der Sympathie, der Antipathie oder der Analo-

gie. Wer seine Kleider vor Mäusen schützen wollte, mußte
sie mit Katzenfett einreiben; man dachte sich offenbar, daß
das Fett einer toten Katze so wirksam war wie die Zähne
und Krallen einer lebenden. Gewissen Mixturen gab man
symbolische Namen – zum Beispiel »Drachenblut« –, um
ihre Wirksamkeit zu bestätigen.

Solche Rezepte wurden vermutlich in den königlichen
Archiven und den Tempelbibliotheken aufbewahrt. Im Hellenismus entstand durch Verbindung von Hermes und der
ägyptischen Gottheit Thoth ein neues Wesen, Hermes Trismegistos, der als Urheber aller okkulten Wissenschaften
galt: er war es, der den Menschen die Alchemie gelehrt hatte.

Es ist wichtig, zwischen zwei Aspekten der antiken Alchemie zu unterscheiden. Einerseits war sie, wie schon gesagt, eine angewandte Wissenschaft, die mit Apparaten und
Materialien hantierte und konkrete Ergebnisse hervorbrachte, die sich industriell und kommerziell verwerten ließen.
Andererseits hatte sie eine religiöse, mystische Seite. Für uns
mag es schwierig sein, die beiden Elemente miteinander zu
vereinen, aber sie scheinen nebeneinander existiert zu haben, wobei sicher im Einzelfall das eine gegenüber dem anderen überwog. Wenn man von Alchemie spricht, muß man
beide Aspekte berücksichtigen. Schon im Titel der Schrift
Physika kai Mystika, die Demokrit zugeschrieben wird,
vermutlich aber aus dem späteren Hellenismus stammt, sind
beide Teile berücksichtigt; die Schrift befaßt sich mit Gold,
Silber, Edelsteinen und Purpur. Läßt man den mystischen
Teil ganz beiseite, so sollte man besser von »antiker Che-
mie« sprechen.

Der chemische Aspekt

Die Alchemisten entwickelten Medikamente, kosmetische
Artikel und Farben. Purpur von Tyros war im Altertum
sehr gefragt – eine prachtvolle, dauerhafte Farbe, die hohen
Würdenträgern vorbehalten blieb. Die Manufaktur war ein

Geheimnis dieser alten phönizischen Stadt, und solange sie geheim blieb, sicherte sie ihr Monopol. Es ist klar, daß Alchemisten in anderen Ländern diese besondere Qualität nachzuahmen versuchten, und in Ägypten scheint das tatsächlich gelungen zu sein, denn dunkelrote Mumienbinden von erstaunlicher Frische haben sich erhalten.

Ägypten exportierte auch kosmetische Artikel aller Art: Parfüms, Waschmittel – die Seife war noch nicht erfunden – und Schminke: rote Schminke für die Wangen, schwarze für die Augenbrauen. Diese Industrie war wirtschaftlich von größter Bedeutung. Es fragt sich natürlich, ob man die Erfinder dieser Prozesse als Alchemisten bezeichnen darf, denn wo das Pragmatische überwiegt und das Mystische zurücktritt, sollte man, wie schon erwähnt, besser von chemischer Industrie sprechen. Aber es ist durchaus möglich und sogar wahrscheinlich, daß die Erfinder dieser Technologien – heute würde man sie Patentinhaber nennen – ihr Wissen als ein göttliches Geschenk betrachteten. Für einen gläubigen Menschen – gleichgültig, welcher Religion er angehört – ist ja jede Entdeckung, jede neue Idee, die Gabe einer Gottheit.

Es ging den Alchemisten unter anderem darum, Vorgänge, die sich in der Natur abspielen, im Laboratorium nachzuahmen, sie aber gleichzeitig zu beschleunigen und zu vervollkommnen. Sie strebten danach, die Natur zu verbessern, die gleichen Resultate zu erzielen wie die Natur, aber rationeller.

Chemische Vorgänge wie Oxidation, Reduktion, Auflösung, Schmelzen, Legieren waren im Altertum bekannt. Schwefel und Quecksilber gehören zu den Elementen, die sich unter gewissen Bedingungen auf spektakuläre Weise verwandeln; daher wurden sie von den Alchemisten besonders gern verwendet. Die alkoholische Gärung von Gerste zu Bier kannte man in Mesopotamien Jahrtausende vor unserer Zeitrechnung. Die Griechen des heroischen Zeitalters tranken Wein; also war ihnen die Gärung von Traubensaft etwas Selbstverständliches. Daß man Wein destillieren konnte, scheint ein ägyptischer Alchemist der Spätantike herausgefunden zu haben, aber vermutlich behielt er sein Geheimnis für sich, oder es geriet aus anderen Gründen in Vergessenheit; jedenfalls mußte es im Mittelalter neu entdeckt werden. Das Wort »Alkohol« stammt übrigens wie das Wort »Alchemie« aus dem Arabischen und bedeutet »feines Pulver«, vor allem pulverisiertes Antimon, wie es die Frauen im Mittleren Osten zum Pudern der Augenlider verwendeten. Wie sich die eine Bedeutung aus der anderen ergab, ist unklar.

Ein Neupythagoreer aus Larissa namens Anaxilos, der als Erfinder der Destillation von »göttlichem Wasser« (*theion hydor*), auch »Lebenswasser« (*aqua vitae*) genannt, gelten darf, wurde – aber vielleicht nicht wegen dieser Erfindung – 28 v. Chr. aus Italien verbannt. Es scheint, daß er den einfachen *ambix*, mit dem man höchstens Rosenwasser aus Rosenblüten gewinnen konnte, soweit entwickelt hat, daß die Herstellung von Branntwein oder Wacholderschnaps in größeren Mengen möglich war.

Die Namen und Funktionen einiger alchemistischer Apparate haben sich erhalten. Der Destillierkolben soll von ›Kleopatra‹ erfunden worden sein, das Wasserbad von der ›Jüdin Maria‹ (es heißt noch heute *bain-marie* in Frankreich). Als *Kerotakis* bezeichnet man ein geschlossenes Gefäß, in dem Metallblättchen der Wirkung von Dämpfen ausgesetzt wurden, zum Beispiel Kupferblättchen der Wirkung von Quecksilberdampf. Der *Athanor* (das arabische Wort für »Brennofen«) war ein kuppelförmiges Türmchen mit einem eierförmigen Glasgefäß, das in einem Sandbad erhitzt werden konnte.

Die frühesten alchemistischen Schriften, die wir besitzen, sind in ägyptischer Sprache, aber die wegweisenden Bücher wurden von Griechen, vermutlich auch im hellenisierten Ägypten, verfaßt. Aus dem Griechischen wurden manche Texte ins Arabische übersetzt und aus dem Arabischen dann ins Lateinische. Auf diese Weise überlebte die Alchemie bis ins Mittelalter und bis in die Renaissance, ähnlich wie die antike Astrologie.

Der mystische Aspekt

Die antike Alchemie hat auch ein mystisches Element. So wie der Adept Metalle zu veredeln sucht, möchte er selber edler, vollkommener werden. Eine Grundregel lautet: »Aus anderen Dingen wirst du nie das Eine machen, wenn du nicht zuerst das Eine geworden bist.« Das Eine steht hier für das Ziel, das Ergebnis der alchemistischen Vorgänge; um dieses Ziel zu erreichen, muß der Adept sich durch eine Art *unio mystica* zuerst mit ihm identifizieren.

Manche alchemistischen Techniken können geradezu als Opferrituale verstanden werden. Der Alchemist sieht sich selber als Priester, der in höhere Mysterien eingeweiht ist. Eine lange geistige Vorbereitung ist notwendig. In gewissem Sinn ist die Alchemie eine Mysterienreligion, und der Adept erhofft sich von seiner Kunst Erlösung. Da die Seele göttlichen Ursprungs, aber durch den Körper an diese Welt gebunden ist und fern ihrer eigentlichen Heimat weilt, muß sie sich, soweit dies möglich ist, von der Materie reinigen, die sie befleckt.[1]

Bei seiner Suche nach der *materia prima* entdeckt der Alchemist verborgene Kräfte in sich selber. Die Symbole, die er aufzeichnet und in die er sich versenkt, helfen ihm, sein Unbewußtes zu erforschen. Das wiederholte Lesen mystischer Texte, die auf göttlicher Offenbarung beruhen, das stundenlange Betrachten der Vorgänge im Laboratorium konnte Trance herbeiführen.[2]

Daß es hinter der unendlichen Vielfalt der Phänomene eine Einheit gibt, war schon im 6. Jahrhundert v. Chr. von den Eleaten postuliert worden. Die hellenistische Alchemie machte sich diesen Gedanken zu eigen. Sie übernahm auch die platonische Lehre, daß die Schöpfung im Grunde gut ist, und die aristotelische Variante, daß die Natur zwar nicht vollkommen ist, aber nach Vollkommenheit strebt. Der *Ouroboros*, die Schlange, die in ihren eigenen Schwanz beißt, wurde für die Alchemisten ein Symbol für den entscheidenden Satz, daß »alles eins ist«, *hen to pan*. Diesen lapidaren Ausspruch konnte man vielfach interpretieren, etwa so: »Das Eine ist alles und dadurch alles und dafür alles, und wenn das Eine nicht alles enthält, dann ist alles Nichts.« Bewußt rätselhafte Formulierungen wie diese sollten wohl zum Meditieren anregen.

Überbrückende Vorstellungen

Um die Vielfalt der Erscheinungswelt zu vereinfachen und der Einheit, die man dahinter ahnte, näher zu kommen, schuf man die Lehre von den vier Elementen, lange vor Aristoteles, in Indien und Ägypten. Man war sich darüber im klaren, daß auch diese Elemente nicht Gegensätze bildeten, sondern ineinander übergehen konnten, und diese Übergänge, Verwandlungen, die es in der Natur ja gibt, wiesen den Alchemisten den Weg. Gefrorenes Wasser, also Eis, ist der Erde vergleichbar, verdunstetes Wasser, also Dampf, gleicht der Luft, und doch handelt es sich jeweils um dasselbe Element. Das Feuer kann man sich als die Energie denken, die Veränderungen hervorbringt. Schon bei den Pythagoreern und dann bei Aristoteles findet sich der Gedanke eines fünften Elements, der *quinta essentia*, die mit dem Äther identifiziert wird. Aus diesem Element bestehen die Himmelskörper, aber es kommt auch in verschiedenen Beimischungen auf Erden vor.

Alles in der Natur ist dem Gesetz des Wandels unterworfen. Aus Samen werden Blumen und Bäume, aus Raupen Schmetterlinge. Das menschliche Leben von der Geburt bis zum Tod ist ein ständiger Wandel. Das Prinzip der Verwandlung spielt in der griechischen Mythologie eine große Rolle, wie man aus Ovids *Metamorphosen* weiß; dort trägt im 15. Buch Pythagoras persönlich seine Theorie der Metempsychose vor. Kein Wunder, daß auch in der Alchemie das Prinzip der Verwandlung eine so bedeutende Rolle spielt. Wenn man die Einheit der Materie voraussetzt und die Möglichkeit einer wirkenden Kraft annimmt, ist alles möglich: jedes Ding kann sich in jedes andere verwandeln.

Die Berührungspunkte zwischen Magie und Alchemie

liegen auf der Hand. Es scheint aber, daß in der Alchemie viel weniger mit Dämonen und anderen überirdischen Mächten gearbeitet wird als in der Magie. Auch der Gedanke der Divination ist der Alchemie fremd: sie beschäftigt sich mit dem Gegenwärtigen. Dagegen bestehen Beziehungen zwischen Alchemie und Astrologie. Während ihrer Tätigkeit beobachteten die Alchemisten den Stand der Gestirne, und in den Metallen, mit denen sie arbeiteten, sahen sie Manifestationen der Planetengötter: Das Gold war die Sonne, der Mond das Silber, das Eisen Mars, das Quecksilber Merkur, das Blei Saturn, das Zinn Jupiter.[3]

Quellen

109

Der *Ouroboros*, die Schlange, die sich selber in den Schwanz beißt, ist ein altes alchemistisches Symbol. Es bezeichnet die Einheit aller Kräfte und Vorgänge im Weltall. Wer durch sorgfältiges Studium e i n Ding erkannt hat, der kennt alle. Der Makrokosmos ist im Mikrokosmos verborgen. Die Formel »Eins ist Alles«, welche die Figur auch in der folgenden Abbildung aus einer venezianischen Handschrift begleitet, faßt die Lehre zusammen, wonach das Einzelwesen für das Gesamte da ist und umgekehrt. Wenn das All nicht auf mystische Weise im Einzelnen vorhanden wäre, so gäbe es kein All. Als Symbol erscheint diese Schlange in Zauberpapyri und alchemistischen Traktaten. Vgl. K. Preisendanz in: *Brauch und Sinnbild. Festschr. E. Fehrle* (Karlsruhe, 1940), 194–209.

Der Ouroboros

Das Eine ist alles und dadurch alles und dafür alles, und wenn das Eine nicht alles enthält, so ist alles Nichts.

110

Die *Regeln des Hermes Trismegistos* waren, so wird gesagt, auf einer Smaragdtafel eingraviert. Sie stammen in dieser Form vermutlich aus hellenistischer Zeit und sind in zwei Fassungen bekannt: Die eine, arabische, wird Geber (oder Jabir) Ibn Hayyan zugeschrieben und geht wohl auf ein verlorenes griechisches Original zurück; die andere, lateinische, könnte eine freie Übersetzung der arabischen sein.

Man zählt gewöhnlich dreizehn Regeln, aber die erste dient als Vorwort und die dreizehnte ist eine kurze Zusammenfassung des Ganzen, deshalb wird im folgenden nur auf die Regeln 2–12 näher eingegangen.

2. Der Makrokosmos spiegelt sich im Mikrokosmos und umgekehrt.

3. Das »eine Wesen« ist die höchste Gottheit, durch deren Gebot (»das eine Wort«) die Welt erschaffen wurde. Diese Gottheit kann den Menschen ihre Geheimnisse enthüllen, und zwar direkt oder durch einen Vermittler wie Hermes Trismegistos. Auf Grund der göttlichen Offenbarung stellt der Alchemist einen Stoff her, und dieser Akt ist dem Schöpfungsakt vergleichbar, denn aus dem einen Stoff können andere geschaffen werden *ad infinitum*.

4. Sonne und Mond bedeuten wahrscheinlich Gold und Silber. Die Erde bringt nicht nur unsere Nahrung hervor, sondern auch die Metalle, mit denen der Alchemist arbeitet. Der Wind trägt die Samenkörner durch die Luft, er ist aber auch der »Geist« (*pneuma* bedeutet beides).

5. Das »eine Ding« scheint das Vollkommene zu sein; »Vater der Vollkommenheit« wäre dann als Semitismus zu verstehen.

6. Die »Kraft« ist die göttliche Macht, die im Alchemisten und durch ihn wirkt. Die »Erde« steht vermutlich für die Materie überhaupt. Um der Menschheit zu nützen, muß die Kraft sich in Materie verwandeln, eigentlich ein ganz moderner Gedanke.

7. Die Erde ist das »grobe Element«, das Feuer das »subtile«. Diese Regel bezieht sich vielleicht auf die Raffinierung oder die Destillation.

8. Stoffe, Apparaturen, Kenntnisse genügen nicht; eine gewisse geistige und sittliche Haltung gehört auch dazu. Die Seele des Alchemisten steigt durch die Planetensphären auf und ab und nimmt ihre Eigenschaften an.

9. »Tugend« steht für *arete*, was eigentlich »Tüchtigkeit«,

»Wirksamkeit« bedeutet. Um erfolgreich zu sein, bedarf der Alchemist der entscheidenden Vision. Der Fortschritt seiner Wissenschaft hängt von neuen Erkenntnissen und Entdeckungen ab.

10. Die Herstellung einer Substanz in der Retorte des Alchemisten gleicht der Erschaffung der Welt durch den Demiurgen.

11. Mit den »Wundern«, die bewirkt werden, ist wohl dieser Fortschritt gemeint.

12. Die »drei Teile« der kosmischen Philosophie sind fast sicher Magie, Astrologie und Alchemie, denn Thoth war für alle drei Bereiche zuständig.

Es sei noch bemerkt, daß der lateinische Text der *Regeln* sich z. B. bei H. Kopp, *Beiträge zur Geschichte der Chemie* (Braunschweig, 1869), 376 f findet. Diese Fassung wird mit der arabischen verglichen von J. Ruska, *Tabula Smaragdina* (Heidelberg, 1926). Zur Deutung: F. Barrett, *Lives of the Alchymistic Philosophers* (London, 1814), 383 f; R. Steele und D. W. Singer, in: *Proceedings of the Royal Society of Medicine* 21 (1928), 41–57; L. Thorndike, in: *Isis* 27 (1937), 53–62.

Die Regeln des Hermes Trismegistos

1. Was ich sage, ist nicht erfunden, sondern zuverlässig und wahr.

2. Das Untere ist wie das Obere, und das Obere ist wie das Untere. Sie wirken zusammen, um das Wunder des »Einen Dings« zu vollbringen.

3. So wie alles durch das »Eine Wort« des »Einen Wesens« erschaffen wurde, so entstand alles durch das »Eine Ding« durch Anpassung.

4. Sein Vater ist die Sonne, seine Mutter der Mond. Der Wind trägt es in seinem Bauch. Die Erde ist seine Amme.

5. Es ist der Vater der Vollkommenheit auf der ganzen Welt.

6. Die Kraft ist groß, wenn sie in Erde verwandelt wird.

7. Scheide Erde vom Feuer, das Grobe vom Feinen, doch sei klug und vorsichtig, wenn du das tust.

8. Brauche deinen Verstand in vollem Umfang, und erhebe dich von der Erde in den Himmel; dann steige ab vom Himmel auf die Erde und verbinde die oberen mit den unteren Kräften. So wirst du Ruhm ernten auf der ganzen

Welt, und deine Namenlosigkeit wird sogleich von dir weichen.

9. Dies hat mehr Tugend als die Tugend selbst, denn es beherrscht alles, was subtil ist, und durchdringt alles, was fest
ist.

10. So ist die Welt erschaffen worden.

11. Dies ist der Ursprung der Wunder, die hier bewirkt
werden.

12. Deshalb nennt man mich den »Dreimal Größten Hermes«, denn ich besitze die drei Teile der kosmischen Philosophie.

13. Was ich über den Vorgang der Sonne zu sagen hatte, ist
vollendet.

III

Zosimos von Panopolis (heute Achmim, am östlichen Nilufer)
gilt als einer der größten Alchemisten der frühchristlichen Zeit.
Man nimmt an, daß er im 3. oder 4. Jahrhundert in Alexandria
wirkte und dort die Bücherschätze der berühmten Bibliothek be-
nützte. Bekannt ist, daß er mindestens einmal nach Rom reiste,
denn sein eigener Bericht hat sich in einer Handschrift in Cambridge erhalten. Er verfaßte ein Werk in 28 Büchern (d. h. Papy-
rusrollen). Der Neuplatoniker Porphyrios und das Corpus Hermeticum sind ihm bekannt.

Der folgende Text stammt aus seinem Werk *Über Vollendung*.
Er ist an manchen Stellen verderbt, und auch wo der Zusammenhang einigermaßen klar ist, bleibt die Übersetzung unsicher.

Das Werk ist einer Theosebeia geweiht, vermutlich einer reichen Dame, die sich für die Forschungen des Verfassers interessierte. Er sagt hier unter anderem, daß die Könige von Ägypten
von jeher die Alchemie unter strikter Geheimhaltung gefördert
hätten. Dabei denkt er wohl vor allem an die Ptolemäer, die das
Land von 323 bis 30 v. Chr. regierten, aber es ist gut möglich, daß
sie an eine ältere Tradition anknüpften. Im hellenistischen Ägypten wurden verschiedene Metalle, auch Schmuck, Kosmetika, Tex-
tilien, Papyri und anderes hergestellt und in andere Länder expor-
tiert. Einige dieser Industrien waren königliches Monopol, und

ihr Herstellungsverfahren wurde geheimgehalten. Wichtige Erfin-
dungen wurden von den Königen genutzt.

Zosimos verteidigt diejenigen seiner Vorgänger, die zwar über
ihre Forschungen berichteten, aber ihre größten Entdeckungen
nicht veröffentlichen durften. Nur den Juden, meint er, seien diese Geheimnisse mitgeteilt worden, aber weshalb die Juden derart
privilegiert waren, erfährt man nicht.

Zosimos, *Über Vollendung,* Auszüge (= 2.231–37 und
3.239–46 Berthelot)

Hier wird das Buch der Wahrheit bestätigt.

Zosimos grüßt Theosebeia.

Das ganze Königreich Ägypten, Herrin, hängt von zwei
Künsten ab: derjenigen der geeigneten Dinge und derjenigen der Mineralien. Denn die sogenannte »göttliche
Kunst«, ob es nun ihren dogmatischen, philosophischen
Teil betrifft oder denjenigen, der auf Vermutungen beruht
[man muß wohl *hypopteuousa* für *hypopiptousa* lesen], ist
ihren Hütern anvertraut worden, damit sie erhalten bleibt,
und nicht nur sie, sondern auch diese vier Künste, die man
die »freien Künste« und die »Künste und Fertigkeiten«
nennt. Ihre praktische Anwendung gehört [?] den Königen.
Wenn also der König sein Einverständnis gibt [?], kann derjenige, der von seinen Ahnen her an der Kenntnis dieser
Dinge teilhat, sei es durch mündliche Überlieferung [?] oder
weil er es von den Tafeln entziffert hat, ...aber selbst einer,
der diese Dinge gründlich kannte, praktizierte sie nicht,
denn er wäre bestraft worden. Gleichermaßen war es den
Arbeitern, die es verstanden, die Münzen des Königreichs
zu prägen, nicht gestattet, dies für sich selber zu tun; sie
wären bestraft worden. Das gilt auch für diejenigen, die unter den Königen von Ägypten die Technik des »Kochens«
und das Geheimnis des »Verfahrens« kannten; sie praktizierten das nicht für sich selber, sondern sie dienten den
ägyptischen Königen und arbeiteten, um ihre Schatzhäuser
zu füllen. Sie hatten ihre eigenen Inspektoren und Aufseher,
und es gab eine genaue Kontrolle, nicht nur was das »Kochen« betraf, sondern auch in bezug auf die Goldminen.

Wenn durch Schürfen irgendetwas gefunden wurde, verlangte das ägyptische Gesetz, daß es offiziell registriert wurde.

Einige tadeln Demokrit und die älteren Autoren [all-
gemein], daß sie diese Künste nicht erwähnen, nur die »frei-
en Künste«. Aber weshalb soll man sie tadeln? Sie hatten
keine andere Wahl, da sie von den Königen von Ägypten
abhängig waren [?] und sich rühmten, zu den »Propheten«
der höchsten Ordnung zu gehören. Wie hätten sie Kenntnisse, die den Königen vorbehalten [?] waren, enthüllen und
verbreiten und damit anderen finanzielle Vorteile ermöglichen können? Selbst wenn sie es gekonnt hätten, hüteten sie
eifersüchtig ihr Wissen. Nur den Juden verrieten sie insgeheim diese Techniken, schrieben sie für sie auf und händig-
ten sie ihnen aus. So kommt es, daß Theophilos, der Sohn
des Theagenes, die Lage von Goldminen aufgezeichnet hat
und daß Maria, die Jüdin, Brennöfen beschrieben hat und
andere Juden ebenso.

112

Der griechische Text des *Buches des Komarios* liest sich wie eine
Übersetzung aus einer anderen Sprache. Vielleicht wurde die
Schrift von jemandem abgefaßt, der des Griechischen nur unvollkommen mächtig war. Außerdem gibt es hier Korruptelen, die
wohl auf die Abschreiber zurückzuführen sind. Mit solchen Texten wurde überdies oft frei geschaltet, so daß sie in verschiedenen
Fassungen oder »Rezensionen« überleben. Schließlich weisen sie
manchmal absichtliche Lücken auf, denn die Alchemisten, wie
die Verfasser anderer okkulter Lehrschriften, waren nicht ge-
neigt, ihr ganzes Wissen mitzuteilen; der Adept sah sich so ge-
nötigt, bei einem Meister Unterricht zu nehmen.

Das *Buch des Komarios* ist »Kleopatra, der Göttlichen«, auch
»die Weise« genannt, gewidmet. Das braucht nicht die Königin
zu sein. Das einleitende Gebet ist eindeutig christlich und scheint
eine spätere Zufügung zu sein, vielleicht, um den Traktat vor miß-
trauischen Augen zu rechtfertigen. Man hat sich zweifellos in den
byzantinischen Klöstern auch mit Alchemie beschäftigt, aber es
gab wohl sicher dringendere Pflichten für die Mönche, und die

Alchemie war immerhin eine heidnische Geheimlehre wie die Magie.

Komarios beginnt mit einer kurzen Kosmogonie und wendet sich dann praktischen Dingen zu: Metalle, Farben, Apparate. Eine Gruppe von Philosophen (d. h. Wissenschaftlern) wird eingeführt, und Kleopatra teilt ihnen das Wissen mit, das sie von Komarios erhalten hat.

Es folgen allgemeine Ausführungen über die Wunder der Natur. Die Sprache ist hier reich und bildhaft, fast dichterisch, die Stimmung religiös. Am Schluß heißt es, die Alchemie sei der Schlüssel zum Verständnis des Mysteriums der Auferstehung; deshalb müsse man sich als Christ mit ihr beschäftigen. Auch hier zeichnet sich die Tendenz ab, die Alchemie in Schutz zu nehmen, ihr ein christliches Mäntelchen umzuhängen.

Buch des Komarios, des Philosophen und Hohepriesters, der Kleopatra, der Göttlichen, die heilige Kunst des Steins der Weisen lehrte, Auszüge (2.278–87 und 3.289–99 Berthelot)

Herr, Gott über alle Mächte, Schöpfer der gesamten Natur, Schöpfer und Urheber aller himmlischen und überhimmlischen Wesen, gelobter und ewiger Herrscher! Wir feiern dich, wir segnen dich, wir loben dich, wir verehren die Erhabenheit deines Reichs. Denn du bist der Anfang und das Ende, und jedes sichtbare und unsichtbare Geschöpf gehorcht dir, weil du es erschaffen hast. Da dein ewiges Reich als etwas geschaffen wurde, das dir untertan ist, bitten wir dich, gnädigster Herrscher, im Namen deiner unaussprechlichen Liebe zur Menschheit, unser Herz und unseren Sinn so zu erleuchten, daß auch wir dich verherrlichen können als unseren einzig wahren Gott, den Vater unseres Herrn Jesus Christus, mit deinem allheiligen, gütigen, lebensspendenden Geist, von nun an bis in alle Ewigkeit. Amen.

Ich werde dieses Buch mit einer Darlegung betreffend Gold und Silber, die von Komarios, dem Philosophen, und der weisen Kleopatra stammt, beginnen. Das vorliegende Buch befaßt sich nicht mit den Beweisen, die Licht und Substanzen betreffen. Dieses Buch enthält die Lehre von Komarios, dem Philosophen, die an die weise Kleopatra gerichtet sind.

Komarios, der Philosoph, lehrt Kleopatra die mystische Philosophie. Er sitzt auf einem Thron. Er widmet sich der mystischen Philosophie [?]. Er hat eben [?] zu jenen gesprochen, die das Mystische verstehen, und mit seiner Hand hat er gezeigt, daß alles Eins ist und daß es aus vier Elementen besteht.

Übungshalber sagte er: »Die Erde ist über den Wassern gegründet, die Wasser über den Berggipfeln. Nimm jetzt die Erde, die über den Wassern ist, Kleopatra, und mach daraus einen geistigen Körper, den Geist des Alauns. Diese Dinge sind wie Erde und Feuer: was die Wärme betrifft, wie Feuer; was die Trockenheit betrifft, wie Erde. Die Wasser über den Berggipfeln sind wie Luft, was ihre Kälte betrifft, und wie Wasser, was ihre Feuchtigkeit betrifft... Schau, Kleopatra, von dieser Perle und von dieser anderen hast du das ganze Färben [d. h. wohl: die ganze Technik des Färbens].«

Kleopatra nahm, was Komarios geschrieben hatte, und begann die Anwendungen anderer Philosophen in die Tat umzusetzen, die schöne Philosophie [?], wonach Materie von den Wesenheiten abstammt, wie das gelehrt und entdeckt worden ist, und eine Idee der Vorgänge ihrer Verschiedenheit [?]. So haben wir entdeckt [wie sie sagen?], indem wir die schöne Philosophie suchen, daß sie aus vier Teilen besteht, und so haben wir eine Ahnung des Wesens jeder einzelnen entdeckt, wobei die erste das Schwarze hat, die zweite das Weiße, die dritte das Gelbe, die vierte [?] das Purpurne oder die Verfeinerung. Anderseits existiert jede dieser Wesenheiten nicht [unabhängig?] von ihrer allgemeinen Natur [?], sondern sie hängen im allgemeinen von den Elementen ab, [und so?]... haben wir einen Mittelpunkt, von dem aus wir systematisch vorgehen können. So gibt es zwischen dem Schwarzen und dem Weißen, dem Gelben und dem Purpurnen oder Verfeinerten die Einweichung und das Auslaugen [?] der Arten. Zwischen dem Weißen und dem Gelben gibt es die Technik, Gold zu gießen, und zwischen dem Gelben und dem Weißen ist die Dualität der Zusammensetzung.

Das Werk kommt zustande durch die Anwendung des Apparats, der die Form einer Brust hat, und das erste Experiment besteht darin, das Flüssige von den Oxyden [?] zu trennen, und das braucht viel Zeit.

Danach kommt die Einweichung, die aus der Mischung von Wasser und nassem Oxyd [?] besteht.

Drittens, die Auflösung der Arten, die siebenmal in einem »Askalon-Kessel« verbrannt werden. So vollzieht man das Weißen und das Schwärzen der Art durch die Einwirkung des Feuers.

Als viertes kommt das Vergilben, wobei man [die Substanz?] mit anderen gelben Flüssigkeiten vermischt und Wachs [?] hervorbringt, um das gewünschte Ziel zu erreichen.

Als fünftes kommt die Fusion, die vom Vergilben zum Vergolden führt.

Fürs Vergilben muß man, wie oben erwähnt, das Ganze in zwei Hälften teilen. Sobald es halbiert ist, wird die eine Hälfte mit gelben und weißen Flüssigkeiten gemischt, und dann kann man es für jeden erdenklichen Zweck mischen.

Nochmals: Wenn die Gärung eine Raffinierung [der Arten?] ist, so bedeutet das, daß Raffinierung und Gärung die vollkommene Verwandlung der Zusammensetzung des Vergilbens [darstellen?].

So müßt ihr vorgehen, Freunde, wenn ihr euch mit dieser schönen Technik befassen wollt. Betrachtet die Beschaffenheit der Pflanzen und ihren Ursprung. Die einen kommen von den Bergen und wachsen aus der Erde; andere steigen aus den Tälern auf; wieder andere kommen aus den Ebenen. Schau, wie sie sich entwickeln, denn du mußt [oder: wirst?] sie zu bestimmten Zeiten pflücken, an bestimmten Tagen; du mußt [oder: wirst?] sie auf den Inseln des Meeres und zwar an den höchsten Punkten pflücken. Betrachte die Luft, die ihnen dient, und die Nahrung, die sie umgibt, um sicher zu sein, daß sie nicht Schaden nehmen und sterben. Betrachte das göttliche Wasser, das sie befeuchtet, und die Luft, die sie beherrscht, wenn sie in einer Wesenheit verkörpert worden sind.

Ostanes und seine Anhänger antworteten Kleopatra: »In dir ist das ganze schreckliche, seltsame Geheimnis verborgen. Kläre uns auf – ganz allgemein, aber vor allem, was die Elemente betrifft. Sage uns, wie das Höchste zum Niedrigsten herab- und wie das Niedrigste zum Höchsten aufsteigt und wie das Mittlere sich dem Höchsten nähert, um sich mit ihm zu vereinigen, und welches Element auf sie [einwirkt]. Und [sage uns?], wie die segensreichen Wasser von oben her kommen, um die Toten zu sehen, die im Hades von Dunkel und Finsternis beschwert in Ketten liegen und wie das Lebenselixier zu ihnen kommt und sie aufweckt aus ihrem Schlaf, so daß sie erwachen [man muß wohl lesen: *eis gregorsin* statt *tois ktetorsin* oder dgl.], und wie die neuen Wasser zu ihnen hinfließen, am Anfang des Abstiegs, geboren auf dem Abstieg, mit dem Feuer sich nähernd; eine Wolke trägt sie, und aus dem Meer steigt auf die Wolke, die die Wasser trägt.«

Die Philosophen erwogen, was ihnen enthüllt worden war, und freuten sich.

Kleopatra sprach zu ihnen: »Wenn die Wasser kommen, erwecken sie die Körper und den Geist – er ist schwach –, der in ihnen eingeschlossen ist. Denn wiederum leiden sie unter der Unterdrückung, und wiederum werden sie im Hades eingekerkert, und schon bald wachsen sie und steigen auf und kleiden sich in herrliche Farben aller Arten wie Blumen im Frühling, und der Frühling selber ist froh und beglückt über die Schönheit, die sie tragen.

Euch, die ihr weise seid, sage ich dies: Wenn ihr Pflanzen, Elemente und Steine von ihren Orten nehmt, scheinen sie reif zu sein, [aber sie sind] nicht reif, denn Feuer prüft alles. Wenn sie vom Feuer in Herrlichkeit und leuchtende Farben gekleidet sind, wirst du sie durch ihre verborgene Herrlichkeit als etwas Größeres sehen, und ihre erlesene Schönheit [wirst du sehen], und die Verschmelzung [wird] sich in Göttlichkeit verwandeln, denn sie werden im Feuer ernährt, wie ein Embryo, der, im Mutterleib genährt, langsam wächst. Wenn der dafür bestimmte Monat naht, kann nichts ihn daran hindern, ans Licht der Welt zu kommen.

So ist auch die Macht dieser bewundernswerten Kunst. Sie
[die Toten, d. h. wohl die ganze unerlöste Menschheit] leiden Schmerzen im Hades und im Grab, in dem sie liegen,
von den Wellen, den Brechern, die aufeinander folgen, aber
wenn das Grab sich öffnet, werden sie aus ihm austreten,
wie das Neugeborene aus dem Mutterleib. Wenn die Philosophen die Schönheit [dieses Geschehens] betrachtet haben – wie eine liebende Mutter das Kind betrachtet, dem sie
gerade das Leben geschenkt hat –, dann trachten sie danach,
diese Kunst zu nähren, wie einen Säugling, aber eben mit
Wasser statt mit Milch. Denn die Kunst ist wie der Säugling, und wie der Säugling nimmt sie Form und Gestalt an,
[und dann kommt die Zeit,] da er in jeder Beziehung vollkommen ist. Da hast du das versiegelte Geheimnis.

Von nun an will ich dir deutlich erklären, wo die Elemente und die Pflanzen liegen. Aber zuerst werde ich in
Rätseln reden: Steig auf der Leiter hinauf bis ganz oben,
erklimm den mit Bäumen bewachsenen Berg, und siehe: auf
dem Gipfel liegt ein Stein. Nimm das Arsen von diesem
Stein und verwende es für das göttliche Weißen. Und siehe:
auf halber Höhe des Berges, unterhalb des Arsens, ist seine
Braut [Quecksilber? oder gelbes Arsen, im Gegensatz zum
weißen?], mit der es sich vereint und in dem es seine Freude
findet. Natur freut sich an Natur, und außer ihr gibt es keine Vereinigung. Steig hinab zum ägyptischen Meer, und
bring vom Sand, von der Quelle, das sogenannte Natron
zurück. Vereinige es mit diesen Substanzen, und sie bringen
die allesfärbende Schönheit zustande; außerhalb ihrer gibt
es keine Vereinigung, denn die Braut ist ihr Maß. Du siehst,
Natur entspricht Natur, und wenn du alles in gleichen Maßen zusammengebracht hast, bezwingt Natur Natur und sie
erfreuen sich aneinander.

Schaut her, ihr Wissenschaftler, und versteht! Hier habt
ihr die Erfüllung der Kunst, wie Bräutigam und Braut zusammengefügt werden und eins werden. Hier habt ihr die
Pflanzen und ihre Vielfalt. Siehe, ich habe dir die ganze
Wahrheit enthüllt, und ich werde sie dir nochmals enthüllen. Du mußt hinschauen und verstehen, daß aus dem Meer

die Wolken aufsteigen, die die gesegneten Wasser tragen, und daß sie die Erde erfrischen und den Samen und den Blumen ihr Wachstum verleihen. So erfrischt auch die Wolke, die aus unserem Element kommt und die göttlichen Wasser trägt, die Pflanzen und die Elemente, und sie braucht nichts, was in einer anderen Erde hervorgebracht wird.

Da habt ihr das seltsame Geheimnis, Brüder, das völlig unbekannte; da habt ihr die Wahrheit, die euch offenbart worden ist. Seht zu, wie ihr eure Erde bewässert, und wie ihr eure Samen wachsen laßt, so daß ihr ernten könnt, wenn alles reif ist.

Jetzt hört zu und versteht und beurteilt richtig, was ich sage: Nehmt von den vier Elementen das höchste Arsen und das niedrigste und das höchste, das Weiße und das Rote, an Gewicht gleich, männlich und weiblich, so daß sie zusammengefügt sind. So wie der Vogel seine Eier ausbrütet und sie in der Wärme zur Vollendung bringt, so mußt auch du dein Werk ausbrüten und es zur Vollendung bringen, indem du es hinausträgst und in den göttlichen Wassern badest und es in der Sonne und an den verbrannten Orten [wärmst], und du mußt es in einer sanften Flamme mit jungfräulicher Milch erhitzen und es vom Rauch fernhalten... Und schließe es ein im Hades und bewege es, so daß es geschützt bleibt, bis seine Struktur sich festigt und es nicht vor dem Feuer davonläuft. Dann nimmst du es heraus, und wenn die Seele und der Geist sich vereint haben und eins geworden sind, mußt du es auf reines Silber werfen; dann hast du Gold, wie die Schatzkammern der Könige es nicht besitzen.

Nun kennst du das Geheimnis der Philosophen. Unsere Väter ließen uns schwören, daß wir es nie enthüllen oder verbreiten würden, denn es hat göttliche Gestalt und göttliche Macht. Denn göttlich ist, was mit der Gottheit verbunden ist und göttliche Substanzen hervorbringt, Substanzen, in denen der Geist verkörpert ist und die sterblichen Elemente belebt sind; indem sie den Geist, der aus ihnen kommt, empfangen, beherrschen sie sich gegenseitig und werden voneinander beherrscht. Wie der dunkle Geist, der voll Eitelkeit und Hoffnungslosigkeit ist, der Geist, der Macht über die Körper hat und sie daran hindert, weiß zu sein und die Schönheit und die Farbe zu empfangen, in die der Schöpfer sie kleidete... (denn Körper, Geist und Seele sind schwach, weil Dunkelheit sich über ihnen dehnt).

Doch wenn man den dunklen, übelriechenden Geist einmal losgeworden ist, so daß kein Gestank, keine Farbe der Dunkelheit übrigbleibt, dann wird der Körper erleuchtet, und Seele und Geist freuen sich, weil [man muß wohl *hoti* statt *hote* lesen] die Dunkelheit vom Körper gewichen ist. Die Seele ruft dem erleuchteten Körper zu: ›Wach auf aus dem Hades! Erstehe auf aus dem Grab! Komm lebend heraus aus dem Dunkel! Beginn den Vorgang der Vergeistigung, der Vergöttlichung, denn die Stimme der Auferstehung hat gesprochen, und das Elixier des Lebens ist zu dir gekommen.‹ Der Geist erfreut sich wiederum des Körpers, in dem er weilt, und die Seele auch, und sie eilt, eilt freudig, ihn zu umarmen, und umarmt ihn auch, und das Dunkel hat keinerlei Macht über sie, weil sie vom Licht abhängt und nicht ewig von ihm getrennt sein kann, und sie ist glücklich in ihrem Haus, denn sie sah, daß es von Licht erfüllt war, als sie es im Dunkel verbarg. Es wurde mit ihr vereint, denn es wurde göttlich... und lebt in ihr. Denn es hüllte sich in das Licht des Göttlichen, und das Dunkel flüchtete, und alle haben sich in Liebe vereint – Körper, Seele und Geist – und sind eins geworden in dem einen, welches das Geheimnis birgt. Indem sie zusammenkamen, vollendete sich das Geheimnis. Das Haus wurde versiegelt, und eine Statue voll Licht und Göttlichkeit wurde dorthin gestellt, denn Feuer brachte sie zusammen und verwandelte sie, und aus dem Schoß des Mutterleibs entsprang es.

Ebenso... aus dem Mutterleib der Wasser und aus der Luft, die ihnen Dienste erweist... und es brachte sie aus der Dunkelheit ins Licht, aus dem Leid zur Freude, aus der Krankheit in die Gesundheit, aus dem Tod ins Leben. Und es kleidete sie ein in die göttliche Freude des Geistes, die sie nie zuvor getragen hatte, denn dort ist das ganze Geheimnis

verborgen, und das Göttliche ist dort unverändert. Dank
ihres Mutes treten die Körper miteinander ein und kleiden
sich in Licht und göttliche Herrlichkeit, wenn sie aus der
Erde kommen, denn sie wachsen ihrer Natur gemäß und ihr
Aussehen wandelte sich, und sie erwachten aus dem Schlaf
und verließen den Hades. Der Mutterleib des Feuers
brachte sie ans Licht der Welt, und aus ihm ist die Herrlichkeit, in die sie sich kleideten. Es gab ihnen eine umfassende Einheit, das Bild wurde vollkommen im Körper, in der
Seele und im Geist, und sie wurden eins. Das Feuer wurde
dem Wasser untergeordnet, so wie die Erde der Luft. So ist
auch die Luft mit dem Feuer, die Erde mit dem Wasser, und
das Feuer und das Wasser sind mit der Erde, und das
Wasser ist mit der Luft, und sie sind eins. Denn aus Pflanzen und sublimierten Dämpfen entstand das Eine, und es
wurde von der Natur und vom Göttlichen als etwas Göttliches geschaffen, das die ganze Natur gefangen nimmt und
beherrscht. Siehe, die Wesenheiten beherrschten die Wesenheiten und dadurch verwandelten sie die Wesenheiten und
die Körper und alles in seiner Wesenheit, denn derjenige,
der floh, trat in das eine ein, das nicht floh, und derjenige,
der die Macht ausübte, trat in das eine ein, das keine Macht
ausübte, und sie wurden miteinander vereint.

Dieses Geheimnis, das wir uns angeeignet haben, Brüder,
kommt von Gott und von unserem Vater Komarios, dem
alten. Seht, Brüder, ich habe euch die ganze verborgene
Wahrheit, wie sie von vielen Weisen und Propheten [überlie-
fert wurde], mitgeteilt.«

Die Philosophen sagten zu ihr: »Kleopatra, was Du uns
berichtet hast, hat uns in Ekstase versetzt. Gesegnet sei der
Mutterleib, der dich geboren hat!«

Kleopatra antwortete ihnen und sprach: »Was ich euch
berichtet habe, betrifft die Himmelskörper und die göttlichen Mysterien. Denn durch ihre Verwandlungen, ihre
Umformungen ändern sie die Wesenheiten und kleiden sie
[?] in ungeahnte Herrlichkeit, die höchste Herrlichkeit, die
sie zuvor nicht besaßen.

Der Weise sprach: »Sag uns auch das noch, Kleopatra.

Warum steht geschrieben: ›Das Geheimnis des Wirbel-
sturms ... die Kunst ist ein Körper und wie ein Rad darüber;
wie das Geheimnis und die Bahn und der Himmelspol darüber, und die Häuser und die Türme und die herrlichsten
Befestigungen?«

Kleopatra antwortete: »Die Philosophen taten gut daran,
sie [die Kunst] dorthin zu stellen, wohin der Demiurg und
der Herr aller Dinge sie gestellt hatten. Seht, ich sage euch,
daß der Himmelspol sich infolge der vier Elemente dreht
und daß er niemals zur Ruhe kommen wird. Das alles ist in
unserer Heimat, in Äthiopien, geleistet worden, und von
hier aus kamen die Pflanzen, die Steine und die heiligen Körper; derjenige, der sie dorthin brachte, war ein Gott, kein
Mensch. In alle legte der Demiurg den Samen der Kraft. Ein
Ding wird grün, das andere nicht; eins ist trocken, das andere feucht; eins strebt nach Vereinigung, das andere nach
Trennung; eins herrscht, das andere ordnet sich unter, und
wenn sie sich begegnen, beherrschen die einen die anderen,
und eines freut sich an einem anderen Körper, und eines
verleiht dem anderen Glanz. Eine einzige Wesenheit, die
alle Wesenheiten verfolgt und beherrscht, wird hervorgebracht, und das Eine an sich bezwingt die Wesenheit von
Feuer und Erde und verwandelt ihr ganzes Wesen. Sieh, ich
sage dir das, was noch darüber hinausgeht: wenn es vollkommen ist, wird es ein tödliches Gift, das durch den Körper kreist. Denn so wie es in seinen eigenen Körper eintritt,
kreist es auch in anderen Körpern. Denn durch Zersetzung
und Wärme entsteht ein Gift, das ungehindert durch Körper jeglicher Art kreist. Und damit ist die Kunst der Philosophie vollendet.«

ANMERKUNGEN

Kapitel I Magie

1   M. Smith, *Jesus the Magician* (New York, 1978), Kap. 1.

2   Plinius, *NH* 2.62; Manilius, *Astron.* 1,95 ff; Seneca, *Nat. Quaest.* 6.5.3; 7.25; E. R. Dodds, *The Ancient Concept of Progress* (Oxford U.P. 1973), 23.

3   Aspirin, die billigste und am weitesten verbreitete wirksame Arznei in der Welt, wird manchmal als »magisches« Heilmittel bezeichnet, weil die moderne Wissenschaft nicht genau erklären kann, worin seine Wirkung besteht. Sein aktiver Bestandteil, Acetylsalycilsäure, wurde von den Indianern Nordamerikas aus Weidenrinde gewonnen und scheint schon Hippokrates bekannt gewesen zu sein.

4   W. H. S. Jones, in: *Proceedings of the Cambridge Philological Society* 181 (1950/51), 7 f.

5   E. R. Dodds, *The Greeks and the Irrational* (Berkeley, 1951); s. auch W. K. C. Guthrie, *A History of Greek Philosophy* (Cambridge, 1962 ff), I 146 ff; II 12 ff.

6   Dazu J. A. MacCulloch, *Encyclopedia of Religion and Ethics*, XI 441 ff; M. Eliade, *Le Chamanisme et les techniques archaïques de l'extase* (Paris, 1951); H. Findeisen, *Schamanentum* (Stuttgart, 1957); W. F. Bonin, *Naturvölker und ihre übersinnlichen Fähigkeiten* (München, 1986).

7   Dodds, *Greeks*, 140.

8   Dodds, ebda. 147.

9   Aristoteles, *Fragm.* 191 Rose³ (= S. 130 ff Ross) ist mit dieser Überlieferung vertraut.

10   G. Luck, »Der Mensch in der frühgriechischen Elegie«: *Gnomosyne* (Festschrift W. Marg, München 1981), 168.

11   W. Burkert, *Weisheit und Wissenschaft* (Nürnberg, 1962).

12   Dodds, a. O. 145 f.

13   J. Bidez und F. Cumont, *Les mages hellénisés*, 2 Bde. (Paris, 1938); R. Frye, *The Heritage of Persia* (London, 1962), 75.

14   M. Smith, *Jesus the Magician*, 150 ff.

15   Sogar Jesus' Berufung auf den Vater hat man mit einer Formel verglichen, die in Zaubertexten vorkommt; dort identifiziert sich der Magier jeweils mit der Gottheit, die er beschwört; vgl. Smith, 151.

16   *Clement. Recogn.* 2.15. *Homil. Clement.* 2.26. Der Verdacht bestand, daß Simon selber den Knaben ermordet hatte.

17   Vergleichbar sind die biblischen Konfrontationen von Moses und den ägyptischen Magiern vor Pharao (*Exodus* 7) oder Paulus und Elymas vor dem römischen Proconsul (*Apostelgeschichte* 13).

18   Vgl. W. R. Halliday, *Folklore Studies* (London, 1924), Kap. 6.

19   J. Tatum, *Apuleius and the Golden Ass* (Cornell U.P., 1979), 62
      spricht von der »geistigen Heiterkeit«, die an sich schon eine Erlö-
      sung in dieser Welt sein kann.

20   Vgl. Dodds, *Pagan and Christian in an Age of Anxiety*, 72 ff. »Alle
      Bezauberung«, schreibt Novalis, »geschieht durch partielle Identifi-
      kation mit dem Bezauberten – den ich so zwingen kann, eine Sache
      zu sehen, zu glauben, zu fühlen, wie ich will.«

21   A. Abt, *Die Apologie des Apuleius von Madaura und die antike
      Zauberei* (Gießen, 1908), 108 ff.

22   Dodds, *Greeks*, 291 nach Proklos, *Theol. Platon.* 66.

23   Diese »Siegel« oder »Symbole« wurden in den Hohlraum von Göt-
      terstatuen plaziert, um sie zu »beseelen« (Dodds, *Greeks*, 292).

24   Th. Hopfner, *PW* XIV (1928), 373 ff; F. Pfister, *PW Supp.* IV (1924),
      324 ff.

25   Wie gewisse Laute und Wörter auszusprechen waren, mußte der
      Adept in geheimer Unterweisung vom Meister übernehmen; vgl.
      Dodds, *Greeks*, 292. Den *susurrus magicus*, ein Flüstern oder Zi-
      schen von Formeln, konnte man nicht aus Büchern lernen.

26   Wahrscheinlich gibt es auch ganz unverfängliche Wissenschaften
      und Künste, die man sich mit dem besten Willen auch als beflissener
      Autodidakt nicht restlos aneignen kann; so soll es fast unmöglich
      sein, Musiktheorie aus einem Handbuch zu lernen.

27   Hull, *Hellenistic Magic*, 42 f.

28   *PGM* 7.786 ff; 13.946.

29   d'Alverny, in: *Antike und Orient*, 64.

30   A. H. Armstrong, *Phronesis* I (1955), 73 ff gegen Ph. Merlan, *Isis* 44
      (1953), 341 ff.

31   Sehr nützlich ist die Ausgabe von E. des Places (Paris, 1966); vgl.
      auch Dodds, *Greeks*, 102 ff.

32   Dazu jetzt G. Luck, »Theurgy and Forms of Worship in Neoplato-
      nism«, in: *Religion, Science and Magic*, hg. von J. Neusner, E. S. Fre-
      richs und P. V. McC. Flesher (Oxford U.P., 1989), 185–225.

33   J. Bidez, *La vie de l'Empereur Julien* (Paris, 1930), 79; das ganze
      Kapitel (73–81) ist wichtig.

34   Vgl. E. Harrison, in: *Encycl. of Rel. and Ethics,* VII 322; G. Luck,
      American Journal of Philology 94 (1973), 147 ff.

35   Vgl. Eusebios, *Praep. Evang.* 4.50 in der Ausgabe von E. des Places
      (*Sources Chrétiennes* 262, 1979), wo O. Zink z. St. die prächtigen
      Gewänder, die Essenzen, Blumen, Gesten bespricht, die in magi-
      schen Operationen gebräuchlich waren.

36   A. Dieterich, *Mutter Erde* (Leipzig, ³1926); E. O. James, *The Cult of
      the Mother Goddess* (London, 1959).

37   O. Kern, *Religion der Griechen* II (Berlin, 1926), 127 ff.

38   J. B. Russell, *The Devil: Perceptions of Evil from Antiquity to Primi-
      tive Christianity* (Cornell U.P., 1977), 125 f; 170 f.

39   P. Ghalioungui, *Magical and Medical Science in Ancient Egypt*
      (London, 1969), 163.

40   L. Blau, *Das altjüdische Zauberwesen* (Straßburg, 1898).

41   A. Barb, in: *The Conflict between Paganism and Christianity*, hg. von A. Momigliano (Oxford U.P., 1963), 118f.

42   J. Dan, in: *Encyclopaedia Judaica* X (1971), s. v. ›Magic‹.

43   Blau, a. O. 27; 43.

44   ders., 96ff.

45   ders., 23.

46   Hull, *Hellenistic Magic*, 129; M. Smith, *Jesus the Magician*, 45ff. Die sehr beachtenswerte These von S. Eitrem, *Die Versuchung Christi* (Oslo, 1924), wonach es dem Versucher darum ging, Jesus zu überreden, ein Magier zu werden, wurde kurz von H.J. Rose, *Class. Rev.* 38 (1924) gewürdigt.

47   Vgl. C.C. McCown (Hg.), *The Testament of Solomon* (Leipzig, 1922); K. Preisendanz, *PW*, Suppl. 8 (1952), 684ff.

48   Einige Übersetzer verschleiern den Sinn, indem sie die Stelle als »Macht der Winde« wiedergeben; dabei zeigt der Zusammenhang, was eigentlich gemeint ist. Josephus (*Ant. Iud.* 8.45) hat den Sinn richtig aufgefaßt: »Gott gab ihm (Salomon) Kenntnis der Kunst, die man gegen Dämonen anwendet, um Menschen zu heilen und ihnen zu helfen.« Der Verfasser dieses Werks war vermutlich mit den Lehren des Mittleren Platonismus vertraut und gehörte vielleicht dem Kreis von Philon von Alexandrien an. Vgl. D. Winston, in der *Anchor Bible Series*, XLII (Garden City, NY, 1979), 172ff.

49   Auch an diesem Beispiel wird klar, wie der Gottesglaube eines Volkes von anderen Völkern mißverstanden wurde. Wenn man den Namen nicht einmal aussprechen durfte, konnte es sich nur um eine geheime, ›unaussprechliche‹ und daher gefährliche Gottheit handeln.

50   Vgl. G. Scholem, in: *Encycl. Judaica* X (1971), 489ff.

51   Neue gnostische Texte sind in der koptischen Bibliothek von Nag Hammadi gefunden worden.

52   Zum Thema »Magie und Recht in der Antike« existiert eine reiche Literatur; hier seien nur genannt: F. Beckmann, *Zauberei und Recht in Roms Frühzeit* (Diss. Münster, 1923); Th. Hopfner, Art. *Mageia*: *PW* 14 (1928), 384ff; A. Kleinfeller, Art. *Magia*: ebda. 396ff; Chr. Brecht, Art. *Occentatio*: *PW* 17 (1937), 1752ff; V.A. Georgescu, »La magie et le droit romain«: *Revista clasica* 1–2 (1939–40); A. Barb, in: *Conflict Between Paganism and Christianity* (1963), 102ff.

53   Eunapius, *Vitae Sophistarum*, pp. 471–73 Boiss. bewundert ihn. Beide Eltern, Eustathios und Sosipatra (die Mutter mehr noch als der Vater) verfügten über okkulte Fähigkeiten. Vgl. G. Luck, in: *Euphrosyne*, N.S. 14 (1986), 153.

54   Festugière, *Révélation* I 189.

55   F. Cumont, *L'Egypte des astrologues* (Brüssel, 1937).

56   H.I. Bell, *Cults and Creeds in Graeco-Roman Egypt* (Liverpool, 1953).

57   K. Preisendanz, in: *Zentralblatt für Bibliothekswesen* 75 (1950), 223ff.

58   Hull, *Hellenistic Magic*, 23ff.

59 Wenn man einige neuere Funde einbezieht, beläuft sich die Zahl der publizierten Zauberpapyri auf etwa zweihundert.

60 Die von K. Preisendanz, E. Diehl, S. Eitrem und anderen besorgte Ausgabe erschien unter dem Titel *Papyri graecae magicae* in drei Bänden (Leipzig, I 1928, II 1931, III 1941). Eine Neuausgabe besorgte A. Henrichs, 2 Bde. (Stuttgart, 1973–74). Englische Übersetzung von H. D. Betz u. a., *The Greek Magical Papyri in Translation* (Chicago U.P., 1985); Indices sind in Vorbereitung.

61 Vgl. S. Eitrem, in: *Symbolae Osloenses* 19 (1939), 57 ff. Der Brauch ist sicher sehr alt; vgl. H. W. F. Saggs, *The Greatness that was Babylon* (London, 1962), 303 ff.

62 F. C. Burkitt, *Church and Gnosis* (Cambridge, 1932) behandelt gnostische Amulette.

63 R. Wünsch, »Antikes Zaubergerät«: *Jahrb. d. deutschen archäol. Inst., Erg.-Heft* 6 (1905). In einem wenig beachteten Aufsatz, »Die pergamenische Zauberscheibe und das Tarockspiel«, *Bull. Soc. Royale de Lund* 4 (1935–36) hat S. Agrell versucht, eine Beziehung zwischen den in drei konzentrischen Ringen auf der Schüssel angeordneten Symbolen und den Karten des Tarockspiels herzustellen.

64 Dodds, *Progress*, 156 ff.

65 »Abraxas«, ein anderes Zauberwort, erscheint oft auf Gemmen. »Hocuspocus« ist nicht antik, und die Etymologie ist noch nicht abgeklärt. Einige leiten es aus der küchenlateinischen Formel *hax pax max Deus adimax* her, mit der im Mittelalter, so nimmt man an, fahrende Scholaren ihre Zauberkunststücke begleiteten. Nach anderen ist es eine travestierende Umformung der vom Priester während der Abendmahlsfeier gesprochenen Worte *hoc est Corpus*.

66 Das Pentagramm als Symbol, das auch den Magier selber beschützt, scheint alt zu sein; vgl. M.-Th. d'Alverny, in: *Antike und Mittelalter*, hg. v. P. Hilpert (Berlin, 1962), 256 ff.

67 R. Reitzenstein, *Poimandres* (Leipzig, ²1922), 256 ff.

68 Vgl. J. M. R. Cormack, in: *Harvard Theol. Review* 44 (1944), 25 ff.

Kapitel II Wunder

1 Siehe J. A. MacCulloch: *ERE* 8.67 ff.

2 *Jesaia* 29.14 ist schwierig zu deuten.

3 Bei Homer werden Wunder manchmal durch den Willen eines Gottes bewirkt, aber die Mittel können magischer Natur sein; siehe E. J. Ehnmark, *Anthropomorphism and Miracle* (Upsala, 1939), 6.

4 Siehe O. Weinreich, *Antike Heilungswunder*, 198 ff.

5 P. Janet, *Psychological Healing*, übersetzt von E. und C. Paul, 2 Bde. (New York, 1925), Bd. 1, 21.

6 Hull, *Hellenistic Magic*, 46.

7 L. Rose, *Faith Healing* (Penguin Books, 1971), 11 ff, bestreitet keineswegs den Erfolg der »Glaubensheiler«, behauptet aber, daß dies ei-

gentlich keine Sache des Glaubens oder der Religion sei; er sieht es als eine Art Psychotherapie an. Vgl. auch E. Thrämer, *ERE* 6.540 ff; Lawson, *Modern Greek Folklore and Ancient Greek Religion*, 60 ff.

8   Siehe M. Bloch, *The Royal Touch*, übers. von J. E. Anderson (London, 1973). Pyrrhos von Epiros, Vespasian und spätere Herrscher waren im Besitz des »Königsheils«; das heißt, sie konnten durch Handauflegung (im Fall von Pyrrhos durch Berührung mit der großen Zehe) Krankheiten kurieren; oft ist von Skrofulose die Rede. Zu Vespasian siehe oben; zu Pyrrhos vgl. Plinius, *Nat. Hist.* 7,20 und Plutarch, *Pyrrhos* 3.7–9.

9   Rose, *Faith Healing*, 24.

10   C. J. Singer, *Greek Biology and Medicine* (Oxford, 1922), passim; L. Edelstein, *Ancient Medicine*, hg. von O. und C. L. Temkin (Baltimore, 1967), 205 ff.

11   Rose, *Faith Healing*, 27.

12   Rose (a. O.) erwähnt die Stelle im *Matthäus-Evangelium* nicht.

13   Ebda., 28 f.

14   U. Maclean, *Magical Medicine* (Penguin Books, 1974), 177.

Kapitel III Dämonologie

1   Über den Exorzismus im hellenisierten Ägypten vgl. F. Cumont, *L'Egypte des astrologues* (Brüssel, 1937), 167 ff.

2   Josephus, *Jüdische Geschichte* 8.5.2, berichtet von einem Exorzismus, der in Gegenwart Vespasians durchgeführt wurde.

3   Philostrat, *Leben des Apollonios von Tyana* 3.38; 4.30.

4   Siehe K. Thraede, in: *Reallexikon für Antike und Christentum* 7 (1969), 44 ff. Das *Rituale Romanum* schreibt immer noch den für die Katholische Kirche geltenden Ritus des Austreibens von Dämonen vor.

5   E. Ziebarth, *Nachr. Gesellsch. Wiss. Göttingen*, 1889, 105 ff.

6   Iamblichos, *Myst. Aegypt.* 2.3; Dodds, *The Ancient Concept of Progress*, 209–10.

7   Eunapios, *Leben der Philosophen und Sophisten*, p. 473 Boiss.; Dodds, *Progress*, 210.

8   H. W. F. Saggs, *The Greatness that Was Babylon*, 302 ff.

9   G. van der Leeuw, *La religion dans son essence* (Paris, 1948), 129 ff; 236–37.

10   Dodds, *Progress*, 55–56.

11   Ebda.

12   Ebda., 195. Dodds verweist auf das immer noch wichtige Werk von T. K. Oesterreich, *Die Besessenheit* (Berlin, 1921).

13   Von den antiken Philosophen haben offenbar nur die Epikureer und die Skeptiker *ex cathedra* die Möglichkeit verneint, mit den Geistern von Verstorbenen Verbindung aufzunehmen.

14   Dodds, *Progress*, 206.

15   Dodds (ebda., 209, Anm. 1) erwähnt die antike Vorstellung, daß
      gewisse Seelen nach dem Tod in den Rang von Dämonen aufsteigen.

16   Das Epigramm ist u.a. von W. Peek, *Griechische Versinschriften*
      (Berlin, 1955), Bd. 1, 8–9 veröffentlicht worden.

17   Siehe die Darstellung bei F. Cumont, *Lux Perpetua* (Paris, 1949),
      97 ff; dazu auch Dodds, *Progress*, 207.

18   Siehe F. L. Griffith, *Stories of the High Priests of Memphis* (Oxford,
      1900), 44–45. Vergil galt im Mittelalter als Magier; siehe D. Compa-
      retti, *Virgilio nel medio evo*, 2 Bde., 1872; neue Ausg. von G. Pas-
      quali,² 1943, deutsche Übers. 1875.

19   G. Luck, *American Journal of Philology* 94 (1973), 147 ff. Diese Theo-
      rie, von Bischof William Warburton (1698–1779) in seinem Werk
      The Devine Legation of Moses, 2 Bde. (1737–41) mit großem Scharf-
      sinn und umfassender Gelehrsamkeit vertreten, wurde von Edward
      Gibbon, dem berühmten Historiker, mit unverdienter Schärfe zu-
      rückgewiesen, ist aber sicher erwägenswert.

20   Dodds, *Progress*, 117.

21   Th. Mommsen, *Römisches Strafrecht* (Leipzig, 1899), 642; A. Barb,
      in: *The Conflict between Paganism and Christianity in the Fourth
      Century*, hg. von A. Momigliano, 102 ff; Dodds, *Progress*, 207.

22   P. Brown, in: *Witchcraft: Confessions and Accusations*, hg. von M.
      Douglas (London und New York, 1970); Dodds, *Progress*, 207.

23   Sueton, *Nero* 34.4.

24   Dodds, *Greeks and the Irrational*, 11; *Progress*, 207, Anm. 3.

25   Dodds, *Progress*, 157, Anm. 2, zitiert Laktanz, *Div. Inst.* 2.2.6.

26   Dodds, *Progress*, 208–209.

27   Aber nicht alle, wie Dodds, *Progress*, 153, anzunehmen scheint. Man
      muß wohl zwischen einer mythischen Figur wie Atreus und einem
      Heros wie Herakles unterscheiden; der eine war ein mächtiger Kö-
      nig, von dem hauptsächlich Greueltaten überliefert sind, der andere
      lebt als Retter der Menschheit weiter.

28   Man kann gewisse Heroen als »abgeblaßte« Götter betrachten, d.h.
      als Personifikationen, die ursprünglich göttlicher Natur waren, aber
      eines Tages starben und an ihren Gräbern verehrt wurden, nicht in
      eigentlichen Tempeln, wie die Götter. Da der Heroenkult ein Toten-
      kult war, mußte er abseits der Tempel stattfinden. Sterbliche Über-
      reste in einem Tempel oder Tempelbezirk widersprachen dem reli-
      giösen Empfinden der Griechen; der Märtyrerkult der Christen war
      ihnen ein Greuel; s. G. Luck, »Two Predictions of the End of Paga-
      nism«: *Euphrosyne* (1988).

29   Lucan, *Pharsalia* 10.20 ff.

30   Plinius d. J., *Briefe* 7.27; 4 ff; Lukian, *Lügenfreunde* 30–31.

31   Zum babylonischen Geisterglauben vgl. Saggs, *Greatness*, 309 ff.

32   Dodds, *Progress*, 158.

33   E. Bevan, *Sibyls and Seers* (London, 1929), 95. Die beste Ausgabe
      der Dialoge ist die von A. de Vogüé (*SC* 251 [1978]).

34   Dodds, *Progress*, 205.

35 Dodds, *Progress*, 192, Anm. 5, mit Zeugnissen aus dem späteren Platonismus.
36 J. Dillon, *The Middle Platonists* (London, 1977), 320.
37 Dillon, ebda., 216 ff.
38 G. A. Gerhard, in: *Sitzungsberichte Akad. Heidelberg* 1915; ders., in: *Wiener Studien* 37 (1915), 323 ff; 38 (1916), 343 ff.

Kapitel IV Divination

1   Siehe Dodds, *The Greeks and the Irrational*, 70.
2   Siehe H. Gunkel, *Die Propheten* (Tübingen, 1917).
3   Eine Zusammenfassung, die alles Wichtige enthält, findet sich im Artikel ›Divination‹ von A. St. Pease, *Oxford Classical Dictionary* (2. Aufl.).
4   Die französische Übersetzung von Artemidorus' *Oneirocritica* von A.-J. Festugière (Paris, 1975) hat wertvolle Anmerkungen; eine neuere englische Übersetzung ist die von R. J. White (Park Ride, N.J., 1975). Das 4. Kapitel von *The Greeks and the Irrational* behandelt Träume. Siehe auch G. E. V. Grunebaum und R. Caillois, *The Dream and Human Societies* (University of California Press, 1966). Über die Inkubation handelt L. Deubner, *De Incubatione* (Gießen, 1900).
5   Dodds, *The Ancient Concept of Progress*, 174.
6   Das Traumbuch von Assurbanipal wurde veröffentlicht und übersetzt von A. L. Oppenheim, *Transactions and Proceedings of the American Philosophical Society*, N.S. 46 (1956).
7   In einer großartigen Vision (1035 ff) schildert Kassandra ihr eigenes Ende und den Tod Agamemnons.
8   Dodds, *The Greeks and the Irrational*, 120.
9   Nach Platon entstehen prophetische Träume in der vernunftbegabten Seele, werden aber von dem vernunftlosen Teil der Seele als Bilder, die sich auf der glatten Oberfläche der Leber spiegeln, gesehen; siehe den Verweis auf den *Timaios* bei Dodds, *The Greeks and the Irrational*, 120.
10 Dodds, *The Greeks and the Irrational*, 120.
11 Ibid.
12 Ibid.
13 Dodds, *The Ancient Concept of Progress*, 183.
14 Achilles Tatius, *Die Abenteuer von Leukippe und Kleitophon*, 1.3.2; vgl. E. Rohde, *Der griech. Roman* (Leipzig, ³1914), 508, Anm.
15 Siehe W. O. Stevens, *The Mystery of Dreams* (New York, 1949) und E. Fromm, *The Forgotten Language* (New York, 1959), vor allem 47 ff. Siehe auch A. Faraday, *Dream Power* (New York, 1972).
16 C. G. Jung, M.-L. v. Franz u. a., *Man and his Symbols* (Garden City, 1964), 51. Erschien in deutscher Übersetzung (v. K. Th. Dohrmann) unter dem Titel *Der Mensch und seine Symbole* (Olten, 1968).

17   Dodds, *The Greeks and the Irrational*, 104.
18   W.R. Halliday, *Greek Divination* (London, 1913), Kap. 3. »Bakis« war vielleicht der Name einer ganzen Gruppe von ekstatischen Propheten des 7. und 6. Jahrhunderts v. Chr.
19   R. Flacelière, *Greek Oracles*, translated by D. Garman (New York, 1963). Auch W. H. Myers, *Essays Classical* (London, 1904) und M. P. Nilsson, *Cults, Myths, Oracles, and Politics in the Ancient World* (Lund, 1951) sind immer noch wichtig.
20   Bernard de Fontenelle, *Histoire critique des oracles*, hg. v. L. Maigron (Paris, 1908), 70.
21   Vgl. S. A. B. Mercer, *Religion of Ancient Egypt* (London, 1949), 159 ff.
22   Vgl. A. Guillaume, *Prophecy and Divination* (London, 1938).
23   Vgl. z. B. H. H. Rowley, *The Servant of the Lord* (Oxford, 1965).
24   E. Rohde, *Psyche* (Tübingen, ³1903), Bd. 2, 18 ff; R. Reitzenstein, *Hellenistische Mysterienreligionen* (Leipzig, ³1910), 236 ff.
25   Vgl. A. Mackie, *The Gift of Tongues* (New York, 1922).
26   Dodds, *The Ancient Concept of Progress*, 174, zitiert aus einem byzantinischen Autor, Michael Psellos, *Über die Tätigkeit von Dämonen*, Kap. 14, und weist darauf hin, daß das *Rituale Romanum*, immer noch das offizielle Handbuch der römisch-katholischen Kirche für Exorzismen, folgende Kriterien für Besessenheit anführt: »die Fähigkeit, eine unbekannte Sprache zu sprechen oder zu verstehen, oder Dinge, die entfernt oder verborgen sind, zu schauen.«
27   Rohde, *Psyche*, Bd. 2 (3. Aufl.), 18 ff; Dodds, *The Greeks and the Irrational*, 77 ff.
28   Vgl. I. M. Lewis, *Ecstatic Religion: An Anthropological Study of Spirit Possession and Shamanism* (Penguin Books, 1975).
29   Die Qual prophetischer Offenbarung ist gut bezeugt und kann mit dem »schmerzlichen Vorgang der Individuation«, wie C. G. Jung ihn nennt, verglichen werden.
30   Vgl. A. Dieterich, *Eine Mithrasliturgie* (Leipzig, ²1903), 2 ff.
31   Vgl. R. Knox, *Enthusiasm: A Chapter in the History of Religion* (Oxford U. P., 1950).
32   Vgl. E. Bevan, *Sibyls and Seers* (London, 1929).
33   Dodds, *The Ancient Concept of Progress*, 176 ff, gibt einen guten Überblick über die möglichen Erklärungen; er unterscheidet »clairvoyance« von »precognition«; offenbar läßt sich nur das letztere durch »göttliche Bilder« erklären (162; 202). Man stellt immer wieder fest, daß okkulte Phänomene wie religiöse Erfahrungen zwar etikettiert und klassifiziert werden können, daß aber dadurch im Grunde wenig für ihr tieferes Verständnis gewonnen wird.
34   Über »retrocognition« siehe Dodds, 160, Anm. 3. Auch das ist ein Etikett, besagt etwas und läßt sich nicht weiter erklären. In seiner Autobiographie *By Nile and Tigris* (London, 1922), 122 berichtet der Ägyptologe Sir Wallis Budge, daß er einmal in einem Hotelzimmer ein furchtbares Ereignis nacherlebte, das sich dort vor vielen Jahren abgespielt hatte. Er vergleicht das mit einer Grammophonplatte: der

Raum registriert das Ereignis, und der übersinnlich begabte
Mensch, der den Raum betritt, ist die Nadel, durch die jenes Ereignis nochmals Wirklichkeit wird.

35 Vgl. S. Morenz, *Ägyptische Religion* (Stuttgart, 1960) 32 ff.

36 Siehe Anm. 19.

37 Da das ägyptische Orakel von Amun oder Ammon (»der Verborgene«) in Griechenland berühmt war, darf man annehmen, daß die
Griechen diese Methode der Weissagung von einer älteren Kultur
übernahmen.

38 Vgl. H. W. Parke, *Greek Oracles* (London, 1967).

39 Plutarch selber hat offenbar an »prophetische Ausdünstungen« aus
der Erde geglaubt; vgl. *Über das Aufhören der Orakel*, Kap. 44.

40 Vgl. G. Luck, *Gnomon* 25 (1953), 364.

41 Dodds, *The Greeks and the Irrational*, 70 ff; 87 ff.

42 K. Buresch, *Klaros* (Leipzig, 1899); Ch. Picard, *Ephèse et Claros*
(Paris, 1922).

43 Dodds, *The Ancient Concept of Progress*, 168; 198 f.

44 Dodds, *The Greeks and the Irrational*, 74 f; 93.

45 M. P. Nilsson, *Greek Popular Religion* (New York, 1940), 123 f.

46 Dodds, *The Greeks and the Irrational*, 217 f; 222 f.

47 M. P. Nilsson, *Cults, Myths, Oracles, and Politics in the Ancient
World* (Lund, 1951), 95 ff.

48 Plutarch, *De Defectu Oraculorum*, hg. v. R. Flacelière (Budé, 1947).

49 Eusebius, *Praep. Evang.* 5.17; siehe auch D. A. Russell, *Plutarch*
(New York, 1973), 145.

50 Rabelais, *Pantagruel* 4.28, zitiert von Flacelière in seiner Ausgabe
von Plutarch: *De Defectu Oraculorum*, 79; siehe auch Russell, *Plutarch*, 145.

51 Cicero, *De Divinatione* 1.92.

52 *Oblativa (Omina)* sind vergleichbar den griechischen *enodia*, zufälligen Begegnungen mit Tieren. Im deutschen Aberglauben spielt die
schwarze Katze, die einem über den Weg läuft, eine Rolle.

53 Siehe Sir James Frasers Übersetzung von Pausanias, *Beschreibung
von Griechenland*, (London, 1898), Bd. 4.

54 Modelle von Tierlebern wurden in Boghazköi und in Piacenza gefunden. Sie dienten wahrscheinlich der Ausbildung von angehenden
haruspices. Boghazköi liegt im hethitischen, Piacenza im etruskischen Gebiet. Dies könnte die Hypothese bestätigen, daß die
Etrusker die Technik aus Kleinasien mitbrachten.

55 Siehe Cicero, *De Div.* 2.50 und die Anm. von Pease in seiner Ausgabe.

56 Daher der Ausdruck »Augurenlächeln«.

57 Vgl. The World Almanac Book of the Strange (New York, 1977), 402.

58 Man konnte das Ei zerbrechen und die Formen, die es auf dem
Wasser bildete, deuten. Das ist eine Verbindung von Ooskopie und
Hydromantie. Solche Verbindungen sind immer möglich.

59 *The Shorter Oxford Dictionary of the English Language* (Claren-

don Press, 1975) fügt hinzu: »or the pretended appearance of spirits therein.«

60 Das englische Verbum *to scry* ist offenbar eine Kurzform für *to descry*, d. h. »durch Beobachtung feststellen«. Mit Kristallomantie befaßt sich T. Besterman, *Crystal-Gazing* (London, 1924); vgl. auch A. Delatte, *La catoptromancie grecque et ses dérivés* (Paris, 1932).

61 Dodds, *The Ancient Concept of Progress*, 186 ff.

62 F. W. H. Myers, *Human Personality and its Survival of Bodily Death* (London, 1906), Bd. 1, 237 (zitiert von Dodds, *The Ancient Concept of Progress*, 186 ff).

63 A. Bouché-Leclercq, *Histoire de la divination dans l'antiquité*, 4 Bde. (Paris, 1879–82), Bd. 1, 185 ff; 339 f.

64 Dodds, *The Ancient Concept of Progress*, 188.

65 M. P. Nilsson, *Greek Piety*, übers. von H. J. Rose (New York, 1969), 146 ff.

66 Gastromantie kann sich auch auf die Stimme eines Bauchredners beziehen, die Aussagen über die Zukunft macht.

67 Vgl. E. W. Lane, *An Account of the Manners and Customs of the Modern Egyptians*, 3 Bde. (London, 1846).

68 Dodds, *The Ancient Concept of Progress*, 186, Anm. 2.

69 Dodds, a. a. O., erzählt von einem Betrüger, der sich dieser Technik bediente.

70 Vgl. W. Barrett und T. Besterman, *The Divining Rod* (New Hyde Park, N. J.). Es scheint, daß man mit dieser Methode Mineralien, Metalladern, Wasser, Mineralöle orten kann; eine Erklärung gibt es noch nicht. Mißerfolge sind nicht ausgeschlossen.

71 Dodds, *The Ancient Concept of Progress*, 193–94.

72 Vgl. R. Wünsch, *Antikes Zaubergerät* (Berlin, 1905).

73 M. Bürger und H. Knobloch, *Die Hand des Kranken* (München, 1956).

74 Homerverse wurden auf Papyrus geschrieben und bestimmte Verse durch Würfeln oder Einstecken einer Nadel gewählt; diese Verse enthielten in irgendeiner Form die Antwort auf die gestellte Frage. Vgl. A. Vogliano, *ACME* 1 (1948), 226 ff.

75 Eine englische Übersetzung bietet R. Charles, *Apocrypha and Pseudepigrapha of the Old Testament* (Oxford, 1912), Bd. 2.

76 Vgl. P. Fraser, *Ptolemaic Egypt* , 3 Bde. (Oxford, 1968), Bd. 1, 708 ff.

77 Die Fragmente der Chaldäischen Orakel wurden gesammelt kommentiert und ins Französische übersetzt von E. des Places (Paris, 1971); siehe dazu Dodds, *The Greeks and the Irrational*, 283 ff.

78 Vgl. H. Lewy, *Chaldaean Oracles and Theurgy* (Neuausgabe von H. Tardieu (*Etudes Augustiniennes*, Paris, 1978).

Kapitel V Astrologie

1 O. E. Neugebauer, *The Exact Sciences in Antiquity* (Princeton U.P., 1959), 164.

2 J. Bidez und F. Cumont, *Les Mages hellénisés*, passim. 2 Bde. (Paris, 1938).

3 H. W. F. Saggs, *The Greatness That Was Babylon* (London, 1962), 459.

4 Ebda., 455.

5 A. Sachs, in: *Journal of Cuneiform Studies* 6 (1953), 57.

6 O. E. Neugebauer (oben, Anm. 1), 178 ff; M. P. Nilsson, *Geschichte der griechischen Religion*, Bd. 1 (München, 1955), 268.

7 A. D. Nock, *Essays on Religion in the Ancient World*, hg. v. Zeph Stewart, Bd. 1 (Harvard U.P.), 497.

8 Vgl. die Übersetzung (mit Kommentar) von D. Winston, *The Wisdom of Solomon*, in: *Anchor Bible Series* 43 (Garden City, New York, 1979), 7, 18–19.

9 F. Boll, *Aus der Offenbarung Johannis* (Leipzig, 1914), 47 ff.

10 L. Thorndike, *A History of Magic and Experimental Science*, Bd. 1 (New York, 1923), 436 ff.

11 Ebda., 462 ff.

12 J. J. O'Meara, *An Augustine Reader* (Garden City, New York, 1973), 13 ff; 128–89; 319 ff.

13 Das Experiment, das Augustin, *De Civ. Dei* 5.3 kurz beschreibt, ist, wie ich meine, noch nicht richtig verstanden worden. Nigidius muß seinen Finger in Tinte getaucht, die Töpferscheibe in Bewegung versetzt und sie dann mit dem Finger berührt haben. Dann versuchte er, den Punkt nochmals zu berühren, während die Scheibe sich weiterhin drehte.

14 M. David, *Les dieux et le destin en Babylone* (Paris, 1949); R. B. Onians, *The Origins of European Thought* (Cambridge, 1951), 303 ff.

15 J. Kirkup, *Sorrows, Passions, and Alarms* (London, 1959), 93.

16 Nach A. Krappe, *The Science of Folklore* (London, 1930, Neudruck 1970), 28 ist Fatalismus das einzige philosophische Prinzip, das Sagen und Märchen zugrunde liegt. Die Feen scheinen manchmal die Abgesandten des Schicksals zu sein. Es besteht sicher auch ein sprachlicher Zusammenhang zwischen *fatum*, »Schicksal«, *fatua*, »Weissagerin«, und »Fee«. In der Spätantike ergab sich eine Verbindung der gallorömischen *matronae* und der klassischen Parzen.

17 J. Dillon, *The Middle Platonists* (Ithaca, New York, 1977), 208; G. Luck, in: *American Journal of Philology* 101 (1980), 373 ff.

18 Arnobius, *Adversus nationes* 2.13.62.

19 L. Mac Neice, *Astrology* (Garden City, New York, 1964), 244. Das Buch hat nicht die Beachtung gefunden, die es verdient; das Kapitel über antike Astrologie ist besonders lesenswert.

20 Der *Catalogus Codicum Astrologicorum Graecorum* verzeichnet das Material, das, zum größten Teil noch unveröffentlicht, in ver-

schiedenen Bibliotheken Europas liegt. Die ersten Bände wurden unter der Leitung von F. Cumont publiziert. Seit 1898 sind zwölf Bände erschienen.

21 G. P. Goold hat einen sehr guten Text und eine ausgezeichnete Übersetzung von Manilius' Lehrgedicht vorgelegt (Loeb Classical Library, 1977).

22 Es gibt eine englische Übersetzung von Firmicus Maternus' Handbuch unter dem Titel *Ancient Astrology* von J. R. Bram (Park Ridge, New Jersey, 1975).

23 Die Abhandlung *Über die Irrlehre des Heidentums* (*De Errore Profanarum Religionum*) wird ebenfalls Firmicus Maternus zugeschrieben.

24 Die Kritik ist ähnlich wie die in Senecas *Suasoria* 3.7 [Nr. 88]; s. dazu auch F. Cumont, *Astrology and Religion among the Greeks and Romans* (New York, 1912), 148–49; L. Bieler, in: *Wiener Studien* 52 (1935), 84 ff.

25 O. E. Neugebauer und H. B. Van Hoesen, *Greek Horoscopes* (Philadelphia, 1959), 90 ff.

Kapitel VI Alchemie

1 Festugière, *La Révélation d'Hermès Trismégiste* (Paris, 1949), Bd. 1, 620 ff.

2 *Ora, lege, lege, lege, relege, labora et invenies*, »Bete, lies, lies, lies, lies nochmals, arbeite, und du wirst (es) finden« ist eine beherzigenswerte Maxime. Das mystische Element in der Alchemie wurde erkannt von E. A. Hitchcock, *Remarks on Alchemy and the Alchemists* (Boston, 1857). Vgl. auch T. Burckhardt, *Alchemie. Sinn und Weltbild* (Olten, 1960) und H. Biedermann, *Handlexikon der magischen Künste*, (Graz, ²1873), s. v.

3 Der Verlag »Les Belles Lettres« (Paris) plant eine Ausgabe der wichtigsten griechischen Texte in zwölf Bänden, darunter ›Demokrit‹ (d. h. Bolos von Mendes, um 200 v. Chr.), Ostanes, ›Kleopatra‹ und ›Hermes Trismegistos‹. Bereits erschienen ist Bd. I (1981), besorgt von R. Halleux, mit einer Einleitung von H.-D. Saffrey.

BIBLIOGRAPHIE IN AUSWAHL

(Die antiken Quellen sind jeweils in den Überschriften zu den übersetzten Texten und gesammelt im Anschluß an das Inhaltsverzeichnis, S. IX-XIII, belegt.)

A. Abt, *Die Apologie des Apuleius von Madaura und die antike Zauberei* (Gießen, 1908).

A. M. H. Audollent (Hg.), *Defixionum tabellae...* (Paris, 1904).

M. P. E. Berthelot, *Collection des anciens alchimistes grecs.* 3 Bde. (Paris, 1887–88).

A. Bertholet, »Das Wesen der Magie«. *Nachrichten der Götting. Ges. der Wiss. Philos.-hist. Kl.* (1926–27).

K. Beth, *Religion und Magie. Ein religionsgeschichtlicher Beitrag* (Leipzig, ²1927).

H. D. Betz, *The Greek Magical Papyri in Translation.* Bd. 1 (Chicago, 1986).

H. Biedermann, *Handlexikon der magischen Künste* (Graz, ²1973).

L. Bieler, *Theios Aner. Das Bild des göttlichen Menschen in Antike und Frühchristentum.* 2 Bde. (Wien, 1935–39).

F. Boll und C. Bezold, *Sternglaube und Sterndeutung. Die Geschichte und das Wesen der Astrologie.* Herausgegeben und überarbeitet von W. Gundel (Leipzig, 1931).

C. Bonner, »Witchcraft in the Lecture Room of Libanius.« *TahPha* 63 (1932), 34 ff.

A. Bouché-Leclercq, *Histoire de la divination dans l'Antiquité.* 4 Bde. (Paris, 1879–82).

C. Blum, *Studies in the Dream-Book of Artemidorus* (Uppsala, 1936).

P. Brown, »The Rise and Function of the Holy Man«. *Journal of Roman Studies* 61 (1971), 80 ff.

W. Burkert, *Weisheit und Wissenschaft. Studien zu Pythagoras, Philolaos und Platon* (Nürnberg, 1962).

H. Cancik (Hg.), *Rausch, Ekstase, Mystik – Erscheinungsformen des Religiösen* (Düsseldorf, 1978).

G. Contenau, *La magie chez les Assyriens et les Babyloniens* (Paris, 1947).

D. del Corno, *Graecorum de re onirocritica scriptorum reliquiae* (Mailand, 1969).

F. H. Cramer, *Astrology and politics* (Philadelphia, American Philosophical Society, 1954).

F. Cumont, *Astrology and Religion among the Greeks and Romans* (New York, 1912).

F. Cumont, *Les religions orientales dans le paganisme Romain* (Paris, ⁴1929).

T. W. Davis, *Magic, Divination, and Demonology among the Hebrews and their Neighbours* (London, 1898).

A. Deißmann, *Licht vom Osten* (Tübingen, ³1909).

L. Deubner, Artikel »Charms and Amulets«. *Encyclopaedia of Religion and Ethics* (London, 1908–21), III 433 ff.

A. Dietrich, *Abraxas. Studien zur Religionsgeschichte des späteren Altertums* (Leipzig, 1891).

E. R. Dodds, *The Greeks and the Irrational* (Berkeley und Los Angeles, 1951). Vgl. dazu G. Luck, *Gnomon* 24 (1954), 361 ff.

E. R. Dodds, *Pagan and Christian in an Age of Anxiety* (Cambridge, 1965).

E. R. Dodds, *The Ancient Concept of Progress and Other Essays on Greek Literature and Belief* (Oxford, 1973).

H. P. Duerr, *Der Wissenschaftler und das Irrationale* (Frankfurt, 1981).

E. J. und L. Edelstein, *Asclepius: A Collection and Interpretations of the Testimonies.* 2 Bde. (Baltimore, 1965).

S. Eitrem, »The Necromancy in the Persai of Aischylos.« *Symbolae Osloenses* 6 (1928), 1 ff.

S. Eitrem, »La Magie comme motif littéraire chez les Grecs et les Romains.« *Symbolae Osloenses* 21 (1941), 39 ff.

S. Eitrem, »La Théurgie chez les Néoplatoniciens et dans les papyrus magiques.« *Symbolae Osloenses* 22 (1942), 49 ff.

M. Eliade, *Le chamanisme et les techniques archaïques de l'extase* (Paris, 1951). Deutsch unter dem Titel *Schamanismus und archaische Ekstasentechnik* von I. Köck (Frankfurt, 1975).

E. E. Evans-Pritchard, *Witchcraft, Oracles and Magic among the Azande* (Oxford, 1937).

A.-J. Festugière, *La Révélation d'Hermès Trismégiste.* 4 Bde. (Paris, 1944–54).

A.-J. Festugière, *Hermétisme et mystique païenne* (Paris, 1967).

P. W. J. Fiebig, *Antike Wundergeschichten* (Bonn, 1911).

K. Frick, »Einführung in die alchemiegeschichtliche Literatur«. *Sudhoffs Archiv* 45 (1961), 147 ff.

R. Gelpke, *Vom Rausch im Orient und Okzident* (München, 1981).

F. C. Grant, *Hellenistic Religions: The Age of Syncretism* (New York, 1953).

H.-G. Gundel, *Weltbild und Astrologie in den griechischen Zauberpapyri* (München. Beiträge zur Papyrusforschung, 1968). Vgl. dazu J. G. Griffiths, *Classical Review* 19 (1969), 358 ff.

W. und H.-G. Gundel, *Astrologumena. Die astrologische Literatur in der Antike und ihre Geschichte* (Wiesbaden, 1966).

E. Hatch, *The Influence of Greek Ideas and Usages upon the Christian Church.* Herausgegeben und bearbeitet von F. C. Grant (New York, 1957).

E.J. Holmyard, *Alchemy* (Penguin Books, 1957).

Th. Hopfner, Artikel »mageia« in: *PW* 27 (1928).

H. Hubert und M. Mauß, »Esquisse d'une étude générale de la magie«. *Anné sociologique* 7 (1902–03), 1 ff.

J.M. Hull, *Hellenistic Magic and the Synoptic Tradition*. Studies in Biblical Theology, 2. Serie, Nr. 38 (Naperville, 1974).

B. Inglis, *Natural and Supranatural: A History of the Paranormal from Earliest Times to 1914* (London und Toronto, 1977).

H.G. Kippenberg (Hg.), *Magie. Die sozialwissenschaftliche Kontroverse über das Verstehen fremden Denkens* (Frankfurt, 1978).

P. Lain Entralgo, *The Therapy of the Word in Classical Antiquity*. Übers. v. L.J. Rather und J.M. Sharp (New Haven, 1971).

J.C. Lawson, *Modern Greek Folklore and Ancient Greek Religion*. Nachdruck der Ausgabe von 1910 (Cambridge, 1964).

F. Lexa, *La Magie dans l'Egypte antique*. 3 Bde. (Paris, 1923–25).

J. Lindsay, *The Origins of Alchemy in Graeco-Roman Egypt* (London, 1970).

J. Lindsay, *The Origins of Astrology* (London, 1971).

G.E.R. Lloyd, *Science, Folklore and Ideology: Studies in the Life Sciences in Ancient Greece* (Cambridge, 1983).

G.E.R. Lloyd, *The Revolutions of Wisdom: Studies in the Claims and Practice of Ancient Greek Science* (Berkeley, Los Angeles und London, 1987).

G. Luck, *Hexen und Zauberei in der römischen Dichtung* (Zürich, 1962).

G. Luck, *Arcana Mundi. Magic and the Occult in the Greek and Roman Worlds* (Baltimore und London, 1985, Nachdruck 1987).

L. MacNeice, *Astrology* (Garden City, 1964).

B. Malinowski, *Magie, Wissenschaft und Religion und andere Schriften* (Frankfurt, 1983).

R.R. Marrett, *The Threshold of Religion* (London, ²1914).

J. Michelet, *La sorcière* (Brüssel, ²1862).

A. Momigliano (Hg.), *The Conflict between Paganism and Christianity in the Fourth Century* (Oxford, 1963).

C.F.D. Moule (Hg.), *Miracle. Cambridge Studies in Their Philosophy and History* (Cambridge, 1965).

O.E. Neugebauer, *The Exact Sciences in Antiquity* (Princeton, 1951).

O.E. Neugebauer und H.B. Van Hoesen, *Greek Horoscopes* (Philadelphia. American Philosophical Society, 1959).

J. Neusner u.a. (Hg.), *Religion, Science and Magic in Concert and Conflict* (Oxford, 1989).

M.P. Nilsson, *Die Religion in den griechischen Zauberpapyri* (Lund, 1949).

M.P. Nilsson, *Geschichte der griechischen Religion* 2 Bde. (München, ²1950).

A.D. Nock, *Essays on Religion in the Ancient World*. Hg. von Z. Stewart (Cambridge, Mass., 1972).

R. B. Onians, *The Origins of European Thought* (Cambridge, 1951). Vgl. dazu H. J. Rose, *Journal of Hellenic Studies* 73/74 (1955/56), 175 ff.

H. W. Parke, *Greek Oracles* (London, 1967).

G. Petzke, *Die Traditionen über Apollonios von Tyana und das NT* (Leiden, 1970).

L. Petzoldt (Hg.), *Magie und Religion. Beiträge zu einer Theorie der Magie.* Wege der Forschung 337 (Darmstadt, 1978).

W. E. Peuckert, *Pansophie.* Bd. 1: *Ein Versuch zur Geschichte der weißen und schwarzen Magie* (Stuttgart, ³1976).

F. Pfeffer, *Studien zur Mantik in der Philosophie der Antike* (Hain, 1976).

F. Pfister, Artikel »Ekstase«. *RAC* 4 (1959), 944 ff.

C. R. Phillips, »In Search of the Occult: An Annotated Anthology.« *Helios* 15 (1988), 151 ff.

K. Preisendanz u. a. (Hg.), *Papyri Graecae Magicae.* 3 Bde. (Leipzig, 1928–41).

J. Read, *Through Alchemy to Chemistry* (London, 1957).

R. Reitzenstein, *Poimandres* (Leipzig, ²1922).

R. Reitzenstein, *Hellenistische Wundererzählungen* (Leipzig, 1906).

M. M. Rutten, *La science des Chaldéens* (Paris, 1960).

H. W. F. Saggs, *The Greatness that was Babylon* (London, 1962).

G. A. Sarton, *A History of Science: Hellenistic Science and Culture in the Last Three Centuries B. C.* (Cambridge, Mass., 1959).

K. F. Smith, Artikel »Magic (Greek and Roman)«: *Encycl. of Religion and Ethics* VII (1908 ff.), 265 ff.

L. A. Thorndike, *A History of Magic and Experimental Science.* 8 Bde. (New York, 1923–58).

A. M. Tupet, *La Magie dans la poésie latine des origines jusqu'à la fin du règne d'Auguste* (Paris, 1976).

O. Weinreich, *Antike Heilungswunder* (Gießen, 1908. Neudr. 1969).

A. Wiedemann, *Magie und Zauberei im alten Ägypten* (Berlin, 1905).

R. Wünsch, *Antike Fluchtafeln* (Bonn, ²1912).

R. Xella (Hg.), *Magia. Studi di storia delle religioni in memoria di Raffaela Garosi* (Rom, 1976).

C. Zintzen, »Die Wertung von Mystik und Magie in der neuplatonischen Philosophie.« *Rheinisches Museum* 108 (1965), 71 ff.

C. Zintzen, Artikel »Mantik«. *Der kleine Pauly* III (1969), 968 ff.

QUELLENREGISTER

Die Angaben in eckigen Klammern beziehen sich auf
Stellen in antiken Werken. Auf hier abgedruckte Übersetzungen wird mit Seitenzahlen in halbfetter Schrift ver-
wiesen.

Papyri

Griechische Inschriften

Lateinische Inschriften

PERSONEN- UND SACHREGISTER

zu den Einleitungen und Kommentaren